# 2020

# 广西调查年鉴

# GUANGXI SURVEY YEARBOOK

国家统计局广西调查总队 编
Compiled by Survey Office of the National Bureau of Statistics in Guangxi

中国统计出版社
China Statistics Press

**图书在版编目（CIP）数据**

广西调查年鉴. 2020 : 汉英对照 / 国家统计局广西调查总队编. — 北京 : 中国统计出版社，2020.10
ISBN 978-7-5037-9223-6

Ⅰ. ①广… Ⅱ. ①国… Ⅲ. ①统计资料—广西—2020—年鉴—汉、英 Ⅳ. ①C832.67-54

中国版本图书馆CIP数据核字（2020）第141468号

# 广西调查年鉴—2020

作　　者　国家统计局广西调查总队
责任编辑　李　冲
封面设计　陆　萍
责任校对　黄茂平　文　著
出版发行　中国统计出版社
通信地址　北京市西城区月坛南街57号　邮政编码　100826
办公地址　北京市丰台区西三环南路甲6号　邮政编码　100073
电　　话　邮购（010）63376909　书　　店　（010）68783171
网　　址　http://www.zgtjcbs.com
印　　刷　广西民族印刷包装集团有限公司
经　　销　新华书店
开　　本　890mm × 1240mm　1/16
字　　数　950千字
印　　张　29.75
版　　别　2020年10月第1版
版　　次　2020年10月第1次印刷
定　　价　350.00元

本书附同版本CD-ROM一张，光盘内容以书面文字为准。

如有印装错，由本社发行部调换。

# 《广西调查年鉴—2020》

## 编委会和编辑工作人员

# Guangxi Survey Yearbook-2020

## EDITORIAL BOARD AND STAFF

# 编者说明

一、《广西调查年鉴—2020》是国家统计局广西调查总队编辑出版的大型资料性年刊。本年鉴系统收录了2019年广西城乡居民居民生活，生产、流通、消费与投资领域价格，农村与农业发展等方面的各项统计调查数据，各市县（区）的主要统计调查数据；以及多个重要历史年份和近年全国及各省（直辖市、自治区）主要统计调查数据。

二、本年鉴正文内容分为6个篇章，即：1.综述；2.人民生活；3.农村贫困监测；4.价格调查；5.农业生产；6.分析资料；另外，还有附录篇章，即：附录一.广西主要社会经济指标；附录二.全国及各省（直辖市、自治区）主要统计调查指标。

为方便读者使用，各篇章前设有《简要说明》，对本篇章的主要内容、资料来源、统计范围、统计方法予以简要说明，主要篇章末附有《主要统计指标解释》。

三、本年鉴所使用的度量衡单位均采用国际统一标准计量单位，并统一使用最新颁布实施的产品目录。

四、本年鉴总量指标计算所采用的价格均为现行价格。

五、本年鉴中涉及到的历史数据，均以最新出版的本年鉴数据为准；本年鉴中部分数据合计数或相对数由于单位取舍不同而产生的计算误差，均未做机械调整。

六、本年年鉴中广西主要社会经济指标，由广西壮族自治区统计局提供。

七、资料中部分药品、化学、矿产品名称采用中文汉语拼音拼写。

八、符号使用说明：

“…”表示数据不足本表最小计量单位数；

“#”表示其中的主要项；

“空格”表示该项统计指标数据不详或无该项数据；

“①”表示本表下有注解。

九、在本年鉴的编辑过程中，得到了许多单位和同志的大力支持，在此我们深表谢意。限于我们的水平，年鉴中的错误和不足之处在所难免，恳请广大读者给予批评指正。

# Editor's Explanatory Notes

Ⅰ. Guangxi Survey Yearbook 2020 is an annual statistics survey publication Survey Office of the National Bureau of Statistics in Guangxi was founded. Which reflects comprehensively the urban and rural residents' living conditions, price changes of production, circulation, consumption and investment, and development of rural and agricultural of Guangxi in 2019. the main statistical data of various province ( municipality and autonomous region ) .

Ⅱ. The Yearbook contains the following five chapters: 1. Review; 2. People's Livelihood; 3. Poverty Monitoring in Rural Areas; 4. Price Survey; 5. Agriculture Production; 6. Analytical Data; In addition, there are appendix chapters: Appendix Ⅰ. Main Social and Economic indicators of Guangxi, Appendix Ⅱ. Main Statistical Survey Indicators by Region.

To facilitate readers, the Brief Introduction at the beginning of each chapter provides a summary of the main contents of the chapter, data sources, statistical scope, statistical methods. At the end of each chapter, Explanatory Notes on Main Statistical Indicators are included.

Ⅲ. The units of measurement used in the Yearbook are internationally standard measurement units, and newly published and implemented Product Categories are uniformly used.

Ⅳ. The computation of all the gross indicators in the Yearbook is equipped with current prices.

Ⅴ. Please refer to the newly published version of the Yearbook for updated historical data. Statistical discrepancies on totals and relative figures due to runding are not adjusted in the Yearbook.

Ⅵ. The Yearbook in main social and economic indicator of Guangxi from the Compiled by Guangxi Statistical Bureau.

Ⅶ. Some of the materia medica, chemistry, mining product is adopted by Chinese spelling translation.

Ⅷ. Description of signs or symbols in the Yearbook:

"…" for data with insufficient decimal place;

"#" indicates a major breakdown of the total;

"blank space" indicates that the data are unknown, or are not available;

"①" indicates footnotes at the end of the table.

Ⅸ. During the editions of this Yearbook, we have won wide support from many departments and comrades, and we deeply thanks for this all. Based on our limited level, perhaps there are some mistakes in the book, we welcome all candid comments and criticism from our readers.

# 目 录

# CONTENTS

## 第一篇 综 述
## Chapter 1 Review

1-1 国家统计局广西调查总队概况 ........ (3)
Summary of Survey Office of the National Bureau of Statistics in Guangxi
1-2 图说民生 ........ (13)
Illustrations of the People's Livelihood

## 第二篇 人民生活
## Chapter 2 People's Livelihood

简要说明
Brief Introduction
2-1 城镇居民人均收支及恩格尔系数（1981—2019年） ........ (21)
Per Capita Income and Expenditure & Engle's Coefficient of Urban Households (1981—2019)
2-2 城镇居民家庭基本情况 ........ (22)
Basic Conditions of Urban Households
2-3 城镇居民人均收入与支出 ........ (23)
Per Capita Disposable Income and Consumption Expenditure of Urban Households
2-4 城镇居民人均现金收入与支出 ........ (24)
Per Capita Cash Income and Expenditure of Urban Households
2-5 城镇居民人均消费支出 ........ (25)
Per Capita Consumption Expenditure of Urban Households
2-6 城镇居民人均现金消费支出 ........ (26)
Per Capita Cash Consumption Expenditure of Urban Households
2-7 城镇居民人均主要食品消费量 ........ (27)
Per Capita Consumption of Major Foods of Urban Households
2-8 城镇居民平均每百户年末主要耐用消费品拥有量 ........ (27)
Main Durable Goods Owned Per 100 Urban Households
2-9 农村居民人均收支及恩格尔系数（1981—2019年） ........ (28)
Per Capita Income and Expenditure & Engle's Coefficient of Rural Households (1981—2019)
2-10 农村居民家庭基本情况 ........ (29)
Basic Conditions of Rural Households
2-11 农村居民人均收入与支出 ........ (30)
Per Capita Disposable Income and Consumption Expenditure of Rural Households
2-12 农村居民人均现金收入与支出 ........ (31)
Per Capita Cash Income and Expenditure of Rural Households
2-13 农村居民人均消费支出 ........ (32)
Per Capita Consumption Expenditure of Rural Households

2-14 农村居民人均现金消费支出……(33)
Per Capita Cash Consumption Expenditure of Rural Households
2-15 农村居民人均主要食品消费量……(34)
Per Capita Consumption of Major Foods of Rural Households
2-16 农村居民平均每百户年末主要耐用消费品拥有量……(34)
Maio Durable Goods Owned Per 100 Rural Households
2-17 农村居民家庭固定资产投资情况……(35)
Fixed Assets Investment of Rural Households
2-18 各市城镇居民人均可支配收入（1981—2019年）……(36)
Per Capita Disposable Income of Urban Households by Cities (1981—2019)
2-19 各市城镇居民人均消费支出（1981—2019年）……(38)
Per Capita Consumption Expenditure of Urban Households by Cities (1981—2019)
2-20 各市城镇居民恩格尔系数（1981—2019年）……(40)
Engle's Coefficient of Urban Households by Cities (1981—2019)
2-21 各市城镇居民人均收支情况（2019年）……(42)
Per Capita Income and Consumption Expenditure of Urban Households by Cities (2019)
2-22 各市农村居民人均收支情况（2019年）……(44)
Per Capita Income and Consumption Expenditure of Rural Households by Cities (2019)
2-23 各市城镇居民家庭基本情况（2019年）……(46)
Basic Statistics of Urban Households by Cities (2019)
2-24 各市农村居民家庭基本情况（2019年）……(47)
Basic Statistics of Rural Households by Cities (2019)
2-25 各市县（区）居民人均可支配收入……(48)
Per Capita Disposable Income of Households by Cities & County (District)
2-26 各市县（区）城乡居民人均收入……(52)
Per Capita Income of Urban and Rural Households by Cities & County (District)
主要统计指标解释……(56)
Explanatory Notes on Main Statistical Indicators

## 第三篇　农村贫困监测
## Chapter 3 Poverty Monitoring in Rural Areas

简要说明
Brief Introduction
3-1 贫困地区农村居民家庭基本情况……(61)
Basic Conditions of Rural Households in Poor Areas
3-2 贫困地区农村居民家庭人均总收入及构成……(67)
Per Capita Income and Composition of Rural Households of Poor Areas
3-3 贫困地区农村居民家庭人均可支配收入及构成……(68)
Per Capita Disposable Income and Composition of Rural Households of Poor Areas
3-4 贫困地区农村居民家庭人均现金可支配收入及构成……(69)
Per Capita Cash Disposable Income and Composition of Rural Households of Poor Areas
3-5 贫困地区农村居民家庭人均总支出及构成……(70)
Per Capita Total Expenditure and Composition of Rural Households of Poor Areas
3-6 贫困地区农村居民家庭人均现金支出及构成……(72)
Per Capita Cash Expenditure and Composition of Rural Households of Poor Areas
3-7 贫困地区农村居民家庭平均每百户耐用消费品拥有量……(73)
Ownership of Major Durable Consumer Goods Per 100 Rural Households of Poor Areas

3-8 贫困地区农村居民家庭人均主要食品消费量 ........ (74)
Per Capita Main Food Consumption of Rural Households of Poor Areas
3-9 广西贫困地区社区基本情况 ........ (75)
Basic Situation of Community of Poor Areas

## 第四篇 价格调查
## Chapter 4 Price Survey

简要说明
Brief Introduction
4-1 居民消费、商品零售、农业生产资料价格总指数（1985—2019年） ........ (83)
Consumer Goods Retail, Agricultural Production Materials Price Index（1985—2019）
4-2 居民消费价格分类指数（2019年） ........ (84)
Consumer Price Indices by Category（2019）
4-3 分月居民消费价格指数（2019年） ........ (94)
Consumer Price Indices by Month（2019）
4-4 居民消费价格分类指数 ........ (114)
Consumer Price Indices by Category
4-5 各市居民消费价格总指数（1985—2019年） ........ (118)
Consumer Price Indices by Cities（1985—2019）
4-6 各市居民消费价格分类指数（2019年） ........ (120)
Consumer Price Indices by Category and Cities（2019）
4-7 商品零售价格分类指数（2019年） ........ (126)
Retail Price Indices by Category（2019）
4-8 商品零售价格分类指数 ........ (134)
Retail Price Indices by Category
4-9 各市商品零售价格总指数（1985—2019年） ........ (136)
Retail Price Indices by Cities（1985—2019）
4-10 各市商品零售价格分类指数（2019年） ........ (138)
Retail Price Indices by Category of Commodities and Cities（2019）
4-11 分月农业生产资料价格分类指数（2019年） ........ (142)
Price Indices for Means of Agricultural Production by Category and Month（2019）
4-12 农业生产资料价格分类指数 ........ (144)
Price Indices for Means of Agricultural Production by Category
4-13 工业生产者出厂价格分类指数（1990—2019年） ........ (145)
Producer Price Indices for Industrial Products by Category（1990 2019）
4-14 按工业部门分工业生产者出厂价格指数（1990—2019年） ........ (146)
Producer Price Indices for Industrial Products by Sector（1990—2019）
4-15 分月工业生产者出厂价格指数（2019年） ........ (148)
Producer Price Indices for Industrial Products by Month（2019）
4-16 分行业工业生产者出厂价格指数（2019年） ........ (150)
Producer Price Indices for Industrial Products by Industry（2019）
4-17 分月工业生产者出厂价格环比指数（2019年） ........ (160)
Producer Price Chain Indices for Industrial Products by Month（2019）
4-18 分行业工业生产者出厂价格环比指数（2019年） ........ (162)
Producer Price Chain Indices for Industrial Products by Industry（2019）
4-19 工业生产者购进价格指数（1990—2019年） ........ (172)
Purchasing Price Indices for Industrial Producers（1990—2019）

4-20 分月工业生产者购进价格指数（2019年）........（174）
Purchasing Price Indices for Industrial Producers by Month (2019)
4-21 分月工业生产者购进价格环比指数（2019年）........（174）
Chain Index in Purchasing Price Indices for Industrial Producer by Month (2019)
4-22 固定资产投资价格指数（1991—2019年）........（176）
Price Indices of Investment in Fixed Assets (1991—2019)
4-23 南宁市房地产价格指数（2019年）........（177）
Price Indices for Real Estate of Nanning (2019)
4-24 南宁市房地产价格指数........（178）
Price Indices for Real Estate of Nanning
4-25 南宁市房地产价格环比指数（2019年）........（180）
Price Chain Indices for Real Estate of Nanning (2019)
4-26 桂林市房地产价格指数（2019年）........（181）
Price Indices for Real Estate of Guilin (2019)
4-27 桂林市房地产价格指数........（182）
Price Indices for Real Estate of Guilin
4-28 桂林市房地产价格环比指数（2019年）........（184）
Price Chain Indices for Real Estate of Guilin (2019)
4-29 北海市房地产价格指数（2019年）........（185）
Price Indices for Real Estate of Beihai (2019)
4-30 北海市房地产价格指数........（186）
Price Indices for Real Estate of Beihai
4-31 北海市房地产价格环比指数（2019年）........（188）
Price Chain Indices for Real Estate of Beihai (2019)
4-32 农产品生产者价格指数（2019年）........（189）
Producers Price Indices for Farm Products (2019)
4-33 分季度农产品生产者价格指数........（194）
Producers Price Indices for Farm Products by Quarter
4-34 农产品生产者价格指数........（202）
Producers Price Indices for Farm Products
4-35 农产品集贸市场价格（2019年）........（206）
Rural Market Fairs Prices of Agricultural Products (2019)
4-36 农产品集贸市场价格指数（2019年）........（208）
Rural Market Fairs Price Indices of Agricultural Products (2019)
4-37 农产品集贸市场价格环比指数（2019年）........（210）
Rural Market Fairs Price Chain Index of Agricultural Products (2019)
4-38 农产品集贸市场价格........（212）
Rural Market Fairs Prices of Agricultural Products
4-39 农产品集贸市场价格指数........（216）
Rural Market Fairs Prices Indices of Agricultural Products
4-40 农产品集贸市场价格环比指数........（220）
Rural Market Fairs Prices Chain Indices of Agricultural Products
主要统计指标解释........（224）
Explanatory Notes on Main Statistical Indicators

## 第五篇 农业生产
Chapter 5 Agriculture Production

简要说明
Brief Introduction
5-1 主要粮食作物生产情况（1985—2019年）........ (229)
Basic Statistics on Main Grain Crops (1985—2019)
5-2 主要县（区）粮食生产情况........ (231)
Basic Statistics of Grain by Major County (District)
5-3 主要畜禽生产情况（1978—2019年）........ (233)
Basic Statistics of major Livestock and Poultry (1978—2019)
主要统计指标解释 ........ (235)
Explanatory Notes on Main Statistical Indicators

## 第六篇 分析资料
Chapter 6 Analysis of Data

6-1 2019年广西壮族自治区国民经济和社会发展统计公报........ (239)
Statistical Communique on Nationa Economic & Social Development
of Guangxi Zhuang Autonomous Region in 2019
6-2 2019年广西城镇居民生活调查报告........ (256)
Urban Residents Living Investigation Report in 2019
6-3 2019年广西农村居民生活调查报告........ (260)
Urban Residents Living Investigation Report in 2019
6-4 2019年广西农村贫困监测调查报告........ (265)
Rural Poverty Monitoring Investigation Report in 2019
6-5 2019年广西居民消费价格调查报告........ (271)
Consumer Prices Investigation Report in 2019
6-6 2019年广西工业生产者出厂价格调查报告........ (276)
Industrial Producer Prices Investigation Report in 2019
6-7 2019年广西农产品生产者价格调查报告........ (283)
Farm Products Prices Investigation Report in 2019
6-8 2019年广西畜禽生产调查报告........ (286)
Liestock Production Investigation Report in 2019

## 附录一：广西主要社会经济指标
APPENDIX I. Main Social and Economic Indicators of Guangxi

附录1-1 地区生产总值（1979—2019年）........ (295)
Gross Domestic Product (1979—2019)
附录1-2 财政、金融（1979—2019年）........ (296)
Government Finance & Financial Intermediation (1979—2019)
附录1-3 人口（1979—2019年）........ (297)
Population (1979—2019)
附录1-4 就业和劳动报酬基本情况........ (298)
Basic Statistics on Employment and Labor Remuneration
主要统计指标解释 ........ (299)
Explanatory Notes on Main Statistical Indicators

## 附录二：全国及各省（直辖市、自治区）主要统计调查指标
APPENDIX II. Main Statistical Survey Indicators by Region

附录2-1 全国及各省（直辖市、自治区）城镇居民人均收入与支出 ................ (305)
Per Capita Income and Expenditure of Urban Households by Region
附录2-2 全国及各省（直辖市、自治区）农村居民人均收入与支出 ................ (306)
Per Capita Income and Expenditure of Rural Households by Region
附录2-3 广西与全国居民消费价格主要分类指数（2019年） ................ (307)
Consumer Price Indices by Category in Country and Guangxi（2019） ................ (307)
附录2-4 全国及各省（直辖市、自治区）居民消费价格指数 ................ (308)
Consumer Price Indices by Region
附录2-5 全国及各省（直辖市、自治区）商品零售价格指数 ................ (309)
Retail Price Indices by Region
附录2-6 全国和36个大中城市居民消费价格指数 ................ (310)
Price Indices of Consumer in China and 36 Large and Medium-sized Cities
附录2-7 全国和36个大中城市商品零售价格指数 ................ (311)
Price Indices of Retail in China and 36 Large and Medium-sized Cities
附录2-8 全国及各省（直辖市、自治区）工业生产者出厂价格指数（2019年） ................ (312)
Producer Price Indices for Industrial Products by Region（2019）
附录2-9 全国及各省（直辖市、自治区）工业生产者购进价格指数（2019年） ................ (314)
Pruchasing Price Indices for Industrial Producers by Region（2019）
附录2-10 全国70个大中城市住宅销售价格指数（2019年） ................ (316)
Residential Sales Price Index in 70 Large-scale and Medium-scale Cities（2019）
附录2-11 全国及各省（直辖市、自治区）固定资产投资价格指数（2019年） ................ (324)
Price Indices of Investment in Fixed Assets by Region（2019）
附录2-12 全国及各省（直辖市、自治区）工业生产者出厂价格指数 ................ (325)
Producer Price Indices for Industrial Products by Region
附录2-13 全国及各省（直辖市、自治区）固定资产投资价格指数 ................ (326)
Price Indices of Investment in Fixed Assets by Region
附录2-14 全国粮食作物播种面积（1980—2019年） ................ (327)
Sown Area of Grain Crops by Nationwide（1980—2019）
附录2-15 全国粮食作物总产量（1980—2019年） ................ (328)
Total Output of Grain Crops by Nationwide（1980—2019）
附录2-16 全国及各省（直辖市、自治区）粮食作物播种面积 ................ (329)
Sown Area of Grain Crops by Region
附录2-17 全国及各省（直辖市、自治区）粮食作物总产量 ................ (330)
Total Output of Grain Crops by Region

# 第一篇 综述

Chapter 1 Review

# 国家统计局广西调查总队概况

## 【机构沿革】

国家统计局广西调查总队（以下简称广西调查总队）既是政府统计调查机构，也是统计执法机构，依法独立行使统计调查、统计监督的职权，独立向国家统计局上报调查结果，并对上报的调查资料的真实性负责。同时，承担地方政府委托的各项统计调查任务。主要有：组织实施国家统计局布置的各项常规性统计调查；组织实施国家统计快速反应制度；参与组织实施国家有关普查项目；根据国家统计局的授权，管理和公布有关统计数据；依法查处调查队系统及其调查对象的统计违法案件；与地方统计局一起完成统计信息化的有关工作；负责调查总队机关人事、财务工作，管理下属各级调查队人事财务工作；负责调查总队机关党的建设、纪检监察工作，指导下属各级调查队纪检监察工作；受国家统计局委托管理下属各级调查队，组织指导地方调查队的业务工作；接受地方政府、有关部门委托，开展统计调查，提供统计数据处理服务；完成国家统计局交办的其他事项。

2005年根据《国务院办公厅关于印发国家统计局直属调查队管理体制改革方案的通知》（国办发〔2005〕14号）、中央编办《关于国家统计局各级调查队机构设置和人员编制的批复》（中央编办复字〔2005〕149号）和《国家统计局直属调查队管理体制改革实施方案》（国统字〔2005〕158号），设立国家统计局广西调查总队。广西调查总队是国家统计局的派出机构，为正厅级单位。广西调查总队事业编制108名。2005年12月为了加强对统计工作的领导，成立总队党组。2006年4月，经自治区直属机关工委批准，成立广西调查总队机关党委。广西调查总队内设：办公室、执法监督处、

2019年1月22日，广西调查总队在南宁召开广西国家调查工作会议

2019年1月25日，广西调查总队赴靖西市开展扶贫慰问

制度方法处、综合处、农业调查处、农村调查处、居民收支调查处、住户监测处、劳动力调查处、生产价格调查处、消费价格调查处、专项调查处、社会调查处、信息技术应用处、人事教育处、财务管理处、纪检监察室（巡察办）、机关党委办公室。目前广西国家调查队系统共有44个市县级调查队，其中市级调查队14个，县级调查队30个，市县级调查队人员编制数共514人。

## 【工作情况】

2019年，在国家统计局的正确领导下，广西调查总队坚持以习近平新时代中国特色社会主义思想和党的十九大精神为指导，认真贯彻中央关于统计工作重大决策部署和国家统计局各项工作安排，扎实开展“不忘初心、牢记使命”主题教育，以党建工作为统领，以提高数据真实性为目标，围绕构建新时代现代化统计体系坚守初心、担当作为，推动广西国家调查事业高质量发展取得新成效。

### 一、坚决贯彻落实中央关于统计改革发展的重大决策部署

广西总队多措并举推动中央关于统计改革发展重大决策部署抓实、落地，统计调查改革发展取得新成效。

#### （一）抓好学思践悟，打牢落实统计改革发展重大决策部署的思想基础

总队和市县队各级党组（领导班子）把学习习近平新时代中国特色社会主义思想作为重要政治任务，组织系统广大党员干部联系统计调查工作实际、带着问题学习习近平总书记对统计工作重要指示批示精神、中央关于统计工作的重大决策部署和国家统计局关于高质量发展有关精神。全系统开展“推动广西国家调查事业高质量发展”大讨论，通过深入查摆问题、交流研讨，总队18个处室围绕系统加强党的建设、推进规范化管理、改进调查手段、夯实基层基础工作、落实依法治统、确保数据真实性等方面，出台了146项推动调查工作高质量发展的措施，市县队高质量发展措施也相应出台。广大党员干部学思践悟，利用党的创新理论破解制约统计改革发展难题的能力显著提升。

#### （二）抓好中央《意见》《办法》《规定》学习不漏一个人、不漏一个字

突出抓好中央《关于深化统计管理体制改革提高统计数据真实性的意见》《统计违纪违法责任人处分处理建议办法》《防范和惩治统计造假、弄虚作假督察工作规定》（以下简称《意见》《办法》《规定》）学习，派专人到14个市组织辖区市

2019年3月29日，广西调查总队开展清明节缅怀先烈活动

2019年4月11日，广西调查总队全体干部职工到靖西市开展扶贫工作

县队全体干部集中学习，并组织未参加分片区集中学习的同志，集中到南宁开会传达学习，做到不漏一个人、不漏一个字，全系统实现学习中央《意见》《办法》《规定》无死角全覆盖。通过集中学习、集中研讨、专家授课等多种方式加强《意见》《办法》《规定》学习，增强系统干部防范和惩治统计造假弄虚作假，维护统计法权威的意识。广西总队协调促进在百色、崇左、北海等地方党校干部培训班解读《意见》《办法》《规定》，提高各级领导干部对调查数据真实性认识的政治站位。

### （三）努力构建高质量发展生态，改革发展取得突破

一是进一步改善统计调查工作环境。广西总队大力推进中央关于统计工作的重要决策部署贯彻执行走深走实，以《意见》《办法》《规定》的实施为抓手，不断改善统计调查工作环境，促进各级党委政府和有关部门更加重视统计调查工作，重视数据质量，更加支持维护统计调查队系统独立调查、独立上报、独立监督。出台《广西国家调查队系统诚信建设实施办法》《关于按规定对统计上严重失信企业进行公示的通知》，社会各界对统计调查工作的配合度明显增强。

二是进一步落实数据质量责任。制定《国家统计局广西调查总队关于进一步提高系统数据质量的实施意见》《国家统计局广西调查总队关于进一步提高系统数据质量的工作方案》，从思想认识、组织领导、工作职责、体系建设、制度执行、业务能力、保障条件等方面细化工作责权，推动贯彻落实习近平总书记关于统计工作重要讲话和指示批示精神以及《意见》《办法》《规定》要求落地。

三是进一步改进调查手段。广西调查总队利用现代信息技术改进调查手段保障源头数据的真实性。推进手持移动终端数据采集技术、互联网数据采集技术、人工智能识别技术、大数据预测分析技术、数据适时监控系统逐步使用到各项调查业务

2019年5月7日，广西调查总队总队长赵太想（左一）到崇左调查队检查指导工作

2019年5月16日，广西调查总队副总队长王洪琛（左三）到贵港调查队检查指导工作

中，有效提高数据质量调查工作效率。

## 二、扎实开展“不忘初心、牢记使命”主题教育

按照中央部署要求，全系统扎实开展“不忘初心、牢记使命”主题教育，紧紧围绕主线主题，牢牢把握总体要求，将学习教育、调查研究、检视问题、整改落实贯彻始终，推动党的建设全面深化。广西调查总队党组和领导班子身先士卒，充分发挥带头作用，先后开展14次共计7天的中心组学习和专题学习，形成8篇专题党课课件，班子成员讲主题教育专题党课13堂；广西调查总队领导班子成员深入基层调研指导，形成调研材料8篇，共梳理发现各类有关问题42个，研究提出解决问题、改进工作的思路对策和意见建议29条，向国家统计局提出工作意见建议20条，调查研究取得实际成效；自觉对标对表“四个对照”“四个找一找”“五问五找”“五查五改”“着力解决四个不强”等要求，总队班子找出5类14个问题，班子成员共找出5类88个问题，把检视查找的各类问题找实、找准，突出抓好主题教育“8+1”项专项整治工作，以实打实的决心和态度抓好领导班子及成员问题清单的整改落实。

基层调查队紧跟广西调查总队步伐，扎实开展主题教育，协调推进，各级领导班子先后开展315天次的中心组学习和专题学习研讨，各级党组织相继开展三会一课、主题党日活动670余次；全系统形成专题调研报告167篇，召开调研成果交流会45场；广西调查总队和市县队领导班子共找出817个问题，班子成员共找出1453个问题，分别汇总形成检视问题清单；各级领导班子针对检视问题清单找出的问题，制定1230项整改措施，已落实完成整改措施563项，解决干部群众、基层一线最急最忧最盼的问题，对667项正在推进之中的整改措施盯住不放，持续发力，确保整改措施一条一条兑现。通过开展主题教育，全系统形成“最难访的调查户由党员带头访、最难走的调查地块由党员带头走、最偏远的调查点由党员带头去、最急难险重的任务由党员带头干”的氛围，党员先锋模范作用不断彰显，服务基层理念不断植深，干事创业动力不断激发，机关工作作风不断改进，破解统计改革发展难题的能力不断提升，干部精神面貌焕然一新，系统上下凝心聚力推动调查事业高质量发展。

## 三、以“党旗红·数据真”品牌创建为依托，有力夯实系统党的建设

认真贯彻落实习近平总书记和国家统计局关于党建工作的决策部署，结合“不忘初心、牢记使命”主题教育，以打造“党旗红·数据真”党建工作品牌为抓手，充分发挥党组织和党员在提高

2019年9月18日，广西调查总队总队长赵太想（左一）、副总队长王洪琛（右一）探望总队退休老干部

2019年4月25日，广西调查总队纪检组长姜永亮（左三）到合浦队调研纪检监察工作

调查数据真实性工作中的战斗堡垒作用和先锋模范作用，在调查工作的实践中促进和检验党建成效。今年开展了党建品牌示范工程，在品牌创建中创示范树典型，坚持示范带动，通过星级党支部、党员先锋模范岗、优秀党员调研报告、党员业务标兵、精品主题党日等一系列工作，放大辐射引领效应，推动全系统基层党组织建设。系统上下涌现出一批优秀党员、技能大赛标兵、信息写作标兵、党员模范示范岗等先进典型，系统党员先锋模范作用愈发明显；基层党组织建设得到有力加强，总队和基层队的一些党支部分别获评区直、市直先进基层党组织，基层党组织战斗堡垒标杆牢固树立。“党旗红·数据真”党建品牌获得国家统计局、自治区直属机关工委高度评价，住户调查工作、河池、贺州、来宾、崇左、都安队党建品牌创建工作相继获得中国信息报及地方党报、新媒体宣传推介。广西调查总队三支部、国家统计局桂林调查队、国家统计局梧州调查队、国家统计局崇左调查队、国家统计局贺州调查队党支部分别荣获区直、市直先进基层党组织称号，国家统计局柳州调查队党建工作获评市直机关十佳优秀党建品牌，国家统计局贵港调查队被评为市级党建示范点和“五星级党支部”。

## 四、把握重点狠抓落实，改革发展取得新成效

2019年广西国家调查队认真贯彻落实全国统计工作会议精神，以促进调查工作高质量发展为工作目标，把握重点、狠抓落实，改革发展取得新成效。

### （一）健全数据质量保障机制，切实防范和惩治统计造假弄虚作假

进一步完善规范数据质量的各项制度，制定或修订完善《国家统计局广西调查总队数据质量审核评估管理办法》等8个严控数据质量的规范性文件，为提高数据质量提供坚实的制度保障。全面实施数据生产过程监督，开展业务规范化检查，及时整理和汇总通报规范化检查发现的各类问题，提升源头数据真实性和业务规范性；利用信息化平台开展调查数据上报适时监控；严格按照制度规定，规范开展数据审核评估。明确调查岗位职责、压实数据质量责任，切实担负起防范和惩治统计造假弄虚作假，维护统计法权威的职责；开展两次集中执法检查，将地方统计局住户调查专业列入执法检查范围，切实担负起业务数据质量责任；对2个县队领导班子和责任人员集中约谈，严肃处理违反统计制度的行为。

2019年7月1日，广西调查总队总队长赵太想给全体党员干部讲“不忘初心、牢记使命”党课

2019年9月19日，广西调查总队副总队长杨锡虹（右三）带队到贵港市安居市场调研猪肉价格及供应情况

## （二）深化统计调查业务改革，提升统计调查能力

积极落实粮食畜牧业统计调查数据归口管理工作要求，与自治区统计局联合制订《广西粮食畜牧业统计调查数据归口管理实施方案》，举办广西粮食畜牧业统计数据归口管理培训班，为粮食畜牧业统计调查改革打下坚实基础。样本轮换和调查网点扩充工作、房价统计调查扩点工作圆满完成；新增服务零售结构调查年报工作顺利完成，数据质量真实可信；劳动力调查新样本、新程序、新平台顺利实施，实现平稳过度。不断提升新建队业务能力和水平，国家统计局横县调查队、国家统计局北流调查队、国家统计局富川调查队高标准组建，调查业务有序承接。扎实推进脱贫攻坚普查各项筹备工作，与自治区扶贫开发办公室共同协调推进脱贫普查准备工作，向自治区政府请示将普查经费列入2020年财政预算。

## （三）坚持强化法治护航作用，筑牢依法治统藩篱

严格执行领导干部违规干预统计工作记录制度，构建起防范数据造假、弄虚作假的前端防线；严格执行国家统计报表制度和统计政令，深入检查存在的问题，提高各级领导干部对调查数据真实性认识的政治站位，确保调查数据真实可靠。继续做好“双随机”统计执法检查，在全自治区范围内随机抽选20个单位作为执法检查受检对象，并首次将地方统计局列入执法检查范围，采取执法、业务、纪检联合办案机制，于5月和11月两次集中开展执法检查，实现局队同检、共同进步，将依法治统理念传导到每一个岗位，将数据质量责任压实在基层一线。根据国家统计局问题反馈和检查中发现的问题，2019年两次赴基层队就违反统计法精神和做法、存在严重数据生产隐患等问题开展重点问题核查工作，核实问题事实、产生原因，推动问题整改落实，强化运用检查成果，筑牢依法治统藩篱。

## （四）以优质服务为担当，服务质量提档升级

围绕中心，服务决策。深度挖掘专业领域数据信息，发动基层队开展全区统计分析研究；与发改委、党委政府信息处等相关部门开展联合调研，邀请高校教授进行指导点评，不断提高统计分析研究的水平。围绕脱贫攻坚、新中国成立70周年民生变化等党委政府中心工作开展分析研究，服务决策。2018年12月至2019年10月，国家统计局广西调查总队编发调查信息369篇，调查报告214篇。据反馈，得到国家统计局采用16篇，国家统计局领导批示11篇，中央两办采用15篇；得到自治区党委采

2019年9月11日，自治区文明单位考核工作组到广西调查总队考核

2019年9月21日，国家发展改革委副主任兼国家统计局局长宁吉喆赴南宁参加“不忘初心、牢记使命”主题党日活动，并督导第二批主题教育工作

用65篇，政府采用74篇，获自治区党政领导批示18篇。据自治区两办反馈，截止至9月份，总队在全区党委政府信息采用考核排名均列第一。

统计为民，服务社会。完善《国家统计局广西调查总队统计数据公开管理办法》《国家统计局广西调查总队2019年度调查数据发布方案》，使调查数据公布做到程序规范、能公开的尽量公开。高质量完成了《中国—东盟统计年鉴（简本）》《广西调查年鉴（2019）》《广西调查季度资料》等数据资料编撰、对外提供服务和存档备案工作。及时在微信公众号发布调查数据和分析解读、调查知识科普等文章，回应社会公众关切。

**（五）以提升统计调查能力为导向，推进信息化建设**

加大业务信息化投入，开发完成智能识别农作物、智能预测粮食产量、适时远程监控数据的农业调查智能化系统；建成运行广西住户调查数据质量监控中心适时监控各地住户电子记账情况；“互联网数据采集子系统”“消费价格在线管理子系统”建设有序推进，“网络采价”“商超扫描”技术应用逐渐推广，数据把控力显著提升。持续推进OA办公系统行政办公流程的标准化规范化建设，打造内部网站群，加大VPN推广使用，提高政务管理质效。启用一体化运维管理、堡垒主机，定期通报市县队的信息安全情况，加强安全防范，确保网络安全。完成总队机关2006年以来文书档案专业化整理和电子化处理，档案管理工作实现提档升级。

**（六）加快高素质人才培养，提升人才队伍建设水平**

强化执法队伍建设，2019年全系统共36人通过统计执法证资格证培训考试，5人入选2019年国家统计执法骨干人才库。组建统计分析人才队伍，聘请了12名首席统计师，建立54人的统计调查分析人才库。组建专家队伍，12名有高级统计师职称的干部被选为广西师范大学数学与统计学院研究生毕业论文外审专家库成员，其中3名被聘为硕士研究生指导教师。大力培养年轻干部，2018年以来，选拔任用干部101人，其中，总队机关选拔处级干部14人，市县级调查队选拔处级干部32人，县级调查队选拔班子成员40人，县队科级非领导职务29人，选拔任用对象主要为70末80后干部。积极稳妥推进职级并行，落实相关政策，准确把握各个层级领导班子、各类干部群体的实际情况，加强综合分析研判，有计划、有步骤、有梯次地向前推进职务与职级并行工作。

**（七）健全完善制度机制，提升系统管理规范化水平**

进一步完善考核考评制度，解决基层一线反映强烈的负担过重问题，全系统已整改且建立基层减负长效机制123项；通过压减1/3文会数量、减少

2019年9月25日，广西调查总队在广西文化艺术中心举办广西国家调查队系统“我和我的祖国”系列活动之第十届“中国统计开放日”暨“向梦而歌·国家调查人”文艺展演

2019年11月26日，南宁市市长周红波到广西调查总队及南宁调查队调研座谈

15项单项考核项目、取消绝大部分单项总结材料等措施，切实减轻了基层负担。加快推进完善统计系统管理体制的基层探索，国家统计局南宁调查队、国家统计局柳州调查队、国家统计局贵港调查队业务管理模式试点改革迈出实质性步伐，确定“市管县”业务管理具体内容和工作标准，为建立“市管县”权责对等的业务管理机制作出有益探索。深化财务管理机制改革，建设完成财务管理一体化信息平台，实现网上报账，“县账省管”财务管理模式全面铺开，全系统财务管理工作日益规范。

### （八）切实抓好党风廉政建设，为事业高质量发展营造良好政治生态

建立市县队党组（班子）党风廉政建设定期汇报和市级队纪检组长履职汇报制度，压实领导党风廉政建设“两个责任”。配齐配强纪检监察干部，市队纪检组长、县队副科长级纪检监察员全部到位。深化落实“三转”要求，市队纪检组长分管过多、过重专业等现象有所好转。OA办公系统和财务信息系统使用，进一步规范行政财务管理行为，构筑新的信息化管理廉政防线。重点围绕党的政治建设、思想建设、组织建设、作风建设、纪律建设、制度建设和反腐倡廉等方面完成对12个市县队的政治巡察。加大问责力度，办结1件违纪问题案件，对1名拟提拔副处级干部进行批评教育，对1名市级队主要领导进行诫勉谈话，对1名市级队纪检组长进行批评教育，责令2个市级队党组进行书面检查，做到抓早抓小，有效防微杜渐。

## 【调查数据】

据国家统计局广西调查总队调查统计，2019年，广西居民消费价格指数（CPI）涨幅较大、工业生产者出厂价格（PPI）小幅下降、农产品生产者价格呈现先抑后扬，逐季上涨的态势；农村居民收入较快增长、城镇居民收入稳步增长；主要畜禽生产下降、粮食生产总量下降。

### 一、价格运行态势

#### （一）居民消费价格涨幅较大

2019年，广西居民消费价格上涨3.7%，高于全国平均水平（2.9%）0.8个百分点，居全国各省（自治区、直辖市）第1位，西部第1位。2015—2019年，CPI涨幅连续四年控制在3.0%以下，2019年第一次涨幅超过3.0%。

#### （二）工业生产者出厂价格小幅下降

2019年广西工业生产者出厂价格下降0.7%，比全国平均水平低0.4个百分点，居全国各省（自治区、直辖市）第20位。在西部12个省（自治区、

2019年9月10日，广西调查总队总队联合南宁调查队共同开展“我们的节日中秋—庆中秋　寄月情”主题活动

2019年9月27日，广西调查总队举办广西区直机关第四届职工岗位技能大赛暨广西国家调查队系统农业调查技能竞赛

直辖市）中，广西PPI比涨幅最高的内蒙古低2.8个百分点，位居西部地区第8位。

### （三）农产品生产者价格呈现先抑后扬，逐季上涨的态势

2019年广西农产品生产者价格同比上涨15.5%，其中一季度下跌4.4%，二季度上涨10.6%，三季度上涨22.9%，四季度上涨37.7%，呈现先抑后扬，逐季上涨的态势。从主要品种看，生猪价格上涨52.8%，活家禽上涨12.4%，水果价格上涨18.7%。

## 二、居民收入情况

### （一）全体居民人均可支配收入实际增长4.7%

2019年，广西全体居民人均可支配收入23328元，比上年名义增长8.6%，增幅比全国平均水平低0.3个百分点；扣除价格因素实际增长4.7%，增速比2018年低0.8个百分点。绝对值排全国25位，西部第6位；增速排全国21位，西部第10位。（注：西部省区是指十二个省区市）

### （二）城镇居民收入增长7.1%

2019年广西城镇居民人均可支配收入34745元，比上年名义增长7.1%，增幅比全国平均水平低0.8个百分点；扣除价格因素实际增长3.5%，增速比2018年低0.3个百分点。绝对值排全国22位，西部第7位；增速排全国第25位，西部第10位。

### （三）农村居民收入增长10.0%

2019年广西农村居民人均可支配收入13676元，比上年名义增长10.0%，增幅比全国平均水平高0.4个百分点；扣除价格因素实际增长5.7%，增速比2018年低1.7个百分点。绝对值排名全国第22位，西部第4位；增速排名全国第7位，西部第6位。

2019年12月7日，广西调查总队举办2019年总队机关运动会

## 三、农业生产形势

### （一）粮食总产下降3.0%

2019年广西全年粮食总产量1332.0万吨，比上年减少41.0万吨，下降3.0%。产量排全国第17位，西部第5位；面积排全国第17位，西部第5位；单产排全国第25位，西部第7位。与2018年比较，广西粮食产量、面积、单产在全国排位没有变化。

### （二）主要畜禽产量下降11.4%

2019年猪牛羊禽肉产量370.8万吨，比上年减少11.4%。其中，其中禽肉、牛肉和羊肉产量分别为162.9万吨、12.4万吨和3.5万吨，分别增长17.3%、0.7%和2.9%，猪肉产量192.1万吨，下降27.2%。禽蛋产量25.1万吨，同比增长12.4%；牛奶产量8.7万吨，同比减少1.8%。全年生猪出栏2505.8万头，比上年下降27.7%；年末生猪存栏1599.6万头，同比减少30.4%，其中能繁母猪存栏181.1万头，同比减少31%。总体而言，除生猪生产外，其他畜禽产品生产总体平稳。全年家禽累计出栏为101660万只，同比增长19.7 %；活牛、活羊累计出栏分别为124.6万头和217.5万只，同比分别增长0.8%和3.1%。

## 四、农民工外出务工情况

2019年广西农民工总量为1287.2万人，比上年增加13.6万人，增加1.1%。其中，本地农民工393.0万人，比上年增加31.8万人，增长8.8%，外出农民工894.2万人，比上年减少18.2万人，减少2.0%。广西农民工月均收入水平为3909元，比上年增加297元，增长8.2%。

## 五、贫困监测情况

贫困地区农村居民收入增速高于广西平均水平。2019年广西贫困地区（33个国家贫困监测县）农村居民人均可支配收入11958元，比上年增加1197元，同比增长11.1%，比全区农民收入平均增长水平（10.0%）高1.1个百分点。

2019年12月13日，广西总队组织全体帮扶干部赴百色靖西市开展“携手脱贫奔康共创乡村振兴”活动，在多纳村、弄那村举行了“爱心消费助力脱贫”和太阳能路灯捐赠仪式活动

## 城镇居民家庭人均可支配收入（元）

Per Capita Disposal Income of Urban Households (RMB)

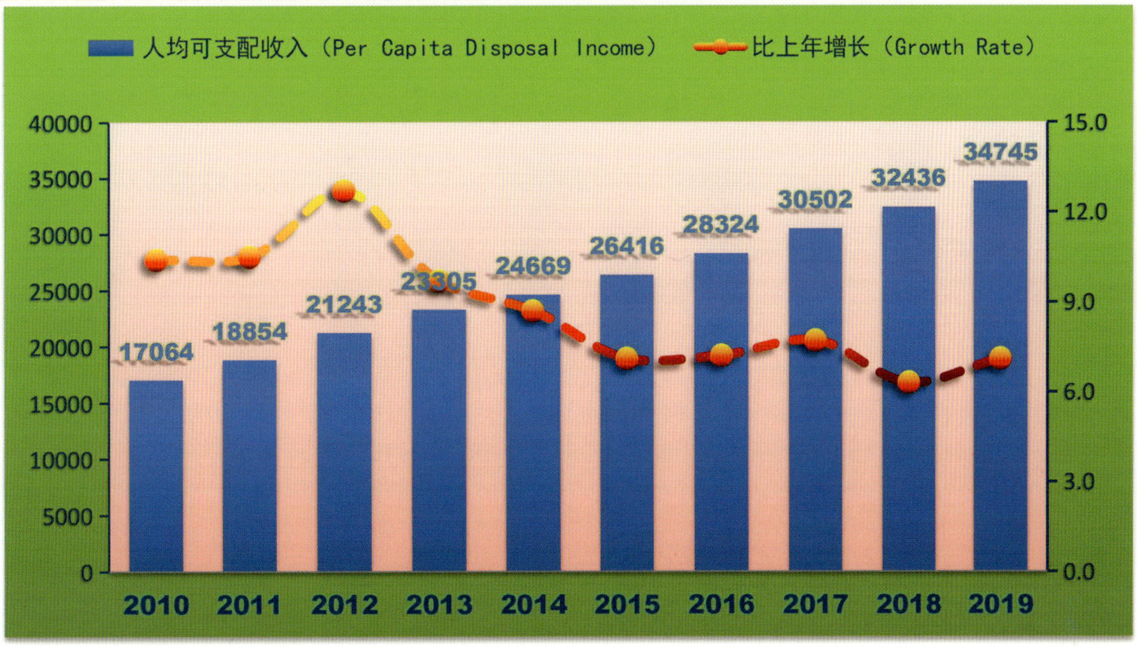


## 城镇居民家庭人均消费支出（元）

Per Capita Consumer Expenditure of Urban Households (RMB)

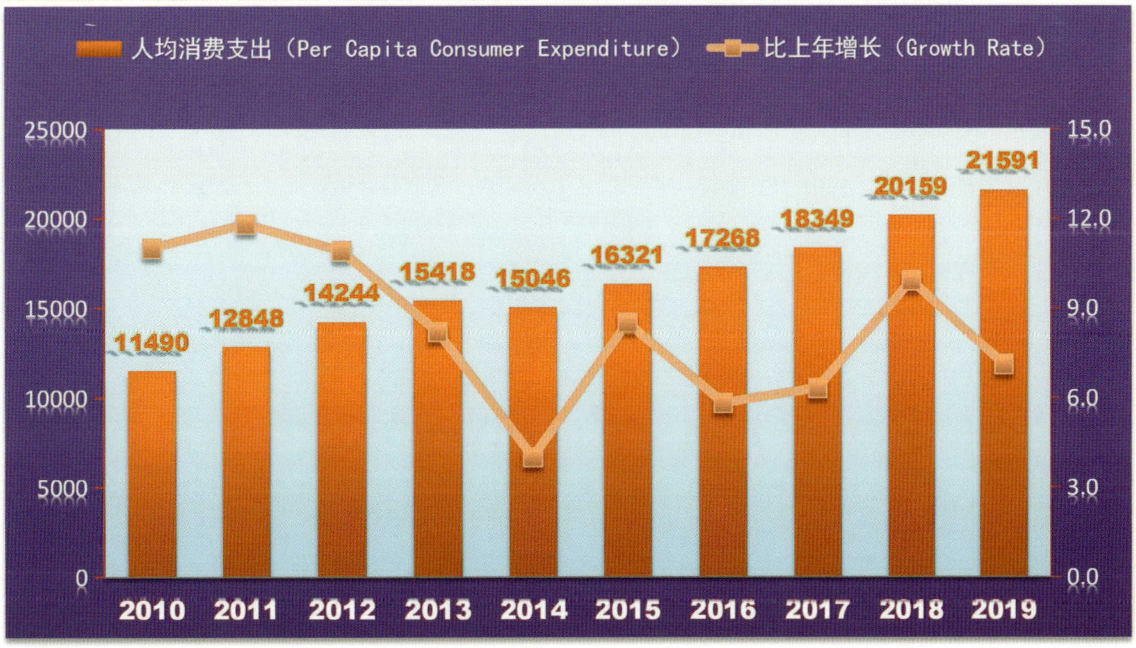


说明：从2014年起，开展城乡一体化的住户收支与生活状况调查，与2013年及以前分别开展的城镇和农村住户调查的调查范围、调查方法、指标口径有所不同。

Note: Started an integrated household income and expenditure survey in 2014.The coverage,methodology and definitions used in the survey are different from those used for the separated urban and rural household surveys prior to 2013.

## 农村居民家庭人均纯收入（元）

Per Capita Net Income of Rural Households (RMB)

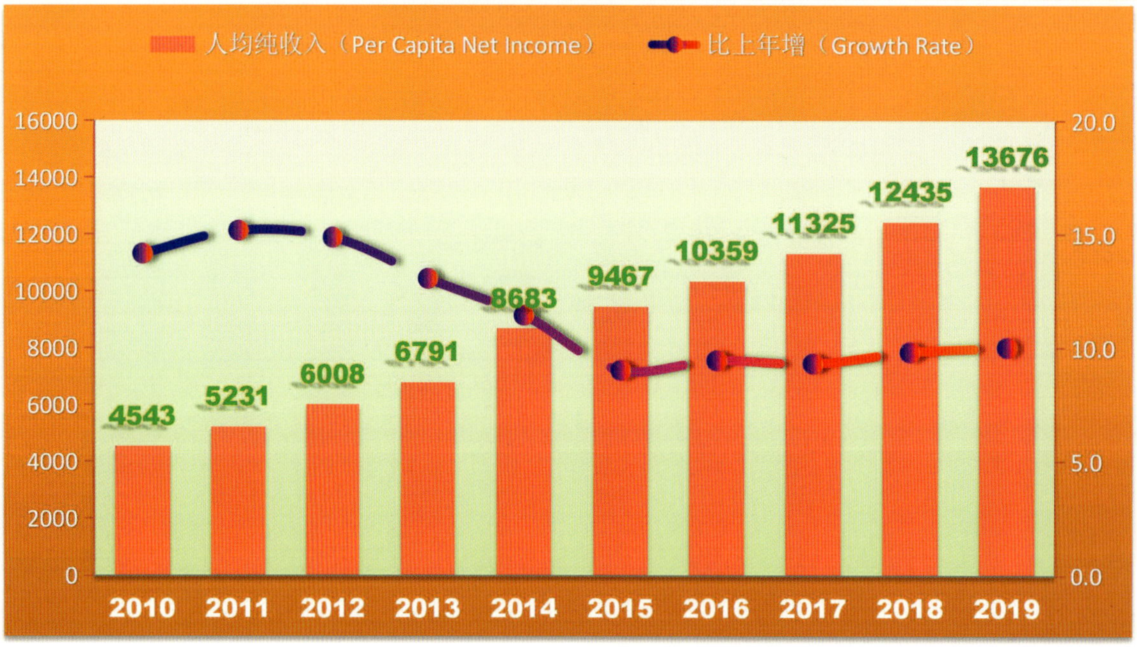


## 农村居民家庭人均生活消费支出（元）

Per Capita Living Expenditure of Rural Households (RMB)

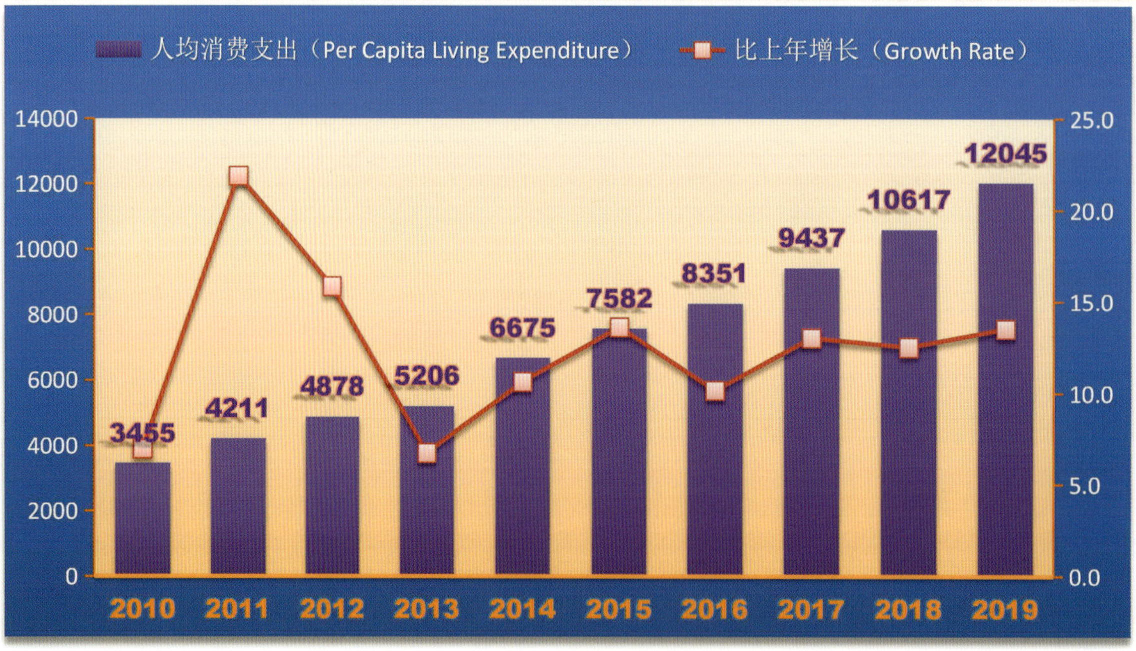


说明：从2014年起，开展城乡一体化的住户收支与生活状况调查，与2013年及以前分别开展的城镇和农村住户调查的调查范围、调查方法、指标口径有所不同（从2015年起农村居民家庭人均纯收入改为农村居民家庭人均可支配收入）。

Note: Started an integrated household income and expenditure survey in 2014.The coverage,methodology and definitions used in the survey are different from those used for the separated urban and rural household surveys prior to 2013 ( From 2015,the per capita net income of rural households is the per capita disposable income of rural households ).

物价指数（上年=100）

Price Indices (Preceding Year=100)

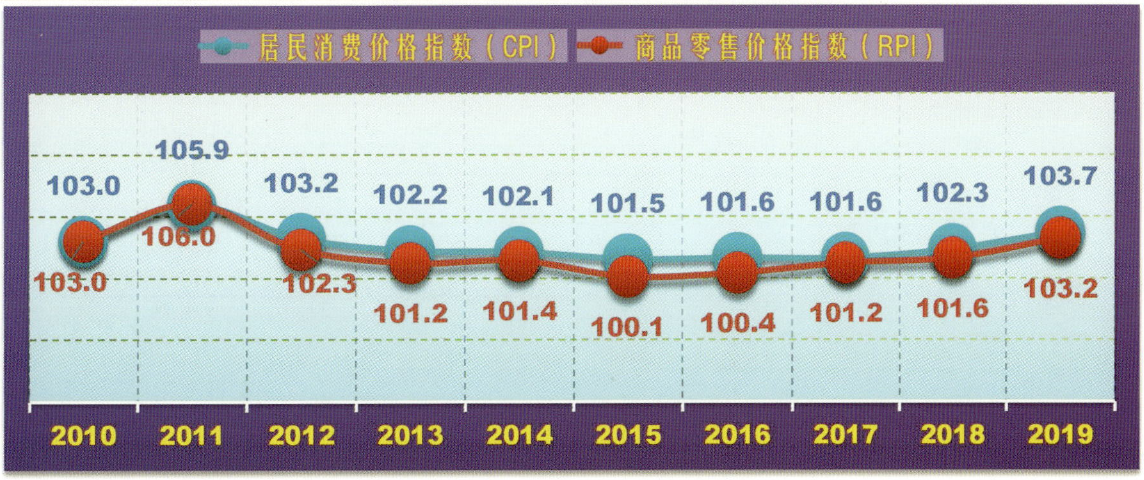


居民消费价格指数（上年=100）

Consumer Price Indices (Preceding Year=100)

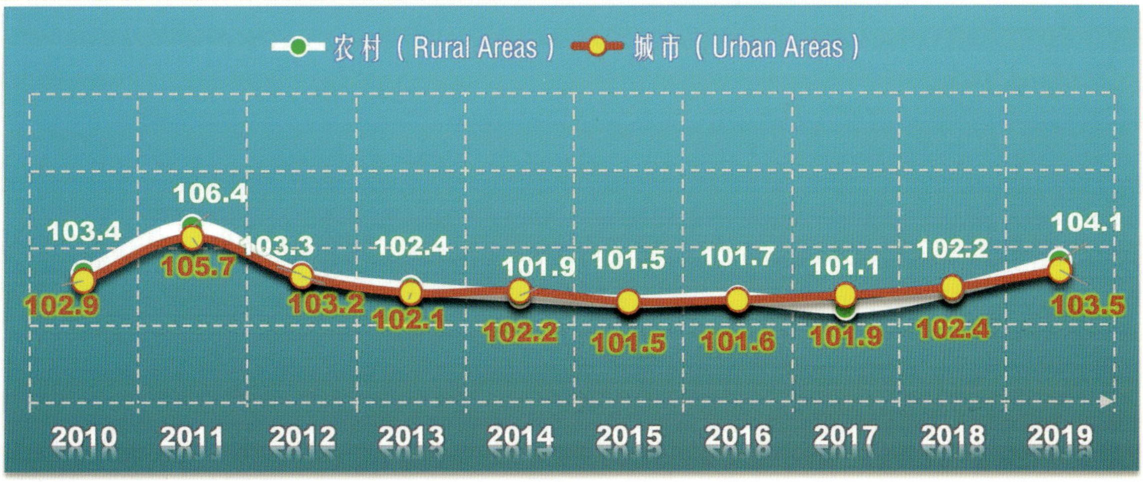


商品零售价格指数（上年=100）

Retail Price Indices (Preceding Year=100)

## 工业生产者出厂价格指数（上年=100）

Producer Price Indices for Industrial Products (Preceding Year=100)

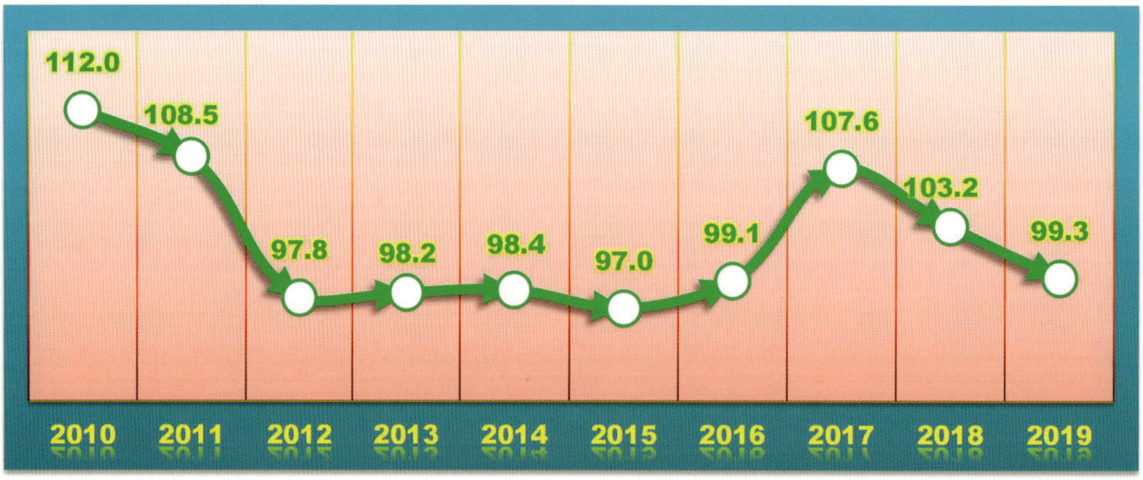


## 工业生产者购进价格指数（上年=100）

Purchasing Price Indices for Industrial Producers (Preceding Year=100)

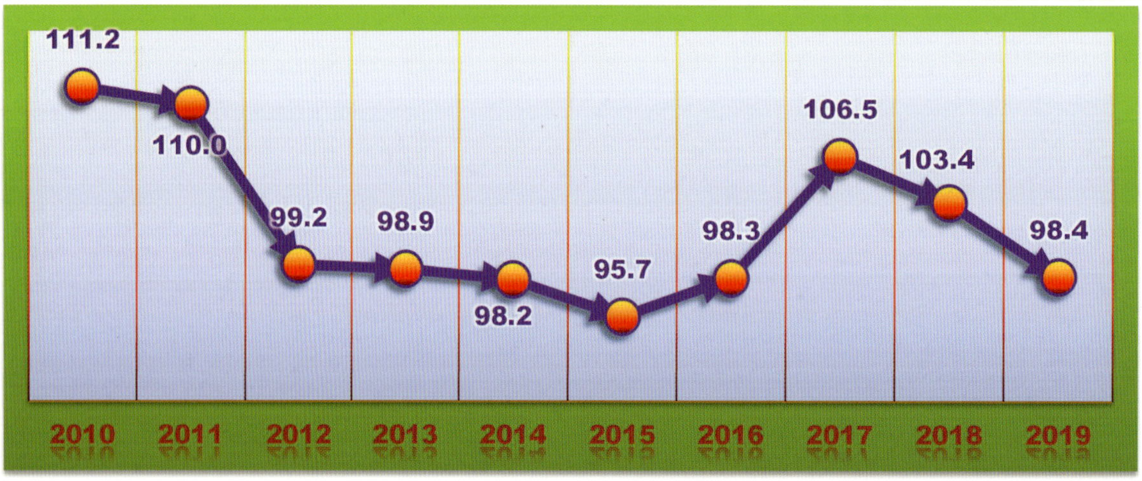


## 固定资产投资价格指数（上年=100）

Price Indices of Investment in Fixed Asset (Preceding Year=100)

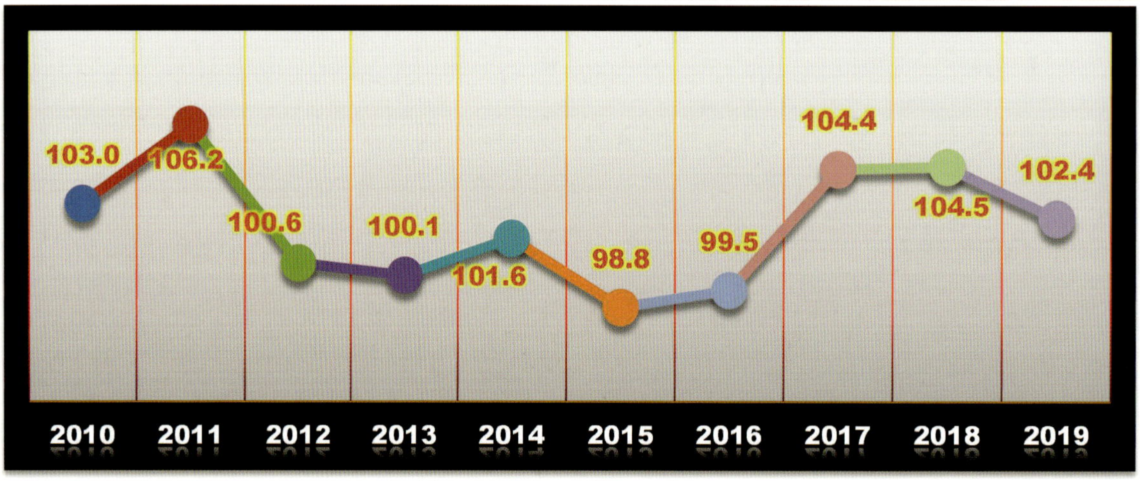

农业生产资料价格指数（上年=100）

Price Indices of Farming Production Material (Preceding Year=100)

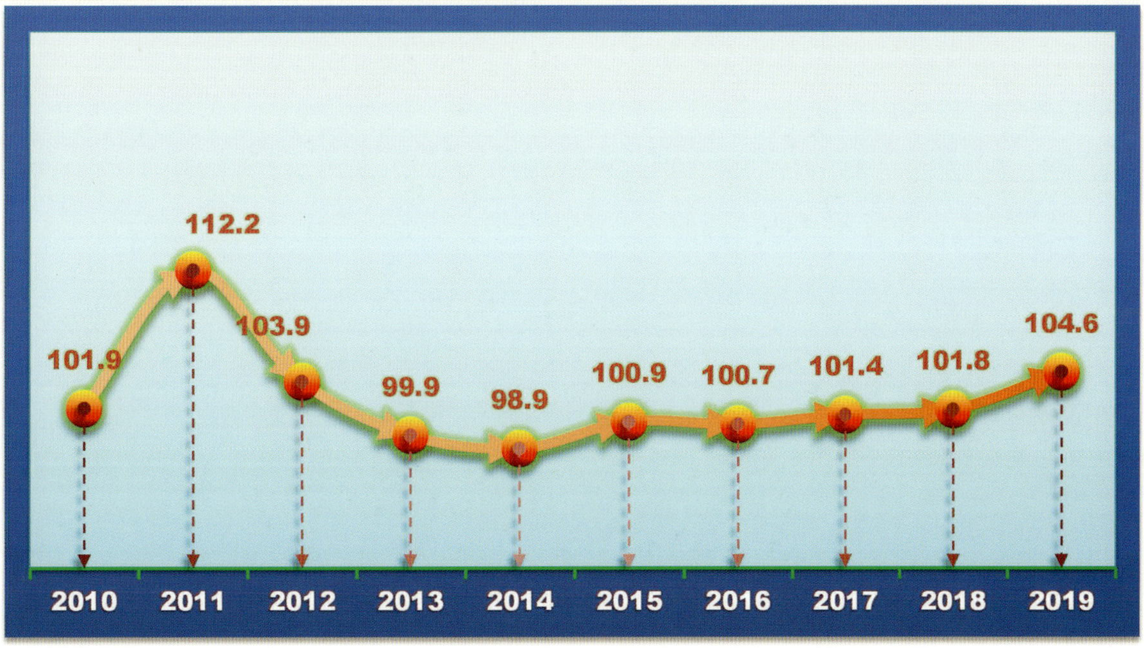


农产品生产价格指数（上年=100）

Indices of Producers' Prices for Farm Products (Preceding Year=100)

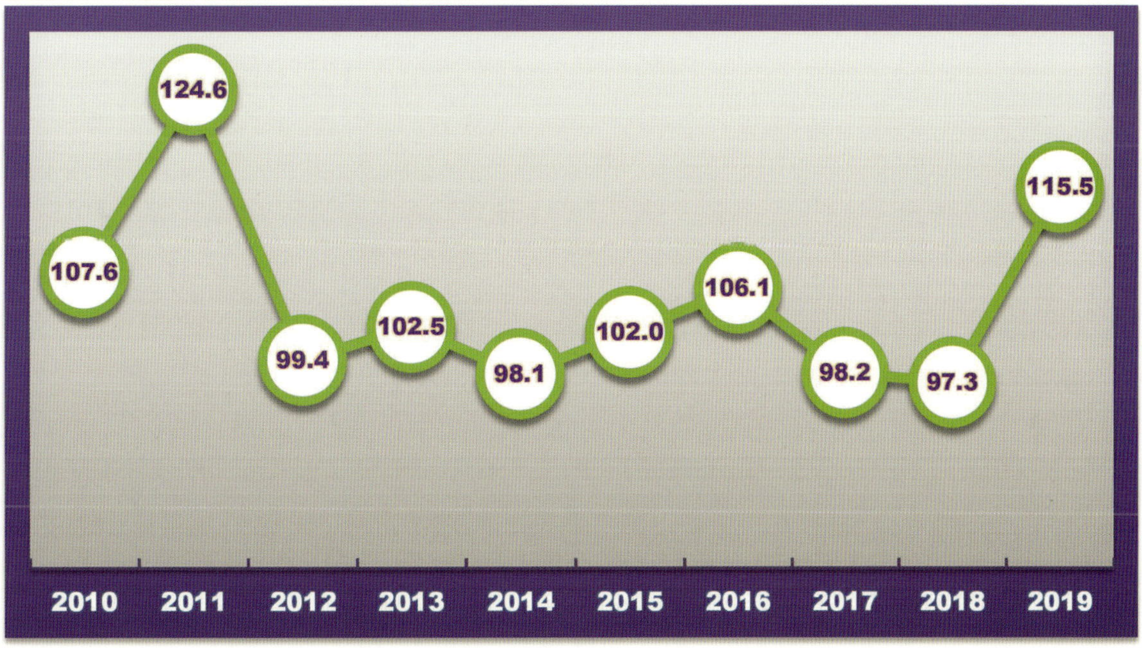

粮食作物播种面积（千公顷）

Sown Area of Grain Crops（1000 hectares）

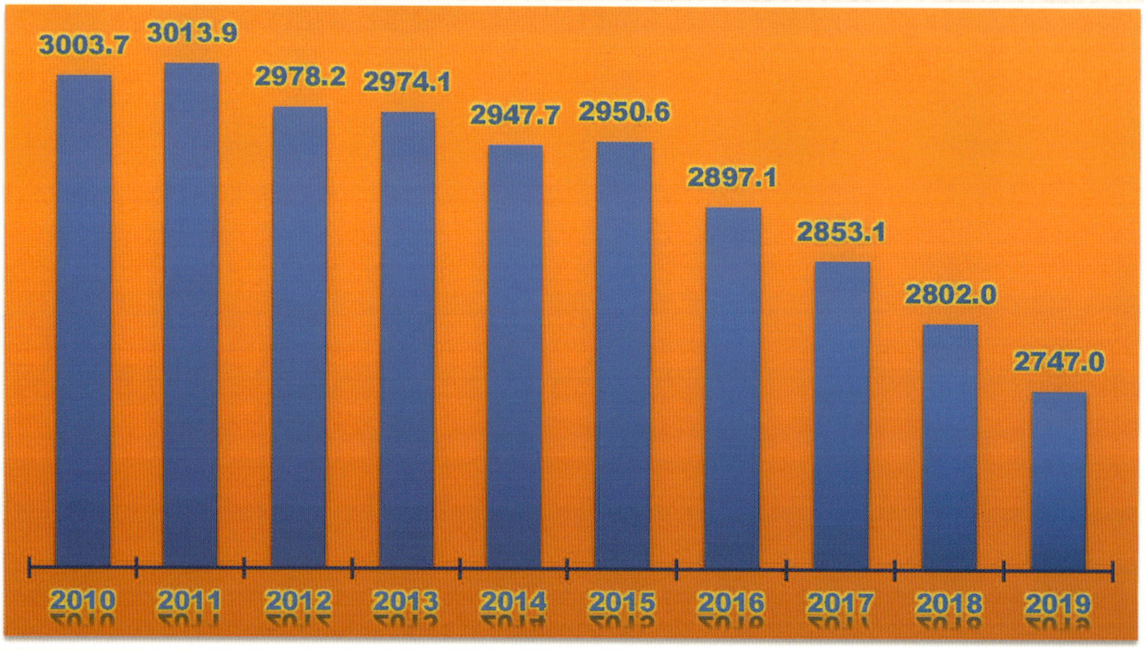


粮食作物总产量（万吨）

Total Output of Grain Crops（10 000 tons）

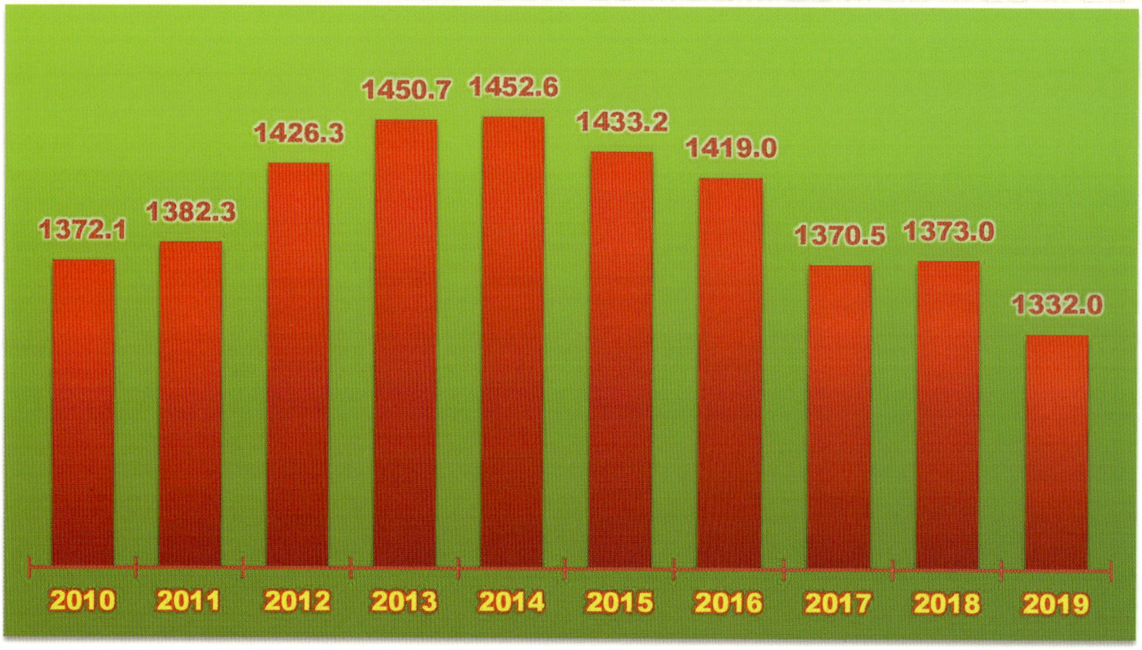

# 第二篇　人民生活

## Chapter 2　People's Livelihood

# 简要说明

**一、本篇资料的主要内容**

本篇资料反映广西人民生活现状及变化情况，分为2013年及以后的城乡一体化住户收支与生活状况调查（简称住户调查），2012年及以前分别开展的城镇住户调查和农村住户调查。

**二、城乡一体化住户收支与生活状况调查数据来源及调查方法**

国家统计局住户调查办公室从2012年四季度起实施城乡一体化住户收支与生活状况抽样调查。主要内容包括：居民收入和消费情况，同时收集反映居民就业、社会保障参与、住房状况、家庭经营和生产投资以及收入分配影响因素等调查内容。

城乡一体化住户收支与生活状况调查是以各省（区、市）为总体，采用分层、多阶段、与人口规模大小成比例的概率抽样方法，随机抽选调查住宅，确定调查户。全国共抽选出1650个县（市、区）的1.6万个调查小区进行全面摸底调查，在此基础上随机等距抽选出住户参加记账调查。其中广西共抽选出约13000户参与住户调查，调查小区和调查户定期进行轮换。

城乡一体化住户收支与生活状况调查是在95%的置信度下，采用调查户记日记账的方式采集居民收支数据，同时辅之以统一的调查问卷，收集与收入支出有关的其他调查内容。所有调查工作由国家统计局派驻各地的调查队及各地统计局完成。各地统计机构使用统一的方法和数据处理程序对原始调查资料进行编码、审核、录入，然后将分户基础数据直接传输至国家统计局广西调查总队统一汇总计算，汇总计算出各地居民可支配收入、城镇居民可支配收入、农村居民可支配收入等收支数据。

根据城乡一体化住户收支与生活状况调查，新口径的城镇和农村居民人均可支配收入等数据的覆盖人群主要变化：一是计算城镇居民人均可支配收入时分母包括了在城镇地区常住的农民工，计算农村居民人均可支配收入时分母不包括在城镇地区常住的农民工；二是由本户供养的在外大学生视为常住人口。新口径的城镇居民和农村居民人均可支配收入及消费等指标口径变化主要是：计算城镇居民和农村居民人均可支配收入和消费支出时，包括了自有住房折算租金。

**三、城镇住户调查数据来源及调查方法**

2012年及以前，国家统计局城市司组织开展城镇住户调查。调查内容主要包括家庭人口及其构成、家庭现金收支、主要商品购买数量及支出金额、劳动就业状况、居住状况和耐用消费品的拥有量等。

调查对象在2001年以前为全国非农业住户，2002至2012年改为全国城市市区和县城关镇区住户。

城镇住户调查采用分层随机抽样的方法确定，首先，按照城镇规模将全国所有省（自治区、直辖市）的城镇划分为三层：第一，大中城市（地级和地级以上的城市）、县级市和县城（镇）。第二，按各层人口占全省（自治区、直辖市）人口的比例来分配每层的样本量。第三，按城镇就业者年人均工资从高到低排队，依次计算各城镇人口累计数，然后根据样本量的大小随机起点等距抽取所需数量的调查城镇。

城镇调查户的抽选工作分两步进行。第一步进行一次性的大样本调查；第二步从大样本调查中抽出一个小样本，作为经常性调查户，开展记账工作。

大样本调查每三年进行一次，其目的主要是为经常性调查提供抽样框和为经常性调查数据评估提供基础资料。在大样本调查中，各调查市、县采取分层、二（多）阶段、与大小成比例（PPS方法）的随机等距方法选取调查样本。即先按区分层，在层内按照PPS方法随机等距抽选调查社区/居委会，在抽中社区/居委会内随机等距抽选调查住宅。部分大城市根据需要可以采用三阶段抽样，即先抽选社区/居委会，再抽选调查小区，最后抽选调查住宅。对选出的大样本或一相样本开展调查，取得调查户家庭人口、就业人口、收入等辅助资料，然后，根据这些资料进行分组，从中按比例抽出一个小样本也称二相样本，作为经常性调查户，开展日记账工作。每年轮换三分之一的经常性调查户。

**四、农村住户调查数据来源及调查方法**

2012年及以前，国家统计局农村司组织开展农村住户调查。主要内容包括农村居民家庭基本情况、住房情况、收入、生活消费支出、主要食品消费量、耐用消费品拥有量等。

农村住户调查是以各省（自治区、直辖市）为总体，直接抽选调查村，在抽中村中抽选调查户。综合运用多种抽样方法确定住户调查网点，农村住户调查在95%的概率把握程度下要求抽样误差不得超过±3%。

为解决调查户的厌烦情绪及样本老化问题，增强抽样调查网点的代表性，更加准确、及时地反映农村社会经济情况，对农村住户调查网点实行样本轮换制度，每五年为一个周期。

# 2-1　城镇居民人均收支及恩格尔系数（1981—2019年）

## Per Capita Income and Expenditure & Engle's Coefficient of Urban Households（1981—2019）

| 年　份<br>Year | 城镇居民人均可支配收入<br>Per Capita Disposable Income of Urban Households | | 城镇居民人均消费支出<br>Per Capita Consumption Expenditure of Urban Households | | 城镇居民恩格尔系数（%）<br>Engel's Coefficient of Urban Households（%） |
|---|---|---|---|---|---|
| | 绝对数（元）<br>Value（yuan） | 比上年±%<br>Growth Rate Over Preceding Year（%） | 绝对数（元）<br>Value（yuan） | 比上年±%<br>Growth Rate Over Preceding Year（%） | |
| 1981 | 429 | | 423 | | 58.7 |
| 1982 | 427 | -0.6 | 442 | 4.5 | 60.4 |
| 1983 | 444 | 4.1 | 466 | 5.3 | 61.4 |
| 1984 | 563 | 26.8 | 542 | 16.4 | 57.9 |
| 1985 | 683 | 21.4 | 664 | 22.5 | 56.6 |
| 1986 | 784 | 14.7 | 740 | 11.4 | 58.0 |
| 1987 | 899 | 14.7 | 861 | 16.4 | 59.1 |
| 1988 | 1159 | 28.9 | 1198 | 39.2 | 54.6 |
| 1989 | 1304 | 12.5 | 1296 | 8.2 | 59.3 |
| 1990 | 1448 | 11.0 | 1338 | 3.2 | 58.6 |
| 1991 | 1614 | 11.4 | 1584 | 18.4 | 55.3 |
| 1992 | 2104 | 30.4 | 1740 | 9.9 | 55.9 |
| 1993 | 2895 | 37.6 | 2303 | 32.4 | 53.7 |
| 1994 | 3981 | 37.5 | 3327 | 44.5 | 50.4 |
| 1995 | 4792 | 20.4 | 4046 | 21.6 | 51.0 |
| 1996 | 5033 | 5.0 | 4339 | 7.3 | 50.4 |
| 1997 | 5110 | 1.5 | 4453 | 2.6 | 47.5 |
| 1998 | 5412 | 5.9 | 4381 | -1.6 | 46.3 |
| 1999 | 5620 | 3.8 | 4587 | 4.7 | 44.3 |
| 2000 | 5834 | 3.8 | 4852 | 5.8 | 39.9 |
| 2001 | 6666 | 14.3 | 5225 | 7.7 | 37.7 |
| 2002 | 7315 | 9.8 | 5413 | 3.6 | 40.7 |
| 2003 | 7785 | 6.4 | 5763 | 6.5 | 40.0 |
| 2004 | 8177 | 5.0 | 5862 | 1.7 | 44.0 |
| 2005 | 8917 | 9.0 | 6424 | 9.6 | 42.5 |
| 2006 | 9899 | 11.0 | 6792 | 5.7 | 42.1 |
| 2007 | 12200 | 23.2 | 8151 | 20.0 | 41.7 |
| 2008 | 14146 | 16.0 | 9627 | 18.1 | 42.4 |
| 2009 | 15451 | 9.2 | 10352 | 7.5 | 39.9 |
| 2010 | 17064 | 10.4 | 11490 | 11.0 | 38.1 |
| 2011 | 18854 | 10.5 | 12848 | 11.8 | 39.5 |
| 2012 | 21243 | 12.7 | 14244 | 10.9 | 39.0 |
| 2013 | 23305 | 9.7 | 15418 | 8.2 | 37.9 |
| 2014 | 24669 | 8.7 | 15046 | 4.0 | 35.2 |
| 2015 | 26416 | 7.1 | 16321 | 8.5 | 34.4 |
| 2016 | 28321 | 7.2 | 17268 | 5.8 | 34.4 |
| 2017 | 30502 | 7.7 | 18349 | 6.3 | 33.2 |
| 2018 | 32436 | 6.3 | 20159 | 9.9 | 30.7 |
| 2019 | 34745 | 7.1 | 21591 | 7.1 | 30.5 |

注：1. 1992年及以前可支配收入为生活费收入；2. 从2014年起，开展城乡一体化的住户收支与生活状况调查，与2013年及以前分别开展的城镇和农村住户调查的调查范围、调查方法、指标口径有所不同（以下相关表同）。

Note: 1.Disposable income is income from living expenses before 1992 and before；2.Started an integrated household income and expenditure survey in 2014. The coverage, methodology and definitions used in the survey are different from those used for the separated urban and rural household surveys prior to 2013 (The same applies to the relevant tables following).

# 2-2 城镇居民家庭基本情况

## Basic Conditions of Urban Households

单位：人 (person)

| 指 标 | Item | 2018 | 2019 |
|---|---|---|---|
| **年末住户常住成员数（人）** | **Number of Permanent Residents Per Households（person）** | **8340** | **8245** |
| **调查样本住户数（户）** | **Number of Households Surveyed Sample（household）** | **2330** | **2330** |
| **年末人均自有现住房面积（平方米）** | **Per Capita Floor Space of Houses（sq.m）** | **40.6** | **41.7** |
| **常住成员从业人数** | **Number of Employed by Permanent Residents** | **4103** | **3983** |
| **户主文化程度** | **Degree of Education of Householder** | | |
| 未上过学 | Not in School | 18 | 15 |
| 小学 | Primary School | 400 | 385 |
| 初中 | Junior Secondary Schools | 868 | 873 |
| 高中 | Senior Secondary School | 565 | 566 |
| 大学专科 | Junior College | 296 | 308 |
| 大学本科 | Undergraduate College | 169 | 170 |
| 研究生 | Graduate Student | 14 | 13 |
| **常住从业人员就业类型** | **Employed Types of Permanent Residents** | | |
| 雇主 | Employer | 50 | 44 |
| 公职人员 | Public Officers | 158 | 135 |
| 事业单位人员 | Business Unit Personnel | 307 | 295 |
| 国有企业雇员 | State-owned Enterprises Employee | 151 | 151 |
| 其他雇员 | Other Employees | 2102 | 2160 |
| 农业自营 | Agricultural Own Business | 749 | 616 |
| 非农自营 | Non Agricultural Own Business | 586 | 582 |
| **常住从业人员从事主要行业** | **Engaged in Major Industries of Permanent Residents** | | |
| 第一产业 | Primary Industry | 804 | 686 |
| 第二产业 | Secondary Industry | 725 | 754 |
| 第三产业 | Tertiary Industry | 2574 | 2543 |

# 2-3　城镇居民人均收入与支出

## Per Capita Disposable Income and Consumption Expenditure of Urban Households

单位：元　　　　　　　　　　　　　　　　　　　　　　　　　　　　（yuan）

| 指　标 | Item | 2018 | 2019 |
|---|---|---|---|
| **可支配收入** | **Disposable Income** | **32436** | **34745** |
| 工资性收入 | Income from Wages and Salaries | 18084 | 19344 |
| 工资 | Wages | 16980 | 18138 |
| 实物福利 | Benefit in Kind | 110 | 156 |
| 其他 | Other | 994 | 1050 |
| 经营净收入 | Net Business Income | 5595 | 5965 |
| 第一产业经营净收入 | Net Business Income of Primary Industry | 960 | 966 |
| 农业 | Agriculture | 424 | 567 |
| 林业 | Forestry | 109 | 104 |
| 牧业 | Animal Husbandry | 405 | 280 |
| 渔业 | Fishery | 22 | 15 |
| 第二产业经营净收入 | Net Business Income of Secondary Industry | 761 | 822 |
| 第三产业经营净收入 | Net Business Income of Tertiary Industry | 3874 | 4177 |
| 财产净收入 | Property Net Income | 2889 | 2932 |
| 转移净收入 | Transfer Net Income | 5868 | 6504 |
| 转移性收入 | Income form Transfer | 7767 | 8519 |
| # 养老金或离退休金 | # Pensions and Retirement Pay | 5945 | 6054 |
| 转移性支出 | Transfer Expenditure | 1899 | 2015 |
| # 社会保障支出 | # Social Secuity Expenditure | 1466 | 1666 |
| **按收入五等份分组的城镇居民人均可支配收入** | **Per Capita Disposable Income of Urban Households by Income Quintile** | | |
| 低收入户（20%） | Low Income Households | 12288 | 12891 |
| 中等偏下户（20%） | Lower Middle Income Households | 21623 | 22432 |
| 中等收入户（20%） | Middle Income Households | 29646 | 31752 |
| 中等偏上户（20%） | Upper Middle Income Households | 42609 | 44710 |
| 高收入户（20%） | High Income Households | 75550 | 81383 |
| **消费支出** | **Consumption Expenditure** | **20159** | **21591** |
| 食品烟酒 | Food, Tobacco and Liquor | 6180 | 6578 |
| 衣着 | Clothing | 968 | 974 |
| 居住 | Residence | 4236 | 4468 |
| 生活用品及服务 | Household Facilities, Articles and Services | 1254 | 1256 |
| 交通通信 | Transport and Communications | 2903 | 3176 |
| 教育文化娱乐 | Education, Cultural and Recreation | 2467 | 2609 |
| 医疗保健 | Health Care and Medical Services | 1699 | 2071 |
| 其他用品和服务 | Other Goods and Services | 452 | 459 |

# 2-4 城镇居民人均现金收入与支出

## Per Capita Cash Income and Expenditure of Urban Households

单位：元 （yuan）

| 指　标 | Item | 2018 | 2019 |
|---|---|---|---|
| **现金可支配收入** | **Cash Disposable Income** | **30856** | **32596** |
| 现金工资性收入 | Cash Income from Wages and Salaries | 17973 | 19187 |
| 工资 | Wages | 16979 | 18138 |
| 其他 | Other | 994 | 1049 |
| 现金经营净收入 | Cash Net Business Income | 5966 | 6165 |
| 第一产业现金经营净收入 | Cash Net Business Income of Primary Industry | 862 | 841 |
| 农业 | Agriculture | 325 | 470 |
| 林业 | Forestry | 101 | 93 |
| 牧业 | Animal Husbandry | 415 | 266 |
| 渔业 | Fishery | 21 | 12 |
| 第二产业现金经营净收入 | Cash Net Business Income of Secondary Industry | 982 | 978 |
| 第三产业现金经营净收入 | Cash Net Business Income of Tertiary Industry | 4122 | 4346 |
| 现金财产净收入 | Cash Property Net Income | 1502 | 1528 |
| 现金转移净收入 | Cash Transfer Net Income | 5415 | 5716 |
| 现金转移性收入 | Cash Income form Transfer | 7315 | 7731 |
| # 养老金或离退休金 | # Pensions and Retirement Pay | 5945 | 6054 |
| 现金转移性支出 | Cash Transfer Expenditure | 1900 | 2015 |
| # 社会保障支出 | # Social Security Expenditure | 1466 | 1666 |
| **现金消费支出** | **Cash Consumption Expenditure** | **16966** | **17910** |
| 食品烟酒 | Food, Tobacco and Liquor | 5968 | 6305 |
| 衣着 | Clothing | 967 | 973 |
| 居住 | Residence | 1729 | 1844 |
| 生活用品及服务 | Household Facilities, Articles and Services | 1212 | 1197 |
| 交通通信 | Transport and Communications | 2899 | 3173 |
| 教育文化娱乐 | Education, Cultural and Recreation | 2465 | 2608 |
| 医疗保健 | Health Care and Medical Services | 1284 | 1361 |
| 其他用品和服务 | Other Goods and Services | 442 | 449 |

# 2-5 城镇居民人均消费支出

## Per Capita Consumption Expenditurc of Urban Households

单位：元 （yuan）

| 指 标 | Item | 2018 | 2019 |
|---|---|---|---|
| **消费支出** | **Consumption Expenditure** | **20159** | **21591** |
| 食品烟酒 | Food, Tobacco and Liquor | 6180 | 6578 |
| 食品 | Food | 4499 | 4657 |
| 烟酒 | Tobacco and Liquor | 317 | 328 |
| 饮料 | Beverages | 94 | 101 |
| 饮食服务 | Catering Services | 1270 | 1492 |
| 衣着 | Clothing | 968 | 974 |
| 衣类 | Clothes | 796 | 808 |
| 鞋类 | Footwear | 172 | 166 |
| 居住 | Residence | 4236 | 4468 |
| 租赁房房租 | Rental Housing Accommodation | 190 | 144 |
| 住房维修及管理 | Housing Maintenance and Management | 717 | 881 |
| 水电燃料及其他 | Water, Electricity and Other Fuels | 831 | 834 |
| 自有住房折算租金 | Owned Housing of Convert Rent | 2498 | 2609 |
| 生活用品及服务 | Household Facilities, Articles and Services | 1254 | 1256 |
| 家具及室内装饰品 | Furniture and Interior Decorations | 201 | 175 |
| 家用器具 | Household Appliances | 298 | 336 |
| 家用纺织品 | Home Textiles | 110 | 112 |
| 家庭日用杂品 | The Family Daily Sundry Goods | 309 | 288 |
| 个人用品 | Personal Products | 239 | 231 |
| 家庭服务 | Household Service | 97 | 114 |
| 交通通信 | Transport and Communications | 2903 | 3176 |
| 交通 | Transport | 2170 | 2514 |
| 通信 | Communications | 733 | 662 |
| 教育文化娱乐 | Education, Cultural and Recreation | 2467 | 2609 |
| 教育 | Education | 1552 | 1779 |
| 文化娱乐 | Cultural and Recreation | 915 | 830 |
| 医疗保健 | Health Care and Medical Services | 1699 | 2071 |
| 医疗器具及药品 | Medical Apparatus and Drugs | 473 | 417 |
| 医疗服务 | Medical Services | 1226 | 1654 |
| 其他用品和服务 | Other Goods and Services | 452 | 459 |
| 其他用品 | Other Goods | 182 | 185 |
| 其他服务 | Other Services | 270 | 274 |

# 2-6　城镇居民人均现金消费支出

## Per Capita Cash Consumption Expenditure of Urban Households

单位：元　　　　(yuan)

| 指　标 | Item | 2018 | 2019 |
|---|---|---|---|
| **现金消费支出** | **Cash Consumption Expenditure** | **16966** | **17910** |
| 食品烟酒 | Food, Tobacco and Liquor | 5968 | 6305 |
| 食品 | Food | 4344 | 4475 |
| 烟酒 | Tobacco and Liquor | 317 | 328 |
| 饮料 | Beverages | 94 | 101 |
| 饮食服务 | Catering Services | 1213 | 1401 |
| 衣着 | Clothing | 967 | 973 |
| 衣类 | Clothes | 795 | 808 |
| 鞋类 | Footwear | 172 | 165 |
| 居住 | Residence | 1729 | 1844 |
| 租赁房房租 | Rental Housing Accommodation | 190 | 143 |
| 住房维修及管理 | Housing Maintenance and Management | 717 | 881 |
| 水电燃料及其他 | Water, Electricity and Other Fuels | 822 | 820 |
| 生活用品及服务 | Household Facilities, Articles and Services | 1212 | 1197 |
| 家具及室内装饰品 | Furniture and Interior Decorations | 201 | 176 |
| 家用器具 | Household Appliances | 298 | 336 |
| 家用纺织品 | Home Textiles | 110 | 112 |
| 家庭日用杂品 | The Family Daily Sundry Goods | 267 | 228 |
| 个人用品 | Personal Products | 239 | 231 |
| 家庭服务 | Household Service | 97 | 114 |
| 交通通信 | Transport and Communications | 2899 | 3173 |
| 交通 | Transport | 2166 | 2511 |
| 通信 | Communications | 733 | 662 |
| 教育文化娱乐 | Education, Cultural and Recreation | 2465 | 2608 |
| 教育 | Education | 1552 | 1779 |
| 文化娱乐 | Cultural and Recreation | 913 | 829 |
| 医疗保健 | Health Care and Medical Services | 1284 | 1361 |
| 医疗器具及药品 | Medical Apparatus and Drugs | 473 | 416 |
| 医疗服务 | Medical Services | 811 | 945 |
| 其他用品和服务 | Other Goods and Services | 442 | 449 |
| 其他用品 | Other Goods | 177 | 182 |
| 其他服务 | Other Services | 265 | 267 |

## 2-7　城镇居民人均主要食品消费量

## Per Capita Consumption of Major Foods of Urban Households

| 指　标 | Item | 单位 | Unit | 2018 | 2019 |
|---|---|---|---|---|---|
| 粮食 | Grain | 千克 | kg | 97.2 | 95.6 |
| 谷物 | Cereal | 千克 | kg | 89.5 | 87.3 |
| 薯类 | Tuber | 千克 | kg | 1.3 | 1.3 |
| 豆类 | Beans and the Products | 千克 | kg | 6.3 | 7.0 |
| 大豆 | Soybean | 千克 | kg | 0.4 | 0.4 |
| 油脂类 | Grease | 千克 | kg | 7.6 | 7.9 |
| 植物油 | Vegetable Oil | 千克 | kg | 6.8 | 7.3 |
| 蔬菜及菜制品 | Vegetable and Vegetable Products | 千克 | kg | 92.8 | 94.6 |
| 鲜菜 | Fresh Vegetables | 千克 | kg | 89.0 | 90.7 |
| 肉类 | Meat | 千克 | kg | 38.3 | 31.5 |
| 猪肉 | Pork | 千克 | kg | 31.6 | 25.2 |
| 牛肉 | Beef | 千克 | kg | 2.9 | 3.2 |
| 羊肉 | Mutton | 千克 | kg | 0.9 | 0.8 |
| 禽类 | Poultry | 千克 | kg | 19.8 | 24.8 |
| 水产品 | Aquatic Products | 千克 | kg | 13.0 | 16.6 |
| 蛋类及蛋制品 | Eggs and Egg Products | 千克 | kg | 6.5 | 6.9 |
| 奶和奶制品 | Milk and Milk Products | 千克 | kg | 9.2 | 8.1 |
| 干鲜瓜果类 | Dried and Fresh Melons and Fruits | 千克 | kg | 50.9 | 52.2 |
| 鲜瓜果 | Fresh Melons and Fruits | 千克 | kg | 47.1 | 48.8 |
| 坚果类 | Nuts and Processed Products | 千克 | kg | 2.9 | 2.6 |
| 糖果糕点类 | Sweets and Cakes | 千克 | kg | 5.6 | 5.5 |
| # 食糖 | # Suger | 千克 | kg | 1.4 | 1.2 |

## 2-8　城镇居民平均每百户年末主要耐用消费品拥有量

## Main Durable Goods Owned Per 100 Urban Households

| 指　标 | Item | 单位 | Unit | 2018 | 2019 |
|---|---|---|---|---|---|
| 家用汽车 | Automobile | 辆 | unit | 40.3 | 43.3 |
| 摩托车 | Motorcycle | 辆 | unit | 32.7 | 31.8 |
| 助力车 | Electric Bicycle | 辆 | unit | 89.4 | 98.8 |
| 洗衣机 | Washing Machine | 台 | set | 98.6 | 101.5 |
| 电冰箱（柜） | Refrigerator | 台 | set | 102.8 | 105.1 |
| 微波炉 | Microwave Oven | 台 | set | 65.0 | 67.6 |
| 彩色电视机 | Color Television Set | 台 | set | 110.3 | 112.4 |
| 空调 | Air Conditioner | 台 | set | 158.5 | 170.0 |
| 热水器 | Water Heater | 台 | set | 103.4 | 107.0 |
| 排油烟机 | Vacuum Cleaner | 台 | set | 65.2 | 69.3 |
| 固定电话 | Telephone | 部 | set | 19.6 | 9.1 |
| 移动电话 | Mobile Telephone | 部 | set | 269.1 | 277.0 |
| 计算机 | Computer | 台 | set | 79.7 | 79.2 |
| 照相机 | Camera | 架 | set | 20.5 | 18.8 |

# 2-9 农村居民人均收支及恩格尔系数（1981—2019年）

## Per Capita Income and Expenditure & Engle's Coefficient of Rural Households（1981—2019）

| 年 份<br>Year | 农村居民人均纯收入（元）<br>Per Capita Net Income of Rural Households（yuan） | 比上年±%<br>Growth Rate Over Preceding Year（%） | 农村居民人均消费支出（元）<br>Per Capita Consumption Expenditure of Rural Households（yuan） | 比上年±%<br>Growth Rate Over Preceding Year（%） | # 食品消费支出（元）<br># Food Expenditure（yuan） | 比上年±%<br>Growth Rate Over Preceding Year（%） | 农村居民恩格尔系数（%）<br>Engel's Coefficient of Rural Households（%） |
|---|---|---|---|---|---|---|---|
| 1981 | 204 | 17.6 | 171 | 13.6 | 116 | 20.9 | 67.6 |
| 1982 | 235 | 15.4 | 210 | 22.6 | 139 | 20.0 | 66.2 |
| 1983 | 262 | 11.2 | 224 | 6.6 | 148 | 6.6 | 66.2 |
| 1984 | 267 | 2.1 | 238 | 6.1 | 154 | 3.6 | 64.6 |
| 1985 | 303 | 13.4 | 268 | 12.9 | 167 | 8.6 | 62.2 |
| 1986 | 316 | 4.3 | 284 | 5.8 | 176 | 5.3 | 61.9 |
| 1987 | 354 | 12.0 | 309 | 9.0 | 192 | 9.2 | 62.1 |
| 1988 | 424 | 19.9 | 362 | 17.0 | 216 | 12.4 | 59.6 |
| 1989 | 483 | 13.9 | 419 | 15.8 | 244 | 13.2 | 58.3 |
| 1990 | 639 | 32.4 | 537 | 28.1 | 346 | 41.6 | 64.4 |
| 1991 | 658 | 2.9 | 581 | 8.2 | 360 | 4.1 | 62.0 |
| 1992 | 732 | 11.2 | 616 | 6.1 | 381 | 5.8 | 61.8 |
| 1993 | 885 | 21.0 | 705 | 14.4 | 448 | 17.6 | 63.6 |
| 1994 | 1107 | 25.1 | 926 | 31.4 | 552 | 23.2 | 59.6 |
| 1995 | 1446 | 30.6 | 1143 | 23.4 | 700 | 26.9 | 61.3 |
| 1996 | 1703 | 17.8 | 1399 | 22.4 | 795 | 14.6 | 56.8 |
| 1997 | 1875 | 10.1 | 1376 | -1.7 | 800 | 0.6 | 58.2 |
| 1998 | 1972 | 5.2 | 1415 | 2.8 | 809 | 1.1 | 57.2 |
| 1999 | 2048 | 3.9 | 1457 | 3.0 | 849 | 5.0 | 58.3 |
| 2000 | 1865 | -9.0 | 1488 | 2.1 | 825 | -2.9 | 55.4 |
| 2001 | 1944 | 4.3 | 1551 | 4.2 | 811 | -1.7 | 52.3 |
| 2002 | 2013 | 3.5 | 1686 | 8.7 | 875 | 7.9 | 51.9 |
| 2003 | 2095 | 4.1 | 1751 | 3.9 | 899 | 2.7 | 51.3 |
| 2004 | 2305 | 10.1 | 1929 | 10.1 | 1048 | 16.5 | 54.3 |
| 2005 | 2495 | 8.2 | 2350 | 21.8 | 1187 | 13.3 | 50.5 |
| 2006 | 2771 | 11.1 | 2414 | 2.7 | 1196 | 0.8 | 49.6 |
| 2007 | 3224 | 16.4 | 2747 | 13.8 | 1379 | 15.3 | 50.2 |
| 2008 | 3690 | 14.5 | 2985 | 8.7 | 1595 | 15.7 | 53.4 |
| 2009 | 3980 | 7.9 | 3231 | 8.2 | 1573 | -1.4 | 48.7 |
| 2010 | 4543 | 14.1 | 3455 | 6.9 | 1675 | 6.5 | 48.5 |
| 2011 | 5231 | 15.1 | 4211 | 21.9 | 1845 | 10.1 | 43.8 |
| 2012 | 6008 | 14.8 | 4878 | 15.8 | 2086 | 13.1 | 42.8 |
| 2013 | 6791 | 13.0 | 5206 | 6.7 | 2085 | -0.1 | 40.1 |
| 2014 | 8683 | 11.4 | 6675 | 10.6 | 2463 | 11.2 | 36.9 |
| 2015 | 9467 | 9.0 | 7582 | 13.6 | 2681 | 8.8 | 35.4 |
| 2016 | 10359 | 9.4 | 8351 | 10.2 | 2880 | 7.5 | 34.5 |
| 2017 | 11325 | 9.3 | 9437 | 13.0 | 3043 | 5.6 | 32.2 |
| 2018 | 12435 | 9.8 | 10617 | 12.5 | 3195 | 5.0 | 30.1 |
| 2019 | 13676 | 10.0 | 12045 | 13.5 | 3724 | 16.6 | 30.9 |

注：从2014年起，农民收支数据为新口径数据，收入为农村常住居民人均可支配收入，支出为农村常住居民人均消费支出，与2013年及以前的数据不可比。

Note: 2014 farmers' income and expenditure data for the new caliber data, income for rural residents per capita disposable income, expenditure for rural residents per capita consumption, Compared with 2013 and previous data.

# 2-10　农村居民家庭基本情况

## Basic Conditions of Rural Households

单位：人　　(person)

| 指　标 | Item | 2018 | 2019 |
|---|---|---|---|
| **年末住户常住成员数（人）** | **Number of Permanent Residents Per Households（person）** | **9787** | **9643** |
| **调查样本住户数（户）** | **Number of Households Surveyed Sample（household）** | **2670** | **2670** |
| **年末人均自有现住房面积（平方米）** | **Per Capita Floor Space of Houses（sq.m）** | **49.7** | **52.5** |
| **常住成员从业人数** | **Number of Employed by Permanent Residents** | **5327** | **5144** |
| **户主文化程度** | **Degree of Education of Householder** | | |
| 未上过学 | Not in School | 40 | 29 |
| 小学 | Primary School | 859 | 833 |
| 初中 | Junior Secondary Schools | 1325 | 1340 |
| 高中 | Senior Secondary School | 403 | 423 |
| 大学专科 | Junior College | 38 | 41 |
| 大学本科 | Undergraduate College | 5 | 4 |
| 研究生 | Graduate Student | | |
| **常住从业人员就业类型** | **Employed Types of Permanent Residents** | | |
| 雇主 | Employer | 14 | 10 |
| 公职人员 | Public Officers | 18 | 14 |
| 事业单位人员 | Business Unit Personnel | 71 | 77 |
| 国有企业雇员 | State-owned Enterprises Employee | 10 | 10 |
| 其他雇员 | Other Employees | 1514 | 1630 |
| 农业自营 | Agricultural Own Business | 3246 | 2915 |
| 非农自营 | Non Agricultural Own Business | 454 | 488 |
| **常住从业人员从事主要行业** | **Engaged in Major Industries of Permanent Residents** | | |
| 第一产业 | Primary Industry | 3261 | 3032 |
| 第二产业 | Secondary Industry | 941 | 901 |
| 第三产业 | Tertiary Industry | 1125 | 1211 |

# 2-11　农村居民人均收入与支出

## Per Capita Disposable Income and Consumption Expenditure of Rural Households

单位：元　　(yuan)

| 指　标 | Item | 2018 | 2019 |
|---|---|---|---|
| **可支配收入** | **Disposable Income** | **12435** | **13676** |
| 工资性收入 | Income from Wages and Salaries | 3691 | 4259 |
| 工资 | Wages | 3432 | 4055 |
| 实物福利 | Benefit in Kind | 17 | 52 |
| 其他 | Other | 242 | 152 |
| 经营净收入 | Net Business Income | 5393 | 5619 |
| 第一产业经营净收入 | Net Business Income of Primary Industry | 3961 | 4016 |
| 农业 | Agriculture | 2436 | 2405 |
| 林业 | Forestry | 517 | 626 |
| 牧业 | Animal Husbandry | 837 | 830 |
| 渔业 | Fishery | 171 | 155 |
| 第二产业经营净收入 | Net Business Income of Secondary Industry | 177 | 220 |
| 第三产业经营净收入 | Net Business Income of Tertiary Industry | 1255 | 1383 |
| 财产净收入 | Property Net Income | 242 | 340 |
| 转移净收入 | Transfer Net Income | 3109 | 3458 |
| 转移性收入 | Income form Transfer | 3435 | 3871 |
| # 养老金或离退休金 | # Pensions and Retirement Pay | 793 | 856 |
| 转移性支出 | Transfer Expenditure | 326 | 413 |
| # 社会保障支出 | # Social Secuity Expenditure | 259 | 328 |
| **按收入五等份分组的农村居民人均可支配收入** | **Per Capita Disposable Income of Rural Households by Income Quintile** | | |
| 低收入户（20%） | Low Income Households | 6318 | 6866 |
| 中等偏下户（20%） | Lower Middle Income Households | 8291 | 9258 |
| 中等收入户（20%） | Middle Income Households | 11525 | 12818 |
| 中等偏上户（20%） | Upper Middle Income Households | 16464 | 17466 |
| 高收入户（20%） | High Income Households | 27983 | 30118 |
| **消费支出** | **Consumption Expenditure** | **10617** | **12045** |
| 食品烟酒 | Food, Tobacco and Liquor | 3195 | 3724 |
| 衣着 | Clothing | 327 | 373 |
| 居住 | Residence | 2469 | 2669 |
| 生活用品及服务 | Household Facilities, Articles and Services | 604 | 680 |
| 交通通信 | Transport and Communications | 1528 | 1716 |
| 教育文化娱乐 | Education, Cultural and Recreation | 1247 | 1498 |
| 医疗保健 | Health Care and Medical Services | 1088 | 1231 |
| 其他用品和服务 | Other Goods and Services | 159 | 154 |

# 2-12　农村居民人均现金收入与支出

## Per Capita Cash Income and Expenditure of Rural Households

单位：元　　　　(yuan)

| 指　标 | Item | 2018 | 2019 |
|---|---|---|---|
| **现金可支配收入** | **Cash Disposable Income** | **11534** | **12449** |
| 现金工资性收入 | Cash Income from Wages and Salaries | 3674 | 4207 |
| 工资 | Wages | 3432 | 4055 |
| 其他 | Other | 242 | 152 |
| 现金经营净收入 | Cash Net Business Income | 4954 | 4905 |
| 第一产业现金经营净收入 | Cash Net Business Income of Primary Industry | 3340 | 3135 |
| 农业 | Agriculture | 1817 | 1739 |
| 林业 | Forestry | 458 | 485 |
| 牧业 | Animal Husbandry | 900 | 765 |
| 渔业 | Fishery | 165 | 146 |
| 第二产业现金经营净收入 | Cash Net Business Income of Secondary Industry | 215 | 244 |
| 第三产业现金经营净收入 | Cash Net Business Income of Tertiary Industry | 1399 | 1526 |
| 现金财产净收入 | Cash Property Net Income | 241 | 340 |
| 现金转移净收入 | Cash Transfer Net Income | 2665 | 2997 |
| 现金转移性收入 | Cash Income form Transfer | 2991 | 3410 |
| # 养老金或离退休金 | # Pensions and Retirement Pay | 793 | 856 |
| 现金转移性支出 | Cash Transfer Expenditure | 326 | 413 |
| # 社会保障支出 | # Social Security Expenditure | 259 | 328 |
| **现金消费支出** | **Cash Consumption Expenditure** | **8201** | **9297** |
| 食品烟酒 | Food, Tobacco and Liquor | 2579 | 2964 |
| 衣着 | Clothing | 326 | 373 |
| 居住 | Residence | 1021 | 1081 |
| 生活用品及服务 | Household Facilities, Articles and Services | 555 | 605 |
| 交通通信 | Transport and Communications | 1527 | 1713 |
| 教育文化娱乐 | Education, Cultural and Recreation | 1246 | 1497 |
| 医疗保健 | Health Care and Medical Services | 802 | 921 |
| 其他用品和服务 | Other Goods and Services | 145 | 143 |

# 2-13 农村居民人均消费支出

## Per Capita Consumption Expenditure of Rural Households

单位：元 (yuan)

| 指 标 | Item | 2018 | 2019 |
|---|---|---|---|
| **消费支出** | **Consumption Expenditure** | **10617** | **12045** |
| 食品烟酒 | Food, Tobacco and Liquor | 3195 | 3724 |
| 食品 | Food | 2672 | 3027 |
| 烟酒 | Tobacco and Liquor | 292 | 332 |
| 饮料 | Beverages | 54 | 69 |
| 饮食服务 | Catering Services | 177 | 296 |
| 衣着 | Clothing | 327 | 373 |
| 衣类 | Clothes | 258 | 295 |
| 鞋类 | Footwear | 69 | 78 |
| 居住 | Residence | 2469 | 2669 |
| 租赁房房租 | Rental Housing Accommodation | 30 | 39 |
| 住房维修及管理 | Housing Maintenance and Management | 599 | 605 |
| 水电燃料及其他 | Water, Electricity and Other Fuels | 519 | 605 |
| 自有住房折算租金 | Owned Housing of Convert Rent | 1321 | 1420 |
| 生活用品及服务 | Household Facilities, Articles and Services | 604 | 680 |
| 家具及室内装饰品 | Furniture and Interior Decorations | 109 | 115 |
| 家用器具 | Household Appliances | 157 | 174 |
| 家用纺织品 | Home Textiles | 35 | 42 |
| 家庭日用杂品 | The Family Daily Sundry Goods | 210 | 236 |
| 个人用品 | Personal Products | 81 | 96 |
| 家庭服务 | Household Service | 12 | 17 |
| 交通通信 | Transport and Communications | 1528 | 1716 |
| 交通 | Transport | 1118 | 1307 |
| 通信 | Communications | 410 | 409 |
| 教育文化娱乐 | Education, Cultural and Recreation | 1247 | 1498 |
| 教育 | Education | 1047 | 1287 |
| 文化娱乐 | Cultural and Recreation | 200 | 211 |
| 医疗保健 | Health Care and Medical Services | 1088 | 1231 |
| 医疗器具及药品 | Medical Apparatus and Drugs | 245 | 219 |
| 医疗服务 | Medical Services | 843 | 1012 |
| 其他用品和服务 | Other Goods and Services | 159 | 154 |
| 其他用品 | Other Goods | 91 | 84 |
| 其他服务 | Other Services | 68 | 70 |

# 2-14 农村居民人均现金消费支出

## Per Capita Cash Consumption Expenditure of Rural Households

单位：元 (yuan)

| 指 标 | Item | 2018 | 2019 |
|---|---|---|---|
| **现金消费支出** | **Cash Consumption Expenditure** | **8201** | **9297** |
| 食品烟酒 | Food, Tobacco and Liquor | 2579 | 2964 |
| 食品 | Food | 2067 | 2307 |
| 烟酒 | Tobacco and Liquor | 292 | 332 |
| 饮料 | Beverages | 53 | 67 |
| 饮食服务 | Catering Services | 167 | 258 |
| 衣着 | Clothing | 326 | 373 |
| 衣类 | Clothes | 257 | 295 |
| 鞋类 | Footwear | 69 | 78 |
| 居住 | Residence | 1021 | 1081 |
| 租赁房房租 | Rental Housing Accommodation | 30 | 39 |
| 住房维修及管理 | Housing Maintenance and Management | 599 | 605 |
| 水电燃料及其他 | Water, Electricity and Other Fuels | 392 | 437 |
| 生活用品及服务 | Household Facilities, Articles and Services | 555 | 605 |
| 家具及室内装饰品 | Furniture and Interior Decorations | 100 | 113 |
| 家用器具 | Household Appliances | 157 | 174 |
| 家用纺织品 | Home Textiles | 35 | 42 |
| 家庭日用杂品 | The Family Daily Sundry Goods | 170 | 163 |
| 个人用品 | Personal Products | 81 | 96 |
| 家庭服务 | Household Service | 12 | 17 |
| 交通通信 | Transport and Communications | 1527 | 1713 |
| 交通 | Transport | 1117 | 1305 |
| 通信 | Communications | 410 | 408 |
| 教育文化娱乐 | Education, Cultural and Recreation | 1246 | 1497 |
| 教育 | Education | 1046 | 1287 |
| 文化娱乐 | Cultural and Recreation | 200 | 210 |
| 医疗保健 | Health Care and Medical Services | 802 | 921 |
| 医疗器具及药品 | Medical Apparatus and Drugs | 245 | 219 |
| 医疗服务 | Medical Services | 557 | 702 |
| 其他用品和服务 | Other Goods and Services | 145 | 143 |
| 其他用品 | Other Goods | 83 | 83 |
| 其他服务 | Other Services | 62 | 60 |

## 2-15 农村居民人均主要食品消费量

### Per Capita Consumption of Major Foods of Rural Households

| 指 标 | Item | 单位 | Unit | 2018 | 2019 |
|---|---|---|---|---|---|
| 粮食 | Grain | 千克 | kg | 154.0 | 165.7 |
| 谷物 | Cereal | 千克 | kg | 148.4 | 158.9 |
| 薯类 | Tuber | 千克 | kg | 1.0 | 0.8 |
| 豆类 | Beans and the Products | 千克 | kg | 4.6 | 6.0 |
| 大豆 | Soybean | 千克 | kg | 0.6 | 0.5 |
| 油脂类 | Grease | 千克 | kg | 8.4 | 8.7 |
| 植物油 | Vegetable Oil | 千克 | kg | 6.6 | 7.2 |
| 蔬菜及菜制品 | Vegetable and Vegetable Products | 千克 | kg | 78.8 | 79.0 |
| 鲜菜 | Fresh Vegetables | 千克 | kg | 77.6 | 77.6 |
| 肉类 | Meat | 千克 | kg | 33.6 | 27.5 |
| 猪肉 | Pork | 千克 | kg | 31.0 | 24.8 |
| 牛肉 | Beef | 千克 | kg | 1.0 | 1.1 |
| 羊肉 | Mutton | 千克 | kg | 0.5 | 0.4 |
| 禽类 | Poultry | 千克 | kg | 17.5 | 24.9 |
| 水产品 | Aquatic Products | 千克 | kg | 7.3 | 10.6 |
| 蛋类及蛋制品 | Eggs and Egg Products | 千克 | kg | 4.6 | 5.7 |
| 奶和奶制品 | Milk and Milk Products | 千克 | kg | 2.6 | 2.3 |
| 干鲜瓜果类 | Dried and Fresh Melons and Fruits | 千克 | kg | 29.1 | 30.8 |
| 鲜瓜果 | Fresh Melons and Fruits | 千克 | kg | 27.3 | 28.9 |
| 坚果类 | Nuts and Processed Products | 千克 | kg | 1.5 | 1.7 |
| 糖果糕点类 | Sweets and Cakes | 千克 | kg | 3.5 | 4.1 |
| # 食糖 | # Suger | 千克 | kg | 1.0 | 1.1 |

## 2-16 农村居民平均每百户年末主要耐用消费品拥有量

### Maio Durable Goods Owned Per 100 Rural Households

| 指 标 | Item | 单位 | Unit | 2018 | 2019 |
|---|---|---|---|---|---|
| 家用汽车 | Automobile | 辆 | unit | 15.5 | 20.4 |
| 摩托车 | Motorcycle | 辆 | unit | 91.3 | 92.7 |
| 助力车 | Electric Bicycle | 辆 | unit | 54.1 | 67.1 |
| 洗衣机 | Washing Machine | 台 | set | 73.1 | 82.8 |
| 电冰箱（柜） | Refrigerator | 台 | set | 94.6 | 100.0 |
| 微波炉 | Microwave Oven | 台 | set | 20.9 | 26.3 |
| 彩色电视机 | Color Television Set | 台 | set | 104.0 | 108.8 |
| 空调 | Air Conditioner | 台 | set | 37.4 | 53.3 |
| 热水器 | Water Heater | 台 | set | 73.9 | 84.0 |
| 排油烟机 | Vacuum Cleaner | 台 | set | 11.4 | 16.9 |
| 固定电话 | Telephone | 部 | set | 8.9 | 5.1 |
| 移动电话 | Mobile Telephone | 部 | set | 294.4 | 295.2 |
| 计算机 | Computer | 台 | set | 20.0 | 22.8 |
| 照相机 | Camera | 架 | set | 0.9 | 0.9 |

# 2-17　农村居民家庭固定资产投资情况

## Fixed Assets Investment of Rural Households

单位：亿元　　(100 million yuan)

| 项　目 | Item | 2016 | 2017 | 2018 | 2019 |
|---|---|---|---|---|---|
| **新增固定资产原值** | **New Original Value of Fixed Assets** | **568.73** | **575.44** | **580.62** | **612.48** |
| **固定资产投资完成额** | **Finished Value of Investment of the Fixed Assets** | **583.83** | **590.08** | **596.16** | **619.39** |
| 按投资来源分 | Investment by Source | | | | |
| 国内贷款 | Domestic Loans | 15.43 | 18.06 | 17.19 | 18.17 |
| 自筹资金 | Self-raising Funds | 559.84 | 565.25 | 570.90 | 591.51 |
| 其他资金 | Others | 8.56 | 7.53 | 8.06 | 9.71 |
| 按投资构成分 | According to Constitute Sub-investment | | | | |
| 建筑工程 | Construction | 445.49 | 451.71 | 454.87 | 437.58 |
| 设备工、器具购置 | For Equipment, the Purchase of Equipment | 85.26 | 81.70 | 83.28 | 103.15 |
| 其他 | Others | 53.09 | 57.43 | 58.01 | 78.66 |
| 按投资方向分 | According to the Investment Direction Pm | | | | |
| 农业 | Agriculture | 116.17 | 125.68 | 128.63 | 156.12 |
| 采矿业 | Mining | … | … | … | … |
| 制造业 | Manufacturing | 2.74 | 2.32 | 2.09 | 2.29 |
| 建筑业 | Construction | 0.72 | 0.84 | 0.82 | 1.01 |
| 交通运输、仓储和邮政业 | Transport, Storage and Post | 25.86 | 24.04 | 25.24 | 31.61 |
| 批发和零售业 | Wholesale and Retail Trades | 2.85 | 2.91 | 3.25 | 4.21 |
| 住宿和餐饮业 | Hotels and Catering Services | 0.26 | 0.28 | … | … |
| 房地产业 | Real Estate | 416.29 | 420.87 | 423.40 | 408.77 |
| 租赁和商务服务业 | Leasing and Business Services | 0.43 | 0.43 | 0.46 | 0.51 |
| 居民服务和其他服务业 | Serices to Households and Other Services | 18.52 | 13.47 | 12.27 | 14.87 |
| 按具体投资项目分 | Based on specific investment projects pm | | | | |
| 房屋 | Housing | 425.92 | 433.80 | 436.75 | 420.02 |
| 设备 | Equipment | 85.26 | 81.70 | 83.28 | 103.15 |
| 水利 | Water | 0.72 | 0.90 | 0.88 | 0.94 |
| 其他 | Others | 71.94 | 74.44 | 75.25 | 95.28 |
| **施工房屋面积（万平方米）** | **Acreage of House Construction（10 000 sq.m）** | **6552.51** | **6638.34** | **6684.81** | **6423.49** |
| **竣工房屋面积（万平方米）** | **Acreage of House Completion（10 000 sq.m）** | **5977.49** | **6051.62** | **6142.39** | **6020.09** |
| **竣工房屋投资完成额** | **Completion Amount of Investment in House** | **359.88** | **365.67** | **372.62** | **365.20** |

# 2-18 各市城镇居民人均可支配收入（1981—2019年）

单位：元

| 年 份 Year | 南宁市 Nanning | 柳州市 Liuzhou | 桂林市 Guilin | 梧州市 Wuzhou | 北海市 Beihai | 防城港市 Fangchenggang |
|---|---|---|---|---|---|---|
| 1981 | 445 | 385 | 442 | 438 | 432 | |
| 1982 | 478 | 420 | 498 | 459 | 486 | |
| 1983 | 513 | 447 | 505 | 436 | 491 | |
| 1984 | 624 | 540 | 621 | 545 | 701 | |
| 1985 | 716 | 668 | 757 | 708 | 751 | |
| 1986 | 851 | 761 | 884 | 849 | 895 | |
| 1987 | 949 | 871 | 1033 | 991 | 990 | |
| 1988 | 1166 | 1226 | 1228 | 1189 | 1296 | |
| 1989 | 1274 | 1307 | 1335 | 1327 | 1376 | |
| 1990 | 1454 | 1515 | 1501 | 1545 | 1591 | |
| 1991 | 1658 | 1794 | 1829 | 1790 | 1910 | |
| 1992 | 2105 | 2306 | 2453 | 2315 | 2727 | |
| 1993 | 3081 | 3544 | 3168 | 3246 | 4516 | |
| 1994 | 4544 | 4243 | 4672 | 4309 | 5649 | |
| 1995 | 5544 | 4884 | 5506 | 4909 | 6365 | |
| 1996 | 5973 | 5243 | 5977 | 4945 | 6396 | |
| 1997 | 5931 | 5457 | 6025 | 4934 | 6558 | |
| 1998 | 6570 | 5552 | 6230 | 4838 | 6306 | |
| 1999 | 6947 | 5328 | 6494 | 5415 | 6483 | |
| 2000 | 7448 | 5740 | 6997 | 5221 | 6167 | |
| 2001 | 7906 | 7547 | 7547 | 5837 | 7013 | |
| 2002 | 8796 | 7928 | 7852 | 6282 | 7692 | |
| 2003 | 9162 | 8369 | 8246 | 7062 | 8007 | |
| 2004 | 9531 | 9155 | 8803 | 7325 | 8773 | |
| 2005 | 10078 | 9986 | 9502 | 8190 | 9520 | |
| 2006 | 10905 | 10592 | 10244 | 8855 | 11071 | |
| 2007 | 12955 | 11919 | 11514 | 10123 | 13090 | |
| 2008 | 14983 | 14536 | 13665 | 13351 | 14625 | |
| 2009 | 16531 | 15395 | 15001 | 14617 | 15536 | |
| 2010 | 17741 | 17532 | 16566 | 16578 | 16612 | |
| 2011 | 19972 | 18631 | 17915 | 18531 | 18347 | |
| 2012 | 22024 | 22261 | 19450 | 21416 | 20296 | |
| 2013 | 24817 | 24355 | 24552 | 22537 | 23407 | 24423 |
| 2014 | 27075 | 26693 | 26811 | 24272 | 25818 | 26523 |
| 2015 | 29106 | 28722 | 28768 | 25898 | 27729 | 28433 |
| 2016 | 30728 | 30270 | 30124 | 27260 | 29412 | 29758 |
| 2017 | 33217 | 32661 | 32534 | 29359 | 31912 | 32079 |
| 2018 | 35276 | 34849 | 34649 | 31209 | 33954 | 34325 |
| 2019 | 37675 | 37358 | 37178 | 33518 | 36602 | 36385 |

注：1. 1992年及以前可支配收入为生活费收入；2. 从2016年起，各市人均可支配收入为新口径数据，2015年及以前的数据不可比。

## Per Capita Disposable Income of Urban Households by Cities（1981—2019）

（yuan）

| 钦州市<br>Qinzhou | 贵港市<br>Guigang | 玉林市<br>Yulin | 百色市<br>Baise | 贺州市<br>Hezhou | 河池市<br>Hechi | 来宾市<br>Laibin | 崇左市<br>Chongzuo |
|---|---|---|---|---|---|---|---|
| | | | | | | | |
| | | | | | | | |
| | 416 | | 442 | 401 | | | |
| | 525 | | 549 | 520 | | | |
| | 695 | | 663 | 653 | | | |
| | 787 | | 784 | 776 | | | |
| | 981 | | 947 | 926 | | | |
| | 1179 | | 1163 | 1251 | | | |
| | 1304 | | 1288 | 1521 | | | |
| | 1410 | | 1421 | 1590 | | | |
| | 1523 | | 1427 | 1615 | | | |
| | 1876 | | 2002 | 2060 | | | |
| | 2417 | | 2703 | 2536 | | | |
| | 4241 | | 4017 | 3494 | | | |
| | 5258 | | 5035 | 4355 | | | |
| | 4987 | | 5180 | 4542 | | | |
| | 4927 | | 5049 | 4520 | | | |
| | 5235 | | 5495 | 4940 | | | |
| | 5590 | | 5607 | 5199 | | | |
| | 5468 | | 5747 | 5549 | | | |
| | 6118 | | 6807 | 5997 | | | |
| | 6927 | | 7215 | 7030 | | | |
| | 7607 | | 7362 | 7869 | | | |
| | 7906 | | 8532 | 10530 | | | |
| | 8253 | | 9510 | 10105 | | | |
| | 8965 | | 10116 | 10612 | | | |
| | 9880 | | 11685 | 12020 | | | |
| | 11414 | | 12984 | 13643 | | | |
| | 12455 | | 14219 | 15013 | | | |
| | 14447 | | 15554 | 16761 | | | |
| | 16276 | | 16929 | 18612 | | | |
| | 18595 | | 19242 | 21442 | | | |
| 23695 | 21361 | 24366 | 21458 | 21682 | 19653 | 23563 | 21288 |
| 25425 | 23262 | 26681 | 23282 | 23590 | 21363 | 25401 | 23184 |
| 27281 | 24890 | 28842 | 24958 | 25194 | 22752 | 27077 | 24668 |
| 29360 | 26771 | 30083 | 26919 | 26883 | 23660 | 28962 | 26605 |
| 31415 | 28806 | 32159 | 29126 | 28899 | 25647 | 31047 | 28813 |
| 33488 | 30506 | 33960 | 30611 | 30864 | 27468 | 32910 | 30916 |
| 35732 | 32916 | 36133 | 32784 | 33179 | 29665 | 34950 | 33297 |

Note: 1.1992 disposable income before income for living expenses; 2.From 2016 onwards, the per capita disposable income of each city is a new caliber of data, which is incomparable from 2015 and before.

# 2-19 各市城镇居民人均消费支出（1981—2019年）

单位：元

| 年 份<br>Year | 南宁市<br>Nanning | 柳州市<br>Liuzhou | 桂林市<br>Guilin | 梧州市<br>Wuzhou | 北海市<br>Beihai | 防城港市<br>Fangchenggang |
|---|---|---|---|---|---|---|
| 1981 | 440 | 398 | 423 | 414 | 428 | |
| 1982 | 456 | 394 | 458 | 461 | 447 | |
| 1983 | 499 | 435 | 480 | 440 | 450 | |
| 1984 | 566 | 503 | 568 | 512 | 508 | |
| 1985 | 724 | 645 | 813 | 691 | 713 | |
| 1986 | 825 | 718 | 883 | 794 | 855 | |
| 1987 | 944 | 862 | 1031 | 956 | 933 | |
| 1988 | 1229 | 1367 | 1366 | 1224 | 1257 | |
| 1989 | 1293 | 1357 | 1320 | 1333 | 1327 | |
| 1990 | 1360 | 1462 | 1445 | 1418 | 1449 | |
| 1991 | 1667 | 1755 | 1807 | 1780 | 1860 | |
| 1992 | 1852 | 1936 | 2179 | 1916 | 2091 | |
| 1993 | 2624 | 2916 | 2595 | 2510 | 3483 | |
| 1994 | 4288 | 3708 | 3935 | 3794 | 4482 | |
| 1995 | 5055 | 4385 | 4531 | 4405 | 5014 | |
| 1996 | 5425 | 4577 | 5082 | 4580 | 5302 | |
| 1997 | 5456 | 4732 | 5221 | 4455 | 5394 | |
| 1998 | 5800 | 4273 | 5358 | 4424 | 5214 | |
| 1999 | 6321 | 4351 | 5786 | 4475 | 5693 | |
| 2000 | 6705 | 4458 | 5893 | 4604 | 5092 | |
| 2001 | 7107 | 6010 | 6111 | 5116 | 5407 | |
| 2002 | 6970 | 5992 | 6123 | 5129 | 5898 | |
| 2003 | 7217 | 6033 | 6326 | 6136 | 5865 | |
| 2004 | 7329 | 7117 | 6755 | 6417 | 6681 | |
| 2005 | 7882 | 7850 | 7186 | 6670 | 7128 | |
| 2006 | 8160 | 7245 | 7915 | 7100 | 8447 | |
| 2007 | 9459 | 8723 | 8252 | 7914 | 9289 | |
| 2008 | 10268 | 11351 | 8992 | 9552 | 9917 | |
| 2009 | 11120 | 11276 | 9880 | 9965 | 12414 | |
| 2010 | 12867 | 11978 | 10934 | 11126 | 11746 | |
| 2011 | 14834 | 13720 | 11890 | 12995 | 13176 | |
| 2012 | 15292 | 14115 | 14470 | 13630 | 14224 | |
| 2013 | 17128 | 15398 | 15555 | 14748 | 15191 | 14792 |
| 2014 | 19032 | 16970 | 16930 | 15899 | 16461 | 16058 |
| 2015 | 20897 | 18314 | 17998 | 17008 | 17959 | 17452 |
| 2016 | 15886 | 19360 | 17649 | 17969 | 18861 | 19005 |
| 2017 | 17279 | 20909 | 19005 | 19017 | 20238 | 20538 |
| 2018 | 18724 | 22421 | 20465 | 21215 | 21152 | 22752 |
| 2019 | 20143 | 24023 | 22450 | 23602 | 22875 | 24815 |

注：从2016年起，各市人均消费支出为新口径数据，与2015年及以前的数据不可比。

## Per Capita Consumption Expenditure of Urban Households by Cities（1981—2019）

（yuan）

| 钦州市<br>Qinzhou | 贵港市<br>Guigang | 玉林市<br>Yulin | 百色市<br>Baise | 贺州市<br>Hezhou | 河池市<br>Hechi | 来宾市<br>Laibin | 崇左市<br>Chongzuo |
|---|---|---|---|---|---|---|---|
| | | | | | | | |
| | | | | | | | |
| | 375 | | 431 | 377 | | | |
| | 417 | | 485 | 447 | | | |
| | 608 | | 632 | 634 | | | |
| | 667 | | 776 | 762 | | | |
| | 840 | | 886 | 904 | | | |
| | 1215 | | 1153 | 1258 | | | |
| | 1337 | | 1259 | 1672 | | | |
| | 1344 | | 1334 | 1336 | | | |
| | 1479 | | 1355 | 1558 | | | |
| | 1470 | | 1622 | 1633 | | | |
| | 1845 | | 2094 | 1879 | | | |
| | 3257 | | 3213 | 2786 | | | |
| | 4092 | | 4396 | 3562 | | | |
| | 3923 | | 4647 | 3515 | | | |
| | 4198 | | 4639 | 3902 | | | |
| | 4120 | | 4661 | 3813 | | | |
| | 4739 | | 4785 | 3791 | | | |
| | 4134 | | 5409 | 4076 | | | |
| | 4677 | | 5701 | 4610 | | | |
| | 4563 | | 5635 | 5075 | | | |
| | 5661 | | 5766 | 5287 | | | |
| | 5143 | | 6405 | 6230 | | | |
| | 5997 | | 7245 | 6792 | | | |
| | 6313 | | 7615 | 7545 | | | |
| | 6692 | | 8176 | 8529 | | | |
| | 8189 | | 9079 | 8063 | | | |
| | 7979 | | 10268 | 9129 | | | |
| | 9686 | | 11528 | 11084 | | | |
| | 11505 | | 12344 | 11493 | | | |
| | 13123 | | 12327 | 11706 | | | |
| 14361 | 14646 | 14938 | 13448 | 12635 | 12021 | 14676 | 12378 |
| 15316 | 15779 | 15996 | 14474 | 13493 | 14203 | 15654 | 13219 |
| 16446 | 16650 | 17299 | 15531 | 14322 | 14867 | 16757 | 14026 |
| 17173 | 15995 | 17207 | 16488 | 15206 | 15708 | 17389 | 15953 |
| 18392 | 17791 | 18306 | 17985 | 16335 | 16784 | 18619 | 17453 |
| 19513 | 19329 | 19596 | 19009 | 17564 | 18301 | 19325 | 18814 |
| 20898 | 21029 | 21535 | 19977 | 18736 | 19592 | 20195 | 20291 |

Note: Since 2016, the per capita consumption expenditure of each city is a new caliber data, which is incomparable with the data of 2015 and before.

# 2-20 各市城镇居民恩格尔系数（1981—2019年）

单位：%

| 年　份 Year | 南宁市 Nanning | 柳州市 Liuzhou | 桂林市 Guilin | 梧州市 Wuzhou | 北海市 Beihai | 防城港市 Fangchenggang |
|---|---|---|---|---|---|---|
| 1981 | 57.7 | 57.4 | 58.2 | 62.4 | 60.5 | |
| 1982 | 59.6 | 60.4 | 61.4 | 60.3 | 60.7 | |
| 1983 | 58.3 | 60.9 | 62.2 | 63.2 | 64.7 | |
| 1984 | 56.6 | 58.0 | 55.4 | 62.5 | 64.0 | |
| 1985 | 54.5 | 59.3 | 54.4 | 63.8 | 59.4 | |
| 1986 | 58.6 | 61.1 | 57.6 | 67.7 | 59.1 | |
| 1987 | 59.3 | 63.8 | 57.7 | 65.7 | 64.1 | |
| 1988 | 58.9 | 51.1 | 55.8 | 56.4 | 58.9 | |
| 1989 | 63.7 | 64.1 | 60.5 | 64.4 | 65.8 | |
| 1990 | 62.1 | 61.0 | 57.5 | 62.0 | 60.4 | |
| 1991 | 56.1 | 57.9 | 56.6 | 53.9 | 56.8 | |
| 1992 | 57.0 | 54.8 | 52.7 | 56.9 | 58.8 | |
| 1993 | 52.9 | 48.3 | 54.0 | 56.6 | 50.1 | |
| 1994 | 49.2 | 48.4 | 48.8 | 50.4 | 51.8 | |
| 1995 | 49.9 | 53.3 | 52.3 | 54.6 | 55.9 | |
| 1996 | 49.7 | 51.0 | 49.8 | 53.7 | 57.0 | |
| 1997 | 46.5 | 46.4 | 48.0 | 53.2 | 55.2 | |
| 1998 | 42.4 | 48.5 | 43.5 | 50.2 | 52.0 | |
| 1999 | 37.5 | 45.9 | 41.6 | 49.5 | 48.9 | |
| 2000 | 36.5 | 43.8 | 38.7 | 44.4 | 47.1 | |
| 2001 | 34.7 | 35.3 | 37.2 | 43.3 | 46.9 | |
| 2002 | 37.5 | 38.8 | 40.3 | 47.6 | 45.3 | |
| 2003 | 37.5 | 40.8 | 40.4 | 46.5 | 46.3 | |
| 2004 | 40.1 | 44.0 | 42.1 | 45.5 | 48.0 | |
| 2005 | 40.5 | 39.1 | 39.1 | 48.0 | 42.7 | |
| 2006 | 39.0 | 39.3 | 39.7 | 46.8 | 41.3 | |
| 2007 | 39.6 | 40.3 | 45.2 | 50.4 | 44.1 | |
| 2008 | 41.0 | 39.7 | 50.8 | 51.9 | 44.9 | |
| 2009 | 38.8 | 37.4 | 49.4 | 47.5 | 37.5 | |
| 2010 | 35.1 | 37.6 | 46.0 | 48.4 | 43.3 | |
| 2011 | 36.0 | 37.9 | 43.3 | 47.2 | 45.1 | |
| 2012 | 39.2 | 41.5 | 41.0 | 45.1 | 46.9 | |
| 2013 | 39.0 | 40.8 | 41.1 | 43.8 | 46.3 | 40.4 |
| 2014 | 38.8 | 40.5 | 40.6 | 42.8 | 46.1 | 40.9 |
| 2015 | 37.9 | 40.6 | 40.2 | 42.3 | 44.9 | 40.9 |
| 2016 | 35.9 | 40.4 | 36.7 | 42.3 | 44.8 | 41.0 |
| 2017 | 35.3 | 40.2 | 36.4 | 40.8 | 43.0 | 33.5 |
| 2018 | 31.1 | 39.4 | 35.4 | 36.6 | 41.6 | 30.9 |
| 2019 | 32.0 | 39.0 | 34.3 | 33.0 | 39.9 | 31.4 |

注：从2016年起，各市城镇居民恩格尔系数采用新口径数据进行计算，2015年及以前为老口径数据计算。

## Engle's Coefficient of Urban Households by Cities（1981—2019）

（%）

| 钦州市 Qinzhou | 贵港市 Guigang | 玉林市 Yulin | 百色市 Baise | 贺州市 Hezhou | 河池市 Hechi | 来宾市 Laibin | 崇左市 Chongzuo |
|---|---|---|---|---|---|---|---|
| | | | | | | | |
| | | | | | | | |
| | 61.9 | | 56.1 | 56.7 | | | |
| | 58.6 | | 55.5 | 55.7 | | | |
| | 49.9 | | 57.8 | 59.2 | | | |
| | 54.0 | | 55.5 | 56.0 | | | |
| | 53.4 | | 59.5 | 57.1 | | | |
| | 49.3 | | 52.9 | 49.8 | | | |
| | 53.2 | | 59.7 | 46.4 | | | |
| | 57.1 | | 59.4 | 59.1 | | | |
| | 53.4 | | 59.5 | 54.1 | | | |
| | 55.3 | | 57.9 | 57.4 | | | |
| | 58.0 | | 57.0 | 58.6 | | | |
| | 48.3 | | 49.9 | 51.1 | | | |
| | 48.3 | | 47.5 | 50.9 | | | |
| | 50.2 | | 45.8 | 55.1 | | | |
| | 47.2 | | 45.8 | 49.3 | | | |
| | 48.0 | | 45.8 | 47.9 | | | |
| | 41.1 | | 44.9 | 49.9 | | | |
| | 42.0 | | 36.4 | 46.8 | | | |
| | 36.5 | | 35.8 | 39.6 | | | |
| | 40.8 | | 39.2 | 41.3 | | | |
| | 35.9 | | 39.0 | 42.0 | | | |
| | 42.3 | | 39.0 | 40.1 | | | |
| | 40.3 | | 40.3 | 42.1 | | | |
| | 40.4 | | 38.1 | 39.9 | | | |
| | 47.9 | | 42.2 | 38.7 | | | |
| | 43.8 | | 42.4 | 46.3 | | | |
| | 46.1 | | 37.3 | 41.9 | | | |
| | 39.9 | | 35.0 | 36.2 | | | |
| | 38.8 | | 40.6 | 40.2 | | | |
| | 42.3 | | 40.0 | 39.8 | | | |
| 45.8 | 41.8 | 39.5 | 39.6 | 39.5 | 40.0 | 37.8 | 41.1 |
| 45.7 | 41.7 | 40.0 | 39.1 | 38.9 | 33.8 | 37.6 | 39.2 |
| 45.6 | 41.6 | 40.0 | 38.4 | 38.7 | 33.3 | 37.1 | 40.3 |
| 35.4 | 41.3 | 40.5 | 31.1 | 38.7 | 33.5 | 36.5 | 41.4 |
| 35.3 | 39.4 | 39.3 | 34.2 | 38.4 | 32.4 | 35.8 | 40.6 |
| 34.5 | 38.1 | 38.0 | 33.2 | 37.3 | 32.2 | 35.7 | 40.3 |
| 34.7 | 36.9 | 36.0 | 32.7 | 35.0 | 32.3 | 34.6 | 41.2 |

Note: Since 2016, the Engel coefficient of urban residents in various cities has been calculated with the new caliber data, and calculated for the old caliber data before 2015.

# 2-21 各市城镇居民人均收支情况（2019年）

单位：元

| 项 目 | Item | 南宁市 Nanning | 柳州市 Liuzhou | 桂林市 Guilin | 梧州市 Wuzhou |
|---|---|---|---|---|---|
| **城镇居民人均收入** | **Per Capita Income of Urban Households** | | | | |
| 可支配收入 | Disposable Income | 37675 | 37358 | 37178 | 33518 |
| 工资性收入 | Income from Wages and Salaries | 20732 | 23144 | 20522 | 19297 |
| 经营净收入 | Net Business Income | 6256 | 4092 | 4759 | 4937 |
| 财产性收入 | Income from Properties | 4888 | 1378 | 2528 | 2355 |
| 转移性收入 | Income from Transfers | 5799 | 8744 | 9369 | 6929 |
| **城镇居民人均支出** | **Per Capita Expenditure of Urban Households** | | | | |
| 消费性支出 | Consumption Expenditure | 20143 | 24023 | 22450 | 23602 |
| 食品烟酒 | Food, Tobacco and Liquor | 6436 | 9376 | 7705 | 7779 |
| 衣着 | Clothing | 915 | 1687 | 1209 | 1799 |
| 居住 | Residence | 4632 | 2474 | 4571 | 2917 |
| 生活用品及服务 | Household Facilities, Articles and Services | 1183 | 1621 | 1343 | 2021 |
| 交通和通信 | Transport and Communications | 2622 | 3566 | 2362 | 3428 |
| 教育文化娱乐 | Education, Culture and Recreation | 2210 | 2958 | 2613 | 3165 |
| 医疗保健 | Health Care and Medical Services | 1739 | 1578 | 2246 | 1917 |
| 其他用品和服务 | Other Goods and Services | 406 | 763 | 401 | 576 |

## Per Capita Income and Consumption Expenditure of Urban Households by Cities（2019）

（yuan）

| 北海市 Beihai | 防城港市 Fangchenggang | 钦州市 Qinzhou | 贵港市 Guigang | 玉林市 Yulin | 百色市 Baise | 贺州市 Hezhou | 河池市 Hechi | 来宾市 Laibin | 崇左市 Chongzuo |
|---|---|---|---|---|---|---|---|---|---|
| 36602 | 36385 | 35732 | 32916 | 36133 | 32784 | 33179 | 29665 | 34950 | 33297 |
| 21302 | 19385 | 18572 | 22547 | 21054 | 20623 | 20360 | 16829 | 21276 | 17880 |
| 6095 | 7551 | 7247 | 3768 | 6132 | 5019 | 3470 | 5113 | 6686 | 9023 |
| 1786 | 2427 | 2493 | 1335 | 2105 | 2015 | 3160 | 1860 | 1762 | 1665 |
| 7419 | 7022 | 7420 | 5266 | 6842 | 5127 | 6189 | 5863 | 5226 | 4728 |
| | | | | | | | | | |
| 22875 | 24815 | 20898 | 21029 | 21535 | 19977 | 18736 | 19592 | 20195 | 20291 |
| 9121 | 7796 | 7250 | 7761 | 7756 | 6525 | 6563 | 6322 | 6989 | 8360 |
| 996 | 1182 | 844 | 1568 | 1351 | 1237 | 1397 | 866 | 1398 | 1075 |
| 2870 | 5602 | 5186 | 1666 | 2176 | 3735 | 2027 | 4215 | 3467 | 3064 |
| 1168 | 2017 | 1036 | 1572 | 1566 | 1296 | 1160 | 1306 | 909 | 1420 |
| 4625 | 3569 | 2951 | 4318 | 3021 | 3031 | 3749 | 2679 | 2981 | 2618 |
| 2307 | 2025 | 2042 | 2749 | 3557 | 2279 | 2288 | 2167 | 2513 | 2212 |
| 1295 | 1822 | 1229 | 963 | 1510 | 1503 | 1225 | 1598 | 1509 | 974 |
| 493 | 802 | 360 | 432 | 598 | 371 | 327 | 439 | 429 | 568 |

# 2-22 各市农村居民人均收支情况（2019年）

单位：元

| 项 目 | Item | 南宁市 Nanning | 柳州市 Liuzhou | 桂林市 Guilin | 梧州市 Wuzhou |
|---|---|---|---|---|---|
| **农村居民人均收入** | **Per Capita Income of Rural Households** | | | | |
| 可支配收入 | Disposable Income | 15047 | 14715 | 16045 | 13474 |
| 工资性收入 | Income from Wages and Salaries | 6241 | 4375 | 6980 | 5754 |
| 经营净收入 | Net Business Income | 5921 | 7813 | 6691 | 4335 |
| 第一产业 | Primary Industry | 4823 | 6919 | 4516 | 2571 |
| 第二产业 | Secondary Industry | 91 | 90 | 542 | 279 |
| 第三产业 | Tertiary Industry | 1007 | 804 | 1633 | 1485 |
| 财产性收入 | Income from Properties | 709 | 115 | 288 | 285 |
| 转移性收入 | Income from Transfers | 2176 | 2412 | 2086 | 3100 |
| **农村居民人均支出** | **Per Capita Expenditure of Rural Households** | | | | |
| 消费支出 | Consumption Expenditure | 12528 | 10902 | 10773 | 9086 |
| 食品烟酒 | Food, Tobacco and Liquor | 3933 | 4361 | 3963 | 2971 |
| 衣着 | Clothing | 434 | 471 | 377 | 312 |
| 居住 | Residence | 2919 | 2565 | 2200 | 2253 |
| 生活用品及服务 | Household Facilities, Articles and Services | 738 | 584 | 702 | 609 |
| 交通和通信 | Transport and Communications | 1670 | 672 | 1247 | 1133 |
| 教育文化娱乐 | Education, Culture and Recreation | 1374 | 805 | 1094 | 744 |
| 医疗保健 | Health Care and Medical Services | 1312 | 1229 | 1036 | 818 |
| 其他用品和服务 | Other Goods and Services | 148 | 215 | 154 | 246 |

Per Capita Income and Consumption Expenditure of Rural Households by Cities（2019）

（yuan）

| 北海市 Beihai | 防城港市 Fangchenggang | 钦州市 Qinzhou | 贵港市 Guigang | 玉林市 Yulin | 百色市 Baise | 贺州市 Hezhou | 河池市 Hechi | 来宾市 Laibin | 崇左市 Chongzuo |
|---|---|---|---|---|---|---|---|---|---|
| 15510 | 15962 | 14149 | 15289 | 16348 | 12195 | 12737 | 10141 | 12810 | 13320 |
| 4831 | 5365 | 5646 | 6452 | 4490 | 3389 | 5874 | 3519 | 3361 | 3144 |
| 8846 | 6796 | 5082 | 7449 | 7740 | 6041 | 5633 | 4181 | 6922 | 8485 |
| 6422 | 5324 | 2910 | 5446 | 5391 | 4759 | 4277 | 2903 | 5061 | 7199 |
| 307 | 60 | 529 | 653 | 195 | 199 | 240 | 300 | 115 | 157 |
| 2117 | 1412 | 1643 | 1350 | 2154 | 1083 | 1116 | 978 | 1746 | 1128 |
| 382 | 418 | 187 | 303 | 197 | 89 | 212 | 105 | 136 | 160 |
| 1451 | 3383 | 3234 | 1085 | 3921 | 2676 | 1018 | 2336 | 2391 | 1532 |
| | | | | | | | | | |
| 10875 | 13119 | 9140 | 10081 | 11979 | 9002 | 9233 | 8051 | 10873 | 8685 |
| 3638 | 4593 | 3526 | 4016 | 3594 | 3183 | 3229 | 2650 | 3666 | 3179 |
| 392 | 412 | 266 | 211 | 453 | 371 | 337 | 305 | 282 | 234 |
| 2794 | 2697 | 2131 | 1847 | 3321 | 1727 | 2432 | 1694 | 2524 | 1937 |
| 635 | 719 | 516 | 565 | 947 | 469 | 609 | 528 | 578 | 538 |
| 1148 | 1453 | 1026 | 1628 | 1298 | 1353 | 796 | 824 | 1502 | 1086 |
| 1272 | 1558 | 961 | 751 | 1090 | 1201 | 788 | 1109 | 1316 | 1016 |
| 846 | 1239 | 579 | 844 | 987 | 581 | 846 | 815 | 869 | 599 |
| 150 | 448 | 135 | 219 | 289 | 117 | 196 | 126 | 136 | 96 |

# 2-23　各市城镇居民家庭基本情况（2019年）

## Basic Statistics of Urban Households by Cities（2019）

| 地　区 | Region | 平均每户家庭人口（人）Average Households Size（person） | 平均每户就业人口（人）Average Number of Employed Persons per Households（person） | 平均每一就业者负担人数（人）Average Number of Persons Supported by a Laborer（person） | 平均每人年末拥有房屋面积（平方米）Per Capita Have House Space at Year-end（sq.m） | 平均每百户拥有家用汽车（辆）Average per 100 Households of Ownership of Automobile（unit） |
|---|---|---|---|---|---|---|
| 南宁市 | Nanning | 3.4 | 1.7 | 2.0 | 46.1 | 39.2 |
| 柳州市 | Liuzhou | 3.4 | 1.7 | 2.0 | 41.2 | 50.2 |
| 桂林市 | Guilin | 3.2 | 1.7 | 1.9 | 48.9 | 40.4 |
| 梧州市 | Wuzhou | 3.7 | 1.8 | 2.0 | 51.9 | 30.3 |
| 北海市 | Beihai | 3.8 | 1.8 | 2.1 | 47.4 | 31.7 |
| 防城港市 | Fangchenggang | 3.9 | 1.9 | 2.1 | 49.0 | 40.5 |
| 钦州市 | Qinzhou | 4.1 | 1.9 | 2.2 | 58.9 | 36.1 |
| 贵港市 | Guigang | 4.1 | 1.8 | 2.2 | 48.3 | 35.0 |
| 玉林市 | Yulin | 4.1 | 2.0 | 2.0 | 55.4 | 33.6 |
| 百色市 | Baise | 3.7 | 2.0 | 1.9 | 47.8 | 44.4 |
| 贺州市 | Hezhou | 3.8 | 1.9 | 2.0 | 56.0 | 46.1 |
| 河池市 | Hechi | 3.6 | 1.8 | 2.0 | 48.3 | 36.5 |
| 来宾市 | Laibin | 3.4 | 1.6 | 2.1 | 47.3 | 32.1 |
| 崇左市 | Chongzuo | 3.5 | 1.7 | 2.0 | 48.3 | 38.2 |

# 2-24　各市农村居民家庭基本情况（2019年）

## Basic Statistics of Rural Households by Cities（2019）

| 地　区 | Region | 平均每户家庭人口（人）Average Households Size（person） | 平均每户整半劳动力（人）Average Number of Full/Semi Labour Force Per Household（person） | 平均每一劳动力负担人数（人）Average Number of Dependents per Labour Force（person） | 平均每人年末拥有房屋面积（平方米）Per Capita Have House Space at Year-end（sq.m） | 平均每百户拥有生活用汽车（辆）Average per 100 Households of Life for Automobile（unit） |
|---|---|---|---|---|---|---|
| 南宁市 | Nanning | 3.4 | 2.3 | 1.5 | 52.6 | 25.4 |
| 柳州市 | Liuzhou | 3.4 | 2.5 | 1.5 | 51.0 | 39.6 |
| 桂林市 | Guilin | 3.2 | 2.4 | 1.4 | 53.7 | 26.0 |
| 梧州市 | Wuzhou | 3.7 | 2.2 | 1.6 | 51.8 | 16.9 |
| 北海市 | Beihai | 3.8 | 2.5 | 1.5 | 53.0 | 23.2 |
| 防城港市 | Fangchenggang | 3.9 | 2.6 | 1.5 | 42.2 | 31.0 |
| 钦州市 | Qinzhou | 4.1 | 2.3 | 1.5 | 48.8 | 13.8 |
| 贵港市 | Guigang | 4.1 | 2.4 | 1.6 | 50.9 | 19.6 |
| 玉林市 | Yulin | 4.1 | 2.4 | 1.6 | 53.8 | 29.5 |
| 百色市 | Baise | 3.7 | 2.3 | 1.6 | 45.1 | 22.6 |
| 贺州市 | Hezhou | 3.8 | 2.2 | 1.5 | 59.0 | 16.8 |
| 河池市 | Hechi | 3.6 | 2.1 | 1.6 | 54.4 | 22.2 |
| 来宾市 | Laibin | 3.4 | 2.2 | 1.6 | 48.0 | 25.1 |
| 崇左市 | Chongzuo | 3.5 | 2.2 | 1.5 | 53.0 | 16.9 |

# 2-25 各市县（区）居民人均可支配收入

## Per Capita Disposable Income of Households by Cities & County (District)

单位：元 (yuan)

| 地 区 | Region | 2016 | 2017 | 2018 | 2019 |
|---|---|---|---|---|---|
| **全 区** | **Guangxi Total** | **18305** | **19905** | **21485** | **23328** |
| **南宁市** | **Nanning** | **22862** | **24984** | **26798** | **28929** |
| 兴宁区 | Xingning District | 30299 | 32749 | 34859 | 37520 |
| 青秀区 | Qingxiu District | 36424 | 39614 | 42863 | 45655 |
| 江南区 | Jiangnan District | 26060 | 28388 | 30658 | 33113 |
| 西乡塘区 | Xixiangtang District | 27033 | 29292 | 31724 | 33969 |
| 良庆区 | Liangqing District | 22270 | 24228 | 26044 | 27933 |
| 邕宁区 | Yongning District | 17475 | 19264 | 20983 | 22874 |
| 武鸣区 | Wuming District | 20046 | 22075 | 23723 | 25774 |
| 隆安县 | Long'an | 13825 | 15173 | 16364 | 17818 |
| 马山县 | Mashan | 12686 | 13966 | 15034 | 16409 |
| 上林县 | Shanglin | 13527 | 14910 | 16026 | 17491 |
| 宾阳县 | Binyang | 18640 | 20520 | 21984 | 23961 |
| 横 县 | Hengxian | 18163 | 19955 | 21407 | 23347 |
| **柳州市** | **Liuzhou** | **23009** | **25075** | **27041** | **29209** |
| 城中区 | Chengzhong District | 36704 | 39567 | 42201 | 45260 |
| 鱼峰区 | Yufeng District | 33162 | 35767 | 38249 | 41075 |
| 柳南区 | Liunan District | 34838 | 37710 | 40127 | 42980 |
| 柳北区 | Liubei District | 32779 | 35436 | 37846 | 40363 |
| 柳江区 | Liujiang District | 19826 | 21846 | 23777 | 25895 |
| 柳城县 | Liucheng | 18171 | 19936 | 21947 | 23943 |
| 鹿寨县 | Luzhai | 20191 | 22317 | 24007 | 25950 |
| 融安县 | Rong'an | 15746 | 17292 | 18938 | 20745 |
| 融水苗族自治县 | Rongshui | 15008 | 16632 | 18212 | 19850 |
| 三江侗族自治县 | Sanjiang | 13630 | 15224 | 16683 | 18328 |
| **桂林市** | **Guilin** | **20543** | **22480** | **24289** | **26381** |
| 秀峰区 | Xiufeng District | 30564 | 32888 | 35486 | 37828 |
| 叠彩区 | Diecai District | 28765 | 31129 | 33184 | 35766 |
| 象山区 | Xiangshan District | 30815 | 33293 | 35566 | 38129 |
| 七星区 | Qixing District | 31597 | 34168 | 36625 | 39700 |
| 雁山区 | Yanshan District | 22653 | 24860 | 27130 | 29241 |
| 临桂区 | Lingui District | 20637 | 22597 | 24981 | 27903 |
| 阳朔县 | Yangshuo | 20559 | 22781 | 24433 | 25917 |

2-25　续表 1　continued

单位：元　　(yuan)

| 地　区 | Region | 2016 | 2017 | 2018 | 2019 |
|---|---|---|---|---|---|
| 灵川县 | Lingchuan | 20773 | 22582 | 24666 | 26776 |
| 全州县 | Quanzhou | 16920 | 18648 | 20480 | 22392 |
| 兴安县 | Xing'an | 20134 | 21933 | 23790 | 25980 |
| 永福县 | Yongfu | 17193 | 19028 | 21212 | 23079 |
| 灌阳县 | Guanyang | 15089 | 16661 | 18300 | 20175 |
| 龙胜各族自治县 | Longsheng | 15176 | 16827 | 18308 | 20106 |
| 资源县 | Ziyuan | 14280 | 15750 | 17539 | 19319 |
| 平乐县 | Pingle | 16460 | 18140 | 19859 | 21778 |
| 荔浦市 | Lipu | 20004 | 22028 | 23982 | 25911 |
| 恭城瑶族自治县 | Gongcheng | 15253 | 16992 | 18810 | 20517 |
| **梧州市** | **Wuzhou** | **18657** | **20330** | **21936** | **23827** |
| 万秀区 | Wanxiu District | 26737 | 28720 | 30742 | 33026 |
| 长洲区 | Changzhou District | 26539 | 29033 | 31081 | 33527 |
| 龙圩区 | Longxu District | 16572 | 18011 | 19506 | 21269 |
| 苍梧县 | Cangwu | 11134 | 12214 | 13316 | 14603 |
| 藤　县 | Tengxian | 15965 | 17418 | 18869 | 20656 |
| 蒙山县 | Mengshan | 14129 | 15456 | 16808 | 18276 |
| 岑溪市 | Cenxi | 20448 | 22320 | 23893 | 25847 |
| **北海市** | **Beihai** | **21467** | **23536** | **25374** | **27684** |
| 海城区 | Haicheng District | 29887 | 32594 | 34784 | 37677 |
| 银海区 | Yinhai District | 24207 | 26627 | 28744 | 31378 |
| 铁山港区 | Tieshangang District | 17316 | 19049 | 20798 | 22869 |
| 合浦县 | Hepu | 18149 | 19951 | 21619 | 23764 |
| **防城港市** | **Fangchenggang** | **21841** | **23916** | **25824** | **27679** |
| 港口区 | Gangkou District | 28185 | 30898 | 33394 | 35717 |
| 防城区 | Fangcheng District | 22094 | 24251 | 26082 | 27885 |
| 上思县 | Shangsi | 13074 | 14377 | 15625 | 16896 |
| 东兴市 | Dongxing | 28857 | 31275 | 33694 | 35936 |
| **钦州市** | **Qinzhou** | **17765** | **19215** | **20749** | **22556** |
| 钦南区 | Qinnan District | 22063 | 23793 | 25564 | 27538 |
| 钦北区 | Qinbei District | 18888 | 20298 | 21877 | 23745 |
| 灵山县 | Lingshan | 16165 | 17529 | 18994 | 20728 |
| 浦北县 | Pubei | 16088 | 17485 | 18938 | 20652 |

2-25 续表 2 continued

单位：元 (yuan)

| 地 区 | Region | 2016 | 2017 | 2018 | 2019 |
|---|---|---|---|---|---|
| **贵港市** | **Guigang** | **18642** | **20344** | **21894** | **23930** |
| 港北区 | Gangei District | 24441 | 26482 | 28350 | 30600 |
| 港南区 | Gangnan District | 17981 | 19457 | 20942 | 23048 |
| 覃塘区 | Qintang District | 18595 | 20549 | 22358 | 24552 |
| 平南县 | Pingnan | 18084 | 19919 | 21241 | 23289 |
| 桂平市 | Guiping | 17626 | 19200 | 20875 | 22811 |
| **玉林市** | **Yulin** | **20726** | **22371** | **24041** | **25882** |
| 玉州区 | Yuzhou District | 29579 | 32071 | 34169 | 36652 |
| 福绵区 | Fumian District | 19639 | 21271 | 22927 | 24782 |
| 容 县 | Rongxian | 18305 | 19914 | 21535 | 23192 |
| 陆川县 | Luchuan | 18319 | 19677 | 21284 | 22924 |
| 博白县 | Bobai | 16934 | 18234 | 19634 | 21321 |
| 兴业县 | Xingye | 16580 | 17994 | 19352 | 20787 |
| 北流市 | Beiliu | 23519 | 25229 | 26977 | 29052 |
| 玉东新区 | Yudongxin District | 26862 | 28977 | 30954 | 32960 |
| **百色市** | **Baise** | **15340** | **16841** | **18065** | **19669** |
| 右江区 | Youjiang District | 22767 | 24807 | 26305 | 28612 |
| 田阳区 | Tianyang District | 17477 | 19111 | 20404 | 22121 |
| 田东县 | Tiandong | 18692 | 20359 | 21699 | 23656 |
| 平果市 | Pingguo | 19175 | 20947 | 22481 | 24554 |
| 德保县 | Debao | 13709 | 15731 | 16902 | 18468 |
| 那坡县 | Napo | 10618 | 11688 | 12629 | 13783 |
| 凌云县 | Lingyun | 11803 | 12957 | 13947 | 15159 |
| 乐业县 | Leye | 12135 | 13408 | 14444 | 15676 |
| 田林县 | Tianlin | 12887 | 14167 | 15285 | 16864 |
| 西林县 | Xilin | 12586 | 13760 | 14840 | 16064 |
| 隆林各族自治县 | Longlin | 12316 | 13415 | 14398 | 15640 |
| 靖西市 | Jingxi | 12795 | 14165 | 15307 | 16793 |

2-25 续表 3 continued

单位：元 (yuan)

| 地 区 | Region | 2016 | 2017 | 2018 | 2019 |
|---|---|---|---|---|---|
| **贺州市** | **Hezhou** | **16940** | **18590** | **20160** | **21975** |
| 八步区 | Babu District | 18629 | 20410 | 22140 | 24129 |
| 平桂管理区 | Pinggui District | 16994 | 18569 | 20156 | 22011 |
| 昭平县 | Zhaoping | 16192 | 18002 | 19435 | 21188 |
| 钟山县 | Zhongshan | 15357 | 16879 | 18430 | 20122 |
| 富川瑶族自治县 | Fuchuan | 15123 | 16548 | 17973 | 19596 |
| **河池市** | **Hechi** | **13175** | **14529** | **15865** | **17379** |
| 金城江区 | Jinchengjiang District | 17418 | 19285 | 21222 | 23199 |
| 宜州区 | Yizhou District | 16933 | 18626 | 20294 | 22241 |
| 南丹县 | Nandan | 17384 | 19301 | 20868 | 22805 |
| 天峨县 | Tian'e | 12688 | 13883 | 15136 | 16479 |
| 凤山县 | Fengshan | 9796 | 10825 | 11850 | 13012 |
| 东兰县 | Donglan | 9697 | 10628 | 11639 | 12798 |
| 罗城仫佬族自治县 | Luocheng | 10530 | 11537 | 12607 | 13845 |
| 环江毛南族自治县 | Huanjiang | 12463 | 13689 | 15077 | 16551 |
| 巴马瑶族自治县 | Bama | 10312 | 11613 | 12794 | 14146 |
| 都安瑶族自治县 | Du'an | 10724 | 12707 | 13930 | 15237 |
| 大化瑶族自治县 | Dahua | 10329 | 11357 | 12396 | 13708 |
| **来宾市** | **Laibin** | **17607** | **19269** | **20844** | **22498** |
| 兴宾区 | Xingbin District | 18817 | 20650 | 22433 | 24259 |
| 忻城县 | Xincheng | 15018 | 16655 | 17921 | 19373 |
| 象州县 | Xiangzhou | 17231 | 18787 | 20335 | 21939 |
| 武宣县 | Wuxuan | 17321 | 18940 | 20503 | 22101 |
| 金秀瑶族自治县 | Jinxiu | 15532 | 16998 | 18432 | 19817 |
| 合山市 | Heshan | 22095 | 23563 | 25028 | 26732 |
| **崇左市** | **Chongzuo** | **15897** | **17541** | **19140** | **20967** |
| 江州区 | Jiangzhou District | 19114 | 21104 | 23004 | 25131 |
| 扶绥县 | Fusui | 18198 | 20071 | 21912 | 24106 |
| 宁明县 | Ningming | 13639 | 15051 | 16469 | 18004 |
| 龙州县 | Longzhou | 14402 | 15945 | 17401 | 18916 |
| 大新县 | Daxin | 14842 | 16463 | 17955 | 19871 |
| 天等县 | Tiandeng | 12361 | 13738 | 15004 | 16518 |
| 凭祥市 | Pingxiang | 20208 | 22363 | 24435 | 26953 |

# 2-26 各市县（区）城乡居民人均收入

## Per Capita Income of Urban and Rural Households by Cities & County（District）

| 地 区 | Region | 城镇居民人均可支配收入（元） Per Capita Disposable Income of Urban Households（yuan） | | 农村居民人均可支配收入（元） Per Capita Disposable Income of Rural Households（yuan） | |
|---|---|---|---|---|---|
| | | 2018 | 2019 | 2018 | 2019 |
| **南宁市** | **Nanning** | **35276** | **37675** | **13654** | **15047** |
| 兴宁区 | Xingning District | 38465 | 41158 | 14685 | 16256 |
| 青秀区 | Qingxiu District | 45467 | 48286 | 15423 | 16811 |
| 江南区 | Jiangnan District | 34664 | 37264 | 14925 | 16552 |
| 西乡塘区 | Xixiangtang District | 33683 | 35940 | 13820 | 15147 |
| 良庆区 | Liangqing District | 30780 | 32658 | 14678 | 16234 |
| 邕宁区 | Yongning District | 32507 | 34652 | 13953 | 15460 |
| 武鸣区 | Wuming District | 33839 | 36309 | 15937 | 17483 |
| 隆安县 | Long'an | 27415 | 29197 | 11674 | 12876 |
| 马山县 | Mashan | 27183 | 29031 | 10719 | 11844 |
| 上林县 | Shanglin | 26612 | 28528 | 11097 | 12251 |
| 宾阳县 | Binyang | 33095 | 35544 | 14038 | 15470 |
| 横 县 | Hengxian | 33414 | 35720 | 13719 | 15091 |
| **柳州市** | **Liuzhou** | **34849** | **37358** | **13451** | **14715** |
| 城中区 | Chengzhong District | 42297 | 45342 | 22743 | 24835 |
| 鱼峰区 | Yufeng District | 38781 | 41573 | 23351 | 25453 |
| 柳南区 | Liunan District | 40138 | 42988 | 21436 | 23215 |
| 柳北区 | Liubei District | 38796 | 41357 | 17235 | 18614 |
| 柳江区 | Liujiang District | 35068 | 37733 | 13718 | 15090 |
| 柳城县 | Liucheng | 33230 | 35290 | 13995 | 15436 |
| 鹿寨县 | Luzhai | 35126 | 37690 | 14164 | 15510 |
| 融安县 | Rong'an | 29021 | 31285 | 12958 | 14280 |
| 融水苗族自治县 | Rongshui | 28901 | 31040 | 12668 | 13909 |
| 三江侗族自治县 | Sanjiang | 28806 | 31110 | 12327 | 13572 |
| **桂林市** | **Guilin** | **34649** | **37178** | **14626** | **16045** |
| 秀峰区 | Xiufeng District | 35486 | 37828 | | |
| 叠彩区 | Diecai District | 35105 | 37808 | 15061 | 16341 |
| 象山区 | Xiangshan District | 35572 | 38133 | 14809 | 16038 |
| 七星区 | Qixing District | 37046 | 40047 | 17701 | 19542 |
| 雁山区 | Yanshan District | 32971 | 35213 | 13669 | 15118 |
| 临桂区 | Lingui District | 37875 | 40678 | 17291 | 19003 |
| 阳朔县 | Yangshuo | 37791 | 40436 | 16655 | 18354 |

2-26 续表 1 continued

| 地 区 | Region | 城镇居民人均可支配收入（元） Per Capita Disposable Income of Urban Households（yuan） | | 农村居民人均可支配收入（元） Per Capita Disposable Income of Rural Households（yuan） | |
|---|---|---|---|---|---|
| | | 2018 | 2019 | 2018 | 2019 |
| 灵川县 | Lingchuan | 35970 | 38452 | 15324 | 16933 |
| 全州县 | Quanzhou | 32943 | 35545 | 14893 | 16233 |
| 兴安县 | Xing'an | 34950 | 37431 | 17391 | 19252 |
| 永福县 | Yongfu | 35512 | 37820 | 14049 | 15454 |
| 灌阳县 | Guanyang | 32159 | 34603 | 10785 | 11950 |
| 龙胜各族自治县 | Longsheng | 32699 | 35315 | 11640 | 12816 |
| 资源县 | Ziyuan | 32518 | 34892 | 11025 | 12227 |
| 平乐县 | Pingle | 33417 | 36024 | 13907 | 15339 |
| 荔浦市 | Lipu | 34923 | 37263 | 15073 | 16369 |
| 恭城瑶族自治县 | Gongcheng | 32415 | 34846 | 12985 | 14115 |
| **梧州市** | **Wuzhou** | **31209** | **33518** | **12238** | **13474** |
| 万秀区 | Wanxiu District | 32539 | 34914 | 15714 | 17238 |
| 长洲区 | Changzhou District | 33049 | 35495 | 15024 | 16556 |
| 龙圩区 | Longxu District | 28784 | 30972 | 11876 | 13040 |
| 苍梧县 | Cangwu | 23401 | 25250 | 9008 | 9990 |
| 藤 县 | Tengxian | 28518 | 30714 | 12110 | 13406 |
| 蒙山县 | Mengshan | 28236 | 30213 | 10467 | 11524 |
| 岑溪市 | Cenxi | 32610 | 34925 | 14608 | 15981 |
| **北海市** | **Beihai** | **33954** | **36602** | **13998** | **15510** |
| 海城区 | Haicheng District | 34811 | 37700 | 15066 | 16633 |
| 银海区 | Yinhai District | 33688 | 36181 | 15565 | 17293 |
| 铁山港区 | Tieshangang District | 33252 | 35779 | 14651 | 16189 |
| 合浦县 | Hepu | 33246 | 35906 | 13713 | 15263 |
| **防城港市** | **Fangchenggang** | **34325** | **36385** | **14617** | **15962** |
| 港口区 | Gangkou District | 36629 | 38900 | 15741 | 17158 |
| 防城区 | Fangcheng District | 35836 | 37843 | 15063 | 16404 |
| 上思县 | Shangsi | 23487 | 24967 | 12022 | 13152 |
| 东兴市 | Dongxing | 40363 | 42704 | 17937 | 19659 |
| **钦州市** | **Qinzhou** | **33488** | **35732** | **12816** | **14149** |
| 钦南区 | Qinnan District | 34265 | 36492 | 13237 | 14627 |
| 钦北区 | Qinbei District | 33134 | 35387 | 12790 | 14197 |
| 灵山县 | Lingshan | 33481 | 35691 | 12802 | 14108 |
| 浦北县 | Pubei | 33120 | 35438 | 12591 | 13850 |

2-26 续表 2 continued

| 地 区 | Region | 城镇居民人均可支配收入（元） Per Capita Disposable Income of Urban Households（yuan） | | 农村居民人均可支配收入（元） Per Capita Disposable Income of Rural Households（yuan） | |
|---|---|---|---|---|---|
| | | 2018 | 2019 | 2018 | 2019 |
| **贵港市** | **Guigang** | **30506** | **32916** | **13786** | **15289** |
| 港北区 | Gangbei District | 32700 | 35087 | 14472 | 15992 |
| 港南区 | Gangnan District | 31223 | 33939 | 14017 | 15573 |
| 覃塘区 | Qintang District | 30904 | 33129 | 14587 | 16235 |
| 平南县 | Pingnan | 30205 | 32863 | 13540 | 14975 |
| 桂平市 | Guiping | 30164 | 32396 | 14022 | 15592 |
| **玉林市** | **Yulin** | **33960** | **36133** | **14984** | **16348** |
| 玉州区 | Yuzhou District | 39063 | 41680 | 17067 | 18688 |
| 福绵区 | Fumian District | 36181 | 38569 | 14633 | 15994 |
| 容 县 | Rongxian | 31677 | 33641 | 14316 | 15604 |
| 陆川县 | Luchuan | 30774 | 32744 | 14125 | 15410 |
| 博白县 | Bobai | 28452 | 30415 | 14146 | 15504 |
| 兴业县 | Xingye | 29046 | 30789 | 13500 | 14675 |
| 北流市 | Beiliu | 35876 | 38316 | 16051 | 17512 |
| 玉东新区 | Yudongxin District | 35073 | 37142 | 16562 | 18019 |
| **百色市** | **Baise** | **30611** | **32784** | **11086** | **12195** |
| 右江区 | Youjiang District | 33337 | 35937 | 14678 | 16205 |
| 田阳区 | Tianyang District | 31793 | 34050 | 13199 | 14466 |
| 田东县 | Tiandong | 32871 | 35369 | 14665 | 16146 |
| 平果市 | Pingguo | 33488 | 35966 | 12520 | 13734 |
| 德保县 | Debao | 32114 | 34458 | 10283 | 11291 |
| 那坡县 | Napo | 24670 | 26372 | 8307 | 9138 |
| 凌云县 | Lingyun | 27958 | 29803 | 8875 | 9789 |
| 乐业县 | Leye | 29388 | 31239 | 8999 | 9899 |
| 田林县 | Tianlin | 28576 | 30776 | 11160 | 12354 |
| 西林县 | Xilin | 25473 | 27103 | 10203 | 11213 |
| 隆林各族自治县 | Longlin | 30467 | 32508 | 9107 | 9972 |
| 靖西市 | Jingxi | 28451 | 30699 | 10269 | 11347 |

2-26　续表 3　continued

| 地　区 | Region | 城镇居民人均可支配收入（元）Per Capita Disposable Income of Urban Households（yuan） | | 农村居民人均可支配收入（元）Per Capita Disposable Income of Rural Households（yuan） | |
|---|---|---|---|---|---|
| | | 2018 | 2019 | 2018 | 2019 |
| **贺州市** | **Hezhou** | **30864** | **33179** | **11548** | **12737** |
| 八步区 | Babu District | 32945 | 35482 | 12283 | 13560 |
| 平桂管理区 | Pinggui District | 29533 | 31778 | 11581 | 12820 |
| 昭平县 | Zhaoping | 29760 | 32081 | 11024 | 12159 |
| 钟山县 | Zhongshan | 29584 | 31744 | 11138 | 12274 |
| 富川瑶族自治县 | Fuchuan | 28888 | 30968 | 11077 | 12196 |
| **河池市** | **Hechi** | **27468** | **29665** | **9177** | **10141** |
| 金城江区 | Jinchengjiang District | 35205 | 37775 | 10887 | 11976 |
| 宜州区 | Yizhou District | 34323 | 37240 | 11808 | 12930 |
| 南丹县 | Nandan | 33239 | 35931 | 10883 | 11982 |
| 天峨县 | Tian'e | 25611 | 27506 | 8878 | 9784 |
| 凤山县 | Fengshan | 23405 | 25254 | 7966 | 8818 |
| 东兰县 | Donglan | 23855 | 25692 | 7974 | 8859 |
| 罗城仫佬族自治县 | Luocheng | 23057 | 24902 | 8046 | 8915 |
| 环江毛南族自治县 | Huanjiang | 26979 | 29245 | 9907 | 10927 |
| 巴马瑶族自治县 | Bama | 26029 | 28189 | 8209 | 9112 |
| 都安瑶族自治县 | Du'an | 23812 | 25622 | 8105 | 8956 |
| 大化瑶族自治县 | Dahua | 23485 | 25552 | 8213 | 9141 |
| **来宾市** | **Laibin** | **32910** | **34950** | **11752** | **12810** |
| 兴宾区 | Xingbin District | 33576 | 35624 | 12370 | 13483 |
| 忻城县 | Xincheng | 32653 | 34677 | 11097 | 12218 |
| 象州县 | Xiangzhou | 33331 | 35498 | 12167 | 13238 |
| 武宣县 | Wuxuan | 32668 | 34628 | 12295 | 13389 |
| 金秀瑶族自治县 | Jinxiu | 33339 | 35339 | 10254 | 11105 |
| 合山市 | Heshan | 31804 | 33808 | 12183 | 13292 |
| **崇左市** | **Chongzuo** | **30916** | **33297** | **12000** | **13320** |
| 江州区 | Jiangzhou District | 33166 | 35421 | 13494 | 15181 |
| 扶绥县 | Fusui | 32457 | 35118 | 13873 | 15566 |
| 宁明县 | Ningming | 27724 | 29831 | 11786 | 12988 |
| 龙州县 | Longzhou | 29027 | 31030 | 10769 | 11889 |
| 大新县 | Daxin | 32242 | 34918 | 12526 | 14042 |
| 天等县 | Tiandeng | 26906 | 29058 | 10487 | 11588 |
| 凭祥市 | Pingxiang | 34630 | 37539 | 12207 | 13354 |

# 主要统计指标解释

从2012年四季度起，国家统计局对分别进行的城乡住户调查实施了一体化改革，统一了城乡居民收入指标名称、分类和统计标准，建立了城乡统一的一体化住户调查《住户收支与生活状况调查》。广西从2014年开始，正式发布此项改革后的一体化城乡住户收支与生活状况调查数据。

**住户** 指居住在一个住宅内，共同分享生活开支或收入的一群人。居住在同一房间内、不共同分享生活开支的人群，每个人都视为一个住户。住家保姆、住家家庭工视为单独的住户。

**常住居民** 指住户成员中，经常在家居住、或者调查期内居住时间超过一半的人员，以及本住户供养的学生。常住居民是住户收支的调查对象。

**居民可支配收入** 指居民可用于最终消费支出和储蓄的总和，即居民可用于自由支配的收入，既包括现金收入，也包括实物收入。按照收入的来源，可支配收入包含四项，分别为：工资性收入、经营净收入、财产净收入、转移净收入。

**工资性收入** 指就业人员通过各种途径得到的全部劳动报酬和各种福利，包括受雇于单位或个人、从事各种自由职业、兼职和零星劳动得到的全部劳动报酬和福利。

**经营净收入** 指住户或住户成员从事生产经营活动所获得的净收入，是全部经营收入中扣除经营费用、生产性固定资产折旧和生产税净额（生产税减去生产补贴）之后得到的净收入。计算公式具体为：

经营净收入=经营收入-经营费用-生产性固定资产折旧-生产税净额（生产税-生产补贴）

**财产净收入** 指住户或住户成员将其所拥有的金融资产和自然资源交由其他机构单位、住户或个人支配而获得的回报并扣除相关的费用之后得到的净收入。计算公式为：

财产净收入=财产性收入-财产性支出

**转移净收入** 指国家、单位、社会团体对住户的各种经常性转移支付和住户之间的经常性收入转移。包括政府、非行政事业单位、社会团体对居民转移的养老金或退休金、社会救济和补助、政策性生活补贴、救灾款、经常性捐赠和赔偿以及报销医疗费等；住户之间的赡养收入、经常性捐赠和赔偿以及农村地区（村委会）在外（含国外）工作的本住户非常住成员寄回的收入等。计算公式为：

转移净收入=转移性收入-转移性支出

**居民收入五等份分组** 指将所有调查户按人均收入水平从低到高顺序排列，平均分为五个等份，处于最高20%的收入群体为高收入组，依此类推依次为中高收入组、中等收入组、中低收入组、低收入组。

**居民消费支出** 指居民用于满足家庭日常生活消费需要的全部支出，既包括现金消费支出，也包括实物消费支出。根据用途不同，消费支出可划食品烟酒、衣着、居住、生活用品及服务、交通通信、教育文化娱乐、医疗保健、其他用品及服务八大类。

**食品烟酒** 指用于各种食品和烟草、酒类的支出。

**衣着** 指与居民穿着有关的支出，包括服装、服装材料、鞋类、其他衣类及配件、衣着相关加工服务的支出。

**居住** 指与居住有关的支出，包括房租、水、电、燃料、物业管理等方面的支出，也包括自有住房折算租金。

**生活用品及服务** 指家庭及个人的各类生活品及家庭服务。包括家具及室内装饰品、家用器具、家用纺织品、家庭日用杂品、个人用品和家庭服务。

**交通通信** 指用于交通和通信工具及相关的各种服务费、维修费和车辆保险等支出。

**教育文化娱乐** 指用于教育、文化和娱乐方面的支出。

**医疗保健** 指用于医疗和保健的药品、用品和服务的总费用。包括医疗器具及药品，以及医疗服务。

**其他用品及服务** 指无法直接归入上述各类支出的其他用品与服务支出。

# Explanatory Notes on Main Statistical Indicators

In the fourth quarter of 2012, the NBS launched its reform on the household survey programme in order to produce aggregates with the same concepts and definitions for the urban and rural population. This new survey Programme is an integrated one whereas there had existed two separate household surveys ofr the urban and rural households. The reform took a number of measures, including the integration of concepts, classifications and standards, which provided a basis for producing data covering all households. Guangxi from 2014, officially announced the integration of urban and rural household income and expenditure survey data after the reform.

**Households** A group of people who live in a house and share their living expenses or incomes. Living in the same room, not to share the living expenses of the crowd, everyone is considered as a household. Nanny, home family work as a separate household.

**Permanent Resident** Of the members of the household, who often live at home, or have more than half the residence time of the survey period, and the students who are supporting the residents. Residents are residents of household income and expenditure survey.

**Disposable Income of Households** refers to the income of households for purpose of final expenditure and savings. It includes income both in cash and in kind. By sources of income, disposable income includes four categories: income from wages and salaries, net business income, net income from properties and net income from transfer.

**Income from Household Operations** refers to all the labor remuneration and various benefits obtained by the employed persons through various means, including all the labor remuneration and benefits obtained from the employment of the unit or individual, in various kinds of free occupations, part - time, and sporadic work.

**Net Business Income** refers to the net income received by the household or household members engaged in the production and operation activities, and the net income after deducting operating expenses, depreciation of productive fixed assets, and net production tax (net income of production tax). Calculation formula is concrete:

Net Business Income = Operating Income – Operating Expenses – Depreciation of Productive Fixed Assets – Net Production Tax（Production Tax – Production Subsidies）

**Property Net Income** refers to the net income of the household or household members of the financial assets and natural resources owned by the financial assets and natural resources by other institutional units, households or individuals to obtain the return and deduct the relevant expenses. Calculation formula:

Property Net Income = Property Income – Property Expenses

**Transfer Net Income** refers to the country, the unit, the social group to the resident's each kinds of regular transfer payment and the inhabitant's regular income transfer. Including the government, non administrative institutions, social groups on the transfer of pension or pension, social relief and subsidies, policy of living subsidies, relief funds, regular donations and compensation and reimbursement of medical expenses, etc.. Calculation formula:

Transfer Net Income = Transfer Income – Transfer Expenditure

**Per Capita Disposable Income of Households by Income Quintile** refers to all households surveyed by per capita income level from high to low order arrangement, the average score for five equal parts, 20% of the highest income groups in the high income group, by analogy in order to high income group, medium income group and low income group and low income group.

**Consumption Expenditure of Households** refers to all expenditure of households for living expenditure to satisfy family daily living. It includes expenditure in cash and in kind. It includes eight categories: food, tobacco and liquor; clothing; residence; household facilities, articles and services; transport and communications; education, cultural and recreational activities; health care and medical services, and miscellaneous goods and services.

**Food, Tobacco and Liquor** refers to expenditure for food, tobacco and liquor of all kinds.

**Clothing** refers to expenditure related to clothing, including clothes, clothing materials, footwear, other clothing and accessories, processing services related to clothing.

**Residence** refers to expenditure related to residence, including housing rents, water, electricity, fuel, property management, and including converted self-owned housing rents.

**Household Facilities, Articles and Services** refers to expenditure for family and individual articles for living purpose and family services. It includes furniture and interior decoration, home appliances, home textiles, household miscellaneous daily articles, personal articles, and family services.

**Transport and Communications** refers to expenditure for transport and communication and related services, maintenance and repairs, and vehicle insurance.

**Education, Cultural and Recreational Activities** refers to expenditure on education, cultural and recreational activities.

**Health Care and Medical Services** refers to expenditure on drugs, supplies and services of medical and health care. It includes medical appliances and drugs, and medical services.

**Miscellaneous Goods and Services** refers to expenditure of all kinds of expenditure of other articles and services that can not divided into the category above.

# 第三篇　农村贫困监测

Chapter 3　Poverty Monitoring in Rural Areas

# 简要说明

**一、本篇资料的主要内容**

本篇资料是根据国家统计局开展的农村贫困监测调查收集反映广西贫困地区（共33个国家贫困监测县，其中28个国家扶贫开发工作重点县和29个滇桂黔石漠化片区县，大部分县交叉，既是扶贫开发工作重点县，又是滇桂黔石漠化片区县）农村居民收支与生活现状、变化趋势和扶贫成效等情况。

**二、农村贫困监测调查数据来源及调查方法**

在国家统计局统一领导下，广西调查总队具体负责本地区的农村贫困监测调查工作。有国家调查队的县，现场调查工作由县级调查队承担；没有国家调查队的县，由县级统计局承担。所有基础数据由市县调查队、县统计局直接上报调查总队，经调查总队审核后，上报国家统计局住户调查办公室。

调查对象为广西贫困地区的县（市、区），即28个国家扶贫开发工作重点县和29个滇桂黔石漠化片区县以及抽中行政村、农村住户及住户成员。

农村贫困监测调查户样本抽选是以省(区、市)为总体，采用分层、多阶段、与人口规模大小成比例（PPS）的概率抽样方法，随机抽选调查住宅，确定调查户。广西共抽选出33个县(市、区)的271个调查小区，2710个住户参加记账调查。

农村贫困监测调查内容主要包括居民现金和实物收入、住户及劳动力从业情况、居民家庭住房和耐用消费品拥有情况，家庭经营和生产投资情况、县（市、区）社会经济基本情况和到县扶贫项目实施情况以及村和户的扶贫参与情况等。

农村贫困监测调查内容由两部分组成，分别为住房收支与生活状况调查内容和贫困监测补充调查内容。贫困监测调查县在统一开展住户收支与生活状况调查的基础上，补充调查与贫困高度相关的内容。

农村贫困监测调查主要是采用调查户记日记账的方式采集居民收支数据，同时辅之以统一的调查问卷，收集与收入支出有关的其他调查内容。数据采集工作由县级国家调查队或统计局使用统一的方法和数据处理程序对原始调查资料进行编码、审核、录入，然后将分户基础数据上报广西调查总队，经调查总队审核，上报国家统计局住户调查办公室统一汇总计算。

国家统计局根据分户基础数据、采用加权汇总方式生成贫困地区、连片特困地区和扶贫开发工作重点县等不同区域数据，并对各级数据进行审核评估。

# 3-1 贫困地区农村居民家庭基本情况

## Basic Conditions of Rural Households in Poor Areas

| 项 目 | Item | 2018 | 2019 |
|---|---|---|---|
| **调查户类别（户）** | **Household Survey Categories（household）** | | |
| 调查户数 | Number of Household Surveyed | 2710 | 2710 |
| 低保户 | Low Income Households | 333 | 248 |
| 五保户 | Households Enjoying Five Guarantees | 12 | 8 |
| 建档立卡户 | Cardholder Archiving Legislation | 830 | 787 |
| 退耕还林户 | Grain for Green by Households | 393 | 397 |
| 种养业大户 | Large Breeding Industry | 169 | 184 |
| 当年参加专业性合作经济组织的户 | Specialized Cooperative Economic Organizations of Households | 185 | 180 |
| 当年家中是否发生大事 | The Occurrence of Events at Home | | |
| 没有大事 | No Big Thing | 2134 | 2264 |
| 盖房买房 | Build a House Buy a House | 140 | 99 |
| 婚丧嫁娶 | Wedding and Funeral | 87 | 49 |
| 子女上大学（含大中专） | Their Children to University（Including College） | 182 | 129 |
| 大病治疗 | Serious Illness Treatment | 167 | 168 |
| **家庭成员基本情况（人）** | **Basic Statistics of Family Members（person）** | | |
| 家庭全部人口 | Family Entire Population | 12478 | 12726 |
| 常住人口 | Resident Population | 10032 | 9908 |
| 男 | Male | 5195 | 5025 |
| 女 | Female | 4873 | 4800 |
| 少数民族人口 | Minority Population | 8114 | 7960 |
| 有病是否能及时就医 | Whether Prompt Medical Illness | | |
| 是 | Yes | 12182 | 12140 |
| 否 | No | 196 | 121 |
| 不能及时就医的主要原因 | Main Reasons for Not Timely Medical Treatment | | |
| 经济困难 | Economic Difficulties | 84 | 19 |
| 医院太远 | Hospitals Too Far | 90 | 86 |
| 没有时间 | No Time | 4 | |
| 本人不重视 | I Do Not Pay Attention | | |
| 小病不用医 | Minor Ailments Without Doctors | 3 | |
| 其他 | Other | 15 | 16 |
| 5周岁及以下人口是否接受计划免疫人数 | Whether to Accept the Number of Planned Immunization | 940 | 918 |
| **劳动力素质及就业状况（人）** | **Quality of Labor Force and Employment Status（person）** | | |
| 劳动力人数 | Number of Labor Force | 6200 | 6045 |
| 劳动力文化程度 | Labour Force Education Background | | |
| 不识字或识字不多 | Illiterate or Semi-literate | 311 | 309 |
| 小学 | Primary Schools | 2288 | 2193 |
| 初中 | Junior Secondary Schools | 2795 | 2714 |
| 高中 | Senior Secondary Schools | 611 | 613 |

3-1 续表 1 continued

| 项 目 | Item | 2018 | 2019 |
|---|---|---|---|
| 大专及以上 | College Degree or Above | 195 | 217 |
| # 第一产业就业劳动力 | # Primary Industry Employment Labor | 3994 | 3739 |
| 第二产业就业劳动力 | Secondary Industry Employment Labor | 716 | 688 |
| 第三产业就业劳动力 | Tertiary Industry Employment Labor | 996 | 1114 |
| 曾受过技能培训人数 | Number of Received Skills Training | | |
| # 接受农业技术培训 | # Accept Agricultural Technical Training | 938 | 891 |
| 接受非农技能培训 | Accept Non-agricultural Skills Training | 633 | 620 |
| 就业劳动力人数 | Number of Employed Labor Force | 5709 | 5542 |
| 当年从事的主要行业 | Engage of Major Sectors | | |
| 第一产业 | Primary Industry | 3994 | 3740 |
| 第二产业 | Secondary Industry | 719 | 688 |
| 第三产业 | Tertiary Industry | 996 | 1114 |
| 学生就学情况（人） | Situations on Schooling（person） | | |
| 他/她在本年度的主要居住地点 | His/Her Principal Place of Residence During the Year | | |
| **本村** | **Village** | **2148** | **2245** |
| 村外乡内 | Village Outside and Township Inside | 240 | 198 |
| 乡外县内 | Township Outside and Country Inside | 407 | 333 |
| 县外省内 | Country Outside and Province Inside | 144 | 135 |
| 省外 | Province Outside | 62 | 63 |
| 其他 | Other | 1 | |
| 他/她本年度主要和谁居住在一起 | His/Her is This Year the Main and Who Live Together | | |
| 父母双方 | Both Parents | 1707 | 1548 |
| 父亲一方 | Father's Side | 218 | 178 |
| 母亲一方 | Mother's Side | 331 | 320 |
| （外）祖父母 | （Outside）Grandparents | 479 | 531 |
| 兄弟姐妹 | Brothers and Sisters | 8 | 4 |
| 亲属 | Relatives | 29 | 17 |
| 独自居住 | Living Alone | 100 | 147 |
| 其他 | Other | 130 | 230 |
| 住房及生活设施情况（户） | Household and Living Facilities（household） | | |
| 居住住房主要建筑材料 | Residential Housing Construction Materials | 2710 | 2710 |
| **钢筋混凝土** | **Reinforced Concrete** | **710** | **623** |
| 砖混材料 | Masonry Materials | 1731 | 1859 |
| 砖瓦砖木 | Brick and Tile Brick | 237 | 211 |
| 竹草土坯 | Bamboo Grass Adobe | 6 | 1 |
| 其他 | Other | 26 | 15 |
| 住宅外道路路面情况 | Road Surface State of the Road Outside the House | 2710 | 2710 |
| 水泥或柏油路面 | Cement or Road Surface of Pitch | 2318 | 2367 |
| 沙石或石板等硬质路面 | Stone, Sand gravel or Other Hard-surface | 318 | 290 |
| 其他 | Other | 74 | 53 |

3-1　续表 2　continued

| 项　目 | Item | 2018 | 2019 |
|---|---|---|---|
| 主要饮用水来源 | Major Sources of Drinking Water | 2710 | 2710 |
| 经过净化处理的自来水 | After Purification of Water | 1046 | 1132 |
| 受保护的井水和泉水 | Protected Wells and Springs | 1365 | 1209 |
| 不受保护的井水和泉水 | Unprotected Wells and Springs | 168 | 245 |
| 江河湖泊水 | Rivers, Lakes and Water | 8 | 13 |
| 收集雨水 | Collect Rainwater | 85 | 91 |
| 桶装水 | Bottled Water | 2 | 2 |
| 其他水源 | Other Sources | 36 | 17 |
| 获取饮用水存在的主要困难 | The Main Difficulty in Obtaining Drinking Water Exists | 2710 | 2710 |
| 单次取水往返时间超过半小时 | The Single Water Round-trip Time More Than Half an Hour | 15 | 17 |
| 间断或定时供水 | Intermittent or Regular Water Supply | 99 | 69 |
| 当年连续缺水时间超过15天 | Continuous Dry Year Period More Than 15 Days | 74 | 38 |
| 无上述困难 | None of the Above Difficulties | 2522 | 2586 |
| 饮用前在家里所采取的主要处理措施 | Water in the Home Mainly Deal with Measures Taken | 2710 | 2710 |
| 煮沸 | Boiled | 2276 | 2369 |
| 加漂白剂/氯等 | Add Bleach/Chlorine | 15 | 14 |
| 使用水过滤器 | Use Water Filter | 34 | 50 |
| 其他处理措施 | Other Treatment Measures | 106 | 79 |
| 没有任何水处理措施 | No Water Treatment Measures | 279 | 198 |
| 厕所类型 | Toilet Type | 2710 | 2710 |
| 水冲式卫生厕所 | Water Flush Sanitary Toilet | 2328 | 2622 |
| 水冲式非卫生厕所 | Water Flush Non-sanitary Toilet | 174 | 47 |
| 卫生旱厕 | Sanitary Toilet | 86 | 24 |
| 普通旱厕 | Ordinary Toilet | 106 | 14 |
| 无厕所 | No Toilet | 16 | 3 |
| 厕所使用情况 | Situation of Toilet Use | 2710 | 2710 |
| 本住户独用 | Household Use Alone | 2654 | 2552 |
| 几户合用 | Several Families Sharing | 36 | 158 |
| 公用厕所 | Communal Lavatories | 20 | |
| 洗澡设施 | Facilities for Bathing | 2710 | 2710 |
| 统一供热水 | Unity of Hot Water Supply | 62 | 59 |
| 家庭自装热水器 | Families Install Their Own Water Heater | 1741 | 2007 |
| 其他 | Other | 499 | 396 |
| 无洗澡设施 | No Bathing Facilities | 408 | 248 |
| 主要炊用能源状况 | Mainly to Cooking Energy Situation | 2710 | 2710 |
| 柴草 | Firewood | 1188 | 917 |
| 煤炭 | Coal | 3 | 2 |
| 罐装液化石油气 | Bottled Liquefied Petroleum Gas | 905 | 1027 |
| 电 | Electricity | 564 | 715 |
| 沼气 | Biogas | 30 | 30 |
| 其他 | Other | 15 | 10 |
| 使用照明电的 | Use of Lighting Electricity | 2710 | 2710 |

3-1 续表 3 continued

| 项 目<br>Item | 2018 | 2019 |
| --- | --- | --- |
| **社会事务参与情况（户）**<br>**Statistics of Participation in Social Affairs（household）** | | |
| 当年有人参加过村务会议的户<br>Households of Participated in Village meetings This Year | 1275 | 1142 |
| 当年有人为村级公共事务提过建议的户<br>Households of Village-level Public Affairs When Someone Mentioned Recommendations This Year | 715 | 683 |
| 本村的低保户是如何确定的<br>The Village is How to determine the minimal Assurance Households | | |
| 村民公开评议<br>Public Comment by Villagers | 2464 | 2540 |
| 村干部指定<br>Specified by Village Cadres | 30 | 26 |
| 大家轮流<br>Everyone Take Turns | 1 | 1 |
| 关系户优先<br>Priority of Family Relations | 8 | 4 |
| 其他<br>Other | 207 | 139 |
| 本村的扶贫项目户如何确定的<br>The Village is How Poverty Alleviation Project Households to Determine | | |
| 村民公开评议<br>Public Comment by Villagers | 2441 | 2525 |
| 村干部指定<br>Specified by Village Cadres | 39 | 24 |
| 大家轮流<br>Everyone Take Turns | 7 | 3 |
| 关系户优先<br>Priority of Family Relations | 8 | 3 |
| 其他<br>Other | 215 | 155 |
| 所在的行政村有村级扶贫规划的户<br>Where Administrative Village of Village Poverty Alleviation Planning Households | 1239 | 1246 |
| 了解规划内容的户<br>Understanding of the Planning Content of Households | 727 | 753 |
| 参与村级扶贫规划的制定的户<br>To Participate in the Village Poverty Alleviation Planning Households | 317 | 371 |
| 您家当年面临的主要问题<br>The Main Problem That Faces in Your Home | | |
| 缺乏致富技术<br>Lack of Enrichment Technology | 781 | 741 |
| 缺乏资金<br>Lack of Funds | 1116 | 1066 |
| 缺乏劳动力<br>Lack of Labour Force | 237 | 256 |
| 家中有人患大病<br>Someone Suffering From a Serious Illness by Households | 102 | 110 |
| 家中有人残疾<br>Someone Disability by Households | 48 | 44 |
| 容易遭受自然灾害<br>Vulnerable to Natural Disasters | 25 | 8 |
| 其他<br>Other | 400 | 485 |

3-1　续表 4　continued

| 项　目<br>Item | 2018 | 2019 |
| --- | --- | --- |
| **扶贫活动参与情况（户）<br>Statistics of Participation in Poverty Reduction Activities（households）** | | |
| 所在村已落实新的扶贫项目或新到位扶贫资金的户<br>The Village has Implemented New Project or Position Poverty Alleviation Fund Families | 1055 | 1218 |
| 您如何知道本村参加了扶贫项目<br>How Do You Know the Village Took Part in the Poverty Alleviation Project | | |
| 通过村务公开公告栏或通知<br>Through Making Village Affairs Public Bulletin Boards or Notice | 2092 | 2107 |
| 通过村干部个别通知<br>Informed Individually Through the village Cadres | 213 | 244 |
| 通过亲朋好友<br>Through Friends and Family | 114 | 141 |
| 其他<br>Other | 291 | 218 |
| 参与村级扶贫项目选定的户<br>Poverty Alleviation Project in selected Households | 422 | 484 |
| 本村的扶贫项目是如何分配的<br>The Village Poverty Alleviation Project is How to Allocate | | |
| 贫困户优先得到项目<br>Poor Households Receive Priority Projects | 2254 | 2293 |
| 先给有偿还能力或脱贫能力强的户<br>The First to Have Repayment Ability, or Ability of Households Out of Poverty | 197 | 182 |
| 优先考虑关系户<br>Priority of Family Relations | 7 | 5 |
| 其他<br>Other | 252 | 230 |
| 参与扶贫项目户的确定的户<br>Participation in Poverty Alleviation Project Households Identified Households | 410 | 457 |
| 当年参加扶贫项目的户数<br>Number of households That Took Part in Poverty Alleviation Projects | 347 | 389 |
| 您家参加的扶贫项目类型<br>Your Home in Poverty Alleviation Project Type | | |
| 种植业<br>Crop Farming | 93 | 125 |
| 林业<br>Forestry | 7 | 9 |
| 养殖业<br>Aquaculture | 108 | 110 |
| 农产品加工业<br>Agricultural Product Processing Industry | 1 | 2 |
| 人畜饮水工程<br>Drinking Water Project | 12 | 6 |

3-1 续表 5 continued

| 项 目<br>Item | 2018 | 2019 |
|---|---|---|
| 危房改造<br>Repair of Dangerous Buildings | 25 | 20 |
| 沼气等新能源建设<br>Construction of New Energy Sources Such as Biogas | 4 | 23 |
| 教育免费<br>Education is Free | 21 | 39 |
| 卫生<br>Health | 5 | 10 |
| 专业技能培训<br>Professional Skills Training | 3 | 4 |
| 其他<br>Other | 69 | 389 |
| 当年得到的扶贫资金总额（元）<br>Total of get Alleviation Funds in This Year（yuan） | 7455202.0 | 3988892.0 |
| 当年得到扶贫资金来源（户）<br>Then get Help Alleviation Funds Source in This Year（households） | | |
| 扶贫贴息贷款<br>Poverty Alleviation Loans | 57 | 39 |
| 财政扶贫专项资金<br>Special Funds to Finance Poverty Alleviation | 232 | 287 |
| 国内无偿政策性补贴<br>The Domestic Gratuitous Policy-related Subsidies | 20 | 31 |
| 外资项目贷款<br>Foreign Project Loans | 1 | 9 |
| 外资无偿赠款<br>Gratuitous Donated of Foreign Funds | 1 | |
| 其他<br>Other | 39 | 22 |
| 当年扶贫项目净收益（元）<br>Net Income From Poverty Alleviation Project in This Year（yuan） | | |
| 您最希望得到的扶贫项目（户）<br>You Want Most of the Poverty Alleviation Project（households） | | |
| 种植业<br>Crop Farming | 721 | 751 |
| 林业<br>Forestry | 68 | 90 |
| 养殖业<br>Aquaculture | 567 | 655 |
| 农产品加工业<br>Agricultural Product Processing Industry | 33 | 48 |
| 人畜饮水工程<br>Drinking Water Project | 57 | 69 |
| 危房改造<br>Repair of Dangerous Buildings | 81 | 44 |
| 沼气等新能源建设<br>Construction of New Energy Sources Such as Biogas | 9 | 4 |
| 免费教育<br>Education is Free | 182 | 166 |
| 卫生<br>Health | 29 | 11 |
| 专业技能培训<br>Professional Skills Training | 247 | 190 |
| 其他<br>Other | 716 | 391 |

# 3-2 贫困地区农村居民家庭人均总收入及构成

## Per Capita Income and Composition of Rural Households of Poor Areas

| 项 目 | Item | 2018 | 2019 |
|---|---|---|---|
| **总收入（元）** | **Total Income（yuan）** | **14448.50** | **15762.83** |
| 工资性收入 | Wages Income | 3032.05 | 3376.62 |
| 家庭经营收入 | Household Business Income | 8035.37 | 8411.64 |
| 第一产业 | Primary Industry | 5861.49 | 6083.63 |
| 农业 | Farming | 3299.59 | 3382.96 |
| 林业 | Forestry | 601.79 | 747.71 |
| 牧业 | Animal Husbandry | 1869.13 | 1854.91 |
| 渔业 | Fishery | 90.98 | 98.06 |
| 第二产业 | Secondary Industry | 438.11 | 490.69 |
| 工业 | Industry | 130.01 | 239.13 |
| 建筑业 | Construction | 308.10 | 251.56 |
| 第三产业 | Tertiary Industry | 1735.78 | 1837.32 |
| 批发和零售业 | Wholesale & Retail Trade | 721.61 | 868.12 |
| 交通、运输、邮电业 | Transport and Telecommunications Industries | 520.72 | 493.97 |
| 住宿和餐饮业 | Hotel & Catering Trade | 47.49 | 36.80 |
| 居民服务修理和其他服务业 | Residents Service Repair & Other Services | 162.11 | 195.78 |
| 其他行业 | Other Industry | 283.85 | 242.66 |
| 财产性收入 | Property Income | 152.45 | 169.54 |
| 转移性收入 | Transferred Income | 3228.63 | 3805.02 |
| **总收入构成（%）** | **Composition of Total Income（%）** | | |
| 工资性收入 | Wages Income | 20.99 | 21.42 |
| 家庭经营收入 | Household Business Income | 55.61 | 53.36 |
| 第一产业 | Primary Industry | 40.57 | 38.59 |
| 农业 | Farming | 22.84 | 21.46 |
| 林业 | Forestry | 4.17 | 4.74 |
| 牧业 | Animal Husbandry | 12.94 | 11.77 |
| 渔业 | Fishery | 0.63 | 0.62 |
| 第二产业 | Secondary Industry | 3.03 | 3.11 |
| 工业 | Industry | 0.90 | 1.52 |
| 建筑业 | Construction | 2.13 | 1.60 |
| 第三产业 | Tertiary Industry | 12.01 | 11.66 |
| 批发和零售业 | Wholesale & Retail Trade | 4.99 | 5.51 |
| 交通、运输、邮电业 | Transport and Telecommunications Industries | 3.60 | 3.13 |
| 住宿和餐饮业 | Hotel & Catering Trade | 0.33 | 0.23 |
| 居民服务修理和其他服务业 | Residents Service Repair & Other Services | 1.12 | 1.24 |
| 其他行业 | Other Industry | 1.96 | 1.54 |
| 财产性收入 | Property Income | 1.06 | 1.08 |
| 转移性收入 | Transferred Income | 22.35 | 24.14 |

# 3-3 贫困地区农村居民家庭人均可支配收入及构成

## Per Capita Disposable Income and Composition of Rural Households of Poor Areas

| 项 目 | Item | 2018 | 2019 |
|---|---|---|---|
| **可支配收入（元）** | **Disposable Income（yuan）** | **10760.69** | **11957.55** |
| 工资性收入 | Wages Income | 3032.05 | 3376.62 |
| 经营净收入 | Net Business Income | 4582.15 | 4900.89 |
| 第一产业 | Primary Industry | 3319.56 | 3499.22 |
| 农业 | Farming | 1994.83 | 2021.94 |
| 林业 | Forestry | 541.24 | 683.56 |
| 牧业 | Animal Husbandry | 725.71 | 732.56 |
| 渔业 | Fishery | 57.78 | 61.16 |
| 第二产业 | Secondary Industry | 201.33 | 233.76 |
| 工业 | Industry | 66.83 | 100.68 |
| 建筑业 | Construction | 134.50 | 131.08 |
| 第三产业 | Tertiary Industry | 1061.26 | 1167.92 |
| 批发和零售业 | Wholesale & Retail Trade | 469.97 | 564.37 |
| 交通、运输、邮电业 | Transport and Telecommunications Industries | 321.90 | 266.87 |
| 住宿和餐饮业 | Hotel & Catering Trade | 38.18 | 33.75 |
| 居民服务修理和其他服务业 | Residents Service Repair & Other Services | 89.14 | 131.80 |
| 其他行业 | Other Industry | 142.07 | 171.13 |
| 财产净收入 | Net Income from Property | 136.20 | 145.14 |
| 转移净收入 | Net Income from Transfer | 3010.30 | 3534.90 |
| **可支配收入构成（%）** | **Composition of Disposable Income（%）** | | |
| 工资性收入 | Wages Income | 28.18 | 28.24 |
| 经营净收入 | Net Business Income | 42.58 | 40.99 |
| 第一产业 | Primary Industry | 30.85 | 29.26 |
| 农业 | Farming | 18.54 | 16.91 |
| 林业 | Forestry | 5.03 | 5.72 |
| 牧业 | Animal Husbandry | 6.74 | 6.13 |
| 渔业 | Fishery | 0.54 | 0.51 |
| 第二产业 | Secondary Industry | 1.87 | 1.95 |
| 工业 | Industry | 0.62 | 0.84 |
| 建筑业 | Construction | 1.25 | 1.10 |
| 第三产业 | Tertiary Industry | 9.86 | 9.77 |
| 批发和零售业 | Wholesale & Retail Trade | 4.37 | 4.72 |
| 交通、运输、邮电业 | Transport and Telecommunications Industries | 2.99 | 2.23 |
| 住宿和餐饮业 | Hotel & Catering Trade | 0.35 | 0.28 |
| 居民服务修理和其他服务业 | Residents Service Repair & Other Services | 0.83 | 1.10 |
| 其他行业 | Other Industry | 1.32 | 1.43 |
| 财产净收入 | Net Income from Property | 1.27 | 1.21 |
| 转移净收入 | Net Income from Transfer | 27.97 | 29.56 |

# 3-4　贫困地区农村居民家庭人均现金可支配收入及构成

## Per Capita Cash Disposable Income and Composition of Rural Households of Poor Areas

| 项　目 | Item | 2018 | 2019 |
|---|---|---|---|
| **现金收入（未扣除生产费用）（元）** | **Cash Income（Production Cost is not Deducted）（yuan）** | **12727.43** | **13768.68** |
| 工资性收入 | Wages Income | 3025.01 | 3342.95 |
| 经营性收入 | Net Business Income | 6644.89 | 6944.30 |
| 第一产业 | Primary Industry | 4471.00 | 4616.29 |
| 农业 | Farming | 2287.65 | 2516.69 |
| 林业 | Forestry | 495.26 | 507.90 |
| 牧业 | Animal Husbandry | 1606.94 | 1505.09 |
| 渔业 | Fishery | 81.16 | 86.61 |
| 第二产业 | Secondary Industry | 438.11 | 490.69 |
| 工业 | Industry | 130.01 | 239.13 |
| 建筑业 | Construction | 308.10 | 251.56 |
| 第三产业 | Tertiary Industry | 1735.78 | 1837.32 |
| 批发和零售业 | Wholesale & Retail Trade | 721.61 | 868.12 |
| 交通、运输、邮电业 | Transport and Telecommunications Industries | 520.61 | 493.97 |
| 住宿和餐饮业 | Hotel & Catering Trade | 47.49 | 36.80 |
| 居民服务修理和其他服务业 | Residents Service Repair & Other Services | 162.11 | 195.78 |
| 其他行业 | Other Industry | 283.96 | 242.65 |
| 财产性收入 | Property Income | 152.45 | 169.54 |
| 转移性收入 | Transferred Income | 1905.08 | 3311.89 |
| **现金收入构成（%）** | **Composition of Cash Income（%）** | | |
| 工资性收入 | Wages Income | 23.77 | 24.28 |
| 经营性收入 | Net Business Income | 52.21 | 50.44 |
| 第一产业 | Primary Industry | 35.13 | 33.53 |
| 农业 | Farming | 17.97 | 18.28 |
| 林业 | Forestry | 3.89 | 3.69 |
| 牧业 | Animal Husbandry | 12.63 | 10.93 |
| 渔业 | Fishery | 0.64 | 0.63 |
| 第二产业 | Secondary Industry | 3.44 | 3.56 |
| 工业 | Industry | 1.02 | 1.74 |
| 建筑业 | Construction | 2.42 | 1.83 |
| 第三产业 | Tertiary Industry | 13.64 | 13.34 |
| 批发和零售业 | Wholesale & Retail Trade | 5.67 | 6.31 |
| 交通、运输、邮电业 | Transport and Telecommunications Industries | 4.09 | 3.59 |
| 住宿和餐饮业 | Hotel & Catering Trade | 0.37 | 0.27 |
| 居民服务修理和其他服务业 | Residents Service Repair & Other Services | 1.27 | 1.42 |
| 其他行业 | Other Industry | 2.23 | 1.76 |
| 财产性收入 | Property Income | 1.20 | 1.23 |
| 转移性收入 | Transferred Income | 14.97 | 24.05 |

# 3-5 贫困地区农村居民家庭人均总支出及构成

## Per Capita Total Expenditure and Composition of Rural Households of Poor Areas

| 项　目 | Item | 2018 | 2019 |
|---|---|---|---|
| **总支出（元）** | **Total Expenditure（yuan）** | **15179.35** | **16757.77** |
| 生活消费支出 | Consumption Expenditure | 9352.09 | 10368.03 |
| 食品 | Food | 2847.91 | 3211.90 |
| 衣着 | Clothing | 323.44 | 359.11 |
| 居住 | Residence | 2089.19 | 2335.55 |
| 家庭设备、用品及服务 | Household Facilities, Articles and Services | 556.93 | 589.49 |
| 医疗保健 | Medicines and Medical Services | 935.81 | 1067.02 |
| 交通通信 | Transport and Communications | 1248.35 | 1307.06 |
| 文化娱乐用品及服务 | Stationery & Recreation Goods and Services | 1199.53 | 1354.82 |
| 其他商品和服务 | Other Commodities and Services | 150.93 | 143.08 |
| 家庭经营费用支出 | Expenditure for Household Business | 3183.92 | 3252.79 |
| 第一产业 | Primary Industry | 2387.34 | 2433.19 |
| 农业 | Farming | 1205.76 | 1279.40 |
| 林业 | Forestry | 59.77 | 63.17 |
| 牧业 | Animal Husbandry | 1092.17 | 1056.21 |
| 渔业 | Fishery | 29.64 | 34.41 |
| 第二产业 | Secondary Industry | 212.59 | 234.54 |
| 工业 | Industry | 59.26 | 124.16 |
| 建筑业 | Construction | 153.33 | 110.38 |
| 第三产业 | Tertiary Industry | 583.98 | 585.06 |
| 批发和零售业 | Wholesale & Retail Trade | 217.23 | 284.51 |
| 交通、运输、邮电业 | Transport and Telecommunications Industries | 165.96 | 183.53 |
| 住宿和餐饮业 | Hotel & Catering Trade | 7.60 | 1.22 |
| 居民服务修理和其他服务业 | Residents Service Repair & Other Services | 65.84 | 58.62 |
| 其他行业 | Other Industry | 127.35 | 57.18 |
| 财产性支出 | Expenditure for Property | 16.24 | 24.40 |
| 转移性支出 | Transferred Expenditure | 218.30 | 270.03 |
| 购置生产性固定资产支出 | Expenditure for Productive Fixed Assets | 197.12 | 283.73 |

3-5 续表 continued

| 项 目 | Item | 2018 | 2019 |
| --- | --- | --- | --- |
| **总支出构成（%）** | **Composition of Total Expenditure（%）** | | |
| 生活消费支出 | Consumption Expenditure | 61.61 | 61.87 |
| 食品 | Food | 18.76 | 19.17 |
| 衣着 | Clothing | 2.13 | 2.14 |
| 居住 | Residence | 13.76 | 13.94 |
| 家庭设备、用品及服务 | Household Facilities, Articles and Services | 3.67 | 3.52 |
| 医疗保健 | Medicines and Medical Services | 6.17 | 6.37 |
| 交通通信 | Transport and communications | 8.22 | 7.80 |
| 文化娱乐用品及服务 | Stationery & Recreation Goods and Services | 7.90 | 8.08 |
| 其他商品和服务 | Other Commodities and Services | 0.99 | 0.85 |
| 家庭经营费用支出 | Expenditure for Household Business | 20.98 | 19.41 |
| 第一产业 | Primary Industry | 15.73 | 14.52 |
| 农业 | Farming | 7.94 | 7.63 |
| 林业 | Forestry | 0.39 | 0.38 |
| 牧业 | Animal Husbandry | 7.20 | 6.30 |
| 渔业 | Fishery | 0.20 | 0.21 |
| 第二产业 | Secondary Industry | 1.40 | 1.40 |
| 工业 | Industry | 0.39 | 0.74 |
| 建筑业 | Construction | 1.01 | 0.66 |
| 第三产业 | Tertiary Industry | 3.85 | 3.49 |
| 批发和零售业 | Wholesale & Retail Trade | 1.43 | 1.70 |
| 交通、运输、邮电业 | Transport and Telecommunications Industries | 1.09 | 1.10 |
| 住宿和餐饮业 | Hotel & Catering Trade | 0.05 | 0.01 |
| 居民服务修理和其他服务业 | Residents Service Repair & Other Services | 0.43 | 0.35 |
| 其他行业 | Other Industry | 0.84 | 0.34 |
| 财产性支出 | Expenditure for Property | 0.11 | 0.15 |
| 转移性支出 | Transferred Expenditure | 1.44 | 1.61 |
| 购置生产性固定资产支出 | Expenditure for Productive Fixed Assets | 1.30 | 1.69 |

# 3-6 贫困地区农村居民家庭人均现金支出及构成

## Per Capita Cash Expenditure and Composition of Rural Households of Poor Areas

| 项　目 | Item | 2018 | 2019 |
|---|---|---|---|
| **现金支出（元）** | **Cash Expenditure（yuan）** | **12623.41** | **13847.53** |
| 生产费用现金支出 | Cash Expenditure of Productive Costs | 2831.52 | 3023.50 |
| 第一产业 | Primary Industry | 2034.95 | 2203.90 |
| 农业 | Farming | 1117.93 | 1237.60 |
| 林业 | Forestry | 59.77 | 63.13 |
| 牧业 | Animal Husbandry | 828.03 | 872.17 |
| 渔业 | Fishery | 29.21 | 31.01 |
| 第二产业 | Secondary Industry | 212.59 | 234.54 |
| 工业 | Industry | 59.26 | 124.16 |
| 建筑业 | Construction | 153.33 | 110.38 |
| 第三产业 | Tertiary Industry | 583.98 | 585.06 |
| 批发和零售业 | Wholesale & Retail Trade | 217.23 | 284.51 |
| 交通、运输、邮电业 | Transport and Telecommunications Industries | 165.96 | 183.53 |
| 住宿和餐饮业 | Hotel & Catering Trade | 7.60 | 1.22 |
| 居民服务修理和其他服务业 | Residents Service Repair & Other Services | 65.84 | 58.62 |
| 其他行业 | Other Industry | 127.35 | 57.18 |
| 购置生产性固定资产支出 | Expenditure for Productive Fixed Assets | 197.12 | 283.73 |
| 生活消费支出 | Consumption Expenditure | 7148.55 | 7687.08 |
| 财产性支出 | Expenditure for Property | 16.24 | 24.40 |
| 转移性支出 | Transferred Expenditure | 218.30 | 270.03 |
| **现金支出构成（%）** | **Composition of Cash Expenditure（%）** | | |
| 生产费用现金支出 | Cash Expenditure of Productive Costs | 22.43 | 21.83 |
| 第一产业 | Primary Industry | 16.12 | 15.92 |
| 农业 | Farming | 8.86 | 8.94 |
| 林业 | Forestry | 0.47 | 0.46 |
| 牧业 | Animal Husbandry | 6.56 | 6.30 |
| 渔业 | Fishery | 0.23 | 0.22 |
| 第二产业 | Secondary Industry | 1.68 | 1.69 |
| 工业 | Industry | 0.47 | 0.90 |
| 建筑业 | Construction | 1.21 | 0.80 |
| 第三产业 | Tertiary Industry | 4.63 | 4.23 |
| 批发和零售业 | Wholesale & Retail Trade | 1.72 | 2.05 |
| 交通、运输、邮电业 | Transport and Telecommunications Industries | 1.31 | 1.33 |
| 住宿和餐饮业 | Hotel & Catering Trade | 0.06 | 0.01 |
| 居民服务修理和其他服务业 | Residents Service Repair & Other Services | 0.52 | 0.42 |
| 其他行业 | Other Industry | 1.01 | 0.41 |
| 购置生产性固定资产支出 | Expenditure for Productive Fixed Assets | 1.56 | 2.05 |
| 生活消费支出 | Consumption Expenditure | 56.63 | 55.51 |
| 财产性支出 | Expenditure for Property | 0.13 | 0.18 |
| 转移性支出 | Transferred Expenditure | 1.73 | 1.95 |

# 3-7 贫困地区农村居民家庭平均每百户耐用消费品拥有量

## Ownership of Major Durable Consumer Goods Per 100 Rural Households of Poor Areas

| 项 目 | Item | 2018 | 2019 |
|---|---|---|---|
| 家用汽车（辆） | Household Automobile（unit） | 18.6 | 17.8 |
| 摩托车（辆） | Motorcycle（unit） | 89.0 | 89.8 |
| 助力车（辆） | Electric Bicycle（unit） | 35.5 | 43.2 |
| 洗衣机（台） | Washing Machine（set） | 79.3 | 83.0 |
| 电冰箱（柜）（台） | Refrigerator（set） | 95.8 | 98.4 |
| 微波炉（台） | Microwave Oven（set） | 19.8 | 26.0 |
| 彩色电视机（台） | Color TV（set） | 101.3 | 103.4 |
| 空调（台） | Air Conditioning（set） | 25.9 | 33.7 |
| 热水器（台） | Water Heater（set） | 72.4 | 83.1 |
| # 太阳能热水器（台） | # Solar Water Heater（set） | 9.6 | |
| 洗碗机（台） | Dishwasher（set） | 1.0 | 0.7 |
| 排油烟机（台） | Smoke Absorber（set） | 10.9 | 15.3 |
| 固定电话（线） | Fixed Telephone（line） | 8.2 | 3.4 |
| 移动电话（部） | Hand Telephone（unit） | 285.4 | 286.6 |
| 计算机（台） | Computer（set） | 17.0 | 13.5 |
| 照相机（台） | Camera（set） | 0.9 | 0.8 |
| 中高档乐器（架） | Medium Upscale Musical Instrument（unit） | 1.0 | 1.1 |
| 健身器材（台） | Fitness Equipment（set） | 0.3 | 0.3 |
| 组合音响（套） | Audio System（set） | 0.2 | 0.1 |

# 3-8 贫困地区农村居民家庭人均主要食品消费量

## Per Capita Main Food Consumption of Rural Households of Poor Areas

单位：公斤 （kg）

| 项　目 | Item | 2018 | 2019 |
|---|---|---|---|
| 谷物消费量 | Cereal Consumption | 150.61 | 152.74 |
| # 稻谷 | # Rice | 118.54 | 120.67 |
| 玉米 | Corn | 16.80 | 21.24 |
| 薯类消费量 | Potato Consumption | 0.86 | 0.67 |
| 豆类消费量 | Soy Consumption | 5.31 | 6.90 |
| 油脂类消费量 | Oil and Fats Consumption | 7.32 | 6.49 |
| 蔬菜及菜制品消费量 | Vegetables and Food Products Consumption | 77.78 | 73.72 |
| # 鲜菜 | # Fresh Vegetables | 76.88 | 72.55 |
| 肉禽及其制品 | Meat, Poultry and Related Products | 36.19 | 32.46 |
| # 猪肉 | # Pork | 33.25 | 29.50 |
| 牛肉 | Beef | 1.28 | 1.62 |
| 羊肉 | Mutton | 0.56 | 0.48 |
| 家禽 | Poultry | 17.99 | 24.70 |
| 蛋类及蛋制品 | Eggs and Eggs Products | 4.39 | 5.21 |
| 奶和奶制品 | Milk and Dairy Products | 1.98 | 2.22 |
| 水产品 | Aquatic Products | 5.09 | 8.25 |
| # 鱼类 | # Fish | 4.82 | 7.63 |
| 虾、贝、蟹类 | Shrimp, Shells, Crabs | 0.14 | 0.39 |
| 干鲜瓜果类 | Dried and Fresh Melons and Fruits | 26.37 | 30.70 |
| 鲜瓜果 | Fresh Fruits | 25.33 | 29.37 |
| 坚果类 | Nuts | 0.93 | 1.20 |
| 消费茶叶 | Tea Consumption | 0.26 | 0.16 |
| 食糖 | Sugar | 1.10 | 1.20 |
| 烟叶消费量 | Tobacco Consumption | 27.08 | 27.80 |
| 酒 | Wine | 16.78 | 14.24 |
| # 白酒 | # Liquor | 11.60 | 8.95 |
| 啤酒 | Beer | 5.17 | 5.26 |

# 3-9　广西贫困地区社区基本情况

## Basic Situation of Community of Poor Areas

| 项　目<br>Item | 2018 | 2019 |
|---|---|---|
| **社区情况（个）<br>Situation of community（unit）** | | |
| 调查村个数<br>Number of Surveyed Villages | 271 | 271 |
| 少数民族村<br>National Minority Village | 210 | 202 |
| 政府确定的贫困村<br>Poor Villages Identified by the Government | 119 | 120 |
| 有卫生站（室）的行政村个数<br>Number of Administrative Villages in There Are Health Stations（Room） | 228 | 247 |
| 拥有合法行医证医生/卫生员的行政村个数<br>Number of Administrative Villages in Have Legitimate License to Practice Medicine Doctors/Hygienist | 238 | 243 |
| 自然村个数<br>Number of Natural Village | 3278 | 3219 |
| 通公路的自然村<br>Natural Village to Build Up Roads | 3148 | 3070 |
| 主干道路面经过硬化处理的自然村<br>Natural Village by Trunk Road Through Hardened | 2883 | 2931 |
| 通客运班车的自然村<br>Natural Village Through Passenger Bus | 1581 | 1741 |
| 通电的自然村<br>Electricity Came to Natural village | 3261 | 3213 |
| 通电话的自然村<br>Telephone Came to Natural Village | 3252 | 3162 |
| 通有线电视信号的自然村<br>Cable Tv Signal Came to Natural Village | 2723 | 2951 |
| 通宽带的自然村<br>Broadband Came to Natural Village | 2298 | 2603 |
| 被通信信号覆盖的自然村<br>Natural Village Covered by the Communication Signal | 3054 | 3079 |
| 有健身器材的自然村<br>There Are Fitness Equipment of Natural Village | 293 | 372 |
| 饮用水经过集中净化处理的自然村<br>Purified Drinking Water Treatment of Natural Village | 1079 | 1363 |
| 进村道路的路面状况<br>Condition of Go Into Village by Road Pavement | | |
| 水泥或柏油路面<br>Cement or Asphalt Pavement | 252 | 252 |
| 沙石或石板等硬质路面<br>Sand or Slate etc Hard Road Surface | 170 | 180 |
| 其他<br>Other | 20 | 10 |
| 有文化活动室的行政村个数<br>Number of Administrative Village Cultural Activity Room | 238 | 250 |
| 有畜禽集中饲养区的行政村个数<br>Number of Administrative Villages in Have concentrated Livestock Feeding Area | 50 | 60 |

3-9 续表 1 continued

| 项 目<br>Item | 2018 | 2019 |
|---|---|---|
| 上幼儿园或学前班的便利程度如何<br>How to Facilitate the Extent Kindergarten or Preschool | | |
| 村内有，且便利<br>Village Have, and Convenient | 1500 | 1640 |
| 村内无，但入园较便利<br>Village Not Have, But More Convenient to Go to Kindergarten | 800 | 740 |
| 不便利<br>Not Convenient | 1410 | 330 |
| 上小学的便利程度<br>Convenience Degree of go Elementary School | | |
| 村内有，且便利<br>Village Have, and Convenient | 1730 | 1760 |
| 村内无，但入学较便利<br>Village Not Have, But More Convenient to Go to School | 680 | 730 |
| 不便利<br>Not Convenient | 300 | 220 |
| 年内召开村民大会或村民代表大会次数（次）<br>Number of Village Assembly Held During or Villager Congress Views in the Year（times） | 1550 | 1293 |
| 有专业合作经济组织或行业协会的行政村个数<br>Number of Administrative Villages of Cooperative Economic Organizations or Industry Associations | 195 | 200 |
| **人口和资源情况**<br>**Condition of Population and Resource** | | |
| 年末户籍人口（人）<br>Household Population at Year-end（person） | 763015 | 755677 |
| 年末常住户数（户）<br>Number of Resident Households at Year-end（household） | 191459 | 199774 |
| 年末常住人口数（人）<br>Number of Usual Residents（person） | 659213 | 667037 |
| 耕地面积（亩）<br>Area of Cultivated Land（mu） | 1140641 | 1023304 |
| # 有效灌溉面积（亩）<br># Irrigated Area（mu） | 458120 | 424537 |
| 园地面积（亩）<br>Area of Garden Plot（mu） | 210398 | 202410 |
| 林地面积（亩）<br>Area of Forests Land（mu） | 2831768 | 2843869 |
| 牧草地面积（亩）<br>Area of Grassland（mu） | 35479 | 33348 |
| 养殖水面面积（亩）<br>Water Area of Breeding Aquatics（mu） | 17844 | 24619 |
| 全村当年粮食总产量（吨）<br>Total Output of Grain on Village This Year（ton） | | |
| **救济及社会保障情况**<br>**Situation of Relief and Social Security** | | |
| 年内收到救济、救灾款物（包括实物折价）（元）<br>Receive Relief, Relief Funds and Materials（Including In-kind Discounts）（yuan） | 1842834 | 4214443 |
| 年内收到过救济、救灾款物的户数（户）<br>Number of Households by Received Relief, Relief Funds and Materials（household） | 9345 | 7527 |
| 年内缺粮需要救济的户数（户）<br>Number of Households by Due to Lack of Food in Need of Relief（household） | 3253 | 2027 |
| 享受农村最低生活保障人数（人）<br>Number of Rural Residents with Minimum Living Allowance（person） | 45978 | 48814 |

3-9 续表 2 continued

| 项 目<br>Item | 2018 | 2019 |
| --- | --- | --- |
| 参加新型农村合作医疗人数（人）<br>Number of New Cooperative Medical System（person） | 700429 | 702275 |
| 参加农村社会养老保险人数（人）<br>Number of Rural Social Endowment Insurance（person） | 342215 | 341374 |
| **村级扶贫活动情况**<br>**Situation of Poverty Alleviation Activities by Village-level** | | |
| 有小额信贷组织或村民互助资金组织的村（个）<br>Villages with Micro Credit Organizations or Mutual Fund Organizations of Villagers（unit） | 128 | 153 |
| 有村级扶贫规划的村（个）<br>There Poverty Alleviation Plan of Village-level by Villages（unit） | 217 | 233 |
| 扶贫规划为村民讨论共同决定的村（个）<br>Poverty Reduction Program for the Villagers to Discuss the Decision of the Village（unit） | 205 | 231 |
| 参加过扶贫开发项目的村（个）<br>Participated in Poverty Alleviation and Development Projects the Villages（unit） | 227 | 228 |
| 政府或机构拨付到位扶贫资金总额（万元）<br>Total Amount of Government or Agencies of Poverty Funds be Appropriated in Place（10 000 yuan） | 103090.3 | 5400.7 |
| # 扶贫贷款<br># Loans of Poverty Alleviation | 21979.8 | 1445.9 |
| 扶持农户数或公共项目成果（户）<br>Support is Number of Rural Households or Public Project Results（households） | | |
| 农业<br>Agriculture | 20634 | 40477 |
| 林业<br>Forestry | 7699 | 32587 |
| 畜牧业<br>Stockbreeding | 5767 | 7022 |
| 农产品加工业<br>Agricultural Product Processing Industry | 2001 | 795 |
| 农村饮水安全工程<br>Drinking Water Safety Project of Rural | 20401 | 40193 |
| 小型农田水利及农村水电（亩）<br>Irrigation and Water Conservancy of Small-scale and hydropower of Rural（mu） | 4486 | 15688 |
| 病险水库除险加固（平方米）<br>Dangerous Reservoir Reinforcement（sq.m） | 1785 | 37532 |
| 村通公路（通畅、通达工程等）（公里）<br>Open Up Roads of Village（Smooth, Tongda Engineering Etc）（km） | 1620 | 4135 |
| 农网完善及无电地区电力设施建设<br>Perfect Power Network of Rural and Building of Power Facilities of Areas Without Electricity | 4616 | 24905 |
| 村村通电话、互联网覆盖等信息化建设<br>Village Phone, Internet coverage Information Construction | 6545 | 34056 |
| 农村沼气等清洁能源建设（个）<br>Rural Biogas and so on Clean Energy Construction（unit） | 690 | 4220 |
| 农村危房改造（平方米）<br>Repair of Dangerous Buildings by Rural（sq.m） | 121395 | 267617 |
| 中低产田改造、土地开发整理（亩）<br>Low-yielding Farmland, Land Development and consolidation（mu） | 5824 | 8161 |
| 村卫生站（室）建设及设施（平方米）<br>Construction and Facilities of Village Health Station（Room）（sq.m） | 3494 | 25271 |
| 农村中小学建设（平方米）<br>Construction of Rural Primary and Secondary | 14255 | 38760 |
| 劳动力职业技能培训（人次）<br>Workforce Occupational Skill Training（person-times） | 8516 | 44302 |
| 易地扶贫搬迁<br>Places as a Poverty Removal | 8079 | 2746 |

# 第四篇　价格调查

## Chapter 4　Price Survey

# 简要说明

**一、本篇资料的主要内容**

本篇价格指数资料，反映生产、流通、消费与投资等环节的价格变动趋势和变动幅度。主要包括居民消费价格指数、商品零售价格指数、农业生产资料价格指数、农产品生产者价格指数、工业生产者出厂价格指数、工业生产者购进价格指数、固定资产投资价格指数、房地产价格指数、农产品集贸市场价格及指数等。

**二、本篇的资料来源**

价格指数编制由国家统计局城市社会经济调查司和农村社会经济调查司组织实施。由各省、自治区、直辖市及抽选出的市、县调查队依据国家统计局统一制定的价格统计调查制度从基层采集原始数据汇总后上报。

**三、居民消费、商品零售价格指数、农业生产资料价格指数**

编制居民消费、商品零售价格、农业生产资料价格指数的资料采用抽样调查和重点调查相结合的方法取得，即在广西壮族自治区选择不同经济区域和分布合理的地区，以及有代表性的商品作为样本，对其市场价格进行定期调查，以样本推断总体。目前，参加广西省级数据汇总的调查市、县21个。编制过程按下列几个步骤进行：

1.选择调查地区和调查点。调查地区按照经济区域和地区分布合理等原则，选出具有代表性的大、中、小城市和县作为广西的调查地区，在此基础上选定经营规模大、商品种类多的商场（店）、超市、农贸市场、服务网点等作为调查点。

2.选择代表规格品。代表规格品是选择那些消费量大、价格变动有代表性的商品；代表规格品的确定是根据商品零售资料和城乡居民的消费支出记账资料，按照有关规定筛选的。筛选原则：（1）与社会生产和人民生活关系密切；（2）消费（销售）数量（金额）大；（3）市场供应稳定；（4）价格变动趋势有代表性；（5）所选的代表规格品之间性质差异大，价格变动特征的相关性低。

目前，居民消费价格调查按用途划分为8大类，262个基本分类，各调查市县每月调查800种以上的规格品价格；商品零售价格按用途划分为16个大类，197个基本分类，各调查市县每月调查500种以上的规格品价格；农业生产资料价格调查按用途划分为10个大类，26个基本分类，各调查市县每月调查70种以上的规格品价格。

3.价格调查方法。通过手持数据采集器，采用定人、定点、定时的方法直接调查。

4.权数的确定。居民消费价格指数的权数主要根据城乡居民家庭消费支出构成确定。商品零售价格指数的权数主要根据社会商品零售额资料确定；农业生产资料价格指数权数主要根据农村居民家庭消费支出构成确定。

**四、工业生产者出厂价格指数**

工业生产者出厂价格是工业品第一次出售时的出厂价格。该项调查采用重点调查与典型调查相结合的调查方法。重点调查对象为年主营业务收入2000万元及以上的工业法人企业；典型调查对象为年主营业务收入2000万元以下的工业法人企业。

1.选择代表企业的原则：（1）按工业行业选择调查企业，各中类行业原则上都要有调查企业；（2）大型企业应尽量都选上（或占相当大比重）；（3）选择生产正常、稳定的企业作为调查对象。

2.选择代表产品的原则：（1）按工业行业选择代表产品；（2）选择对国计民生影响大的产品；（3）选择生产较为稳定的产品；（4）选择有发展前景的产品；（5）选择具有地方特色的产品。

目前《工业生产者出厂价格调查目录》包括11000多种产品，并将其划分为1638个基本分类；《工业生产者购进价格调查目录》包括6000多种产品，并划分为900多个基本分类。

3.价格调查方式。采用企业报表形式，每月约1000家工业企业上报数据资料。

4.权数的确定。工业生产者出厂价格统计中，工业小类及小类以上的权数资料来源于工业统计中分行业工业销售产值数据资料；基本分类的权数资料来源于独立的工业企业产品权数调查。权数一般五年更换一次。

**五、固定资产投资价格指数**

固定资产投资价格调查采用重点调查与典型调查相结合的方法。固定资产投资价格调查所涉及的价格是构成固定资产投资额实体的实际购进价格或结算价格。调查的内容包括构成当年建筑工程实体的钢材、木材、水泥、地方材料（如砖、瓦、灰、沙、石等）、化工材料（如油漆等）等主要建筑材料价格；作为活劳动投入的劳动力价格（单位工资）和建筑机械使用费用；设备工器具购置和其他费用投资价格。

固定资产投资价格调查样本的选择遵循以下原则：

1.选择建筑安装工程调查点的原则：（1）样本单位应具有一定覆盖面；（2）投资经济活动代表性强；（3）兼顾不同登记注册类型；（4）选择重点工程；（5）兼顾国民经济各门类及不同工程类别。

2.选择其他费用调查点的原则：在选择其他费用调查点时，所遵循的原则与建筑安装工程调查点的原则基本相同，特别是要注意选择那些投资额大的工程。但由于其他费用不易取得，所以在实际操作过程中，应同时在建设单位、施工单位开展重点调查，并辅以典型调查（从管理部门取得资料）。

3.价格调查方式。采用企业报表和调查员走访相结合的方式。

4.权数的确定。固定资产投资价格指数的计算权数是建筑安装工程、设备工器具购置和其他费用三者前三年的平均比重。

**六、房地产价格指数**

房地产价格指数由新建住宅销售价格指数和二手住宅销售价格指数组成。调查周期为月度。

1.调查城市。全国调查城市共70个。其中：直辖市、省会城市、自治区首府城市（不含拉萨市）和计划单列市35个；唐山、秦皇岛等其他城市35个。广西壮族自治区的调查城市有南宁市、桂林市和北海市等3个。

2.调查范围。调查范围为南宁市、桂林市和北海市的市辖区，不包括县。

3.指标设置。（1）新建商品住宅设置90平方米及以下、90～144平方米、144平方米以上三个基本分类。（2）二手住宅设置90平方米及以下、90～144平方米、144平方米以上三个基本分类。

4.二手住宅价格调查房地产经纪机构和住宅样本选取原则：

（1）选取房地产经纪机构要注重代表性。统筹考虑各种因素，选择规模大、实力强、营业额占当地总营业额比重较大、经营状况比较稳定的房地产经纪机构，并尽量兼顾内资、港澳台商投资、外商投资等不同注册登记类型。选取的房地产经纪机构的总营业额一般应占当地二手住宅总营业额的75%以上。房地产经纪机构应按规定内容和要求填报调查表。

（2）选取住宅样本要兼顾不同地理位置。综合考虑住宅类型、区域、地段、结构等统计口径的一致性，保证上月、本月价格同质可比。在选取住宅样本时，要分区域（辖区）、分类型从上月及本月销售的住宅中分别选取销售量（套数）所占比重最（较）大、同质可比性和代表性强且交易时间最接近每月15日的一套住宅。

5.价格调查方式。新建住宅销售价格直接采用当地房地产管理部门的网签数据。二手住宅价格为非全面调查，采用重点调查与典型调查相结合的方法，按照房地产经纪机构上报、房地产管理部门提供与调查员实地采价相结合的方式收集基础数据。

**七、农产品生产者价格指数**

农产品生产者价格是农产品生产者直接出售其产品时实际获得的单位产品价格。农产品生产价格调查采用抽样调查和重点调查相结合的方法。内容包括被调查单位生产并出售的主要农产品。农产品代表产品的选择涵盖农、林、牧、渔四大类、各中类以及90%以上的小类，一般是生产量和销售量大的对国计民生影响大、稳定性强的产品，具有发展前景的新产品和具有地方特色的产品。代表品一般稳定五年。

（1）农产品生产者价格：在广西41个调查市县内，由国家调查队通过对抽样确定的农业生产经营单位和农户生产并出售的主要农产品进行登记台账取得。调查周期为季报。

（2）农产品集贸市场价格：在全国选中的农产品主产县的集贸市场调查农牧渔业31种主要产品价格取得。调查周期为月报。

# 4-1 居民消费、商品零售、农业生产资料价格总指数（1985—2019年）

## Consumer Goods Retail, Agricultural Production Materials Price Index（1985—2019）

（上年＝100） (preceding year=100)

| 年份 Year | 居民消费价格指数 Consumer Price Index | | | 商品零售价格指数 Retail Price Index | | | 农业生产资料价格指数 Price Indices of Farming Production Material |
|---|---|---|---|---|---|---|---|
| | 全区 Province | 城市 Urban Areas | 农村 Rural Areas | 全区 Province | 城市 Urban Areas | 农村 Rural Areas | |
| 1985 | 113.0 | 114.7 | 111.8 | 111.2 | 114.5 | 109.3 | 104.6 |
| 1986 | 106.2 | 106.2 | 106.2 | 105.1 | 106.0 | 104.4 | 101.1 |
| 1987 | 108.2 | 110.2 | 105.8 | 108.0 | 110.5 | 105.5 | 105.5 |
| 1988 | 120.8 | 123.3 | 118.4 | 121.0 | 123.2 | 119.4 | 126.7 |
| 1989 | 121.1 | 119.7 | 123.3 | 121.3 | 119.1 | 123.5 | 125.8 |
| 1990 | 101.1 | 98.3 | 104.4 | 100.1 | 97.4 | 102.4 | 99.2 |
| 1991 | 102.8 | 102.7 | 103.0 | 102.5 | 102.5 | 102.5 | 101.3 |
| 1992 | 105.9 | 107.0 | 105.4 | 104.6 | 106.2 | 103.9 | 104.0 |
| 1993 | 122.0 | 123.3 | 119.1 | 118.9 | 121.9 | 114.8 | 110.6 |
| 1994 | 126.0 | 125.4 | 126.5 | 124.4 | 122.7 | 125.6 | 118.1 |
| 1995 | 118.4 | 118.0 | 118.6 | 116.4 | 115.0 | 117.7 | 130.1 |
| 1996 | 106.5 | 105.5 | 107.4 | 104.5 | 104.1 | 104.9 | 103.8 |
| 1997 | 100.8 | 100.7 | 100.8 | 99.6 | 99.9 | 99.4 | 100.3 |
| 1998 | 97.0 | 97.1 | 96.8 | 96.3 | 96.7 | 95.9 | 92.1 |
| 1999 | 97.7 | 97.2 | 98.2 | 97.2 | 96.8 | 97.6 | 96.4 |
| 2000 | 99.7 | 100.0 | 99.5 | 98.6 | 98.4 | 98.8 | 99.9 |
| 2001 | 100.6 | 101.3 | 99.6 | 97.8 | 97.3 | 99.0 | 97.7 |
| 2002 | 99.1 | 98.9 | 99.3 | 98.1 | 98.2 | 98.0 | 98.2 |
| 2003 | 101.1 | 100.9 | 101.3 | 100.2 | 99.6 | 100.8 | 102.4 |
| 2004 | 104.4 | 104.1 | 104.9 | 103.9 | 103.4 | 104.4 | 115.3 |
| 2005 | 102.4 | 103.0 | 101.6 | 101.1 | 101.3 | 101.0 | 110.5 |
| 2006 | 101.3 | 101.6 | 100.9 | 100.3 | 100.8 | 99.8 | 101.0 |
| 2007 | 106.1 | 105.6 | 106.8 | 104.8 | 104.2 | 105.3 | 114.4 |
| 2008 | 107.8 | 107.6 | 108.5 | 107.6 | 107.6 | 108.3 | 124.0 |
| 2009 | 97.9 | 97.9 | 97.5 | 98.0 | 98.1 | 96.9 | 94.2 |
| 2010 | 103.0 | 102.9 | 103.4 | 103.0 | 103.0 | 103.2 | 101.9 |
| 2011 | 105.9 | 105.7 | 106.4 | 106.0 | 105.7 | 106.6 | 112.2 |
| 2012 | 103.2 | 103.2 | 103.3 | 102.3 | 102.2 | 102.4 | 103.9 |
| 2013 | 102.2 | 102.1 | 102.4 | 101.2 | 101.1 | 101.3 | 99.9 |
| 2014 | 102.1 | 102.2 | 101.9 | 101.4 | 101.5 | 101.1 | 98.9 |
| 2015 | 101.5 | 101.5 | 101.5 | 100.1 | 100.1 | 100.1 | 100.9 |
| 2016 | 101.6 | 101.6 | 101.7 | 100.4 | 100.4 | 100.3 | 100.7 |
| 2017 | 101.6 | 101.9 | 101.1 | 101.2 | 101.2 | 100.8 | 101.4 |
| 2018 | 102.3 | 102.4 | 102.2 | 101.6 | 101.6 | 101.7 | 101.8 |
| 2019 | 103.7 | 103.5 | 104.1 | 103.2 | 103.1 | 103.5 | 104.6 |

# 4-2 居民消费价格分类指数（2019年）

## Consumer Price Indices by Category（2019）

（上年＝100） (preceding year=100)

| 指标 | Item | 全区 Province | 城市 Urban Areas | 农村 Rural Areas |
|---|---|---|---|---|
| **居民消费价格总指数** | **Consumer Price Index** | **103.7** | **103.5** | **104.1** |
| **服务价格指数** | **Service Price Index** | **101.7** | **101.6** | **102.0** |
| **工业品价格指数** | **Industrial Product Price Index** | **100.7** | **100.7** | **100.6** |
| **消费品价格指数** | **Consumer Price Index** | **104.8** | **104.6** | **105.3** |
| **非食品价格指数** | **Non-food Price Index** | **101.4** | **101.4** | **101.5** |
| **扣除食品和能源价格指数** | **Excluding Food and Energy Price Index** | **101.7** | **101.6** | **101.8** |
| **扣除鲜菜鲜果价格指数** | **Excluding Fresh Vegetables Fresh Fruit Price Index** | **103.4** | **103.2** | **103.9** |
| **食品烟酒** | **Food, Tobacco and Liquor** | **109.5** | **109.1** | **110.3** |
| 食品 | Food | 112.9 | 112.6 | 113.5 |
| 粮食 | Grain | 100.5 | 100.5 | 100.4 |
| 大米 | Rice | 100.2 | 100.3 | 100.0 |
| 面粉 | Flour | 101.1 | 100.9 | 101.4 |
| 其他粮食 | Other Grain | 100.8 | 100.4 | 101.5 |
| 粮食制品 | Grain Products | 101.4 | 101.2 | 101.6 |
| 薯类 | Tubers | 106.3 | 106.1 | 106.5 |
| 豆类 | Beans | 101.8 | 102.1 | 101.4 |
| 干豆 | Dried Beans | 99.2 | 98.1 | 100.7 |
| 豆制品 | Beans Products | 102.4 | 103.0 | 101.6 |
| 食用油 | Edible Oil and Fats | 100.3 | 100.7 | 99.9 |
| 食用植物油 | Oil of Plant | 99.5 | 100.0 | 98.9 |
| 食用动物油 | Edible Animal Oil | 109.1 | 111.6 | 107.3 |
| 菜 | Vegetables | 107.2 | 106.9 | 107.7 |
| 鲜菜 | Fresh Vegetables | 107.8 | 107.6 | 108.1 |
| 干菜及菜制品 | Dried Vegetables and Vegetable Products | 101.4 | 100.0 | 103.8 |
| 畜肉类 | Neat of Livestock | 138.4 | 136.1 | 142.0 |
| 猪肉 | Pork | 153.2 | 151.4 | 155.5 |
| 牛肉 | Beef | 115.4 | 115.6 | 115.0 |
| 羊肉 | Mutton | 113.2 | 112.5 | 115.6 |
| 畜肉副产品 | Edible Meat and By-products | 117.4 | 120.4 | 112.8 |
| 其他畜肉及制品 | Other Meat and Products | 114.9 | 114.9 | 114.8 |
| 禽肉类 | Meat of Poultry | 112.5 | 112.6 | 112.2 |
| 鸡 | Chicken | 113.0 | 113.2 | 112.6 |
| 鸭 | Duck | 111.2 | 111.9 | 109.7 |
| 其他禽肉及制品 | Other Poultry and Products | 112.2 | 111.1 | 114.1 |
| 水产品 | Aquatic Products | 104.7 | 105.1 | 104.0 |
| 淡水鱼 | Freshwater Fish | 104.8 | 104.7 | 105.2 |
| 海水鱼 | Saltwater Fish | 104.8 | 105.7 | 103.3 |
| 虾蟹类 | Shrimps and Crabs | 104.2 | 106.4 | 99.8 |
| 其他水产品及制品 | Other Aquatic Products and Products | 104.9 | 104.4 | 106.3 |

4-2 续表 1 continued

（上年＝100） (preceding year=100)

| 指 标 | Item | 全 区 Province | 城 市 Urban Areas | 农 村 Rural Areas |
|---|---|---|---|---|
| 蛋类 | Eggs | 104.7 | 104.6 | 104.9 |
| 鸡蛋 | Egg | 104.5 | 104.4 | 104.8 |
| 其他蛋及制品 | Other Eggs and Products | 105.4 | 105.4 | 105.3 |
| 奶类 | Milk | 101.3 | 101.2 | 101.5 |
| 鲜奶 | Fresh Milk | 101.1 | 101.0 | 101.4 |
| 酸奶 | Yogurt | 101.0 | 102.6 | 98.1 |
| 奶粉 | Milk Powder | 101.6 | 101.0 | 102.8 |
| 其他奶制品 | Other Dairy Products | 101.2 | 101.1 | 101.5 |
| 干鲜瓜果类 | Dried and Fresh Melons and Fruits | 113.1 | 115.2 | 108.7 |
| 鲜瓜果 | Fresh Melons and Fruits | 115.0 | 117.8 | 109.7 |
| 坚果 | Nut | 102.1 | 102.2 | 101.9 |
| 瓜果制品 | Melon and Fruit Products | 101.2 | 101.6 | 99.9 |
| 糖果糕点类 | Candy and Cake | 101.9 | 101.6 | 102.3 |
| 食糖 | Sugar | 100.4 | 97.6 | 104.2 |
| 糖果 | Candy | 100.9 | 100.4 | 101.6 |
| 糕点 | Cakes and Pastries | 103.1 | 103.3 | 102.7 |
| 其他糖果糕点 | Other Sweets and Pastries | 100.4 | 100.2 | 100.7 |
| 调味品 | Flavoring | 100.5 | 100.2 | 100.9 |
| 食用盐 | Edible Salt | 98.2 | 99.9 | 96.7 |
| 酱油 | Soy Sauce | 100.3 | 99.5 | 101.4 |
| 食醋 | Vinegar | 101.7 | 99.7 | 103.9 |
| 调味酱 | Sauces | 100.5 | 100.3 | 100.7 |
| 味精 | Monosodium Glutamate | 101.5 | 101.5 | 101.4 |
| 其他调味品 | Other Condiments | 101.8 | 101.1 | 102.3 |
| 其他食品类 | Other Foods | 101.0 | 99.7 | 103.2 |
| 方便食品 | Convenience Food | 100.6 | 98.0 | 104.8 |
| 淀粉及制品 | Starch and Products | 102.2 | 102.5 | 101.8 |
| 膨化食品 | Puffed Food | 100.9 | 100.7 | 101.0 |
| 茶及饮料 | Tea and Beverages | 101.2 | 101.5 | 100.7 |
| 茶叶 | Tea | 102.0 | 102.2 | 101.6 |
| 固体咖啡 | Solid Coffee | 100.6 | 100.5 | 100.8 |
| 其他固体饮料 | Other Solid Drinks | 100.9 | 100.4 | 101.6 |
| 饮用水 | Drinking Water | 99.8 | 99.7 | 100.1 |
| 果汁饮料 | Fruit Juice Beverage | 102.2 | 102.6 | 101.4 |
| 其他液体饮料 | Other Liquid Beverages | 101.8 | 102.8 | 99.6 |

4-2 续表 2 continued

（上年＝100） (preceding year=100)

| 指 标 | Item | 全 区 Province | 城 市 Urban Areas | 农 村 Rural Areas |
|---|---|---|---|---|
| 烟酒 | Tobacco and Liquor | 100.8 | 100.6 | 101.1 |
| 烟草 | Tobacco | 100.0 | 100.0 | 100.0 |
| 酒类 | Liquor | 101.9 | 101.4 | 102.5 |
| 白酒 | Liquor | 103.0 | 102.2 | 104.0 |
| 葡萄酒 | Wine | 100.6 | 100.4 | 101.2 |
| 啤酒 | Beer | 100.6 | 100.3 | 100.9 |
| 其他酒类 | Other Wines | 101.6 | 102.0 | 101.2 |
| 在外餐饮 | Dining Out | 104.1 | 103.9 | 104.7 |
| 正餐 | Dinner | 103.6 | 103.2 | 104.8 |
| 快餐 | Fast Food | 103.3 | 103.4 | 102.8 |
| 地方小吃 | Local Snack | 106.8 | 106.9 | 106.7 |
| 其他在外餐饮 | Other Outside Catering | 102.9 | 102.2 | 105.0 |
| **衣着** | **Clothing** | **101.7** | **101.8** | **101.4** |
| 服装 | Garments | 101.6 | 101.7 | 101.4 |
| 男式服装 | Men's Clothing | 101.5 | 101.7 | 101.0 |
| 男式西服 | Men's Suits | 99.6 | 99.1 | 101.8 |
| 男式冬衣 | Men's Clothes | 101.9 | 101.9 | 101.9 |
| 男式夹克衫 | Men's Jacket | 100.9 | 100.3 | 102.0 |
| 男式毛线衣 | Men's Sweater | 103.2 | 103.2 | 103.1 |
| 男式运动装 | Men's sportswear | 101.3 | 101.8 | 99.8 |
| 男式衬衫T恤 | Men's Shirt T-shirt | 101.2 | 101.8 | 99.6 |
| 男式裤子 | Men's Dress Pants | 102.8 | 103.1 | 101.9 |
| 男式内衣 | Men's Underwear | 100.6 | 100.7 | 100.4 |
| 女式服装 | Women's Clothing | 101.6 | 101.6 | 101.8 |
| 女式外套 | Women's Coat | 101.7 | 101.6 | 101.9 |
| 女式冬衣 | Women's Clothes | 102.4 | 103.0 | 100.7 |
| 女式毛线衣 | Women's Sweater | 102.6 | 102.3 | 103.7 |
| 女式运动装 | Women's Sportswear | 100.3 | 100.6 | 99.6 |
| 女式衬衫T恤 | Women's Shirt T-shirt | 101.1 | 101.2 | 100.8 |
| 女式裤子 | Women's Pants | 102.6 | 102.3 | 103.2 |
| 女式裙子 | Women's Ladies Skirt | 101.5 | 101.3 | 102.0 |
| 女式内衣 | Women's Lingerie | 101.5 | 100.9 | 103.3 |
| 儿童服装 | Children's Clothing | 101.7 | 102.0 | 100.9 |
| 婴幼服装 | Infant & Toddlers Clothing | 101.5 | 102.0 | 99.8 |
| 儿童上衣 | Children's Coat | 101.9 | 102.5 | 100.1 |
| 儿童裤子 | Children's Trousers | 101.9 | 102.2 | 101.1 |
| 儿童裙子 | Children's Skirt | 101.6 | 100.7 | 103.2 |

4-2　续表 3　continued

（上年＝100）　　(preceding year=100)

| 指　标 | Item | 全　区 Province | 城　市 Urban Areas | 农　村 Rural Areas |
|---|---|---|---|---|
| 服装材料 | Garments Material | 99.9 | 99.5 | 102.0 |
| 其他衣着及配件 | Other Clothing and Parts | 100.5 | 100.6 | 100.3 |
| 袜子 | Socks | 101.7 | 101.8 | 101.3 |
| 帽子 | Cap | 102.7 | 103.5 | 100.7 |
| 其他衣着配件 | Other Clothing Accessories | 98.2 | 97.8 | 99.2 |
| 衣着加工服务费 | Clothing Manufacturing Services | 106.6 | 107.5 | 104.8 |
| 衣着洗涤保养 | Scrubbing Maintenance | 108.5 | 109.3 | 106.7 |
| 衣着加工 | Clothing Processing | 102.0 | 102.5 | 101.1 |
| 鞋类 | Footwear | 101.5 | 101.8 | 100.9 |
| 鞋 | Shoes | 100.9 | 101.1 | 100.4 |
| 男鞋 | Men's Shoes | 99.9 | 99.2 | 101.7 |
| 女鞋 | Women's Shoes | 101.6 | 102.6 | 99.0 |
| 童鞋 | Children's Shoes | 100.8 | 100.2 | 102.1 |
| 鞋类加工服务 | Footwear Processing Services | 106.4 | 106.9 | 105.2 |
| **居住** | **Residence** | **101.7** | **101.7** | **101.7** |
| 租赁房房租 | Rent of Rental Housing | 103.0 | 103.2 | 101.9 |
| 公房房租 | Rent by Public Houses | 99.9 | 99.9 | 100.0 |
| 私房房租 | Private House Rent | 103.5 | 103.7 | 102.2 |
| 住房保养维修及管理 | Housing Maintenance and Management | 102.1 | 102.1 | 102.1 |
| 住房装潢材料 | Housing Decoration Materials | 101.6 | 101.5 | 101.8 |
| 木地板 | Wood Floor | 100.7 | 100.6 | 101.0 |
| 瓷砖 | Tile | 101.9 | 100.9 | 103.7 |
| 水泥 | Cement | 102.9 | 103.1 | 102.5 |
| 涂料 | Paint | 101.5 | 101.3 | 101.9 |
| 板材 | Board | 101.2 | 101.0 | 101.6 |
| 管材 | Pipe | 101.1 | 101.7 | 100.1 |
| 厨卫设备 | Kitchen & Bath Fixtures | 102.4 | 102.4 | 102.4 |
| 门窗 | Doors and Windows | 101.5 | 101.7 | 101.1 |
| 其他住房装潢材料 | Other Housing Decoration Materials | 101.2 | 101.7 | 100.3 |
| 物业管理费 | Property Management Fee | 102.2 | 100.4 | 105.9 |
| 住房装潢维修 | Housing Decoration Maintenance | 102.5 | 103.3 | 101.3 |
| 装潢维修费 | Upholstery Maintenance Fee | 102.9 | 103.8 | 101.4 |
| 其他住房费用 | Other Housing Costs | 100.2 | 100.0 | 100.7 |

4-2 续表 4 continued

（上年=100） (preceding year=100)

| 指 标 | Item | 全 区 Province | 城 市 Urban Areas | 农 村 Rural Areas |
|---|---|---|---|---|
| 水电燃料 | Water, Electricity and Fuels | 100.9 | 101.1 | 100.4 |
| 水 | Water | 100.2 | 100.2 | 100.3 |
| 电 | Electricity | 100.0 | 100.0 | 100.0 |
| 燃气 | Gas | 102.1 | 103.3 | 99.8 |
| 管道燃气 | Pipeline Gas | 98.3 | 98.1 | 98.8 |
| 液化石油气 | Liquefied Petroleum Gas | 102.9 | 104.8 | 99.9 |
| 取暖费 | Heating Fee | 100.0 | 100.0 | 100.0 |
| 其他燃料 | Other Fuels | 105.2 | 101.3 | 107.8 |
| 自有住房 | Private Housing | 101.8 | 101.6 | 102.2 |
| **生活用品及服务** | **Articles for Daily Use and Services** | **101.1** | **101.0** | **101.3** |
| 家具及室内装饰品 | Furniture and Interior Decorations | 100.7 | 100.9 | 100.5 |
| 家具 | Furniture | 100.8 | 101.0 | 100.4 |
| 柜 | Cabinet | 101.0 | 101.1 | 100.9 |
| 床 | Bed | 101.6 | 102.3 | 100.5 |
| 桌 | Table | 100.3 | 100.7 | 99.5 |
| 椅 | Chair | 100.0 | 100.3 | 99.5 |
| 沙发 | Sofa | 100.0 | 99.8 | 100.4 |
| 其他家具 | Other Furniture | 101.7 | 101.8 | 101.4 |
| 室内装饰品 | Upholstery | 100.0 | 99.6 | 100.9 |
| 灯具 | Lamps and Lanterns | 99.9 | 99.5 | 100.7 |
| 其他室内装饰品 | Other Interior Decorations | 100.1 | 99.7 | 101.2 |
| 家用器具 | Home Appliances | 99.6 | 99.1 | 100.4 |
| 大型家用器具 | Large Household Appliances | 99.5 | 98.8 | 100.5 |
| 洗衣机 | Washing Machine | 98.9 | 98.2 | 99.7 |
| 电冰箱（柜） | Refrigerator | 99.7 | 97.9 | 102.0 |
| 抽油烟机 | Smoke Lampblack Machine | 98.6 | 98.4 | 98.9 |
| 空调器 | Air Conditioner | 100.0 | 99.5 | 100.8 |
| 热水器 | Water Heating | 99.3 | 98.8 | 100.0 |
| 炉具灶具 | Stove and Cookers | 99.9 | 100.7 | 98.5 |
| 微波炉 | Microwave Oven | 100.4 | 99.6 | 101.2 |
| 其他大型家用器具 | Other Large Household Appliances | 99.2 | 98.3 | 101.0 |
| 小家电 | Small Home Appliances | 100.2 | 100.2 | 100.2 |
| 厨房小家电 | Kitchen Appliances | 100.5 | 100.3 | 100.7 |
| 生活小家电 | Small Household Electrical Appliances | 99.9 | 100.1 | 99.6 |

4-2　续表 5　continued

（上年＝100）　　(preceding year=100)

| 指　标 | Item | 全　区 Province | 城　市 Urban Areas | 农　村 Rural Areas |
|---|---|---|---|---|
| 家用纺织品 | Home Textiles | 100.6 | 100.6 | 100.6 |
| 床上用品 | Bedding Article | 100.4 | 100.3 | 100.7 |
| 被子 | Quilt | 100.6 | 101.0 | 99.7 |
| 床单被套 | Bed Sheet & Duvet Cover | 100.3 | 99.6 | 101.8 |
| 其他床上用品 | Other Bedding | 100.1 | 99.9 | 100.7 |
| 窗帘门帘 | Curtain | 103.3 | 104.1 | 101.6 |
| 其他家用纺织品 | Other Household Textiles | 99.3 | 99.8 | 97.9 |
| 家庭日用杂品 | Daily Use Household Articles | 101.7 | 101.2 | 102.4 |
| 洗涤卫生用品 | Washing Sanitary Articles | 102.0 | 101.9 | 102.3 |
| 清洗用品 | Cleaning Supplies | 102.2 | 102.0 | 102.6 |
| 清洁用具 | Cleaning Appliances | 102.2 | 101.7 | 103.0 |
| 清洁用纸 | Cleaning Paper | 101.6 | 101.7 | 101.4 |
| 厨具餐具茶具 | Kitchenware, Tableware, Tea set | 100.9 | 100.3 | 101.7 |
| 厨具 | Kitchenware | 100.7 | 100.0 | 101.7 |
| 餐具 | Tableware | 101.2 | 101.3 | 101.1 |
| 茶具 | Tea Set | 100.7 | 99.2 | 102.8 |
| 家用手工工具 | Hand Tools for Household Use | 103.1 | 101.0 | 105.1 |
| 其他家庭日用杂品 | Other Family Daily Sundry Goods | 100.9 | 100.3 | 101.9 |
| 配电附件 | Distribution Accessories | 100.8 | 99.7 | 102.1 |
| 雨具 | Rain Gear | 101.5 | 100.5 | 102.9 |
| 其他日用杂品 | Other Daily Sundry Goods | 100.8 | 100.4 | 101.3 |
| 个人护理用品 | Personal-care Supplies | 100.8 | 100.8 | 100.6 |
| 化妆品 | Cosmetics | 100.3 | 100.1 | 100.8 |
| 清洁化妆品 | Cleaning Cosmetics | 100.8 | 100.7 | 101.0 |
| 护肤化妆品 | Skin Care Cosmetics | 100.1 | 100.0 | 100.3 |
| 彩妆化妆品 | Make Up Cosmetics | 99.2 | 98.7 | 101.0 |
| 化妆器具 | Cosmetic Equipment | 101.3 | 101.2 | 101.6 |
| 其他护理用品类 | Other Types of Care Products | 101.1 | 101.4 | 100.5 |
| 清洁类护理用品 | Cleaning Supplies | 101.7 | 102.3 | 100.1 |
| 护发美发用品 | Hair Care Products | 101.0 | 101.1 | 100.8 |
| 护理器具 | Nursing Appliance | 101.2 | 101.2 | 101.3 |
| 其他护理用品 | Other Nursing Supplies | 99.9 | 99.6 | 100.7 |
| 家庭服务 | Household Services | 105.0 | 105.1 | 104.8 |
| 家政服务 | Household Management Services | 104.8 | 104.7 | 105.5 |
| 家庭维修服务 | Home Maintenance Services | 105.1 | 105.4 | 104.5 |

4-2 续表 6 continued

（上年＝100） (preceding year=100)

| 指 标 | Item | 全 区 Province | 城 市 Urban Areas | 农 村 Rural Areas |
|---|---|---|---|---|
| **交通和通信** | **Transport and Communications** | **98.1** | **98.0** | **98.4** |
| 交通 | Transport | 98.1 | 97.9 | 98.4 |
| 交通工具 | Transport Facility | 99.3 | 99.2 | 99.5 |
| 小型汽车 | Compact Car | 98.3 | 98.2 | 98.4 |
| 电动自行车 | Electric Bicycle | 101.8 | 102.6 | 100.8 |
| 自行车 | Bicycle | 100.3 | 100.2 | 100.6 |
| 其他交通工具 | Other Means of Transportation | 101.2 | 101.5 | 100.8 |
| 交通工具用燃料 | Fuels for Transport Facility | 94.3 | 94.3 | 94.2 |
| 汽油 | Steam-oil | 94.1 | 94.1 | 94.1 |
| 柴油 | Diesel Oil | 93.8 | 93.8 | 93.8 |
| 其他车用能源 | Other Vehicle Energy | 99.2 | 98.3 | 102.7 |
| 交通工具使用和维修 | Use and Maintenance of Transport Facility | 101.1 | 101.1 | 100.9 |
| 停车费 | Parking Rate | 101.5 | 101.8 | 100.6 |
| 车辆使用费 | Vehicle Usage fee | 99.7 | 99.6 | 99.9 |
| 交通工具零配件 | Vehicle Spare Parts | 98.7 | 98.7 | 98.8 |
| 车辆修理与保养 | Vehicle Repair and Maintenance | 103.6 | 103.9 | 103.3 |
| 交通费 | Traffic Fee | 100.1 | 99.3 | 101.9 |
| 市内公共交通 | City Public Transport | 103.4 | 100.9 | 107.6 |
| 出租汽车 | Taxi | 102.9 | 100.0 | 113.3 |
| 飞机票 | Airplane Ticket | 88.9 | 89.0 | 88.3 |
| 火车票 | Train Tickets | 102.0 | 102.0 | 101.9 |
| 长途汽车 | Long Distance Bus | 99.4 | 99.3 | 99.5 |
| 其他交通费 | Other Transportation Charges | 100.6 | 102.0 | 98.2 |
| 通信 | Communications | 98.3 | 98.2 | 98.4 |
| 通信工具 | Communication Tools | 95.4 | 97.1 | 92.3 |
| 固定电话机 | Fixed Telephone Set | 99.3 | 99.2 | 99.5 |
| 移动电话机 | Mobile Telephone Set | 94.8 | 96.9 | 90.9 |
| 通信工具零配件 | Communication Tools Parts and Accessories | 98.7 | 97.7 | 100.5 |
| 通信服务 | Communication Services | 99.1 | 98.5 | 100.2 |
| 固定电话费 | Fixed Telephone Fee | 99.9 | 99.9 | 100.0 |
| 移动通信费 | Mobile Communication Fee | 98.9 | 98.1 | 100.4 |
| 上网费 | Internet Fee | 99.3 | 99.1 | 99.7 |
| 其他通信服务 | Other Communication Services | 99.5 | 99.1 | 99.9 |
| 邮递服务 | Postal Services | 98.4 | 98.9 | 97.1 |
| 邮政邮寄 | Post Mail | 92.7 | 91.1 | 96.5 |
| 快递服务 | Express Services | 100.0 | 101.2 | 97.3 |

4-2　续表 7　continued

（上年=100）　　(preceding year=100)

| 指　标 | Item | 全　区<br>Province | 城　市<br>Urban Areas | 农　村<br>Rural Areas |
|---|---|---|---|---|
| **教育文化和娱乐** | **Education, Culture and Recreation** | **102.1** | **101.9** | **102.6** |
| 教育 | Education | 103.3 | 103.4 | 103.3 |
| 教育用品 | Education Articles | 103.0 | 102.7 | 103.6 |
| 工具书 | Reference Book | 101.6 | 102.1 | 100.8 |
| 教材 | Textbooks | 99.8 | 99.8 | 99.8 |
| 参考资料 | Reference Material | 105.6 | 104.7 | 107.6 |
| 其他教育用品 | Other Educational Supplies | 99.4 | 99.8 | 98.6 |
| 教育服务 | Education Services | 103.4 | 103.5 | 103.2 |
| 学前教育 | Preschool Education | 107.3 | 105.4 | 110.5 |
| 小学初中教育 | Primary and Secondary Education | 104.9 | 105.1 | 104.3 |
| 高中中职教育 | Secondary Vocational Education | 101.0 | 101.4 | 100.6 |
| 高等教育 | Higher Education | 100.8 | 100.9 | 100.5 |
| 课外教育 | Extracurricular Education | 104.3 | 105.5 | 102.0 |
| 专业技能培训 | Professional Skills Training | 102.5 | 105.0 | 100.3 |
| 文化娱乐 | Culture and Recreation | 100.2 | 99.9 | 101.1 |
| 文娱耐用消费品 | Durable Consumer Goods for Culture and Recreation | 99.4 | 99.3 | 99.4 |
| 电视机 | Television | 99.6 | 99.6 | 99.4 |
| 照相机 | Camera | 99.2 | 99.0 | 99.7 |
| 台式计算机 | Desktop Computer | 100.1 | 100.1 | 100.1 |
| 笔记本平板 | Notebook Computer | 97.7 | 97.8 | 97.6 |
| 乐器 | Musical Instruments | 100.9 | 101.3 | 99.4 |
| 音响 | Acoustics | 98.2 | 97.9 | 99.2 |
| 其他文娱耐用消费品 | Other Recreational and Durable Goods | 99.5 | 99.4 | 99.9 |
| 其他文娱用品 | Other Articles | 101.9 | 101.4 | 103.2 |
| 书报杂志 | Newspapers and Magazines | 106.6 | 106.1 | 108.2 |
| 纸张文具 | Paper Stationery | 101.0 | 100.7 | 101.8 |
| 体育户外用品 | Sports Outdoor Products | 99.9 | 99.5 | 101.0 |
| 游戏用品和玩具 | Game Supplies and Toys | 101.5 | 101.0 | 102.8 |
| 园艺花卉及用品 | Garden Flowers and Supplies | 100.8 | 100.3 | 102.6 |
| 宠物及用品 | Pets and Supplies | 101.8 | 100.6 | 105.1 |
| 其他文化娱乐用品 | Other Cultural and Recreational Products | 100.6 | 99.7 | 101.9 |
| 文化娱乐服务 | Services for Culture and Recreation | 101.0 | 101.3 | 100.3 |
| 电影票 | Cinema Ticket | 103.1 | 103.7 | 99.0 |
| 景点门票 | Scenic Spot Ticket | 95.3 | 95.3 | 95.4 |
| 有线电视 | Cable Television | 101.1 | 101.5 | 100.0 |
| 健身活动 | Fitness Activities | 103.3 | 103.6 | 102.2 |
| 其他文娱服务 | Other Recreational Services | 102.9 | 102.6 | 103.7 |

4-2 续表 8 continued

（上年=100） (preceding year=100)

| 指 标 | Item | 全 区 Province | 城 市 Urban Areas | 农 村 Rural Areas |
|---|---|---|---|---|
| 旅游 | Touring and Outing | 99.1 | 98.5 | 101.6 |
| 旅行社收费 | Travel Service Charges | 98.7 | 98.2 | 100.9 |
| 其他旅游 | Other Travel | 103.0 | 101.9 | 105.7 |
| **医疗保健** | **Health Care** | **101.8** | **101.7** | **101.9** |
| 药品及医疗器具 | Medicine and Medical Instrument | 104.2 | 104.1 | 104.2 |
| 中药 | Traditional Chinese Medicine | 105.5 | 105.4 | 105.8 |
| 中药材 | Chinese Medicinal Materials | 102.6 | 102.5 | 102.7 |
| 中成药 | Chinese Patent Medicine | 106.9 | 106.7 | 107.1 |
| 西药 | Western Medicines | 104.8 | 105.1 | 104.3 |
| 抗微生物药 | Antimicrobial Agents | 101.6 | 102.1 | 100.8 |
| 消化系统用药 | Digestive System Drugs | 106.4 | 107.3 | 105.1 |
| 呼吸系统用药 | Respiratory System Durgs | 102.7 | 102.0 | 103.8 |
| 解热镇痛药 | Antipyretic Analgesics | 105.3 | 104.1 | 107.1 |
| 抗肿瘤药 | Antineoplastic Agents | 103.3 | 103.8 | 102.7 |
| 激素及影响内分泌药 | Hormones and Endocrine Drugs | 98.2 | 99.0 | 97.1 |
| 心血管系统用药 | Cardiovascular System Drugs | 114.1 | 118.5 | 107.5 |
| 血液系统用药 | Blood System Drugs | 102.4 | 101.4 | 103.5 |
| 治疗精神障碍药 | PSYCHOTHERAPEUTICAGENTS | 103.3 | 104.2 | 102.4 |
| 神经系统用药 | Drugs for Nervous System | 103.0 | 100.6 | 106.1 |
| 消毒防腐及创伤外科用药 | Antiseptic, Antiseptic and Trauma Surgical Drugs | 102.2 | 103.3 | 101.1 |
| 泌尿系统用药 | Urinary System Drugs | 105.1 | 104.7 | 105.6 |
| 维生素、矿物质类药 | Vitamins and Minerals | 105.6 | 104.6 | 106.9 |
| 调节水、电解质及酸碱平衡药 | Adjust Water, Electrolyte and Acid-base Balance | 107.0 | 105.6 | 108.9 |
| 滋补保健品 | Nourishing Health Care Products | 103.2 | 103.0 | 103.9 |
| 医疗卫生器具 | Medical Sanitation | 100.8 | 100.5 | 101.4 |
| 保健器具 | Health Care Appliance | 101.0 | 101.5 | 100.5 |
| 医疗服务 | Medical Services | 100.4 | 100.2 | 100.7 |
| 综合医疗类 | Synthetic Medicine | 100.5 | 100.5 | 100.5 |
| 一般医疗服务 | General Medical Service | 101.0 | 101.0 | 100.9 |
| 一般治疗操作 | General Treatment Procedure | 100.1 | 100.0 | 100.2 |
| 护理 | Nursing | 100.1 | 100.5 | 99.2 |
| 其他综合医疗服务 | Other Comprehensive Medical Services | 101.6 | 100.1 | 103.7 |
| 诊断类 | Diagnostic Class | 100.4 | 100.1 | 100.8 |
| 病理学诊断 | Pathological Diagnosis | 101.5 | 101.7 | 101.4 |
| 实验室诊断 | Laboratory Diagnosis | 100.1 | 99.8 | 100.6 |
| 影像学诊断 | Imaging Diagnosis | 100.5 | 100.3 | 100.9 |
| 临床诊断 | Clinical Diagnosis | 100.6 | 100.1 | 101.0 |

4-2 续表 9 continued

（上年＝100） (preceding year=100)

| 指 标 | Item | 全 区 Province | 城 市 Urban Areas | 农 村 Rural Areas |
|---|---|---|---|---|
| 治疗类 | Therapeutic Category | 100.5 | 100.2 | 100.9 |
| 临床手术治疗 | Clinical Surgical Treatment | 100.5 | 100.2 | 100.7 |
| 临床非手术治疗 | Clinical Non-surgical Treatment | 100.5 | 100.1 | 101.1 |
| 康复类 | Rehabilitation Class | 100.1 | 100.1 | 100.1 |
| 中医医疗服务类 | Chinese Medicine Medical Service | 100.4 | 100.1 | 100.8 |
| 其他医疗服务 | Other Medical Services | 100.7 | 101.0 | 100.4 |
| **其他用品和服务** | **Other Articles and Services** | **103.0** | **103.2** | **102.6** |
| 其他用品类 | Other Articles | 103.1 | 103.4 | 102.5 |
| 首饰手表 | Jewellery Watches | 107.8 | 108.3 | 106.5 |
| 金饰品 | Gold Jewelry | 113.1 | 114.3 | 110.3 |
| 银饰品 | Silver Jewelry | 97.5 | 96.6 | 99.4 |
| 铂金饰品 | Platinum Jewelry | 102.2 | 101.9 | 102.9 |
| 手表 | Wrist Watch | 99.9 | 99.6 | 100.7 |
| 其他杂项用品 | Other Miscellaneous Goods | 100.1 | 100.1 | 100.1 |
| 箱包 | Luggage and Bags | 99.5 | 99.3 | 99.8 |
| 母婴用品 | Mother and Baby Supplies | 101.4 | 102.2 | 99.6 |
| 眼镜 | Glasses | 99.5 | 98.7 | 101.2 |
| 其他服务类 | Other Services | 102.9 | 103.1 | 102.6 |
| 旅馆住宿 | Hotel Accommodation | 99.9 | 99.1 | 101.5 |
| 宾馆住宿 | Hotel Accommodation | 101.0 | 100.4 | 102.2 |
| 其他住宿 | Other Accommodation | 98.4 | 97.5 | 100.6 |
| 美容美发洗浴 | Hairdressing & Beauty and Bath | 104.6 | 105.9 | 101.8 |
| 美容 | Hairdressing | 102.8 | 103.4 | 101.6 |
| 美发 | Hairdressing | 106.1 | 108.5 | 101.8 |
| 洗浴 | Bath | 102.5 | 102.4 | 102.8 |
| 养老服务 | Pension Services | 103.8 | 104.4 | 102.6 |
| 金融保险 | Financial Insurance | 102.6 | 102.4 | 103.1 |
| 金融服务 | Financial Service | 102.2 | 102.3 | 102.2 |
| 车辆保险 | Vehicle Insurance | 98.3 | 97.5 | 100.0 |
| 旅行保险 | Travel Insurance | 105.0 | 107.4 | 100.0 |
| 其他保险 | Other Insurance | 104.6 | 104.0 | 105.8 |
| 其他服务类 | Other Services | 103.8 | 104.1 | 103.2 |
| 中介服务 | Intermediary Services | 104.0 | 104.5 | 102.7 |
| 其他服务 | Other Services | 103.5 | 103.4 | 103.8 |

# 4-3 分月居民消费价格指数（2019年）

（上年同期=100）

| 指 标 | Item | 1 月 January | 2 月 February | 3 月 March |
|---|---|---|---|---|
| **居民消费价格总指数** | **Consumer Price Index** | **102.4** | **101.7** | **102.5** |
| **服务价格指数** | **Service Price Index** | **103.5** | **102.9** | **102.8** |
| **工业品价格指数** | **Industrial Product Price Index** | **101.4** | **101.8** | **102.2** |
| **消费品价格指数** | **Consumer Price Index** | **101.8** | **101.1** | **102.3** |
| **非食品价格指数** | **Non-food Price Index** | **102.5** | **102.4** | **102.4** |
| **扣除食品和能源价格指数** | **Excluding Food and Energy Price Index** | **102.7** | **102.5** | **102.3** |
| **扣除鲜菜鲜果价格指数** | **Excluding Fresh Vegetables Fresh Fruit Price Index** | **102.1** | **101.7** | **102.0** |
| **食品烟酒** | **Food, Tobacco and Liquor** | **102.3** | **100.2** | **102.5** |
| 食品 | Food | 102.2 | 99.4 | 102.7 |
| 粮食 | Grain | 100.5 | 100.6 | 100.6 |
| 大米 | Rice | 100.3 | 100.4 | 100.3 |
| 面粉 | Flour | 100.7 | 101.7 | 101.8 |
| 其他粮食 | Other Grain | 99.9 | 99.5 | 99.8 |
| 粮食制品 | Grain Products | 101.4 | 101.2 | 101.5 |
| 薯类 | Tubers | 103.5 | 102.3 | 101.9 |
| 豆类 | Beans | 101.4 | 101.7 | 101.4 |
| 干豆 | Dried Beans | 96.6 | 96.6 | 97.5 |
| 豆制品 | Beans Products | 102.6 | 102.9 | 102.4 |
| 食用油 | Edible Oil and Fats | 97.5 | 97.1 | 97.4 |
| 食用植物油 | Oil of Plant | 98.5 | 98.2 | 98.3 |
| 食用动物油 | Edible Animal Oil | 87.3 | 86.4 | 88.9 |
| 菜 | Vegetables | 109.3 | 101.4 | 117.8 |
| 鲜菜 | Fresh Vegetables | 110.2 | 101.5 | 119.6 |
| 干菜及菜制品 | Dried Vegetables and Vegetable Products | 100.6 | 101.3 | 101.3 |
| 畜肉类 | Neat of Livestock | 97.7 | 94.6 | 97.9 |
| 猪肉 | Pork | 95.3 | 91.5 | 96.2 |
| 牛肉 | Beef | 105.0 | 105.2 | 105.9 |
| 羊肉 | Mutton | 117.1 | 106.5 | 107.6 |
| 畜肉副产品 | Edible Meat and By-products | 97.6 | 94.9 | 95.3 |
| 其他畜肉及制品 | Other Meat and Products | 101.6 | 102.0 | 102.7 |
| 禽肉类 | Meat of Poultry | 101.4 | 99.9 | 100.8 |
| 鸡 | Chicken | 99.6 | 98.3 | 99.5 |
| 鸭 | Duck | 104.7 | 101.9 | 102.5 |
| 其他禽肉及制品 | Other Poultry and Products | 103.2 | 103.4 | 103.2 |
| 水产品 | Aquatic Products | 104.3 | 100.7 | 100.4 |
| 淡水鱼 | Freshwater Fish | 105.1 | 101.2 | 101.8 |
| 海水鱼 | Saltwater Fish | 101.6 | 100.9 | 101.3 |
| 虾蟹类 | Shrimps and Crabs | 104.5 | 96.3 | 92.5 |
| 其他水产品及制品 | Other Aquatic Products and Products | 106.3 | 104.8 | 103.3 |

## Consumer Price Indices by Month（2019）

(preceding year=100)

| 4 月 April | 5 月 May | 6 月 June | 7 月 July | 8 月 August | 9 月 September | 10 月 October | 11 月 November | 12 月 December |
|---|---|---|---|---|---|---|---|---|
| **102.7** | **103.0** | **103.0** | **104.0** | **105.2** | **104.5** | **104.7** | **105.5** | **105.3** |
| **102.2** | **102.0** | **101.7** | **101.5** | **101.3** | **100.7** | **100.8** | **100.7** | **100.6** |
| **102.0** | **101.8** | **101.1** | **100.7** | **100.3** | **99.9** | **99.0** | **98.7** | **99.4** |
| **102.9** | **103.6** | **103.7** | **105.4** | **107.4** | **106.7** | **106.9** | **108.2** | **107.8** |
| **102.1** | **101.9** | **101.4** | **101.2** | **101.1** | **100.7** | **100.4** | **100.3** | **100.6** |
| **102.0** | **101.9** | **101.7** | **101.6** | **101.6** | **101.2** | **101.1** | **100.9** | **100.7** |
| **102.0** | **102.1** | **101.9** | **102.9** | **104.8** | **104.8** | **105.3** | **105.7** | **105.5** |
| **103.9** | **105.6** | **106.8** | **110.8** | **115.4** | **114.3** | **115.9** | **119.1** | **117.4** |
| 105.0 | 107.6 | 109.5 | 115.5 | 121.8 | 119.7 | 121.8 | 126.3 | 123.7 |
| 100.6 | 100.3 | 100.2 | 100.3 | 100.7 | 100.7 | 100.8 | 100.4 | 100.3 |
| 100.5 | 99.9 | 99.8 | 99.9 | 100.3 | 100.4 | 100.4 | 100.0 | 99.8 |
| 101.7 | 101.9 | 101.5 | 101.6 | 100.7 | 101.0 | 100.2 | 100.3 | 100.1 |
| 99.1 | 100.1 | 100.5 | 101.1 | 101.5 | 101.4 | 102.5 | 102.3 | 102.5 |
| 100.9 | 101.2 | 101.4 | 101.4 | 101.6 | 101.5 | 101.6 | 101.4 | 101.4 |
| 102.8 | 104.1 | 106.2 | 111.7 | 112.0 | 111.3 | 108.9 | 107.6 | 104.1 |
| 102.0 | 101.6 | 101.5 | 101.2 | 101.6 | 101.8 | 102.3 | 102.6 | 102.6 |
| 98.1 | 98.0 | 99.7 | 99.8 | 100.8 | 100.5 | 101.0 | 101.0 | 101.4 |
| 103.0 | 102.5 | 102.0 | 101.6 | 101.8 | 102.1 | 102.7 | 103.0 | 102.8 |
| 98.4 | 99.1 | 99.2 | 100.4 | 102.3 | 103.1 | 102.7 | 103.2 | 103.7 |
| 98.9 | 99.0 | 99.0 | 99.3 | 100.4 | 100.9 | 100.5 | 100.6 | 101.2 |
| 93.8 | 99.9 | 101.5 | 114.5 | 124.2 | 127.9 | 126.9 | 133.2 | 132.5 |
| 120.3 | 119.3 | 110.6 | 114.0 | 106.9 | 93.4 | 90.3 | 104.2 | 105.2 |
| 122.5 | 121.4 | 111.8 | 115.4 | 107.4 | 92.6 | 89.2 | 104.4 | 105.6 |
| 101.3 | 101.2 | 100.5 | 101.0 | 101.6 | 101.8 | 102.2 | 102.0 | 102.0 |
| 102.3 | 102.7 | 105.3 | 131.6 | 170.7 | 175.2 | 190.1 | 199.2 | 190.2 |
| 102.2 | 102.1 | 106.0 | 146.8 | 202.3 | 205.9 | 227.1 | 234.7 | 220.4 |
| 106.8 | 109.7 | 113.2 | 116.5 | 120.0 | 123.0 | 124.5 | 128.2 | 127.2 |
| 109.1 | 110.7 | 112.8 | 114.4 | 116.0 | 117.1 | 115.8 | 117.1 | 114.7 |
| 99.0 | 99.6 | 97.7 | 107.1 | 126.1 | 132.5 | 141.8 | 159.4 | 158.1 |
| 102.6 | 103.0 | 104.6 | 107.1 | 118.3 | 125.1 | 127.8 | 140.0 | 143.1 |
| 102.3 | 107.9 | 113.6 | 115.0 | 117.6 | 122.2 | 121.8 | 125.6 | 121.8 |
| 101.7 | 108.5 | 114.9 | 116.1 | 118.5 | 124.5 | 124.1 | 127.8 | 123.4 |
| 102.7 | 107.4 | 112.6 | 114.1 | 115.8 | 118.0 | 117.4 | 120.9 | 116.2 |
| 103.9 | 106.5 | 109.8 | 111.9 | 116.8 | 119.3 | 119.3 | 124.0 | 124.1 |
| 102.9 | 104.7 | 105.5 | 105.9 | 106.8 | 107.2 | 106.6 | 106.8 | 105.4 |
| 102.0 | 103.4 | 105.1 | 106.3 | 107.4 | 107.2 | 106.6 | 106.6 | 105.4 |
| 103.4 | 104.5 | 105.1 | 104.5 | 105.1 | 107.0 | 107.6 | 108.8 | 107.9 |
| 105.4 | 110.3 | 108.0 | 107.8 | 108.6 | 109.7 | 106.2 | 105.0 | 101.1 |
| 103.0 | 103.6 | 104.7 | 105.1 | 106.2 | 105.3 | 105.0 | 106.1 | 105.6 |

4-3 续表 1

（上年同期=100）

| 指 标 | Item | 1 月 January | 2 月 February | 3 月 March |
|---|---|---|---|---|
| 蛋类 | Eggs | 102.4 | 99.9 | 100.5 |
| 鸡蛋 | Egg | 99.9 | 96.8 | 97.7 |
| 其他蛋及制品 | Other Eggs and Products | 111.2 | 110.3 | 109.6 |
| 奶类 | Milk | 101.5 | 101.0 | 101.6 |
| 鲜奶 | Fresh Milk | 102.1 | 100.7 | 100.8 |
| 酸奶 | Yogurt | 100.1 | 100.3 | 100.1 |
| 奶粉 | Milk Powder | 101.5 | 101.6 | 103.1 |
| 其他奶制品 | Other Dairy Products | 101.0 | 101.2 | 100.6 |
| 干鲜瓜果类 | Dried and Fresh Melons and Fruits | 107.3 | 102.3 | 104.8 |
| 鲜瓜果 | Fresh Melons and Fruits | 108.4 | 102.7 | 105.6 |
| 坚果 | Nut | 101.0 | 100.0 | 100.2 |
| 瓜果制品 | Melon and Fruit Products | 101.7 | 101.0 | 100.5 |
| 糖果糕点类 | Candy and Cake | 101.4 | 101.0 | 101.6 |
| 食糖 | Sugar | 98.1 | 97.1 | 97.9 |
| 糖果 | Candy | 98.6 | 98.0 | 100.0 |
| 糕点 | Cakes and Pastries | 103.8 | 103.3 | 103.3 |
| 其他糖果糕点 | Other Sweets and Pastries | 100.6 | 100.8 | 101.4 |
| 调味品 | Flavoring | 100.5 | 100.5 | 100.6 |
| 食用盐 | Edible Salt | 96.6 | 96.5 | 97.1 |
| 酱油 | Soy Sauce | 101.0 | 101.1 | 100.9 |
| 食醋 | Vinegar | 101.9 | 101.7 | 101.9 |
| 调味酱 | Sauces | 101.0 | 101.0 | 101.0 |
| 味精 | Monosodium Glutamate | 101.9 | 101.4 | 101.7 |
| 其他调味品 | Other Condiments | 100.9 | 101.8 | 101.5 |
| 其他食品类 | Other Foods | 100.0 | 100.2 | 101.2 |
| 方便食品 | Convenience Food | 98.2 | 98.2 | 99.9 |
| 淀粉及制品 | Starch and Products | 102.8 | 103.2 | 103.9 |
| 膨化食品 | Puffed Food | 101.6 | 101.9 | 102.0 |
| 茶及饮料 | Tea and Beverages | 101.8 | 101.4 | 101.7 |
| 茶叶 | Tea | 102.1 | 102.0 | 103.1 |
| 固体咖啡 | Solid Coffee | 100.4 | 100.2 | 100.5 |
| 其他固体饮料 | Other Solid Drinks | 103.6 | 100.6 | 101.1 |
| 饮用水 | Drinking Water | 99.8 | 99.6 | 99.1 |
| 果汁饮料 | Fruit Juice Beverage | 101.7 | 101.3 | 103.1 |
| 其他液体饮料 | Other Liquid Beverages | 103.8 | 103.6 | 103.1 |

continued

(preceding year=100)

| 4 月 April | 5 月 May | 6 月 June | 7 月 July | 8 月 August | 9 月 September | 10 月 October | 11 月 November | 12 月 December |
|---|---|---|---|---|---|---|---|---|
| 101.6 | 106.8 | 106.6 | 107.9 | 104.5 | 105.6 | 107.2 | 107.6 | 105.7 |
| 99.8 | 106.7 | 106.4 | 108.5 | 105.2 | 107.1 | 109.1 | 109.7 | 107.0 |
| 107.5 | 107.3 | 107.1 | 106.1 | 102.5 | 101.1 | 101.5 | 101.3 | 101.5 |
| 101.5 | 101.1 | 101.3 | 100.9 | 102.0 | 101.0 | 101.2 | 101.3 | 101.3 |
| 101.0 | 99.6 | 99.9 | 100.2 | 102.2 | 101.8 | 102.3 | 101.0 | 102.0 |
| 101.4 | 101.3 | 101.0 | 100.3 | 101.4 | 100.0 | 101.4 | 102.4 | 101.9 |
| 102.1 | 102.5 | 102.9 | 101.6 | 102.1 | 100.5 | 99.9 | 101.1 | 100.7 |
| 100.9 | 100.8 | 100.8 | 101.6 | 101.8 | 101.8 | 102.4 | 101.4 | 100.5 |
| 109.1 | 126.8 | 146.2 | 144.4 | 123.9 | 107.5 | 100.5 | 95.8 | 95.0 |
| 110.5 | 131.2 | 154.5 | 152.6 | 128.0 | 108.3 | 100.0 | 94.7 | 93.7 |
| 100.8 | 101.4 | 102.0 | 103.4 | 103.6 | 103.8 | 104.0 | 102.6 | 102.8 |
| 100.2 | 99.9 | 100.7 | 100.8 | 101.8 | 101.5 | 102.3 | 102.4 | 101.4 |
| 101.7 | 101.9 | 102.5 | 102.6 | 102.7 | 102.1 | 101.7 | 101.9 | 101.4 |
| 98.8 | 99.9 | 100.7 | 102.1 | 101.7 | 101.8 | 102.0 | 102.9 | 102.1 |
| 101.1 | 101.9 | 102.6 | 102.1 | 102.2 | 102.2 | 100.4 | 101.0 | 100.5 |
| 102.9 | 103.1 | 103.3 | 103.6 | 103.8 | 102.5 | 102.7 | 102.4 | 102.0 |
| 100.5 | 99.3 | 100.6 | 100.2 | 100.6 | 100.8 | 99.9 | 100.3 | 100.3 |
| 100.3 | 100.2 | 100.0 | 100.2 | 100.4 | 100.8 | 100.7 | 100.9 | 100.6 |
| 97.4 | 97.4 | 97.3 | 97.1 | 97.9 | 99.6 | 99.9 | 100.9 | 100.7 |
| 100.7 | 100.0 | 100.2 | 100.0 | 99.9 | 100.2 | 99.9 | 99.8 | 99.5 |
| 101.7 | 100.4 | 99.8 | 102.5 | 101.8 | 102.5 | 102.2 | 102.2 | 101.3 |
| 99.7 | 100.5 | 100.3 | 99.6 | 100.5 | 100.5 | 99.9 | 100.8 | 100.8 |
| 101.6 | 101.4 | 101.4 | 101.7 | 101.2 | 101.2 | 101.4 | 101.6 | 101.3 |
| 101.6 | 102.4 | 102.0 | 102.1 | 102.2 | 102.2 | 101.9 | 101.5 | 101.1 |
| 100.4 | 100.7 | 100.6 | 100.3 | 100.9 | 101.4 | 101.9 | 102.1 | 101.9 |
| 98.5 | 99.4 | 99.6 | 99.4 | 100.6 | 101.7 | 104.0 | 104.3 | 104.0 |
| 103.3 | 102.8 | 102.6 | 102.9 | 102.2 | 102.3 | 101.0 | 100.1 | 100.1 |
| 102.1 | 101.7 | 101.4 | 100.3 | 100.8 | 100.6 | 99.0 | 99.6 | 99.4 |
| 101.5 | 101.2 | 101.1 | 101.2 | 101.0 | 100.9 | 101.1 | 100.8 | 100.7 |
| 103.4 | 103.2 | 102.5 | 102.1 | 102.0 | 100.8 | 101.5 | 101.0 | 100.5 |
| 100.6 | 100.7 | 101.3 | 100.8 | 100.5 | 99.8 | 100.7 | 100.3 | 100.9 |
| 101.2 | 100.3 | 101.2 | 100.4 | 100.6 | 101.0 | 99.9 | 100.4 | 100.2 |
| 98.3 | 98.3 | 98.5 | 99.8 | 99.7 | 100.4 | 102.0 | 101.2 | 101.2 |
| 102.5 | 102.2 | 102.7 | 102.8 | 102.7 | 102.4 | 101.8 | 102.0 | 101.3 |
| 103.3 | 102.4 | 101.9 | 101.4 | 100.8 | 100.9 | 100.0 | 100.0 | 100.2 |

4-3 续表 2

（上年同期=100）

| 指　标 | Item | 1 月 January | 2 月 February | 3 月 March |
|---|---|---|---|---|
| 烟酒 | Tobacco and Liquor | 100.3 | 100.4 | 100.4 |
| 烟草 | Tobacco | 100.0 | 100.0 | 100.0 |
| 酒类 | Liquor | 100.6 | 100.9 | 101.0 |
| 白酒 | Liquor | 102.4 | 102.5 | 102.3 |
| 葡萄酒 | Wine | 99.5 | 99.9 | 99.2 |
| 啤酒 | Beer | 98.2 | 99.4 | 100.1 |
| 其他酒类 | Other Wines | 99.8 | 98.1 | 98.3 |
| 在外餐饮 | Dining Out | 103.8 | 103.0 | 102.7 |
| 正餐 | Dinner | 103.1 | 102.6 | 102.4 |
| 快餐 | Fast Food | 104.2 | 102.4 | 101.5 |
| 地方小吃 | Local Snack | 104.4 | 104.1 | 104.5 |
| 其他在外餐饮 | Other Outside Catering | 104.3 | 104.2 | 103.7 |
| **衣着** | **Clothing** | **102.8** | **103.3** | **103.0** |
| 服装 | Garments | 102.4 | 103.3 | 102.8 |
| 男式服装 | Men's Clothing | 102.2 | 103.1 | 102.6 |
| 男式西服 | Men's Suits | 101.0 | 102.7 | 100.9 |
| 男式冬衣 | Men's Clothes | 100.8 | 102.3 | 103.3 |
| 男式夹克衫 | Men's Jacket | 102.4 | 103.5 | 102.4 |
| 男式毛线衣 | Men's Sweater | 99.6 | 102.6 | 103.9 |
| 男式运动装 | Men's sportswear | 101.8 | 102.6 | 102.1 |
| 男式衬衫T恤 | Men's Shirt T-shirt | 102.5 | 102.6 | 102.1 |
| 男式裤子 | Men's Dress Pants | 104.6 | 105.1 | 104.5 |
| 男式内衣 | Men's Underwear | 100.5 | 101.6 | 101.1 |
| 女式服装 | Women's Clothing | 102.3 | 103.2 | 102.8 |
| 女式外套 | Women's Coat | 102.3 | 104.1 | 102.2 |
| 女式冬衣 | Women's Clothes | 102.2 | 103.3 | 103.2 |
| 女式毛线衣 | Women's Sweater | 100.6 | 102.7 | 102.5 |
| 女式运动装 | Women's Sportswear | 102.6 | 102.4 | 101.5 |
| 女式衬衫T恤 | Women's Shirt T-shirt | 101.9 | 102.9 | 102.0 |
| 女式裤子 | Women's Pants | 101.5 | 103.1 | 103.4 |
| 女式裙子 | Women's Ladies Skirt | 103.2 | 103.4 | 104.3 |
| 女式内衣 | Women's Lingerie | 103.8 | 103.3 | 102.7 |
| 儿童服装 | Children's Clothing | 102.9 | 103.9 | 103.2 |
| 婴幼服装 | Infant & Toddlers Clothing | 103.5 | 104.4 | 103.9 |
| 儿童上衣 | Children's Coat | 103.5 | 104.6 | 103.6 |
| 儿童裤子 | Children's Trousers | 102.2 | 103.2 | 101.9 |
| 儿童裙子 | Children's Skirt | 102.2 | 102.9 | 103.4 |

continued

(preceding year=100)

| 4 月<br>April | 5 月<br>May | 6 月<br>June | 7 月<br>July | 8 月<br>August | 9 月<br>September | 10 月<br>October | 11 月<br>November | 12 月<br>December |
|---|---|---|---|---|---|---|---|---|
| 100.6 | 100.7 | 100.9 | 100.8 | 100.8 | 101.0 | 101.4 | 101.2 | 101.2 |
| 100.0 | 100.0 | 100.0 | 100.0 | 100.0 | 100.0 | 100.0 | 100.0 | 100.0 |
| 101.4 | 101.7 | 102.1 | 102.0 | 102.0 | 102.5 | 103.3 | 102.8 | 102.9 |
| 102.5 | 102.4 | 102.8 | 102.6 | 102.8 | 103.2 | 104.6 | 103.8 | 103.9 |
| 99.2 | 100.0 | 100.2 | 101.1 | 100.2 | 101.1 | 103.2 | 101.9 | 102.3 |
| 100.6 | 101.3 | 101.8 | 101.3 | 100.8 | 100.9 | 100.8 | 101.0 | 100.9 |
| 99.7 | 100.8 | 100.8 | 101.3 | 103.1 | 105.2 | 103.9 | 104.1 | 104.3 |
| 102.7 | 102.3 | 102.3 | 102.5 | 104.4 | 105.0 | 105.9 | 107.1 | 107.6 |
| 102.7 | 102.3 | 102.3 | 102.3 | 103.5 | 104.1 | 104.8 | 106.2 | 106.4 |
| 101.3 | 100.6 | 100.9 | 101.3 | 103.7 | 104.9 | 105.4 | 106.3 | 106.8 |
| 104.4 | 104.3 | 104.4 | 104.4 | 107.8 | 108.2 | 110.2 | 112.1 | 112.8 |
| 103.9 | 102.3 | 102.1 | 102.7 | 102.8 | 102.1 | 101.7 | 102.3 | 103.1 |
| **103.2** | **103.5** | **103.1** | **103.1** | **102.1** | **101.3** | **99.8** | **98.2** | **96.9** |
| 103.2 | 103.6 | 103.2 | 103.2 | 102.2 | 101.4 | 99.9 | 98.1 | 96.5 |
| 102.6 | 103.0 | 102.9 | 102.9 | 102.3 | 101.1 | 100.0 | 98.6 | 97.3 |
| 100.7 | 101.0 | 101.4 | 101.4 | 101.3 | 98.2 | 97.1 | 96.3 | 93.9 |
| 103.6 | 103.6 | 103.6 | 103.6 | 103.6 | 103.6 | 102.8 | 98.9 | 94.8 |
| 101.5 | 102.0 | 102.3 | 102.1 | 102.0 | 101.0 | 99.2 | 96.9 | 95.8 |
| 104.3 | 105.0 | 105.3 | 105.3 | 105.3 | 103.9 | 103.2 | 101.7 | 98.7 |
| 102.4 | 103.0 | 102.9 | 103.0 | 102.6 | 101.1 | 99.9 | 97.9 | 97.2 |
| 102.2 | 102.0 | 101.9 | 102.3 | 101.3 | 100.6 | 99.3 | 99.0 | 98.8 |
| 103.8 | 104.9 | 104.8 | 104.3 | 103.3 | 101.3 | 100.3 | 99.2 | 97.8 |
| 102.1 | 102.3 | 101.6 | 101.2 | 101.0 | 100.7 | 100.1 | 98.4 | 97.2 |
| 103.3 | 103.5 | 103.0 | 103.0 | 102.1 | 101.4 | 100.3 | 98.5 | 96.5 |
| 103.4 | 104.3 | 103.7 | 103.5 | 102.9 | 101.4 | 99.1 | 97.1 | 96.7 |
| 104.1 | 104.1 | 104.1 | 101.1 | 104.1 | 104.1 | 103.3 | 99.9 | 94.1 |
| 102.9 | 103.8 | 104.3 | 104.3 | 104.3 | 103.7 | 103.2 | 101.6 | 98.1 |
| 102.9 | 102.8 | 102.1 | 102.6 | 100.0 | 98.5 | 97.6 | 95.9 | 94.8 |
| 101.9 | 102.3 | 102.0 | 101.8 | 100.7 | 100.3 | 99.5 | 98.8 | 98.5 |
| 104.1 | 104.5 | 104.4 | 104.7 | 103.3 | 103.6 | 101.6 | 99.6 | 97.5 |
| 104.3 | 103.0 | 102.4 | 102.8 | 101.7 | 100.9 | 99.4 | 97.3 | 95.2 |
| 103.5 | 103.9 | 102.8 | 101.8 | 100.8 | 100.3 | 100.0 | 98.4 | 96.9 |
| 103.9 | 104.7 | 104.3 | 104.0 | 102.3 | 101.7 | 98.9 | 96.4 | 95.3 |
| 102.4 | 103.1 | 103.8 | 103.5 | 100.9 | 101.8 | 99.1 | 96.2 | 95.6 |
| 104.9 | 105.7 | 105.6 | 105.4 | 103.3 | 101.1 | 97.4 | 95.0 | 93.6 |
| 104.3 | 105.3 | 104.1 | 104.1 | 103.4 | 102.3 | 99.3 | 97.0 | 96.3 |
| 103.8 | 104.0 | 102.3 | 101.9 | 100.9 | 101.8 | 100.9 | 98.5 | 96.9 |

4-3 续表 3

（上年同期=100）

| 指 标 | Item | 1 月 January | 2 月 February | 3 月 March |
|---|---|---|---|---|
| 服装材料 | Garments Material | 100.5 | 100.5 | 99.6 |
| 其他衣着及配件 | Other Clothing and Parts | 101.1 | 101.1 | 101.2 |
| 袜子 | Socks | 102.2 | 102.3 | 102.3 |
| 帽子 | Cap | 102.2 | 103.5 | 104.7 |
| 其他衣着配件 | Other Clothing Accessories | 99.4 | 98.7 | 98.2 |
| 衣着加工服务费 | Clothing Manufacturing Services | 110.5 | 109.1 | 108.1 |
| 衣着洗涤保养 | Scrubbing Maintenance | 114.0 | 111.8 | 110.5 |
| 衣着加工 | Clothing Processing | 102.3 | 102.5 | 102.2 |
| 鞋类 | Footwear | 103.8 | 103.2 | 103.5 |
| 鞋 | Shoes | 102.1 | 103.2 | 103.2 |
| 男鞋 | Men's Shoes | 101.5 | 102.4 | 102.9 |
| 女鞋 | Women's Shoes | 103.3 | 104.0 | 103.9 |
| 童鞋 | Children's Shoes | 99.9 | 102.0 | 101.9 |
| 鞋类加工服务 | Footwear Processing Services | 118.9 | 103.4 | 105.3 |
| **居住** | **Residence** | **104.0** | **103.9** | **103.7** |
| 租赁房房租 | Rent of Rental Housing | 104.1 | 104.6 | 103.7 |
| 公房房租 | Rent by Public Houses | 100.0 | 100.0 | 100.0 |
| 私房房租 | Private House Rent | 104.9 | 105.3 | 104.3 |
| 住房保养维修及管理 | Housing Maintenance and Management | 102.9 | 102.7 | 102.6 |
| 住房装潢材料 | Housing Decoration Materials | 101.8 | 102.1 | 101.7 |
| 木地板 | Wood Floor | 98.4 | 99.9 | 99.7 |
| 瓷砖 | Tile | 101.0 | 102.2 | 101.0 |
| 水泥 | Cement | 107.5 | 105.2 | 106.4 |
| 涂料 | Paint | 101.0 | 101.6 | 101.5 |
| 板材 | Board | 101.8 | 101.7 | 101.5 |
| 管材 | Pipe | 102.0 | 102.2 | 101.8 |
| 厨卫设备 | Kitchen & Bath Fixtures | 103.7 | 103.1 | 102.8 |
| 门窗 | Doors and Windows | 101.5 | 101.9 | 101.0 |
| 其他住房装潢材料 | Other Housing Decoration Materials | 101.3 | 101.3 | 101.1 |
| 物业管理费 | Property Management Fee | 103.4 | 103.4 | 103.4 |
| 住房装潢维修 | Housing Decoration Maintenance | 103.8 | 103.2 | 103.3 |
| 装潢维修费 | Upholstery Maintenance Fee | 104.4 | 103.7 | 103.7 |
| 其他住房费用 | Other Housing Costs | 100.2 | 100.2 | 100.2 |

continued

(preceding year=100)

| 4 月<br>April | 5 月<br>May | 6 月<br>June | 7 月<br>July | 8 月<br>August | 9 月<br>September | 10 月<br>October | 11 月<br>November | 12 月<br>December |
|---|---|---|---|---|---|---|---|---|
| 99.4 | 99.8 | 99.7 | 100.1 | 99.7 | 99.7 | 100.0 | 99.8 | 99.8 |
| 101.0 | 101.1 | 101.5 | 100.8 | 100.6 | 100.2 | 99.7 | 99.6 | 98.6 |
| 102.1 | 102.6 | 103.0 | 101.9 | 101.7 | 100.8 | 100.7 | 101.0 | 99.9 |
| 104.9 | 103.9 | 104.3 | 103.3 | 102.4 | 102.3 | 100.7 | 100.5 | 100.4 |
| 98.0 | 98.1 | 98.5 | 98.3 | 98.6 | 98.5 | 98.1 | 97.4 | 96.2 |
| 107.0 | 107.3 | 107.2 | 107.1 | 107.2 | 106.7 | 104.5 | 103.0 | 102.6 |
| 109.0 | 109.5 | 109.5 | 109.3 | 109.3 | 108.6 | 105.4 | 103.4 | 103.0 |
| 101.9 | 101.9 | 101.8 | 101.6 | 102.1 | 102.0 | 102.2 | 101.9 | 101.7 |
| 103.0 | 103.6 | 102.8 | 103.0 | 101.5 | 100.7 | 99.0 | 97.8 | 97.0 |
| 102.7 | 103.1 | 102.2 | 102.4 | 100.8 | 99.8 | 98.5 | 97.1 | 96.3 |
| 102.2 | 102.8 | 101.4 | 101.3 | 99.5 | 98.9 | 97.4 | 94.9 | 94.3 |
| 103.4 | 103.4 | 102.4 | 102.9 | 101.5 | 100.1 | 99.2 | 98.2 | 96.9 |
| 101.6 | 102.8 | 103.0 | 103.1 | 100.9 | 100.6 | 98.2 | 97.9 | 97.9 |
| 105.4 | 107.3 | 107.4 | 107.4 | 107.1 | 107.0 | 103.5 | 103.1 | 103.0 |
| **103.5** | **102.6** | **101.9** | **101.5** | **100.7** | **100.0** | **99.5** | **99.5** | **100.0** |
| 103.7 | 103.3 | 103.2 | 103.5 | 103.0 | 102.1 | 101.5 | 101.7 | 101.5 |
| 100.0 | 100.0 | 100.0 | 100.0 | 100.0 | 100.0 | 100.0 | 99.7 | 99.7 |
| 104.3 | 103.9 | 103.7 | 104.1 | 103.5 | 102.4 | 101.8 | 102.0 | 101.8 |
| 102.9 | 102.2 | 102.2 | 102.2 | 101.8 | 101.4 | 101.4 | 101.4 | 101.5 |
| 102.2 | 101.2 | 101.4 | 101.3 | 101.4 | 101.6 | 101.4 | 101.6 | 101.8 |
| 102.5 | 99.7 | 101.7 | 101.9 | 101.9 | 101.6 | 100.8 | 100.9 | 100.0 |
| 102.0 | 102.3 | 102.3 | 102.9 | 102.2 | 102.5 | 101.7 | 101.3 | 101.2 |
| 103.2 | 99.8 | 97.7 | 96.5 | 98.6 | 100.5 | 102.3 | 107.5 | 109.5 |
| 101.4 | 101.3 | 101.7 | 102.0 | 101.5 | 101.6 | 101.8 | 101.5 | 101.6 |
| 101.5 | 101.6 | 101.6 | 101.1 | 100.9 | 100.8 | 100.6 | 100.6 | 100.6 |
| 101.7 | 101.3 | 101.0 | 100.8 | 100.8 | 100.6 | 100.6 | 100.5 | 100.2 |
| 104.3 | 101.8 | 102.2 | 101.7 | 102.2 | 102.4 | 101.6 | 101.3 | 101.6 |
| 101.6 | 101.1 | 101.5 | 101.5 | 101.7 | 101.9 | 101.8 | 100.8 | 101.2 |
| 100.4 | 100.7 | 100.8 | 101.3 | 101.2 | 101.1 | 101.3 | 101.7 | 101.7 |
| 103.3 | 103.3 | 103.3 | 103.2 | 102.0 | 100.4 | 100.4 | 100.4 | 100.4 |
| 103.4 | 102.8 | 102.7 | 102.7 | 102.2 | 101.6 | 101.6 | 101.5 | 101.7 |
| 103.9 | 103.2 | 103.0 | 103.1 | 102.5 | 101.8 | 101.8 | 101.7 | 101.9 |
| 100.2 | 100.2 | 100.2 | 100.2 | 100.2 | 100.2 | 100.2 | 100.2 | 100.2 |

4-3 续表 4

（上年同期=100）

| 指 标 | Item | 1 月 January | 2 月 February | 3 月 March |
|---|---|---|---|---|
| 水电燃料 | Water, Electricity and Fuels | 103.0 | 102.7 | 103.2 |
| 水 | Water | 100.7 | 100.7 | 100.0 |
| 电 | Electricity | 100.0 | 100.0 | 100.0 |
| 燃气 | Gas | 108.0 | 107.2 | 109.0 |
| 管道燃气 | Pipeline Gas | 96.6 | 96.6 | 96.6 |
| 液化石油气 | Liquefied Petroleum Gas | 110.5 | 109.5 | 111.8 |
| 取暖费 | Heating Fee | 100.0 | 100.0 | 100.0 |
| 其他燃料 | Other Fuels | 108.1 | 108.1 | 108.7 |
| 自有住房 | Private Housing | 105.1 | 105.1 | 104.4 |
| **生活用品及服务** | **Articles for Daily Use and Services** | **102.1** | **101.7** | **101.6** |
| 家具及室内装饰品 | Furniture and Interior Decorations | 100.7 | 101.0 | 101.1 |
| 家具 | Furniture | 100.7 | 101.0 | 101.2 |
| 柜 | Cabinet | 101.5 | 101.5 | 101.8 |
| 床 | Bed | 101.1 | 101.6 | 102.1 |
| 桌 | Table | 99.9 | 100.4 | 100.8 |
| 椅 | Chair | 99.7 | 100.2 | 100.3 |
| 沙发 | Sofa | 99.3 | 100.1 | 99.7 |
| 其他家具 | Other Furniture | 103.1 | 102.7 | 102.6 |
| 室内装饰品 | Upholstery | 100.3 | 100.5 | 100.1 |
| 灯具 | Lamps and Lanterns | 101.3 | 101.1 | 100.6 |
| 其他室内装饰品 | Other Interior Decorations | 99.2 | 99.9 | 99.5 |
| 家用器具 | Home Appliances | 100.5 | 100.1 | 99.8 |
| 大型家用器具 | Large Household Appliances | 100.4 | 100.0 | 99.7 |
| 洗衣机 | Washing Machine | 99.5 | 99.1 | 98.7 |
| 电冰箱（柜） | Refrigerator | 99.9 | 99.3 | 99.4 |
| 抽油烟机 | Smoke Lampblack Machine | 97.3 | 97.3 | 97.9 |
| 空调器 | Air Conditioner | 102.1 | 101.8 | 101.0 |
| 热水器 | Water Heating | 100.8 | 100.1 | 99.4 |
| 炉具灶具 | Stove and Cookers | 101.6 | 101.1 | 100.5 |
| 微波炉 | Microwave Oven | 100.8 | 100.6 | 100.9 |
| 其他大型家用器具 | Other Large Household Appliances | 99.7 | 99.9 | 99.4 |
| 小家电 | Small Home Appliances | 100.9 | 100.5 | 100.4 |
| 厨房小家电 | Kitchen Appliances | 102.2 | 101.6 | 101.6 |
| 生活小家电 | Small Household Electrical Appliances | 99.8 | 99.5 | 99.3 |

continued

(preceding year=100)

| 4 月 April | 5 月 May | 6 月 June | 7 月 July | 8 月 August | 9 月 September | 10 月 October | 11 月 November | 12 月 December |
|---|---|---|---|---|---|---|---|---|
| 103.8 | 103.1 | 101.4 | 100.4 | 99.4 | 98.8 | 97.6 | 97.9 | 99.7 |
| 100.0 | 100.0 | 100.0 | 100.0 | 100.2 | 100.2 | 100.2 | 100.2 | 100.2 |
| 100.0 | 100.0 | 100.0 | 100.0 | 100.0 | 100.0 | 100.0 | 100.0 | 100.0 |
| 111.2 | 109.1 | 103.8 | 100.6 | 97.7 | 95.9 | 92.9 | 93.6 | 99.0 |
| 100.0 | 99.9 | 98.7 | 98.6 | 98.5 | 98.4 | 98.5 | 98.5 | 98.4 |
| 113.7 | 111.1 | 104.9 | 101.1 | 97.6 | 95.4 | 91.8 | 92.7 | 99.2 |
| 100.0 | 100.0 | 100.0 | 100.0 | 100.0 | 100.0 | 100.0 | 100.0 | 100.0 |
| 106.6 | 106.3 | 105.8 | 105.1 | 105.0 | 104.3 | 101.6 | 101.7 | 101.9 |
| 103.7 | 102.4 | 101.9 | 101.4 | 100.5 | 99.7 | 99.4 | 99.2 | 99.2 |
| **101.3** | **101.1** | **101.1** | **101.2** | **101.0** | **101.0** | **100.8** | **100.3** | **100.0** |
| 101.4 | 100.8 | 100.8 | 100.7 | 100.4 | 100.7 | 100.8 | 100.2 | 100.2 |
| 101.6 | 100.9 | 100.9 | 100.7 | 100.4 | 100.7 | 100.9 | 100.2 | 100.3 |
| 102.0 | 101.8 | 101.0 | 100.9 | 100.5 | 100.8 | 100.5 | 99.7 | 99.9 |
| 102.7 | 102.0 | 101.3 | 101.9 | 101.1 | 101.6 | 102.1 | 100.9 | 101.0 |
| 101.4 | 100.8 | 101.4 | 100.3 | 100.2 | 99.6 | 99.6 | 99.1 | 99.4 |
| 100.7 | 100.6 | 100.7 | 99.6 | 100.0 | 99.5 | 99.4 | 99.3 | 99.6 |
| 99.8 | 98.7 | 99.5 | 99.5 | 99.5 | 100.7 | 101.3 | 100.9 | 100.8 |
| 103.0 | 101.5 | 102.2 | 101.7 | 101.1 | 101.0 | 100.7 | 100.0 | 100.7 |
| 99.7 | 99.3 | 99.7 | 100.0 | 100.6 | 100.1 | 100.3 | 100.1 | 99.5 |
| 99.7 | 99.0 | 99.3 | 99.8 | 100.6 | 99.8 | 99.8 | 99.7 | 98.6 |
| 99.8 | 99.7 | 100.1 | 100.3 | 100.7 | 100.5 | 100.9 | 100.6 | 100.6 |
| 99.8 | 99.5 | 99.8 | 99.8 | 99.5 | 99.8 | 99.3 | 98.7 | 98.5 |
| 99.6 | 99.4 | 99.7 | 99.7 | 99.3 | 99.7 | 99.2 | 98.5 | 98.3 |
| 98.0 | 99.5 | 100.1 | 99.6 | 99.3 | 99.1 | 97.9 | 97.6 | 97.5 |
| 99.8 | 99.3 | 100.5 | 100.4 | 99.7 | 100.6 | 99.8 | 98.7 | 98.7 |
| 98.7 | 99.5 | 99.4 | 99.5 | 99.2 | 100.1 | 98.6 | 97.5 | 98.0 |
| 100.3 | 99.6 | 99.2 | 99.5 | 99.3 | 99.7 | 100.0 | 98.9 | 98.2 |
| 98.9 | 99.5 | 98.7 | 99.1 | 98.8 | 99.9 | 99.0 | 98.4 | 98.4 |
| 100.3 | 99.3 | 100.0 | 100.1 | 99.8 | 99.7 | 98.7 | 98.7 | 99.1 |
| 101.6 | 100.7 | 100.3 | 100.2 | 99.7 | 100.3 | 99.9 | 99.8 | 99.7 |
| 99.2 | 99.0 | 99.5 | 99.3 | 99.0 | 99.1 | 99.2 | 98.7 | 98.6 |
| 100.6 | 100.0 | 100.2 | 100.6 | 100.4 | 100.2 | 99.8 | 99.5 | 99.0 |
| 102.1 | 100.7 | 100.4 | 100.7 | 100.1 | 99.8 | 99.5 | 98.9 | 98.3 |
| 99.1 | 99.3 | 99.9 | 100.6 | 100.7 | 100.6 | 100.1 | 100.1 | 99.8 |

4-3 续表 5

（上年同期=100）

| 指 标 | Item | 1 月 January | 2 月 February | 3 月 March |
|---|---|---|---|---|
| 家用纺织品 | Home Textiles | 101.5 | 101.5 | 100.5 |
| 床上用品 | Bedding Article | 101.4 | 101.4 | 100.2 |
| 被子 | Quilt | 101.2 | 101.8 | 100.6 |
| 床单被套 | Bed Sheet & Duvet Cover | 102.0 | 101.5 | 100.3 |
| 其他床上用品 | Other Bedding | 100.2 | 100.3 | 98.7 |
| 窗帘门帘 | Curtain | 104.6 | 104.4 | 104.2 |
| 其他家用纺织品 | Other Household Textiles | 99.3 | 99.4 | 99.3 |
| 家庭日用杂品 | Daily Use Household Articles | 102.3 | 103.0 | 102.5 |
| 洗涤卫生用品 | Washing Sanitary Articles | 102.4 | 103.9 | 102.9 |
| 清洗用品 | Cleaning Supplies | 104.2 | 104.7 | 104.0 |
| 清洁用具 | Cleaning Appliances | 100.6 | 102.7 | 101.4 |
| 清洁用纸 | Cleaning Paper | 101.0 | 103.5 | 102.2 |
| 厨具餐具茶具 | Kitchenware, Tableware, Tea set | 100.7 | 100.8 | 101.0 |
| 厨具 | Kitchenware | 100.5 | 100.8 | 101.3 |
| 餐具 | Tableware | 101.2 | 101.3 | 101.2 |
| 茶具 | Tea Set | 100.2 | 100.1 | 99.9 |
| 家用手工工具 | Hand Tools for Household Use | 106.9 | 106.9 | 106.2 |
| 其他家庭日用杂品 | Other Family Daily Sundry Goods | 102.1 | 101.5 | 101.5 |
| 配电附件 | Distribution Accessories | 102.1 | 102.8 | 102.2 |
| 雨具 | Rain Gear | 103.7 | 102.6 | 102.5 |
| 其他日用杂品 | Other Daily Sundry Goods | 101.3 | 100.3 | 100.6 |
| 个人护理用品 | Personal-care Supplies | 101.2 | 100.7 | 101.4 |
| 化妆品 | Cosmetics | 100.1 | 100.1 | 100.2 |
| 清洁化妆品 | Cleaning Cosmetics | 100.0 | 100.7 | 101.2 |
| 护肤化妆品 | Skin Care Cosmetics | 99.7 | 99.5 | 99.7 |
| 彩妆化妆品 | Make Up Cosmetics | 99.7 | 99.1 | 99.5 |
| 化妆器具 | Cosmetic Equipment | 102.4 | 102.7 | 101.0 |
| 其他护理用品类 | Other Types of Care Products | 102.0 | 101.2 | 102.2 |
| 清洁类护理用品 | Cleaning Supplies | 102.0 | 101.0 | 102.3 |
| 护发美发用品 | Hair Care Products | 102.7 | 102.1 | 101.6 |
| 护理器具 | Nursing Appliance | 102.0 | 102.5 | 103.2 |
| 其他护理用品 | Other Nursing Supplies | 100.9 | 99.6 | 102.0 |
| 家庭服务 | Household Services | 110.8 | 105.3 | 105.6 |
| 家政服务 | Household Management Services | 113.5 | 103.3 | 102.9 |
| 家庭维修服务 | Home Maintenance Services | 108.7 | 107.1 | 107.8 |

continued

(preceding year=100)

| 4 月 April | 5 月 May | 6 月 June | 7 月 July | 8 月 August | 9 月 September | 10 月 October | 11 月 November | 12 月 December |
|---|---|---|---|---|---|---|---|---|
| 100.8 | 101.1 | 101.0 | 101.2 | 101.3 | 100.6 | 99.8 | 99.2 | 98.6 |
| 100.6 | 100.8 | 100.8 | 101.2 | 101.3 | 100.7 | 99.7 | 98.9 | 98.1 |
| 100.5 | 100.6 | 100.6 | 101.4 | 101.2 | 100.5 | 100.7 | 99.5 | 98.4 |
| 101.4 | 101.3 | 101.3 | 101.4 | 101.4 | 100.4 | 98.2 | 97.8 | 97.2 |
| 98.2 | 99.9 | 99.8 | 100.2 | 101.2 | 101.7 | 100.6 | 100.4 | 100.2 |
| 104.5 | 104.4 | 104.2 | 104.2 | 103.1 | 101.9 | 101.7 | 101.2 | 100.9 |
| 99.0 | 99.9 | 99.8 | 98.2 | 99.7 | 99.1 | 99.2 | 98.8 | 99.5 |
| 101.7 | 101.7 | 101.7 | 101.7 | 101.7 | 101.3 | 101.4 | 100.9 | 100.3 |
| 101.6 | 102.0 | 102.1 | 102.2 | 102.2 | 101.7 | 101.9 | 101.2 | 100.6 |
| 102.3 | 102.0 | 101.9 | 102.0 | 102.0 | 101.2 | 100.9 | 100.9 | 100.7 |
| 100.8 | 100.9 | 102.0 | 102.9 | 103.0 | 103.3 | 104.4 | 103.0 | 101.7 |
| 101.2 | 102.8 | 102.3 | 101.9 | 101.7 | 101.2 | 101.5 | 100.4 | 99.7 |
| 100.6 | 100.8 | 101.3 | 101.1 | 101.6 | 101.3 | 101.2 | 100.5 | 99.7 |
| 100.5 | 100.5 | 101.0 | 100.7 | 100.6 | 100.6 | 101.4 | 100.2 | 100.2 |
| 100.9 | 101.6 | 101.4 | 101.1 | 102.5 | 102.2 | 101.5 | 100.9 | 99.1 |
| 100.2 | 100.3 | 102.0 | 102.2 | 102.1 | 101.5 | 100.3 | 100.1 | 99.7 |
| 106.1 | 102.8 | 101.8 | 101.9 | 101.5 | 101.4 | 101.0 | 100.9 | 100.4 |
| 101.2 | 101.2 | 101.0 | 101.0 | 100.6 | 100.5 | 100.6 | 100.3 | 99.8 |
| 101.6 | 100.8 | 100.3 | 100.1 | 100.0 | 100.1 | 99.8 | 100.2 | 99.9 |
| 101.6 | 100.2 | 101.9 | 102.0 | 101.0 | 101.1 | 101.4 | 101.0 | 99.4 |
| 100.9 | 101.9 | 101.1 | 101.1 | 100.8 | 100.5 | 100.7 | 100.0 | 100.0 |
| 100.6 | 100.4 | 100.6 | 100.8 | 100.6 | 100.8 | 100.9 | 100.7 | 100.6 |
| 100.2 | 100.2 | 100.1 | 100.1 | 100.1 | 100.6 | 100.5 | 100.3 | 100.6 |
| 101.0 | 101.3 | 101.4 | 100.8 | 100.1 | 101.3 | 101.6 | 100.2 | 100.0 |
| 99.6 | 99.4 | 99.7 | 100.0 | 100.3 | 100.5 | 100.0 | 100.6 | 101.6 |
| 100.1 | 99.4 | 98.4 | 98.9 | 98.5 | 99.0 | 99.4 | 98.9 | 99.5 |
| 100.2 | 101.5 | 101.0 | 100.7 | 101.5 | 102.4 | 101.1 | 101.3 | 100.2 |
| 101.0 | 100.6 | 100.9 | 101.3 | 101.0 | 101.0 | 101.1 | 100.9 | 100.6 |
| 101.7 | 101.5 | 101.8 | 101.8 | 101.7 | 101.8 | 101.8 | 101.7 | 100.9 |
| 100.0 | 99.6 | 100.9 | 101.4 | 101.5 | 100.6 | 100.8 | 100.7 | 100.7 |
| 101.8 | 101.2 | 100.8 | 100.4 | 99.5 | 100.9 | 101.1 | 100.8 | 100.4 |
| 99.9 | 99.3 | 98.7 | 100.4 | 99.2 | 99.3 | 99.8 | 99.3 | 99.8 |
| 105.1 | 104.7 | 104.8 | 104.8 | 104.7 | 103.9 | 103.6 | 103.4 | 103.2 |
| 102.8 | 105.7 | 105.2 | 105.0 | 104.6 | 104.5 | 104.1 | 103.4 | 103.2 |
| 107.1 | 104.0 | 104.5 | 104.7 | 104.9 | 103.5 | 103.3 | 103.4 | 103.2 |

4-3 续表 6

（上年同期=100）

| 指 标 | Item | 1 月 January | 2 月 February | 3 月 March |
|---|---|---|---|---|
| **交通和通信** | **Transport and Communications** | **99.0** | **98.9** | **100.4** |
| 交通 | Transport | 99.1 | 99.1 | 101.0 |
| 交通工具 | Transport Facility | 99.3 | 99.5 | 99.7 |
| 小型汽车 | Compact Car | 98.4 | 98.6 | 99.0 |
| 电动自行车 | Electric Bicycle | 101.1 | 101.6 | 101.2 |
| 自行车 | Bicycle | 101.5 | 100.3 | 100.3 |
| 其他交通工具 | Other Means of Transportation | 100.6 | 100.9 | 101.2 |
| 交通工具用燃料 | Fuels for Transport Facility | 94.0 | 97.2 | 103.3 |
| 汽油 | Steam-oil | 93.9 | 97.2 | 103.5 |
| 柴油 | Diesel Oil | 93.5 | 97.0 | 103.9 |
| 其他车用能源 | Other Vehicle Energy | 99.0 | 99.0 | 98.8 |
| 交通工具使用和维修 | Use and Maintenance of Transport Facility | 103.2 | 99.9 | 102.0 |
| 停车费 | Parking Rate | 102.7 | 99.1 | 101.3 |
| 车辆使用费 | Vehicle Usage fee | 99.8 | 97.0 | 99.6 |
| 交通工具零配件 | Vehicle Spare Parts | 99.5 | 99.3 | 99.4 |
| 车辆修理与保养 | Vehicle Repair and Maintenance | 108.4 | 101.7 | 105.7 |
| 交通费 | Traffic Fee | 106.3 | 100.9 | 99.4 |
| 市内公共交通 | City Public Transport | 106.7 | 106.4 | 105.8 |
| 出租汽车 | Taxi | 103.5 | 104.6 | 104.3 |
| 飞机票 | Airplane Ticket | 108.0 | 100.0 | 80.6 |
| 火车票 | Train Tickets | 104.3 | 104.3 | 104.3 |
| 长途汽车 | Long Distance Bus | 107.6 | 92.6 | 94.7 |
| 其他交通费 | Other Transportation Charges | 109.3 | 105.1 | 101.1 |
| 通信 | Communications | 98.7 | 98.5 | 99.2 |
| 通信工具 | Communication Tools | 97.5 | 98.0 | 99.0 |
| 固定电话机 | Fixed Telephone Set | 98.6 | 100.6 | 99.9 |
| 移动电话机 | Mobile Telephone Set | 97.3 | 97.8 | 98.9 |
| 通信工具零配件 | Communication Tools Parts and Accessories | 98.8 | 99.0 | 99.4 |
| 通信服务 | Communication Services | 98.8 | 98.3 | 99.2 |
| 固定电话费 | Fixed Telephone Fee | 100.0 | 100.0 | 100.0 |
| 移动通信费 | Mobile Communication Fee | 97.7 | 97.3 | 98.6 |
| 上网费 | Internet Fee | 101.5 | 100.8 | 100.6 |
| 其他通信服务 | Other Communication Services | 99.3 | 99.2 | 99.5 |
| 邮递服务 | Postal Services | 101.8 | 101.7 | 100.1 |
| 邮政邮寄 | Post Mail | 100.4 | 100.1 | 92.7 |
| 快递服务 | Express Services | 102.2 | 102.2 | 102.2 |

continued

(preceding year=100)

| 4 月 April | 5 月 May | 6 月 June | 7 月 July | 8 月 August | 9 月 September | 10 月 October | 11 月 November | 12 月 December |
|---|---|---|---|---|---|---|---|---|
| **99.4** | **99.3** | **98.0** | **97.4** | **97.2** | **96.8** | **96.0** | **96.7** | **98.9** |
| 100.0 | 99.8 | 98.1 | 97.3 | 96.7 | 95.8 | 94.7 | 95.9 | 99.4 |
| 99.4 | 99.8 | 99.7 | 99.8 | 99.7 | 99.6 | 99.0 | 98.3 | 98.3 |
| 98.4 | 98.9 | 98.6 | 98.6 | 98.5 | 98.5 | 97.7 | 96.7 | 97.0 |
| 101.7 | 102.0 | 102.5 | 102.8 | 102.4 | 101.8 | 101.7 | 101.5 | 101.0 |
| 100.0 | 99.4 | 100.2 | 100.2 | 100.2 | 100.4 | 100.5 | 100.4 | 100.5 |
| 101.1 | 101.2 | 101.3 | 101.6 | 101.9 | 101.7 | 100.9 | 100.8 | 100.8 |
| 100.3 | 98.9 | 94.0 | 91.6 | 90.3 | 88.4 | 85.3 | 89.7 | 100.6 |
| 100.3 | 98.9 | 93.8 | 91.4 | 90.1 | 88.1 | 85.0 | 89.5 | 100.6 |
| 100.8 | 99.0 | 93.6 | 90.8 | 89.5 | 87.4 | 84.0 | 88.9 | 100.8 |
| 99.8 | 99.4 | 99.5 | 99.6 | 99.0 | 99.2 | 99.0 | 98.8 | 98.8 |
| 101.9 | 101.5 | 101.0 | 101.1 | 100.8 | 100.4 | 100.3 | 100.4 | 100.4 |
| 102.8 | 102.8 | 102.7 | 102.2 | 100.8 | 100.8 | 100.8 | 100.8 | 100.7 |
| 99.4 | 99.7 | 99.5 | 100.2 | 100.2 | 100.2 | 100.2 | 100.2 | 100.6 |
| 99.3 | 99.0 | 98.4 | 98.7 | 98.5 | 98.3 | 98.3 | 98.0 | 98.0 |
| 105.2 | 104.1 | 103.5 | 103.5 | 103.0 | 102.3 | 102.0 | 102.5 | 102.4 |
| 99.7 | 100.4 | 100.3 | 99.4 | 99.0 | 98.0 | 100.0 | 99.5 | 99.2 |
| 106.1 | 105.5 | 105.5 | 105.5 | 100.4 | 100.3 | 100.1 | 100.0 | 99.5 |
| 104.3 | 104.3 | 103.8 | 103.8 | 102.6 | 100.9 | 101.1 | 101.1 | 101.0 |
| 81.6 | 84.3 | 83.6 | 84.8 | 92.2 | 86.3 | 95.2 | 88.0 | 84.9 |
| 104.3 | 103.2 | 103.0 | 100.1 | 100.0 | 100.0 | 100.0 | 100.0 | 100.6 |
| 98.2 | 99.9 | 100.6 | 100.6 | 99.4 | 98.6 | 100.6 | 101.4 | 101.4 |
| 99.1 | 99.1 | 97.6 | 98.7 | 98.0 | 96.7 | 101.3 | 101.0 | 100.2 |
| 98.4 | 98.3 | 97.7 | 97.7 | 98.1 | 98.6 | 98.3 | 98.1 | 98.0 |
| 96.2 | 95.9 | 94.8 | 94.2 | 95.2 | 95.0 | 93.7 | 92.7 | 92.4 |
| 99.7 | 99.3 | 99.8 | 99.2 | 98.7 | 98.6 | 99.0 | 99.2 | 99.3 |
| 95.6 | 95.3 | 94.1 | 93.4 | 94.5 | 94.3 | 92.8 | 91.7 | 91.4 |
| 99.5 | 98.9 | 98.6 | 98.6 | 99.2 | 98.3 | 98.0 | 97.8 | 98.0 |
| 98.8 | 98.9 | 98.5 | 98.6 | 99.0 | 99.8 | 99.8 | 99.7 | 99.7 |
| 100.0 | 99.9 | 99.9 | 99.9 | 99.9 | 99.9 | 99.9 | 99.9 | 99.9 |
| 98.6 | 98.6 | 98.0 | 98.3 | 99.2 | 100.2 | 100.2 | 100.2 | 99.9 |
| 99.0 | 99.2 | 99.2 | 98.7 | 98.2 | 98.8 | 98.5 | 98.0 | 98.7 |
| 99.9 | 99.6 | 99.6 | 99.4 | 99.4 | 99.4 | 99.4 | 99.4 | 99.8 |
| 99.8 | 99.8 | 98.3 | 97.5 | 96.7 | 96.2 | 96.2 | 96.2 | 96.0 |
| 91.3 | 91.1 | 91.1 | 90.9 | 90.9 | 90.9 | 90.9 | 90.9 | 90.9 |
| 102.2 | 102.2 | 100.3 | 99.4 | 98.4 | 97.7 | 97.7 | 97.7 | 97.4 |

4-3 续表 7

（上年同期=100）

| 指 标 | Item | 1 月 January | 2 月 February | 3 月 March |
|---|---|---|---|---|
| **教育文化和娱乐** | **Education, Culture and Recreation** | **103.1** | **103.1** | **102.9** |
| 教育 | Education | 104.1 | 104.0 | 104.0 |
| 教育用品 | Education Articles | 102.8 | 102.6 | 103.8 |
| 工具书 | Reference Book | 101.6 | 101.2 | 102.0 |
| 教材 | Textbooks | 100.0 | 100.0 | 100.0 |
| 参考资料 | Reference Material | 105.2 | 104.9 | 107.0 |
| 其他教育用品 | Other Educational Supplies | 100.0 | 99.9 | 99.9 |
| 教育服务 | Education Services | 104.3 | 104.1 | 104.0 |
| 学前教育 | Preschool Education | 108.5 | 108.5 | 108.9 |
| 小学初中教育 | Primary and Secondary Education | 105.9 | 106.0 | 106.0 |
| 高中中职教育 | Secondary Vocational Education | 101.9 | 101.9 | 101.5 |
| 高等教育 | Higher Education | 101.1 | 101.1 | 101.1 |
| 课外教育 | Extracurricular Education | 106.1 | 104.2 | 104.0 |
| 专业技能培训 | Professional Skills Training | 104.1 | 104.3 | 103.2 |
| 文化娱乐 | Culture and Recreation | 101.4 | 101.7 | 101.1 |
| 文娱耐用消费品 | Durable Consumer Goods for Culture and Recreatior | 100.0 | 100.2 | 99.9 |
| 电视机 | Television | 100.2 | 100.4 | 100.0 |
| 照相机 | Camera | 98.6 | 100.1 | 100.0 |
| 台式计算机 | Desktop Computer | 101.5 | 101.3 | 100.8 |
| 笔记本平板 | Netbooks and Tablets | 98.7 | 98.8 | 98.6 |
| 乐器 | Musical Instruments | 101.4 | 101.4 | 101.3 |
| 音响 | Acoustics | 99.3 | 98.9 | 98.7 |
| 其他文娱耐用消费品 | Other Recreational and Durable Goods | 99.3 | 99.3 | 99.3 |
| 其他文娱用品 | Other Articles | 103.0 | 102.9 | 102.7 |
| 书报杂志 | Newspapers and Magazines | 106.9 | 106.5 | 106.6 |
| 纸张文具 | Paper Stationery | 103.0 | 102.7 | 101.5 |
| 体育户外用品 | Sports Outdoor Products | 101.1 | 101.0 | 100.4 |
| 游戏用品和玩具 | Game Supplies and Toys | 102.8 | 102.0 | 103.1 |
| 园艺花卉及用品 | Garden Flowers and Supplies | 101.5 | 102.2 | 101.6 |
| 宠物及用品 | Pets and Supplies | 101.8 | 102.7 | 102.1 |
| 其他文化娱乐用品 | Other Cultural and Recreational Products | 101.6 | 102.1 | 102.0 |
| 文化娱乐服务 | Services for Culture and Recreation | 103.3 | 103.9 | 101.8 |
| 电影票 | Cinema Ticket | 105.4 | 117.5 | 105.0 |
| 景点门票 | Scenic Spot Ticket | 105.2 | 97.7 | 97.7 |
| 有线电视 | Cable Television | 101.3 | 101.3 | 101.3 |
| 健身活动 | Fitness Activities | 103.2 | 103.2 | 104.0 |
| 其他文娱服务 | Other Recreational Services | 106.0 | 108.4 | 103.4 |

continued

(preceding year=100)

| 4月<br>April | 5月<br>May | 6月<br>June | 7月<br>July | 8月<br>August | 9月<br>September | 10月<br>October | 11月<br>November | 12月<br>December |
|---|---|---|---|---|---|---|---|---|
| **102.1** | **102.5** | **102.2** | **101.9** | **102.3** | **101.3** | **101.6** | **101.3** | **101.4** |
| 104.0 | 104.0 | 104.0 | 104.1 | 104.1 | 102.0 | 102.0 | 102.0 | 101.9 |
| 103.1 | 103.1 | 103.4 | 103.3 | 103.5 | 103.0 | 102.6 | 102.4 | 102.4 |
| 102.3 | 102.3 | 102.1 | 101.9 | 101.7 | 101.8 | 101.0 | 101.0 | 100.7 |
| 100.0 | 100.0 | 100.0 | 100.0 | 100.0 | 99.5 | 99.5 | 99.5 | 99.5 |
| 105.5 | 105.5 | 106.2 | 106.2 | 106.8 | 105.8 | 105.0 | 104.7 | 105.0 |
| 99.3 | 99.9 | 99.2 | 99.1 | 98.4 | 99.3 | 99.6 | 99.2 | 98.6 |
| 104.1 | 104.1 | 104.0 | 104.2 | 104.2 | 101.9 | 101.9 | 101.9 | 101.9 |
| 108.9 | 108.9 | 108.9 | 108.9 | 108.9 | 104.4 | 104.4 | 104.4 | 104.4 |
| 106.0 | 106.0 | 106.0 | 106.0 | 106.0 | 102.9 | 102.9 | 102.9 | 102.9 |
| 101.5 | 101.5 | 101.5 | 101.5 | 101.5 | 100.0 | 100.0 | 100.0 | 100.0 |
| 101.1 | 101.1 | 101.1 | 101.1 | 101.1 | 100.2 | 100.2 | 100.2 | 100.2 |
| 104.2 | 104.0 | 104.0 | 104.9 | 105.2 | 103.7 | 103.8 | 103.7 | 103.6 |
| 104.0 | 104.1 | 103.2 | 103.5 | 103.4 | 100.2 | 100.3 | 100.4 | 100.2 |
| 99.1 | 100.0 | 99.4 | 98.4 | 99.4 | 100.0 | 101.0 | 100.3 | 100.5 |
| 100.2 | 100.0 | 100.3 | 99.8 | 99.7 | 99.0 | 98.2 | 97.4 | 97.5 |
| 100.8 | 100.7 | 101.3 | 100.9 | 100.3 | 99.4 | 97.9 | 96.4 | 96.5 |
| 99.6 | 99.2 | 98.6 | 98.4 | 99.4 | 99.5 | 98.6 | 99.0 | 99.1 |
| 100.5 | 99.6 | 100.4 | 100.1 | 100.8 | 100.1 | 99.8 | 98.4 | 97.9 |
| 99.1 | 99.2 | 98.8 | 97.2 | 96.7 | 96.1 | 95.8 | 96.4 | 97.1 |
| 101.3 | 101.1 | 100.9 | 100.8 | 100.5 | 100.6 | 100.6 | 100.6 | 101.0 |
| 98.9 | 99.2 | 99.9 | 99.8 | 99.3 | 96.9 | 96.6 | 95.7 | 95.0 |
| 99.3 | 99.6 | 99.7 | 99.5 | 99.5 | 99.7 | 99.7 | 99.4 | 99.4 |
| 102.7 | 102.3 | 102.0 | 101.8 | 101.5 | 101.3 | 101.2 | 100.8 | 101.1 |
| 108.3 | 108.3 | 108.1 | 108.1 | 106.3 | 106.0 | 105.5 | 103.4 | 105.6 |
| 101.5 | 101.1 | 100.8 | 100.6 | 100.3 | 100.2 | 100.2 | 100.3 | 100.1 |
| 100.1 | 100.3 | 100.0 | 99.3 | 99.6 | 99.1 | 99.1 | 99.2 | 99.4 |
| 103.1 | 102.5 | 101.5 | 101.0 | 100.5 | 100.4 | 100.3 | 100.3 | 100.1 |
| 101.3 | 100.1 | 100.4 | 100.2 | 100.3 | 100.4 | 100.7 | 100.6 | 100.9 |
| 101.5 | 100.4 | 100.7 | 100.9 | 102.5 | 101.9 | 102.4 | 101.9 | 102.2 |
| 100.8 | 100.5 | 100.5 | 100.5 | 100.3 | 100.3 | 99.7 | 99.6 | 99.6 |
| 100.9 | 101.5 | 100.7 | 100.6 | 100.4 | 100.7 | 100.8 | 99.3 | 98.7 |
| 105.4 | 102.5 | 98.4 | 98.6 | 100.4 | 101.2 | 102.1 | 102.3 | 99.3 |
| 92.7 | 99.5 | 96.3 | 96.6 | 94.3 | 95.9 | 96.1 | 87.1 | 85.4 |
| 101.3 | 101.0 | 101.0 | 101.0 | 101.0 | 101.0 | 101.0 | 101.0 | 101.0 |
| 103.7 | 104.0 | 104.0 | 103.7 | 103.3 | 103.2 | 103.0 | 102.8 | 102.0 |
| 101.9 | 102.1 | 102.4 | 102.1 | 102.0 | 102.0 | 101.8 | 101.2 | 101.2 |

4-3 续表 8

（上年同期=100）

| 指 标 | Item | 1 月 January | 2 月 February | 3 月 March |
|---|---|---|---|---|
| 旅游 | Touring and Outing | 100.0 | 100.7 | 100.6 |
| 旅行社收费 | Travel Service Charges | 99.1 | 100.2 | 99.7 |
| 其他旅游 | Other Travel | 108.4 | 105.2 | 108.8 |
| **医疗保健** | **Health Care** | **102.4** | **102.4** | **102.3** |
| 药品及医疗器具 | Medicine and Medical Instrument | 105.7 | 105.7 | 105.4 |
| 中药 | Traditional Chinese Medicine | 108.5 | 109.0 | 108.5 |
| 中药材 | Chinese Medicinal Materials | 106.6 | 106.4 | 106.5 |
| 中成药 | Chinese Patent Medicine | 109.4 | 110.2 | 109.5 |
| 西药 | Western Medicine | 106.4 | 106.2 | 105.9 |
| 抗微生物药 | Antimicrobial Agents | 103.3 | 103.7 | 103.0 |
| 消化系统用药 | Digestive System Drugs | 107.5 | 107.9 | 106.8 |
| 呼吸系统用药 | Respiratory System Durgs | 106.7 | 104.7 | 104.4 |
| 解热镇痛药 | Antipyretic Analgesics | 106.3 | 106.1 | 105.3 |
| 抗肿瘤药 | Antineoplastic Agents | 102.1 | 103.6 | 103.7 |
| 激素及影响内分泌药 | Hormones and Endocrine Drugs | 103.1 | 101.7 | 98.0 |
| 心血管系统用药 | Cardiovascular System Drugs | 114.7 | 115.2 | 117.9 |
| 血液系统用药 | Blood System Drugs | 101.2 | 101.2 | 101.2 |
| 治疗精神障碍药 | PSYCHOTHERAPEUTICAGENTS | 103.1 | 103.1 | 104.3 |
| 神经系统用药 | Drugs for Nervous System | 104.4 | 105.0 | 103.6 |
| 消毒防腐及创伤外科用药 | Antiseptic, Antiseptic and Trauma Surgical Drugs | 101.9 | 101.5 | 101.0 |
| 泌尿系统用药 | Urinary System Drugs | 106.7 | 107.0 | 106.9 |
| 维生素、矿物质类药 | Vitamins and Minerals | 111.5 | 109.7 | 109.7 |
| 调节水、电解质及酸碱平衡药 | Adjust Water, Electrolyte and Acid-base Balance | 108.0 | 109.0 | 109.3 |
| 滋补保健品 | Nourishing Health Care Products | 104.0 | 103.8 | 103.7 |
| 医疗卫生器具 | Medical Sanitation | 100.7 | 100.8 | 100.7 |
| 保健器具 | Health Care Appliance | 100.9 | 100.9 | 101.0 |
| 医疗服务 | Medical Services | 100.5 | 100.5 | 100.5 |
| 综合医疗类 | Synthetic Medicine | 100.8 | 100.8 | 100.7 |
| 一般医疗服务 | General Medical Service | 101.5 | 101.5 | 101.5 |
| 一般治疗操作 | General Treatment Procedure | 100.1 | 100.1 | 100.1 |
| 护理 | Nursing | 100.4 | 100.4 | 100.4 |
| 其他综合医疗服务 | Other Comprehensive Medical Services | 102.4 | 102.4 | 102.1 |
| 诊断类 | Diagnostic Class | 100.3 | 100.3 | 100.3 |
| 病理学诊断 | Pathological Diagnosis | 102.7 | 102.7 | 101.4 |
| 实验室诊断 | Laboratory Diagnosis | 99.6 | 99.6 | 99.7 |
| 影像学诊断 | Imaging Diagnosis | 101.0 | 101.0 | 101.0 |
| 临床诊断 | Clinical Diagnosis | 100.8 | 100.8 | 100.5 |

continued

(preceding year=100)

| 4 月<br>April | 5 月<br>May | 6 月<br>June | 7 月<br>July | 8 月<br>August | 9 月<br>September | 10 月<br>October | 11 月<br>November | 12 月<br>December |
|---|---|---|---|---|---|---|---|---|
| 94.5 | 97.5 | 96.1 | 93.6 | 97.1 | 99.7 | 103.3 | 103.2 | 104.1 |
| 93.3 | 96.7 | 95.4 | 92.9 | 96.6 | 99.6 | 103.7 | 103.5 | 104.5 |
| 105.2 | 103.8 | 101.2 | 100.4 | 100.9 | 100.7 | 100.7 | 100.7 | 100.7 |
| **102.1** | **102.0** | **101.7** | **101.7** | **101.6** | **101.5** | **101.4** | **101.3** | **101.2** |
| 104.9 | 104.5 | 104.1 | 103.9 | 103.7 | 103.2 | 103.1 | 103.0 | 102.7 |
| 106.7 | 105.9 | 105.5 | 105.0 | 104.2 | 103.9 | 103.6 | 103.6 | 102.7 |
| 104.9 | 103.8 | 102.9 | 102.0 | 100.1 | 99.9 | 99.6 | 99.5 | 99.6 |
| 107.6 | 106.8 | 106.6 | 106.3 | 106.0 | 105.7 | 105.3 | 105.4 | 104.0 |
| 105.6 | 105.3 | 104.9 | 104.8 | 104.4 | 103.6 | 103.5 | 103.5 | 103.4 |
| 102.6 | 101.8 | 101.2 | 100.2 | 100.3 | 100.6 | 100.9 | 100.9 | 101.0 |
| 108.1 | 108.5 | 107.7 | 107.9 | 107.5 | 103.9 | 103.3 | 104.7 | 104.0 |
| 103.9 | 103.2 | 103.4 | 101.8 | 100.8 | 101.6 | 100.8 | 100.4 | 100.7 |
| 106.7 | 105.5 | 105.5 | 104.7 | 104.9 | 105.1 | 104.7 | 104.6 | 104.2 |
| 103.7 | 104.0 | 104.0 | 103.8 | 103.2 | 103.4 | 103.0 | 102.5 | 103.1 |
| 97.5 | 97.5 | 97.3 | 97.5 | 97.7 | 97.1 | 97.3 | 98.1 | 96.4 |
| 114.5 | 113.9 | 113.1 | 115.1 | 114.0 | 112.2 | 112.7 | 112.7 | 113.6 |
| 101.9 | 102.5 | 102.8 | 102.9 | 103.1 | 103.3 | 103.1 | 102.9 | 102.5 |
| 105.3 | 103.8 | 103.9 | 103.7 | 103.9 | 103.4 | 102.7 | 102.0 | 101.0 |
| 102.6 | 102.6 | 102.3 | 102.6 | 103.2 | 102.6 | 103.7 | 102.1 | 101.8 |
| 100.9 | 101.2 | 102.2 | 102.0 | 103.5 | 102.9 | 103.1 | 103.3 | 103.4 |
| 106.8 | 107.2 | 106.6 | 105.1 | 104.4 | 103.7 | 102.4 | 102.5 | 102.3 |
| 107.9 | 106.9 | 105.9 | 107.8 | 104.3 | 101.7 | 102.0 | 100.6 | 100.4 |
| 108.4 | 107.9 | 106.1 | 107.5 | 105.8 | 105.0 | 106.0 | 105.6 | 105.5 |
| 103.6 | 103.6 | 102.5 | 102.3 | 103.0 | 103.1 | 103.2 | 103.0 | 103.2 |
| 101.4 | 101.1 | 101.2 | 101.3 | 100.6 | 100.6 | 100.5 | 100.3 | 100.1 |
| 100.9 | 101.0 | 100.8 | 100.7 | 101.5 | 101.5 | 101.5 | 101.4 | 100.5 |
| 100.5 | 100.5 | 100.4 | 100.4 | 100.5 | 100.4 | 100.4 | 100.4 | 100.4 |
| 100.7 | 100.7 | 100.5 | 100.5 | 100.4 | 100.2 | 100.2 | 100.1 | 100.0 |
| 101.5 | 101.5 | 100.7 | 100.7 | 101.0 | 100.5 | 100.5 | 100.4 | 100.4 |
| 100.1 | 100.1 | 100.2 | 100.2 | 100.0 | 100.0 | 100.0 | 100.0 | 100.0 |
| 100.4 | 100.4 | 100.4 | 100.4 | 99.8 | 99.8 | 99.8 | 99.4 | 99.4 |
| 102.1 | 101.9 | 101.9 | 101.9 | 101.9 | 100.8 | 100.8 | 100.8 | 100.8 |
| 100.4 | 100.4 | 100.4 | 100.4 | 100.4 | 100.4 | 100.4 | 100.4 | 100.4 |
| 101.4 | 101.4 | 101.4 | 101.4 | 101.4 | 101.4 | 101.4 | 101.1 | 100.7 |
| 100.3 | 100.3 | 100.2 | 100.2 | 100.3 | 100.3 | 100.3 | 100.3 | 100.3 |
| 100.3 | 100.3 | 100.4 | 100.4 | 100.4 | 100.4 | 100.4 | 100.5 | 100.5 |
| 100.5 | 100.5 | 100.5 | 100.5 | 100.5 | 100.5 | 100.6 | 100.6 | 100.6 |

4-3　续表 9

（上年同期＝100）

| 指　标 | Item | 1 月 January | 2 月 February | 3 月 March |
|---|---|---|---|---|
| 治疗类 | Therapeutic Category | 100.6 | 100.6 | 100.5 |
| 临床手术治疗 | Clinical Surgical Treatment | 100.8 | 100.8 | 100.5 |
| 临床非手术治疗 | Clinical Non-surgical Treatment | 100.4 | 100.4 | 100.5 |
| 康复类 | Rehabilitation Class | 100.0 | 100.0 | 100.1 |
| 中医医疗服务类 | Chinese Medicine Medical Service | 100.2 | 100.2 | 100.3 |
| 其他医疗服务 | Other Medical Services | 100.8 | 100.8 | 100.9 |
| **其他用品和服务** | **Other Articles and Services** | **102.5** | **101.8** | **101.8** |
| 其他用品类 | Other Articles | 99.4 | 100.1 | 99.9 |
| 首饰手表 | Jewellery Watches | 99.3 | 100.7 | 100.0 |
| 金饰品 | Gold Jewelry | 101.7 | 104.5 | 102.7 |
| 银饰品 | Silver Jewelry | 99.1 | 98.7 | 98.4 |
| 铂金饰品 | Platinum Jewelry | 91.7 | 91.2 | 92.7 |
| 手表 | Wrist Watch | 100.5 | 100.5 | 100.4 |
| 其他杂项用品 | Other Miscellaneous Goods | 99.5 | 99.8 | 99.8 |
| 箱包 | Luggage and Bags | 99.2 | 98.7 | 99.4 |
| 母婴用品 | Mother and Baby Supplies | 100.3 | 101.1 | 100.9 |
| 眼镜 | Glasses | 99.1 | 99.8 | 99.1 |
| 其他服务类 | Other Services | 104.9 | 103.1 | 103.3 |
| 旅馆住宿 | Hotel Accommodation | 100.2 | 102.0 | 100.5 |
| 宾馆住宿 | Hotel Accommodation | 100.0 | 101.3 | 98.9 |
| 其他住宿 | Other Accommodation | 100.4 | 103.0 | 102.7 |
| 美容美发洗浴 | Hairdressing & Beauty and Bath | 110.0 | 103.8 | 104.0 |
| 美容 | Hairdressing | 104.2 | 103.7 | 104.0 |
| 美发 | Hairdressing | 114.5 | 104.0 | 104.5 |
| 洗浴 | Bath | 107.7 | 103.6 | 101.0 |
| 养老服务 | Pension Services | 107.0 | 100.4 | 104.2 |
| 金融保险 | Financial Insurance | 102.5 | 103.0 | 103.0 |
| 金融服务 | Financial Service | 102.4 | 102.4 | 102.4 |
| 车辆保险 | Vehicle Insurance | 97.9 | 97.9 | 97.9 |
| 旅行保险 | Travel Insurance | 100.5 | 105.8 | 105.8 |
| 其他保险 | Other Insurance | 105.3 | 105.3 | 105.3 |
| 其他服务类 | Other Services | 108.9 | 107.5 | 105.4 |
| 中介服务 | Intermediary Services | 107.6 | 105.4 | 105.4 |
| 其他服务 | Other Services | 111.1 | 111.0 | 105.4 |

continued

(preceding year=100)

| 4 月 April | 5 月 May | 6 月 June | 7 月 July | 8 月 August | 9 月 September | 10 月 October | 11 月 November | 12 月 December |
|---|---|---|---|---|---|---|---|---|
| 100.5 | 100.5 | 100.3 | 100.3 | 100.5 | 100.5 | 100.5 | 100.5 | 100.5 |
| 100.5 | 100.5 | 100.2 | 100.2 | 100.4 | 100.4 | 100.4 | 100.4 | 100.4 |
| 100.5 | 100.5 | 100.5 | 100.5 | 100.7 | 100.7 | 100.7 | 100.7 | 100.7 |
| 100.1 | 100.1 | 100.1 | 100.1 | 100.1 | 100.1 | 100.1 | 100.1 | 100.1 |
| 100.3 | 100.3 | 100.1 | 100.1 | 100.7 | 100.7 | 100.7 | 100.7 | 100.7 |
| 100.9 | 100.9 | 100.9 | 100.9 | 100.9 | 100.9 | 100.9 | 100.2 | 100.2 |
| **101.9** | **102.2** | **102.5** | **102.7** | **103.9** | **104.9** | **104.5** | **103.9** | **103.6** |
| 100.6 | 100.9 | 101.9 | 102.8 | 105.8 | 108.2 | 107.3 | 105.4 | 105.4 |
| 101.2 | 101.7 | 104.1 | 106.6 | 114.3 | 120.1 | 117.7 | 113.8 | 114.4 |
| 102.6 | 103.5 | 108.8 | 112.7 | 123.0 | 128.1 | 127.3 | 121.8 | 121.3 |
| 94.5 | 94.6 | 95.4 | 95.7 | 96.9 | 99.3 | 99.3 | 98.9 | 99.0 |
| 100.7 | 101.0 | 97.0 | 98.4 | 106.5 | 120.5 | 110.0 | 107.7 | 111.9 |
| 100.1 | 100.1 | 100.0 | 99.8 | 100.4 | 100.1 | 100.1 | 98.4 | 98.5 |
| 100.1 | 100.4 | 100.6 | 100.4 | 100.3 | 100.6 | 100.6 | 100.0 | 99.6 |
| 99.4 | 100.0 | 100.0 | 100.1 | 100.0 | 100.2 | 99.9 | 98.6 | 98.4 |
| 101.7 | 101.6 | 101.9 | 101.2 | 101.3 | 102.0 | 102.5 | 101.9 | 100.9 |
| 99.5 | 99.4 | 99.8 | 99.7 | 99.4 | 99.3 | 99.6 | 99.8 | 99.9 |
| 103.0 | 103.2 | 103.0 | 102.6 | 102.5 | 102.5 | 102.4 | 102.7 | 102.3 |
| 98.7 | 101.3 | 99.3 | 98.6 | 97.8 | 99.7 | 99.3 | 100.9 | 100.3 |
| 99.4 | 101.7 | 101.3 | 101.7 | 100.9 | 101.6 | 100.6 | 103.1 | 101.5 |
| 97.8 | 100.9 | 96.8 | 94.6 | 93.8 | 97.2 | 97.5 | 98.0 | 98.6 |
| 104.2 | 104.9 | 105.0 | 104.1 | 104.0 | 103.9 | 103.6 | 103.6 | 103.6 |
| 104.3 | 102.9 | 102.1 | 102.0 | 102.3 | 102.3 | 102.3 | 102.0 | 102.1 |
| 104.6 | 106.9 | 107.5 | 105.9 | 105.6 | 105.4 | 104.8 | 104.9 | 105.0 |
| 101.3 | 101.3 | 102.1 | 102.2 | 102.2 | 102.2 | 102.2 | 102.2 | 102.1 |
| 104.3 | 103.4 | 103.6 | 103.6 | 103.7 | 103.7 | 103.9 | 103.8 | 103.8 |
| 103.0 | 103.0 | 102.9 | 102.6 | 102.5 | 102.3 | 102.3 | 102.6 | 102.0 |
| 102.4 | 102.4 | 102.4 | 102.4 | 102.4 | 102.4 | 102.4 | 102.4 | 100.0 |
| 97.9 | 97.9 | 97.9 | 97.9 | 97.9 | 97.9 | 99.3 | 100.0 | 100.0 |
| 105.8 | 105.8 | 105.2 | 105.2 | 105.2 | 105.2 | 105.2 | 105.2 | 105.2 |
| 105.3 | 105.3 | 105.3 | 104.7 | 104.4 | 103.8 | 103.2 | 103.4 | 103.4 |
| 104.0 | 103.0 | 103.0 | 103.0 | 103.4 | 102.9 | 102.1 | 102.1 | 101.0 |
| 105.2 | 103.7 | 103.7 | 103.7 | 104.2 | 103.4 | 102.0 | 102.0 | 101.4 |
| 102.1 | 101.8 | 101.8 | 101.8 | 102.1 | 102.1 | 102.2 | 102.2 | 100.3 |

# 4-4 居民消费价格分类指数

## Consumer Price Indices by Category

（上年=100） (preceding year=100)

| 指 标 | Item | 2017 | 2018 |
|---|---|---|---|
| **居民消费价格总指数** | **Consumer Price Index** | **101.6** | **102.3** |
| **服务项目价格指数** | **Items of Service Price Index** | **103.2** | **103.7** |
| **工业品价格指数** | **Industrial Product Price Index** | **101.8** | **102.1** |
| **非食品价格指数** | **Non-food Price Index** | **102.4** | **102.8** |
| **扣除食品和能源价格指数** | **Deduction Food and Energy Price Index** | **102.2** | **102.5** |
| **扣除鲜菜鲜果总指数** | **Deduction Fresh Vegetables Fresh Fruit General Index** | **101.7** | **102.3** |
| **食品烟酒** | **Food, Tobacco and Liquor** | **99.7** | **101.0** |
| 食品 | Food | 98.5 | 100.4 |
| 粮食 | Grain | 101.2 | 100.9 |
| 薯类 | Tubers | 98.0 | 101.6 |
| 豆类 | Beans | 100.7 | 101.8 |
| 食用油 | Edible Oil and Fats | 97.9 | 97.4 |
| 菜 | Vegetables | 96.6 | 103.0 |
| 畜肉类 | Neat of Livestock | 93.4 | 93.2 |
| 禽肉类 | Meat of Poultry | 97.5 | 107.0 |
| 水产品 | Aquatic Products | 104.2 | 104.2 |
| 蛋类 | Eggs | 97.0 | 108.5 |
| 奶类 | Milk | 101.6 | 102.1 |
| 干鲜瓜果类 | Dried and Fresh Melons and Fruits | 104.3 | 100.3 |
| 糖果糕点类 | Candy and Cake | 101.6 | 101.5 |
| 调味品 | Flavoring | 102.7 | 101.9 |
| 其他食品类 | Other Foods | 99.4 | 100.8 |
| 茶及饮料 | Tea and Beverages | 101.4 | 102.3 |
| 烟酒 | Tobacco and Liquor | 100.4 | 100.5 |
| 烟草 | Tobacco | 99.8 | 99.9 |
| 酒类 | Liquor | 101.4 | 101.4 |
| 在外餐饮 | Dining Out | 103.0 | 103.0 |

4-4 续表 1 continued

（上年=100） (preceding year=100)

| 指 标 | Item | 2017 | 2018 |
|---|---|---|---|
| **衣着** | **Clothing** | **101.9** | **101.5** |
| 服装 | Garments | 102.1 | 101.1 |
| 男式服装 | Men's Clothing | 101.3 | 101.2 |
| 女式服装 | Women's Clothing | 102.4 | 100.9 |
| 儿童服装 | Children's Clothing | 102.4 | 101.1 |
| 服装材料 | Garments Material | 105.3 | 100.3 |
| 其他衣着及配件 | Other Clothing and Parts | 100.1 | 100.0 |
| 衣着加工服务费 | Clothing Manufacturing Service Fees | 106.6 | 106.9 |
| 鞋类 | Footwear | 101.1 | 102.8 |
| 鞋 | Shoes | 100.7 | 101.5 |
| 鞋类加工服务 | Footwear Processing Services | 104.6 | 114.0 |
| **居住** | **Residence** | **102.4** | **104.3** |
| 租赁房房租 | Rent of Rental Housing | 102.8 | 105.2 |
| 住房保养维修及管理 | Housing Maintenance and Management | 103.3 | 104.6 |
| 住房装潢材料 | Housing Decoration Materials | 103.1 | 103.2 |
| 物业管理费 | Property Management Fee | 101.6 | 102.8 |
| 住房装潢维修 | Housing Decoration Maintenance | 104.0 | 106.7 |
| 水电燃料 | Water, Electricity and Fuels | 101.4 | 103.1 |
| 水 | Water | 100.0 | 100.5 |
| 电 | Electricity | 100.0 | 100.0 |
| 燃气 | Gas | 104.4 | 109.1 |
| 取暖费 | Heating Fee | 100.0 | 100.0 |
| 其他燃料 | Other Fuels | 102.2 | 106.4 |
| 自有住房 | Private Housing | 102.5 | 104.6 |

4-4 续表 2 continued

（上年=100） (preceding year=100)

| 指　标 | Item | 2017 | 2018 |
|---|---|---|---|
| **生活用品及服务** | **Articles for Daily Use and Services** | **100.9** | **101.9** |
| 家具及室内装饰品 | Furniture and Interior Decorations | 101.6 | 101.3 |
| 家具 | Furniture | 101.7 | 101.4 |
| 室内装饰品 | Upholstery | 100.7 | 101.0 |
| 家用器具 | Home Appliances | 100.4 | 100.8 |
| 大型家用器具 | Large Household Appliances | 100.6 | 100.9 |
| 小家电 | Small Home Appliances | 99.4 | 100.4 |
| 家用纺织品 | Home Textiles | 100.8 | 100.6 |
| 床上用品 | Bedding Article | 100.8 | 100.5 |
| 窗帘门帘 | Curtain | 101.8 | 102.5 |
| 其他家用纺织品 | Other Household Textiles | 100.4 | 99.2 |
| 家庭日用杂品 | Daily Use Household Articles | 100.3 | 102.0 |
| 洗涤卫生用品 | Washing Sanitary Articles | 99.5 | 102.2 |
| 厨具餐具茶具 | Kitchenware, Tableware, Tea set | 100.3 | 99.9 |
| 家用手工工具 | Hand Tools for Household Use | 102.0 | 106.5 |
| 其他家庭日用杂品 | Other Family Daily Sundry Goods | 101.9 | 102.3 |
| 个人护理用品 | Personal-care Supplies | 100.4 | 101.2 |
| 化妆品 | Cosmetics | 100.9 | 100.9 |
| 其他护理用品类 | Other Types of Care Products | 100.1 | 101.4 |
| 家庭服务 | Family Services | 103.9 | 107.4 |
| **交通和通信** | **Transport and Communications** | **102.0** | **101.6** |
| 交通 | Transport | 103.2 | 103.0 |
| 交通工具 | Transport Facility | 99.1 | 97.8 |
| 交通工具用燃料 | Fuels for Transport Facility | 111.2 | 112.3 |
| 交通工具使用和维修 | Use and Maintenance of Transport Facility | 102.1 | 102.8 |
| 交通费 | Traffic Fee | 102.5 | 101.0 |
| 通信 | Communications | 100.0 | 99.2 |
| 通信工具 | Communication Tools | 98.1 | 98.2 |
| 通信服务 | Communication Services | 100.5 | 99.4 |
| 邮递服务 | Postal Services | 100.1 | 100.5 |

4-4 续表 3 continued

（上年＝100） (preceding year=100)

| 指 标 | Item | 2017 | 2018 |
|---|---|---|---|
| **教育文化和娱乐** | **Education, Culture and Recreation** | **102.1** | **102.5** |
| 教育 | Education | 102.3 | 103.3 |
| 教育用品 | Education Articles | 100.7 | 102.1 |
| 教育服务 | Education Services | 102.5 | 103.4 |
| 文化娱乐 | Culture and Recreation | 101.7 | 101.4 |
| 文娱耐用消费品 | Durable Consumer Goods for Culture and Recreation | 100.3 | 99.0 |
| 其他文娱用品 | Other Articles | 100.9 | 102.3 |
| 文化娱乐服务 | Services for Culture and Recreation | 101.2 | 101.3 |
| 旅游 | Touring and Outing | 104.0 | 103.0 |
| **医疗保健** | **Health Care** | **106.1** | **104.5** |
| 药品及医疗器具 | Medicine and Medical Instrument | 103.6 | 104.6 |
| 中药 | Traditional Chinese Medicine | 104.8 | 106.6 |
| 西药 | Western Medicine | 104.3 | 105.3 |
| 滋补保健品 | Nourishing Health Care Products | 102.7 | 103.5 |
| 医疗卫生器具 | Medical Sanitation | 100.8 | 100.2 |
| 保健器具 | Health Care Appliance | 100.7 | 101.0 |
| 医疗服务 | Medical Services | 107.5 | 104.5 |
| 综合医疗类 | Synthetic Medicine | 128.3 | 112.8 |
| 诊断类 | Diagnostic Class | 100.6 | 100.3 |
| 治疗类 | Therapeutic Category | 103.8 | 102.8 |
| 康复类 | Rehabilitation Class | 103.3 | 101.6 |
| 中医医疗服务类 | Chinese Medicine Medical Services | 111.0 | 111.3 |
| 其他医疗服务 | Other Medical Services | 104.0 | 102.6 |
| **其他用品和服务** | **Other Articles and Services** | **101.6** | **101.3** |
| 其他用品类 | Other Articles | 100.0 | 98.5 |
| 首饰手表 | Jewellery Watches | 100.6 | 96.8 |
| 其他杂项用品 | Other Miscellaneous Goods | 99.6 | 99.7 |
| 其他服务类 | Other Services | 102.9 | 103.5 |
| 旅馆住宿 | Hotel Accommodation | 101.9 | 101.4 |
| 美容美发洗浴 | Hairdressing & Beauty and Bath | 102.6 | 105.6 |
| 养老服务 | Pension Services | 106.1 | 106.8 |
| 金融保险 | Financial Insurance | 102.4 | 101.5 |
| 其他服务类 | Other Services | 102.6 | 107.1 |

# 4-5 各市居民消费价格总指数（1985—2019年）

（上年＝100）

| 年 份 Year | 南宁市 Nanning | 柳州市 Liuzhou | 桂林市 Guilin | 梧州市 Wuzhou | 北海市 Beihai | 防城港市 Fangchenggang |
|---|---|---|---|---|---|---|
| 1985 | 118.3 | 115.7 | 114.4 | 117.4 | 116.5 | |
| 1986 | 105.2 | 105.3 | 105.6 | 105.1 | 105.1 | |
| 1987 | 111.1 | 109.1 | 113.2 | 112.7 | 112.1 | |
| 1988 | 121.6 | 127.8 | 124.5 | 123.4 | 128.4 | |
| 1989 | 119.4 | 119.1 | 119.8 | 116.2 | 120.8 | |
| 1990 | 98.0 | 99.7 | 99.0 | 98.7 | 96.9 | |
| 1991 | 104.1 | 102.3 | 101.6 | 104.8 | 104.5 | |
| 1992 | 106.7 | 106.1 | 109.5 | 110.2 | 107.2 | |
| 1993 | 125.1 | 124.6 | 120.3 | 122.2 | 134.8 | |
| 1994 | 124.8 | 126.0 | 128.9 | 125.8 | 123.1 | |
| 1995 | 118.6 | 120.0 | 119.3 | 116.1 | 114.8 | |
| 1996 | 103.3 | 106.1 | 108.2 | 106.8 | 105.4 | |
| 1997 | 100.2 | 100.3 | 101.5 | 102.1 | 100.7 | |
| 1998 | 96.7 | 98.2 | 95.3 | 99.9 | 99.1 | |
| 1999 | 95.9 | 96.8 | 98.6 | 100.1 | 97.0 | |
| 2000 | 100.0 | 99.8 | 99.5 | 100.5 | 100.4 | |
| 2001 | 102.8 | 99.7 | 102.2 | 100.3 | 100.5 | |
| 2002 | 99.4 | 100.6 | 100.0 | 97.8 | 99.9 | |
| 2003 | 100.8 | 100.6 | 100.6 | 101.3 | 99.9 | |
| 2004 | 104.2 | 105.4 | 104.0 | 104.3 | 104.7 | |
| 2005 | 101.1 | 103.3 | 104.0 | 102.8 | 101.6 | |
| 2006 | 102.5 | 101.0 | 100.7 | 101.4 | 101.6 | |
| 2007 | 104.5 | 106.1 | 106.8 | 105.8 | 105.1 | |
| 2008 | 108.4 | 107.9 | 105.9 | 107.5 | 107.3 | 112.7 |
| 2009 | 98.2 | 97.8 | 99.2 | 97.6 | 97.4 | 97.5 |
| 2010 | 102.5 | 103.5 | 102.2 | 103.5 | 103.1 | 104.5 |
| 2011 | 105.7 | 105.4 | 105.8 | 105.4 | 105.5 | 106.0 |
| 2012 | 102.9 | 104.0 | 103.5 | 102.9 | 102.6 | 102.6 |
| 2013 | 102.1 | 101.9 | 102.5 | 102.3 | 102.0 | 102.6 |
| 2014 | 101.6 | 102.6 | 102.0 | 102.1 | 102.8 | 102.6 |
| 2015 | 101.9 | 101.7 | 101.9 | 101.0 | 100.4 | 101.1 |
| 2016 | 101.4 | 101.8 | 102.3 | 101.2 | 101.1 | 101.1 |
| 2017 | 102.3 | 101.3 | 101.6 | 102.3 | 102.9 | 102.7 |
| 2018 | 102.5 | 102.5 | 102.2 | 102.3 | 101.4 | 103.4 |
| 2019 | 103.4 | 103.1 | 103.4 | 103.9 | 103.1 | 103.6 |

# Consumer Price Indices by Cities（1985—2019）

（preceding year=100）

| 钦州市 Qinzhou | 贵港市 Guigang | 玉林市 Yulin | 百色市 Baise | 贺州市 Hezhou | 河池市 Hechi | 来宾市 Laibin | 崇左市 Chongzuo |
|---|---|---|---|---|---|---|---|
| | 114.4 | | 117.9 | 115.1 | | | |
| | 104.4 | | 110.4 | 105.8 | | | |
| | 107.7 | | 109.1 | 114.8 | | | |
| | 123.9 | | 120.5 | 123.3 | | | |
| | 125.0 | | 123.7 | 121.3 | | | |
| | 95.8 | | 95.4 | 96.7 | | | |
| | 103.2 | | 102.5 | 101.6 | | | |
| | 104.6 | | 109.5 | 108.5 | | | |
| | 123.1 | | 119.9 | 120.2 | | | |
| | 127.5 | | 128.0 | 125.1 | | | |
| | 119.9 | | 121.4 | 119.5 | | | |
| | 107.6 | | 106.8 | 107.7 | | | |
| | 100.2 | | 103.0 | 102.5 | | | |
| | 93.8 | | 99.3 | 97.3 | | | |
| | 98.1 | | 99.1 | 97.4 | | | |
| | 98.9 | | 100.0 | 99.2 | | | |
| | 98.1 | | 102.2 | 100.3 | | | |
| | 100.7 | | 97.6 | 98.2 | | | |
| | 102.5 | | 101.4 | 101.2 | | | |
| | 104.6 | | 104.2 | 104.6 | | | |
| | 102.0 | | 103.4 | 101.8 | | | |
| | 100.8 | | 102.9 | 102.6 | | | |
| | 106.5 | | 105.7 | 106.9 | | | |
| 110.9 | 108.0 | | 109.8 | 108.6 | 106.8 | 107.9 | 110.1 |
| 99.7 | 97.2 | 97.4 | 98.5 | 97.9 | 98.3 | 97.9 | 96.9 |
| 103.3 | 103.8 | 102.3 | 103.7 | 104.4 | 101.8 | 103.2 | 102.9 |
| 105.4 | 105.9 | 105.5 | 106.5 | 106.8 | 105.6 | 105.5 | 105.5 |
| 103.1 | 103.5 | 103.4 | 103.0 | 102.8 | 103.2 | 102.6 | 103.1 |
| 102.1 | 102.7 | 101.6 | 102.5 | 102.0 | 101.9 | 102.0 | 102.5 |
| 102.5 | 101.8 | 102.6 | 102.3 | 101.9 | 102.8 | 101.5 | 102.4 |
| 101.1 | 101.4 | 101.7 | 101.9 | 101.8 | 100.7 | 101.2 | 100.4 |
| 101.6 | 101.2 | 102.4 | 101.1 | 101.4 | 101.0 | 102.0 | 101.6 |
| 102.1 | 101.6 | 102.2 | 101.4 | 101.4 | 101.3 | 101.4 | 101.6 |
| 102.2 | 103.0 | 102.2 | 102.5 | 102.5 | 102.5 | 101.9 | 101.7 |
| 103.7 | 104.1 | 103.6 | 103.4 | 103.0 | 103.7 | 104.2 | 103.8 |

# 4-6 各市居民消费价格分类指数（2019年）

（上年=100）

| 指　标 | Item | 南宁市 Nanning | 柳州市 Liuzhou | 桂林市 Guilin |
|---|---|---|---|---|
| **居民消费价格总指数** | **Consumer Price Index** | **103.4** | **103.1** | **103.4** |
| **服务价格指数** | **Service Price Index** | **101.3** | **101.1** | **101.4** |
| **工业品价格指数** | **Industrial Product Price Index** | **100.6** | **101.0** | **100.5** |
| **消费品价格指数** | **Consumer Price Index** | **104.6** | **104.2** | **104.5** |
| **非食品价格指数** | **Non-food Price Index** | **101.1** | **101.2** | **101.1** |
| **扣除食品和能源价格指数** | **Excluding Food and Energy Price Index** | **101.3** | **101.3** | **101.3** |
| **扣除鲜菜鲜果价格指数** | **Excluding Fresh Vegetables Fresh Fruit Price Index** | **102.9** | **103.1** | **103.0** |
| **食品烟酒** | **Food, Tobacco and Liquor** | **109.5** | **107.9** | **109.5** |
| 食品 | Food | 113.6 | 110.8 | 113.2 |
| 粮食 | Grain | 97.8 | 105.3 | 102.7 |
| 薯类 | Tubers | 106.9 | 105.7 | 108.1 |
| 豆类 | Beans | 105.6 | 104.5 | 101.2 |
| 食用油 | Edible Oil and Fats | 101.4 | 101.0 | 101.4 |
| 菜 | Vegetables | 107.6 | 102.3 | 111.0 |
| 畜肉类 | Meat of Livestock | 133.5 | 132.9 | 136.5 |
| 禽肉类 | Meat of Poultry | 115.5 | 112.9 | 110.5 |
| 水产品 | Aquatic Products | 108.5 | 102.4 | 103.3 |
| 蛋类 | Eggs | 103.0 | 110.2 | 95.9 |
| 奶类 | Milk | 99.3 | 100.7 | 103.8 |
| 干鲜瓜果类 | Dried and Fresh Melons and Fruits | 124.2 | 103.9 | 113.1 |
| 糖果糕点类 | Candy and Cake | 100.4 | 102.2 | 101.8 |
| 调味品 | Flavoring | 99.9 | 99.6 | 101.7 |
| 其他食品类 | Other Foods | 99.0 | 97.8 | 107.1 |
| 茶及饮料 | Tea and Beverages | 100.6 | 103.3 | 99.5 |
| 烟酒 | Tobacco and Liquor | 100.3 | 101.1 | 99.9 |
| 烟草 | Tobacco | 100.0 | 100.0 | 100.0 |
| 酒类 | Liquor | 100.8 | 103.7 | 99.9 |
| 在外餐饮 | Dinging Out | 103.7 | 102.9 | 103.9 |
| **衣着** | **Clothing** | **101.8** | **104.9** | **100.7** |
| 服装 | Garments Material | 101.4 | 105.3 | 100.7 |
| 男式服装 | Men's Clothing | 100.8 | 107.0 | 101.6 |
| 女式服装 | Women's Clothing | 101.2 | 103.4 | 100.0 |
| 儿童服装 | Children' Clothing | 102.7 | 108.5 | 101.3 |
| 服装材料 | Garments Material | 97.0 | 101.4 | 102.4 |
| 其他衣着及配件 | Other Clothing and Parts | 100.6 | 100.5 | 95.6 |
| 衣着加工服务费 | Clothing Manufacturing Services | 110.4 | 100.7 | 105.2 |
| 鞋类 | Footwear | 102.7 | 104.4 | 101.0 |
| 鞋 | Shoes | 101.4 | 104.7 | 101.0 |
| 鞋类加工服务 | Footwear Processing Services | 109.4 | 102.3 | 100.0 |

# Consumer Price Indices by Category and Cities（2019）

（preceding year=100）

| 梧州市 Wuzhou | 北海市 Beihai | 防城港市 Fangchenggang | 钦州市 Qinzhou | 贵港市 Guigang | 玉林市 Yulin | 百色市 Baise | 贺州市 Hezhou | 河池市 Hechi | 来宾市 Laibin | 崇左市 Chongzuo |
|---|---|---|---|---|---|---|---|---|---|---|
| **103.9** | **103.1** | **103.6** | **103.7** | **104.1** | **103.6** | **103.4** | **103.0** | **103.7** | **104.2** | **103.8** |
| **101.8** | **101.4** | **101.7** | **102.4** | **101.8** | **102.1** | **102.1** | **100.7** | **103.1** | **101.8** | **102.6** |
| **101.3** | **101.0** | **101.0** | **100.7** | **101.2** | **100.5** | **100.8** | **99.8** | **100.8** | **100.8** | **100.0** |
| **105.1** | **103.9** | **104.6** | **104.4** | **105.3** | **104.4** | **104.1** | **104.3** | **104.0** | **105.5** | **104.5** |
| **102.0** | **101.3** | **101.6** | **101.6** | **102.0** | **101.3** | **101.6** | **100.6** | **101.9** | **101.6** | **101.8** |
| **102.5** | **101.6** | **101.9** | **101.7** | **102.5** | **101.6** | **101.7** | **100.8** | **101.9** | **102.1** | **101.8** |
| **103.7** | **102.9** | **103.2** | **103.3** | **103.8** | **103.1** | **103.0** | **102.7** | **103.7** | **103.9** | **103.7** |
| **109.3** | **107.3** | **108.9** | **108.8** | **110.2** | **109.2** | **107.9** | **109.1** | **107.8** | **111.2** | **109.6** |
| 111.9 | 110.7 | 111.9 | 112.7 | 112.4 | 113.3 | 110.9 | 112.5 | 111.1 | 115.1 | 112.4 |
| 101.1 | 98.6 | 100.5 | 101.0 | 100.9 | 100.9 | 100.6 | 99.7 | 99.7 | 100.5 | 100.4 |
| 108.0 | 112.1 | 103.1 | 100.4 | 104.5 | 105.8 | 118.0 | 101.3 | 104.2 | 107.3 | 105.1 |
| 102.5 | 100.4 | 101.9 | 101.8 | 99.5 | 102.3 | 100.0 | 101.0 | 98.1 | 99.9 | 98.9 |
| 99.6 | 99.6 | 103.9 | 100.1 | 99.3 | 99.0 | 102.7 | 98.3 | 100.0 | 100.7 | 103.4 |
| 103.9 | 105.2 | 104.9 | 106.3 | 106.2 | 113.9 | 109.4 | 106.1 | 104.4 | 105.8 | 103.2 |
| 134.6 | 133.0 | 142.2 | 142.0 | 138.4 | 136.3 | 128.4 | 140.2 | 137.0 | 148.0 | 138.8 |
| 111.7 | 110.7 | 110.8 | 109.0 | 112.0 | 113.1 | 108.5 | 114.9 | 110.5 | 113.4 | 113.4 |
| 102.5 | 107.2 | 100.2 | 106.5 | 105.7 | 101.6 | 105.2 | 104.0 | 102.4 | 105.2 | 103.1 |
| 103.3 | 102.9 | 104.4 | 107.3 | 108.2 | 105.8 | 105.0 | 101.7 | 107.7 | 105.3 | 104.4 |
| 103.2 | 99.8 | 100.8 | 106.5 | 99.3 | 102.6 | 100.2 | 102.8 | 99.1 | 100.1 | 103.5 |
| 112.0 | 112.4 | 118.2 | 117.8 | 114.2 | 115.0 | 113.1 | 110.6 | 103.8 | 118.2 | 111.1 |
| 99.1 | 99.4 | 101.2 | 103.5 | 104.9 | 99.6 | 105.1 | 100.1 | 101.5 | 101.1 | 98.8 |
| 100.1 | 97.1 | 102.3 | 99.4 | 98.9 | 102.2 | 100.8 | 99.8 | 100.8 | 98.9 | 99.7 |
| 103.3 | 97.7 | 103.4 | 98.0 | 91.7 | 100.8 | 98.6 | 101.1 | 102.5 | 100.3 | 98.3 |
| 105.0 | 99.8 | 102.6 | 101.0 | 99.9 | 100.8 | 104.2 | 102.6 | 106.8 | 99.8 | 104.2 |
| 100.7 | 99.9 | 101.1 | 100.8 | 101.4 | 99.3 | 101.3 | 100.7 | 100.3 | 100.9 | 100.6 |
| 100.0 | 100.0 | 100.0 | 100.3 | 100.0 | 100.0 | 100.0 | 100.0 | 100.0 | 100.0 | 100.0 |
| 102.5 | 99.7 | 102.8 | 101.4 | 103.9 | 98.0 | 102.5 | 102.0 | 100.7 | 102.2 | 101.4 |
| 106.6 | 102.7 | 103.9 | 102.3 | 108.0 | 102.5 | 102.3 | 102.8 | 101.6 | 105.6 | 106.4 |
| **102.9** | **102.4** | **101.7** | **101.1** | **102.0** | **101.5** | **99.5** | **100.8** | **101.5** | **101.8** | **99.7** |
| 102.8 | 102.5 | 101.7 | 101.0 | 101.5 | 102.0 | 99.6 | 100.6 | 101.4 | 101.5 | 101.1 |
| 101.4 | 101.8 | 100.4 | 102.1 | 101.0 | 102.7 | 100.4 | 100.1 | 103.9 | 101.6 | 100.1 |
| 105.6 | 102.8 | 102.0 | 100.7 | 102.1 | 102.7 | 99.8 | 100.5 | 100.2 | 101.1 | 102.1 |
| 98.4 | 102.7 | 102.9 | 100.3 | 101.1 | 98.1 | 97.3 | 102.1 | 100.4 | 102.5 | 100.7 |
| 100.0 | 97.2 | 100.9 | 101.1 | 97.0 | 100.1 | 100.0 | 100.1 | 108.8 | 106.6 | 100.0 |
| 98.1 | 104.5 | 101.6 | 103.4 | 101.6 | 101.5 | 101.5 | 101.7 | 102.3 | 101.3 | 101.4 |
| 115.1 | 102.2 | 101.9 | 99.0 | 114.9 | 103.0 | 108.8 | 105.5 | 103.1 | 114.4 | 114.2 |
| 102.5 | 102.6 | 101.7 | 101.2 | 103.0 | 99.8 | 98.3 | 100.7 | 101.4 | 101.3 | 92.6 |
| 100.0 | 103.0 | 101.4 | 100.6 | 103.1 | 99.5 | 97.3 | 100.7 | 101.4 | 99.7 | 92.3 |
| 119.4 | 100.0 | 115.0 | 105.8 | 100.0 | 102.1 | 105.9 | 100.9 | 100.0 | 113.4 | 100.0 |

4-6 续表 1

（上年=100）

| 指 标 | Item | 南宁市 Nanning | 柳州市 Liuzhou | 桂林市 Guilin |
|---|---|---|---|---|
| **居住** | **Residence** | **100.7** | **102.5** | **101.9** |
| 租赁房房租 | Rent of Rental Housing | 104.6 | 101.9 | 104.2 |
| 住房保养维修及管理 | Housing Maintenance and Management | 99.9 | 100.3 | 101.9 |
| 住房装潢材料 | Housing Decoration Materials | 99.6 | 99.5 | 101.5 |
| 物业管理费 | Property Management Fee | 100.0 | 100.0 | 100.0 |
| 住房装潢维修 | Housing Decoration Maintenance | 100.0 | 101.0 | 103.4 |
| 水电燃料 | Water, Electricity and Fuels | 101.7 | 103.0 | 101.6 |
| 水 | Water | 100.0 | 100.0 | 100.0 |
| 电 | Electricity | 100.0 | 100.0 | 100.0 |
| 燃气 | Gas | 105.2 | 107.7 | 104.5 |
| 取暖费 | Heating Fee | 100.0 | 100.0 | 100.0 |
| 其他燃料 | Other Fuels | 96.5 | 99.5 | 100.5 |
| 自有住房 | Home-ownership | 99.8 | 103.2 | 101.7 |
| **生活用品及服务** | **Articles for Daily Use and Services** | **99.9** | **99.1** | **101.3** |
| 家具及室内装饰品 | Furniture and Interior Decorations | 99.4 | 100.7 | 101.9 |
| 家具 | Furniture | 99.5 | 101.2 | 102.1 |
| 室内装饰品 | Upholstery | 99.2 | 96.5 | 99.8 |
| 家用器具 | Home Appliances | 96.6 | 94.1 | 99.7 |
| 大型家用器具 | Large Household Appliances | 95.3 | 93.6 | 100.2 |
| 小家电 | Small Home Appliances | 100.0 | 96.4 | 98.1 |
| 家用纺织品 | Home Textiles | 101.4 | 105.3 | 99.1 |
| 床上用品 | Bedding Article | 101.7 | 106.9 | 98.4 |
| 窗帘门帘 | Curtain | 100.0 | 103.4 | 103.5 |
| 其他家用纺织品 | Other Household Textiles | 99.8 | 96.8 | 100.0 |
| 家庭日用杂品 | Daily Use Household Articles | 102.4 | 99.3 | 98.0 |
| 洗涤卫生用品 | Washing Sanitary Articles | 103.8 | 100.6 | 97.8 |
| 厨具餐具茶具 | Kitchenware, Tableware, Tea set | 99.7 | 100.2 | 98.8 |
| 家用手工工具 | Hand Tools for Household Use | 100.0 | 99.7 | 100.9 |
| 其他家庭日用杂品 | Other Family Daily Sundry Goods | 100.5 | 96.4 | 96.5 |
| 个人护理用品 | Personal-care Supplies | 100.4 | 99.6 | 102.1 |
| 化妆品 | Cosmetics | 98.3 | 98.9 | 101.2 |
| 其他护理用品类 | Other Types of Care Products | 101.6 | 100.0 | 103.5 |
| 家庭服务 | Household Services | 100.7 | 103.6 | 108.6 |
| **交通和通信** | **Transport and Communications** | **98.1** | **96.8** | **97.7** |
| 交通 | Transport | 98.6 | 97.0 | 97.1 |
| 交通工具 | Transport Facility | 100.1 | 99.3 | 98.0 |
| 交通工具用燃料 | Fuels for Transport Facility | 94.4 | 94.0 | 94.0 |
| 交通工具使用和维修 | Use and Maintenance of Transport Facility | 100.2 | 97.5 | 101.9 |
| 交通费 | Traffic Fee | 101.8 | 97.6 | 97.7 |

continued

(preceding year=100)

| 梧州市 Wuzhou | 北海市 Beihai | 防城港市 Fangchenggang | 钦州市 Qinzhou | 贵港市 Guigang | 玉林市 Yulin | 百色市 Baise | 贺州市 Hezhou | 河池市 Hechi | 来宾市 Laibin | 崇左市 Chongzuo |
|---|---|---|---|---|---|---|---|---|---|---|
| **100.9** | **101.3** | **102.6** | **102.2** | **102.1** | **102.7** | **102.7** | **101.0** | **103.3** | **100.9** | **102.7** |
| 100.3 | 106.4 | 101.6 | 106.2 | 100.8 | 103.7 | 105.1 | 99.2 | 100.0 | 101.9 | 101.8 |
| 106.1 | 103.6 | 105.6 | 101.3 | 103.6 | 103.4 | 103.0 | 102.8 | 106.9 | 102.4 | 104.3 |
| 105.0 | 104.1 | 102.0 | 103.2 | 100.8 | 101.6 | 100.9 | 101.5 | 105.0 | 102.9 | 100.8 |
| 108.0 | 100.0 | 100.0 | 100.0 | 100.0 | 100.0 | 100.0 | 100.0 | 100.0 | 100.0 | 100.0 |
| 106.4 | 104.0 | 110.1 | 99.4 | 109.0 | 106.3 | 106.0 | 104.9 | 109.5 | 102.5 | 109.9 |
| 98.4 | 98.8 | 100.2 | 101.7 | 99.7 | 101.0 | 101.9 | 99.6 | 105.4 | 98.7 | 103.7 |
| 100.0 | 100.0 | 100.0 | 100.0 | 100.0 | 102.1 | 100.0 | 100.0 | 100.9 | 100.0 | 99.9 |
| 100.0 | 100.0 | 100.0 | 100.0 | 100.0 | 100.0 | 100.0 | 100.0 | 100.0 | 100.0 | 100.0 |
| 95.1 | 96.4 | 100.5 | 105.1 | 98.8 | 102.2 | 107.6 | 97.8 | 119.7 | 96.1 | 111.5 |
| 100.0 | 100.0 | 100.0 | 100.0 | 100.0 | 100.0 | 100.0 | 100.0 | 100.0 | 100.0 | 100.0 |
| 100.0 | 107.3 | 104.2 | 116.1 | 100.9 | 94.8 | 111.0 | 105.3 | 100.0 | 103.5 | 103.2 |
| 100.3 | 100.9 | 102.6 | 102.2 | 103.1 | 103.3 | 102.6 | 101.5 | 101.0 | 101.4 | 101.5 |
| **101.7** | **101.6** | **102.5** | **100.1** | **102.3** | **101.3** | **102.2** | **100.2** | **100.6** | **103.4** | **101.1** |
| 101.1 | 100.1 | 101.2 | 102.3 | 105.0 | 101.6 | 101.1 | 100.1 | 99.1 | 101.8 | 94.6 |
| 101.2 | 100.2 | 101.2 | 102.4 | 105.5 | 101.4 | 101.2 | 100.1 | 98.9 | 101.9 | 94.2 |
| 100.0 | 98.4 | 101.3 | 101.8 | 98.6 | 102.6 | 99.8 | 99.4 | 103.9 | 100.0 | 99.9 |
| 100.9 | 102.4 | 102.1 | 96.6 | 105.4 | 100.2 | 100.1 | 99.7 | 97.5 | 101.4 | 101.7 |
| 99.8 | 102.7 | 102.5 | 95.6 | 105.5 | 100.4 | 99.5 | 99.5 | 97.2 | 101.8 | 102.1 |
| 105.6 | 100.6 | 100.2 | 101.3 | 104.8 | 99.4 | 102.8 | 101.2 | 98.5 | 99.8 | 100.5 |
| 101.5 | 99.0 | 103.6 | 97.7 | 96.0 | 97.6 | 101.5 | 99.8 | 100.8 | 103.7 | 102.6 |
| 101.5 | 97.4 | 103.5 | 97.7 | 93.1 | 96.7 | 100.9 | 99.7 | 100.9 | 102.2 | 102.6 |
| 105.9 | 110.6 | 105.3 | 100.2 | 113.8 | 100.2 | 101.5 | 100.0 | 100.7 | 115.9 | 101.0 |
| 99.7 | 100.8 | 102.5 | 96.0 | 100.0 | 97.9 | 106.5 | 100.1 | 99.5 | 102.7 | 104.5 |
| 102.1 | 101.1 | 104.1 | 99.4 | 100.1 | 101.2 | 103.1 | 100.6 | 102.9 | 102.8 | 101.5 |
| 105.0 | 101.6 | 105.5 | 100.2 | 99.3 | 101.0 | 104.5 | 100.9 | 102.5 | 103.3 | 100.3 |
| 98.5 | 99.0 | 102.2 | 100.0 | 100.4 | 100.9 | 101.8 | 100.7 | 100.8 | 102.1 | 101.4 |
| 100.0 | 102.8 | 100.0 | 97.5 | 100.4 | 102.3 | 101.5 | 100.4 | 101.9 | 107.0 | 101.8 |
| 99.8 | 102.9 | 104.3 | 96.9 | 103.2 | 101.6 | 102.0 | 100.1 | 106.5 | 100.8 | 105.4 |
| 100.5 | 100.3 | 101.7 | 101.7 | 101.3 | 98.8 | 101.8 | 100.4 | 100.5 | 101.2 | 101.6 |
| 100.8 | 101.8 | 99.6 | 100.6 | 101.5 | 98.2 | 102.7 | 100.0 | 100.5 | 100.7 | 102.1 |
| 100.3 | 98.3 | 103.3 | 102.5 | 101.1 | 101.7 | 101.4 | 100.8 | 100.5 | 101.5 | 101.1 |
| 105.1 | 108.6 | 101.8 | 107.7 | 104.2 | 109.2 | 108.3 | 100.2 | 107.1 | 114.3 | 107.3 |
| **98.4** | **98.8** | **98.5** | **97.6** | **98.1** | **98.0** | **98.5** | **98.4** | **98.7** | **98.7** | **97.6** |
| 98.4 | 98.4 | 98.3 | 97.2 | 97.5 | 97.9 | 98.3 | 97.7 | 98.3 | 98.1 | 97.3 |
| 100.6 | 99.5 | 99.5 | 97.9 | 100.0 | 100.4 | 98.4 | 97.8 | 97.7 | 98.3 | 98.0 |
| 94.3 | 94.4 | 94.2 | 94.4 | 94.2 | 94.3 | 94.3 | 94.2 | 94.3 | 94.4 | 94.3 |
| 102.0 | 101.0 | 102.4 | 102.0 | 98.6 | 97.7 | 105.9 | 102.9 | 109.4 | 104.1 | 100.4 |
| 98.8 | 100.2 | 100.2 | 97.1 | 98.8 | 98.4 | 98.9 | 100.6 | 98.8 | 100.3 | 98.5 |

4-6 续表 2

（上年＝100）

| 指 标 | Item | 南宁市 Nanning | 柳州市 Liuzhou | 桂林市 Guilin |
|---|---|---|---|---|
| 通信 | Communications | 97.1 | 96.4 | 98.8 |
| 通信工具 | Communication Tools | 100.4 | 92.6 | 97.5 |
| 通信服务 | Communication Services | 95.9 | 97.4 | 99.3 |
| 邮递服务 | Postal Service | 102.0 | 95.1 | 98.4 |
| **教育文化和娱乐** | **Education, Cultural and Recreation** | **103.3** | **100.1** | **100.5** |
| 教育 | Education | 106.0 | 101.0 | 101.5 |
| 教育用品 | Eduction Articles | 104.8 | 99.8 | 100.8 |
| 教育服务 | Education Services | 106.1 | 101.1 | 101.6 |
| 文化娱乐 | Culture and Recreation | 99.8 | 98.9 | 99.1 |
| 文娱耐用消费品 | Durable Consumer Goods for Culture and Recreation | 98.1 | 97.5 | 101.3 |
| 其他文娱用品 | Other Articles | 100.7 | 99.3 | 100.3 |
| 文化娱乐服务 | Services for Culture and Recreation | 102.2 | 106.7 | 98.6 |
| 旅游 | Touring and Outing | 98.9 | 95.8 | 97.2 |
| **医疗保健** | **Health Care** | **100.9** | **101.3** | **102.1** |
| 药品及医疗器具 | Medicine and Medical Instrument | 102.3 | 103.3 | 103.4 |
| 中药 | Traditional Chinese Medicines | 101.9 | 103.2 | 107.2 |
| 西药 | Western Medicines | 103.7 | 104.9 | 103.3 |
| 滋补保健品 | Nourishing Health Care Products | 102.1 | 101.8 | 102.0 |
| 医疗卫生器具 | Medical Sanitation | 98.8 | 100.5 | 100.0 |
| 保健器具 | Health Care Appliance | 100.2 | 104.7 | 100.0 |
| 医疗服务 | Medical Services | 100.0 | 100.0 | 100.5 |
| 综合医疗类 | Synthetic Medicine | 100.0 | 99.8 | 100.3 |
| 诊断类 | Diagnostic Class | 100.0 | 100.0 | 100.6 |
| 治疗类 | Therapeutic Category | 100.0 | 100.0 | 101.0 |
| 康复类 | Rehabilitation Class | 100.0 | 100.0 | 100.0 |
| 中医医疗服务类 | Chinese Medicine Medical Services | 100.0 | 100.0 | 100.0 |
| 其他医疗服务 | Other Medical Services | 100.0 | 100.0 | 100.0 |
| **其他用品和服务** | **Other Articles and Services** | **102.3** | **102.3** | **105.0** |
| 其他用品类 | Other Articles | 104.0 | 102.4 | 105.0 |
| 首饰手表 | Jewellery Watches | 106.2 | 108.4 | 109.0 |
| 其他杂项用品 | Other Miscellaneous Goods | 101.4 | 97.2 | 100.8 |
| 其他服务类 | Other Services | 100.9 | 102.3 | 105.1 |
| 旅馆住宿 | Hotel Accommodation | 96.6 | 90.1 | 100.4 |
| 美容美发洗浴 | Hairdressing & Beauty and Bath | 104.5 | 111.3 | 103.5 |
| 养老服务 | Pension Services | 104.3 | 101.4 | 108.6 |
| 金融保险 | Financial Insurance | 98.1 | 100.9 | 106.1 |
| 其他服务类 | Other Services | 101.3 | 101.5 | 105.4 |

continued

(preceding year=100)

| 梧州市 Wuzhou | 北海市 Beihai | 防城港市 Fangchenggang | 钦州市 Qinzhou | 贵港市 Guigang | 玉林市 Yulin | 百色市 Baise | 贺州市 Hezhou | 河池市 Hechi | 来宾市 Laibin | 崇左市 Chongzuo |
|---|---|---|---|---|---|---|---|---|---|---|
| 98.2 | 99.5 | 98.9 | 98.4 | 99.6 | 98.2 | 99.2 | 99.6 | 99.5 | 100.0 | 98.3 |
| 106.2 | 97.5 | 94.8 | 97.0 | 100.0 | 92.3 | 95.9 | 95.0 | 93.6 | 99.9 | 90.8 |
| 96.6 | 100.0 | 100.0 | 98.8 | 100.1 | 100.0 | 100.0 | 100.9 | 102.6 | 100.0 | 100.2 |
| 94.3 | 98.1 | 99.7 | 99.4 | 90.0 | 104.2 | 97.9 | 96.0 | 98.5 | 100.0 | 97.9 |
| **103.6** | **101.1** | **101.1** | **102.6** | **101.8** | **100.8** | **101.3** | **99.0** | **103.5** | **101.4** | **103.7** |
| 102.1 | 103.2 | 101.6 | 102.4 | 102.9 | 102.9 | 102.9 | 101.2 | 106.9 | 102.3 | 105.7 |
| 103.0 | 104.4 | 104.2 | 101.6 | 105.4 | 101.9 | 101.4 | 101.1 | 102.0 | 101.3 | 100.1 |
| 102.0 | 103.1 | 101.3 | 102.5 | 102.6 | 103.1 | 103.0 | 101.2 | 107.4 | 102.4 | 106.2 |
| 105.6 | 100.8 | 100.4 | 102.9 | 100.1 | 97.8 | 99.1 | 95.9 | 98.9 | 100.3 | 100.4 |
| 102.7 | 100.5 | 100.2 | 96.7 | 99.9 | 100.4 | 99.9 | 100.7 | 98.0 | 99.8 | 100.4 |
| 103.0 | 102.3 | 102.3 | 101.2 | 104.2 | 99.9 | 101.7 | 99.6 | 102.6 | 102.2 | 99.7 |
| 101.7 | 96.6 | 101.5 | 105.1 | 102.3 | 102.0 | 98.1 | 100.1 | 100.3 | 100.2 | 99.9 |
| 112.7 | 103.4 | 98.6 | 106.2 | 93.0 | 90.7 | 97.8 | 87.4 | 95.9 | 99.8 | 101.4 |
| **102.0** | **101.6** | **101.1** | **103.3** | **102.6** | **102.5** | **103.0** | **101.9** | **102.3** | **102.6** | **101.2** |
| 105.2 | 103.4 | 103.3 | 107.8 | 106.4 | 105.5 | 108.4 | 102.1 | 101.5 | 106.5 | 102.8 |
| 111.7 | 103.2 | 104.9 | 108.2 | 105.5 | 109.0 | 107.3 | 102.8 | 103.9 | 113.1 | 101.2 |
| 102.7 | 103.3 | 101.7 | 106.8 | 112.0 | 107.8 | 115.4 | 101.8 | 102.0 | 103.9 | 105.2 |
| 104.5 | 106.4 | 105.6 | 111.5 | 102.6 | 101.2 | 100.0 | 104.0 | 101.6 | 102.8 | 100.0 |
| 103.0 | 99.5 | 103.9 | 103.4 | 100.0 | 98.7 | 97.5 | 100.0 | 94.5 | 110.6 | 100.0 |
| 101.1 | 100.6 | 102.5 | 113.2 | 100.0 | 101.6 | 100.0 | 100.0 | 96.6 | 101.1 | 100.0 |
| 100.0 | 100.2 | 100.0 | 100.0 | 100.0 | 100.7 | 99.8 | 101.8 | 102.8 | 100.0 | 100.3 |
| 100.1 | 100.5 | 100.0 | 100.0 | 100.0 | 104.4 | 99.3 | 102.6 | 100.1 | 100.0 | 100.8 |
| 100.0 | 100.0 | 100.0 | 100.1 | 100.0 | 98.7 | 100.0 | 101.2 | 103.0 | 100.0 | 100.2 |
| 100.0 | 100.0 | 100.0 | 100.0 | 100.0 | 100.0 | 100.0 | 100.0 | 104.4 | 100.0 | 100.0 |
| 100.0 | 100.0 | 100.0 | 100.0 | 100.0 | 100.0 | 100.0 | 100.0 | 104.2 | 100.0 | 100.0 |
| 100.0 | 100.0 | 100.0 | 100.0 | 100.0 | 100.0 | 100.0 | 100.0 | 104.3 | 100.0 | 100.0 |
| 100.0 | 100.0 | 100.0 | 100.0 | 100.0 | 100.0 | 100.0 | 118.1 | 102.2 | 100.0 | 100.0 |
| **104.5** | **103.7** | **102.8** | **107.2** | **102.7** | **103.2** | **104.0** | **102.4** | **101.9** | **103.5** | **101.3** |
| 104.5 | 104.2 | 103.6 | 103.8 | 104.7 | 101.3 | 104.5 | 102.9 | 100.5 | 101.7 | 98.5 |
| 108.7 | 109.4 | 107.6 | 111.7 | 110.5 | 107.7 | 109.2 | 107.4 | 108.8 | 103.1 | 104.8 |
| 102.1 | 98.6 | 101.6 | 99.4 | 101.1 | 97.0 | 102.2 | 100.4 | 99.2 | 100.8 | 95.8 |
| 104.6 | 103.3 | 102.1 | 109.6 | 101.0 | 104.4 | 103.6 | 102.1 | 103.1 | 104.7 | 103.3 |
| 103.5 | 102.7 | 98.8 | 97.7 | 96.3 | 103.8 | 104.5 | 105.4 | 101.2 | 105.9 | 101.7 |
| 101.1 | 104.7 | 101.2 | 113.2 | 105.5 | 105.8 | 99.3 | 104.2 | 100.0 | 107.8 | 110.9 |
| 106.7 | 104.7 | 106.3 | 100.0 | 108.7 | 100.0 | 105.7 | 107.2 | 106.8 | 100.0 | 103.5 |
| 105.9 | 102.7 | 102.9 | 115.9 | 96.2 | 105.9 | 100.8 | 99.0 | 103.2 | 103.4 | 100.0 |
| 100.9 | 103.8 | 100.3 | 103.1 | 123.0 | 102.2 | 120.2 | 100.3 | 105.2 | 106.7 | 105.3 |

# 4-7 商品零售价格分类指数（2019年）

## Retail Price Indices by Category（2019）

（上年=100） （preceding year=100）

| 指 标 | Item | 全 区 Province | 城 市 Urban Areas | 农 村 Rural Areas |
|---|---|---|---|---|
| **商品零售价格指数** | **Retail Price Index** | **103.2** | **103.1** | **103.5** |
| **食品** | **Food** | **111.5** | **111.2** | **113.1** |
| 粮食 | Grain | 100.7 | 100.8 | 100.1 |
| 大米 | Rice | 100.6 | 100.8 | 99.8 |
| 面粉 | Flour | 100.9 | 100.8 | 101.2 |
| 其他粮食 | Other Grain | 100.4 | 100.3 | 101.2 |
| 粮食制品 | Grain Products | 101.0 | 101.0 | 101.0 |
| 薯类 | Tubers | 106.1 | 106.1 | 106.0 |
| 豆类 | Beans | 102.5 | 102.7 | 101.0 |
| 干豆 | Dried Bean | 99.2 | 98.8 | 100.9 |
| 豆制品 | Bean Products | 103.2 | 103.6 | 101.0 |
| 食用油 | Edible Oil and Fats | 100.6 | 100.8 | 99.4 |
| 食用植物油 | Edible Vegetable Oil | 99.8 | 100.0 | 98.4 |
| 食用动物油 | Edible Animal Oil | 109.6 | 110.6 | 106.0 |
| 菜 | Vegetables | 107.0 | 106.9 | 107.5 |
| 鲜菜 | Fresh Vegetables | 107.6 | 107.6 | 107.8 |
| 干菜及菜制品 | Dried Vegetables and Vegetable Products | 101.1 | 100.6 | 105.1 |
| 畜肉类 | Meat of Livestock | 137.0 | 135.9 | 143.7 |
| 猪肉 | Pork | 151.3 | 149.9 | 158.2 |
| 牛肉 | Beef | 115.1 | 115.4 | 112.5 |
| 羊肉 | Mutton | 114.2 | 113.7 | 120.8 |
| 畜肉副产品 | Edible Meat and By-products | 120.7 | 121.7 | 114.2 |
| 其他畜肉及制品 | Other Livestock Meat and Products | 115.1 | 115.2 | 114.4 |
| 禽肉类 | Meat of Poultry | 112.8 | 112.9 | 112.2 |
| 鸡 | Chicken | 113.4 | 113.5 | 113.1 |
| 鸭 | Duck | 112.0 | 112.4 | 109.3 |
| 其他禽肉及制品 | Other Poultry Meat and Products | 111.2 | 110.9 | 113.3 |
| 水产品 | Aquatic Products | 105.2 | 105.4 | 103.3 |
| 淡水鱼 | Freshwater Fish | 105.1 | 105.0 | 105.3 |
| 海水鱼 | Marine Fish | 105.1 | 105.6 | 101.0 |
| 虾蟹类 | Shrimp and Crab | 106.2 | 107.0 | 98.6 |
| 其他水产品及制品 | Other Aquatic Products and Products | 104.7 | 104.5 | 107.0 |

4-7　续表 1　continued

（上年＝100）　　(preceding year=100)

| 指　标 | Item | 全　区 Province | 城　市 Urban Areas | 农　村 Rural Areas |
|---|---|---|---|---|
| 蛋类 | Eggs | 104.5 | 104.5 | 104.3 |
| 鸡蛋 | Egg | 104.4 | 104.4 | 104.3 |
| 其他蛋及制品 | Other Eggs and Products | 104.7 | 104.8 | 104.2 |
| 奶类 | Milk | 101.2 | 101.2 | 101.7 |
| 鲜奶 | Fresh Milk | 101.0 | 101.0 | 101.6 |
| 酸奶 | Yogurt | 102.5 | 102.9 | 98.7 |
| 奶粉 | Milk Powder | 101.1 | 100.9 | 102.8 |
| 其他奶制品 | Other Dairy Products | 100.6 | 100.5 | 101.0 |
| 干鲜瓜果类 | Dried and Fresh Melons and Fruits | 114.4 | 115.1 | 108.7 |
| 鲜瓜果 | Melons and Fruits | 116.8 | 117.7 | 109.8 |
| 坚果 | Nut | 102.7 | 102.7 | 102.6 |
| 瓜果制品 | Melon and Fruit Products | 101.6 | 101.8 | 99.8 |
| 糖果糕点类 | Candy and Cake | 101.3 | 101.2 | 102.1 |
| 食糖 | Sugar | 98.7 | 97.7 | 104.3 |
| 糖果 | Candy | 99.9 | 99.7 | 101.9 |
| 糕点 | Cakes and Pastries | 103.0 | 103.0 | 102.4 |
| 其他糖果糕点 | Other Sweets and Pastries | 100.0 | 100.0 | 100.2 |
| 调味品 | Flavoring | 100.4 | 100.3 | 100.8 |
| 食用盐 | Edible Salt | 99.4 | 100.0 | 97.3 |
| 酱油 | Soy Sauce | 100.1 | 99.9 | 101.0 |
| 食醋 | Vinegar | 100.1 | 99.3 | 103.2 |
| 调味酱 | Sauces | 100.5 | 100.5 | 100.4 |
| 味精 | Monosodium Glutamate | 101.6 | 101.6 | 101.4 |
| 其他调味品 | Other Condiments | 101.8 | 101.6 | 102.3 |
| 其他食品类 | Other Foods | 100.4 | 100.0 | 102.7 |
| 方便食品 | Convenience Food | 99.3 | 98.5 | 104.4 |
| 淀粉及制品 | Starch and Products | 103.1 | 103.2 | 102.6 |
| 膨化食品 | Puffed Food | 100.8 | 101.0 | 99.9 |
| 在外餐饮 | Dining Out | 103.8 | 103.7 | 104.7 |
| 正餐 | Dinner | 103.3 | 103.1 | 105.5 |
| 快餐 | Fast Food | 103.1 | 103.1 | 104.0 |
| 地方小吃 | Local Snack | 106.0 | 106.2 | 104.3 |
| 其他在外餐饮 | Other Outside Catering | 102.7 | 102.5 | 104.6 |

4-7 续表 2 continued

（上年＝100） (preceding year=100)

| 指 标 | Item | 全 区 Province | 城 市 Urban Areas | 农 村 Rural Areas |
|---|---|---|---|---|
| **饮料、烟酒** | **Beverages, Tobacco and Liquor** | **101.0** | **101.0** | **101.0** |
| 茶及饮料 | Tea and Beverages | 101.6 | 101.8 | 100.0 |
| 茶叶 | Tea | 102.4 | 102.5 | 102.2 |
| 固体咖啡 | Solid Coffee | 101.0 | 101.0 | 101.1 |
| 其他固体饮料 | Other Solid Drinks | 100.9 | 101.3 | 99.4 |
| 饮用水 | Drinking Water | 99.6 | 99.5 | 100.1 |
| 果汁饮料 | Fruit Juice Beverage | 102.9 | 103.2 | 100.8 |
| 其他液体饮料 | Other Liquid Beverages | 102.6 | 103.0 | 96.8 |
| 烟草 | Tobacco | 100.0 | 100.0 | 100.0 |
| 酒类 | Liquor | 101.5 | 101.4 | 102.8 |
| 白酒 | Liquor | 102.6 | 102.3 | 104.5 |
| 葡萄酒 | Wine | 100.0 | 99.9 | 101.3 |
| 啤酒 | Beer | 100.2 | 100.2 | 100.6 |
| 其他酒类 | Other Wines | 101.5 | 101.7 | 100.5 |
| **服装、鞋帽** | **Garments, Shoes and hats** | **101.8** | **101.7** | **102.1** |
| 服装 | Garments | 102.0 | 102.0 | 102.4 |
| 男士服装 | Men's Clothing | 102.1 | 102.2 | 101.5 |
| 男式西服 | Men's Suits | 98.4 | 98.2 | 101.3 |
| 男式冬衣 | Men's Clothes | 102.4 | 102.5 | 101.7 |
| 男式夹克衫 | Men's Jacket | 100.2 | 100.1 | 100.8 |
| 男式毛线衣 | Men's Sweater | 103.8 | 103.7 | 104.5 |
| 男式运动装 | Men's sportswear | 102.6 | 102.7 | 102.3 |
| 男式衬衫T恤 | Men's Shirt T-shirt | 101.9 | 102.0 | 100.8 |
| 男式裤子 | Men's Dress Pants | 104.0 | 104.4 | 101.3 |
| 男式内衣 | Men's Underwear | 100.8 | 100.6 | 101.6 |
| 女士服装 | Women's Clothing | 101.9 | 101.7 | 103.2 |
| 女式外套 | Women's Coat | 102.0 | 102.0 | 102.6 |
| 女式冬衣 | Women's Clothes | 103.1 | 103.3 | 101.0 |
| 女式毛线衣 | Women's Sweater | 103.2 | 102.8 | 106.5 |
| 女式运动装 | Women's Sportswear | 100.6 | 100.7 | 100.0 |
| 女式衬衫T恤 | Women's Shirt T-shirt | 101.3 | 101.2 | 101.6 |

4-7　续表 3　continued

（上年＝100）　(preceding year=100)

| 指　标 | Item | 全　区 Province | 城　市 Urban Areas | 农　村 Rural Areas |
|---|---|---|---|---|
| 女式裤子 | Women's Pants | 102.5 | 102.4 | 103.5 |
| 女式裙子 | Women's Ladies Skirt | 101.9 | 101.7 | 104.1 |
| 女式内衣 | Women's Lingerie | 101.3 | 100.6 | 106.4 |
| 儿童服装 | Children's Clothing | 102.2 | 102.3 | 101.8 |
| 婴幼服装 | Infant & Toddlers Clothing | 102.0 | 102.2 | 100.4 |
| 儿童上衣 | Children's Coat | 102.8 | 103.0 | 101.3 |
| 儿童裤子 | Children's Trousers | 102.5 | 102.6 | 101.7 |
| 儿童裙子 | Children's Skirt | 101.1 | 100.6 | 104.1 |
| 鞋帽袜 | Footgear and Hat | 101.5 | 101.5 | 101.6 |
| 鞋 | Shoes | 101.4 | 101.4 | 101.8 |
| 男鞋 | Men's Shoes | 100.2 | 99.7 | 104.4 |
| 女鞋 | Women's Shoes | 102.6 | 103.0 | 99.5 |
| 童鞋 | Children's Shoes | 100.5 | 100.1 | 103.5 |
| 袜子 | Socks | 101.1 | 101.2 | 100.5 |
| 帽子 | Cap | 104.0 | 104.6 | 100.5 |
| 其他衣着配件 | Other Clothing Accessories | 97.9 | 97.7 | 99.7 |
| **纺织品** | **Textiles** | **100.4** | **100.3** | **101.0** |
| 服装材料 | Clothing | 99.4 | 98.9 | 102.3 |
| 床上用品 | Bedding | 101.0 | 101.1 | 100.3 |
| 被子 | Quilt | 101.5 | 101.8 | 99.8 |
| 床单被套 | Bed Sheet & Duvet Cover | 100.8 | 100.8 | 100.9 |
| 其他床上用品 | Other Bedding | 100.2 | 100.2 | 100.1 |
| **家用电器及音像器材** | **Household Appliances, Music and Video Equipment** | **98.9** | **98.7** | **100.0** |
| 家庭设备 | Household Equipment | 98.7 | 98.4 | 100.5 |
| 洗衣机 | Washing Machine | 97.9 | 97.6 | 99.5 |
| 电冰箱（柜） | Refrigerator | 98.3 | 97.5 | 103.5 |
| 抽油烟机 | Smoke Lampblack Machine | 97.4 | 97.4 | 97.4 |
| 空调器 | Air Conditioner | 99.0 | 98.8 | 100.9 |
| 热水器 | Water Heating | 97.8 | 97.4 | 100.0 |
| 炉具灶具 | Stove and Cookers | 99.6 | 100.0 | 96.8 |
| 微波炉 | Microwave Oven | 98.8 | 98.2 | 103.0 |

4-7 续表 4 continued

（上年=100） (preceding year=100)

| 指标 | Item | 全区 Province | 城市 Urban Areas | 农村 Rural Areas |
|---|---|---|---|---|
| 厨房小家电 | Kitchen Appliances | 100.4 | 100.3 | 100.9 |
| 生活小家电 | Small Household Electrical Appliances | 100.0 | 100.1 | 99.9 |
| 其他大型家用器具 | Other Large Household Appliances | 98.2 | 97.8 | 100.7 |
| 文娱用耐用消费品 | Durable Consumer Goods for Culture and Recreation | 99.1 | 99.1 | 99.5 |
| 电视机 | Television | 99.3 | 99.3 | 99.6 |
| 照相机 | Camera | 98.8 | 98.7 | 99.7 |
| 音响 | Acoustics | 98.7 | 98.7 | 99.1 |
| 其他文娱耐用消费品 | Other Recreational and Durable Goods | 99.0 | 98.9 | 99.7 |
| 专业音像器材 | Professional Audio and Video Equipment | 98.9 | 99.0 | 97.2 |
| 专业音响器材 | Professional Audio Equipment | 100.0 | 100.0 | 99.2 |
| 专业声像器材 | Professional Audio-visual Equipment | 97.4 | 97.6 | 94.3 |
| **文化办公用品** | **Cultural and Office Appliances** | **99.8** | **99.8** | **99.8** |
| 纸张文具 | Paper Stationery | 100.9 | 100.9 | 101.5 |
| 台式计算机 | Desktop Computer | 100.3 | 100.3 | 100.2 |
| 笔记本平板 | Notebook Computer | 97.9 | 97.9 | 97.6 |
| 电脑附件 | Computer Accessories | 98.4 | 98.3 | 98.8 |
| 打印复印机 | Print Copy Machine | 99.5 | 99.5 | 99.8 |
| 教学设备 | Teaching Equipment | 100.7 | 100.6 | 101.6 |
| **日用品** | **Articles for Daily Use** | **101.0** | **100.9** | **101.4** |
| 日用百货 | General Merchandise for Daily Use | 101.7 | 101.9 | 100.9 |
| 电动自行车 | Electric Bicycle | 103.3 | 104.0 | 100.7 |
| 自行车 | Bicycle | 100.3 | 100.3 | 100.5 |
| 雨具 | Rain Gear | 99.8 | 99.4 | 102.2 |
| 护理器具 | Nursing Instrument | 101.0 | 100.9 | 101.1 |
| 清洁用纸 | Hygiene Paper | 101.6 | 101.7 | 100.9 |
| 化妆器具 | Make-up Appliances | 100.6 | 100.5 | 101.1 |
| 厨具餐具茶具 | Kitchenware, Tableware, Tea Set | 100.2 | 100.0 | 102.0 |
| 厨具 | Kitchenware | 99.9 | 99.6 | 102.0 |
| 餐具 | Tableware | 101.2 | 101.2 | 100.8 |
| 茶具 | Tea Set | 99.5 | 98.9 | 104.4 |
| 清洗用品 | Cleaning Supplies | 101.8 | 101.7 | 102.6 |

4-7 续表 5 continued

（上年＝100） (preceding year=100)

| 指 标 | Item | 全 区 Province | 城 市 Urban Areas | 农 村 Rural Areas |
|---|---|---|---|---|
| 其他日用品 | Other Daily Necessities | 99.7 | 99.5 | 100.5 |
| 灯具 | Lamps and Lanterns | 99.6 | 99.3 | 100.8 |
| 箱包 | Luggage and Bags | 98.4 | 98.3 | 99.8 |
| 母婴用品 | Mother and Baby Supplies | 101.7 | 102.1 | 98.5 |
| 眼镜 | Glasses | 98.9 | 98.6 | 101.1 |
| 其他护理用品 | Other Nursing Supplies | 99.5 | 99.1 | 101.6 |
| 其他日用杂品 | Other Daily Sundry Goods | 99.9 | 99.6 | 101.6 |
| **体育娱乐用品** | **Sports and Recreation Articles** | **99.6** | **99.4** | **101.9** |
| 体育户外用品 | Sports Outdoor Products | 98.6 | 98.4 | 100.7 |
| 娱乐用品 | Amusement Articles | 100.3 | 100.1 | 102.9 |
| 乐器 | Musical Instrument | 101.6 | 101.7 | 100.0 |
| 游戏用品和玩具 | Game Supplies and Toys | 100.3 | 100.1 | 102.1 |
| 园艺花卉及用品 | Garden Flowers and Supplies | 101.1 | 100.6 | 106.5 |
| 宠物及用品 | Pets and Supplies | 100.6 | 100.2 | 104.7 |
| 其他文化娱乐用品 | Other Cultural and Recreational Products | 99.2 | 99.1 | 101.4 |
| **交通、通信用品** | **Transportation and Communication Appliances** | **98.6** | **98.9** | **96.4** |
| 交通运输机械 | Machinery of Communications and Transportation | 99.6 | 99.6 | 99.3 |
| 小型汽车 | Compact Cars | 98.5 | 98.5 | 98.5 |
| 大中型客车 | Large and Medium Passenger Vehicle | 103.7 | 103.9 | 102.7 |
| 交通工具零配件 | Transportation Accessories | 97.9 | 98.0 | 97.6 |
| 通信器材 | Apparatus of Communication | 96.5 | 97.2 | 91.7 |
| 固定电话机 | Fixed Telephone Set | 99.4 | 99.2 | 100.1 |
| 移动电话机 | Mobile Telephone Set | 96.0 | 96.8 | 90.0 |
| 其他通信器材 | Other Communication Equipment | 99.2 | 99.1 | 100.6 |
| **家具** | **Furniture** | **100.7** | **100.8** | **100.1** |
| 柜 | Cabinet | 100.9 | 100.9 | 100.7 |
| 床 | Bed | 102.2 | 102.4 | 100.0 |
| 桌 | Table | 100.0 | 100.1 | 98.6 |
| 椅 | Chair | 98.6 | 98.6 | 98.6 |
| 沙发 | Sofa | 100.1 | 100.1 | 100.0 |
| 其他家具 | Other Furniture | 101.2 | 101.1 | 101.6 |

4-7 续表 6 continued

（上年=100） (preceding year=100)

| 指 标 | Item | 全 区 Province | 城 市 Urban Areas | 农 村 Rural Areas |
|---|---|---|---|---|
| **化妆品** | **Cosmetics** | **100.5** | **100.5** | **100.9** |
| 清洁化妆品 | Cleaning Cosmetics | 100.2 | 100.2 | 100.8 |
| 护肤化妆品 | Skin Care Cosmetics | 99.5 | 99.3 | 100.6 |
| 彩妆化妆品 | Make Up Cosmetics | 98.4 | 97.8 | 101.3 |
| 清洁类护理用品 | Cleaning Supplies | 102.1 | 102.3 | 100.7 |
| 护发美发用品 | Hair Care Products | 101.3 | 101.2 | 101.4 |
| **金银饰品** | **Gold and Silver Ornaments** | **109.4** | **109.6** | **106.7** |
| 金饰品 | Gold Jewelry | 114.1 | 114.5 | 109.7 |
| 银饰品 | Silver Jewelry | 96.9 | 96.8 | 97.8 |
| 铂金饰品 | Platinum Jewelry | 102.1 | 102.0 | 103.4 |
| **中西药品及医疗保健用品** | **Traditional Chinese and Western Medicines and Health Care Articles** | **104.7** | **104.7** | **104.5** |
| 医疗卫生器具 | Medical Instrument | 100.2 | 100.1 | 102.0 |
| 中药 | Traditional Chinese Medicines | 105.3 | 105.3 | 105.4 |
| 中药材 | Chinese Medicinal Materials | 102.0 | 101.9 | 102.5 |
| 中成药 | Chinese Patent Medicine | 106.7 | 106.7 | 106.7 |
| 西药 | Western Medicines | 105.3 | 105.4 | 104.3 |
| 抗微生物药 | Antimicrobial Agents | 101.7 | 101.8 | 101.1 |
| 消化系统用药 | Digestive System Drugs | 106.5 | 106.6 | 106.0 |
| 呼吸系统用药 | Respiratory System Durgs | 101.6 | 101.3 | 103.5 |
| 解热镇痛药 | Antipyretic Analgesics | 104.7 | 104.0 | 109.8 |
| 抗肿瘤药 | Antineoplastic Agents | 102.5 | 102.5 | 101.9 |
| 激素及影响内分泌药 | Hormones and Endocrine Drugs | 98.9 | 98.9 | 98.8 |
| 心血管系统用药 | Cardiovascular System Drugs | 118.1 | 119.9 | 104.6 |
| 血液系统用药 | Blood System Drugs | 101.5 | 101.0 | 103.8 |
| 治疗精神障碍药 | PSYCHOTHERAPEUTICAGENTS | 103.5 | 103.8 | 102.2 |
| 神经系统用药 | Drugs for Nervous System | 100.9 | 100.1 | 106.7 |
| 消毒防腐及创伤外科用药 | Antiseptic, Antiseptic and Trauma Surgical Drugs | 102.5 | 102.6 | 101.8 |
| 泌尿系统用药 | Urinary System Drugs | 104.8 | 104.7 | 105.5 |
| 维生素、矿物质类药 | Vitamins and Minerals | 104.6 | 104.5 | 105.2 |
| 调节水、电解质及酸碱平衡药 | Adjust Water, Electrolyte and Acid-base Balance | 105.3 | 105.1 | 106.5 |
| 保健器具及用品 | Health Appliances and Supplies | 102.7 | 102.7 | 103.3 |
| 保健器具 | Health Care Appliance | 102.2 | 102.4 | 100.5 |
| 滋补保健品 | Nourishing Health Care Products | 103.0 | 102.8 | 104.5 |

4-7　续表 7　continued

（上年=100）　　(preceding year=100)

| 指　标 | Item | 全　区 Province | 城　市 Urban Areas | 农　村 Rural Areas |
|---|---|---|---|---|
| **书报杂志及电子出版物** | **Books, Newspapers, Magazines and Electronic Publications** | **103.5** | **103.2** | **105.9** |
| 教材及参考书 | Texts and Reference Books | 102.9 | 102.6 | 105.6 |
| 工具书 | Reference Book | 102.9 | 103.2 | 100.8 |
| 教材 | Text-book | 99.8 | 99.8 | 99.8 |
| 参考资料 | Reference Material | 105.2 | 104.4 | 111.2 |
| 其他教育用品 | Other Educational Supplies | 99.2 | 99.3 | 98.1 |
| 书报杂志 | Newspapers and Magazines | 106.1 | 105.8 | 108.6 |
| 计算机办公软件 | Computer Office Software | 98.7 | 98.8 | 98.2 |
| **燃料** | **Fuels** | **98.4** | **98.6** | **97.2** |
| 煤炭及制品 | Coal and Its Products | 99.9 | 100.0 | 99.6 |
| 原煤 | Coal | 94.5 | 94.6 | 94.4 |
| 煤制品 | Coal Products | 101.9 | 101.4 | 104.7 |
| 石油及制品 | Oil and Its Products | 98.3 | 98.5 | 96.7 |
| 管道燃气 | Pipeline Gas | 97.8 | 97.7 | 99.5 |
| 液化石油气 | Liquified Petroleum Gas | 104.8 | 105.4 | 100.1 |
| 汽油 | Gasoline | 94.1 | 94.1 | 94.1 |
| 柴油 | Kerosene | 93.8 | 93.8 | 93.8 |
| **建筑材料及五金电料** | **Building Materials and Hardware** | **101.1** | **101.0** | **101.8** |
| 建筑装潢材料 | Building Decoration Materials | 101.2 | 101.1 | 101.6 |
| 木地板 | Wood Floor | 100.2 | 100.4 | 99.3 |
| 瓷砖 | Ceramic Tile | 100.1 | 99.7 | 103.0 |
| 水泥 | Cement | 103.4 | 103.5 | 102.7 |
| 涂料 | Coating | 101.1 | 100.9 | 102.2 |
| 板材 | Board | 101.3 | 101.2 | 101.3 |
| 管材 | Pipe | 101.4 | 101.6 | 100.6 |
| 厨卫设备 | Kitchen & Bath Fixtures | 101.9 | 101.8 | 102.3 |
| 门窗 | Doors and Windows | 101.7 | 101.8 | 100.9 |
| 其他住房装潢材料 | Other Housing Decoration Materials | 101.1 | 101.3 | 100.1 |
| 五金水暖 | Hardware Plumbing | 100.7 | 100.5 | 102.6 |
| 家用手工工具 | Hand Tools for Household use | 100.8 | 100.5 | 103.9 |
| 配电附件 | Distribution Accessories | 99.9 | 99.5 | 102.4 |
| 水暖器材 | Plumbing Equipment | 101.9 | 101.8 | 102.0 |

# 4-8 商品零售价格分类指数

## Retail Price Indices by Category

（上年=100） (preceding year=100)

| 指 标 | Item | 2017 | 2018 |
|---|---|---|---|
| **商品零售价格指数** | **Retail Price Index** | **101.2** | **101.6** |
| **食品** | **Food** | **99.4** | **101.0** |
| 粮食 | Grain | 101.3 | 101.2 |
| 薯类 | Tubers | 96.9 | 102.6 |
| 豆类 | Beans | 100.6 | 103.0 |
| 食用油 | Edible Oil and Fats | 98.7 | 96.8 |
| 菜 | Vegetables | 96.7 | 103.4 |
| 畜肉类 | Meat of Livestock | 94.2 | 93.7 |
| 禽肉类 | Meat of Poultry | 97.3 | 107.5 |
| 水产品 | Aquatic Products | 105.0 | 103.5 |
| 蛋类 | Eggs | 97.0 | 107.7 |
| 奶类 | Milk | 101.0 | 102.4 |
| 干鲜瓜果类 | Dried and Fresh Melons and Fruits | 104.2 | 99.6 |
| 糖果糕点类 | Candy and Cake | 101.3 | 101.6 |
| 调味品 | Flavoring | 102.9 | 101.8 |
| 其他食品类 | Other Foods | 99.5 | 100.5 |
| 在外餐饮 | Dining Out | 103.2 | 103.0 |
| **饮料、烟酒** | **Beverages, Tobacco and Liquor** | **100.8** | **101.5** |
| 茶及饮料 | Tea and Beverages | 101.5 | 102.3 |
| 烟草 | Tobacco | 99.9 | 100.0 |
| 酒类 | Liquor | 101.2 | 102.5 |
| **服装、鞋帽** | **Garments, Shoes and Hats** | **102.0** | **100.9** |
| 服装 | Garments | 102.2 | 100.9 |
| 男士服装 | Men's Clothing | 100.5 | 101.0 |
| 女士服装 | Women's Clothing | 103.0 | 100.7 |
| 儿童服装 | Children's Clothing | 103.1 | 101.1 |
| 鞋帽袜 | Footgear and Hat | 101.4 | 101.2 |
| 鞋 | Shoes | 101.6 | 101.3 |
| 袜子 | Socks | 100.3 | 100.7 |
| 帽子 | Cap | 100.6 | 99.4 |
| 其他衣着配件 | Other Clothing and Parts | 100.3 | 99.3 |
| **纺织品** | **Textiles** | **102.5** | **99.3** |
| 服装材料 | Clothing | 108.1 | 99.1 |
| 床上用品 | Bedding | 99.7 | 99.3 |

4-8 续表 continued

（上年＝100） (preceding year=100)

| 指 标 | Item | 2017 | 2018 |
|---|---|---|---|
| **家用电器及音像器材** | **Household Appliances, Music and Video Equipment** | **100.8** | **99.6** |
| 家庭设备 | Household Facilities | 100.8 | 100.9 |
| 文娱用耐用消费品 | Durable Consumer Goods for Culture and Recreation | 101.0 | 98.2 |
| 专业音像器材 | Professional Audio and Video Equipment | 99.5 | 98.0 |
| **文化办公用品** | **Cultural and Office Appliances** | **99.9** | **100.2** |
| **日用品** | **Articles for Daily Use** | **99.8** | **100.9** |
| 日用百货 | General Merchandise for Daily Use | 100.6 | 101.1 |
| 厨具餐具茶具 | Kitchen Utensils, Tableware and Tea Set | 99.9 | 99.6 |
| 清洗用品 | Washing and Cleaning Goods | 98.3 | 102.1 |
| 其他日用品 | Other Daily-use Goods | 100.0 | 100.5 |
| **体育娱乐用品** | **Sports and Recreation Articles** | **100.6** | **100.9** |
| 体育户外用品 | Sports Outdoor Goods | 100.3 | 100.5 |
| 娱乐用品 | Recreational Goods | 100.7 | 101.2 |
| **交通、通信用品** | **Transportation and Communication Appliances** | **99.4** | **98.6** |
| 交通运输机械 | Traffic and Transport Machinery | 100.1 | 98.4 |
| 通信器材 | Communication Equipment | 98.1 | 99.0 |
| **家具** | **Furniture** | **101.2** | **101.6** |
| **化妆品** | **Cosmetics** | **100.2** | **101.3** |
| **金银饰品** | **Gold and Silver Ornaments** | **100.6** | **95.7** |
| **中西药品及医疗保健用品** | **Traditional Chinese and Western Medicines and Health Care Articles** | **103.9** | **104.9** |
| 医疗卫生器具 | Medical Instrument | 100.6 | 100.0 |
| 中药 | Traditional Chinese Medicines | 104.3 | 106.9 |
| 西药 | Western Medicines | 104.5 | 104.8 |
| 保健器具及用品 | Health Apparatus and Supplies | 102.4 | 103.2 |
| **书报杂志及电子出版物** | **Books, Newspapers, Magazines and Electronic Publications** | **100.9** | **102.7** |
| 教材及参考书 | Texts and Reference Books | 100.7 | 102.6 |
| 书报杂志 | Newspapers and Magazines | 102.2 | 103.8 |
| 计算机办公软件 | Computer Office Software | 98.2 | 100.5 |
| **燃料** | **Fuels** | **108.1** | **111.0** |
| 煤炭及制品 | Coal and Coal Products | 101.9 | 105.4 |
| 石油及制品 | Petroleum and Petroleum Products | 108.8 | 111.6 |
| **建筑材料及五金电料** | **Building Materials and Hardware** | **102.4** | **102.6** |
| 建筑装璜材料 | Building Decoration Materials | 102.8 | 102.7 |
| 五金水暖 | Hardware | 101.2 | 102.5 |

# 4-9 各市商品零售价格总指数（1985—2019年）

（上年＝100）

| 年 份<br>Year | 南宁市<br>Nanning | 柳州市<br>Liuzhou | 桂林市<br>Guilin | 梧州市<br>Wuzhou | 北海市<br>Beihai | 防城港市<br>Fangchenggang |
|---|---|---|---|---|---|---|
| 1985 | 118.7 | 115.4 | 113.5 | 117.5 | 117.0 | |
| 1986 | 105.3 | 105.8 | 105.0 | 105.8 | 104.0 | |
| 1987 | 111.8 | 108.9 | 113.6 | 111.8 | 112.8 | |
| 1988 | 122.1 | 126.5 | 126.1 | 123.9 | 126.1 | |
| 1989 | 119.4 | 118.4 | 118.1 | 115.8 | 120.7 | |
| 1990 | 97.3 | 98.8 | 98.5 | 97.5 | 96.2 | |
| 1991 | 104.0 | 102.2 | 101.6 | 104.7 | 104.1 | |
| 1992 | 105.7 | 105.8 | 108.6 | 109.6 | 105.4 | |
| 1993 | 124.1 | 123.8 | 119.8 | 120.0 | 134.0 | |
| 1994 | 120.8 | 124.1 | 125.5 | 124.7 | 122.1 | |
| 1995 | 114.9 | 116.4 | 113.8 | 114.8 | 113.3 | |
| 1996 | 102.5 | 104.5 | 106.3 | 106.3 | 103.6 | |
| 1997 | 99.5 | 99.5 | 100.5 | 101.5 | 99.7 | |
| 1998 | 95.8 | 98.0 | 94.8 | 98.2 | 98.1 | |
| 1999 | 95.9 | 96.3 | 97.6 | 99.8 | 96.4 | |
| 2000 | 98.3 | 97.5 | 99.2 | 99.2 | 97.9 | |
| 2001 | 95.9 | 97.3 | 97.5 | 98.4 | 98.3 | |
| 2002 | 97.5 | 99.7 | 99.7 | 96.6 | 97.7 | |
| 2003 | 99.5 | 99.2 | 100.1 | 100.4 | 99.2 | |
| 2004 | 102.7 | 104.6 | 103.7 | 103.6 | 103.9 | |
| 2005 | 100.3 | 100.7 | 102.0 | 101.9 | 101.8 | |
| 2006 | 101.0 | 100.1 | 101.0 | 100.8 | 101.3 | |
| 2007 | 103.3 | 105.0 | 104.8 | 104.1 | 103.8 | |
| 2008 | 107.9 | 107.1 | 106.8 | 107.5 | 107.7 | 109.4 |
| 2009 | 98.5 | 97.5 | 99.6 | 97.1 | 97.9 | 96.7 |
| 2010 | 102.3 | 104.1 | 102.5 | 103.4 | 103.0 | 104.9 |
| 2011 | 104.9 | 105.4 | 106.2 | 105.7 | 105.6 | 106.7 |
| 2012 | 101.7 | 102.8 | 102.4 | 102.0 | 102.2 | 101.9 |
| 2013 | 100.8 | 100.9 | 101.7 | 101.6 | 101.0 | 101.4 |
| 2014 | 100.7 | 102.0 | 101.4 | 101.2 | 102.0 | 102.1 |
| 2015 | 100.4 | 100.1 | 100.1 | 99.6 | 99.3 | 100.6 |
| 2016 | 99.8 | 100.5 | 100.9 | 100.6 | 100.8 | 101.0 |
| 2017 | 100.9 | 100.5 | 101.1 | 102.6 | 101.2 | 102.1 |
| 2018 | 101.1 | 101.4 | 102.1 | 102.6 | 100.6 | 101.9 |
| 2019 | 103.1 | 102.8 | 103.2 | 104.0 | 102.6 | 103.5 |

## Retail Price Indices by Cities（1985—2019）

（preceding year=100）

| 钦州市 Qinzhou | 贵港市 Guigang | 玉林市 Yulin | 百色市 Baise | 贺州市 Hezhou | 河池市 Hechi | 来宾市 Laibin | 崇左市 Chongzuo |
|---|---|---|---|---|---|---|---|
| | 114.2 | | 115.6 | 114.6 | | | |
| | 104.2 | | 110.0 | 104.9 | | | |
| | 110.8 | | 109.2 | 114.6 | | | |
| | 125.1 | | 119.3 | 120.9 | | | |
| | 124.1 | | 121.9 | 121.1 | | | |
| | 95.5 | | 97.0 | 95.8 | | | |
| | 102.8 | | 102.8 | 100.7 | | | |
| | 103.3 | | 107.1 | 107.4 | | | |
| | 120.5 | | 118.6 | 119.0 | | | |
| | 127.2 | | 126.1 | 121.4 | | | |
| | 119.0 | | 120.7 | 117.3 | | | |
| | 103.3 | | 105.4 | 105.3 | | | |
| | 98.0 | | 100.9 | 100.1 | | | |
| | 93.7 | | 97.3 | 96.4 | | | |
| | 96.3 | | 98.4 | 96.4 | | | |
| | 99.0 | | 97.7 | 99.0 | | | |
| | 98.3 | | 99.0 | 98.3 | | | |
| | 98.9 | | 97.2 | 98.0 | | | |
| | 101.1 | | 99.4 | 101.0 | | | |
| | 103.3 | | 102.9 | 104.6 | | | |
| | 100.8 | | 102.5 | 100.4 | | | |
| | 99.1 | | 101.6 | 101.6 | | | |
| | 105.5 | | 104.3 | 105.1 | | | |
| 109.7 | 107.5 | | 110.0 | 108.6 | 106.6 | 107.0 | 109.6 |
| 98.8 | 96.5 | 96.8 | 97.9 | 97.5 | 98.3 | 97.1 | 97.6 |
| 103.2 | 103.8 | 102.5 | 103.4 | 103.8 | 102.3 | 102.6 | 103.2 |
| 105.6 | 106.3 | 105.7 | 106.3 | 107.0 | 105.1 | 106.2 | 105.7 |
| 102.3 | 102.5 | 102.7 | 102.5 | 101.8 | 102.7 | 101.9 | 101.7 |
| 101.8 | 101.5 | 101.3 | 101.7 | 100.5 | 101.3 | 100.5 | 101.3 |
| 101.6 | 101.7 | 102.3 | 101.5 | 100.7 | 102.2 | 100.7 | 101.7 |
| 100.0 | 98.9 | 100.6 | 100.8 | 100.4 | 99.5 | 100.3 | 99.5 |
| 100.9 | 99.7 | 101.0 | 100.4 | 99.2 | 100.5 | 101.3 | 100.9 |
| 102.4 | 101.7 | 101.8 | 100.7 | 100.2 | 101.0 | 101.4 | 101.0 |
| 102.5 | 102.1 | 101.6 | 102.4 | 101.1 | 101.3 | 101.9 | 100.5 |
| 103.4 | 104.1 | 103.0 | 103.0 | 103.0 | 103.3 | 103.6 | 102.7 |

# 4-10 各市商品零售价格分类指数（2019年）

（上年=100）

| 指　标 | Item | 南宁市 Nanning | 柳州市 Liuzhou | 桂林市 Guilin |
|---|---|---|---|---|
| **商品零售价格指数** | **Retail General Price Index** | **103.1** | **102.8** | **103.2** |
| **食品** | **Food** | **112.0** | **110.6** | **111.6** |
| 粮食 | Grain | 97.5 | 106.0 | 102.7 |
| 薯类 | Tubers | 106.9 | 105.7 | 108.1 |
| 豆类 | Beans | 105.6 | 104.5 | 101.2 |
| 食用油 | Edible Oil and Fats | 101.4 | 101.0 | 101.4 |
| 菜 | Vegetables | 107.6 | 102.3 | 111.0 |
| 畜肉类 | Meat of Livestock | 133.6 | 132.9 | 136.5 |
| 禽肉类 | Meat of Poultry | 115.5 | 112.9 | 110.5 |
| 水产品 | Aquatic Products | 108.5 | 102.3 | 103.3 |
| 蛋类 | Eggs | 103.0 | 110.2 | 95.9 |
| 奶类 | Milk | 99.3 | 100.0 | 103.8 |
| 干鲜瓜果类 | Dried and Fresh Melons and Fruits | 124.2 | 103.9 | 113.1 |
| 糖果糕点类 | Candy and Cake | 100.4 | 102.2 | 101.8 |
| 调味品 | Flavoring | 100.1 | 99.8 | 101.7 |
| 其他食品类 | Other Foods | 99.0 | 97.8 | 107.1 |
| 在外餐饮 | Dining Out | 103.7 | 102.9 | 103.9 |
| **饮料、烟酒** | **Beverages, Tobacco and Liquor** | **100.4** | **102.3** | **99.9** |
| 茶及饮料 | Tea and Beverages | 100.5 | 103.3 | 99.5 |
| 烟草 | Tobacco | 100.0 | 100.0 | 100.0 |
| 酒类 | Liquor | 100.8 | 103.7 | 99.9 |
| **服装、鞋帽** | **Garments, Shoes and Hats** | **101.3** | **105.2** | **100.5** |
| 服装 | Garments | 101.4 | 105.4 | 100.6 |
| 男士服装 | Men's Clothing | 100.8 | 107.3 | 101.6 |
| 女士服装 | Women's Clothing | 101.2 | 103.4 | 100.0 |
| 儿童服装 | Children's Clothing | 102.7 | 108.5 | 101.1 |
| 鞋帽袜 | Footgear and Hat | 101.6 | 104.8 | 101.0 |
| 鞋 | Shoes | 101.4 | 104.7 | 101.0 |
| 袜子 | Socks | 101.6 | 106.6 | 100.0 |
| 帽子 | Cap | 105.9 | 104.5 | 106.8 |
| 其他衣着配件 | Other Clothing Accessories | 97.7 | 96.0 | 87.2 |
| **纺织品** | **Textiles** | **100.0** | **106.1** | **98.9** |
| 服装材料 | Materials for Clothing | 97.0 | 101.4 | 102.4 |
| 床上用品 | Bedding Article | 101.7 | 106.9 | 98.4 |

## Retail Price Indices by Category of Commodities and Cities（2019）

（preceding year=100）

| 梧州市 Wuzhou | 北海市 Beihai | 防城港市 Fangchenggang | 钦州市 Qinzhou | 贵港市 Guigang | 玉林市 Yulin | 百色市 Baise | 贺州市 Hezhou | 河池市 Hechi | 来宾市 Laibin | 崇左市 Chongzuo |
|---|---|---|---|---|---|---|---|---|---|---|
| **104.0** | **102.6** | **103.5** | **103.4** | **104.1** | **103.0** | **103.0** | **103.0** | **103.3** | **103.6** | **102.7** |
| **111.2** | **108.3** | **111.1** | **112.2** | **113.3** | **112.7** | **109.1** | **112.4** | **111.6** | **112.5** | **111.7** |
| 101.1 | 98.5 | 100.2 | 100.9 | 100.9 | 101.0 | 100.5 | 99.6 | 99.7 | 100.4 | 100.4 |
| 108.0 | 112.1 | 103.1 | 100.4 | 104.5 | 105.8 | 118.0 | 101.3 | 104.2 | 107.3 | 105.1 |
| 102.5 | 100.4 | 101.9 | 101.8 | 99.5 | 102.3 | 100.0 | 101.0 | 98.1 | 99.9 | 98.9 |
| 99.6 | 99.6 | 103.9 | 100.1 | 99.3 | 99.0 | 102.7 | 98.3 | 100.0 | 100.7 | 103.4 |
| 103.9 | 105.1 | 104.9 | 106.3 | 106.2 | 113.9 | 109.4 | 106.1 | 104.4 | 105.8 | 103.2 |
| 134.6 | 133.0 | 142.2 | 142.0 | 139.1 | 136.6 | 127.6 | 140.2 | 137.0 | 149.6 | 138.8 |
| 111.7 | 110.7 | 110.8 | 109.0 | 112.0 | 113.0 | 108.5 | 114.9 | 110.5 | 113.4 | 113.4 |
| 103.1 | 107.7 | 100.2 | 106.5 | 105.7 | 102.3 | 105.2 | 104.0 | 102.4 | 105.4 | 103.1 |
| 103.3 | 102.9 | 104.4 | 107.3 | 108.1 | 105.8 | 105.0 | 101.7 | 107.7 | 105.3 | 104.4 |
| 103.2 | 99.8 | 100.8 | 106.5 | 99.3 | 102.6 | 100.2 | 102.8 | 99.1 | 100.1 | 103.5 |
| 112.0 | 112.4 | 118.2 | 117.8 | 114.2 | 115.0 | 113.1 | 110.6 | 103.8 | 118.2 | 111.1 |
| 99.1 | 99.4 | 101.2 | 103.5 | 104.1 | 99.6 | 105.1 | 100.1 | 101.5 | 101.1 | 98.8 |
| 100.1 | 97.1 | 102.3 | 99.8 | 98.7 | 102.1 | 100.8 | 99.8 | 100.8 | 98.8 | 99.7 |
| 103.3 | 97.7 | 103.4 | 98.0 | 91.7 | 100.8 | 98.6 | 101.1 | 102.5 | 100.3 | 98.3 |
| 106.6 | 102.7 | 103.9 | 102.3 | 107.5 | 102.5 | 102.3 | 102.8 | 101.6 | 105.6 | 106.4 |
| **102.1** | **99.8** | **101.7** | **101.1** | **101.1** | **99.7** | **102.3** | **101.4** | **102.2** | **100.9** | **101.7** |
| 105.0 | 99.8 | 102.6 | 101.8 | 99.9 | 100.8 | 105.1 | 102.5 | 106.8 | 100.0 | 104.2 |
| 100.0 | 100.0 | 100.0 | 100.3 | 100.0 | 100.0 | 100.0 | 100.0 | 100.0 | 100.0 | 100.0 |
| 102.5 | 99.7 | 102.8 | 101.4 | 103.8 | 98.2 | 102.5 | 102.0 | 100.7 | 102.5 | 101.4 |
| **102.0** | **102.7** | **101.6** | **101.1** | **101.7** | **101.3** | **99.1** | **100.7** | **101.4** | **101.1** | **99.4** |
| 102.8 | 102.5 | 101.7 | 101.0 | 101.4 | 102.0 | 99.6 | 100.6 | 101.4 | 101.5 | 101.1 |
| 101.4 | 101.8 | 100.4 | 102.1 | 100.8 | 102.9 | 100.4 | 100.0 | 103.9 | 101.5 | 100.1 |
| 105.6 | 102.8 | 102.0 | 100.7 | 102.1 | 102.7 | 99.8 | 100.5 | 100.2 | 101.1 | 102.1 |
| 98.4 | 102.7 | 102.9 | 100.3 | 101.1 | 98.1 | 97.3 | 102.1 | 100.4 | 102.5 | 100.7 |
| 99.7 | 103.5 | 101.5 | 101.2 | 102.8 | 100.3 | 97.7 | 100.6 | 101.4 | 99.8 | 93.0 |
| 100.0 | 103.0 | 101.4 | 100.6 | 102.9 | 99.5 | 97.3 | 100.7 | 101.4 | 99.7 | 92.3 |
| 99.6 | 106.5 | 101.7 | 104.5 | 101.0 | 98.6 | 102.5 | 99.9 | 102.9 | 100.1 | 95.5 |
| 96.4 | 105.7 | 101.7 | 100.2 | 105.9 | 108.0 | 100.0 | 100.6 | 99.7 | 100.5 | 100.0 |
| 96.9 | 101.8 | 100.8 | 101.6 | 99.4 | 95.6 | 100.0 | 105.3 | 102.8 | 103.2 | 107.7 |
| **101.1** | **97.3** | **103.2** | **98.8** | **94.3** | **98.0** | **100.6** | **99.8** | **101.2** | **102.6** | **101.8** |
| 100.0 | 97.2 | 100.9 | 101.1 | 97.0 | 100.1 | 100.0 | 100.1 | 108.8 | 106.6 | 100.0 |
| 101.5 | 97.4 | 103.5 | 97.7 | 93.1 | 96.7 | 100.9 | 99.7 | 100.9 | 102.2 | 102.6 |

4-10 续表

（上年=100）

| 指 标 | Item | 南宁市 Nanning | 柳州市 Liuzhou | 桂林市 Guilin |
|---|---|---|---|---|
| **家用电器及音像器材** | **Household Appliances and Audio and Video Equipment** | **97.0** | **94.7** | **100.3** |
| 家庭设备 | Household Equipment | 95.7 | 93.8 | 99.6 |
| 文娱用耐用消费品 | Entertainment and Durable Consumer Goods | 98.2 | 95.7 | 102.7 |
| 专业音像器材 | Professional Audio and Video Equipment | 99.2 | 97.0 | 99.5 |
| **文化办公用品** | **Cultural and Office Appliances** | **99.3** | **99.4** | **99.3** |
| **日用品** | **Articles for Daily Use** | **101.8** | **99.6** | **101.1** |
| 日用百货 | General Merchandise for Daily Use | 101.3 | 101.7 | 103.9 |
| 厨具餐具茶具 | Kitchenware, Tableware, Tea Set | 99.6 | 100.2 | 98.8 |
| 清洗用品 | Cleaning Supplies | 105.1 | 99.2 | 98.6 |
| 其他日用品 | Other Daily Necessities | 101.0 | 97.3 | 100.6 |
| **体育娱乐用品** | **Sports and Recreation Articles** | **98.9** | **98.1** | **98.3** |
| 体育户外用品 | Sports Outdoor Products | 96.7 | 95.2 | 95.8 |
| 娱乐用品 | Amusement Articles | 100.4 | 99.9 | 99.3 |
| **交通、通信用品** | **Transportation and Communication Appliances** | **102.0** | **96.2** | **99.4** |
| 交通运输机械 | Machinery of Communications and Transportation | 102.2 | 98.1 | 100.4 |
| 通信器材 | Apparatus of Communication | 101.5 | 92.0 | 97.1 |
| **家具** | **Furniture** | **99.2** | **101.2** | **102.1** |
| **化妆品** | **Cosmetics** | **99.0** | **98.3** | **102.0** |
| **金银饰品** | **Gold and Silver Ornaments** | **105.9** | **110.7** | **112.0** |
| **中西药品及医疗保健用品** | **Traditional Chinese and Western Medicines and Health Care Articles** | **102.7** | **103.9** | **103.7** |
| 医疗卫生器具 | Medical Instrument | 98.8 | 100.5 | 100.0 |
| 中药 | Traditional Chinese Medicines | 102.2 | 103.2 | 107.2 |
| 西药 | Western Medicines | 103.7 | 104.9 | 103.3 |
| 保健器具及用品 | Health Appliances and Supplies | 101.7 | 103.6 | 101.1 |
| **书报杂志及电子出版物** | **Books, Newspapers, Magazines and Electronic Publications** | **104.6** | **101.5** | **101.9** |
| 教材及参考书 | Texts and Reference Books | 104.5 | 99.6 | 100.8 |
| 书报杂志 | Newspapers and Magazines | 106.9 | 104.6 | 104.0 |
| 计算机办公软件 | Computer Office Software | 99.7 | 99.2 | 96.5 |
| **燃料** | **Fuels** | **97.8** | **100.2** | **99.5** |
| 煤炭及制品 | Coal and Its Products | 98.5 | 99.8 | 100.3 |
| 石油及制品 | Oil and Its Products | 97.7 | 100.2 | 99.5 |
| **建筑材料及五金电料** | **Building Materials and Hardware** | **100.0** | **99.8** | **100.5** |
| 建筑装璜材料 | Building Decoration Materials | 99.6 | 99.5 | 101.5 |
| 五金水暖 | Hardware Plumbing | 101.1 | 100.7 | 96.7 |

continued

(preceding year=100)

| 梧州市<br>Wuzhou | 北海市<br>Beihai | 防城港市<br>Fangchenggang | 钦州市<br>Qinzhou | 贵港市<br>Guigang | 玉林市<br>Yulin | 百色市<br>Baise | 贺州市<br>Hezhou | 河池市<br>Hechi | 来宾市<br>Laibin | 崇左市<br>Chongzuo |
|---|---|---|---|---|---|---|---|---|---|---|
| **101.7** | **102.1** | **101.2** | **96.5** | **103.3** | **100.8** | **99.8** | **100.3** | **97.0** | **100.7** | **101.2** |
| 101.0 | 102.5 | 102.0 | 96.7 | 106.0 | 100.8 | 100.1 | 99.8 | 96.6 | 101.3 | 102.5 |
| 103.3 | 102.3 | 100.3 | 95.5 | 100.1 | 101.0 | 99.6 | 101.2 | 97.5 | 100.2 | 99.6 |
| 98.0 | 97.1 | 98.2 | 99.0 | 96.9 | 100.1 | 98.2 | 99.1 | 96.9 | 97.8 | 100.0 |
| **101.9** | **99.2** | **99.5** | **100.1** | **99.8** | **98.9** | **101.1** | **99.2** | **101.4** | **99.7** | **100.7** |
| **101.5** | **99.7** | **103.0** | **100.6** | **100.5** | **99.2** | **102.8** | **100.5** | **101.8** | **101.7** | **100.2** |
| 100.7 | 99.4 | 104.4 | 100.1 | 104.2 | 101.3 | 104.7 | 100.1 | 101.4 | 103.1 | 99.2 |
| 98.5 | 99.0 | 102.2 | 100.0 | 100.6 | 100.9 | 101.8 | 100.7 | 100.8 | 102.1 | 101.4 |
| 106.0 | 102.0 | 104.9 | 103.7 | 98.0 | 97.4 | 102.4 | 101.1 | 102.9 | 100.6 | 102.6 |
| 100.0 | 98.4 | 101.3 | 98.8 | 98.1 | 97.1 | 101.8 | 100.2 | 101.6 | 100.6 | 98.1 |
| **101.0** | **100.0** | **101.1** | **99.9** | **103.3** | **100.4** | **100.1** | **98.9** | **99.9** | **99.8** | **98.3** |
| 102.3 | 99.0 | 101.9 | 101.3 | 103.2 | 100.6 | 100.0 | 100.0 | 101.0 | 96.0 | 100.3 |
| 100.1 | 100.7 | 100.7 | 99.4 | 103.4 | 100.2 | 100.1 | 98.1 | 99.1 | 102.2 | 97.1 |
| **101.7** | **99.7** | **100.1** | **98.4** | **98.8** | **96.7** | **97.2** | **97.6** | **96.1** | **100.0** | **96.5** |
| 99.6 | 100.5 | 100.8 | 99.3 | 98.4 | 99.1 | 98.1 | 98.4 | 97.7 | 100.5 | 98.4 |
| 106.2 | 97.5 | 94.4 | 97.1 | 100.0 | 91.8 | 95.3 | 95.9 | 93.5 | 99.3 | 92.9 |
| **101.2** | **100.2** | **101.2** | **102.4** | **105.5** | **101.4** | **101.2** | **100.1** | **98.9** | **101.9** | **94.2** |
| **100.6** | **101.0** | **101.8** | **102.3** | **103.5** | **98.8** | **101.9** | **100.5** | **100.8** | **100.7** | **101.5** |
| **109.3** | **112.0** | **108.6** | **114.1** | **110.1** | **107.7** | **110.7** | **108.6** | **110.3** | **103.4** | **105.7** |
| **105.5** | **103.2** | **102.8** | **107.6** | **107.3** | **106.7** | **110.7** | **102.1** | **102.2** | **106.7** | **103.2** |
| 103.0 | 99.5 | 103.9 | 103.4 | 100.0 | 98.7 | 97.5 | 100.0 | 94.5 | 110.6 | 100.0 |
| 111.7 | 103.2 | 104.9 | 108.2 | 105.5 | 109.0 | 107.3 | 102.8 | 103.9 | 113.1 | 101.2 |
| 102.7 | 103.3 | 101.7 | 106.8 | 112.0 | 107.8 | 115.4 | 101.8 | 102.0 | 103.9 | 105.2 |
| 103.4 | 104.3 | 103.5 | 112.0 | 102.1 | 101.3 | 100.0 | 102.4 | 101.4 | 102.3 | 100.0 |
| **104.6** | **104.2** | **104.4** | **102.2** | **103.0** | **100.3** | **103.6** | **102.0** | **104.2** | **102.4** | **100.6** |
| 101.4 | 102.5 | 104.2 | 100.9 | 104.3 | 100.8 | 100.8 | 100.8 | 102.0 | 100.6 | 100.0 |
| 111.7 | 108.8 | 107.6 | 105.7 | 105.8 | 100.5 | 108.3 | 105.2 | 107.6 | 105.4 | 101.8 |
| 98.2 | 99.4 | 98.4 | 98.8 | 96.7 | 98.8 | 99.4 | 96.7 | 96.7 | 98.4 | 99.2 |
| **95.1** | **95.2** | **97.8** | **99.0** | **96.0** | **98.0** | **98.8** | **96.5** | **103.5** | **95.4** | **101.0** |
| 100.0 | 100.0 | 109.8 | 98.2 | 95.9 | 98.6 | 98.8 | 110.2 | 99.7 | 98.4 | 103.2 |
| 94.5 | 94.9 | 96.6 | 99.1 | 96.0 | 98.0 | 98.8 | 95.3 | 103.7 | 95.1 | 100.8 |
| **103.4** | **104.0** | **101.9** | **102.5** | **101.3** | **101.3** | **101.2** | **101.2** | **104.7** | **102.9** | **101.1** |
| 105.0 | 104.1 | 102.0 | 103.2 | 100.8 | 101.6 | 100.9 | 101.5 | 105.0 | 102.9 | 100.8 |
| 98.9 | 103.7 | 100.6 | 99.8 | 102.9 | 100.4 | 102.2 | 100.2 | 101.4 | 102.8 | 102.2 |

# 4–11 分月农业生产资料价格分类指数（2019年）

（上年同期=100）

| 指 标 | Item | 全 年<br>Annual Year | 1 月<br>January | 2 月<br>February | 3 月<br>March |
|---|---|---|---|---|---|
| **农业生产资料价格指数** | **Price Index of Means of Agricultural Production** | **104.6** | **101.6** | **100.8** | **101.6** |
| 农用手工工具 | Farm Handtools | 102.8 | 104.6 | 103.4 | 103.8 |
| 饲料 | Forage | 99.5 | 100.7 | 100.0 | 98.7 |
| 混合饲料 | Mixed Forage | 100.2 | 100.8 | 100.4 | 99.5 |
| 其他饲料 | Others Forage | 97.5 | 100.3 | 99.0 | 96.5 |
| 仔畜幼禽及产品畜 | Newborn Animals & Poultry, and Commodity Animals | 156.2 | 86.2 | 84.5 | 99.0 |
| 仔畜 | Newborn Animals | 167.7 | 82.3 | 79.7 | 101.9 |
| 幼禽 | New born Poultry | 127.8 | 97.4 | 98.5 | 90.3 |
| 产品畜 | Commodity Animals | 145.9 | 89.4 | 88.9 | 99.8 |
| 半机械化农具 | Semi-Mechanized Farm Tools | 101.0 | 100.5 | 100.7 | 100.9 |
| 机械化农具 | Mechanized Farm Machinery | 102.6 | 103.3 | 103.0 | 102.7 |
| 化学肥料 | Chemical Fertilizer | 102.3 | 106.2 | 104.3 | 103.1 |
| 氮肥 | Nitrogen Fertilizer | 102.7 | 110.1 | 106.9 | 104.0 |
| 磷肥 | Phosphate Fertilizer | 103.3 | 106.6 | 104.1 | 103.9 |
| 钾肥 | Calcium Fertilizer | 103.6 | 106.8 | 104.9 | 105.2 |
| 复合肥料 | Compounded Fertilizer | 101.5 | 103.5 | 102.5 | 101.9 |
| 农药及农药器械 | Pesticide and Its Appliances | 102.6 | 103.9 | 103.6 | 102.5 |
| 化学农药 | Chemical Pesticide | 103.0 | 104.3 | 104.1 | 102.7 |
| 杀虫剂 | Insecticide | 104.0 | 105.9 | 105.5 | 104.0 |
| 杀菌剂 | Disinfectant | 102.5 | 102.2 | 102.4 | 102.7 |
| 除草剂 | Herbicide | 102.1 | 103.8 | 103.2 | 100.4 |
| 生长调节剂 | Growth Regulator | 100.4 | 102.2 | 102.2 | 102.2 |
| 农药器械 | Pesticide Equipment | 100.4 | 101.0 | 101.0 | 100.8 |
| 农机用油 | Oil for Farm Machinery | 94.7 | 94.4 | 97.5 | 103.5 |
| 农用柴油 | Agricultural Diesel Oil | 94.1 | 93.6 | 97.1 | 103.9 |
| 润滑油 | Lube | 100.1 | 101.1 | 101.1 | 100.6 |
| 其他农用生产资料 | Other Means of Agricultural Production | 101.0 | 101.6 | 101.3 | 101.0 |
| 农用种子 | Agricultural Seed | 100.8 | 101.4 | 101.1 | 100.4 |
| 农用薄膜 | Agricultural Membrane | 101.7 | 102.2 | 102.1 | 102.4 |
| 未列名的其他农用生产资料 | Other Agricultural Means of Production Not Listed | 100.5 | 101.5 | 101.0 | 100.8 |
| 农业生产服务 | Service ofr Agricultural Production | 101.9 | 104.8 | 103.6 | 104.4 |
| 排灌费 | Irrigation Costs | 101.0 | 104.2 | 104.2 | 104.2 |
| 机械作业费 | Machinery Operating Costs | 101.7 | 102.7 | 102.7 | 102.7 |
| 农业用电 | Agricultural Use of Electricity | 100.0 | 100.0 | 100.0 | 100.0 |
| 农业用工 | Agricultural Employment | 102.5 | 106.5 | 104.5 | 105.7 |

# Price Indices for Means of Agricultural Production by Category and Month（2019）

（preceding year=100）

| 4 月 April | 5 月 May | 6 月 June | 7 月 July | 8 月 August | 9 月 September | 10 月 October | 11 月 November | 12 月 December |
|---|---|---|---|---|---|---|---|---|
| **101.8** | **102.2** | **102.3** | **102.8** | **103.2** | **105.0** | **106.7** | **112.6** | **114.6** |
| 103.7 | 102.8 | 102.8 | 103.0 | 102.6 | 102.3 | 102.1 | 101.3 | 101.8 |
| 97.9 | 97.4 | 98.7 | 99.9 | 100.1 | 100.8 | 99.9 | 100.0 | 99.9 |
| 98.7 | 98.2 | 100.2 | 100.4 | 100.8 | 101.4 | 101.2 | 100.5 | 100.5 |
| 95.9 | 95.2 | 94.2 | 98.4 | 98.2 | 98.8 | 96.2 | 98.5 | 98.4 |
| 111.7 | 124.6 | 124.3 | 135.1 | 141.0 | 165.0 | 200.3 | 294.9 | 319.5 |
| 120.7 | 133.5 | 124.4 | 138.3 | 140.2 | 169.6 | 216.4 | 338.4 | 380.8 |
| 93.6 | 111.3 | 130.0 | 134.2 | 153.5 | 162.9 | 159.8 | 158.8 | 151.9 |
| 101.0 | 107.6 | 110.9 | 118.4 | 119.5 | 138.9 | 180.7 | 300.6 | 303.7 |
| 101.1 | 100.9 | 101.3 | 101.0 | 101.0 | 101.3 | 101.3 | 101.1 | 100.9 |
| 103.0 | 102.8 | 102.7 | 102.7 | 102.6 | 102.5 | 102.2 | 102.1 | 102.1 |
| 103.4 | 103.3 | 103.2 | 102.5 | 101.6 | 101.3 | 100.1 | 99.3 | 99.4 |
| 105.5 | 104.1 | 104.2 | 102.8 | 101.6 | 101.1 | 98.7 | 97.3 | 97.6 |
| 104.0 | 104.3 | 104.3 | 103.9 | 102.9 | 102.5 | 101.3 | 100.9 | 100.7 |
| 104.6 | 105.1 | 104.8 | 104.0 | 103.4 | 102.2 | 100.7 | 101.0 | 101.2 |
| 101.7 | 102.0 | 102.0 | 101.7 | 100.9 | 101.0 | 100.7 | 99.9 | 99.9 |
| 102.3 | 102.4 | 102.5 | 102.5 | 102.8 | 102.9 | 102.8 | 102.0 | 101.6 |
| 102.6 | 102.7 | 102.9 | 102.8 | 103.3 | 103.3 | 103.2 | 102.3 | 101.8 |
| 103.2 | 103.4 | 103.4 | 103.5 | 104.2 | 104.4 | 104.4 | 103.4 | 102.7 |
| 102.9 | 102.4 | 103.0 | 102.7 | 102.9 | 102.7 | 102.6 | 102.1 | 101.8 |
| 101.4 | 102.3 | 102.7 | 102.4 | 102.7 | 102.6 | 102.6 | 101.0 | 100.6 |
| 100.8 | 100.5 | 99.8 | 99.5 | 99.5 | 99.5 | 99.6 | 99.7 | 99.7 |
| 100.8 | 100.2 | 100.1 | 100.1 | 100.1 | 100.1 | 100.0 | 100.0 | 100.2 |
| 100.7 | 99.3 | 94.5 | 92.1 | 90.8 | 89.1 | 86.1 | 90.4 | 100.7 |
| 100.9 | 99.2 | 93.9 | 91.2 | 89.8 | 87.8 | 84.5 | 89.3 | 100.8 |
| 99.5 | 99.5 | 99.5 | 99.7 | 99.7 | 100.3 | 100.1 | 100.1 | 100.0 |
| 101.1 | 100.8 | 100.6 | 100.6 | 100.9 | 101.0 | 101.0 | 101.0 | 100.8 |
| 100.7 | 100.6 | 100.4 | 100.4 | 100.8 | 101.0 | 101.0 | 101.1 | 100.8 |
| 102.1 | 101.5 | 101.5 | 101.5 | 101.5 | 101.5 | 101.5 | 101.5 | 101.2 |
| 100.8 | 100.5 | 100.1 | 100.1 | 100.1 | 100.3 | 100.3 | 100.3 | 100.3 |
| 101.6 | 101.6 | 102.0 | 101.0 | 100.8 | 100.8 | 100.8 | 100.8 | 101.0 |
| 100.0 | 100.0 | 100.0 | 100.0 | 100.0 | 100.0 | 100.0 | 100.0 | 100.0 |
| 101.8 | 101.9 | 101.9 | 101.6 | 101.0 | 101.0 | 101.4 | 101.1 | 100.7 |
| 100.0 | 100.0 | 100.0 | 100.0 | 100.0 | 100.0 | 100.0 | 100.0 | 100.0 |
| 102.1 | 102.1 | 102.8 | 101.1 | 101.1 | 101.1 | 100.9 | 100.9 | 101.5 |

# 4-12 农业生产资料价格分类指数

## Price Indices for Means of Agricultural Production by Category

（上年=100） (preceding year=100)

| 指 标 | Item | 2014 | 2015 | 2016 | 2017 | 2018 |
|---|---|---|---|---|---|---|
| **农业生产资料价格指数** | **Price Index of Means of Agricultural Production** | **98.9** | **100.9** | **100.7** | **101.4** | **101.8** |
| 农用手工工具 | Farm Handtools | 102.6 | 101.4 | 100.4 | 102.3 | 104.0 |
| 饲料 | Forage | 99.0 | 96.3 | 94.1 | 101.3 | 100.8 |
| 混合饲料 | Mixed Forage | 100.1 | 97.6 | 93.9 | 99.8 | 100.9 |
| 其他饲料 | Others Forage | 94.6 | 91.2 | 94.5 | 105.8 | 100.3 |
| 仔畜幼禽及产品 | Newborn Animals & Poultry, and Commodity Animals | | | 138.7 | 90.4 | 77.8 |
| 仔畜 | Newborn Animals | | | 155.6 | 86.1 | 70.8 |
| 幼禽 | New born Poultry | | | 91.1 | 103.7 | 107.4 |
| 产品畜 | Commodity Animals | 100.1 | 110.4 | 128.0 | 105.4 | 79.4 |
| 半机械化农具 | Semi-Mechanized Farm Tools | 98.8 | 99.6 | 99.9 | 101.5 | 101.1 |
| 机械化农具 | Mechanized Farm Machinery | 100.1 | 99.7 | 100.0 | 102.6 | 103.7 |
| 化学肥料 | Chemical Fertilizer | 91.9 | 102.2 | 98.2 | 103.0 | 106.7 |
| 氮肥 | Nitrogen Fertilizer | 88.5 | 103.6 | 94.6 | 111.1 | 114.3 |
| 磷肥 | Phosphate Fertilizer | 95.6 | 102.7 | 99.7 | 105.3 | 104.5 |
| 钾肥 | Calcium Fertilizer | 92.2 | 98.9 | 96.8 | 98.1 | 106.1 |
| 复合肥料 | Compounded Fertilizer | 94.4 | 101.4 | 100.2 | 99.2 | 102.8 |
| 农药及农药械 | Pesticide and Its Appliances | 100.4 | 100.3 | 99.5 | 100.7 | 103.2 |
| 化学农药 | Chemical Pesticide | 101.0 | 100.8 | 99.7 | 100.6 | 103.4 |
| 杀虫剂 | Insecticide | 100.1 | 100.3 | 99.4 | 101.1 | 104.4 |
| 杀菌剂 | Disinfectant | 101.1 | 101.3 | 101.5 | 100.1 | 101.3 |
| 除草剂 | Herbicide | 104.4 | 101.6 | 98.6 | 100.0 | 103.6 |
| 生长调节剂 | Growth Regulator | | | 99.8 | 101.9 | 102.7 |
| 农药器械 | Pesticide Equipment | 96.8 | 96.8 | 98.3 | 100.8 | 101.7 |
| 农用机油 | Oil for Farm Machinery | 98.0 | 89.3 | 95.7 | 111.5 | 113.0 |
| 农用柴油 | Agricultural Diesel Oil | | | 95.2 | 111.9 | 113.5 |
| 润滑油 | Lube | | | 99.8 | 108.6 | 109.2 |
| 其他农业生产资料 | Other Means of Agricultural Production | 102.9 | 100.6 | 99.0 | 100.6 | 101.0 |
| 农用种子 | Agricultural Seed | 104.4 | 101.6 | 99.4 | 100.3 | 101.3 |
| 农用薄膜 | Agricultural Membrane | 99.9 | 97.7 | 97.6 | 100.5 | 99.2 |
| 未列名的其他农用生产资料 | Other Agricultural Means of Production Not Listed | | | 100.0 | 101.6 | 102.7 |
| 农业生产服务 | Service ofr Agricultural Production | 103.5 | 104.1 | 102.0 | 104.8 | 106.5 |
| 排灌费 | Irrigation Costs | 103.6 | 101.2 | 100.0 | 101.9 | 103.3 |
| 机械作业费 | Machinery Operating Costs | 100.7 | 104.0 | 100.8 | 101.0 | 101.8 |
| 农业用电 | Agricultural Use of Electricity | 100.0 | 100.0 | 100.0 | 100.0 | 100.0 |
| 农业用工 | Agricultural Employment | 107.9 | 106.5 | 103.3 | 107.7 | 110.1 |

# 4-13　工业生产者出厂价格分类指数（1990—2019年）

## Producer Price Indices for Industrial Products by Category（1990—2019）

（上年=100）　　　　(preceding year=100)

| 年份 Year | 总指数 General Index | 轻工业 Light Industry | 以农产品为原料 Agricultural products as raw materials | 以非农产品为原料 Non-agricultural Products as Raw Materials | 重工业 Heavy Industry | 采掘 Mining & Quarrying Industry | 原料 Raw Materials Industry | 加工 Processing Industry | 生产资料 Means of Production | 生活资料 Consumer Goods |
|---|---|---|---|---|---|---|---|---|---|---|
| 1990 | 101.5 | 101.0 | 102.6 | 97.4 | 102.0 | 90.1 | 97.0 | 108.6 | 102.0 | 100.8 |
| 1991 | 103.3 | 105.8 | 108.4 | 98.6 | 100.9 | 104.4 | 98.6 | 102.1 | 100.8 | 106.5 |
| 1992 | 111.3 | 106.0 | 106.9 | 101.9 | 117.3 | 109.5 | 124.4 | 110.9 | 116.1 | 106.1 |
| 1993 | 121.1 | 110.9 | 110.4 | 113.0 | 132.0 | 113.3 | 143.1 | 127.6 | 130.1 | 110.5 |
| 1994 | 118.8 | 122.1 | 123.0 | 118.0 | 115.5 | 118.5 | 115.4 | 114.1 | 116.1 | 122.2 |
| 1995 | 117.2 | 123.8 | 126.6 | 113.1 | 111.2 | 126.0 | 105.3 | 115.8 | 114.2 | 121.4 |
| 1996 | 102.6 | 103.1 | 104.4 | 98.1 | 102.0 | 98.8 | 102.6 | 102.0 | 102.2 | 103.1 |
| 1997 | 97.7 | 97.1 | 97.9 | 95.5 | 98.1 | 99.7 | 99.7 | 94.8 | 97.2 | 98.4 |
| 1998 | 95.4 | 95.2 | 94.9 | 95.8 | 95.6 | 93.5 | 96.0 | 95.8 | 95.2 | 96.0 |
| 1999 | 95.6 | 94.1 | 92.9 | 98.3 | 96.6 | 96.7 | 97.4 | 95.3 | 96.5 | 93.9 |
| 2000 | 105.5 | 109.0 | 109.9 | 100.4 | 103.1 | 106.1 | 106.1 | 96.0 | 103.2 | 110.4 |
| 2001 | 106.3 | 109.2 | 110.2 | 100.1 | 104.3 | 104.7 | 106.9 | 97.8 | 103.5 | 112.3 |
| 2002 | 95.6 | 90.6 | 89.8 | 97.0 | 98.4 | 102.5 | 98.3 | 98.3 | 98.2 | 88.5 |
| 2003 | 102.8 | 98.8 | 98.4 | 99.8 | 105.7 | 107.5 | 107.9 | 103.1 | 105.3 | 96.3 |
| 2004 | 109.7 | 110.0 | 112.6 | 104.6 | 109.5 | 121.3 | 110.3 | 107.9 | 110.5 | 108.1 |
| 2005 | 104.9 | 105.8 | 107.5 | 101.8 | 104.2 | 126.5 | 105.2 | 101.5 | 104.0 | 106.8 |
| 2006 | 109.6 | 113.3 | 119.1 | 100.3 | 106.7 | 137.4 | 111.8 | 99.5 | 105.5 | 119.9 |
| 2007 | 104.5 | 97.7 | 95.6 | 102.9 | 108.3 | 117.8 | 106.9 | 109.1 | 107.3 | 94.5 |
| 2008 | 109.0 | 104.4 | 102.4 | 109.6 | 111.7 | 113.0 | 104.3 | 119.6 | 111.3 | 100.9 |
| 2009 | 93.5 | 99.4 | 100.0 | 97.8 | 90.5 | 92.0 | 93.1 | 88.6 | 91.4 | 101.7 |
| 2010 | 112.0 | 115.0 | 118.9 | 105.6 | 110.3 | 129.1 | 113.0 | 100.3 | 110.3 | 118.2 |
| 2011 | 108.5 | 114.7 | 116.1 | 106.2 | 106.3 | 121.2 | 106.3 | 105.2 | 107.2 | 112.0 |
| 2012 | 97.8 | 98.6 | 98.0 | 102.6 | 97.5 | 101.7 | 98.5 | 96.6 | 97.4 | 99.0 |
| 2013 | 98.2 | 97.7 | 97.1 | 100.9 | 98.4 | 96.3 | 98.9 | 98.2 | 98.4 | 97.5 |
| 2014 | 98.4 | 97.4 | 97.0 | 99.8 | 98.7 | 96.6 | 99.6 | 98.3 | 98.7 | 97.5 |
| 2015 | 97.0 | 100.6 | 100.8 | 99.7 | 95.7 | 97.9 | 96.2 | 95.3 | 95.5 | 101.3 |
| 2016 | 99.1 | 101.8 | 102.2 | 100.0 | 98.2 | 100.8 | 96.7 | 98.7 | 98.1 | 102.4 |
| 2017 | 107.6 | 104.8 | 105.1 | 103.3 | 108.6 | 115.9 | 108.4 | 108.1 | 109.1 | 103.1 |
| 2018 | 103.2 | 98.8 | 98.3 | 101.2 | 104.7 | 103.8 | 105.2 | 104.6 | 104.9 | 97.7 |
| 2019 | 99.3 | 99.9 | 99.8 | 100.0 | 99.0 | 97.8 | 96.7 | 100.3 | 98.6 | 101.2 |

注：从2011年起，工业品出厂价格指数改称为工业生产者出厂价格指数。
Note: From 2011, the producer price index for manufactured goods changed to the producer price index for industrial products.

# 4-14 按工业部门分工业生产者出厂价格指数（1990—2019年）

（上年＝100）

| 年 份<br>Year | 冶金工业<br>Metallurgical Industry | 电力工业<br>Power Industry | 煤炭及炼焦工业<br>Coal Industry | 石油工业<br>Petroleum Industry | 化学工业<br>Chemical Industry |
|---|---|---|---|---|---|
| 1990 | 97.4 | 90.2 | 98.7 | | 100.2 |
| 1991 | 103.1 | 93.9 | 100.2 | | 97.5 |
| 1992 | 121.8 | 101.9 | 114.8 | | 103.2 |
| 1993 | 140.8 | 89.9 | 111.3 | | 113.2 |
| 1994 | 104.2 | 138.0 | 126.1 | | 112.0 |
| 1995 | 111.0 | 107.8 | 109.4 | | 129.2 |
| 1996 | 98.1 | 107.5 | 106.4 | | 104.6 |
| 1997 | 96.7 | 106.3 | 109.2 | | 95.4 |
| 1998 | 92.4 | 102.7 | 95.3 | | 93.0 |
| 1999 | 97.4 | 100.5 | 96.0 | | 95.2 |
| 2000 | 108.5 | 112.5 | 104.1 | | 95.6 |
| 2001 | 96.9 | 129.6 | 104.7 | | 100.5 |
| 2002 | 94.3 | 101.8 | 113.0 | 104.9 | 98.2 |
| 2003 | 115.9 | 100.0 | 100.9 | 114.0 | 102.4 |
| 2004 | 128.9 | 102.2 | 109.2 | 112.2 | 107.3 |
| 2005 | 106.4 | 100.9 | 133.1 | 120.6 | 108.0 |
| 2006 | 117.2 | 102.7 | 106.1 | 116.4 | 101.4 |
| 2007 | 116.5 | 102.7 | 99.9 | 104.4 | 102.6 |
| 2008 | 117.7 | 102.0 | 137.3 | 120.4 | 114.8 |
| 2009 | 78.3 | 102.5 | 95.1 | 84.4 | 92.2 |
| 2010 | 118.1 | 102.0 | 111.0 | 124.1 | 114.7 |
| 2011 | 110.1 | 99.3 | 130.5 | 117.1 | 113.4 |
| 2012 | 90.9 | 106.3 | 113.6 | 101.6 | 95.8 |
| 2013 | 94.3 | 100.5 | 99.0 | 98.5 | 99.9 |
| 2014 | 94.4 | 100.4 | 94.2 | 97.7 | 100.3 |
| 2015 | 89.2 | 99.4 | 93.1 | 84.2 | 97.7 |
| 2016 | 99.0 | 98.0 | 94.6 | 93.7 | 98.4 |
| 2017 | 123.0 | 99.4 | 120.3 | 116.2 | 105.3 |
| 2018 | 106.0 | 99.9 | 103.9 | 117.4 | 105.5 |
| 2019 | 96.4 | 97.7 | 101.9 | 96.7 | 99.8 |

注：2002年起，石油工业纳入工业生产者出厂价格统计调查范围（以下相关表同）。

## Producer Price Indices for Industrial Products by Sector（1990—2019）

(preceding year=100)

| 机械工业 Machine Manufacturing Industry | 建筑材料工业 Building Materials Industry | 森林工业 Timber Industry | 食品工业 Food Industry | 纺织工业 Textile Industry | 造纸工业 Paper Industry | 其它工业 Other Industry |
|---|---|---|---|---|---|---|
| 106.8 | 97.2 | 89.0 | 99.3 | 104.6 | 105.8 | 102.4 |
| 102.0 | 101.1 | 99.0 | 117.1 | 103.5 | 101.5 | 108.1 |
| 111.6 | 154.2 | 104.7 | 107.3 | 105.8 | 106.7 | 104.7 |
| 131.6 | 162.9 | 116.0 | 110.8 | 114.3 | 113.3 | 135.7 |
| 113.6 | 110.5 | 112.9 | 117.9 | 150.7 | 114.5 | 126.0 |
| 106.3 | 95.2 | 99.8 | 124.4 | 126.1 | 146.6 | 126.0 |
| 101.2 | 94.6 | 92.2 | 105.6 | 85.8 | 113.4 | 106.0 |
| 98.2 | 90.0 | 93.3 | 98.9 | 93.4 | 87.3 | 100.0 |
| 94.8 | 99.0 | 90.0 | 96.3 | 83.8 | 92.4 | 104.5 |
| 94.4 | 96.4 | 95.9 | 92.7 | 103.4 | 90.8 | 100.6 |
| 95.7 | 100.6 | 101.4 | 111.1 | 115.5 | 111.2 | 98.4 |
| 97.7 | 101.6 | 103.5 | 112.8 | 89.1 | 100.5 | 104.0 |
| 98.4 | 99.3 | 94.9 | 88.1 | 88.5 | 96.8 | 101.8 |
| 96.8 | 100.9 | 97.1 | 96.9 | 108.9 | 102.1 | 102.2 |
| 99.7 | 107.7 | 103.1 | 114.6 | 115.4 | 103.7 | 99.9 |
| 100.6 | 98.3 | 100.5 | 109.4 | 99.9 | 102.0 | 103.8 |
| 101.3 | 100.2 | 103.2 | 124.5 | 104.0 | 99.7 | 103.5 |
| 101.5 | 105.1 | 108.5 | 94.3 | 91.3 | 102.2 | 100.3 |
| 101.9 | 113.9 | 104.1 | 102.5 | 96.9 | 107.0 | 92.9 |
| 100.1 | 97.7 | 98.3 | 101.3 | 103.7 | 91.4 | 101.5 |
| 102.3 | 106.6 | 106.4 | 120.3 | 126.8 | 113.5 | 117.0 |
| 101.4 | 110.7 | 105.7 | 118.2 | 118.0 | 102.7 | 108.9 |
| 100.0 | 98.1 | 105.4 | 97.5 | 95.2 | 96.1 | 102.4 |
| 99.7 | 100.4 | 102.8 | 96.0 | 103.1 | 96.2 | 103.6 |
| 100.1 | 103.3 | 100.6 | 95.7 | 98.9 | 101.1 | 102.1 |
| 99.8 | 97.4 | 99.4 | 101.0 | 95.3 | 101.2 | 98.3 |
| 99.0 | 94.5 | 101.6 | 102.9 | 101.7 | 100.3 | 97.6 |
| 100.3 | 107.0 | 101.5 | 104.6 | 115.4 | 109.2 | 103.4 |
| 100.5 | 109.1 | 102.3 | 96.0 | 108.0 | 105.9 | 103.0 |
| 100.7 | 102.9 | 100.2 | 100.4 | 89.3 | 99.2 | 99.6 |

Note: From 2002, the petroleum industry has been included in the survey range of producer price of industrial producer. The same applies to the tables following.

# 4-15 分月工业生产者出厂价格指数（2019年）

（上年同期=100）

| 类 别 | Item | 全 年 Annual Year | 1 月 January | 2 月 February | 3 月 March |
|---|---|---|---|---|---|
| **总指数** | **General Index** | **99.3** | **99.1** | **99.1** | **99.4** |
| # 轻工业 | # Light Industry | 99.9 | 97.0 | 97.5 | 97.3 |
| 以农产品为原料 | Using Farm Produces as Raw Materials | 99.8 | 96.1 | 96.8 | 96.6 |
| 以非农产品为原料 | Using Non-farm Produces as Raw Materials | 100.0 | 101.4 | 101.0 | 100.7 |
| 重工业 | Heavy Industry | 99.0 | 99.8 | 99.7 | 100.1 |
| 采掘 | Mining and Quarrying | 97.8 | 98.8 | 98.1 | 96.5 |
| 原料 | Raw Material | 96.7 | 97.9 | 97.8 | 99.4 |
| 加工 | Processing | 100.3 | 100.8 | 100.7 | 100.8 |
| # 生产资料 | # Means of Production | 98.6 | 99.6 | 99.4 | 99.7 |
| 采掘 | Mining and Quarrying | 97.8 | 98.8 | 98.1 | 96.5 |
| 原料 | Raw Material | 96.4 | 97.8 | 97.6 | 99.2 |
| 加工 | Processing | 99.7 | 100.4 | 100.3 | 100.2 |
| 生活资料 | Life Material | 101.2 | 97.4 | 98.1 | 98.3 |
| 食品 | Food | 100.9 | 94.8 | 96.1 | 96.4 |
| 衣着 | Clothing | 101.1 | 100.9 | 100.1 | 100.4 |
| 一般日用品 | Articles for Daily Use | 101.5 | 102.0 | 102.0 | 101.7 |
| 耐用消费品 | Durable Consumers' Goods | 101.8 | 101.0 | 100.8 | 100.8 |
| **按工业部门分** | **Grouped by Department of Industry** | | | | |
| 冶金工业 | Metallurgical Industry | 96.4 | 96.6 | 96.4 | 96.4 |
| 电力工业 | Power Industry | 97.7 | 98.6 | 98.9 | 98.9 |
| 煤炭及炼焦工业 | Coal and Coking Industry | 101.9 | 101.2 | 101.1 | 102.1 |
| 石油工业 | Petroleum Industry | 96.7 | 97.2 | 100.2 | 107.1 |
| 化学工业 | Chemical Industry | 99.8 | 101.2 | 100.9 | 100.5 |
| 机械工业 | Machine Manufacturing Industry | 100.7 | 100.9 | 100.7 | 100.7 |
| 建筑材料工业 | Building Materials Industry | 102.9 | 106.6 | 105.3 | 106.1 |
| 森林工业 | Timber Industry | 100.2 | 100.2 | 99.2 | 100.2 |
| 食品工业 | Food Industry | 100.4 | 95.2 | 96.3 | 96.3 |
| 纺织工业 | Textile Industry | 89.3 | 84.8 | 84.1 | 83.1 |
| 缝纫工业 | Tailoring Industry | 99.6 | 99.3 | 98.5 | 98.7 |
| 皮革工业 | Leather Industry | 103.2 | 103.4 | 102.8 | 103.1 |
| 造纸工业 | Paper Industry | 99.2 | 103.1 | 102.8 | 101.4 |
| 文教艺术用品工业 | Cultural, Educational and Handicraft Articles | 101.5 | 103.8 | 103.7 | 103.7 |
| 其他工业 | Other Industry | 99.6 | 100.7 | 100.2 | 99.6 |

## Producer Price Indices for Industrial Products by Month（2019）

（preceding year=100）

| 4 月<br>April | 5 月<br>May | 6 月<br>June | 7 月<br>July | 8 月<br>August | 9 月<br>September | 10 月<br>October | 11 月<br>November | 12 月<br>December |
|---|---|---|---|---|---|---|---|---|
| **100.6** | **100.2** | **99.5** | **99.4** | **98.7** | **98.1** | **98.2** | **98.6** | **100.2** |
| 98.2 | 98.6 | 99.1 | 99.6 | 100.8 | 101.9 | 102.2 | 103.1 | 103.4 |
| 97.8 | 98.1 | 98.8 | 99.6 | 101.0 | 102.4 | 102.9 | 103.9 | 104.3 |
| 100.3 | 100.8 | 100.4 | 99.8 | 99.6 | 99.4 | 99.2 | 99.3 | 99.0 |
| 101.4 | 100.7 | 99.7 | 99.3 | 98.0 | 96.8 | 96.8 | 97.1 | 99.2 |
| 96.8 | 98.8 | 96.8 | 97.1 | 98.1 | 99.3 | 97.8 | 97.5 | 98.4 |
| 99.6 | 98.2 | 97.8 | 96.9 | 95.4 | 93.7 | 93.1 | 93.9 | 96.5 |
| 102.7 | 102.0 | 100.8 | 100.5 | 99.3 | 98.2 | 98.6 | 98.6 | 100.5 |
| 100.7 | 100.0 | 99.1 | 98.7 | 97.6 | 96.5 | 96.5 | 96.9 | 98.9 |
| 96.8 | 98.8 | 96.8 | 97.1 | 98.1 | 99.3 | 97.8 | 97.5 | 98.4 |
| 99.4 | 98.0 | 97.5 | 96.6 | 95.0 | 93.3 | 92.7 | 93.5 | 96.2 |
| 101.6 | 101.0 | 100.0 | 99.8 | 98.7 | 97.8 | 98.1 | 98.3 | 100.0 |
| 100.1 | 100.5 | 100.8 | 101.3 | 102.4 | 103.3 | 103.5 | 104.2 | 104.6 |
| 98.7 | 99.6 | 100.0 | 101.0 | 103.0 | 104.5 | 104.8 | 106.2 | 106.9 |
| 101.4 | 101.4 | 101.7 | 101.3 | 101.5 | 101.4 | 101.4 | 100.9 | 100.5 |
| 101.3 | 101.7 | 101.6 | 101.1 | 101.2 | 101.3 | 101.6 | 101.3 | 100.8 |
| 102.8 | 102.2 | 102.3 | 102.3 | 102.0 | 101.8 | 101.9 | 101.6 | 101.7 |
| | | | | | | | | |
| 100.1 | 99.5 | 97.6 | 98.4 | 95.5 | 92.6 | 93.1 | 93.6 | 96.9 |
| 98.9 | 98.9 | 97.2 | 96.7 | 96.1 | 96.1 | 97.2 | 97.2 | 97.4 |
| 102.4 | 103.3 | 104.1 | 104.1 | 102.6 | 103.7 | 101.2 | 99.6 | 98.0 |
| 109.3 | 102.8 | 98.0 | 94.0 | 92.1 | 87.6 | 85.0 | 89.7 | 102.9 |
| 100.4 | 100.7 | 100.8 | 101.0 | 100.4 | 99.5 | 98.3 | 96.9 | 97.5 |
| 101.0 | 100.8 | 100.8 | 100.6 | 100.5 | 100.5 | 100.6 | 100.5 | 100.6 |
| 106.0 | 105.0 | 103.3 | 99.8 | 99.2 | 99.4 | 100.6 | 101.1 | 102.7 |
| 100.7 | 100.4 | 101.9 | 101.4 | 100.4 | 100.4 | 100.0 | 98.9 | 98.6 |
| 97.9 | 98.6 | 99.7 | 100.7 | 102.4 | 103.8 | 103.9 | 105.0 | 105.7 |
| 81.9 | 81.1 | 82.0 | 83.7 | 88.7 | 95.3 | 100.6 | 106.2 | 106.2 |
| 99.8 | 100.1 | 100.3 | 99.9 | 100.6 | 99.8 | 99.9 | 99.8 | 98.9 |
| 103.6 | 103.5 | 103.6 | 103.4 | 103.4 | 103.8 | 102.9 | 102.1 | 102.5 |
| 101.9 | 99.9 | 98.4 | 98.0 | 97.1 | 97.3 | 97.5 | 96.8 | 96.5 |
| 100.6 | 100.7 | 100.4 | 100.1 | 100.5 | 100.9 | 101.0 | 101.2 | 101.3 |
| 99.7 | 99.9 | 99.9 | 99.6 | 99.6 | 99.5 | 99.1 | 98.9 | 98.9 |

# 4-16 分行业工业生产者出厂价格指数（2019年）

（上年同期=100）

| 类别 | Item | 全年 Annual Year | 1月 January |
|---|---|---|---|
| **煤炭开采和洗选业** | **Mining and Washing of Coal** | **101.9** | **101.2** |
| 烟煤和无烟煤开采洗选 | Mining and Washing of Bituminous and Anthracite | 98.5 | 100.3 |
| 褐煤的开采洗选 | Mining and Washing of Lignite | 104.3 | 101.8 |
| **石油和天然气开采业** | **Extraction of Petroleum and Natural Gas** | **103.2** | **122.7** |
| 石油开采 | Extraction of Petroleum | 103.2 | 122.7 |
| **黑色金属矿采选业** | **Mining and Processing of Ferrous Metal Ores** | **98.8** | **97.6** |
| 铁矿采选 | Mining and Processing of Iron Ore | 97.4 | 95.6 |
| 锰矿、铬矿采选 | Mining and Processing of Manganese Mine and Chrome Ore | 100.3 | 99.6 |
| **有色金属矿采选业** | **Mining and Processing of Non-Ferrous Metal Ores** | **92.5** | **93.0** |
| 常用有色金属矿采选 | Mining and Processing of Common Non-Ferrous Metal Ores | 92.2 | 92.9 |
| 贵金属矿采选 | Mining and Processing of Precious Metal Ores | 109.2 | 96.5 |
| **非金属矿采选业** | **Mining and Processing of Non-Metal Ores** | **104.2** | **107.4** |
| 土砂石开采 | Extraction of Soil Gravel | 103.8 | 104.7 |
| 化学矿采选 | Mining and Processing of Chemical Ores | 102.6 | 117.5 |
| 石棉及其他非金属矿采选 | Mining and Processing of Asbestos and Other Non-metallic | 104.2 | 101.4 |
| **农副食品加工业** | **Processing of Food from Agricultural Products** | **100.0** | **93.2** |
| 谷物磨制 | Corn Whetted | 99.0 | 97.5 |
| 饲料加工 | Forage Processed | 99.7 | 102.7 |
| 植物油加工 | Planting-Oil Processed | 102.0 | 99.7 |
| 制糖业 | Sugar Industry | 95.8 | 77.3 |
| 屠宰及肉类加工 | Slaughtered Meta and Meat Processes | 112.2 | 101.0 |
| 水产品加工 | Fishery Product Processed | 95.2 | 94.0 |
| 蔬菜、水果和坚果加工 | Vegetables, Fruits and Nuts Processing | 102.3 | 108.3 |
| 其他农副食品加工 | Other Farm and Side-line Food Processed | 101.1 | 100.9 |
| **食品制造业** | **Manufacture of Foods** | **100.8** | **100.2** |
| 焙烤食品制造 | Baked Food Manufacturing | 103.7 | 103.2 |
| 糖果、巧克力及蜜饯制造 | Candy, Chocolate and Candied Fruit Production | 100.0 | 100.0 |
| 方便食品制造 | Convenient Food Manufacturing | 99.3 | 99.9 |
| 乳制品制造 | Dairy Products Manufacturing | 103.1 | 100.8 |
| 罐头食品制造 | Canned Food Manufacturing | 98.3 | 94.9 |
| 调味品、发酵制品制造 | Condiment, Ferment Product Manufacturing | 97.5 | 97.6 |
| 其他食品制造 | Other Food Manufacturing | 102.0 | 102.6 |
| **酒、饮料和精制茶制造业** | **Manufacture of Liquor, Beverages and Refined Tea** | **101.6** | **100.2** |
| 酒的制造 | Manufacture of Wine | 100.9 | 100.0 |
| 饮料制造 | Beverage Manufacturing | 102.0 | 100.4 |
| 精制茶加工 | Refined-tea Process | 102.7 | 100.0 |

# Producer Price Indices for Industrial Products by Industry（2019）

(preceding year=100)

| 2 月 February | 3 月 March | 4 月 April | 5 月 May | 6 月 June | 7 月 July | 8 月 August | 9 月 September | 10 月 October | 11 月 November | 12 月 December |
|---|---|---|---|---|---|---|---|---|---|---|
| **101.1** | **102.1** | **102.4** | **103.3** | **104.1** | **104.1** | **102.6** | **103.7** | **101.2** | **99.6** | **98.0** |
| 99.2 | 101.7 | 102.5 | 103.3 | 100.1 | 100.1 | 96.8 | 97.4 | 93.4 | 94.0 | 93.0 |
| 102.4 | 102.4 | 102.4 | 103.3 | 106.8 | 106.8 | 106.5 | 107.9 | 106.4 | 103.3 | 101.3 |
| **122.4** | **129.7** | **133.9** | **144.0** | **105.7** | **92.2** | **88.2** | **86.5** | **84.2** | **77.8** | **101.1** |
| 122.4 | 129.7 | 133.9 | 144.0 | 105.7 | 92.2 | 88.2 | 86.5 | 84.2 | 77.8 | 101.1 |
| **97.2** | **94.4** | **94.4** | **100.3** | **100.6** | **100.7** | **100.9** | **99.9** | **100.0** | **100.1** | **100.6** |
| 94.4 | 89.2 | 88.7 | 99.8 | 99.8 | 99.9 | 101.3 | 100.4 | 100.4 | 100.4 | 101.3 |
| 100.0 | 100.2 | 100.6 | 100.8 | 101.4 | 101.4 | 100.5 | 99.5 | 99.6 | 99.8 | 99.8 |
| **91.6** | **90.4** | **91.4** | **91.8** | **89.4** | **90.8** | **93.4** | **94.3** | **93.6** | **95.6** | **95.0** |
| 91.4 | 90.3 | 91.3 | 91.7 | 89.2 | 90.5 | 92.9 | 93.9 | 93.3 | 95.1 | 94.6 |
| 102.6 | 97.8 | 97.8 | 98.1 | 103.6 | 111.3 | 120.7 | 117.6 | 116.2 | 129.6 | 121.1 |
| **107.7** | **105.2** | **103.9** | **104.1** | **102.9** | **103.1** | **103.4** | **107.6** | **103.9** | **100.2** | **101.2** |
| 104.4 | 104.3 | 104.9 | 104.7 | 102.4 | 102.6 | 103.4 | 103.9 | 104.1 | 102.5 | 103.6 |
| 117.0 | 105.2 | 96.5 | 98.8 | 98.8 | 98.8 | 98.8 | 117.9 | 101.4 | 91.9 | 93.6 |
| 104.3 | 104.6 | 105.3 | 104.4 | 105.3 | 105.5 | 104.4 | 103.4 | 104.1 | 104.1 | 103.4 |
| **94.7** | **94.6** | **96.5** | **97.4** | **98.8** | **100.2** | **102.6** | **104.5** | **104.7** | **106.4** | **107.1** |
| 96.8 | 97.4 | 98.8 | 98.2 | 99.4 | 98.6 | 99.4 | 100.5 | 100.3 | 99.2 | 101.7 |
| 102.2 | 99.7 | 97.9 | 97.6 | 99.7 | 100.2 | 100.1 | 100.4 | 99.1 | 98.4 | 98.9 |
| 101.2 | 102.3 | 101.6 | 100.5 | 99.5 | 99.8 | 100.0 | 103.2 | 102.2 | 105.4 | 108.9 |
| 80.6 | 82.4 | 88.7 | 92.2 | 95.5 | 98.6 | 106.0 | 108.4 | 109.4 | 111.1 | 111.2 |
| 101.9 | 99.4 | 102.9 | 102.9 | 103.5 | 107.5 | 113.5 | 118.4 | 125.5 | 135.6 | 133.6 |
| 95.0 | 93.0 | 94.2 | 94.3 | 94.8 | 95.2 | 93.5 | 94.8 | 94.4 | 100.1 | 99.9 |
| 108.6 | 101.8 | 100.8 | 101.0 | 99.4 | 100.4 | 100.2 | 101.7 | 103.3 | 101.6 | 101.4 |
| 100.9 | 102.0 | 101.6 | 101.6 | 101.1 | 101.9 | 100.4 | 100.7 | 100.6 | 100.8 | 101.0 |
| **100.2** | **100.2** | **100.7** | **101.1** | **102.0** | **101.6** | **101.6** | **101.8** | **100.5** | **99.4** | **99.8** |
| 103.2 | 103.2 | 103.2 | 104.8 | 104.8 | 104.8 | 105.1 | 105.3 | 102.1 | 102.2 | 102.3 |
| 100.0 | 100.0 | 100.0 | 100.0 | 100.0 | 100.0 | 100.0 | 100.0 | 100.0 | 100.0 | 100.0 |
| 99.8 | 100.5 | 101.1 | 100.9 | 101.2 | 101.0 | 102.5 | 102.6 | 98.0 | 91.7 | 92.0 |
| 100.8 | 100.8 | 101.9 | 101.8 | 104.5 | 104.4 | 104.4 | 104.9 | 104.3 | 104.2 | 104.2 |
| 96.7 | 95.9 | 96.8 | 98.6 | 99.7 | 99.1 | 96.7 | 98.2 | 98.9 | 100.7 | 103.5 |
| 97.0 | 96.1 | 97.1 | 97.3 | 96.2 | 96.6 | 96.4 | 97.4 | 97.4 | 97.8 | 103.8 |
| 101.9 | 101.9 | 101.9 | 102.4 | 103.4 | 102.4 | 102.6 | 102.0 | 101.5 | 101.7 | 100.2 |
| **100.6** | **100.7** | **101.5** | **101.8** | **101.8** | **102.0** | **101.7** | **101.8** | **101.9** | **102.1** | **102.7** |
| 100.8 | 100.7 | 101.2 | 101.1 | 100.7 | 100.9 | 100.7 | 100.7 | 101.1 | 101.3 | 101.8 |
| 100.5 | 100.7 | 101.7 | 102.6 | 102.5 | 102.8 | 102.4 | 102.3 | 102.3 | 102.4 | 103.1 |
| 100.0 | 100.7 | 102.0 | 101.9 | 103.2 | 103.3 | 103.6 | 104.1 | 104.1 | 104.6 | 104.8 |

4-16 续表 1

（上年同期＝100）

| 类 别 | Item | 全 年 Annual Year | 1 月 January |
|---|---|---|---|
| **烟草制品业** | **Manufacture of Tobacco** | **102.0** | **100.9** |
| 卷烟制造 | Cigarette Manufacturing | 102.0 | 100.9 |
| **纺织业** | **Manufacture of Textile** | **89.3** | **84.8** |
| 棉纺织及印染精加工 | Cotton and Textile Printing and Dyeing Finishing | 100.9 | 102.9 |
| 麻纺织及染整精加工 | Finishing of Linen Textile and Dyeing and Finishing | 97.2 | 97.6 |
| 丝绢纺织及印染精加工 | Silk and Textile Printing and Dyeing Finishing | 85.9 | 79.8 |
| 家用纺织制成品制造 | Manufacture of Household Textile Products | 98.8 | 100.3 |
| **纺织服装、服饰业** | **Manufacture of Textile, Wearing Apparel and Accessories** | **99.6** | **99.3** |
| 机织服装制造 | Manufacture of Woven Garment | 99.3 | 99.2 |
| 针织或钩针编织服装制造 | Manufacture of Knitted or Crocheted Garment | 103.4 | 99.6 |
| **皮革、毛皮、羽毛及其制品和制鞋业** | **Manufacture of Leather, Fur, Feather and Related Products and Footware** | **103.7** | **104.7** |
| 皮革鞣制加工 | Leather Processing | 105.5 | 106.5 |
| 皮革制品制造 | Leather Product Processing | 103.5 | 104.0 |
| 羽毛（绒）加工及制品制造 | Feather Processing and Its Products Manufacturing | 106.7 | 111.7 |
| 制鞋业 | Shoemaking Industry | 101.7 | 101.2 |
| **木材加工和木、竹、藤、棕、草制品业** | **Processing of Timber, Manufacture of Wood, Bamboo, Rattan, Palm and Straw Products** | **100.0** | **100.0** |
| 木材加工 | Manufacture of Wood | 101.9 | 101.3 |
| 人造板制造 | Artificial Plank Manufacturing | 99.2 | 99.0 |
| 木制品制造 | Timber Product Manufacturing | 101.2 | 102.3 |
| 竹、藤、棕、草等制品制造 | Bamboo, Ratten, Palm and Grass Product Manufacturing | 103.5 | 103.4 |
| **家具制造业** | **Manufacture of Furniture** | **101.3** | **102.7** |
| 木质家具制造 | Manufacture of Wooden Furniture | 101.9 | 103.0 |
| 其他家具制造 | Manufacture of Other Furniture | 98.8 | 101.3 |
| **造纸和纸制品业** | **Manufacture of Paper and Paper Products** | **99.2** | **103.1** |
| 纸浆制造 | Paper Pulp Manufacturing | 86.2 | 91.6 |
| 造纸 | Paper Making | 100.3 | 104.3 |
| 纸制品制造 | Paper Products Manufacturing | 99.0 | 102.6 |
| **印刷和记录媒介的复制** | **Printing and Reproduction of Recording Media** | **101.4** | **104.4** |
| 印刷 | Painting | 101.4 | 104.5 |
| 装订及印刷相关服务 | Bookbinding and Printing Related Services | 101.1 | 99.4 |
| **文教、工美、体育和娱乐用品制造业** | **Manufacture of Articles for Culture, Education, Arts and Crafts, Sport and Entertainment Activities** | **100.4** | **101.5** |
| 文教办公用品制造 | Manufacture of Articles for Culture, Education | 103.0 | 103.8 |
| 工艺美术品制造 | Manufacture of Arts and Crafts | 100.0 | 101.6 |
| 玩具制造 | Manufacture of Toys | 101.3 | 100.4 |
| **石油、煤炭及其他燃料加工业** | **Petroleum, Coal & Other Fuel Processing Industry** | **96.4** | **96.5** |
| 精炼石油产品制造 | Refined Coking Petroleum Manufacturing | 96.3 | 96.4 |

continued

(preceding year=100)

| 2 月 February | 3 月 March | 4 月 April | 5 月 May | 6 月 June | 7 月 July | 8 月 August | 9 月 September | 10 月 October | 11 月 November | 12 月 December |
|---|---|---|---|---|---|---|---|---|---|---|
| **100.9** | **100.9** | **101.9** | **102.4** | **102.4** | **102.4** | **102.4** | **102.4** | **102.4** | **102.4** | **102.4** |
| 100.9 | 100.9 | 101.9 | 102.4 | 102.4 | 102.4 | 102.4 | 102.4 | 102.4 | 102.4 | 102.4 |
| **84.1** | **83.1** | **81.9** | **81.1** | **82.0** | **83.7** | **88.7** | **95.3** | **100.6** | **106.2** | **106.2** |
| 102.8 | 101.5 | 101.7 | 101.7 | 102.3 | 101.4 | 100.1 | 100.2 | 99.7 | 98.5 | 98.5 |
| 96.6 | 95.8 | 95.7 | 95.8 | 95.7 | 95.1 | 96.8 | 97.4 | 99.0 | 100.7 | 100.5 |
| 79.1 | 78.1 | 76.5 | 75.3 | 76.4 | 78.6 | 85.4 | 94.0 | 101.2 | 109.2 | 109.1 |
| 99.3 | 99.3 | 99.3 | 99.3 | 99.3 | 99.3 | 98.0 | 98.2 | 97.7 | 97.7 | 98.1 |
| **98.5** | **98.7** | **99.8** | **100.1** | **100.3** | **99.9** | **100.6** | **99.8** | **99.9** | **99.8** | **98.9** |
| 98.3 | 98.6 | 99.8 | 100.0 | 100.2 | 99.9 | 100.4 | 99.0 | 99.0 | 98.9 | 97.9 |
| 99.6 | 100.0 | 100.2 | 100.9 | 101.2 | 100.6 | 103.4 | 107.6 | 109.3 | 109.2 | 108.7 |
| **104.2** | **103.7** | **104.3** | **104.4** | **104.0** | **103.4** | **103.7** | **103.9** | **103.3** | **102.4** | **102.7** |
| 107.7 | 107.4 | 105.2 | 105.9 | 105.6 | 106.6 | 109.0 | 108.1 | 101.3 | 100.6 | 103.3 |
| 103.2 | 103.1 | 104.3 | 104.2 | 104.6 | 103.6 | 103.3 | 103.6 | 103.0 | 102.3 | 102.2 |
| 112.1 | 107.0 | 107.7 | 109.8 | 106.3 | 103.9 | 105.0 | 104.4 | 105.3 | 104.1 | 104.1 |
| 100.2 | 101.3 | 101.7 | 101.2 | 101.0 | 101.6 | 101.4 | 102.5 | 103.5 | 102.3 | 102.6 |
| **98.9** | **100.0** | **100.5** | **100.2** | **101.8** | **101.2** | **100.4** | **100.4** | **99.9** | **98.8** | **98.4** |
| 101.6 | 102.1 | 103.7 | 102.3 | 102.0 | 104.2 | 102.1 | 100.6 | 100.3 | 102.2 | 99.9 |
| 97.5 | 98.8 | 99.4 | 99.2 | 101.6 | 100.7 | 100.1 | 100.1 | 99.2 | 97.6 | 97.4 |
| 102.1 | 102.2 | 101.8 | 101.9 | 101.2 | 100.5 | 99.4 | 100.4 | 101.5 | 100.6 | 100.6 |
| 103.5 | 104.7 | 105.1 | 104.5 | 104.4 | 103.5 | 102.7 | 103.1 | 103.1 | 102.4 | 102.0 |
| **102.3** | **101.9** | **101.9** | **101.1** | **102.2** | **102.1** | **100.6** | **100.3** | **100.6** | **99.9** | **100.6** |
| 102.7 | 102.5 | 102.6 | 102.1 | 103.2 | 103.4 | 100.9 | 100.4 | 100.8 | 100.3 | 100.4 |
| 100.1 | 99.0 | 98.6 | 96.7 | 97.3 | 96.1 | 98.8 | 99.6 | 99.7 | 97.5 | 101.4 |
| **102.8** | **101.4** | **101.9** | **99.9** | **98.4** | **98.0** | **97.1** | **97.3** | **97.5** | **96.8** | **96.5** |
| 90.6 | 91.2 | 94.7 | 93.0 | 88.4 | 85.0 | 85.9 | 84.1 | 81.6 | 76.2 | 71.2 |
| 103.9 | 102.9 | 103.5 | 101.1 | 99.4 | 99.7 | 98.0 | 98.1 | 98.0 | 97.8 | 97.5 |
| 102.6 | 100.3 | 100.3 | 98.7 | 98.0 | 97.0 | 97.0 | 97.6 | 98.8 | 97.8 | 98.1 |
| **104.2** | **104.1** | **100.3** | **100.4** | **100.0** | **99.8** | **100.3** | **100.8** | **100.8** | **101.1** | **101.0** |
| 104.3 | 104.2 | 100.3 | 100.3 | 99.9 | 99.7 | 100.3 | 100.8 | 100.8 | 101.1 | 101.0 |
| 99.4 | 99.4 | 99.4 | 102.0 | 102.0 | 102.0 | 102.0 | 102.0 | 102.0 | 102.0 | 102.0 |
| **100.2** | **100.4** | **100.5** | **100.4** | **100.5** | **100.3** | **99.9** | **100.1** | **100.3** | **100.0** | **100.5** |
| 104.4 | 104.6 | 105.0 | 104.4 | 105.2 | 103.3 | 100.5 | 102.1 | 101.3 | 100.5 | 101.5 |
| 100.0 | 100.0 | 100.0 | 100.0 | 100.0 | 100.0 | 99.5 | 99.8 | 99.9 | 99.5 | 99.9 |
| 100.4 | 101.1 | 101.5 | 101.5 | 101.5 | 101.1 | 101.0 | 101.1 | 101.8 | 101.8 | 102.7 |
| **99.6** | **106.8** | **108.8** | **101.9** | **97.6** | **93.8** | **91.8** | **87.3** | **84.7** | **89.8** | **103.1** |
| 99.6 | 106.8 | 108.8 | 101.9 | 97.6 | 93.7 | 91.7 | 87.2 | 84.6 | 89.7 | 103.1 |

4-16 续表 2

（上年同期=100）

| 类 别 | Item | 全 年 Annual Year | 1 月 January |
|---|---|---|---|
| **化学原料和化学制品制造业** | **Manufacture of Raw Chemical Materials and Chemical Products** | **97.2** | **98.8** |
| 基础化学原料制造 | Basic Chemical Material Manufacturing | 95.0 | 97.6 |
| 肥料制造 | Fertilizer Manufacture | 103.3 | 104.3 |
| 农药制造 | Pesticide Manufacturing | 100.5 | 98.3 |
| 涂料、油墨、颜料及类似产品制造 | Coating, Printing Ink, Pigment and The Similar Products Manufacture | 97.0 | 101.5 |
| 合成材料制造 | Compounded Material Manufacture | 99.5 | 100.1 |
| 专用化学产品制造 | Specialized Chemical Product Manufacture | 93.7 | 97.2 |
| 炸药、火工及焰火产品制造 | Manufacture of Explosive, Firer and Fireworks Products | 100.4 | 99.0 |
| 日用化学产品制造 | Daily Chemical Product Manufacture | 98.8 | 94.9 |
| **医药制造业** | **Manufacture of Medicines** | **104.9** | **105.3** |
| 化学药品原料药制造 | Manufacture of Chemical Raw Material Medicine | 110.9 | 107.7 |
| 化学药品制剂制造 | Chemical Medicine Agent Manufacture | 103.0 | 103.4 |
| 中药饮片加工 | Processing of Chinese Herbal Pieces | 97.5 | 100.2 |
| 中成药生产 | Chines Patent Medicine's Production | 106.1 | 106.8 |
| 兽用药品制造 | Medicine in Herbs Manufacture | 99.9 | 99.7 |
| 生物药品制造 | Biopharmaceutical Manufacturing | 109.0 | 101.7 |
| 卫生材料及医药用品制造 | Sanitary Materials and Medical Supplies Manufacturing | 100.4 | 100.0 |
| **橡胶和塑料制品业** | **Manufacture of Rubber and Plastics Products** | **101.7** | **103.2** |
| 橡胶制品业 | Rubber Products Industry | 104.1 | 104.4 |
| 塑料制品业 | Plastic Products Industry | 101.2 | 103.0 |
| **非金属矿物制品业** | **Manufacture of Non-metallic Mineral Products** | **102.5** | **106.4** |
| 水泥、石灰和石膏制造 | Manufacture of Cement, Lime and Gesso | 101.0 | 108.3 |
| 石膏、水泥制品及类似制品制造 | Manufacture of Gesso, Cement and Similar Products | 109.7 | 115.5 |
| 砖瓦、石材等建筑材料制造 | Manufacture of Tile and Dimension Stone | 101.0 | 101.4 |
| 玻璃制造 | Manufacture of Glass | 103.1 | 97.9 |
| 玻璃制品制造 | Manufacture of Glass Products | 102.0 | 101.7 |
| 陶瓷制品制造 | Manufacture of Ceramics Products | 98.9 | 100.4 |
| 耐火材料制品制造 | Manufacture of Refractory Products | 92.4 | 99.6 |
| 石墨及其他非金属矿物制品制造 | Manufacture of Graphite and Other Non-metallic Mineral Products | 96.3 | 96.1 |
| **黑色金属冶炼和压延加工业** | **Smelting and Pressing of Ferrous Metals** | **96.7** | **96.3** |
| 钢压延加工 | Steel Rolling Processing | 97.0 | 96.0 |
| 铁合金冶炼 | Ferroalloy Smelting | 94.8 | 98.0 |

continued

(preceding year=100)

| 2 月 February | 3 月 March | 4 月 April | 5 月 May | 6 月 June | 7 月 July | 8 月 August | 9 月 September | 10 月 October | 11 月 November | 12 月 December |
|---|---|---|---|---|---|---|---|---|---|---|
| **98.2** | **98.3** | **98.1** | **98.7** | **99.2** | **99.5** | **98.2** | **96.3** | **94.8** | **93.1** | **93.5** |
| 95.5 | 96.2 | 95.9 | 95.3 | 97.7 | 101.4 | 97.6 | 94.1 | 89.6 | 87.9 | 91.5 |
| 105.0 | 103.9 | 104.0 | 104.5 | 105.1 | 105.1 | 104.2 | 103.5 | 102.9 | 99.9 | 98.2 |
| 99.2 | 99.6 | 99.5 | 99.9 | 100.4 | 99.9 | 103.7 | 102.5 | 101.2 | 101.2 | 100.3 |
| 101.0 | 99.8 | 100.1 | 101.8 | 99.3 | 95.4 | 92.9 | 92.3 | 93.0 | 93.6 | 93.5 |
| 102.0 | 103.0 | 102.5 | 101.3 | 99.9 | 98.1 | 97.8 | 96.1 | 98.6 | 99.1 | 96.4 |
| 96.5 | 96.7 | 95.7 | 95.9 | 96.0 | 95.4 | 94.0 | 91.6 | 90.7 | 87.6 | 86.9 |
| 99.0 | 99.0 | 101.1 | 101.0 | 101.2 | 101.1 | 101.0 | 101.2 | 101.1 | 100.4 | 100.4 |
| 94.8 | 94.8 | 95.4 | 102.2 | 101.6 | 100.5 | 100.2 | 100.1 | 100.2 | 100.9 | 100.9 |
| **105.4** | **104.9** | **105.9** | **106.2** | **103.9** | **104.3** | **104.6** | **104.2** | **104.4** | **104.3** | **105.4** |
| 110.4 | 110.4 | 111.0 | 112.2 | 112.2 | 112.2 | 114.7 | 110.0 | 110.1 | 110.1 | 110.1 |
| 103.4 | 101.8 | 102.7 | 103.3 | 102.9 | 102.7 | 102.4 | 101.9 | 103.8 | 104.1 | 103.7 |
| 98.1 | 98.2 | 98.1 | 97.6 | 97.3 | 97.3 | 96.9 | 96.7 | 97.0 | 96.0 | 96.3 |
| 106.9 | 106.3 | 107.7 | 107.9 | 104.6 | 105.0 | 105.4 | 105.4 | 105.3 | 105.3 | 107.0 |
| 99.7 | 99.7 | 99.5 | 99.7 | 99.5 | 101.4 | 99.8 | 99.8 | 99.8 | 99.8 | 100.2 |
| 105.6 | 110.3 | 110.1 | 110.0 | 110.0 | 110.0 | 110.0 | 110.0 | 109.9 | 109.9 | 109.9 |
| 100.0 | 100.2 | 100.2 | 100.2 | 100.2 | 100.2 | 100.7 | 100.7 | 100.7 | 100.7 | 100.7 |
| **102.5** | **102.5** | **102.0** | **100.7** | **101.7** | **101.6** | **102.3** | **101.2** | **101.3** | **100.3** | **100.6** |
| 104.4 | 104.3 | 104.4 | 104.7 | 104.5 | 104.5 | 104.6 | 105.5 | 105.6 | 101.1 | 101.1 |
| 102.1 | 102.1 | 101.6 | 100.1 | 101.2 | 101.1 | 101.9 | 100.4 | 100.6 | 100.1 | 100.6 |
| **105.0** | **105.7** | **105.6** | **104.6** | **103.0** | **99.4** | **98.7** | **98.9** | **100.1** | **100.8** | **102.3** |
| 103.6 | 106.8 | 106.9 | 102.9 | 98.3 | 95.5 | 93.4 | 94.0 | 98.4 | 100.0 | 105.5 |
| 115.8 | 115.5 | 115.8 | 116.9 | 116.5 | 103.8 | 104.2 | 103.7 | 103.8 | 104.1 | 105.0 |
| 101.6 | 101.5 | 100.0 | 100.6 | 99.9 | 100.5 | 100.3 | 100.6 | 102.0 | 102.1 | 101.7 |
| 99.1 | 92.7 | 96.1 | 97.1 | 96.7 | 100.5 | 104.6 | 107.4 | 108.6 | 116.8 | 119.3 |
| 102.3 | 101.8 | 101.9 | 102.9 | 102.3 | 101.7 | 101.7 | 101.4 | 101.6 | 102.4 | 102.4 |
| 100.4 | 99.9 | 99.9 | 99.4 | 100.0 | 99.0 | 98.8 | 99.0 | 97.2 | 97.4 | 95.6 |
| 99.9 | 99.8 | 100.3 | 100.1 | 100.3 | 100.3 | 90.5 | 82.1 | 78.5 | 78.5 | 78.9 |
| 95.9 | 95.4 | 95.7 | 96.3 | 97.5 | 97.7 | 97.4 | 96.9 | 96.3 | 95.9 | 95.0 |
| **96.9** | **96.8** | **104.2** | **102.7** | **98.4** | **100.0** | **95.5** | **90.6** | **91.1** | **91.3** | **97.8** |
| 97.0 | 96.7 | 105.4 | 102.8 | 97.6 | 100.2 | 95.0 | 90.3 | 91.4 | 92.9 | 100.8 |
| 96.4 | 96.9 | 98.8 | 102.4 | 102.5 | 98.6 | 97.6 | 91.6 | 89.6 | 83.4 | 83.5 |

4-16 续表 3

（上年同期=100）

| 类　别 | Item | 全　年 Annual Year | 1 月 January |
|---|---|---|---|
| **有色金属冶炼和压延加工业** | **Smelting and Pressing of Non-ferrous Metals** | **95.3** | **96.7** |
| 常用有色金属冶炼 | General Non-ferrous Metal Coking | 94.9 | 96.7 |
| 贵金属冶炼 | Precious Metal Smelting | 104.7 | 100.2 |
| 稀有稀土金属冶炼 | Smelting of Rare and Rare Earth Metals | 70.0 | 93.5 |
| 有色金属合金制造 | Non-ferrous Metal Alloy Manufacture | 96.2 | 97.2 |
| 有色金属压延加工 | Non-ferrous Metal Rolling Processing | 99.7 | 96.6 |
| **金属制品业** | **Manufacture of Metal Products** | **100.2** | **102.0** |
| 结构性金属制品制造 | Structural Metal Product | 102.5 | 102.9 |
| 金属工具制造 | Manufacture of Metal Tools | 95.8 | 97.1 |
| 建筑、安全用金属制品制造 | Manufacture of Building and Safe Use Metal Products | 99.6 | 99.8 |
| 金属表面处理及热处理加工 | Metal Surface Treatment and Heat Treatment | 99.7 | 99.4 |
| 金属制日用品制造 | Manufacture of Metal Commodity | 101.7 | 102.9 |
| 锻造及其他金属制品制造 | Forging and Other Metal Products Manufacturing | 99.1 | 101.8 |
| **通用设备制造业** | **Manufacture of General Purpose Machinery** | **101.3** | **103.6** |
| 锅炉及原动设备制造 | Boiler and Original Equipment Manufacturing | 102.1 | 105.8 |
| 金属加工机械制造 | Metal Process and Machinery Manufacture | 100.7 | 100.0 |
| 物料搬运设备制造 | Manufacture of Material Handling Equipment | 99.1 | 99.8 |
| 泵、阀门、压缩机及类似机械制造 | Pump, Valve, Compressor and Its Similar Mechanical Manufacture | 101.0 | 102.4 |
| 轴承、齿轮和传动部件制造 | Bearings, Gears and Transmission Components Manufacturing | 100.5 | 101.9 |
| 烘炉、风机、衡器、包装等设备制造 | Ovens, Fans, Weighing, Packaging Equipment Manufacturing | 100.5 | 100.5 |
| 通用零部件制造 | Metal Casting and Forging | 100.2 | 100.6 |
| **专用设备制造业** | **Manufacture of Special Purpose Machinery** | **99.9** | **100.4** |
| 采矿、冶金、建筑专用设备制造 | Mining, Metallurgy, Building Special Equipment Manufacture | 100.5 | 101.2 |
| 化工、木材、非金属加工专用设备制造 | Chemical Engineering, Timber, Non-Metal Processed Special Equipments Manufacture | 100.0 | 100.0 |
| 食品、饮料、烟草及饲料生产专用设备制造 | The Food, Beverage, Tobacco and Fodder Production Special Equipments Manufacture | 100.2 | 100.0 |
| 农、林、牧、渔专用机械制造 | Agriculture, Forestry Animal Husbandry and Fishery Specific Machinery Manufacture | 97.3 | 99.3 |
| 医疗仪器设备及器械制造 | Medical Equipment and Device Manufacturers | 96.1 | 94.1 |
| 环保、社会公共安全及其他专用设备制造 | Environment Protection, Social Public Security and Other Specific Equipment Manufacturer | 104.4 | 101.9 |
| **汽车制造业** | **Manufacture of Automobiles** | **100.8** | **100.8** |
| 汽车整车制造 | Manufacture of Automobiles | 101.7 | 101.7 |
| 改装汽车制造 | Manufacture of Automobile Making | 99.8 | 99.3 |
| 低速载货汽车制造 | Manufacture of Low-speed Truck | 97.3 | 97.5 |
| 汽车零部件及配件制造 | Manufacture of Auto Parts and Accessories | 99.5 | 99.7 |

continued

(preceding year=100)

| 2 月 February | 3 月 March | 4 月 April | 5 月 May | 6 月 June | 7 月 July | 8 月 August | 9 月 September | 10 月 October | 11 月 November | 12 月 December |
|---|---|---|---|---|---|---|---|---|---|---|
| **95.5** | **96.4** | **96.1** | **95.1** | **97.0** | **97.0** | **94.4** | **93.1** | **93.6** | **94.4** | **94.1** |
| 95.8 | 97.2 | 97.1 | 95.0 | 97.8 | 97.4 | 93.7 | 90.8 | 92.1 | 92.7 | 93.0 |
| 100.1 | 100.1 | 100.1 | 100.0 | 100.0 | 100.0 | 101.8 | 113.0 | 127.0 | 108.3 | 105.6 |
| 73.2 | 64.0 | 56.9 | 63.1 | 62.0 | 67.0 | 71.0 | 84.5 | 78.0 | 81.1 | 56.4 |
| 97.2 | 97.2 | 97.2 | 97.2 | 94.4 | 94.4 | 95.0 | 95.0 | 95.0 | 97.2 | 97.2 |
| 97.8 | 99.8 | 100.8 | 100.8 | 100.1 | 99.9 | 99.1 | 99.7 | 99.1 | 100.3 | 102.0 |
| **101.9** | **100.7** | **100.4** | **100.5** | **100.4** | **99.1** | **99.0** | **99.2** | **99.8** | **100.0** | **99.7** |
| 102.9 | 102.9 | 102.5 | 102.9 | 102.3 | 101.3 | 100.9 | 101.1 | 103.3 | 103.6 | 103.0 |
| 97.1 | 94.7 | 96.0 | 95.6 | 95.6 | 95.6 | 95.6 | 95.6 | 95.6 | 95.6 | 95.6 |
| 99.8 | 99.9 | 99.8 | 99.0 | 97.9 | 97.9 | 99.6 | 101.4 | 100.0 | 100.0 | 100.0 |
| 99.4 | 99.4 | 99.4 | 99.4 | 99.4 | 99.4 | 99.4 | 99.4 | 100.3 | 100.8 | 100.8 |
| 102.7 | 101.9 | 101.8 | 102.0 | 101.7 | 101.3 | 101.0 | 102.3 | 101.7 | 101.4 | 99.9 |
| 101.7 | 99.8 | 99.4 | 99.4 | 99.6 | 97.9 | 97.9 | 97.9 | 97.9 | 98.0 | 97.9 |
| **102.6** | **103.6** | **101.3** | **100.7** | **100.4** | **100.7** | **100.2** | **100.5** | **100.9** | **100.7** | **100.6** |
| 103.3 | 105.8 | 101.5 | 101.1 | 101.1 | 100.9 | 100.5 | 101.2 | 101.6 | 101.6 | 101.6 |
| 100.0 | 100.0 | 102.7 | 102.7 | 102.7 | 102.7 | 102.7 | 102.7 | 102.7 | 94.9 | 94.9 |
| 99.5 | 99.3 | 98.9 | 98.9 | 98.9 | 98.9 | 98.9 | 98.9 | 98.9 | 99.5 | 98.8 |
| 103.8 | 101.6 | 102.4 | 101.8 | 101.9 | 99.6 | 100.1 | 99.2 | 99.6 | 100.1 | 99.9 |
| 101.0 | 101.0 | 100.3 | 100.4 | 100.2 | 99.6 | 100.3 | 100.0 | 100.6 | 100.6 | 100.6 |
| 100.5 | 100.5 | 100.5 | 100.5 | 100.5 | 100.5 | 100.5 | 100.5 | 100.5 | 100.5 | 100.5 |
| 103.3 | 102.2 | 101.8 | 98.5 | 96.6 | 102.1 | 98.7 | 98.9 | 99.4 | 100.1 | 100.6 |
| **100.2** | **100.5** | **99.7** | **99.6** | **99.6** | **99.6** | **99.3** | **99.6** | **99.7** | **99.7** | **100.5** |
| 101.0 | 101.6 | 100.5 | 100.3 | 100.3 | 100.4 | 99.8 | 100.2 | 100.0 | 99.6 | 100.5 |
| 100.0 | 100.0 | 100.0 | 100.0 | 100.0 | 100.0 | 100.0 | 100.0 | 100.0 | 100.0 | 100.0 |
| 100.5 | 100.5 | 99.2 | 99.0 | 98.8 | 98.8 | 100.4 | 101.2 | 101.1 | 101.6 | 101.5 |
| 98.7 | 98.6 | 97.8 | 96.8 | 96.7 | 95.9 | 95.8 | 96.1 | 97.3 | 96.8 | 97.9 |
| 94.2 | 94.2 | 94.2 | 95.7 | 95.7 | 95.7 | 95.7 | 95.7 | 97.4 | 99.6 | 101.5 |
| 101.9 | 100.4 | 101.2 | 104.4 | 104.4 | 104.4 | 106.2 | 106.1 | 105.6 | 108.3 | 107.9 |
| **100.7** | **100.4** | **101.3** | **100.8** | **100.8** | **100.8** | **101.0** | **100.8** | **100.6** | **100.7** | **100.6** |
| 101.3 | 100.9 | 102.4 | 101.5 | 101.3 | 101.4 | 102.0 | 102.1 | 101.8 | 102.0 | 101.8 |
| 99.7 | 99.4 | 98.8 | 99.7 | 100.2 | 100.0 | 99.6 | 98.7 | 100.4 | 101.0 | 100.5 |
| 99.0 | 97.3 | 98.6 | 98.6 | 102.1 | 98.1 | 98.0 | 94.5 | 95.7 | 93.8 | 94.6 |
| 99.8 | 99.8 | 99.8 | 99.9 | 100.2 | 100.1 | 99.6 | 99.0 | 98.9 | 99.0 | 99.0 |

4-16 续表 4

（上年同期=100）

| 类 别 | Item | 全 年<br>Annual Year | 1 月<br>January |
|---|---|---|---|
| **铁路、船舶、航空航天和其他运输设备制造业** | **Manufacture of Railway, Ship, Aerospace and Other Transport Equipments** | **104.5** | **104.5** |
| 铁路运输设备制造 | Rail Transportation Equipment Manufacture | 108.8 | 108.9 |
| 摩托车制造 | Automobile Manufacturing | 100.0 | 100.0 |
| **电气机械和器材制造业** | **Manufacture of Electrical Machinery and Apparatus** | **100.0** | **99.7** |
| 电机制造 | Manufacture of Motor | 102.4 | 101.9 |
| 输配电及控制设备制造 | Electricity Mixed and Control Equipments Manufacture | 98.9 | 99.2 |
| 电线、电缆、光缆及电工器材制造 | Manufacture of Wire, Cable, Optical Cable and Electrical Equipment | 100.9 | 98.1 |
| 电池制造 | Manufacture of Battery | 96.1 | 103.5 |
| 家用电力器具制造 | Manufacture of Household Electric Appliance | 102.9 | 103.2 |
| 照明器具制造 | Manufacture of Lighting Fixtures | 102.1 | 100.3 |
| **计算机、通信和其他电子设备制造业** | **Manufacture of Computers, Communication and Other Electronic Equipment** | **101.3** | **100.9** |
| 计算机制造 | Manufacture of Computers | 102.2 | 101.8 |
| 通信设备制造 | Manufacture of Communication Equipment | 98.9 | 100.0 |
| 广播电视设备制造 | Manufacture of Radio and Television Equipment | 100.7 | 100.2 |
| 视听设备制造 | Manufacture of Audiovisual Equipment | 100.6 | 102.4 |
| 电子器件制造 | Manufacture of Electronic Device | 102.1 | 100.5 |
| 电子元件制造 | Manufacture of Electronic Components | 101.3 | 98.8 |
| 其他电子设备制造 | Manufacture of Other Electronic Equipment | 95.5 | 98.0 |
| **仪器仪表制造业** | **Manufacture of Measuring Instruments and Machinery** | **102.8** | **104.4** |
| 通用仪器仪表制造 | Manufacture of General Instrument | 102.7 | 105.4 |
| 钟表与计时仪器制造 | Manufacture of Timepiece and Time Keeping Instrument | 104.6 | 100.4 |
| 光学仪器及眼镜制造 | Manufacture of Optical Instrument and Glasses | 102.6 | 100.6 |
| **其他制造业** | **Other Manufacture** | **99.5** | **98.9** |
| 日用杂品制造 | Manufacture of Daily Sundry Goods | 99.3 | 98.3 |
| 其他未列明制造业 | Manufacture of Other Not Listed | 100.0 | 100.0 |
| **废弃资源综合利用业** | **Utilization of Waste Resources** | **97.2** | **97.4** |
| 金属废料和碎屑加工处理 | Metal Waste and Scrap Processing | 97.2 | 97.4 |
| **电力、热力生产和供应业** | **Production and Supply of Electric Power and Heat Power** | **97.7** | **98.6** |
| 电力生产 | Electric Power Production | 99.0 | 99.2 |
| 电力供应 | Electric Power Supply | 96.7 | 98.1 |
| 热力生产和供应 | Thermal Production and Supply | 101.1 | 102.9 |
| **燃气生产和供应业** | **Production and Supply of Gas** | **103.0** | **103.1** |
| **水的生产和供应业** | **Production and Supply of Water** | **98.9** | **101.3** |
| 自来水的生产和供应 | Tapping-water Production and Supply | 98.5 | 101.4 |
| 污水处理及其再生利用 | Sewage Treatment and Recycled Use | 101.3 | 100.3 |

continued

(preceding year=100)

| 2 月 February | 3 月 March | 4 月 April | 5 月 May | 6 月 June | 7 月 July | 8 月 August | 9 月 September | 10 月 October | 11 月 November | 12 月 December |
|---|---|---|---|---|---|---|---|---|---|---|
| **104.5** | **104.5** | **104.5** | **104.5** | **104.5** | **104.5** | **104.5** | **104.5** | **104.5** | **104.5** | **103.9** |
| 108.9 | 108.9 | 108.9 | 108.9 | 108.9 | 108.9 | 108.9 | 108.9 | 108.9 | 108.9 | 107.6 |
| 100.0 | 100.0 | 100.0 | 100.0 | 100.0 | 100.0 | 100.0 | 100.0 | 100.0 | 100.0 | 100.0 |
| **99.2** | **100.1** | **100.7** | **100.4** | **100.5** | **100.0** | **99.8** | **100.5** | **99.7** | **99.7** | **99.8** |
| 102.7 | 103.0 | 102.7 | 103.2 | 103.6 | 103.1 | 100.9 | 102.6 | 101.9 | 101.2 | 102.1 |
| 98.7 | 98.8 | 98.7 | 98.0 | 98.5 | 98.6 | 99.0 | 99.9 | 98.8 | 99.2 | 99.4 |
| 97.6 | 100.7 | 102.8 | 102.8 | 102.5 | 101.1 | 101.0 | 101.3 | 101.0 | 101.2 | 100.9 |
| 101.1 | 98.1 | 98.9 | 97.9 | 96.7 | 96.0 | 95.1 | 93.7 | 92.3 | 90.0 | 90.3 |
| 103.2 | 103.2 | 103.2 | 103.9 | 103.0 | 103.0 | 103.0 | 103.0 | 103.0 | 101.7 | 101.6 |
| 100.3 | 100.1 | 100.1 | 100.0 | 100.0 | 99.8 | 104.8 | 104.8 | 104.8 | 104.8 | 104.8 |
| **101.0** | **101.2** | **101.1** | **101.6** | **101.6** | **101.5** | **100.7** | **100.7** | **102.1** | **101.5** | **101.5** |
| 102.2 | 102.4 | 102.4 | 103.4 | 102.9 | 102.3 | 101.6 | 101.7 | 102.2 | 101.5 | 101.6 |
| 100.0 | 100.0 | 98.3 | 98.5 | 98.2 | 98.6 | 98.6 | 98.6 | 98.6 | 98.6 | 98.6 |
| 101.1 | 101.0 | 102.4 | 100.1 | 100.2 | 102.3 | 100.5 | 101.0 | 100.8 | 99.6 | 99.6 |
| 100.4 | 100.4 | 100.5 | 100.4 | 100.4 | 100.8 | 100.8 | 100.8 | 100.2 | 100.1 | 100.0 |
| 100.3 | 101.8 | 102.0 | 101.6 | 103.3 | 105.5 | 101.3 | 101.6 | 102.0 | 102.2 | 103.3 |
| 98.8 | 98.9 | 99.1 | 99.1 | 100.4 | 100.5 | 100.2 | 100.3 | 106.6 | 106.7 | 106.5 |
| 98.0 | 98.0 | 99.3 | 99.3 | 100.1 | 100.1 | 94.9 | 90.8 | 92.3 | 87.0 | 87.8 |
| **104.6** | **104.5** | **105.0** | **105.1** | **104.7** | **101.6** | **100.8** | **100.7** | **101.1** | **100.8** | **101.4** |
| 105.7 | 105.6 | 105.7 | 106.0 | 105.6 | 101.2 | 99.7 | 99.7 | 99.7 | 99.7 | 99.8 |
| 100.4 | 100.4 | 101.1 | 100.7 | 100.7 | 107.2 | 107.2 | 107.2 | 107.2 | 107.1 | 115.1 |
| 100.6 | 100.6 | 103.0 | 102.6 | 101.3 | 101.3 | 103.7 | 103.6 | 106.2 | 103.8 | 103.8 |
| **99.8** | **99.7** | **99.8** | **100.1** | **100.4** | **100.6** | **100.4** | **100.0** | **97.1** | **99.9** | **97.8** |
| 99.6 | 99.6 | 99.7 | 100.2 | 100.8 | 101.0 | 100.6 | 99.9 | 95.3 | 99.8 | 96.5 |
| 100.0 | 100.0 | 100.0 | 100.0 | 100.0 | 100.0 | 100.0 | 100.0 | 100.0 | 100.0 | 100.0 |
| **96.6** | **97.8** | **98.3** | **100.2** | **98.6** | **97.2** | **95.9** | **95.3** | **95.6** | **95.9** | **97.4** |
| 96.6 | 97.8 | 98.3 | 100.2 | 98.6 | 97.2 | 95.9 | 95.3 | 95.6 | 95.9 | 97.4 |
| **98.9** | **98.9** | **98.9** | **98.9** | **97.2** | **96.7** | **96.1** | **96.1** | **97.2** | **97.2** | **97.4** |
| 99.6 | 99.9 | 99.8 | 99.1 | 98.9 | 98.1 | 98.1 | 98.0 | 99.1 | 99.0 | 99.7 |
| 98.4 | 98.2 | 98.2 | 98.6 | 96.0 | 95.7 | 94.7 | 94.7 | 96.0 | 95.9 | 95.9 |
| 102.2 | 100.8 | 100.9 | 100.0 | 100.9 | 100.9 | 100.6 | 100.5 | 100.5 | 100.5 | 102.0 |
| **103.4** | **103.8** | **107.9** | **106.3** | **105.1** | **104.9** | **104.6** | **100.0** | **99.4** | **98.9** | **99.8** |
| **101.3** | **101.3** | **100.3** | **99.8** | **99.3** | **98.6** | **97.8** | **97.8** | **96.7** | **96.4** | **96.4** |
| 101.4 | 101.4 | 100.1 | 99.5 | 98.9 | 98.2 | 97.3 | 97.2 | 95.9 | 95.6 | 95.6 |
| 100.3 | 100.3 | 102.0 | 101.6 | 101.6 | 101.6 | 101.6 | 101.6 | 101.6 | 101.6 | 101.6 |

# 4-17 分月工业生产者出厂价格环比指数（2019年）

（上月=100）

| 类别 | Item | 全年 Annual Year | 1月 January | 2月 February | 3月 March |
|---|---|---|---|---|---|
| **总指数** | **General Index** | **100.2** | **99.3** | **99.9** | **100.2** |
| # 轻工业 | # Light Industry | 103.4 | 99.6 | 100.3 | 99.9 |
| 以农产品为原料 | Using Farm Produces as Raw Materials | 104.3 | 99.5 | 100.3 | 99.9 |
| 以非农产品为原料 | Using Non-farm Produces as Raw Materials | 99.0 | 100.0 | 100.0 | 100.0 |
| 重工业 | Heavy Industry | 99.2 | 99.2 | 99.8 | 100.2 |
| 采掘 | Mining and Quarrying | 98.4 | 99.5 | 100.0 | 98.9 |
| 原料 | Raw Material | 96.5 | 98.7 | 100.2 | 100.7 |
| 加工 | Processing | 100.5 | 99.5 | 99.6 | 100.1 |
| # 生产资料 | # Means of Production | 98.9 | 99.2 | 99.8 | 100.2 |
| 采掘 | Mining and Quarrying | 98.4 | 99.5 | 100.0 | 98.9 |
| 原料 | Raw Material | 96.2 | 98.7 | 100.1 | 100.8 |
| 加工 | Processing | 100.0 | 99.4 | 99.6 | 100.0 |
| 生活资料 | Life Material | 104.6 | 99.9 | 100.4 | 100.1 |
| 食品 | Food | 106.9 | 99.8 | 100.6 | 100.3 |
| 衣着 | Clothing | 100.5 | 100.3 | 100.2 | 100.1 |
| 一般日用品 | Articles for Daily Use | 100.8 | 99.9 | 100.0 | 99.9 |
| 耐用消费品 | Durable Consumers' Goods | 101.7 | 100.0 | 100.0 | 100.0 |
| **按工业部门分** | **Grouped by Department of Industry** | | | | |
| 冶金工业 | Metallurgical Industry | 96.9 | 97.8 | 99.0 | 100.1 |
| 电力工业 | Power Industry | 97.4 | 100.1 | 100.2 | 100.0 |
| 煤炭及炼焦工业 | Coal and Coking Industry | 98.0 | 100.0 | 99.9 | 99.9 |
| 石油工业 | Petroleum Industry | 102.9 | 96.9 | 103.7 | 103.4 |
| 化学工业 | Chemical Industry | 97.5 | 99.8 | 100.1 | 99.8 |
| 机械工业 | Machine Manufacturing Industry | 100.6 | 100.2 | 99.8 | 100.1 |
| 建筑材料工业 | Building Materials Industry | 102.7 | 99.8 | 99.7 | 99.7 |
| 森林工业 | Timber Industry | 98.6 | 99.8 | 98.9 | 101.0 |
| 食品工业 | Food Industry | 105.7 | 99.6 | 100.5 | 99.9 |
| 纺织工业 | Textile Industry | 106.2 | 98.3 | 99.8 | 100.6 |
| 缝纫工业 | Tailoring Industry | 98.9 | 100.0 | 100.0 | 100.0 |
| 皮革工业 | Leather Industry | 102.5 | 100.6 | 100.4 | 100.2 |
| 造纸工业 | Paper Industry | 96.5 | 99.1 | 99.6 | 100.1 |
| 文教艺术用品工业 | Cultural, Educational and Handicraft Articles | 101.3 | 100.3 | 99.8 | 100.1 |
| 其他工业 | Other Industry | 98.9 | 100.0 | 100.0 | 99.7 |

# Producer Price Chain Indices for Industrial Products by Month（2019）

（preceding month=100）

| 4 月 April | 5 月 May | 6 月 June | 7 月 July | 8 月 August | 9 月 September | 10 月 October | 11 月 November | 12 月 December |
|---|---|---|---|---|---|---|---|---|
| **100.8** | **100.1** | **99.5** | **99.8** | **99.8** | **100.0** | **100.4** | **100.2** | **100.2** |
| 100.7 | 100.0 | 100.0 | 100.1 | 100.9 | 100.9 | 100.5 | 100.6 | 99.9 |
| 100.8 | 100.0 | 100.0 | 100.2 | 101.1 | 101.1 | 100.6 | 100.7 | 99.9 |
| 100.1 | 99.9 | 99.8 | 99.8 | 100.0 | 99.7 | 99.9 | 100.0 | 99.9 |
| 100.9 | 100.2 | 99.3 | 99.7 | 99.5 | 99.7 | 100.4 | 100.1 | 100.2 |
| 99.7 | 100.2 | 99.5 | 99.7 | 100.3 | 100.6 | 100.4 | 100.0 | 99.7 |
| 100.9 | 99.9 | 99.1 | 98.5 | 99.1 | 99.7 | 100.2 | 99.6 | 99.8 |
| 101.0 | 100.3 | 99.4 | 100.2 | 99.6 | 99.7 | 100.4 | 100.3 | 100.5 |
| 100.7 | 100.1 | 99.3 | 99.7 | 99.5 | 99.8 | 100.4 | 100.1 | 100.2 |
| 99.7 | 100.2 | 99.5 | 99.7 | 100.3 | 100.6 | 100.4 | 100.0 | 99.7 |
| 100.9 | 99.8 | 99.1 | 98.5 | 99.1 | 99.7 | 100.2 | 99.6 | 99.8 |
| 100.7 | 100.2 | 99.4 | 100.2 | 99.6 | 99.8 | 100.5 | 100.3 | 100.4 |
| 101.3 | 100.2 | 100.0 | 100.1 | 100.9 | 100.7 | 100.4 | 100.5 | 100.0 |
| 101.4 | 100.3 | 99.9 | 100.1 | 101.4 | 101.2 | 100.6 | 101.0 | 100.1 |
| 100.4 | 99.6 | 100.0 | 99.9 | 100.4 | 100.1 | 100.0 | 99.8 | 99.5 |
| 100.1 | 100.1 | 100.1 | 100.1 | 100.3 | 100.3 | 100.2 | 99.9 | 99.7 |
| 101.9 | 100.0 | 100.0 | 100.0 | 100.0 | 99.9 | 100.1 | 99.8 | 100.1 |
| | | | | | | | | |
| 101.6 | 100.7 | 98.7 | 100.0 | 98.7 | 99.0 | 100.4 | 100.6 | 100.2 |
| 100.2 | 99.7 | 98.0 | 99.5 | 99.4 | 99.9 | 99.9 | 100.4 | 100.1 |
| 100.0 | 100.5 | 100.0 | 100.0 | 98.6 | 101.1 | 99.8 | 99.6 | 98.4 |
| 103.7 | 99.2 | 97.6 | 96.9 | 100.6 | 99.1 | 101.9 | 98.9 | 101.4 |
| 99.9 | 100.0 | 99.9 | 99.9 | 99.3 | 99.6 | 100.0 | 99.3 | 99.7 |
| 100.5 | 100.0 | 100.0 | 99.8 | 100.0 | 100.2 | 100.2 | 99.9 | 100.0 |
| 100.6 | 100.0 | 99.5 | 99.9 | 99.4 | 100.4 | 101.3 | 100.9 | 101.5 |
| 100.3 | 100.1 | 100.7 | 99.4 | 99.8 | 99.9 | 100.0 | 98.8 | 99.9 |
| 101.0 | 100.1 | 100.2 | 100.2 | 101.3 | 101.2 | 100.5 | 101.0 | 100.1 |
| 99.0 | 97.7 | 100.3 | 100.0 | 103.7 | 103.8 | 103.3 | 101.3 | 98.5 |
| 100.2 | 99.3 | 100.1 | 99.6 | 100.7 | 100.0 | 100.1 | 99.8 | 99.1 |
| 100.7 | 99.9 | 99.9 | 100.3 | 100.3 | 100.2 | 100.0 | 99.8 | 100.2 |
| 100.8 | 100.4 | 98.8 | 99.9 | 99.0 | 100.3 | 100.0 | 98.9 | 99.6 |
| 99.9 | 100.1 | 100.1 | 99.8 | 100.5 | 100.1 | 100.1 | 100.3 | 100.3 |
| 100.1 | 99.9 | 99.9 | 99.8 | 100.0 | 100.0 | 99.7 | 99.9 | 100.0 |

# 4-18 分行业工业生产者出厂价格环比指数（2019年）

（上月＝100）

| 类别 | Item | 全年 Annual Year | 1月 January |
|---|---|---|---|
| **煤炭开采和洗选业** | **Mining and Washing of Coal** | **98.0** | **100.0** |
| 烟煤和无烟煤开采洗选 | Mining and Washing of Bituminous and Anthracite | 93.0 | 100.0 |
| 褐煤的开采洗选 | Mining and Washing of Lignite | 101.3 | 100.0 |
| **石油和天然气开采业** | **Extraction of Petroleum and Natural Gas** | **101.1** | **88.0** |
| 石油开采 | Extraction of Petroleum | 101.1 | 88.0 |
| **黑色金属矿采选业** | **Mining and Processing of Ferrous Metal Ores** | **100.6** | **99.7** |
| 铁矿采选 | Mining and Processing of Iron Ore | 101.3 | 100.3 |
| 锰矿、铬矿采选 | Mining and Processing of Manganese Mine and Chrome Ore | 99.8 | 99.1 |
| **有色金属矿采选业** | **Mining and Processing of Non-Ferrous Metal Ores** | **95.0** | **99.8** |
| 常用有色金属矿采选 | Mining and Processing of Common Non-Ferrous Metal Ores | 94.6 | 99.8 |
| 贵金属矿采选 | Mining and Processing of Precious Metal Ores | 121.1 | 98.5 |
| **非金属矿采选业** | **Mining and Processing of Non-Metal Ores** | **101.2** | **100.0** |
| 土砂石开采 | Extraction of Soil Gravel | 103.6 | 100.4 |
| 化学矿采选 | Mining and Processing of Chemical Ores | 93.6 | 99.1 |
| 石棉及其他非金属矿采选 | Mining and Processing of Asbestos and Other Non-metallic | 103.4 | 99.8 |
| **农副食品加工业** | **Processing of Food from Agricultural Products** | **107.1** | **99.4** |
| 谷物磨制 | Corn Whetted | 101.7 | 99.6 |
| 饲料加工 | Forage Processed | 98.9 | 99.3 |
| 植物油加工 | Planting-Oil Processed | 108.9 | 101.7 |
| 制糖业 | Sugar Industry | 111.2 | 98.2 |
| 屠宰及肉类加工 | Slaughtered Meta and Meat Processes | 133.6 | 99.3 |
| 水产品加工 | Fishery Product Processed | 99.9 | 99.7 |
| 蔬菜、水果和坚果加工 | Vegetables, Fruits and Nuts Processing | 101.4 | 100.2 |
| 其他农副食品加工 | Other Farm and Side-line Food Processed | 101.0 | 99.0 |
| **食品制造业** | **Manufacture of Foods** | **99.8** | **100.0** |
| 焙烤食品制造 | Baked Food Manufacturing | 102.3 | 102.8 |
| 糖果、巧克力及蜜饯制造 | Candy, Chocolate and Candied Fruit Production | 100.0 | 100.0 |
| 方便食品制造 | Convenient Food Manufacturing | 92.0 | 100.3 |
| 乳制品制造 | Dairy Products Manufacturing | 104.2 | 100.0 |
| 罐头食品制造 | Canned Food Manufacturing | 103.5 | 99.1 |
| 调味品、发酵制品制造 | Condiment, Ferment Product Manufacturing | 103.8 | 100.1 |
| 其他食品制造 | Other Food Manufacturing | 100.2 | 99.8 |
| **酒、饮料和精制茶制造业** | **Manufacture of Liquor, Beverages and Refined Tea** | **102.7** | **100.1** |
| 酒的制造 | Manufacture of Wine | 101.8 | 100.0 |
| 饮料制造 | Beverage Manufacturing | 103.1 | 100.3 |
| 精制茶加工 | Refined-tea Process | 104.8 | 100.1 |

## Producer Price Chain Indices for Industrial Products by Industry（2019）

(preceding month=100)

| 2 月 February | 3 月 March | 4 月 April | 5 月 May | 6 月 June | 7 月 July | 8 月 August | 9 月 September | 10 月 October | 11 月 November | 12 月 December |
|---|---|---|---|---|---|---|---|---|---|---|
| 99.9 | 99.9 | 100.0 | 100.5 | 100.0 | 100.0 | 98.6 | 101.1 | 99.8 | 99.6 | 98.4 |
| 99.0 | 99.9 | 100.0 | 100.0 | 97.5 | 100.0 | 96.7 | 100.8 | 99.6 | 100.6 | 98.8 |
| 100.5 | 100.0 | 100.0 | 100.9 | 101.7 | 100.0 | 99.8 | 101.3 | 100.0 | 99.0 | 98.1 |
| 99.5 | 106.0 | 103.7 | 107.7 | 102.4 | 91.1 | 99.2 | 96.0 | 105.5 | 96.9 | 107.5 |
| 99.5 | 106.0 | 103.7 | 107.7 | 102.4 | 91.1 | 99.2 | 96.0 | 105.5 | 96.9 | 107.5 |
| 100.2 | 100.0 | 100.0 | 100.3 | 100.0 | 100.0 | 100.7 | 99.1 | 100.1 | 100.1 | 100.4 |
| 100.0 | 100.0 | 99.9 | 99.6 | 100.0 | 100.0 | 101.5 | 99.2 | 100.0 | 100.0 | 100.9 |
| 100.4 | 100.0 | 100.0 | 101.0 | 100.0 | 100.0 | 100.0 | 98.9 | 100.2 | 100.2 | 100.0 |
| 99.6 | 98.4 | 99.6 | 99.3 | 98.5 | 99.7 | 100.1 | 100.5 | 100.5 | 100.6 | 98.4 |
| 99.5 | 98.5 | 99.6 | 99.3 | 98.3 | 99.6 | 100.0 | 100.6 | 100.5 | 100.4 | 98.4 |
| 105.8 | 94.5 | 100.2 | 99.6 | 107.3 | 106.2 | 103.9 | 96.8 | 100.0 | 111.5 | 96.3 |
| 100.3 | 97.7 | 98.9 | 100.7 | 100.0 | 100.2 | 100.5 | 102.7 | 100.4 | 99.2 | 100.6 |
| 100.2 | 100.3 | 100.8 | 100.7 | 99.7 | 100.2 | 100.8 | 100.5 | 100.4 | 98.6 | 101.0 |
| 99.8 | 89.9 | 91.8 | 102.4 | 100.0 | 100.0 | 100.0 | 112.1 | 100.0 | 100.0 | 100.0 |
| 101.1 | 99.4 | 101.0 | 99.2 | 101.0 | 100.6 | 100.2 | 100.1 | 100.7 | 100.3 | 99.8 |
| 100.7 | 99.9 | 101.1 | 99.9 | 100.1 | 100.3 | 101.7 | 101.6 | 100.9 | 101.4 | 100.0 |
| 99.4 | 100.1 | 101.1 | 100.0 | 100.1 | 99.8 | 100.7 | 100.0 | 100.0 | 99.9 | 100.9 |
| 99.8 | 98.0 | 99.1 | 99.4 | 101.1 | 100.4 | 100.0 | 100.9 | 100.0 | 100.2 | 100.6 |
| 102.0 | 102.2 | 98.5 | 98.6 | 99.3 | 99.0 | 100.8 | 103.1 | 99.9 | 102.7 | 100.8 |
| 101.1 | 100.4 | 104.3 | 100.6 | 99.9 | 100.2 | 103.5 | 101.4 | 101.2 | 100.7 | 99.3 |
| 100.4 | 98.1 | 101.4 | 100.1 | 99.5 | 103.3 | 108.1 | 104.6 | 107.0 | 109.2 | 99.3 |
| 100.6 | 97.2 | 101.5 | 100.2 | 100.6 | 100.3 | 98.0 | 101.3 | 99.7 | 100.5 | 100.4 |
| 100.0 | 99.9 | 99.8 | 100.4 | 100.2 | 100.6 | 100.2 | 100.7 | 101.6 | 98.1 | 99.7 |
| 99.9 | 101.1 | 100.2 | 100.5 | 99.8 | 100.9 | 99.1 | 100.3 | 99.9 | 100.2 | 100.1 |
| 100.2 | 99.6 | 100.4 | 100.6 | 100.8 | 100.0 | 100.4 | 100.1 | 98.7 | 98.9 | 100.2 |
| 100.0 | 100.0 | 100.0 | 101.9 | 100.0 | 100.0 | 100.3 | 100.2 | 97.0 | 100.1 | 100.1 |
| 100.0 | 100.0 | 100.0 | 100.0 | 100.0 | 100.0 | 100.0 | 100.0 | 100.0 | 100.0 | 100.0 |
| 100.2 | 100.0 | 100.6 | 99.9 | 100.0 | 99.9 | 101.6 | 100.0 | 95.7 | 93.5 | 100.3 |
| 100.0 | 100.0 | 100.9 | 100.0 | 102.7 | 100.0 | 100.0 | 100.7 | 100.0 | 100.0 | 100.0 |
| 100.7 | 97.7 | 99.9 | 102.0 | 101.4 | 100.6 | 99.8 | 100.3 | 99.0 | 102.3 | 100.7 |
| 100.0 | 99.3 | 101.0 | 100.2 | 98.8 | 100.4 | 100.2 | 101.0 | 100.0 | 100.6 | 102.2 |
| 100.1 | 99.8 | 100.2 | 100.6 | 101.0 | 99.8 | 100.3 | 99.4 | 99.8 | 99.8 | 99.8 |
| 100.0 | 99.9 | 100.9 | 100.4 | 100.4 | 99.9 | 100.0 | 100.1 | 100.1 | 100.4 | 100.3 |
| 100.1 | 99.7 | 100.7 | 99.8 | 100.5 | 100.1 | 100.3 | 100.2 | 100.3 | 100.2 | 99.9 |
| 100.0 | 100.0 | 101.1 | 101.0 | 100.3 | 99.6 | 99.8 | 100.0 | 99.9 | 100.5 | 100.6 |
| 100.0 | 100.6 | 101.3 | 100.1 | 101.1 | 100.3 | 100.3 | 100.5 | 100.1 | 100.5 | 100.0 |

4-18 续表 1

（上月＝100）

| 类　别 | Item | 全　年 Annual Year | 1 月 January |
|---|---|---|---|
| **烟草制品业** | **Manufacture of Tobacco** | **102.4** | **100.0** |
| 卷烟制造 | Cigarette Manufacturing | 102.4 | 100.0 |
| **纺织业** | **Manufacture of Textile** | **106.2** | **98.3** |
| 棉纺织及印染精加工 | Cotton and Textile Printing and Dyeing Finishing | 98.5 | 100.3 |
| 麻纺织及染整精加工 | Finishing of Linen Textile and Dyeing and Finishing | 100.5 | 100.0 |
| 丝绢纺织及印染精加工 | Silk and Textile Printing and Dyeing Finishing | 109.1 | 97.6 |
| 家用纺织制成品制造 | Manufacture of Household Textile Products | 98.1 | 99.3 |
| **纺织服装、服饰业** | **Manufacture of Textile, Wearing Apparel and Accessories** | **98.9** | **100.0** |
| 机织服装制造 | Manufacture of Woven Garment | 97.9 | 100.0 |
| 针织或钩针编织服装制造 | Manufacture of Knitted or Crocheted Garment | 108.7 | 100.4 |
| **皮革、毛皮、羽毛及其制品和制鞋业** | **Manufacture of Leather, Fur, Feather and Related Products and Footware** | **102.7** | **100.8** |
| 皮革鞣制加工 | Leather Processing | 103.3 | 100.8 |
| 皮革制品制造 | Leather Product Processing | 102.2 | 100.6 |
| 羽毛（绒）加工及制品制造 | Feather Processing and Its Products Manufacturing | 104.1 | 102.0 |
| 制鞋业 | Shoemaking Industry | 102.6 | 100.5 |
| **木材加工和木、竹、藤、棕、草制品业** | **Processing of Timber, Manufacture of Wood, Bamboo, Rattan, Palm and Straw Products** | **98.4** | **99.8** |
| 木材加工 | Manufacture of Wood | 99.9 | 100.1 |
| 人造板制造 | Artificial Plank Manufacturing | 97.4 | 99.8 |
| 木制品制造 | Timber Product Manufacturing | 100.6 | 100.1 |
| 竹、藤、棕、草等制品制造 | Bamboo, Ratten, Palm and Grass Product Manufacturing | 102.0 | 99.2 |
| **家具制造业** | **Manufacture of Furniture** | **100.6** | **99.7** |
| 木质家具制造 | Manufacture of Wooden Furniture | 100.4 | 99.5 |
| 其他家具制造 | Manufacture of Other Furniture | 101.4 | 100.7 |
| **造纸和纸制品业** | **Manufacture of Paper and Paper Products** | **96.5** | **99.1** |
| 纸浆制造 | Paper Pulp Manufacturing | 71.2 | 93.4 |
| 造纸 | Paper Making | 97.5 | 99.1 |
| 纸制品制造 | Paper Products Manufacturing | 98.1 | 99.9 |
| **印刷和记录媒介的复制** | **Printing and Reproduction of Recording Media** | **101.0** | **100.3** |
| 印刷 | Painting | 101.0 | 100.4 |
| 装订及印刷相关服务 | Bookbinding and Printing Related Services | 102.0 | 99.4 |
| **文教、工美、体育和娱乐用品制造业** | **Manufacture of Articles for Culture, Education, Arts and Crafts, Sport and Entertainment Activities** | **100.5** | **100.0** |
| 文教办公用品制造 | Manufacture of Articles for Culture, Education | 101.5 | 99.6 |
| 工艺美术品制造 | Manufacture of Arts and Crafts | 99.9 | 100.0 |
| 玩具制造 | Manufacture of Toys | 102.7 | 100.0 |
| **石油、煤炭及其他燃料加工业** | **Petroleum, Coal & Other Fuel Processing Industry** | **103.1** | **97.0** |
| 精炼石油产品制造 | Refined Coking Petroleum Manufacturing | 103.1 | 96.9 |

continued

(preceding month=100)

| 2 月 February | 3 月 March | 4 月 April | 5 月 May | 6 月 June | 7 月 July | 8 月 August | 9 月 September | 10 月 October | 11 月 November | 12 月 December |
|---|---|---|---|---|---|---|---|---|---|---|
| **100.0** | **100.0** | **101.1** | **101.3** | **100.0** | **100.0** | **100.0** | **100.0** | **100.0** | **100.0** | **100.0** |
| 100.0 | 100.0 | 101.1 | 101.3 | 100.0 | 100.0 | 100.0 | 100.0 | 100.0 | 100.0 | 100.0 |
| **99.8** | **100.6** | **99.0** | **97.7** | **100.3** | **100.0** | **103.7** | **103.8** | **103.3** | **101.3** | **98.5** |
| 99.9 | 100.4 | 100.1 | 100.6 | 100.0 | 99.3 | 98.9 | 100.5 | 99.9 | 98.8 | 99.8 |
| 100.0 | 100.0 | 100.7 | 100.0 | 100.0 | 100.0 | 99.8 | 99.0 | 100.0 | 101.3 | 99.8 |
| 99.7 | 100.8 | 98.6 | 96.7 | 100.4 | 100.2 | 105.7 | 105.1 | 104.5 | 102.0 | 98.0 |
| 100.0 | 100.0 | 100.0 | 100.0 | 100.0 | 100.0 | 98.7 | 100.2 | 99.4 | 100.0 | 100.4 |
| **100.0** | **100.0** | **100.2** | **99.3** | **100.1** | **99.6** | **100.7** | **100.0** | **100.1** | **99.8** | **99.1** |
| 100.0 | 99.9 | 100.2 | 99.2 | 100.1 | 99.6 | 100.5 | 99.6 | 100.0 | 99.7 | 99.0 |
| 100.0 | 100.4 | 100.0 | 100.4 | 100.0 | 99.6 | 102.6 | 104.0 | 101.3 | 99.9 | 99.9 |
| **100.4** | **100.2** | **100.7** | **100.1** | **99.9** | **100.2** | **100.4** | **100.0** | **100.1** | **99.6** | **100.1** |
| 100.9 | 100.1 | 100.8 | 99.5 | 99.6 | 100.2 | 101.3 | 99.6 | 100.5 | 99.3 | 100.7 |
| 100.3 | 100.0 | 101.1 | 99.9 | 99.9 | 100.4 | 99.7 | 100.4 | 100.0 | 99.9 | 100.0 |
| 100.3 | 99.9 | 100.9 | 101.5 | 100.0 | 99.3 | 101.1 | 99.4 | 100.9 | 98.8 | 100.0 |
| 100.5 | 100.6 | 100.0 | 99.9 | 100.1 | 100.2 | 100.9 | 100.0 | 99.9 | 99.8 | 100.2 |
| **98.8** | **101.2** | **100.3** | **100.1** | **100.8** | **99.3** | **99.7** | **99.9** | **100.0** | **98.7** | **99.9** |
| 100.8 | 100.2 | 101.2 | 100.8 | 99.7 | 100.0 | 97.4 | 99.2 | 100.7 | 100.1 | 99.6 |
| 98.2 | 101.6 | 100.4 | 100.0 | 101.1 | 98.8 | 100.0 | 99.7 | 99.6 | 98.3 | 99.9 |
| 100.0 | 100.0 | 99.6 | 100.4 | 99.6 | 100.0 | 99.6 | 101.0 | 101.1 | 99.2 | 100.0 |
| 100.4 | 100.7 | 100.1 | 99.7 | 100.3 | 101.3 | 100.1 | 100.3 | 100.2 | 99.8 | 99.9 |
| **99.8** | **99.5** | **99.9** | **99.6** | **100.4** | **100.0** | **101.4** | **100.2** | **100.1** | **99.2** | **100.8** |
| 100.1 | 99.6 | 100.0 | 99.7 | 100.6 | 100.3 | 100.9 | 100.1 | 100.1 | 99.5 | 100.1 |
| 98.8 | 99.0 | 99.7 | 98.7 | 99.5 | 98.7 | 103.6 | 100.8 | 100.1 | 97.8 | 104.2 |
| **99.6** | **100.1** | **100.8** | **100.4** | **98.8** | **99.9** | **99.0** | **100.3** | **100.0** | **98.9** | **99.6** |
| 99.3 | 100.7 | 103.9 | 98.9 | 94.9 | 96.1 | 100.4 | 98.8 | 96.6 | 92.2 | 92.1 |
| 99.8 | 100.6 | 101.0 | 100.7 | 98.2 | 100.2 | 98.2 | 100.2 | 100.3 | 99.1 | 100.0 |
| 99.3 | 99.0 | 100.1 | 100.0 | 100.2 | 100.0 | 100.0 | 100.7 | 99.9 | 99.3 | 99.6 |
| **99.8** | **100.0** | **99.8** | **100.1** | **100.0** | **99.8** | **100.6** | **100.0** | **100.0** | **100.4** | **100.1** |
| 99.8 | 100.0 | 99.8 | 100.1 | 100.0 | 99.8 | 100.6 | 100.0 | 100.0 | 100.4 | 100.1 |
| 100.0 | 100.0 | 100.0 | 102.5 | 100.0 | 100.0 | 100.0 | 100.0 | 100.0 | 100.0 | 100.0 |
| **100.0** | **100.1** | **100.0** | **100.0** | **100.1** | **100.0** | **99.7** | **100.3** | **100.2** | **99.7** | **100.5** |
| 99.3 | 98.8 | 100.2 | 100.1 | 101.7 | 100.0 | 99.9 | 101.4 | 99.9 | 100.0 | 100.7 |
| 100.0 | 100.0 | 100.0 | 100.0 | 100.0 | 100.0 | 99.5 | 100.2 | 100.2 | 99.6 | 100.4 |
| 100.0 | 100.9 | 100.1 | 100.0 | 100.0 | 99.8 | 100.1 | 100.1 | 100.6 | 100.0 | 100.9 |
| **104.0** | **103.5** | **103.9** | **99.0** | **97.4** | **97.0** | **100.6** | **99.1** | **101.9** | **98.9** | **101.2** |
| 104.0 | 103.5 | 103.9 | 99.0 | 97.4 | 96.9 | 100.6 | 99.1 | 101.9 | 98.9 | 101.3 |

4-18 续表 2

（上月＝100）

| 类 别 | Item | 全 年 Annual Year | 1 月 January |
|---|---|---|---|
| **化学原料和化学制品制造业** | **Manufacture of Raw Chemical Materials and Chemical Products** | **93.5** | **99.0** |
| 基础化学原料制造 | Basic Chemical Material Manufacturing | 91.5 | 98.5 |
| 肥料制造 | Fertilizer Manufacture | 98.2 | 99.9 |
| 农药制造 | Pesticide Manufacturing | 100.3 | 98.7 |
| 涂料、油墨、颜料及类似产品制造 | Coating, Printing Ink, Pigment and The Similar Products Manufacture | 93.5 | 99.5 |
| 合成材料制造 | Compounded Material Manufacture | 96.4 | 98.5 |
| 专用化学产品制造 | Specialized Chemical Product Manufacture | 86.9 | 98.5 |
| 炸药、火工及焰火产品制造 | Manufacture of Explosive, Firer and Fireworks Products | 100.4 | 100.0 |
| 日用化学产品制造 | Daily Chemical Product Manufacture | 100.9 | 100.0 |
| **医药制造业** | **Manufacture of Medicines** | **105.4** | **101.2** |
| 化学药品原料药制造 | Manufacture of Chemical Raw Material Medicine | 110.1 | 102.7 |
| 化学药品制剂制造 | Chemical Medicine Agent Manufacture | 103.7 | 100.1 |
| 中药饮片加工 | Processing of Chinese Herbal Pieces | 96.3 | 99.7 |
| 中成药生产 | Chines Patent Medicine's Production | 107.0 | 101.5 |
| 兽用药品制造 | Medicine in Herbs Manufacture | 100.2 | 100.0 |
| 生物药品制造 | Biopharmaceutical Manufacturing | 109.9 | 102.3 |
| 卫生材料及医药用品制造 | Sanitary Materials and Medical Supplies Manufacturing | 100.7 | 100.0 |
| **橡胶和塑料制品业** | **Manufacture of Rubber and Plastics Products** | **100.6** | **101.1** |
| 橡胶制品业 | Rubber Products Industry | 101.1 | 104.4 |
| 塑料制品业 | Plastic Products Industry | 100.6 | 100.5 |
| **非金属矿物制品业** | **Manufacture of Non-metallic Mineral Products** | **102.3** | **99.7** |
| 水泥、石灰和石膏制造 | Manufacture of Cement, Lime and Gesso | 105.5 | 98.4 |
| 石膏、水泥制品及类似制品制造 | Manufacture of Gesso, Cement and Similar Products | 105.0 | 101.2 |
| 砖瓦、石材等建筑材料制造 | Manufacture of Tile and Dimension Stone | 101.7 | 100.9 |
| 玻璃制造 | Manufacture of Glass | 119.3 | 100.0 |
| 玻璃制品制造 | Manufacture of Glass Products | 102.4 | 100.8 |
| 陶瓷制品制造 | Manufacture of Ceramics Products | 95.6 | 98.9 |
| 耐火材料制品制造 | Manufacture of Refractory Products | 78.9 | 100.0 |
| 石墨及其他非金属矿物制品制造 | Manufacture of Graphite and Other Non-metallic Mineral Products | 95.0 | 98.7 |
| **黑色金属冶炼和压延加工业** | **Smelting and Pressing of Ferrous Metals** | **97.8** | **97.0** |
| 钢压延加工 | Steel Rolling Processing | 100.8 | 96.9 |
| 铁合金冶炼 | Ferroalloy Smelting | 83.5 | 97.3 |

continued

（preceding month=100）

| 2 月 February | 3 月 March | 4 月 April | 5 月 May | 6 月 June | 7 月 July | 8 月 August | 9 月 September | 10 月 October | 11 月 November | 12 月 December |
|---|---|---|---|---|---|---|---|---|---|---|
| **99.9** | **100.1** | **99.7** | **99.7** | **99.7** | **99.7** | **98.5** | **98.9** | **99.8** | **99.0** | **99.1** |
| 98.4 | 101.0 | 98.7 | 99.2 | 100.6 | 100.9 | 96.4 | 98.8 | 100.4 | 98.5 | 99.8 |
| 100.0 | 99.6 | 100.1 | 100.4 | 99.9 | 99.8 | 99.8 | 99.9 | 100.0 | 99.8 | 98.9 |
| 105.1 | 99.4 | 100.0 | 100.0 | 99.8 | 99.2 | 102.6 | 98.9 | 98.7 | 100.0 | 98.1 |
| 99.4 | 100.6 | 100.8 | 98.9 | 97.4 | 99.2 | 97.9 | 99.2 | 100.3 | 100.5 | 99.6 |
| 98.6 | 99.6 | 102.1 | 99.7 | 99.5 | 97.5 | 102.1 | 98.4 | 104.0 | 100.6 | 95.9 |
| 99.7 | 99.6 | 99.6 | 99.7 | 99.4 | 99.1 | 97.6 | 98.1 | 99.3 | 97.2 | 98.3 |
| 100.0 | 100.0 | 100.4 | 100.0 | 100.0 | 100.0 | 100.0 | 100.0 | 100.0 | 100.0 | 100.0 |
| 100.0 | 100.3 | 100.6 | 100.2 | 100.3 | 99.5 | 99.7 | 99.2 | 100.0 | 101.1 | 100.0 |
| **100.4** | **100.1** | **101.0** | **100.8** | **99.8** | **100.3** | **100.4** | **100.0** | **100.1** | **100.0** | **101.0** |
| 102.5 | 100.0 | 100.5 | 101.4 | 100.4 | 100.0 | 102.2 | 100.0 | 100.1 | 100.0 | 100.0 |
| 99.9 | 100.0 | 101.0 | 101.0 | 100.0 | 99.9 | 100.1 | 100.0 | 101.8 | 100.4 | 99.5 |
| 99.7 | 100.0 | 99.9 | 100.3 | 100.0 | 100.0 | 99.4 | 99.6 | 98.9 | 98.9 | 99.9 |
| 100.3 | 100.1 | 101.5 | 100.8 | 99.7 | 100.3 | 100.5 | 100.2 | 100.1 | 100.1 | 101.7 |
| 100.0 | 100.0 | 99.8 | 100.2 | 99.8 | 101.5 | 98.9 | 99.6 | 100.0 | 100.0 | 100.4 |
| 103.8 | 104.5 | 99.3 | 99.9 | 100.0 | 100.0 | 100.0 | 100.0 | 100.0 | 100.0 | 100.0 |
| 100.0 | 100.2 | 100.0 | 100.0 | 100.0 | 100.0 | 100.5 | 100.0 | 100.0 | 100.0 | 100.0 |
| **100.2** | **100.0** | **99.9** | **99.9** | **99.8** | **100.2** | **100.2** | **99.8** | **100.2** | **99.0** | **100.4** |
| 100.0 | 99.9 | 100.1 | 100.3 | 99.9 | 100.0 | 100.1 | 100.9 | 100.1 | 95.7 | 100.0 |
| 100.2 | 100.0 | 99.9 | 99.9 | 99.7 | 100.2 | 100.2 | 99.6 | 100.2 | 99.6 | 100.5 |
| **99.6** | **99.6** | **100.6** | **100.0** | **99.5** | **99.9** | **99.3** | **100.3** | **101.3** | **101.1** | **101.4** |
| 98.5 | 99.1 | 101.6 | 99.1 | 98.0 | 99.5 | 97.7 | 100.3 | 105.2 | 103.0 | 105.4 |
| 100.0 | 99.9 | 100.1 | 100.8 | 100.0 | 100.0 | 100.3 | 100.4 | 100.2 | 100.5 | 101.6 |
| 100.0 | 100.8 | 100.1 | 100.3 | 100.0 | 100.3 | 99.5 | 100.4 | 100.6 | 99.8 | 99.0 |
| 101.3 | 93.5 | 103.7 | 101.0 | 99.7 | 103.9 | 104.1 | 102.7 | 101.8 | 106.6 | 100.3 |
| 100.2 | 100.1 | 100.1 | 100.8 | 100.0 | 100.0 | 99.5 | 99.8 | 100.2 | 100.7 | 100.0 |
| 100.2 | 99.4 | 100.0 | 99.9 | 100.7 | 99.8 | 100.6 | 100.5 | 97.9 | 99.9 | 97.7 |
| 100.0 | 100.0 | 100.4 | 99.7 | 100.0 | 100.0 | 89.6 | 91.0 | 95.9 | 100.0 | 100.8 |
| 100.2 | 99.2 | 100.0 | 99.3 | 99.9 | 99.8 | 99.7 | 99.7 | 99.7 | 99.8 | 98.8 |
| **98.7** | **100.5** | **102.7** | **101.0** | **97.8** | **101.7** | **98.5** | **97.6** | **100.8** | **100.8** | **101.0** |
| 98.7 | 100.7 | 103.3 | 101.4 | 97.4 | 101.7 | 98.4 | 97.5 | 101.4 | 102.2 | 101.4 |
| 98.7 | 99.4 | 100.2 | 98.7 | 99.9 | 101.3 | 99.3 | 97.8 | 97.7 | 93.3 | 98.9 |

4-18 续表 3

（上月＝100）

| 类 别 | Item | 全 年 Annual Year | 1 月 January |
|---|---|---|---|
| **有色金属冶炼和压延加工业** | **Smelting and Pressing of Non-ferrous Metals** | **94.1** | **98.0** |
| 常用有色金属冶炼 | General Non-ferrous Metal Coking | 93.0 | 97.8 |
| 贵金属冶炼 | Precious Metal Smelting | 105.6 | 100.0 |
| 稀有稀土金属冶炼 | Smelting of Rare and Rare Earth Metals | 56.4 | 85.3 |
| 有色金属合金制造 | Non-ferrous Metal Alloy Manufacture | 97.2 | 100.1 |
| 有色金属压延加工 | Non-ferrous Metal Rolling Processing | 102.0 | 100.4 |
| **金属制品业** | **Manufacture of Metal Products** | **99.7** | **100.0** |
| 结构性金属制品制造 | Structural Metal Product | 103.0 | 100.8 |
| 金属工具制造 | Manufacture of Metal Tools | 95.6 | 94.3 |
| 建筑、安全用金属制品制造 | Manufacture of Building and Safe Use Metal Products | 100.0 | 100.0 |
| 金属表面处理及热处理加工 | Metal Surface Treatment and Heat Treatment | 100.8 | 100.0 |
| 金属制日用品制造 | Manufacture of Metal Commodity | 99.9 | 100.1 |
| 锻造及其他金属制品制造 | Forging and Other Metal Products Manufacturing | 97.9 | 99.9 |
| **通用设备制造业** | **Manufacture of General Purpose Machinery** | **100.6** | **100.0** |
| 锅炉及原动设备制造 | Boiler and Original Equipment Manufacturing | 101.6 | 100.1 |
| 金属加工机械制造 | Metal Process and Machinery Manufacture | 94.9 | 100.0 |
| 物料搬运设备制造 | Manufacture of Material Handling Equipment | 98.8 | 100.1 |
| 泵、阀门、压缩机及类似机械制造 | Pump, Valve, Compressor and Its Similar Mechanical Manufacture | 99.9 | 99.4 |
| 轴承、齿轮和传动部件制造 | Bearings, Gears and Transmission Components Manufacturing | 100.6 | 100.0 |
| 烘炉、风机、衡器、包装等设备制造 | Ovens, Fans, Weighing, Packaging Equipment Manufacturing | 100.5 | 100.5 |
| 通用零部件制造 | Metal Casting and Forging | 100.6 | 100.1 |
| **专用设备制造业** | **Manufacture of Special Purpose Machinery** | **100.5** | **99.9** |
| 采矿、冶金、建筑专用设备制造 | Mining, Metallurgy, Building Special Equipment Manufacture | 100.5 | 100.1 |
| 化工、木材、非金属加工专用设备制造 | Chemical Engineering, Timber, Non-Metal Processed Special Equipments Manufacture | 100.0 | 100.0 |
| 食品、饮料、烟草及饲料生产专用设备制造 | The Food, Beverage, Tobacco and Foddar Production Special Equipments Manufacture | 101.5 | 101.2 |
| 农、林、牧、渔专用机械制造 | Agriculture, Forestry Animal Husbandry and Fishery Specific Machinery Manufacture | 97.9 | 98.5 |
| 医疗仪器设备及器械制造 | Medical Equipment and Device Manufacturers | 101.5 | 100.0 |
| 环保、社会公共安全及其他专用设备制造 | Environment Protection, Social Public Security and Other Specific Equipment Manufacturer | 107.9 | 100.0 |
| **汽车制造业** | **Manufacture of Automobiles** | **100.6** | **100.1** |
| 汽车整车制造 | Manufacture of Automobiles | 101.8 | 100.1 |
| 改装汽车制造 | Manufacture of Automobile Making | 100.5 | 100.1 |
| 低速载货汽车制造 | Manufacture of Low-speed Truck | 94.6 | 97.6 |
| 汽车零部件及配件制造 | Manufacture of Auto Parts and Accessories | 99.0 | 100.1 |

continued

(preceding month=100)

| 2 月 February | 3 月 March | 4 月 April | 5 月 May | 6 月 June | 7 月 July | 8 月 August | 9 月 September | 10 月 October | 11 月 November | 12 月 December |
|---|---|---|---|---|---|---|---|---|---|---|
| **99.1** | **99.9** | **100.8** | **100.6** | **100.1** | **97.4** | **98.1** | **101.1** | **99.6** | **100.5** | **98.7** |
| 99.0 | 99.8 | 100.7 | 100.4 | 101.1 | 96.7 | 97.1 | 100.8 | 100.0 | 100.6 | 98.9 |
| 100.0 | 100.0 | 100.0 | 100.0 | 100.0 | 100.0 | 101.8 | 111.0 | 112.4 | 85.3 | 97.6 |
| 92.0 | 96.2 | 98.3 | 102.2 | 87.7 | 100.6 | 105.3 | 108.3 | 96.2 | 104.0 | 73.9 |
| 100.0 | 100.0 | 100.0 | 100.0 | 97.1 | 100.0 | 100.0 | 100.0 | 100.0 | 100.0 | 100.0 |
| 100.2 | 100.7 | 101.2 | 101.0 | 98.7 | 99.2 | 100.1 | 100.9 | 98.9 | 100.3 | 100.6 |
| **100.0** | **100.0** | **99.6** | **100.1** | **100.0** | **98.9** | **100.0** | **100.0** | **100.7** | **100.3** | **100.1** |
| 100.0 | 100.0 | 99.6 | 100.0 | 100.0 | 99.2 | 100.1 | 100.0 | 102.2 | 100.9 | 100.4 |
| 100.0 | 100.0 | 101.3 | 100.0 | 100.0 | 100.0 | 100.0 | 100.0 | 100.0 | 100.0 | 100.0 |
| 100.0 | 100.0 | 100.0 | 100.0 | 100.0 | 100.0 | 100.0 | 100.0 | 100.0 | 100.0 | 100.0 |
| 100.0 | 100.0 | 100.0 | 100.0 | 100.0 | 100.0 | 100.0 | 100.0 | 100.9 | 100.0 | 100.0 |
| 100.0 | 99.6 | 99.9 | 100.4 | 100.0 | 100.0 | 100.1 | 100.7 | 99.3 | 100.6 | 99.3 |
| 99.9 | 100.0 | 99.5 | 100.1 | 100.0 | 98.4 | 100.0 | 100.0 | 100.1 | 100.0 | 100.0 |
| **98.7** | **101.2** | **100.3** | **99.9** | **100.1** | **100.0** | **100.0** | **100.4** | **100.4** | **99.7** | **100.0** |
| 97.7 | 102.3 | 100.4 | 100.0 | 100.0 | 100.0 | 100.0 | 100.6 | 100.4 | 100.0 | 100.0 |
| 100.0 | 100.0 | 102.7 | 100.0 | 100.0 | 100.0 | 100.0 | 100.0 | 100.0 | 92.4 | 100.0 |
| 99.7 | 99.9 | 99.6 | 100.0 | 100.0 | 100.0 | 100.0 | 100.0 | 100.0 | 100.0 | 99.4 |
| 100.0 | 100.1 | 99.8 | 99.7 | 100.5 | 99.4 | 99.5 | 100.2 | 100.6 | 100.7 | 99.9 |
| 99.6 | 100.0 | 100.0 | 100.0 | 99.8 | 100.0 | 100.6 | 100.0 | 100.6 | 100.0 | 100.0 |
| 100.0 | 100.0 | 100.0 | 100.0 | 100.0 | 100.0 | 100.0 | 100.0 | 100.0 | 100.0 | 100.0 |
| 99.8 | 99.4 | 99.5 | 99.6 | 100.7 | 100.0 | 99.5 | 100.1 | 100.5 | 100.7 | 100.6 |
| **99.8** | **100.4** | **99.7** | **100.1** | **100.0** | **100.0** | **99.7** | **100.4** | **100.0** | **99.9** | **100.8** |
| 99.8 | 100.5 | 99.6 | 100.1 | 100.0 | 100.1 | 99.4 | 100.5 | 99.7 | 99.7 | 100.8 |
| 100.0 | 100.0 | 100.0 | 100.0 | 100.0 | 100.0 | 100.0 | 100.0 | 100.0 | 100.0 | 100.0 |
| 100.0 | 100.0 | 98.5 | 99.6 | 100.0 | 100.0 | 101.5 | 100.8 | 99.9 | 100.0 | 100.0 |
| 99.4 | 100.1 | 99.6 | 98.7 | 100.1 | 99.0 | 99.9 | 100.3 | 101.3 | 99.7 | 101.4 |
| 100.0 | 100.0 | 100.0 | 101.5 | 100.0 | 100.0 | 100.0 | 100.0 | 100.0 | 100.0 | 100.0 |
| 100.0 | 100.0 | 101.0 | 104.0 | 100.0 | 100.0 | 101.3 | 100.0 | 99.5 | 101.8 | 100.1 |
| **99.9** | **99.9** | **101.0** | **100.0** | **99.9** | **100.0** | **100.2** | **100.0** | **99.8** | **100.0** | **99.9** |
| 99.9 | 99.8 | 101.7 | 100.0 | 99.9 | 99.9 | 100.7 | 100.1 | 99.7 | 100.1 | 99.9 |
| 100.2 | 99.8 | 100.0 | 100.5 | 100.0 | 99.6 | 99.1 | 99.6 | 101.7 | 100.2 | 99.6 |
| 101.2 | 98.2 | 101.2 | 100.0 | 101.5 | 98.2 | 99.9 | 96.1 | 100.9 | 98.3 | 101.6 |
| 99.9 | 100.0 | 100.0 | 100.0 | 100.0 | 100.0 | 99.5 | 99.9 | 99.9 | 99.7 | 100.0 |

4-18 续表 4

（上月＝100）

| 类 别 | Item | 全 年 Annual Year | 1 月 January |
|---|---|---|---|
| **铁路、船舶、航空航天和其他运输设备制造业** | **Manufacture of Railway, Ship, Aerospace and Other Transport Equipments** | **103.9** | **103.9** |
| 铁路运输设备制造 | Rail Transportation Equipment Manufacture | 107.6 | 107.6 |
| 摩托车制造 | Automobile Manufacturing | 100.0 | 100.0 |
| **电气机械和器材制造业** | **Manufacture of Electrical Machinery and Apparatus** | **99.8** | **100.5** |
| 电机制造 | Manufacture of Motor | 102.1 | 100.7 |
| 输配电及控制设备制造 | Electricity Mixed and Control Equipments Manufacture | 99.4 | 100.8 |
| 电线、电缆、光缆及电工器材制造 | Manufacture of Wire, Cable, Optical Cable and Electrical Equipment | 100.9 | 99.7 |
| 电池制造 | Manufacture of Battery | 90.3 | 101.5 |
| 家用电力器具制造 | Manufacture of Household Electric Appliance | 101.6 | 102.3 |
| 照明器具制造 | Manufacture of Lighting Fixtures | 104.8 | 100.0 |
| **计算机、通信和其他电子设备制造业** | **Manufacture of Computers, Communication and Other Electronic Equipment** | **101.5** | **100.0** |
| 计算机制造 | Manufacture of Computers | 101.6 | 100.0 |
| 通信设备制造 | Manufacture of Communication Equipment | 98.6 | 100.0 |
| 广播电视设备制造 | Manufacture of Radio and Television Equipment | 99.6 | 99.5 |
| 视听设备制造 | Manufacture of Audiovisual Equipment | 100.0 | 100.0 |
| 电子器件制造 | Manufacture of Electronic Device | 103.3 | 100.1 |
| 电子元件制造 | Manufacture of Electronic Components | 106.5 | 100.1 |
| 其他电子设备制造 | Manufacture of Other Electronic Equipment | 87.8 | 100.0 |
| **仪器仪表制造业** | **Manufacture of Measuring Instruments and Machinery** | **101.4** | **100.0** |
| 通用仪器仪表制造 | Manufacture of General Instrument | 99.8 | 100.0 |
| 钟表与计时仪器制造 | Manufacture of Timepiece and Time Keeping Instrument | 115.1 | 100.0 |
| 光学仪器及眼镜制造 | Manufacture of Optical Instrument and Glasses | 103.8 | 100.0 |
| **其他制造业** | **Other Manufacture** | **97.8** | **100.0** |
| 日用杂品制造 | Manufacture of Daily Sundry Goods | 96.5 | 100.0 |
| 其他未列明制造业 | Manufacture of Other Not Listed | 100.0 | 100.0 |
| **废弃资源综合利用业** | **Utilization of Waste Resources** | **97.4** | **98.3** |
| 金属废料和碎屑加工处理 | Metal Waste and Scrap Processing | 97.4 | 98.3 |
| **电力、热力生产和供应业** | **Production and Supply of Electric Power and Heat Power** | **97.4** | **100.1** |
| 电力生产 | Electric Power Production | 99.7 | 100.1 |
| 电力供应 | Electric Power Supply | 95.9 | 100.0 |
| 热力生产和供应 | Thermal Production and Supply | 102.0 | 101.7 |
| **燃气生产和供应业** | **Production and Supply of Gas** | **99.8** | **100.6** |
| **水的生产和供应业** | **Production and Supply of Water** | **96.4** | **100.0** |
| 自来水的生产和供应 | Tapping-water Production and Supply | 95.6 | 100.0 |
| 污水处理及其再生利用 | Sewage Treatment and Recycled Use | 101.6 | 100.0 |

continued

(preceding month=100)

| 2 月 February | 3 月 March | 4 月 April | 5 月 May | 6 月 June | 7 月 July | 8 月 August | 9 月 September | 10 月 October | 11 月 November | 12 月 December |
|---|---|---|---|---|---|---|---|---|---|---|
| **100.0** | **100.0** | **100.0** | **100.0** | **100.0** | **100.0** | **100.0** | **100.0** | **100.0** | **100.0** | **100.0** |
| 100.0 | 100.0 | 100.0 | 100.0 | 100.0 | 100.0 | 100.0 | 100.0 | 100.0 | 100.0 | 100.0 |
| 100.0 | 100.0 | 100.0 | 100.0 | 100.0 | 100.0 | 100.0 | 100.0 | 100.0 | 100.0 | 100.0 |
| **99.3** | **100.4** | **100.3** | **99.9** | **100.1** | **99.6** | **99.8** | **100.4** | **100.0** | **99.9** | **99.8** |
| 99.1 | 100.0 | 100.2 | 100.1 | 101.0 | 100.0 | 100.2 | 101.2 | 100.0 | 99.8 | 99.9 |
| 99.2 | 100.0 | 99.9 | 99.4 | 100.0 | 99.7 | 100.2 | 100.4 | 100.0 | 100.1 | 99.6 |
| 99.6 | 101.9 | 100.9 | 100.5 | 100.0 | 99.0 | 98.8 | 100.7 | 99.8 | 100.5 | 99.8 |
| 98.0 | 97.9 | 100.5 | 98.9 | 99.9 | 100.0 | 98.8 | 96.7 | 100.6 | 97.0 | 100.1 |
| 100.0 | 100.0 | 100.0 | 100.7 | 100.0 | 100.0 | 100.0 | 100.0 | 100.0 | 98.8 | 99.9 |
| 100.0 | 99.8 | 100.0 | 99.9 | 100.0 | 100.0 | 105.1 | 100.0 | 100.0 | 100.0 | 100.0 |
| **100.1** | **99.8** | **99.9** | **100.3** | **100.1** | **100.0** | **99.8** | **100.3** | **101.4** | **99.7** | **100.0** |
| 100.2 | 99.7 | 100.1 | 100.6 | 100.1 | 99.8 | 100.1 | 100.8 | 100.4 | 99.9 | 100.0 |
| 100.0 | 100.0 | 98.3 | 100.2 | 99.7 | 100.4 | 100.0 | 100.0 | 100.0 | 100.0 | 99.9 |
| 100.0 | 100.0 | 101.1 | 98.7 | 100.5 | 99.9 | 99.5 | 100.7 | 99.9 | 99.9 | 99.9 |
| 100.0 | 100.0 | 100.0 | 100.0 | 100.0 | 100.0 | 100.0 | 100.0 | 100.0 | 100.0 | 100.0 |
| 99.8 | 99.8 | 100.3 | 99.6 | 101.7 | 102.2 | 99.2 | 100.3 | 100.4 | 99.9 | 100.0 |
| 100.0 | 100.0 | 100.2 | 99.9 | 100.1 | 100.0 | 99.8 | 100.0 | 106.4 | 100.0 | 100.0 |
| 100.0 | 100.0 | 100.0 | 100.0 | 100.0 | 100.0 | 94.9 | 95.7 | 101.7 | 94.2 | 100.9 |
| **100.2** | **100.0** | **100.4** | **100.6** | **99.7** | **100.7** | **99.2** | **100.0** | **100.4** | **99.7** | **100.6** |
| 100.3 | 100.0 | 100.0 | 100.8 | 99.7 | 100.3 | 98.6 | 100.0 | 100.0 | 100.0 | 100.1 |
| 100.0 | 100.0 | 100.7 | 100.0 | 100.0 | 106.5 | 100.0 | 100.0 | 100.0 | 99.9 | 107.4 |
| 100.0 | 100.0 | 102.4 | 99.6 | 99.3 | 100.0 | 102.4 | 100.0 | 102.5 | 97.7 | 100.0 |
| **99.8** | **100.0** | **100.1** | **99.9** | **99.8** | **100.0** | **99.9** | **100.2** | **97.1** | **102.9** | **98.1** |
| 99.7 | 99.9 | 100.2 | 99.9 | 99.7 | 100.0 | 99.9 | 100.4 | 95.4 | 104.8 | 96.9 |
| 100.0 | 100.0 | 100.0 | 100.0 | 100.0 | 100.0 | 100.0 | 100.0 | 100.0 | 100.0 | 100.0 |
| **99.2** | **100.0** | **100.7** | **101.9** | **98.8** | **98.5** | **98.7** | **99.0** | **100.3** | **100.4** | **101.7** |
| 99.2 | 100.0 | 100.7 | 101.9 | 98.8 | 98.5 | 98.7 | 99.0 | 100.3 | 100.4 | 101.7 |
| **100.2** | **100.0** | **100.2** | **99.7** | **98.0** | **99.5** | **99.4** | **99.9** | **99.9** | **100.4** | **100.1** |
| 100.5 | 100.0 | 100.6 | 98.9 | 99.3 | 99.2 | 100.3 | 99.8 | 99.7 | 101.1 | 100.2 |
| 100.0 | 100.0 | 100.0 | 100.3 | 97.2 | 99.6 | 98.8 | 100.0 | 100.0 | 100.0 | 100.0 |
| 100.0 | 99.9 | 100.1 | 100.0 | 100.3 | 100.0 | 99.7 | 100.0 | 100.0 | 100.0 | 100.2 |
| **100.0** | **99.8** | **100.0** | **99.5** | **99.3** | **99.7** | **100.2** | **99.6** | **100.0** | **100.3** | **100.8** |
| **100.0** | **100.0** | **100.2** | **99.5** | **99.5** | **99.4** | **99.2** | **100.0** | **98.9** | **99.7** | **100.0** |
| 100.0 | 100.0 | 100.0 | 99.4 | 99.5 | 99.2 | 99.1 | 100.0 | 98.7 | 99.6 | 100.0 |
| 100.0 | 100.0 | 101.6 | 100.0 | 100.0 | 100.0 | 100.0 | 100.0 | 100.0 | 100.0 | 100.0 |

# 4-19 工业生产者购进价格指数（1990—2019年）

（上年=100）

| 年 份<br>Year | 总指数<br>General Index | 燃料、动力类<br>Fuel and Power | 黑色金属材料类<br>Ferrous Metals | 钢 材<br>Rolle Steel | 有色金属材料和电线类<br>Nonferrous Metals and Wires |
|---|---|---|---|---|---|
| 1990 | 102.2 | 107.9 | 99.9 | | 90.3 |
| 1991 | 107.8 | 109.0 | 101.6 | | 115.4 |
| 1992 | 112.5 | 111.2 | 123.2 | 126.6 | 108.7 |
| 1993 | 141.7 | 131.1 | 182.4 | 182.0 | 111.6 |
| 1994 | 117.8 | 123.1 | 101.7 | 100.0 | 112.3 |
| 1995 | 112.9 | 107.8 | 94.7 | 94.4 | 137.6 |
| 1996 | 103.4 | 108.6 | 99.4 | 100.8 | 85.6 |
| 1997 | 99.3 | 108.7 | 94.6 | 93.2 | 94.9 |
| 1998 | 95.2 | 99.6 | 93.9 | 92.2 | 83.8 |
| 1999 | 93.6 | 93.1 | 96.2 | 96.3 | 99.8 |
| 2000 | 100.9 | 98.9 | 103.0 | 105.0 | 123.8 |
| 2001 | 103.7 | 103.8 | 107.8 | 101.1 | 90.3 |
| 2002 | 95.6 | 101.8 | 99.8 | 98.6 | 94.6 |
| 2003 | 101.2 | 101.3 | 108.7 | 110.4 | 110.6 |
| 2004 | 116.3 | 110.1 | 135.1 | 126.3 | 139.6 |
| 2005 | 108.2 | 112.1 | 111.3 | 105.9 | 114.5 |
| 2006 | 111.4 | 103.7 | 94.3 | 95.4 | 131.8 |
| 2007 | 106.1 | 105.4 | 108.9 | 108.3 | 124.0 |
| 2008 | 110.6 | 117.7 | 129.1 | 122.6 | 104.7 |
| 2009 | 95.1 | 100.8 | 82.8 | 83.2 | 81.2 |
| 2010 | 111.2 | 109.3 | 103.7 | 105.7 | 128.6 |
| 2011 | 110.0 | 105.5 | 107.7 | 109.1 | 114.5 |
| 2012 | 99.2 | 104.0 | 95.2 | 96.4 | 95.2 |
| 2013 | 98.9 | 97.8 | 97.6 | 97.4 | 95.5 |
| 2014 | 98.2 | 98.4 | 96.0 | 96.3 | 96.7 |
| 2015 | 95.7 | 95.1 | 90.9 | 93.1 | 95.4 |
| 2016 | 98.3 | 94.8 | 96.4 | 96.1 | 99.8 |
| 2017 | 106.5 | 108.2 | 109.4 | 108.1 | 112.5 |
| 2018 | 103.4 | 106.9 | 102.0 | 102.0 | 99.7 |
| 2019 | 98.4 | 98.5 | 97.8 | 98.9 | 96.4 |

注：从2011年起，原材料、燃料、动力购进价格指数改称为工业生产者购进价格指数。

# Purchasing Price Indices for Industrial Producers（1990—2019）

（preceding year=100）

| 化工原料类<br>Raw Chemical Materials | 木材及纸浆类<br>Timber and Paper Pulp | 建筑材料及非金属矿类<br>Building Material and Non-metal Ore | 其他工业原材料及半成品类<br>Other Materials and Semi-finished Category | 农副产品类<br>Agricultural Products | 纺织原料类<br>Textile Materials |
|---|---|---|---|---|---|
| 101.3 | 102.1 | 97.7 | | 100.4 | 105.8 |
| 108.1 | 113.8 | | | 108.2 | 113.3 |
| 102.3 | 106.6 | | | 108.4 | 97.3 |
| 122.1 | 115.4 | 170.6 | 154.8 | 137.9 | 104.0 |
| 116.2 | 110.5 | 103.0 | 139.0 | 145.2 | 142.5 |
| 125.2 | 108.9 | 88.1 | 91.7 | 148.2 | 150.5 |
| 95.1 | 101.9 | 97.4 | 101.5 | 117.0 | 99.0 |
| 95.3 | 94.4 | 94.4 | 100.4 | 92.3 | 91.5 |
| 92.6 | 99.7 | 98.7 | 96.4 | 89.4 | 88.1 |
| 95.9 | 93.7 | 95.6 | 90.7 | 92.5 | 102.0 |
| 104.5 | 99.8 | 92.6 | 104.7 | 90.3 | 106.3 |
| 96.9 | 94.3 | 96.7 | 112.0 | 105.3 | 95.6 |
| 97.9 | 101.0 | 98.3 | 91.4 | 94.6 | 89.8 |
| 106.3 | 103.5 | 98.8 | 98.2 | 92.7 | 119.7 |
| 114.8 | 111.5 | 109.9 | 113.5 | 109.8 | 117.2 |
| 110.0 | 94.4 | 103.6 | 103.7 | 116.8 | 90.6 |
| 104.0 | 102.7 | 98.5 | 112.2 | 124.1 | 102.3 |
| 105.3 | 110.9 | 101.5 | 105.8 | 98.9 | 101.6 |
| 121.3 | 104.5 | 114.0 | 106.9 | 102.6 | 102.2 |
| 85.8 | 84.3 | 96.1 | 100.2 | 101.7 | 94.1 |
| 112.3 | 111.2 | 114.6 | 110.3 | 116.6 | 121.4 |
| 116.5 | 108.6 | 109.5 | 107.0 | 115.9 | 119.5 |
| 98.3 | 97.5 | 98.3 | 98.5 | 101.3 | 92.1 |
| 98.1 | 100.2 | 98.6 | 98.6 | 103.4 | 98.5 |
| 99.6 | 100.3 | 100.2 | 98.2 | 98.1 | 99.8 |
| 98.0 | 99.6 | 95.7 | 97.9 | 93.8 | 99.7 |
| 97.6 | 100.6 | 98.0 | 99.5 | 102.9 | 98.2 |
| 105.8 | 103.8 | 107.2 | 103.5 | 105.6 | 101.4 |
| 103.8 | 104.4 | 109.3 | 102.1 | 99.7 | 101.1 |
| 93.5 | 96.3 | 102.1 | 99.5 | 100.6 | 99.3 |

Note: From 2011, the purchasing price index for raw materials, fuel and power changed to the purchasing price index index for industrial producers.

# 4-20 分月工业生产者购进价格指数（2019年）

（上年同期=100）

| 类　别 | Item | 1 月 January | 2 月 February | 3 月 March |
|---|---|---|---|---|
| **总指数** | **General Index** | **100.8** | **100.5** | **100.4** |
| 燃料、动力类 | Fuel and Power | 103.5 | 103.3 | 103.9 |
| 黑色金属材料类 | Material of Black Metal | 99.8 | 100.1 | 100.1 |
| # 钢材 | # Rolled Steel | 98.5 | 98.7 | 98.5 |
| 其他 | Other | 102.4 | 102.9 | 103.6 |
| 有色金属材料和电线类 | Nonferrons Metals and Electric Wire | 95.6 | 94.6 | 95.3 |
| 化工原料类 | Raw Chemical Materials | 100.8 | 100.1 | 100.2 |
| 木材及纸浆类 | Timber and Paper Pulp | 100.6 | 99.1 | 97.4 |
| 建筑材料及非金属矿类 | Building Material and Non-metal Ore | 106.4 | 106.3 | 105.7 |
| 其他工业原材料及半成品类 | Other Industrial Raw Material and Semi-finished Category | 100.6 | 100.4 | 100.1 |
| 农副产品类 | Agricultural and Side-line Produces | 97.9 | 97.4 | 96.7 |
| 纺织原料类 | Raw Textile Material | 101.1 | 101.1 | 101.3 |

# 4-21 分月工业生产者购进价格环比指数（2019年）

（上月=100）

| 类　别 | Item | 1 月 January | 2 月 February | 3 月 March |
|---|---|---|---|---|
| **总指数** | **General Index** | **99.4** | **99.6** | **99.9** |
| 燃料、动力类 | Fule and Power | 99.1 | 99.7 | 100.3 |
| 黑色金属材料类 | Material of Black Metal | 99.7 | 99.9 | 100.1 |
| # 钢材 | # Rolled Steel | 99.7 | 99.9 | 99.9 |
| 其他 | Other | 99.8 | 99.9 | 100.5 |
| 有色金属材料和电线类 | Nonferrous Metals and Electric Wire | 99.5 | 99.0 | 99.6 |
| 化工原料类 | Raw Chemical Materials | 99.0 | 99.1 | 99.9 |
| 木材及纸浆类 | Timber and Paper Pulp | 98.2 | 99.9 | 99.1 |
| 建筑材料及非金属矿类 | Building Material and Non-metal Ore | 99.7 | 99.9 | 99.6 |
| 其他工业原材料及半成品类 | Other Industrial Raw Material and Semi-finished Category | 99.7 | 99.8 | 99.9 |
| 农副产品类 | Agricultural and Side-line Produces | 100.1 | 99.4 | 99.5 |
| 纺织原料类 | Raw Textile Material | 99.9 | 100.2 | 100.2 |

## Purchasing Price Indices for Industrial Producers by Month（2019）

(preceding year=100)

| 4 月 April | 5 月 May | 6 月 June | 7 月 July | 8 月 August | 9 月 September | 10 月 October | 11 月 November | 12 月 December |
|---|---|---|---|---|---|---|---|---|
| **100.5** | **100.5** | **99.9** | **99.4** | **99.1** | **98.7** | **98.0** | **97.8** | **98.4** |
| 104.3 | 105.0 | 101.6 | 99.6 | 99.8 | 98.6 | 97.0 | 96.6 | 98.5 |
| 100.5 | 100.6 | 100.8 | 101.4 | 100.6 | 99.6 | 98.5 | 97.0 | 97.8 |
| 98.5 | 99.1 | 98.4 | 98.4 | 98.0 | 97.4 | 97.4 | 97.5 | 98.9 |
| 104.8 | 104.0 | 105.8 | 107.9 | 106.2 | 104.2 | 100.7 | 95.9 | 95.5 |
| 96.4 | 96.5 | 97.3 | 96.2 | 96.6 | 96.8 | 96.2 | 96.4 | 96.4 |
| 99.8 | 99.4 | 98.9 | 99.2 | 98.4 | 96.8 | 95.4 | 94.1 | 93.5 |
| 98.0 | 97.4 | 97.7 | 97.0 | 96.3 | 95.8 | 95.5 | 96.2 | 96.3 |
| 104.9 | 103.1 | 102.5 | 100.9 | 99.7 | 98.6 | 99.6 | 99.9 | 102.1 |
| 99.7 | 99.6 | 99.9 | 100.0 | 99.7 | 99.7 | 99.7 | 99.6 | 99.5 |
| 96.8 | 97.0 | 97.8 | 98.0 | 98.0 | 99.3 | 99.4 | 100.4 | 100.6 |
| 101.2 | 101.1 | 100.9 | 100.5 | 100.9 | 101.4 | 100.8 | 99.9 | 99.3 |

## Chain Index in Purchasing Price Indices for Industrial Producer by Month（2019）

(preceding month=100)

| 4 月 April | 5 月 May | 6 月 June | 7 月 July | 8 月 August | 9 月 September | 10 月 October | 11 月 November | 12 月 December |
|---|---|---|---|---|---|---|---|---|
| **99.9** | **100.2** | **99.8** | **99.5** | **99.8** | **100.1** | **100.1** | **99.8** | **100.2** |
| 100.4 | 101.0 | 99.4 | 98.4 | 100.7 | 99.7 | 99.9 | 99.2 | 100.7 |
| 100.0 | 100.3 | 100.0 | 100.2 | 99.6 | 99.6 | 99.5 | 98.4 | 100.6 |
| 99.8 | 100.7 | 99.4 | 99.8 | 99.6 | 99.7 | 99.7 | 99.7 | 101.2 |
| 100.2 | 99.6 | 101.2 | 101.0 | 99.6 | 99.3 | 99.0 | 96.0 | 99.5 |
| 100.4 | 100.1 | 100.2 | 98.2 | 98.9 | 100.2 | 100.2 | 100.5 | 99.6 |
| 99.3 | 99.4 | 99.6 | 100.1 | 98.7 | 99.5 | 100.0 | 99.4 | 99.3 |
| 100.6 | 99.8 | 99.8 | 99.7 | 99.3 | 99.3 | 99.9 | 100.6 | 100.1 |
| 99.1 | 99.9 | 99.8 | 99.8 | 99.4 | 99.7 | 101.5 | 101.3 | 102.4 |
| 99.6 | 99.9 | 100.2 | 100.0 | 99.9 | 100.2 | 100.3 | 100.1 | 99.9 |
| 99.9 | 99.8 | 99.8 | 100.2 | 99.9 | 101.5 | 100.5 | 100.4 | 99.9 |
| 100.2 | 100.3 | 99.7 | 99.6 | 100.5 | 100.2 | 99.6 | 99.1 | 99.7 |

# 4-22 固定资产投资价格指数（1991—2019年）

## Price Indices of Investment in Fixed Assets（1991—2019）

（上年=100） (Preceding year=100)

| 年 份<br>Year | 固定资产投资价格指数<br>Price Indices of Investment in Fixed Assets | 建筑安装工程<br>Construction and Installation | 设备、工器具购置<br>Purchase of Equipment, Tools & Instruments | 其他费用<br>Other Expenses |
|---|---|---|---|---|
| 1991 | 101.7 | 103.2 | 102.4 | 80.1 |
| 1992 | 117.9 | 116.8 | 119.5 | 123.5 |
| 1993 | 131.2 | 131.5 | 132.9 | 124.7 |
| 1994 | 112.3 | 112.2 | 113.6 | 109.6 |
| 1995 | 103.4 | 101.8 | 106.2 | 105.5 |
| 1996 | 103.6 | 104.2 | 102.9 | 101.5 |
| 1997 | 100.3 | 100.3 | 98.2 | 104.4 |
| 1998 | 99.9 | 101.4 | 95.2 | 100.4 |
| 1999 | 96.1 | 96.6 | 94.5 | 95.9 |
| 2000 | 101.4 | 102.4 | 95.7 | 104.5 |
| 2001 | 102.0 | 103.6 | 97.7 | 100.0 |
| 2002 | 100.3 | 100.8 | 98.4 | 100.1 |
| 2003 | 101.8 | 103.5 | 96.9 | 100.3 |
| 2004 | 104.6 | 106.8 | 99.3 | 101.6 |
| 2005 | 101.4 | 101.3 | 100.8 | 102.0 |
| 2006 | 101.2 | 101.1 | 100.7 | 101.9 |
| 2007 | 102.3 | 103.0 | 101.0 | 101.1 |
| 2008 | 107.9 | 110.7 | 101.7 | 103.7 |
| 2009 | 97.9 | 96.8 | 98.4 | 100.8 |
| 2010 | 103.0 | 103.8 | 101.2 | 102.5 |
| 2011 | 106.2 | 108.7 | 101.0 | 103.9 |
| 2012 | 100.6 | 100.8 | 99.3 | 101.5 |
| 2013 | 100.1 | 99.9 | 99.6 | 101.3 |
| 2014 | 101.6 | 102.2 | 100.4 | 100.7 |
| 2015 | 98.8 | 98.0 | 99.8 | 100.4 |
| 2016 | 99.5 | 99.4 | 99.4 | 100.0 |
| 2017 | 104.4 | 106.2 | 100.8 | 100.0 |
| 2018 | 104.5 | 106.3 | 100.6 | 100.3 |
| 2019 | 102.4 | 102.4 | 100.6 | 103.1 |

# 4-23 南宁市房地产价格指数（2019年）

## Price Indices for Real Estate of Nanning（2019）

（上年同期=100） （Preceding year=100）

| 指 标 | Item | 1 月 January | 2 月 February | 3 月 March | 4 月 April | 5 月 May | 6 月 June |
|---|---|---|---|---|---|---|---|
| **新建商品住宅价格指数** | **Housing Price Indices of Newly Constructed Commercial Residential Buildings** | **110.0** | **110.4** | **110.8** | **111.5** | **111.6** | **110.1** |
| 90平方米及以下 | $90m^2$ and Below | 110.8 | 111.1 | 111.0 | 111.8 | 111.6 | 109.8 |
| 90～144平方米 | 90～$144m^2$ | 109.1 | 109.5 | 109.9 | 110.5 | 110.8 | 109.2 |
| 144平方米以上 | Above $144m^2$ | 110.4 | 110.9 | 112.4 | 113.7 | 114.1 | 112.8 |
| **二手住宅价格指数** | **Housing Price Indices of Second-Hand Residential Buildings** | **108.0** | **109.5** | **110.1** | **111.7** | **113.0** | **113.0** |
| 90平方米及以下 | $90m^2$ and Below | 107.9 | 110.2 | 111.2 | 113.0 | 114.7 | 114.6 |
| 90～144平方米 | 90～$144m^2$ | 107.9 | 109.1 | 110.0 | 111.5 | 112.1 | 112.2 |
| 144平方米以上 | Above $144m^2$ | 108.3 | 108.9 | 108.1 | 109.6 | 111.0 | 111.4 |

| 指 标 | Item | 7 月 July | 8 月 August | 9 月 September | 10 月 October | 11 月 November | 12 月 December |
|---|---|---|---|---|---|---|---|
| **新建商品住宅价格指数** | **Housing Price Indices of Newly Constructed Commercial Residential Buildings** | **109.7** | **110.3** | **112.2** | **114.1** | **113.9** | **112.7** |
| 90平方米及以下 | $90m^2$ and Below | 110.0 | 109.8 | 111.7 | 112.5 | 112.5 | 111.6 |
| 90～144平方米 | 90～$144m^2$ | 108.6 | 110.3 | 112.5 | 115.2 | 114.8 | 113.4 |
| 144平方米以上 | Above $144m^2$ | 111.8 | 111.7 | 112.5 | 115.1 | 114.8 | 113.6 |
| **二手住宅价格指数** | **Housing Price Indices of Second-Hand Residential Buildings** | **113.4** | **112.2** | **112.6** | **112.1** | **111.6** | **109.8** |
| 90平方米及以下 | $90m^2$ and Below | 115.5 | 114.1 | 114.7 | 114.0 | 113.4 | 111.1 |
| 90～144平方米 | 90～$144m^2$ | 112.3 | 110.7 | 110.8 | 110.5 | 110.3 | 109.1 |
| 144平方米以上 | Above $144m^2$ | 111.5 | 111.0 | 111.8 | 111.3 | 110.4 | 108.7 |

# 4-24 南宁市房地产价格指数

（上年同期＝100）

| 年 份 Year | 新建商品住宅价格指数 | | | | | |
|---|---|---|---|---|---|---|
| | 1 月 January | 2 月 February | 3 月 March | 4 月 April | 5 月 May | 6 月 June |
| 2012 | 100.3 | 100.0 | 98.9 | 98.3 | 98.3 | 98.5 |
| 2013 | 99.7 | 101.3 | 103.4 | 104.1 | 105.7 | 106.6 |
| 2014 | 111.2 | 110.2 | 108.7 | 108.0 | 106.5 | 104.9 |
| 2015 | 94.8 | 94.0 | 93.9 | 94.2 | 94.0 | 95.1 |
| 2016 | 102.7 | 103.6 | 104.2 | 105.2 | 106.1 | 106.3 |
| 2017 | 111.2 | 111.2 | 111.7 | 111.5 | 111.9 | 112.3 |
| 2018 | 108.4 | 108.4 | 107.6 | 106.6 | 105.7 | 106.7 |
| 2019 | 110.0 | 110.4 | 110.8 | 111.5 | 111.6 | 110.1 |

| 年 份 Year | 二手住宅价格指数 | | | | | |
|---|---|---|---|---|---|---|
| | 1 月 January | 2 月 February | 3 月 March | 4 月 April | 5 月 May | 6 月 June |
| 2012 | 99.4 | 99.0 | 99.8 | 99.4 | 99.8 | 99.7 |
| 2013 | 101.9 | 101.8 | 102.1 | 102.4 | 102.8 | 103.0 |
| 2014 | 103.6 | 103.6 | 103.5 | 103.5 | 101.9 | 101.6 |
| 2015 | 95.3 | 95.1 | 95.6 | 95.4 | 97.3 | 98.0 |
| 2016 | 104.5 | 105.1 | 104.1 | 104.5 | 103.6 | 102.9 |
| 2017 | 105.8 | 106.2 | 106.8 | 107.0 | 107.6 | 109.4 |
| 2018 | 107.0 | 107.2 | 107.1 | 106.2 | 105.4 | 104.3 |
| 2019 | 108.0 | 109.5 | 110.1 | 111.7 | 113.0 | 113.0 |

# Price Indices for Real Estate of Nanning

(preceding year=100)

| Housing Price Indices of Newly Constructed Commercial Residential Buildings | | | | | |
|---|---|---|---|---|---|
| 7 月 July | 8 月 August | 9 月 September | 10 月 October | 11 月 November | 12 月 December |
| 98.8 | 98.7 | 99.0 | 99.3 | 99.4 | 99.5 |
| 107.6 | 108.5 | 108.9 | 109.6 | 109.7 | 110.3 |
| 102.4 | 100.4 | 98.5 | 97.1 | 96.6 | 95.6 |
| 96.2 | 97.7 | 99.2 | 100.1 | 100.8 | 101.7 |
| | | | | | |
| 107.1 | 107.8 | 110.0 | 111.1 | 110.7 | 111.2 |
| 113.0 | 112.5 | 110.4 | 109.1 | 109.6 | 109.2 |
| 106.2 | 107.4 | 107.6 | 107.6 | 107.6 | 108.9 |
| 109.7 | 110.3 | 112.2 | 114.1 | 113.9 | 112.7 |

| Housing Price Indices of Second-Hand Residential Buildings | | | | | |
|---|---|---|---|---|---|
| 7 月 July | 8 月 August | 9 月 September | 10 月 October | 11 月 November | 12 月 December |
| 99.6 | 100.3 | 100.5 | 100.6 | 100.3 | 100.6 |
| 103.0 | 103.1 | 103.4 | 103.8 | 103.9 | 104.6 |
| 100.6 | 99.5 | 97.0 | 96.0 | 97.1 | 95.7 |
| 99.5 | 100.8 | 103.0 | 104.0 | 103.2 | 104.2 |
| | | | | | |
| 102.4 | 102.8 | 103.6 | 104.6 | 104.5 | 105.0 |
| 110.9 | 110.8 | 110.1 | 109.2 | 109.3 | 108.8 |
| 103.0 | 104.2 | 104.4 | 104.4 | 104.7 | 106.7 |
| 113.4 | 112.2 | 112.6 | 112.1 | 111.6 | 109.8 |

# 4-25 南宁市房地产价格环比指数（2019年）

## Price Chain Indices for Real Estate of Nanning（2019）

（上月=100） （Preceding moth=100）

| 指 标 | Item | 1 月 January | 2 月 February | 3 月 March | 4 月 April | 5 月 May | 6 月 June |
|---|---|---|---|---|---|---|---|
| **新建商品住宅价格指数** | **Housing Price Indices of Newly Constructed Commercial Residential Buildings** | **101.0** | **100.6** | **100.8** | **100.9** | **100.4** | **100.5** |
| 90平方米及以下 | $90m^2$ and Below | 101.3 | 100.3 | 100.7 | 100.6 | 100.3 | 100.5 |
| 90～144平方米 | 90～$144m^2$ | 100.8 | 100.8 | 100.7 | 101.0 | 100.3 | 100.3 |
| 144平方米以上 | Above $144m^2$ | 101.1 | 100.9 | 101.5 | 101.2 | 100.7 | 101.0 |
| **二手住宅价格指数** | **Housing Price Indices of Second-Hand Residential Buildings** | **101.4** | **101.2** | **100.9** | **101.4** | **101.2** | **100.7** |
| 90平方米及以下 | $90m^2$ and Below | 102.0 | 101.3 | 101.2 | 101.6 | 102.0 | 100.9 |
| 90～144平方米 | 90～$144m^2$ | 101.2 | 101.2 | 101.0 | 101.6 | 100.5 | 100.5 |
| 144平方米以上 | Above $144m^2$ | 100.9 | 101.0 | 100.4 | 100.7 | 101.0 | 100.7 |

| 指 标 | Item | 7 月 July | 8 月 August | 9 月 September | 10 月 October | 11 月 November | 12 月 December |
|---|---|---|---|---|---|---|---|
| **新建商品住宅价格指数** | **Housing Price Indices of Newly Constructed Commercial Residential Buildings** | **100.5** | **102.3** | **102.1** | **102.0** | **100.3** | **100.6** |
| 90平方米及以下 | $90m^2$ and Below | 100.8 | 101.7 | 102.1 | 101.7 | 100.4 | 100.6 |
| 90～144平方米 | 90～$144m^2$ | 100.3 | 103.2 | 102.4 | 102.3 | 100.2 | 100.3 |
| 144平方米以上 | Above $144m^2$ | 100.2 | 101.3 | 101.5 | 102.1 | 100.2 | 101.1 |
| **二手住宅价格指数** | **Housing Price Indices of Second-Hand Residential Buildings** | **100.6** | **100.5** | **100.7** | **100.1** | **100.2** | **100.4** |
| 90平方米及以下 | $90m^2$ and Below | 100.8 | 100.4 | 100.7 | 100.0 | 100.1 | 99.8 |
| 90～144平方米 | 90～$144m^2$ | 100.6 | 100.0 | 100.7 | 100.2 | 100.3 | 101.0 |
| 144平方米以上 | Above $144m^2$ | 100.1 | 101.6 | 100.8 | 100.0 | 100.4 | 100.5 |

# 4-26　桂林市房地产价格指数（2019年）

## Price Indices for Real Estate of Guilin（2019）

（上年同期=100）　　　　(Preceding year=100)

| 指　标 | Item | 1月 January | 2月 February | 3月 March | 4月 April | 5月 May | 6月 June |
|---|---|---|---|---|---|---|---|
| **新建商品住宅价格指数** | **Housing Price Indices of Newly Constructed Commercial Residential Buildings** | **109.5** | **110.1** | **110.0** | **109.2** | **109.5** | **110.0** |
| 90平方米及以下 | $90m^2$ and Below | 109.9 | 110.5 | 110.6 | 109.9 | 110.5 | 110.5 |
| 90～144平方米 | 90～$144m^2$ | 109.0 | 109.5 | 109.6 | 108.8 | 108.9 | 109.2 |
| 144平方米以上 | Above $144m^2$ | 110.7 | 111.2 | 110.8 | 109.8 | 110.1 | 112.1 |
| **二手住宅价格指数** | **Housing Price Indices of Second-Hand Residential Buildings** | **106.6** | **106.6** | **107.3** | **107.7** | **108.1** | **107.8** |
| 90平方米及以下 | $90m^2$ and Below | 107.9 | 107.6 | 107.7 | 108.1 | 107.8 | 107.7 |
| 90～144平方米 | 90～$144m^2$ | 105.7 | 106.0 | 106.8 | 107.1 | 108.2 | 107.7 |
| 144平方米以上 | Above $144m^2$ | 105.2 | 105.6 | 107.3 | 108.4 | 108.5 | 108.2 |

| 指　标 | Item | 7月 July | 8月 August | 9月 September | 10月 October | 11月 November | 12月 December |
|---|---|---|---|---|---|---|---|
| **新建商品住宅价格指数** | **Housing Price Indices of Newly Constructed Commercial Residential Buildings** | **110.6** | **110.3** | **110.3** | **109.7** | **107.6** | **107.4** |
| 90平方米及以下 | $90m^2$ and Below | 111.2 | 110.5 | 110.1 | 107.9 | 105.5 | 105.1 |
| 90～144平方米 | 90～$144m^2$ | 110.1 | 109.8 | 109.9 | 110.1 | 108.1 | 108.2 |
| 144平方米以上 | Above $144m^2$ | 111.6 | 111.5 | 111.4 | 110.4 | 108.4 | 107.3 |
| **二手住宅价格指数** | **Housing Price Indices of Second-Hand Residential Buildings** | **107.6** | **107.5** | **106.7** | **106.8** | **105.3** | **104.6** |
| 90平方米及以下 | $90m^2$ and Below | 108.2 | 107.9 | 107.2 | 106.6 | 105.5 | 104.8 |
| 90～144平方米 | 90～$144m^2$ | 107.2 | 107.2 | 106.7 | 107.2 | 105.1 | 104.7 |
| 144平方米以上 | Above $144m^2$ | 107.1 | 107.0 | 105.0 | 106.4 | 105.2 | 103.9 |

# 4-27 桂林市房地产价格指数

（上年同期＝100）

| 年 份 Year | 新建商品住宅价格指数 | | | | | |
|---|---|---|---|---|---|---|
| | 1 月 January | 2 月 February | 3 月 March | 4 月 April | 5 月 May | 6 月 June |
| 2012 | 101.6 | 101.0 | 100.0 | 100.0 | 99.8 | 100.0 |
| 2013 | 99.7 | 99.8 | 100.6 | 101.3 | 104.3 | 105.8 |
| 2014 | 112.8 | 113.1 | 112.6 | 111.9 | 108.8 | 106.1 |
| 2015 | 91.9 | 90.9 | 90.4 | 90.2 | 89.9 | 90.7 |
| 2016 | 97.3 | 98.1 | 98.5 | 99.2 | 99.5 | 99.8 |
| 2017 | 103.8 | 104.4 | 105.1 | 105.9 | 106.8 | 107.5 |
| 2018 | 107.2 | 108.7 | 108.5 | 107.8 | 107.5 | 107.2 |
| 2019 | 109.5 | 110.1 | 110.0 | 109.2 | 109.5 | 110.0 |

| 年 份 Year | 二手住宅价格指数 | | | | | |
|---|---|---|---|---|---|---|
| | 1 月 January | 2 月 February | 3 月 March | 4 月 April | 5 月 May | 6 月 June |
| 2012 | 98.9 | 100.1 | 100.4 | 100.4 | 99.7 | 99.7 |
| 2013 | 99.8 | 100.7 | 101.1 | 101.4 | 102.5 | 103.0 |
| 2014 | 104.5 | 104.0 | 103.6 | 103.0 | 102.1 | 101.6 |
| 2015 | 94.2 | 93.5 | 92.7 | 92.6 | 92.4 | 92.3 |
| 2016 | 96.9 | 97.6 | 98.1 | 98.3 | 98.3 | 98.4 |
| 2017 | 98.3 | 98.2 | 98.4 | 99.0 | 99.6 | 100.2 |
| 2018 | 103.1 | 103.3 | 103.6 | 103.4 | 103.3 | 103.4 |
| 2019 | 106.6 | 106.6 | 107.3 | 107.7 | 108.1 | 107.8 |

# Price Indices for Real Estate of Guilin

(preceding year=100)

| Housing Price Indices of Newly Constructed Commercial Residential Buildings | | | | | |
|---|---|---|---|---|---|
| 7 月 June | 8 月 August | 9 月 September | 10 月 October | 11 月 November | 12 月 December |
| 99.8 | 100.1 | 99.7 | 99.6 | 99.7 | 99.8 |
| 107.8 | 108.7 | 108.7 | 110.1 | 111.6 | 112.1 |
| 102.8 | 100.4 | 98.6 | 96.4 | 93.9 | 92.8 |
| 91.8 | 93.1 | 94.5 | 95.4 | 96.7 | 97.2 |
| | | | | | |
| 99.8 | 100.3 | 102.2 | 103.2 | 103.1 | 103.2 |
| 108.9 | 109.6 | 108.2 | 107.6 | 109.2 | 109.6 |
| 106.4 | 106.0 | 106.8 | 107.0 | 108.1 | 108.2 |
| 110.6 | 110.3 | 110.3 | 109.7 | 107.6 | 107.4 |

| Housing Price Indices of Second-Hand Residential Buildings | | | | | |
|---|---|---|---|---|---|
| 7 月 July | 8 月 August | 9 月 September | 10 月 October | 11 月 November | 12 月 December |
| 99.5 | 99.4 | 99.6 | 99.5 | 99.6 | 99.6 |
| 103.2 | 103.6 | 104.0 | 104.3 | 104.5 | 104.8 |
| 100.4 | 99.2 | 97.7 | 96.3 | 95.7 | 94.7 |
| 93.0 | 93.6 | 94.5 | 95.6 | 95.9 | 96.4 |
| | | | | | |
| 98.4 | 98.5 | 98.6 | 98.4 | 98.2 | 98.3 |
| 100.7 | 101.7 | 101.8 | 102.3 | 103.0 | 103.0 |
| 103.4 | 103.3 | 104.6 | 105.2 | 106.0 | 106.5 |
| 107.6 | 107.5 | 106.7 | 106.8 | 105.3 | 104.6 |

# 4-28 桂林市房地产价格环比指数（2019年）

## Price Chain Indices for Real Estate of Guilin（2019）

（上月=100） （Preceding month=100）

| 指 标 | Item | 1 月 January | 2 月 February | 3 月 March | 4 月 April | 5 月 May | 6 月 June |
|---|---|---|---|---|---|---|---|
| **新建商品住宅价格指数** | **Housing Price Indices of Newly Constructed Commercial Residential Buildings** | **101.0** | **100.6** | **100.6** | **100.0** | **100.8** | **101.2** |
| 90平方米及以下 | $90m^2$ and Below | 100.6 | 100.8 | 100.2 | 100.0 | 101.2 | 100.7 |
| 90～144平方米 | 90～$144m^2$ | 101.2 | 100.3 | 100.9 | 100.1 | 100.5 | 101.0 |
| 144平方米以上 | Above $144m^2$ | 101.0 | 101.2 | 100.0 | 99.5 | 101.4 | 102.1 |
| **二手住宅价格指数** | **Housing Price Indices of Second-Hand Residential Buildings** | **100.1** | **100.0** | **100.9** | **100.6** | **100.5** | **100.5** |
| 90平方米及以下 | $90m^2$ and Below | 100.2 | 99.9 | 100.9 | 100.5 | 100.1 | 100.5 |
| 90～144平方米 | 90～$144m^2$ | 99.9 | 100.1 | 100.8 | 100.5 | 101.0 | 100.5 |
| 144平方米以上 | Above $144m^2$ | 100.0 | 100.0 | 101.2 | 101.1 | 100.3 | 100.4 |

| 指 标 | Item | 7 月 July | 8 月 August | 9 月 September | 10 月 October | 11 月 November | 12 月 December |
|---|---|---|---|---|---|---|---|
| **新建商品住宅价格指数** | **Housing Price Indices of Newly Constructed Commercial Residential Buildings** | **101.1** | **100.3** | **101.0** | **100.2** | **100.3** | **100.2** |
| 90平方米及以下 | $90m^2$ and Below | 101.5 | 100.2 | 100.3 | 99.5 | 99.9 | 100.1 |
| 90～144平方米 | 90～$144m^2$ | 101.1 | 100.2 | 101.0 | 100.7 | 100.5 | 100.5 |
| 144平方米以上 | Above $144m^2$ | 100.4 | 100.6 | 101.7 | 99.5 | 100.3 | 99.4 |
| **二手住宅价格指数** | **Housing Price Indices of Second-Hand Residential Buildings** | **100.3** | **100.6** | **100.6** | **100.8** | **99.8** | **99.7** |
| 90平方米及以下 | $90m^2$ and Below | 100.8 | 100.7 | 101.0 | 100.3 | 99.9 | 99.8 |
| 90～144平方米 | 90～$144m^2$ | 100.0 | 100.4 | 100.6 | 101.1 | 99.7 | 99.9 |
| 144平方米以上 | Above $144m^2$ | 99.8 | 100.6 | 99.7 | 101.6 | 99.9 | 99.1 |

# 4-29 北海市房地产价格指数（2019年）

## Price Indices for Real Estate of Beihai（2019）

（上年同期=100） （Preceding year=100）

| 指 标 | Item | 1 月 January | 2 月 February | 3 月 March | 4 月 April | 5 月 May | 6 月 June |
|---|---|---|---|---|---|---|---|
| **新建商品住宅价格指数** | **Housing Price Indices of Newly Constructed Commercial Residential Buildings** | **112.5** | **112.8** | **113.2** | **113.6** | **113.4** | **112.8** |
| 90平方米及以下 | $90m^2$ and Below | 111.8 | 112.1 | 112.5 | 113.1 | 113.3 | 112.7 |
| 90～144平方米 | 90～$144m^2$ | 113.7 | 114.1 | 114.5 | 114.6 | 113.8 | 113.1 |
| 144平方米以上 | Above $144m^2$ | 113.5 | 112.4 | 112.7 | 112.8 | 112.2 | 111.3 |
| **二手住宅价格指数** | **Housing Price Indices of Second-Hand Residential Buildings** | **107.7** | **108.5** | **109.4** | **109.6** | **109.6** | **108.5** |
| 90平方米及以下 | $90m^2$ and Below | 107.3 | 107.9 | 109.0 | 109.4 | 109.2 | 108.0 |
| 90～144平方米 | 90～$144m^2$ | 108.0 | 108.8 | 109.4 | 109.3 | 109.9 | 109.0 |
| 144平方米以上 | Above $144m^2$ | 109.3 | 110.9 | 111.6 | 112.2 | 111.3 | 109.2 |

| 指 标 | Item | 7 月 July | 8 月 August | 9 月 September | 10 月 October | 11 月 November | 12 月 December |
|---|---|---|---|---|---|---|---|
| **新建商品住宅价格指数** | **Housing Price Indices of Newly Constructed Commercial Residential Buildings** | **113.1** | **110.8** | **109.9** | **108.9** | **107.8** | **107.6** |
| 90平方米及以下 | $90m^2$ and Below | 113.4 | 111.2 | 110.4 | 109.5 | 108.4 | 108.3 |
| 90～144平方米 | 90～$144m^2$ | 113.2 | 110.5 | 109.5 | 108.1 | 106.8 | 106.5 |
| 144平方米以上 | Above $144m^2$ | 109.9 | 107.9 | 107.4 | 107.2 | 107.1 | 107.5 |
| **二手住宅价格指数** | **Housing Price Indices of Second-Hand Residential Buildings** | **108.4** | **106.4** | **103.7** | **103.2** | **102.2** | **101.8** |
| 90平方米及以下 | $90m^2$ and Below | 107.6 | 105.7 | 103.1 | 102.6 | 101.7 | 101.2 |
| 90～144平方米 | 90～$144m^2$ | 109.6 | 107.7 | 105.1 | 104.5 | 103.2 | 103.1 |
| 144平方米以上 | Above $144m^2$ | 108.0 | 105.8 | 102.5 | 102.1 | 100.4 | 99.6 |

# 4-30 北海市房地产价格指数

（上年同期＝100）

| 年 份 Year | 新建商品住宅价格指数 | | | | | |
|---|---|---|---|---|---|---|
| | 1 月 January | 2 月 February | 3 月 March | 4 月 April | 5 月 May | 6 月 June |
| 2012 | 100.8 | 99.7 | 98.9 | 98.2 | 98.3 | 98.4 |
| 2013 | 99.6 | 100.9 | 102.0 | 103.1 | 104.1 | 105.3 |
| 2014 | 110.7 | 109.9 | 109.2 | 108.3 | 107.4 | 105.6 |
| 2015 | 94.5 | 94.0 | 93.6 | 93.1 | 92.9 | 93.2 |
| 2016 | 99.1 | 99.7 | 100.3 | 101.1 | 101.3 | 101.2 |
| 2017 | 104.6 | 104.7 | 105.0 | 106.7 | 110.1 | 112.6 |
| 2018 | 110.5 | 112.2 | 112.3 | 111.1 | 108.9 | 108.0 |
| 2019 | 112.5 | 112.8 | 113.2 | 113.6 | 113.4 | 112.8 |

| 年 份 Year | 二手住宅价格指数 | | | | | |
|---|---|---|---|---|---|---|
| | 1 月 January | 2 月 February | 3 月 March | 4 月 April | 5 月 May | 6 月 June |
| 2012 | 101.8 | 99.5 | 98.3 | 98.2 | 98.2 | 98.5 |
| 2013 | 100.3 | 101.0 | 102.3 | 103.0 | 103.6 | 104.4 |
| 2014 | 106.3 | 105.9 | 105.0 | 104.4 | 103.5 | 102.4 |
| 2015 | 93.2 | 92.7 | 92.7 | 93.0 | 93.6 | 94.2 |
| 2016 | 103.1 | 103.4 | 103.5 | 103.0 | 103.1 | 102.6 |
| 2017 | 101.8 | 102.2 | 102.4 | 104.0 | 105.9 | 107.8 |
| 2018 | 108.0 | 107.6 | 107.3 | 106.2 | 104.3 | 103.5 |
| 2019 | 107.7 | 108.5 | 109.4 | 109.6 | 109.6 | 108.5 |

# Price Indices for Real Estate of Beihai

(preceding year=100)

Housing Price Indices of Newly Constructed Commercial Residential Buildings

| 7 月<br>July | 8 月<br>August | 9 月<br>September | 10 月<br>October | 11 月<br>November | 12 月<br>December |
|---|---|---|---|---|---|
| 98.7 | 98.8 | 98.8 | 99.0 | 99.5 | 99.4 |
| 105.9 | 106.9 | 108.2 | 108.7 | 109.1 | 110.0 |
| 104.2 | 101.8 | 99.6 | 98.2 | 96.5 | 95.9 |
| 93.7 | 95.5 | 97.0 | 97.4 | 98.2 | 98.5 |
| | | | | | |
| 101.5 | 101.2 | 101.8 | 102.7 | 103.7 | 103.9 |
| 114.1 | 114.9 | 114.2 | 114.5 | 114.0 | 113.2 |
| 106.8 | 109.1 | 109.5 | 110.0 | 110.9 | 111.8 |
| 113.1 | 110.8 | 109.9 | 108.9 | 107.8 | 107.6 |

Housing Price Indices of Second-Hand Residential Buildings

| 7 月<br>July | 8 月<br>August | 9 月<br>September | 10 月<br>October | 11 月<br>November | 12 月<br>December |
|---|---|---|---|---|---|
| 98.8 | 99.0 | 99.1 | 99.1 | 99.4 | 99.6 |
| 104.8 | 105.0 | 105.3 | 105.7 | 106.3 | 106.3 |
| 101.1 | 99.4 | 98.0 | 96.5 | 95.3 | 94.1 |
| 95.4 | 96.9 | 98.5 | 100.0 | 101.0 | 102.2 |
| | | | | | |
| 102.2 | 102.1 | 101.7 | 101.6 | 101.5 | 101.7 |
| 108.7 | 109.0 | 109.1 | 109.1 | 108.9 | 108.4 |
| 103.2 | 104.8 | 106.6 | 106.7 | 107.4 | 107.9 |
| 108.4 | 106.4 | 103.7 | 103.2 | 102.2 | 101.8 |

# 4-31 北海市房地产价格环比指数（2019年）

## Price Chain Indices for Real Estate of Beihai（2019）

（上月=100）　　　　(Preceding month=100)

| 指　标 | Item | 1 月 January | 2 月 February | 3 月 March | 4 月 April | 5 月 May | 6 月 June |
|---|---|---|---|---|---|---|---|
| **新建商品住宅价格指数** | **Housing Price Indices of Newly Constructed Commercial Residential Buildings** | **100.4** | **100.6** | **101.1** | **101.2** | **101.0** | **100.7** |
| 90平方米及以下 | $90m^2$ and Below | 100.2 | 100.7 | 101.0 | 101.0 | 101.4 | 100.8 |
| 90～144平方米 | 90～$144m^2$ | 100.6 | 100.5 | 101.3 | 101.4 | 100.3 | 100.6 |
| 144平方米以上 | Above $144m^2$ | 100.3 | 100.3 | 100.4 | 100.9 | 100.1 | 100.7 |
| **二手住宅价格指数** | **Housing Price Indices of Second-Hand Residential Buildings** | **99.7** | **100.5** | **101.0** | **100.6** | **100.5** | **99.8** |
| 90平方米及以下 | $90m^2$ and Below | 99.6 | 100.4 | 101.2 | 100.7 | 100.3 | 99.8 |
| 90～144平方米 | 90～$144m^2$ | 100.0 | 100.6 | 100.7 | 100.5 | 100.9 | 100.0 |
| 144平方米以上 | Above $144m^2$ | 99.8 | 101.4 | 100.8 | 100.6 | 100.1 | 99.1 |

| 指　标 | Item | 7 月 July | 8 月 August | 9 月 September | 10 月 October | 11 月 November | 12 月 December |
|---|---|---|---|---|---|---|---|
| **新建商品住宅价格指数** | **Housing Price Indices of Newly Constructed Commercial Residential Buildings** | **100.7** | **101.0** | **100.0** | **100.2** | **100.1** | **100.5** |
| 90平方米及以下 | $90m^2$ and Below | 100.9 | 101.2 | 99.9 | 100.2 | 100.1 | 100.6 |
| 90～144平方米 | 90～$144m^2$ | 100.5 | 100.6 | 100.0 | 100.2 | 100.0 | 100.1 |
| 144平方米以上 | Above $144m^2$ | 100.2 | 101.5 | 100.7 | 100.5 | 100.6 | 101.0 |
| **二手住宅价格指数** | **Housing Price Indices of Second-Hand Residential Buildings** | **100.4** | **100.4** | **99.3** | **99.9** | **99.6** | **99.9** |
| 90平方米及以下 | $90m^2$ and Below | 100.3 | 100.4 | 99.1 | 99.9 | 99.8 | 99.9 |
| 90～144平方米 | 90～$144m^2$ | 100.8 | 100.4 | 99.9 | 100.0 | 99.5 | 99.9 |
| 144平方米以上 | Above $144m^2$ | 99.5 | 99.9 | 98.9 | 100.1 | 99.5 | 100.0 |

# 4-32　农产品生产者价格指数（2019年）

## Producers Price Indices for Farm Products（2019）

（上年同期=100）　　(preceding year=100)

| 指　标 | Item | 全　年<br>Annual Year | 一季度<br>First Quarter | 二季度<br>Second Quarter | 三季度<br>Third Quarter | 四季度<br>Fourth Quarter |
|---|---|---|---|---|---|---|
| **农产品生产者价格指数** | **Producer Price Indices for Farm Products** | **115.5** | **95.6** | **110.6** | **122.9** | **137.7** |
| **农业产品** | **Agriculture Products** | **103.5** | **97.7** | **114.0** | **114.1** | **96.7** |
| 谷物 | Cereal | 94.2 | 103.0 | 94.6 | 95.0 | 88.6 |
| 稻谷 | Rice | 91.3 | 101.2 | 93.2 | 94.1 | 86.1 |
| 早籼稻 | Early Indica Rice | 86.9 | | | 94.1 | 79.9 |
| 晚籼稻 | Late Indica Rice | 95.2 | 101.2 | 93.2 | | 91.3 |
| 玉米 | Corn | 102.8 | 109.1 | 100.5 | 101.0 | 101.0 |
| 薯类 | Tubers | 112.3 | 136.7 | 143.3 | | 98.5 |
| 油料 | Oil-bearing Crops | 109.8 | 99.3 | | 109.6 | 123.4 |
| 花生 | Peanut | 109.8 | 99.3 | | 109.6 | 123.4 |
| 豆类 | Beans | 96.3 | 100.0 | 92.5 | 97.7 | 95.5 |
| 大豆 | Soybean | 96.3 | 100.0 | 92.5 | 97.7 | 95.5 |
| 生麻 | Raw Hemp | 100.0 | 100.0 | 100.0 | 100.0 | 100.0 |
| 糖料 | Sugar | 98.7 | 98.1 | 98.1 | | 100.0 |
| 甘蔗 | Sugar Cane | 98.7 | 98.1 | 98.1 | | 100.0 |
| 未加工烟草 | Untreated Tobacco | 99.6 | | | 100.3 | 98.9 |
| 蔬菜及食用菌 | Vegetables and Edible Fungus | 105.9 | 102.1 | 125.4 | 107.1 | 101.1 |
| 蔬菜 | Vegetables | 106.1 | 102.3 | 126.7 | 107.4 | 100.6 |
| 叶菜类蔬菜 | Leafy Vegetables | 104.3 | 106.5 | 113.8 | 104.9 | 93.2 |
| 芹菜 | Celery | 77.8 | | | | 77.8 |
| 油菜 | Rape | 103.6 | 116.0 | 105.0 | 101.6 | 86.3 |
| 菠菜 | Spinach | 107.7 | 103.3 | | | 111.9 |
| 空心菜 | Water Spinach | 121.3 | | 124.9 | 117.0 | |
| 小白菜 | Bok Choy | 107.1 | 103.0 | 111.1 | 111.4 | 99.5 |
| 白菜类蔬菜 | Chinese Cabbage Group | 106.6 | 107.6 | 114.1 | 106.2 | 99.5 |
| 大白菜 | Napa Cabbage | 113.8 | 109.2 | 129.3 | 112.9 | 104.7 |
| 普通白菜 | Common Chinese Cabbage | 103.5 | 113.0 | 133.0 | | 88.3 |
| 菜心（菜薹） | Chinese Flowering Cabbage | 98.3 | 103.8 | 92.8 | 97.8 | 99.5 |
| 芥菜类蔬菜 | Mustard Vegetables | 101.1 | 105.0 | 114.1 | 96.4 | 96.6 |
| 叶用芥菜 | Leaf Mustard | 101.1 | 105.0 | 114.1 | 96.4 | 96.6 |

4-32 续表 1 continued

（上年同期=100） (preceding year=100)

| 指 标 | Item | 全 年 Annual Year | 一季度 First Quarter | 二季度 Second Quarter | 三季度 Third Quarter | 四季度 Fourth Quarter |
|---|---|---|---|---|---|---|
| 甘蓝类蔬菜 | Brassica Vegetables | 111.6 | 116.9 | 110.1 | 122.7 | 94.0 |
| 菜花 | Cauliflower | 115.2 | 112.5 | 110.1 | 122.7 | |
| 青花菜 | Broccoli | | | | | |
| 芥蓝 | Cabbage Mustard | 101.5 | 121.2 | | | 94.0 |
| 根茎类蔬菜 | Root Vegetables | 97.9 | 99.1 | 100.7 | 94.9 | 115.3 |
| 白萝卜 | White Radish | 100.6 | 99.1 | 100.7 | | 115.3 |
| 胡萝卜 | Carrot | | | | | |
| 山药 | Common Yam Rhizome | | | | | |
| 瓜菜类蔬菜 | Melons and Vegetables | 98.6 | 102.5 | 119.3 | 92.6 | 95.1 |
| 黄瓜 | Cucumber | 99.8 | | 102.4 | 93.4 | 107.7 |
| 冬瓜 | Wax Gourd | 99.4 | 100.0 | 127.7 | 72.8 | 86.1 |
| 西葫芦 | Summer Squash | 122.9 | 94.7 | 111.5 | | 230.7 |
| 苦瓜 | Balsm Pear | 99.3 | | 133.2 | 99.5 | 72.1 |
| 南瓜 | Pumpkin | 102.8 | 106.4 | 109.4 | 91.8 | 119.1 |
| 丝瓜 | Luffa | 76.2 | | | 81.9 | 71.9 |
| 豆类蔬菜 | Leguminous Vegetables | 116.7 | 103.1 | 140.6 | 101.4 | 105.0 |
| 豇豆 | Cowpea | 111.1 | 103.1 | 130.4 | 102.2 | 102.9 |
| 四季豆 | French Beans | 156.8 | | 232.3 | | 111.7 |
| 茄果类蔬菜 | Solanaceous Fruit Vegetable | 114.0 | 98.7 | 163.8 | 128.8 | 99.3 |
| 茄子 | Aubergine | 107.3 | 115.2 | 112.3 | 108.1 | 89.5 |
| 青椒 | Green Pepper | 111.9 | 100.0 | 151.7 | 105.7 | |
| 辣椒 | Capsicum | 109.9 | 66.7 | 210.9 | 166.4 | 93.5 |
| 西红柿 | Tomato | 121.7 | 109.9 | 130.1 | 132.3 | 107.8 |
| 莴苣及菊苣类蔬菜 | Lettuce and Chicory Vegetables | 101.0 | 105.1 | 118.2 | 97.8 | 92.0 |
| 生菜 | Lettuce | 108.8 | 111.4 | 116.5 | 97.4 | 113.3 |
| 莴笋 | Asparagus Lettuce | 97.1 | 84.9 | 121.2 | | 71.5 |
| 葱蒜类蔬菜 | Allium Vegetables | 104.3 | 98.9 | 112.5 | 106.7 | 108.2 |
| 大葱 | Allium Fistulosum | | | | | |
| 细香葱 | Chive | 109.9 | 105.3 | 117.6 | 107.0 | 112.0 |

4-32　续表 2　continued

（上年同期＝100）　　(preceding year=100)

| 指　标 | Item | 全　年 Annual Year | 一季度 First Quarter | 二季度 Second Quarter | 三季度 Third Quarter | 四季度 Fourth Quarter |
|---|---|---|---|---|---|---|
| 大蒜 | Garlic | | | | | |
| 韭菜 | Leek | 104.4 | 98.0 | 109.7 | 106.5 | 104.3 |
| 水生蔬菜 | Aquatic Vegetables | 103.3 | 99.6 | 103.5 | | 105.3 |
| 莲藕 | Lotus Root | | | | | |
| 荸荠 | Chufa | 103.3 | 99.6 | 103.5 | | 105.3 |
| 食用菌 | Edible Fungus | 100.6 | 96.9 | 99.3 | 101.9 | 109.2 |
| 平菇 | Oyster Mushroon | 104.0 | 100.0 | 102.6 | 105.9 | 109.2 |
| 双孢蘑菇 | Double Spore Mushroom | | | | | |
| 鸡腿菇 | Coprinus Comatus | | | | | |
| 茶树菇 | Glossy Ganoderma | | | | | |
| 黑木耳 | Black Fungus | 89.1 | 86.6 | 87.3 | 94.1 | |
| 黄背木耳 | Auricularia Polytricha | 108.5 | 107.3 | 111.2 | 108.1 | |
| 水果及坚果 | Fruit and Nuts | 118.7 | 82.6 | 149.0 | 142.8 | 95.6 |
| 水果（园林水果） | Fruit（Garden Fruit） | 118.7 | 82.6 | 149.0 | 142.8 | 95.6 |
| 柑橘类水果 | Citrus Fruit | 84.6 | 69.6 | 89.2 | 198.9 | 95.6 |
| 柑橘 | Citrus | 78.0 | 61.6 | | | 97.6 |
| 橙 | Orange | 78.4 | 71.2 | 89.2 | | 78.3 |
| 柚 | Pomelo Grapefruit | 121.3 | 86.9 | | 198.9 | 99.3 |
| 葡萄 | Grape | 102.2 | | | 102.2 | |
| 巨峰葡萄 | Kyoho Grape | 94.2 | | | 87.1 | |
| 热带水果 | Tropical Fruits | 155.9 | 102.5 | 168.3 | 162.1 | 86.2 |
| 香蕉 | Banana | 107.5 | 102.5 | 134.3 | 108.8 | 86.2 |
| 龙眼 | Longan | 156.7 | | | 156.7 | |
| 荔枝 | Lychee | 264.0 | | 183.9 | 353.5 | |
| 芒果 | Mango | 122.2 | | | 161.3 | |
| 瓜类水果 | Melon Fruit | 119.0 | | 150.7 | 114.8 | 90.9 |
| 西瓜 | Watermelon | 117.8 | | 150.3 | 116.8 | 90.9 |
| 香瓜 | Muskmelon | 124.7 | | 155.3 | 100.0 | |
| 其他水果 | Other Fruit | 105.3 | 98.4 | | 104.5 | 112.1 |
| 柿子 | Persimmon | 105.3 | 98.4 | | 104.5 | 112.1 |

4-32 续表 3 continued

（上年同期＝100） (preceding year=100)

| 指标 | Item | 全年 Annual Year | 一季度 First Quarter | 二季度 Second Quarter | 三季度 Third Quarter | 四季度 Fourth Quarter |
|---|---|---|---|---|---|---|
| 茶及饮料原料 | Tea and Beverage Raw Materials | 105.4 | 108.8 | 106.9 | 102.6 | 103.0 |
| 茶叶 | Tea | 105.4 | 108.8 | 106.9 | 102.6 | 103.0 |
| 绿茶 | Green Tea | 106.5 | 108.8 | 106.9 | 103.8 | 103.7 |
| 中草药材 | Chinese Medicinal Herbs | 100.7 | 102.3 | | 96.6 | 110.5 |
| **林业产品** | **Forestry Products** | **99.9** | **98.4** | **99.4** | **98.4** | **100.3** |
| 育种和育苗 | Breeding and Seedling Raising | 92.4 | 92.7 | 84.9 | 75.6 | 98.4 |
| 木材采伐产品 | Timber Harvesting Products | 100.1 | 99.5 | 102.0 | 99.5 | 100.8 |
| 原木 | Log | 100.1 | 99.5 | 102.0 | 99.5 | 100.8 |
| 针叶原木 | Coniferous Log | 99.0 | 98.2 | 100.9 | 96.8 | 100.6 |
| 马尾松原木 | Ping Log | 99.2 | | | 95.5 | 103.2 |
| 杉木原条 | Chinese Fir | 98.2 | 98.2 | 100.9 | 101.1 | 92.5 |
| 非针叶原木 | Non Coniferous Wood | 102.8 | 102.0 | 104.0 | 104.2 | 101.3 |
| 按树原木 | Eucalyptus Log | 102.8 | 102.0 | 104.0 | 104.2 | 101.3 |
| 竹材采伐产品 | Bamboo Cutting Products | 101.4 | 94.9 | 100.2 | 102.4 | 107.6 |
| 林产品 | Forest Product | 101.7 | 106.3 | 92.5 | 85.6 | 89.5 |
| **饲养动物及其产品** | **Feeding Animals and Their Products** | **139.6** | **89.9** | **111.1** | **144.0** | **208.6** |
| 活牲畜 | Live Cattle | 149.5 | 88.8 | 116.2 | 152.5 | 235.8 |
| 猪 | Pig | 152.8 | 87.1 | 116.5 | 155.6 | 246.7 |
| 种猪 | Boar | 100.3 | 80.0 | 89.7 | 84.2 | 150.7 |
| 仔猪 | Piglet | 163.6 | 90.0 | 127.2 | 254.3 | 171.7 |
| 能繁殖母猪 | Breeding Sows | | | | | |
| 其他活猪 | Other Pigs | 152.8 | 86.9 | 116.0 | 153.1 | 250.8 |
| 牛 | Cattle | 119.3 | 107.6 | 115.7 | 121.2 | 132.6 |
| 羊 | Sheep | 117.3 | 102.4 | 112.1 | 124.1 | 130.1 |
| 活家禽 | Live Poultry | 112.4 | 93.0 | 111.5 | 125.1 | 118.8 |
| 活鸡 | Chickens | 113.1 | 90.9 | 112.6 | 128.8 | 120.2 |
| 活鸭 | Live ducks | 109.6 | 101.0 | 107.2 | 117.8 | 112.6 |

4-32　续表 4　continued

（上年同期＝100）　　(preceding year=100)

| 指　标 | Item | 全　年 Annual Year | 一季度 First Quarter | 二季度 Second Quarter | 三季度 Third Quarter | 四季度 Fourth Quarter |
|---|---|---|---|---|---|---|
| 畜禽产品 | Livestock and Poultry Products | 104.2 | 97.4 | 82.6 | 107.2 | 129.0 |
| 禽蛋 | Poultry of Eggs | 105.1 | 97.4 | 95.5 | 107.1 | 115.3 |
| 鸡蛋 | Egg | 100.0 | 95.5 | 95.5 | 102.5 | 105.5 |
| 鸭蛋 | Duck's Egg | 112.3 | 100.9 | | 114.4 | 128.0 |
| 蚕茧 | Silkworm Cocoon | 103.6 | | 72.0 | 107.3 | 137.6 |
| **渔业产品** | **Fishery Products** | **101.2** | **101.2** | **100.5** | **103.4** | **100.9** |
| 海水养殖产品 | Seawater Artificially Cultured Products | 101.2 | 101.1 | 110.0 | 102.8 | 100.8 |
| 海水养殖虾 | Mariculture of Prawns | 103.8 | 104.6 | 111.9 | 99.0 | 98.9 |
| 海水养殖蟹 | Mariculture of Crabs | 101.0 | 101.6 | | 100.0 | |
| 海水养殖贝类 | Mariculture of Shellfish | 99.3 | 98.5 | 108.7 | 105.8 | 102.2 |
| 海水养殖牡蛎 | Mariculture of Oyster | 106.9 | 109.3 | 108.7 | 105.8 | 104.0 |
| 海水养殖蛤 | Mariculture of Clams | 89.8 | 85.2 | | | 100.0 |
| 海水捕捞产品 | Seawater Fishing Products | 102.2 | 102.6 | 102.1 | 99.9 | 105.7 |
| 海水捕捞鲜鱼 | Marine Fishing Fresh Fish | 101.4 | 103.9 | 100.5 | 97.2 | 107.2 |
| 海水捕捞虾 | Marine Fishing Shrimp | 102.5 | 100.7 | 100.6 | 104.9 | 102.7 |
| 海水捕捞蟹 | Marine Fishing Crab | 104.0 | 105.1 | 111.1 | 96.1 | 103.3 |
| 海水捕捞软体水生动物 | Marine Aquatic Animals | 103.2 | 98.0 | 104.2 | 111.0 | 99.9 |
| 淡水养殖产品 | Fresh Water Farming Products | 100.7 | 100.6 | 96.0 | 105.6 | 98.7 |
| 养殖淡水鱼 | Cultured Freshwater Fish | 102.6 | 102.0 | 96.0 | 108.3 | 103.0 |
| 养殖淡水鲤鱼 | Cultured Freshwater Carp | 103.9 | 101.6 | 103.5 | 106.8 | 102.8 |
| 养殖淡水草鱼 | Cultured Freshwater Grass Carp | 97.9 | 95.9 | 97.5 | 98.3 | 99.9 |
| 养殖淡水鳙鱼（胖头鱼） | Cultured Freshwater Bighead | 111.4 | 107.9 | 107.6 | 124.6 | 106.1 |
| 养殖淡水罗非鱼 | Cultured Freshwater Tilapia | 102.2 | 99.8 | 102.5 | 106.1 | 100.2 |
| 养殖淡水鲢鱼 | Cultured Freshwater Silver Carp | 102.9 | 108.4 | 66.7 | 112.4 | 109.1 |
| 其他淡水养殖产品 | Other Cultured Freshwater Products | 91.9 | 95.4 | 96.0 | 94.7 | 81.1 |
| 淡水养殖龟 | Cultured Freshwater Turtle | 84.3 | 94.0 | 88.3 | 85.3 | 67.7 |
| 淡水养殖鳖 | Cultured Freshwater Turtles | 98.1 | 96.6 | 102.3 | 102.1 | 92.0 |

# 4-33 分季度农产品生产者价格指数

（上年同期＝100）

| 指 标 | Item | 2015 一季度 First Quarter | 二季度 Second Quarter | 三季度 Third Quarter | 四季度 Fourth Quarter |
|---|---|---|---|---|---|
| **农产品生产者价格指数** | **Producer Price Indices for Farm Products** | **98.0** | **99.4** | **106.4** | **101.9** |
| **农业产品** | **Agriculture Products** | **96.2** | **94.9** | **102.7** | **98.4** |
| 谷物 | Cereal | 100.5 | 101.6 | 98.9 | 98.2 |
| 稻谷 | Rice | 101.0 | 102.1 | 99.0 | 100.2 |
| 早籼稻 | Early Indica Rice |  | 102.9 | 98.7 | 100.7 |
| 晚籼稻 | Late Indica Rice | 101.0 | 101.9 | 100.2 | 99.7 |
| 玉米 | Corn | 98.7 | 99.6 | 97.8 | 88.0 |
| 薯类 | Tubers | 100.6 | 83.3 | 108.7 | 108.8 |
| 油料 | Oil-bearing Crops | 98.8 |  | 102.8 | 81.2 |
| 花生 | Peanut | 98.8 |  | 102.8 | 81.2 |
| 豆类 | Beans | 100.0 | 98.2 | 100.0 | 100.6 |
| 大豆 | Soybean | 100.0 | 98.2 | 100.0 | 100.6 |
| 生麻 | Raw Hemp | 122.9 | 123.5 | 114.7 | 116.2 |
| 糖料 | Sugar | 90.9 | 89.4 |  | 112.1 |
| 甘蔗 | Sugar Cane | 90.9 | 89.4 |  | 112.1 |
| 未加工烟草 | Untreated Tobacco |  |  | 106.8 | 100.0 |
| 蔬菜及食用菌 | Vegetables and Edible Fungus | 91.9 | 103.0 | 112.5 | 108.1 |
| 蔬菜 | Vegetables | 91.3 | 102.4 | 112.8 | 108.0 |
| 叶菜类蔬菜 | Leafy Vegetables | 93.8 | 96.9 | 115.4 | 118.2 |
| 芹菜 | Celery | 105.1 |  |  | 109.2 |
| 油菜 | Rape | 94.2 | 110.3 | 116.5 | 116.6 |
| 菠菜 | Spinach | 91.9 |  |  | 115.9 |
| 空心菜 | Water Spinach |  | 91.4 | 110.8 | 96.1 |
| 小白菜 | Bok Choy | 97.5 | 95.8 | 123.2 | 115.7 |
| 白菜类蔬菜 | Chinese Cabbage Group | 103.9 | 101.5 | 104.6 | 111.2 |
| 大白菜 | Napa Cabbage | 105.3 | 111.4 | 101.1 | 118.0 |
| 普通白菜 | Common Chinese Cabbage | 113.2 | 100.0 |  | 104.4 |
| 菜心（菜薹） | Chinese Flowering Cabbage | 100.0 | 92.6 | 113.6 | 109.2 |
| 芥菜类蔬菜 | Mustard Vegetables | 80.2 | 95.9 | 107.9 | 116.5 |
| 叶用芥菜 | Leaf Mustard | 80.2 | 95.9 | 107.9 | 116.5 |
| 甘蓝类蔬菜 | Brassica Vegetables | 98.0 | 135.0 | 116.4 | 134.1 |
| 结球甘蓝 | Common Head Cabbage |  | 200.0 |  | 66.7 |
| 菜花 | Cauliflower | 100.3 | 100.0 | 129.4 | 149.2 |
| 芥蓝 | Cabbage Mustard | 95.7 |  |  | 127.7 |

## Producers Price Indices for Farm Products by Quarter

(preceding year=100)

| | 2016 | | | | 2017 | | | | 2018 | | | |
|---|---|---|---|---|---|---|---|---|---|---|---|---|
| | 一季度 First Quarter | 二季度 Second Quarter | 三季度 Third Quarter | 四季度 Fourth Quarter | 一季度 First Quarter | 二季度 Second Quarter | 三季度 Third Quarter | 四季度 Fourth Quarter | 一季度 First Quarter | 二季度 Second Quarter | 三季度 Third Quarter | 四季度 Fourth Quarter |
| | **107.6** | **113.9** | **104.5** | **101.4** | **99.7** | **98.0** | **96.9** | **101.0** | **98.9** | **94.0** | **96.1** | **100.3** |
| | **100.8** | **105.3** | **103.5** | **103.2** | **102.6** | **108.4** | **107.2** | **104.7** | **99.6** | **96.9** | **94.2** | **104.2** |
| | 96.9 | 93.9 | 98.1 | 97.3 | 94.7 | 101.6 | 99.1 | 108.3 | 103.5 | 100.3 | 99.0 | 103.9 |
| | 99.1 | 97.9 | 100.2 | 96.4 | 94.1 | 100.3 | 99.0 | 109.0 | 100.6 | 100.3 | 98.3 | 104.0 |
| | 96.6 | | 100.0 | 95.5 | | | 99.0 | | | | 97.9 | 108.1 |
| | 99.8 | 97.9 | 101.0 | 97.1 | 94.1 | 100.3 | | 109.0 | 100.6 | 100.3 | 99.7 | 100.6 |
| | 89.1 | 76.4 | 83.9 | 102.2 | 96.5 | 107.3 | 100.0 | 104.9 | 113.6 | 100.5 | 104.0 | 103.7 |
| | 104.8 | 134.4 | | 102.3 | 97.0 | 94.3 | | 105.5 | 73.1 | 87.7 | | 98.3 |
| | | | 104.5 | 100.0 | 100.0 | | 100.5 | 100.0 | 100.0 | | 96.3 | 98.0 |
| | | | 104.5 | 100.0 | 100.0 | | 100.5 | 100.0 | 100.0 | | 96.3 | 98.0 |
| | 100.0 | 100.0 | 100.0 | 100.0 | 100.0 | 100.0 | 100.0 | 100.0 | 106.2 | 100.0 | 101.9 | 100.0 |
| | 100.0 | 100.0 | 100.0 | 100.0 | 100.0 | 100.0 | 100.0 | 100.0 | 106.2 | 100.0 | 101.9 | 100.0 |
| | 105.0 | 117.0 | 102.6 | 97.6 | 93.5 | 100.0 | 97.4 | 102.6 | 100.0 | 97.4 | 100.0 | 102.5 |
| | 107.1 | 106.8 | | 106.7 | 111.1 | 113.3 | | 102.0 | 100.0 | 100.0 | | 98.1 |
| | 107.1 | 106.8 | | 106.7 | 111.1 | 113.3 | | 102.0 | 100.0 | 100.0 | | 98.1 |
| | | | 100.4 | 108.4 | | | 100.4 | | | | 101.1 | 100.0 |
| | 120.7 | 94.5 | 97.7 | 108.6 | 86.0 | 100.7 | 109.3 | 105.5 | 102.4 | 97.1 | 99.9 | 101.2 |
| | 121.5 | 93.5 | 97.2 | 109.1 | 85.3 | 101.0 | 109.2 | 105.7 | 101.9 | 97.6 | 100.1 | 100.6 |
| | 148.9 | 101.8 | 102.2 | 104.4 | 69.5 | 98.3 | 112.8 | 108.1 | 113.7 | 100.7 | 101.7 | 105.2 |
| | 112.4 | | | 153.3 | 78.0 | | | 153.9 | 162.3 | | | |
| | 149.5 | 96.8 | 109.1 | 96.4 | 81.0 | 81.8 | 102.7 | 100.2 | 111.1 | 78.7 | 95.3 | 100.9 |
| | 109.5 | 114.2 | | 117.7 | 71.1 | | | 115.8 | 96.4 | 105.1 | | 98.8 |
| | | 99.1 | 100.0 | 132.3 | | 103.2 | 118.7 | 99.6 | | 104.9 | 109.4 | 91.3 |
| | 129.3 | 101.6 | 100.3 | 98.3 | 55.1 | 72.0 | 103.4 | 101.5 | 106.2 | 95.8 | 100.2 | 108.8 |
| | 144.4 | 118.8 | 88.7 | 101.9 | 67.0 | 75.6 | 113.3 | 111.0 | 103.7 | 108.4 | 115.7 | 112.5 |
| | 116.7 | 107.2 | 97.0 | 120.8 | 69.5 | 82.5 | 98.4 | 113.5 | 106.9 | 102.3 | 105.6 | 106.8 |
| | 183.6 | 82.5 | | 104.7 | 59.2 | 87.8 | | 93.9 | 96.3 | 99.4 | | 91.7 |
| | 188.8 | 145.5 | 78.4 | 91.0 | 63.5 | 64.3 | 132.1 | 113.9 | 99.1 | 117.6 | 128.3 | 120.7 |
| | 190.9 | 89.4 | 93.0 | 91.3 | 59.7 | 100.4 | 106.7 | 118.8 | 103.1 | 103.1 | 105.6 | 112.9 |
| | 190.9 | 89.4 | 93.0 | 91.3 | 59.7 | 100.4 | 106.7 | 118.8 | 103.1 | 103.1 | 105.6 | 112.9 |
| | 110.5 | 98.1 | 101.6 | 101.9 | 83.2 | 105.9 | | 93.1 | 97.2 | 106.4 | 96.5 | 107.4 |
| | 117.5 | 95.6 | 101.6 | 93.7 | 77.7 | 105.9 | | | 97.0 | 106.4 | 96.5 | 104.4 |
| | | 102.9 | | | | | | | | | | |
| | 103.5 | | | 115.6 | 88.6 | | | 93.1 | 97.5 | | | 112.3 |

4-33 续表 1

（上年同期＝100）

| 指 标 | Item | 2015 一季度 First Quarter | 二季度 Second Quarter | 三季度 Third Quarter | 四季度 Fourth Quarter |
|---|---|---|---|---|---|
| 根茎类蔬菜 | Root Vegetables | 84.0 | 66.7 | | 68.5 |
| 白萝卜 | White Radish | 106.0 | | | 106.0 |
| 胡萝卜 | Carrot | 54.9 | 66.7 | | |
| 生姜 | Ginger | | | | |
| 芋头 | Taro | | | | |
| 山药 | Common Yam Rhizome | | | | 34.4 |
| 瓜菜类蔬菜 | Melons and Vegetables | 102.1 | 116.4 | 120.5 | 112.9 |
| 黄瓜 | Cucumber | | 123.3 | 126.5 | 109.5 |
| 冬瓜 | Wax Gourd | 105.9 | 116.8 | 121.6 | 123.0 |
| 西葫芦 | Summer Squash | 84.3 | | | 65.5 |
| 苦瓜 | Balsm Pear | | 124.5 | 121.7 | 115.0 |
| 南瓜 | Pumpkin | | 99.5 | 109.7 | 118.4 |
| 丝瓜 | Luffa | | 106.5 | 113.0 | 100.3 |
| 豆类蔬菜 | Leguminous Vegetables | 86.7 | 113.6 | 107.7 | 103.0 |
| 豇豆 | Cowpea | | 120.0 | 105.2 | 104.9 |
| 四季豆 | French Beans | | 105.1 | 115.3 | |
| 茄果类蔬菜 | Solanaceous Fruit Vegetable | 75.5 | 101.4 | 111.6 | 127.2 |
| 茄子 | Aubergine | | 104.6 | 102.3 | 106.4 |
| 青椒 | Green Pepper | 104.4 | 106.0 | 113.6 | 109.9 |
| 辣椒 | Capsicum | 94.9 | 100.7 | 112.1 | 108.3 |
| 西红柿 | Tomato | 65.2 | 99.3 | 129.0 | 154.1 |
| 莴苣及菊苣类蔬菜 | Lettuce and Chicory Vegetables | 104.2 | 91.8 | 128.9 | 111.7 |
| 生菜 | Lettuce | 96.7 | 98.9 | 133.7 | 125.0 |
| 莴笋 | Asparagus Lettuce | 135.1 | 74.0 | 108.1 | 98.9 |
| 葱蒜类蔬菜 | Allium Vegetables | 99.4 | 87.6 | 97.3 | 125.0 |
| 大葱 | Allium Fistulosum | 100.2 | | | |
| 细香葱 | Chive | | | 101.0 | 127.0 |
| 大蒜 | Garlic | 98.8 | | | |
| 韭菜 | Leek | 99.3 | 83.3 | 95.6 | 124.7 |
| 水生蔬菜 | Aquatic Vegetables | 100.3 | 105.2 | 102.6 | 99.1 |
| 莲藕 | Lotus Root | | | 102.6 | 95.8 |
| 荸荠 | Chufa | 100.3 | 105.2 | | 106.4 |
| 食用菌 | Edible Fungus | 102.8 | 114.7 | 106.0 | 109.1 |
| 双孢蘑菇 | Double Spore Mushroom | 100.0 | 100.0 | 106.3 | 110.7 |
| 香菇 | Mushrooms | | | | |
| 黑木耳 | Black Fungus | 116.3 | 143.1 | 108.7 | 109.6 |
| 黄背木耳 | Yellow Back Fungus | 103.4 | 106.8 | 100.0 | 100.0 |

continued

(preceding year=100)

| 2016 | | | | 2017 | | | | 2018 | | | |
|---|---|---|---|---|---|---|---|---|---|---|---|
| 一季度 First Quarter | 二季度 Second Quarter | 三季度 Third Quarter | 四季度 Fourth Quarter | 一季度 First Quarter | 二季度 Second Quarter | 三季度 Third Quarter | 四季度 Fourth Quarter | 一季度 First Quarter | 二季度 Second Quarter | 三季度 Third Quarter | 四季度 Fourth Quarter |
| 85.1 | 104.2 | 105.6 | 145.3 | 105.1 | 114.6 | | 98.1 | 99.7 | 97.1 | 101.0 | 104.0 |
| 101.4 | 105.3 | | 125.2 | 104.8 | 111.3 | | 97.5 | 99.7 | 105.3 | | 103.1 |
| 100.0 | 103.5 | | | 103.5 | 117.0 | | 99.3 | | 90.9 | | |
| 65.3 | | 105.6 | 218.5 | 106.2 | | | | | | | |
| 114.8 | 75.7 | 85.0 | 97.9 | 87.7 | 109.7 | 122.8 | 117.7 | 107.2 | 97.6 | 100.8 | 106.2 |
| | 70.8 | 81.7 | 99.6 | 91.8 | 115.2 | 123.5 | 115.2 | 130.9 | 99.0 | 105.0 | 110.3 |
| | 103.5 | 42.4 | | 85.4 | 150.7 | 139.0 | 127.7 | 109.8 | 109.6 | 96.7 | 107.0 |
| 114.8 | 102.6 | | 29.0 | 85.0 | 96.3 | | 123.4 | 115.9 | 125.0 | | 63.2 |
| | 60.9 | 93.9 | 107.7 | 92.2 | 108.7 | 119.0 | 119.1 | 107.1 | 94.8 | 93.4 | 110.9 |
| | 97.8 | 69.2 | 94.7 | | | 108.8 | 109.6 | 94.2 | 100.0 | 112.0 | 104.5 |
| | 67.4 | 103.7 | 106.3 | | 85.1 | 130.1 | 112.7 | 122.9 | 85.1 | 128.6 | 113.1 |
| 135.3 | 83.9 | 98.5 | 102.2 | | 103.9 | 110.5 | 90.3 | 93.3 | 89.2 | 100.0 | 102.5 |
| | 75.7 | 97.1 | 102.5 | | 105.2 | 112.2 | 87.5 | | 88.9 | 100.4 | 104.6 |
| 150.0 | 95.7 | 102.5 | 100.0 | | 109.4 | 111.5 | | | 74.0 | | |
| 106.0 | 102.2 | 99.6 | 117.2 | 93.3 | 98.6 | 97.2 | 111.7 | 93.8 | 94.3 | 94.0 | 82.9 |
| 141.7 | 79.6 | 74.7 | 102.7 | 80.8 | 106.6 | 108.0 | 108.4 | 104.0 | 103.8 | 87.9 | 100.0 |
| 97.0 | 116.0 | 110.8 | 100.9 | 115.9 | 104.7 | 108.7 | 106.0 | 103.5 | 98.7 | 107.9 | 105.0 |
| 68.0 | 92.0 | 34.6 | 137.4 | 94.0 | 90.6 | 69.4 | 104.3 | 124.2 | 91.8 | 93.8 | 68.5 |
| 119.4 | 117.2 | 233.3 | 96.7 | 91.4 | 103.2 | 106.8 | 121.4 | 80.8 | 92.4 | 100.0 | 95.6 |
| 113.8 | 114.9 | 88.9 | 113.9 | 69.7 | 83.8 | 119.2 | 108.9 | 101.4 | 99.8 | 97.0 | 88.2 |
| 115.3 | 109.4 | 88.9 | 97.3 | 75.5 | 92.4 | 121.5 | 119.6 | 98.4 | 91.6 | 97.0 | 107.8 |
| 110.7 | 125.5 | | 129.8 | 48.6 | 68.2 | | 98.6 | 111.2 | 113.9 | | 69.3 |
| 139.8 | 93.8 | 102.3 | 103.4 | 71.4 | 56.2 | 99.1 | 95.0 | 93.8 | 114.0 | 109.1 | 87.9 |
| | | | | | | | | | | | |
| | | | 115.5 | | 32.0 | 119.7 | 93.0 | 06.7 | 140.7 | 110.7 | 80.6 |
| 193.8 | | | | | | | | | | | |
| 114.4 | 83.1 | 102.1 | 93.1 | 71.4 | 69.4 | 89.2 | 97.2 | 92.4 | 94.6 | 108.3 | 95.3 |
| 104.7 | 103.5 | 84.1 | 82.2 | 103.5 | 121.0 | 102.4 | 100.7 | 100.0 | | 104.4 | 103.6 |
| | 103.5 | 84.1 | 82.2 | 103.5 | 121.0 | 102.4 | 100.7 | 100.0 | | 104.4 | 103.4 |
| 104.7 | | | | | | | | | | | 104.1 |
| 106.3 | 114.1 | 107.1 | 99.9 | 99.2 | 95.3 | 112.4 | 102.5 | 110.8 | 87.3 | 95.8 | 111.0 |
| 114.5 | 104.5 | 104.4 | 91.9 | 100.9 | 99.6 | 111.5 | 97.2 | 110.5 | 93.1 | 101.0 | 121.8 |
| 118.1 | | | | 107.0 | | | | 142.2 | 100.0 | | |
| 100.0 | | | | 100.0 | 100.0 | | | | | | |
| 109.6 | | | | | | | | | | | |
| 95.1 | 118.0 | | 126.3 | 99.6 | 102.8 | | 95.6 | 82.5 | 64.2 | 79.6 | 106.9 |
| 94.8 | 117.1 | | 107.1 | 84.2 | | | 116.7 | 100.6 | | | 107.1 |

4-33 续表 2

（上年同期=100）

| 指 标 | Item | 2015 | | | |
|---|---|---|---|---|---|
| | | 一季度 First Quarter | 二季度 Second Quarter | 三季度 Third Quarter | 四季度 Fourth Quarter |
| 水果及坚果 | Fruit and Nuts | 107.1 | 90.9 | 102.2 | 78.2 |
| 水果（园林水果） | Fruit（Garden Fruit） | 107.1 | 90.9 | 102.2 | 78.2 |
| 柑橘类水果 | Citrus Fruit | 109.4 | 112.5 | 104.9 | 94.5 |
| 柑橘 | Citrus | 106.9 | | 100.5 | 94.5 |
| 橙 | Orange | 112.9 | 112.5 | | 96.8 |
| 柚 | Pomelo Grapefruit | 111.8 | | 115.9 | 92.9 |
| 葡萄 | Grape | 103.4 | | 116.8 | |
| 巨峰葡萄 | Kyoho Grape | 104.3 | | 122.1 | |
| 热带水果 | Tropical Fruits | 103.8 | 114.7 | 102.0 | 47.1 |
| 香蕉 | Banana | 103.8 | 73.7 | 43.2 | 47.1 |
| 龙眼 | Longan | | | 105.3 | |
| 荔枝 | Lychee | | 135.1 | 109.7 | |
| 芒果 | Mango | | 106.3 | 119.2 | |
| 瓜类水果 | Melon Fruit | | 58.1 | 83.8 | 113.1 |
| 西瓜 | Watermelon | | 54.6 | 74.5 | 113.1 |
| 香瓜 | Muskmelon | | 86.5 | 111.4 | |
| 其他水果 | Other Fruit | | | | 49.2 |
| 柿子 | Persimmon | | | | 49.2 |
| 茶及饮料原料 | Tea and Beverage Raw Materials | 101.9 | 102.8 | 100.1 | 102.2 |
| 茶叶 | Tea | 101.9 | 102.8 | 100.1 | 102.2 |
| 绿茶 | Green Tea | 101.9 | 102.8 | 100.1 | 102.2 |
| 中草药材 | Chinese Medicinal Herbs | 89.2 | 112.3 | 90.4 | 90.8 |
| **林业产品** | **Forestry Products** | **96.9** | **98.0** | **98.4** | **96.5** |
| 育种和育苗 | Breeding and Seedling Raising | 86.4 | 90.4 | 86.1 | |
| 木材采伐产品 | Timber Harvesting Products | 99.9 | 100.2 | 100.7 | 97.7 |
| 原木 | Log | 99.9 | 100.2 | 101.0 | 97.7 |
| 针叶原木 | Coniferous Log | 100.0 | 100.1 | 103.2 | 99.1 |
| 马尾松原木 | Ping Log | 99.8 | 100.0 | 104.7 | 99.5 |
| 杉木原条 | Chinese Fir | 100.3 | 100.5 | 98.7 | 97.8 |
| 非针叶原木 | Non Coniferous Wood | 99.7 | 100.2 | 95.1 | 93.8 |
| 桉树原木 | Eucalyptus Log | 97.8 | 100.2 | 95.1 | 93.8 |
| 竹材采伐产品 | Bamboo Cutting Products | 102.5 | | 96.7 | 92.7 |
| 林产品 | Forest Product | 98.6 | 99.1 | 99.7 | 92.8 |

continued

(preceding year=100)

| 2016 | | | | 2017 | | | | 2018 | | | |
|---|---|---|---|---|---|---|---|---|---|---|---|
| 一季度 First Quarter | 二季度 Second Quarter | 三季度 Third Quarter | 四季度 Fourth Quarter | 一季度 First Quarter | 二季度 Second Quarter | 三季度 Third Quarter | 四季度 Fourth Quarter | 一季度 First Quarter | 二季度 Second Quarter | 三季度 Third Quarter | 四季度 Fourth Quarter |
| 75.2 | 123.4 | 112.9 | 114.6 | 104.0 | 115.4 | 117.2 | 99.4 | 95.2 | 85.8 | 83.2 | 112.5 |
| 75.2 | 123.4 | 112.9 | 114.6 | 104.0 | 115.4 | 117.2 | 99.4 | 95.2 | 85.8 | 83.2 | 112.5 |
| 78.4 | 94.5 | 107.0 | 109.4 | 123.7 | 108.1 | 117.4 | 116.7 | 92.7 | 71.8 | 90.8 | 91.7 |
| 66.7 | | 104.6 | 111.0 | 123.6 | | 117.4 | 116.7 | 83.0 | | 100.0 | 94.5 |
| 94.7 | 94.5 | | 109.0 | 134.4 | 108.1 | | 147.5 | 101.8 | 71.8 | | 106.5 |
| 90.5 | | 113.0 | 104.4 | 113.7 | | | 99.1 | 106.8 | | 68.0 | 75.1 |
| 98.7 | | 85.6 | | | | 116.7 | 100.0 | | | 95.4 | |
| 99.6 | | 86.5 | | | | 121.7 | 100.0 | | | 91.4 | |
| 70.1 | 142.0 | 129.8 | 100.0 | 66.7 | 95.7 | 123.3 | 67.4 | 100.3 | 84.9 | 65.7 | 176.8 |
| 70.1 | 89.6 | 169.9 | 100.0 | 66.7 | 79.0 | 65.0 | 67.4 | 100.3 | 116.9 | 159.5 | 176.8 |
| | | 140.7 | | | | 145.4 | | | | 45.5 | |
| | 166.2 | 147.6 | | | 103.5 | 137.3 | | | 70.2 | 32.4 | |
| | | 88.0 | | | 95.0 | 102.4 | | | | 71.2 | |
| | 111.6 | 104.1 | 112.8 | | 145.4 | 102.9 | 103.0 | | 93.4 | 111.4 | 101.0 |
| | 114.5 | 104.4 | 114.2 | | 151.7 | 103.2 | 104.2 | | 92.8 | 112.9 | 101.0 |
| | 90.6 | 102.5 | | | 124.6 | 101.2 | | | 101.0 | 100.0 | |
| 37.1 | | 109.3 | 150.4 | 169.3 | | 82.8 | 88.9 | 81.8 | | 98.9 | 96.6 |
| 37.1 | | 109.3 | 150.4 | 169.3 | | 82.8 | 88.9 | 81.8 | | 98.9 | 96.6 |
| 96.1 | 100.0 | 100.2 | 100.5 | 94.3 | 102.9 | 103.1 | 101.7 | 104.2 | 102.3 | 103.8 | 102.8 |
| 96.1 | 100.0 | 100.2 | 100.5 | 94.3 | 102.9 | 103.1 | 101.7 | 104.2 | 102.3 | 103.8 | 102.8 |
| 96.1 | 100.0 | 100.2 | 100.6 | 94.3 | 102.9 | 104.5 | 102.4 | 104.2 | 102.3 | 105.6 | 103.3 |
| 55.3 | 126.7 | 101.1 | 70.4 | 71.2 | 104.8 | 106.0 | 117.1 | 118.5 | 107.5 | 97.6 | 135.0 |
| **92.3** | **96.2** | **97.6** | **97.7** | **99.4** | **103.5** | **100.3** | **101.4** | **104.8** | **100.3** | **100.9** | **101.7** |
| 96.3 | 99.2 | 121.6 | 101.1 | 92.5 | 100.6 | 107.2 | 101.7 | 115.9 | 103.3 | 97.8 | 108.8 |
| 91.2 | 96.0 | 96.7 | 96.8 | 97.5 | 103.5 | 99.8 | 99.9 | 99.5 | 99.0 | 99.3 | 100.0 |
| 91.0 | 95.9 | 96.6 | 96.8 | 97.4 | 103.1 | 99.9 | 100.0 | 99.6 | 99.0 | 99.3 | 100.0 |
| 90.2 | 96.5 | 98.3 | 96.7 | 97.4 | 106.2 | 102.0 | 100.0 | 98.9 | 98.6 | 97.8 | 98.5 |
| 89.2 | 95.5 | 97.7 | 96.0 | 97.4 | 108.0 | 102.5 | 101.3 | 97.9 | 98.0 | 97.5 | |
| 91.9 | 99.4 | 99.9 | 98.5 | 97.3 | 101.3 | 100.3 | 96.1 | 100.4 | 100.2 | 98.5 | 98.5 |
| 92.6 | 94.7 | 93.6 | 97.0 | 97.5 | 97.2 | 96.1 | 99.9 | 101.1 | 99.9 | 102.1 | 104.0 |
| 92.6 | 94.7 | 93.6 | 96.8 | 97.5 | 97.2 | 96.1 | 99.9 | 101.1 | 99.9 | 102.1 | 104.0 |
| 94.3 | 97.8 | 97.4 | 95.4 | 94.4 | 100.4 | 98.9 | 97.6 | 97.4 | 106.8 | 114.4 | 102.6 |
| 88.4 | 92.0 | 96.5 | 105.5 | 121.8 | 111.9 | 107.7 | 114.8 | 112.3 | 109.0 | 111.3 | 110.8 |

4-33 续表 3

（上年同期=100）

| 指 标 | Item | 2015 | | | |
|---|---|---|---|---|---|
| | | 一季度 First Quarter | 二季度 Second Quarter | 三季度 Third Quarter | 四季度 Fourth Quarter |
| **饲养动物及其产品** | **Feeding Animals and Their Products** | **101.7** | **106.6** | **114.8** | **108.8** |
| 活牲畜 | Live Cattle | 98.2 | 108.8 | 122.3 | 114.1 |
| 猪 | Pig | 98.0 | 110.3 | 124.5 | 115.9 |
| 种猪 | Boar | 73.8 | 90.0 | 104.1 | 162.4 |
| 仔猪 | Piglet | 97.0 | 112.1 | 128.3 | 123.2 |
| 能繁殖母猪 | Breeding Sows | 98.5 | 105.6 | 101.3 | 103.2 |
| 其他活猪 | Other Pigs | 98.4 | 110.3 | 124.6 | 115.2 |
| 牛 | Cattle | 96.2 | 95.8 | 102.4 | 100.1 |
| 羊 | Sheep | 104.5 | 96.0 | 93.0 | 90.9 |
| 活家禽 | Live Poultry | 120.6 | 108.6 | 96.3 | 92.6 |
| 活鸡 | Chickens | 125.3 | 112.1 | 95.7 | 93.1 |
| 活鸭 | Live ducks | 102.7 | 95.5 | 97.5 | 90.0 |
| 畜禽产品 | Livestock and Poultry Products | 98.6 | 92.7 | 85.4 | 91.6 |
| 禽蛋 | Poultry of Eggs | 98.6 | 99.5 | 95.7 | 99.9 |
| 鸡蛋 | Egg | 97.9 | 99.2 | 92.9 | 99.9 |
| 鸭蛋 | Duck's Egg | 100.0 | 100.0 | 100.0 | |
| 蚕茧 | Silkworm Cocoon | | 87.1 | 81.7 | 86.4 |
| **渔业产品** | **Fishery Products** | **101.1** | **101.9** | **98.0** | **98.7** |
| 海水养殖产品 | Seawater Artificially Cultured Products | 104.2 | 109.0 | 95.8 | 106.4 |
| 海水养殖虾 | Mariculture of Prawns | | 103.5 | 76.4 | 89.7 |
| 海水养殖蟹 | Mariculture of Crabs | 97.0 | 103.4 | | |
| 海水养殖贝类 | Mariculture of Shellfish | 105.3 | 113.6 | 109.1 | 118.8 |
| 海水养殖牡蛎 | Mariculture of Oyster | 104.2 | 112.2 | | 127.4 |
| 海水养殖蛤 | Mariculture of Clams | 106.6 | 115.3 | 109.1 | 108.2 |
| 海水捕捞产品 | Seawater Fishing Products | 103.8 | 102.5 | 100.5 | 101.3 |
| 海水捕捞鲜鱼 | Marine Fishing Fresh Fish | 101.3 | 100.0 | 100.5 | 101.7 |
| 海水捕捞虾 | Marine Fishing Shrimp | 103.9 | 109.1 | 103.7 | 104.1 |
| 海水捕捞蟹 | Marine Fishing Crab | 107.8 | 110.5 | 104.5 | 101.1 |
| 海水捕捞软体水生动物 | Marine Aquatic Animals | 105.0 | 92.2 | 91.6 | 89.7 |
| 淡水养殖产品 | Fresh Water Farming Products | 97.5 | 96.4 | 98.5 | 91.6 |
| 养殖淡水鱼 | Cultured Freshwater Fish | 99.2 | 95.5 | 100.3 | 92.8 |
| 养殖淡水鲤鱼 | Cultured Freshwater Carp | 98.9 | 111.1 | 103.1 | 103.6 |
| 养殖淡水草鱼 | Cultured Freshwater Grass Carp | 100.6 | 98.2 | 97.9 | 97.1 |
| 养殖淡水鳙鱼（胖头鱼） | Cultured Freshwater Bighead | 97.2 | 93.8 | 93.5 | 92.4 |
| 养殖淡水罗非鱼 | Cultured Freshwater Tilapia | 99.7 | 87.3 | 88.0 | 84.5 |
| 养殖淡水鲢鱼 | Cultured Freshwater Silver Carp | 98.5 | 94.1 | 123.6 | 92.5 |
| 其他淡水养殖产品 | Other Cultured Freshwater Products | 90.8 | 99.6 | 91.1 | 86.4 |
| 淡水养殖龟 | Cultured Freshwater Turtle | | 100.0 | 89.6 | 79.8 |
| 淡水养殖鳖 | Cultured Freshwater Turtles | 90.8 | 99.2 | 92.3 | 91.9 |

continued

(preceding year=100)

| 2016 | | | | 2017 | | | | 2018 | | | |
|---|---|---|---|---|---|---|---|---|---|---|---|
| 一季度 First Quarter | 二季度 Second Quarter | 三季度 Third Quarter | 四季度 Fourth Quarter | 一季度 First Quarter | 二季度 Second Quarter | 三季度 Third Quarter | 四季度 Fourth Quarter | 一季度 First Quarter | 二季度 Second Quarter | 三季度 Third Quarter | 四季度 Fourth Quarter |
| **124.7** | **135.3** | **107.9** | **100.9** | **93.4** | **79.3** | **83.0** | **95.0** | **95.6** | **85.2** | **94.4** | **95.5** |
| 132.6 | 147.1 | 110.1 | 99.6 | 96.3 | 76.5 | 76.4 | 86.7 | 84.8 | 71.7 | 92.2 | 97.0 |
| 136.3 | 153.1 | 112.1 | 100.3 | 96.2 | 74.7 | 74.6 | 85.1 | 83.4 | 68.8 | 91.9 | 96.1 |
| 116.8 | 152.7 | | 93.4 | 99.9 | 100.8 | 98.5 | 97.1 | 90.8 | 74.6 | 89.6 | 97.2 |
| 169.7 | 204.7 | 153.9 | 119.2 | 107.3 | 76.7 | 67.5 | 73.5 | 71.0 | 49.6 | 66.0 | 77.5 |
| 103.0 | | | 110.0 | 104.4 | | | | | | | |
| 134.3 | 149.3 | 110.8 | 99.5 | 94.6 | 74.2 | 74.6 | 85.5 | 84.6 | 70.1 | 91.9 | 96.9 |
| 96.6 | 97.5 | 93.2 | 93.6 | 100.3 | 89.6 | 93.2 | 103.0 | 97.7 | 101.8 | 102.2 | 106.5 |
| 95.0 | 88.5 | 82.1 | 92.6 | 93.5 | 96.4 | 100.3 | 101.8 | 101.0 | 99.4 | 105.9 | 104.7 |
| 97.7 | 102.7 | 95.4 | 98.8 | 79.3 | 73.8 | 99.3 | 122.1 | 137.2 | 125.8 | 105.5 | 93.2 |
| 98.4 | 103.0 | 94.9 | 98.0 | 77.8 | 69.6 | 94.5 | 125.2 | 142.8 | 127.9 | 108.9 | 89.9 |
| 94.9 | 101.3 | 96.4 | 102.4 | 85.3 | 89.4 | 108.7 | 108.3 | 115.3 | 117.9 | 98.7 | 108.0 |
| 93.5 | 96.7 | 109.5 | 115.2 | 91.9 | 98.9 | 108.8 | 119.3 | 126.9 | 125.5 | 95.0 | 86.2 |
| 93.5 | 86.6 | 88.6 | 94.0 | 91.9 | 71.2 | 90.7 | 106.0 | 126.9 | 144.9 | 117.7 | 105.9 |
| 90.0 | 86.6 | 81.3 | 89.5 | 87.4 | 71.2 | 84.8 | 106.0 | 126.9 | 144.9 | 129.0 | 110.4 |
| 100.0 | | 100.0 | 100.0 | 100.0 | | 100.0 | | | | 100.0 | 100.0 |
| | 104.9 | 117.1 | 128.5 | | 121.6 | 115.3 | 127.7 | | 109.6 | 86.9 | 73.8 |
| **104.5** | **104.3** | **103.1** | **102.4** | **100.0** | **100.7** | **106.4** | **107.7** | **105.3** | **105.1** | **104.0** | **100.4** |
| 113.1 | 115.0 | 106.6 | 108.2 | 101.6 | 106.9 | 115.9 | 115.9 | 111.2 | 117.5 | 114.2 | 99.7 |
| 107.1 | 130.0 | 107.2 | 105.5 | | 102.3 | 105.3 | 98.0 | 103.1 | 98.5 | 85.3 | 101.3 |
| 112.2 | 87.8 | 88.5 | | 101.1 | | | | 110.0 | 101.2 | | |
| 117.4 | 108.6 | 108.7 | 110.1 | 101.7 | 110.2 | 123.1 | 129.0 | 117.1 | 133.3 | 134.0 | 98.5 |
| 126.2 | 104.9 | 109.4 | 114.1 | 97.3 | 106.6 | 139.1 | 137.8 | 88.7 | 110.9 | 112.5 | 104.0 |
| 106.5 | 113.0 | 107.8 | 105.2 | 107.1 | 114.7 | 102.7 | 118.3 | 151.9 | 160.6 | 161.3 | 91.6 |
| 101.6 | 99.8 | 104.0 | 105.5 | 106.6 | 101.8 | 100.5 | 105.4 | 104.1 | 95.5 | 95.1 | 103.8 |
| 102.2 | 98.7 | 102.9 | 103.5 | 107.5 | 102.1 | 100.3 | 106.8 | 106.4 | 98.0 | 96.6 | 98.8 |
| 99.9 | 101.8 | 100.9 | 102.0 | 101.8 | 102.0 | 101.0 | 102.0 | 102.2 | 95.2 | 85.7 | 101.9 |
| 98.8 | 99.7 | 103.0 | 104.3 | 99.2 | 100.0 | 99.9 | 106.6 | 96.3 | 76.9 | 93.2 | 123.0 |
| 96.7 | 105.1 | 103.6 | 111.1 | 116.2 | 102.0 | 102.5 | 99.7 | 100.4 | 101.2 | 99.4 | 101.1 |
| 99.6 | 100.9 | 99.8 | 96.7 | 95.8 | 97.8 | 101.8 | 102.6 | 101.4 | 102.4 | 100.4 | 99.3 |
| 98.7 | 101.0 | 100.1 | 100.8 | 97.9 | 100.2 | 104.9 | 103.9 | 106.0 | 102.5 | 101.1 | 101.7 |
| 101.9 | 100.1 | 99.0 | 98.9 | 94.5 | 94.5 | 112.9 | 100.8 | 102.1 | 109.1 | 108.6 | 117.9 |
| 99.9 | 99.9 | 101.0 | 101.8 | 101.9 | 108.2 | 109.8 | 105.4 | 103.6 | 106.5 | 100.2 | 97.2 |
| 90.9 | | 96.9 | 102.7 | 98.1 | 94.1 | 102.6 | 103.7 | 105.9 | 105.8 | 99.3 | 100.6 |
| 101.1 | 100.7 | 98.1 | 100.0 | 98.5 | 101.5 | 101.4 | 99.2 | 105.2 | 100.0 | 102.3 | 100.2 |
| 97.1 | 103.8 | 104.9 | 100.4 | 94.3 | 95.2 | 99.7 | 111.1 | 113.0 | 93.1 | 95.7 | 99.6 |
| 103.1 | 100.6 | 98.6 | 80.1 | 88.3 | 80.3 | 89.6 | 97.3 | 83.8 | 101.4 | 97.6 | 89.6 |
| 110.0 | 110.0 | 100.0 | 56.9 | 73.3 | 63.6 | 81.3 | 90.6 | 63.4 | 100.0 | 96.6 | 71.6 |
| 97.4 | 92.9 | 97.5 | 99.1 | 100.5 | 93.9 | 96.0 | 102.9 | 100.5 | 102.5 | 98.3 | 104.3 |

# 4-34 农产品生产者价格指数

## Producers Price Indices for Farm Products

（上年=100） (preceding year=100)

| 指 标 | Item | 2014 | 2015 | 2016 | 2017 | 2018 |
|---|---|---|---|---|---|---|
| **农产品生产者价格指数** | **Producer Price Indices for Farm Products** | **98.1** | **102.0** | **106.1** | **98.2** | **97.3** |
| **农业产品** | **Agriculture Products** | **98.4** | **98.8** | **103.2** | **104.4** | **99.2** |
| 谷物 | Cereal | 102.4 | 99.6 | 95.3 | 100.6 | 102.5 |
| 稻谷 | Rice | 103.0 | 100.8 | 98.2 | 100.1 | 101.6 |
| 早籼稻 | Early Indica Rice | 104.0 | 101.0 | 97.4 | 99.0 | 103.3 |
| 晚籼稻 | Late Indica Rice | 102.1 | 100.7 | 98.9 | 101.1 | 100.2 |
| 玉米 | Corn | 100.5 | 96.0 | 86.5 | 102.1 | 105.3 |
| 薯类 | Tubers | 102.8 | 99.5 | 109.6 | 99.0 | 92.7 |
| 油料 | Oil-bearing Crops | 101.5 | 98.4 | 102.0 | 100.1 | 98.2 |
| 花生 | Peanut | 101.2 | 98.4 | 102.0 | 100.1 | 98.2 |
| 豆类 | Beans | 97.5 | 99.8 | 100.0 | 100.0 | 101.9 |
| 大豆 | Soybean | 97.5 | 99.8 | 100.0 | 100.0 | 101.9 |
| 生麻 | Raw Hemp | 110.9 | 120.0 | 106.0 | 98.2 | 100.0 |
| 糖料 | Sugar | 92.9 | 97.6 | 106.9 | 108.6 | 99.4 |
| 甘蔗 | Sugar Cane | 92.9 | 97.6 | 106.9 | 108.6 | 99.4 |
| 未加工烟草 | Untreated Tobacco | 102.1 | 104.0 | 103.6 | 100.4 | 100.6 |
| 蔬菜及食用菌 | Vegetables and Edible Fungus | 102.3 | 103.4 | 101.9 | 99.0 | 101.2 |
| 蔬菜 | Vegetables | 102.3 | 103.3 | 101.7 | 98.9 | 101.2 |
| 叶菜类蔬菜 | Leafy Vegetables | 105.4 | 105.9 | 113.5 | 94.5 | 105.3 |
| 芹菜 | Celery | 102.2 | 107.6 | 131.2 | 115.0 | 162.3 |
| 油菜 | Rape | 105.8 | 111.7 | 109.0 | 92.3 | 96.2 |
| 菠菜 | Spinach | 110.9 | 104.2 | 113.8 | 85.7 | 100.1 |
| 空心菜 | Water Spinach | 100.7 | 98.2 | 107.0 | 106.9 | 102.4 |
| 小白菜 | Bok Choy | 107.3 | 110.5 | 106.7 | 82.8 | 102.0 |
| 白菜类蔬菜 | Chinese Cabbage Group | 106.5 | 107.1 | 112.9 | 89.6 | 109.1 |
| 大白菜 | Napa Cabbage | 106.5 | 109.4 | 111.0 | 90.1 | 105.3 |
| 普通白菜 | Common Chinese Cabbage | 93.2 | 106.2 | 104.6 | 87.5 | 95.4 |
| 菜心（菜薹） | Chinese Flowering Cabbage | 100.0 | 104.2 | 117.0 | 89.5 | 116.4 |
| 芥菜类蔬菜 | Mustard Vegetables | 108.4 | 102.9 | 104.3 | 95.9 | 105.8 |
| 叶用芥菜 | Leaf Mustard | 108.4 | 102.9 | 104.3 | 95.9 | 105.8 |
| 甘蓝类蔬菜 | Brassica Vegetables | 92.7 | 114.5 | 103.3 | 90.9 | 103.6 |
| 结球甘蓝 | Common Head Cabbage | 92.7 | | 101.1 | 87.2 | 101.8 |
| 菜花 | Cauliflower | 120.4 | 123.4 | 102.9 | 102.9 | 108.8 |
| 芥蓝 | Cabbage Mustard | 100.7 | 113.3 | 109.8 | 90.9 | 104.5 |

4-34　续表 1　continued

（上年＝100）　　　　(preceding year=100)

| 指　标 | Item | 2014 | 2015 | 2016 | 2017 | 2018 |
|---|---|---|---|---|---|---|
| 根茎类蔬菜 | Root Vegetables | 114.0 | 70.4 | 98.5 | 106.1 | 101.1 |
| 白萝卜 | White Radish | 83.7 | 106.0 | 110.8 | 105.1 | 101.9 |
| 胡萝卜 | Carrot | 109.4 | 61.0 | 102.6 | 107.7 | 90.9 |
| 生姜 | Ginger | 128.1 | | 100.7 | 106.2 | |
| 芋头 | Taro | 107.6 | | 87.0 | 107.1 | 104.7 |
| 山药 | Common Yam Rhizome | 104.1 | 34.4 | 84.5 | 107.2 | 109.4 |
| 瓜菜类蔬菜 | Melons and Vegetables | 92.8 | 115.7 | 72.2 | 121.3 | 105.4 |
| 黄瓜 | Cucumber | 103.5 | 120.0 | 78.5 | 99.4 | 111.9 |
| 冬瓜 | Wax Gourd | 106.2 | 116.0 | 88.3 | 104.4 | 101.9 |
| 西葫芦 | Summer Squash | 78.8 | 73.4 | 88.9 | 109.3 | 102.1 |
| 苦瓜 | Balsm Pear | 87.7 | 120.5 | 94.1 | 104.9 | 112.6 |
| 南瓜 | Pumpkin | 98.3 | 108.2 | 96.7 | 102.0 | 93.6 |
| 丝瓜 | Luffa | 101.0 | 106.3 | 91.2 | 101.1 | 97.5 |
| 豆类蔬菜 | Leguminous Vegetables | 97.2 | 107.1 | 107.7 | 110.4 | 74.0 |
| 豇豆 | Cowpea | 100.3 | 110.1 | 106.2 | 100.0 | 91.3 |
| 四季豆 | French Beans | 93.6 | 110.0 | 98.8 | 97.0 | 100.2 |
| 茄果类蔬菜 | Solanaceous Fruit Vegetable | 102.1 | 106.1 | 104.5 | 108.8 | 103.7 |
| 茄子 | Aubergine | 100.0 | 104.4 | 74.0 | 90.6 | 94.7 |
| 青椒 | Green Pepper | 101.0 | 108.5 | 116.8 | 106.1 | 91.0 |
| 辣椒 | Capsicum | 101.9 | 102.5 | 114.7 | 82.4 | 100.0 |
| 西红柿 | Tomato | 102.8 | 109.1 | 101.2 | 104.9 | 99.7 |
| 莴苣及菊苣类蔬菜 | Lettuce and Chicory Vegetables | 110.8 | 107.8 | 121.6 | 71.3 | 100.1 |
| 生菜 | Lettuce | 110.9 | 115.5 | 120.6 | 78.1 | 102.5 |
| 莴笋 | Asparagus Lettuce | 101.2 | 104.6 | | | |
| 葱蒜类蔬菜 | Allium Vegetables | 98.4 | 103.7 | 115.5 | 73.5 | 107.9 |
| 大葱 | Allium Fistulosum | 107.1 | 100.2 | 193.8 | | |
| 细香葱 | Chive | 96.2 | 109.8 | 100.0 | 81.4 | 98.7 |
| 大蒜 | Garlic | 98.0 | 98.8 | 94.9 | 108.9 | 104.2 |
| 韭菜 | Leek | 100.0 | 101.9 | 88.0 | 108.9 | 102.4 |
| 水生蔬菜 | Aquatic Vegetables | 111.0 | 101.4 | 104.7 | | 106.7 |
| 莲藕 | Lotus Root | 103.7 | 99.2 | 105.2 | 100.8 | 101.1 |
| 荸荠 | Chufa | 113.7 | 103.8 | 104.1 | 102.0 | 107.7 |
| 食用菌 | Edible Fungus | 104.0 | 106.0 | 118.1 | 107.0 | 116.4 |
| 双孢蘑菇 | Double Spore Mushroom | 105.4 | 104.7 | 100.0 | 100.0 | |
| 香菇 | Mushrooms | 102.6 | | 109.6 | | |
| 黑木耳 | Black Fungus | | 115.3 | 108.8 | 99.8 | 81.0 |
| 黄背木耳 | Yellow Back Fungus | | 102.4 | 107.9 | 100.0 | 103.5 |

## 4-34 续表 2 continued

（上年=100） (preceding year=100)

| 指 标 | Item | 2014 | 2015 | 2016 | 2017 | 2018 |
|---|---|---|---|---|---|---|
| 水果及坚果 | Fruit and Nuts | 96.3 | 93.9 | 103.9 | 112.0 | 90.6 |
| 水果（园林水果） | Fruit（Garden Fruit） | 96.3 | 93.9 | 103.9 | 112.0 | 90.6 |
| 柑橘类水果 | Citrus Fruit | 106.7 | 104.8 | 90.4 | 120.4 | 90.0 |
| 柑橘 | Citrus | 106.0 | 103.4 | 83.7 | 120.2 | 89.9 |
| 橙 | Orange | 104.2 | 107.2 | 98.6 | 129.9 | 94.9 |
| 柚 | Pomelo Grapefruit | 108.3 | 106.6 | 103.1 | 105.0 | 82.0 |
| 葡萄 | Grape | 106.9 | 109.6 | 91.7 | 111.7 | 95.4 |
| 巨峰葡萄 | Kyoho Grape | 106.9 | 110.6 | 95.7 | 110.2 | 96.2 |
| 热带水果 | Tropical Fruits | 94.5 | 97.0 | 120.7 | 103.9 | 83.0 |
| 香蕉 | Banana | 112.9 | 63.7 | 104.3 | 70.2 | 135.3 |
| 龙眼 | Longan | 84.9 | 105.3 | 140.7 | 145.4 | 45.5 |
| 荔枝 | Lychee | 76.4 | 119.0 | 155.9 | 119.5 | 47.8 |
| 芒果 | Mango | 122.4 | 114.1 | 88.0 | 99.2 | 71.8 |
| 瓜类水果 | Melon Fruit | 90.5 | 81.9 | 108.9 | 116.2 | 101.4 |
| 西瓜 | Watermelon | 87.5 | 78.4 | 111.5 | 119.1 | 101.5 |
| 香瓜 | Muskmelon | 120.4 | 101.4 | 101.7 | 113.5 | 100.7 |
| 其他水果 | Other Fruit | 104.1 | 49.2 | 88.8 | 103.6 | 93.2 |
| 柿子 | Persimmon | 106.1 | 49.2 | 88.8 | 103.6 | 93.2 |
| 茶及饮料原料 | Tea and Beverage Raw Materials | 102.3 | 101.7 | 98.7 | 99.8 | 103.1 |
| 茶叶 | Tea | 102.3 | 101.7 | 98.7 | 99.8 | 103.1 |
| 绿茶 | Green Tea | 102.3 | 101.9 | 98.4 | 99.6 | 103.8 |
| 中草药材 | Chinese Medicinal Herbs | 102.1 | 101.1 | 70.5 | 94.2 | 114.4 |
| **林业产品** | **Forestry Products** | **103.2** | **97.7** | **95.1** | **101.1** | **102.9** |
| 育种和育苗 | Breeding and Seedling Raising | 100.1 | 87.0 | 99.4 | 98.8 | 106.4 |
| 木材采伐产品 | Timber Harvesting Products | 103.4 | 99.7 | 95.2 | 100.1 | 99.3 |
| 原木 | Log | 103.4 | 99.8 | 95.2 | 100.1 | 99.4 |
| 针叶原木 | Coniferous Log | 102.0 | 100.7 | 95.2 | 101.3 | 98.2 |
| 马尾松原木 | Pine Log | | 101.1 | 94.6 | 102.1 | 97.8 |
| 杉木原条 | Chinese Fir | | 99.4 | 97.3 | 98.7 | 99.4 |
| 非针叶原木 | Non Coniferous Wood | 107.4 | 97.5 | 95.1 | 97.2 | 102.4 |
| 桉树原木 | Eucalyptus Log | | 96.8 | 94.4 | 97.7 | 101.8 |
| 竹材采伐产品 | Bamboo Cutting Products | 104.6 | 96.7 | 95.9 | 97.8 | 105.3 |
| 林产品 | Forest Product | 108.3 | 93.0 | 96.4 | 112.0 | 110.2 |

4-34 续表 3 continued

（上年＝100） (preceding year=100)

| 指 标 | Item | 2014 | 2015 | 2016 | 2017 | 2018 |
|---|---|---|---|---|---|---|
| **饲养动物及其产品** | **Feeding Animals and Their Products** | **96.1** | **108.0** | **115.7** | **87.5** | **91.7** |
| 活牲畜 | Live Cattle | 95.7 | 111.1 | 120.1 | 83.4 | 86.6 |
| 猪 | Pig | 95.7 | 112.5 | 123.0 | 82.0 | 84.9 |
| 种猪 | Boar | 88.6 | 108.8 | 118.7 | 99.2 | 87.0 |
| 仔猪 | Piglet | 94.3 | 116.1 | 159.0 | 80.0 | 65.4 |
| 能繁殖母猪 | Breeding Sows | 101.5 | 103.5 | 106.3 | 104.4 | |
| 其他活猪 | Other Pigs | 95.7 | 112.5 | 121.5 | 81.7 | 85.7 |
| 牛 | Cattle | | 99.1 | 95.3 | 97.0 | 102.1 |
| 羊 | Sheep | 105.4 | 96.0 | 89.6 | 97.4 | 103.1 |
| 活家禽 | Live Poultry | 102.3 | 103.6 | 98.6 | 92.6 | 112.9 |
| 活鸡 | Chickens | 102.5 | 105.6 | 98.6 | 91.3 | 113.8 |
| 活鸭 | Live ducks | 101.6 | 96.3 | 98.6 | 97.5 | 109.7 |
| 畜禽产品 | Livestock and Poultry Products | 95.2 | 90.3 | 107.3 | 110.6 | 99.7 |
| 禽蛋 | Poultry of Eggs | 98.7 | 98.5 | 92.2 | 92.6 | 115.4 |
| 鸡蛋 | Egg | 101.0 | 97.5 | 86.7 | 87.3 | 126.3 |
| 鸭蛋 | Duck's Egg | 98.7 | 100.0 | 100.0 | 100.0 | 100.0 |
| 蚕茧 | Silkworm Cocoon | 93.2 | 85.1 | 116.7 | 121.7 | 89.9 |
| **渔业产品** | **Fishery Products** | **101.5** | **99.4** | **103.6** | **103.7** | **103.4** |
| 海水养殖产品 | Seawater Artificially Cultured Products | 103.2 | 102.6 | 110.0 | 109.3 | 109.1 |
| 海水养殖虾 | Mariculture of Prawns | | 90.0 | 111.5 | 101.7 | 96.7 |
| 海水养殖蟹 | Mariculture of Crabs | | 100.5 | 95.9 | 101.1 | 106.8 |
| 海水养殖贝类 | Mariculture of Shellfish | 103.1 | 112.0 | 111.1 | 116.0 | 118.4 |
| 海水养殖牡蛎 | Mariculture of Oyster | 103.1 | 113.9 | 113.5 | 119.9 | 103.8 |
| 海水养殖蛤 | Mariculture of Clams | | 109.5 | 108.0 | 111.3 | 136.5 |
| 海水捕捞产品 | Seawater Fishing Products | 100.5 | 102.3 | 101.8 | 104.4 | 102.5 |
| 海水捕捞鲜鱼 | Marine Fishing Fresh Fish | 98.9 | 100.8 | 99.7 | 105.2 | 103.2 |
| 海水捕捞虾 | Marine Fishing Shrimp | 103.8 | 106.3 | 101.4 | 101.7 | 97.0 |
| 海水捕捞蟹 | Marine Fishing Crab | 101.5 | 105.2 | 100.3 | 101.7 | 96.5 |
| 海水捕捞软体水生动物 | Marine Aquatic Animals | 104.0 | 94.0 | 103.8 | 104.8 | 100.6 |
| 淡水养殖产品 | Fresh Water Farming Products | 101.1 | 95.6 | 97.8 | 99.7 | 100.0 |
| 养殖淡水鱼 | Cultured Freshwater Fish | 101.8 | 96.6 | 100.0 | 102.1 | 102.9 |
| 养殖淡水鲤鱼 | Cultured Freshwater Carp | 104.3 | 104.2 | 100.0 | 100.7 | 109.4 |
| 养殖淡水草鱼 | Cultured Freshwater Grass Carp | 98.5 | 98.4 | 100.6 | 106.4 | 101.8 |
| 养殖淡水鳙鱼（胖头鱼） | Cultured Freshwater Bighead | 102.8 | 94.3 | 96.5 | 99.6 | 102.8 |
| 养殖淡水罗非鱼 | Cultured Freshwater Tilapia | 100.8 | 89.7 | 99.9 | 100.2 | 102.1 |
| 养殖淡水鲢鱼 | Cultured Freshwater Silver Carp | 101.9 | 100.5 | 101.8 | 101.6 | 100.6 |
| 其他淡水养殖产品 | Other Cultured Freshwater Products | 99.1 | 91.5 | 87.9 | 88.9 | 86.9 |
| 淡水养殖龟 | Cultured Freshwater Turtle | 106.3 | 89.3 | 77.2 | 77.5 | 69.4 |
| 淡水养殖鳖 | Cultured Freshwater Turtles | 95.4 | 93.3 | 96.7 | 98.2 | 101.3 |

# 4-35 农产品集贸市场价格（2019年）

单位：元/公斤

| 指标 | Item | 1月 January | 2月 February | 3月 March | 4月 April | 5月 May |
|---|---|---|---|---|---|---|
| **粮食类** | **Grain** | | | | | |
| 籼稻 | Rice | 2.84 | 2.82 | 2.81 | 2.83 | 2.81 |
| 小麦 | Wheat | 5.50 | 5.50 | 5.50 | 5.50 | 5.50 |
| 玉米 | Corn | 2.31 | 2.29 | 2.27 | 2.29 | 2.29 |
| 大豆 | Soybean | 7.38 | 7.38 | 7.35 | 7.43 | 7.45 |
| 籼米 | Indica | 5.36 | 5.39 | 5.39 | 5.39 | 5.39 |
| **经济作物类** | **Economic Crops Category** | | | | | |
| 花生仁 | Peanuts | 11.81 | 11.88 | 11.75 | 12.06 | 12.38 |
| 油菜籽 | Rapeseed | | | | | |
| **畜产品类** | **Animal Products** | | | | | |
| 活猪 | Live Pig | 12.55 | 12.10 | 12.81 | 12.54 | 11.35 |
| 仔猪 | Piglets | 22.72 | 22.83 | 25.09 | 25.30 | 24.45 |
| 猪肉 | Pork | 19.25 | 18.25 | 18.44 | 18.94 | 16.75 |
| 活牛 | Live Cattle | 29.36 | 29.44 | 29.21 | 29.06 | 29.69 |
| 牛肉 | Beef | 73.25 | 74.00 | 72.50 | 72.13 | 76.25 |
| 活羊 | Live Sheep | 36.88 | 37.02 | 36.45 | 37.02 | 36.88 |
| 羊肉 | Mutton | 79.13 | 78.50 | 76.75 | 76.75 | 76.75 |
| 活鸡 | Live Chicken | 25.50 | 24.88 | 25.00 | 24.13 | 27.75 |
| 鸡蛋 | Eggs | 13.25 | 12.26 | 12.21 | 12.26 | 12.88 |
| **水产品类** | **Aquatic Products** | | | | | |
| 草鱼 | Grass Carp | 15.88 | 16.00 | 15.88 | 15.75 | 15.75 |
| 鲤鱼 | Cyprinoid | 13.63 | 14.00 | 13.63 | 13.63 | 13.75 |
| 鲢鱼 | Silver Carp | 9.86 | 9.86 | 9.71 | 9.57 | 9.86 |
| **蔬菜类** | **Vegetables** | | | | | |
| 大白菜 | Chinese Cabbage | 3.08 | 3.06 | 3.70 | 4.20 | 3.75 |
| 黄瓜 | Cucumber | 7.86 | 8.93 | 8.43 | 5.71 | 3.86 |
| 西红柿 | Tomato | 6.19 | 6.06 | 6.75 | 6.63 | 7.75 |
| 菜椒 | Green Pepper | 8.01 | 9.25 | 10.63 | 10.00 | 8.38 |
| 四季豆 | French Beans | 8.50 | 10.50 | 9.75 | 10.50 | 8.25 |
| **水果类** | **Fruit Group** | | | | | |
| 红富士苹果 | Fuji apple | 12.50 | 12.50 | 12.88 | 13.63 | 15.13 |
| 香蕉 | Banana | 5.88 | 5.50 | 5.75 | 5.88 | 6.00 |
| 橙子 | Orange | 6.71 | 7.21 | 6.52 | 6.88 | 8.08 |

## Rural Market Fairs Prices of Agricultural Products（2019）

（yuan/kg）

| 6 月 June | 7 月 July | 8 月 August | 9 月 September | 10 月 October | 11 月 November | 12 月 December |
|---|---|---|---|---|---|---|
| | | | | | | |
| 2.78 | 2.75 | 2.79 | 2.76 | 2.77 | 2.81 | 2.79 |
| 5.50 | 5.50 | 5.50 | 5.50 | 5.50 | 4.53 | 4.53 |
| 2.27 | 2.23 | 2.29 | 2.33 | 2.31 | 2.33 | 2.31 |
| 7.43 | 7.35 | 7.43 | 7.43 | 7.33 | 7.33 | 7.33 |
| 5.36 | 5.31 | 5.31 | 5.31 | 5.31 | 5.31 | 5.31 |
| | | | | | | |
| 12.88 | 12.88 | 13.50 | 13.08 | 12.50 | 13.00 | 13.13 |
| | | | | | | |
| | | | | | | |
| 12.33 | 21.88 | 28.75 | 31.50 | 37.13 | 34.88 | 35.88 |
| 24.92 | 30.61 | 35.56 | 46.15 | 66.87 | 69.41 | 69.91 |
| 18.00 | 32.88 | 46.75 | 50.00 | 61.00 | 56.50 | 53.75 |
| 30.92 | 32.07 | 32.94 | 32.94 | 34.08 | 34.83 | 33.70 |
| 80.00 | 82.25 | 83.50 | 84.25 | 87.00 | 88.00 | 87.75 |
| 37.16 | 37.74 | 38.59 | 39.16 | 40.31 | 40.88 | 41.02 |
| 77.50 | 79.75 | 81.75 | 84.25 | 86.00 | 88.25 | 89.00 |
| 28.13 | 28.38 | 28.88 | 29.75 | 29.50 | 29.25 | 28.25 |
| 12.75 | 13.75 | 14.20 | 14.38 | 14.25 | 14.08 | 13.88 |
| | | | | | | |
| 16.25 | 16.13 | 16.25 | 16.38 | 16.25 | 16.38 | 16.13 |
| 14.13 | 14.00 | 14.13 | 14.13 | 13.75 | 14.13 | 14.13 |
| 10.29 | 10.71 | 11.00 | 11.29 | 11.29 | 11.43 | 11.29 |
| | | | | | | |
| 3.70 | 3.90 | 3.55 | 3.68 | 3.58 | 3.55 | 3.43 |
| 4.14 | 5.34 | 5.57 | 5.31 | 6.14 | 6.57 | 6.57 |
| 5.38 | 5.63 | 5.75 | 5.50 | 6.00 | 6.13 | 8.38 |
| 8.25 | 8.00 | 7.88 | 8.08 | 8.38 | 7.50 | 7.25 |
| 9.25 | 9.75 | 7.75 | 7.95 | 9.25 | 9.25 | 11.00 |
| | | | | | | |
| 17.75 | 18.75 | 18.25 | 15.50 | 13.25 | 10.63 | 10.38 |
| 5.88 | 5.50 | 5.38 | 5.83 | 5.25 | 5.08 | 4.75 |
| 8.60 | 7.25 | 7.50 | 7.50 | 8.33 | 7.43 | 6.86 |

# 4-36 农产品集贸市场价格指数（2019年）

（上年同期=100）

| 指 标 | Item | 1 月 January | 2 月 February | 3 月 March | 4 月 April | 5 月 May |
|---|---|---|---|---|---|---|
| **粮食类** | **Grain** | | | | | |
| 籼稻 | Rice | 94.0 | 93.4 | 94.6 | 94.3 | 94.0 |
| 小麦 | Wheat | 100.0 | 100.0 | 100.0 | 100.0 | 100.0 |
| 玉米 | Corn | 97.9 | 97.4 | 95.4 | 96.2 | 96.2 |
| 大豆 | Soybean | 99.3 | 98.7 | 98.3 | 100.0 | 98.7 |
| 籼米 | Indica | 99.4 | 99.1 | 99.1 | 98.7 | 99.1 |
| **经济作物类** | **Economic Crops Category** | | | | | |
| 花生仁 | Peanuts | 98.4 | 99.0 | 98.9 | 102.6 | 105.4 |
| 油菜籽 | Rapeseed | | | | | |
| **畜产品类** | **Animal Products** | | | | | |
| 活猪 | Live Pig | 86.9 | 86.7 | 106.8 | 117.4 | 112.3 |
| 仔猪 | Piglets | 85.3 | 83.4 | 107.7 | 125.6 | 147.3 |
| 猪肉 | Pork | 90.0 | 84.4 | 92.8 | 108.2 | 103.8 |
| 活牛 | Live Cattle | 106.1 | 104.0 | 108.4 | 109.9 | 113.8 |
| 牛肉 | Beef | 111.4 | 105.0 | 110.0 | 111.2 | 118.2 |
| 活羊 | Live Sheep | 116.3 | 108.9 | 115.1 | 121.3 | 122.0 |
| 羊肉 | Mutton | 113.4 | 104.8 | 107.7 | 108.3 | 108.9 |
| 活鸡 | Live Chicken | 96.2 | 92.6 | 98.0 | 100.5 | 116.8 |
| 鸡蛋 | Eggs | 102.9 | 94.3 | 98.1 | 100.9 | 109.8 |
| **水产品类** | **Aquatic Products** | | | | | |
| 草鱼 | Grass Carp | 103.3 | 96.2 | 100.0 | 100.0 | 99.2 |
| 鲤鱼 | Cyprinoid | 103.8 | 96.6 | 97.4 | 101.9 | 99.1 |
| 鲢鱼 | Silver Carp | 103.0 | 97.2 | 103.0 | 100.0 | 101.5 |
| **蔬菜类** | **Vegetables** | | | | | |
| 大白菜 | Chinese Cabbage | 108.5 | 115.0 | 124.2 | 115.7 | 94.9 |
| 黄瓜 | Cucumber | 148.6 | 140.4 | 142.2 | 111.1 | 87.1 |
| 西红柿 | Tomato | 125.3 | 119.8 | 145.8 | 151.4 | 160.5 |
| 菜椒 | Green Pepper | 101.6 | 98.6 | 134.9 | 132.3 | 113.6 |
| 四季豆 | French Beans | 97.1 | 102.4 | 114.7 | 150.0 | 143.5 |
| **水果类** | **Fruit Group** | | | | | |
| 红富士苹果 | Fuji apple | 106.4 | 102.0 | 112.0 | 119.8 | 135.9 |
| 香蕉 | Banana | 128.9 | 98.9 | 109.3 | 111.2 | 121.7 |
| 橙子 | Orange | 102.8 | 100.3 | 90.9 | 101.6 | 118.1 |

# Rural Market Fairs Price Indices of Agricultural Products（2019）

(preceding year=100)

| 6 月 June | 7 月 July | 8 月 August | 9 月 September | 10 月 October | 11 月 November | 12 月 December |
|---|---|---|---|---|---|---|
| 93.3 | 95.2 | 97.9 | 95.8 | 95.5 | 98.3 | 96.9 |
| 100.0 | 100.0 | 100.0 | 100.0 | 100.0 | 82.4 | 82.4 |
| 96.6 | 95.3 | 99.6 | 101.3 | 102.7 | 103.6 | 101.3 |
| 100.0 | 98.9 | 100.4 | 100.4 | 99.3 | 100.0 | 99.3 |
| 98.5 | 98.5 | 99.1 | 99.1 | 98.5 | 99.4 | 99.4 |
| 109.6 | 109.6 | 112.5 | 110.8 | 105.8 | 110.1 | 112.3 |
| 112.5 | 177.3 | 211.6 | 220.6 | 264.3 | 249.5 | 264.0 |
| 136.1 | 156.9 | 156.0 | 193.8 | 285.8 | 295.4 | 298.6 |
| 106.6 | 175.4 | 233.8 | 243.2 | 288.7 | 275.6 | 267.0 |
| 118.0 | 122.4 | 124.5 | 123.4 | 126.3 | 125.1 | 118.4 |
| 123.6 | 126.1 | 128.0 | 128.4 | 129.1 | 128.5 | 124.0 |
| 120.6 | 122.5 | 124.7 | 124.8 | 124.0 | 119.2 | 114.8 |
| 109.9 | 113.3 | 116.4 | 119.3 | 118.2 | 119.3 | 115.6 |
| 117.8 | 118.5 | 115.5 | 121.4 | 120.4 | 120.6 | 114.1 |
| 106.9 | 111.1 | 104.6 | 104.2 | 104.2 | 107.2 | 106.8 |
| 102.3 | 101.6 | 102.3 | 102.4 | 100.7 | 103.1 | 102.4 |
| 101.8 | 101.8 | 102.8 | 101.8 | 99.1 | 102.8 | 104.7 |
| 107.5 | 111.9 | 111.6 | 118.0 | 116.3 | 121.2 | 118.0 |
| 98.7 | 106.8 | 94.7 | 84.4 | 86.7 | 109.9 | 117.1 |
| 113.1 | 124.5 | 98.8 | 79.1 | 98.6 | 121.0 | 90.1 |
| 117.5 | 110.6 | 105.9 | 77.1 | 72.2 | 94.3 | 134.1 |
| 113.8 | 105.3 | 104.0 | 92.3 | 77.0 | 80.0 | 85.3 |
| 154.2 | 130.0 | 91.2 | 93.5 | 104.2 | 140.2 | 148.6 |
| 163.1 | 174.4 | 165.9 | 130.5 | 115.2 | 94.5 | 92.3 |
| 130.7 | 124.2 | 103.7 | 102.5 | 89.3 | 87.1 | 82.6 |
| 156.4 | 131.8 | 136.4 | 127.1 | 129.3 | 119.8 | 114.3 |

# 4-37 农产品集贸市场价格环比指数（2019年）

（上月=100）

| 指　标 | Item | 1 月 January | 2 月 February | 3 月 March | 4 月 April | 5 月 May |
|---|---|---|---|---|---|---|
| **粮食类** | **Grain** | | | | | |
| 籼稻 | Rice | 98.6 | 99.3 | 99.6 | 100.7 | 99.3 |
| 小麦 | Wheat | 100.0 | 100.0 | 100.0 | 100.0 | 100.0 |
| 玉米 | Corn | 101.3 | 99.1 | 99.1 | 100.9 | 100.0 |
| 大豆 | Soybean | 100.0 | 100.0 | 99.6 | 101.1 | 100.3 |
| 籼米 | Indica | 100.4 | 100.6 | 100.0 | 100.0 | 100.0 |
| **经济作物类** | **Economic Crops Category** | | | | | |
| 花生仁 | Peanuts | 101.0 | 100.6 | 98.9 | 102.6 | 102.7 |
| 油菜籽 | Rapeseed | | | | | |
| **畜产品类** | **Animal Products** | | | | | |
| 活猪 | Live Pig | 92.3 | 96.4 | 105.9 | 97.9 | 90.5 |
| 仔猪 | Piglets | 97.1 | 100.5 | 109.9 | 100.8 | 96.6 |
| 猪肉 | Pork | 95.6 | 94.8 | 101.0 | 102.7 | 88.4 |
| 活牛 | Live Cattle | 103.2 | 100.3 | 99.2 | 99.5 | 102.2 |
| 牛肉 | Beef | 103.5 | 101.0 | 98.0 | 99.5 | 105.7 |
| 活羊 | Live Sheep | 103.2 | 100.4 | 98.5 | 101.6 | 99.6 |
| 羊肉 | Mutton | 102.8 | 99.2 | 97.8 | 100.0 | 100.0 |
| 活鸡 | Live Chicken | 103.0 | 97.6 | 100.5 | 96.5 | 115.0 |
| 鸡蛋 | Eggs | 101.9 | 92.5 | 99.6 | 100.4 | 105.1 |
| **水产品类** | **Aquatic Products** | | | | | |
| 草鱼 | Grass Carp | 100.8 | 100.8 | 99.3 | 99.2 | 100.0 |
| 鲤鱼 | Cyprinoid | 101.0 | 102.7 | 97.4 | 100.0 | 100.9 |
| 鲢鱼 | Silver Carp | 103.0 | 100.0 | 98.5 | 98.6 | 103.0 |
| **蔬菜类** | **Vegetables** | | | | | |
| 大白菜 | Chinese Cabbage | 105.1 | 99.4 | 120.9 | 113.5 | 89.3 |
| 黄瓜 | Cucumber | 107.8 | 113.6 | 94.4 | 67.7 | 67.6 |
| 西红柿 | Tomato | 99.0 | 97.9 | 111.4 | 98.2 | 116.9 |
| 菜椒 | Green Pepper | 94.2 | 115.5 | 114.9 | 94.1 | 83.8 |
| 四季豆 | French Beans | 114.9 | 123.5 | 92.9 | 107.7 | 78.6 |
| **水果类** | **Fruit Group** | | | | | |
| 红富士苹果 | Fuji apple | 111.1 | 100.0 | 103.0 | 105.8 | 111.0 |
| 香蕉 | Banana | 102.3 | 93.5 | 104.5 | 102.3 | 102.0 |
| 橙子 | Orange | 111.8 | 107.5 | 90.4 | 105.5 | 117.4 |

# Rural Market Fairs Price Chain Index of Agricultural Products（2019）

（preceding month=100）

| 6 月 June | 7 月 July | 8 月 August | 9 月 September | 10 月 October | 11 月 November | 12 月 December |
|---|---|---|---|---|---|---|
| 98.9 | 98.9 | 101.5 | 98.9 | 100.4 | 101.4 | 99.3 |
| 100.0 | 100.0 | 100.0 | 100.0 | 100.0 | 82.4 | 100.0 |
| 99.1 | 98.2 | 102.7 | 101.7 | 99.1 | 100.9 | 99.1 |
| 99.7 | 98.9 | 101.1 | 100.0 | 98.7 | 100.0 | 100.0 |
| 99.4 | 99.1 | 100.0 | 100.0 | 100.0 | 100.0 | 100.0 |
| 104.0 | 100.0 | 104.8 | 96.9 | 95.6 | 104.0 | 101.0 |
| 108.6 | 177.5 | 131.4 | 109.6 | 117.9 | 93.9 | 102.9 |
| 101.9 | 122.8 | 116.2 | 129.8 | 144.9 | 103.8 | 100.7 |
| 107.5 | 182.7 | 142.2 | 107.0 | 122.0 | 92.6 | 95.1 |
| 104.1 | 103.7 | 102.7 | 100.0 | 103.5 | 102.2 | 96.8 |
| 104.9 | 102.8 | 101.5 | 100.9 | 103.3 | 101.1 | 99.7 |
| 100.8 | 101.6 | 102.3 | 101.5 | 102.9 | 101.4 | 100.3 |
| 101.0 | 102.9 | 102.5 | 103.1 | 102.1 | 102.6 | 100.8 |
| 101.4 | 100.9 | 101.8 | 103.0 | 99.2 | 99.2 | 96.6 |
| 99.0 | 107.8 | 103.3 | 101.3 | 99.1 | 98.8 | 98.6 |
| 103.2 | 99.3 | 100.7 | 100.8 | 99.2 | 100.8 | 98.5 |
| 102.8 | 99.1 | 100.9 | 100.0 | 97.3 | 102.8 | 100.0 |
| 104.4 | 104.1 | 102.7 | 102.6 | 100.0 | 101.2 | 98.8 |
| 98.7 | 105.4 | 91.0 | 103.7 | 97.3 | 99.2 | 96.6 |
| 107.3 | 129.0 | 104.3 | 95.3 | 115.6 | 107.0 | 100.0 |
| 69.4 | 104.6 | 102.1 | 95.7 | 109.1 | 102.2 | 136.7 |
| 98.4 | 97.0 | 98.5 | 102.5 | 103.7 | 89.5 | 96.7 |
| 112.1 | 105.4 | 79.5 | 102.6 | 116.4 | 100.0 | 118.9 |
| 117.3 | 105.6 | 97.3 | 84.9 | 85.5 | 80.2 | 97.6 |
| 98.0 | 93.5 | 97.8 | 108.4 | 90.1 | 96.8 | 93.5 |
| 106.4 | 84.3 | 103.4 | 100.0 | 111.1 | 89.2 | 92.3 |

# 4-38 农产品集贸市场价格

单位：元/公斤

| 指 标 | Item | 1 月 January 2016 | 1 月 January 2017 | 1 月 January 2018 | 2 月 February 2016 | 2 月 February 2017 | 2 月 February 2018 |
|---|---|---|---|---|---|---|---|
| **粮食类** | **Grain** | | | | | | |
| 籼稻 | Rice | 2.84 | 2.70 | 3.02 | 2.84 | 2.74 | 3.02 |
| 小麦 | Wheat | 5.00 | 5.50 | 5.50 | 5.00 | 5.50 | 5.50 |
| 玉米 | Corn | 2.63 | 2.55 | 2.36 | 2.61 | 2.49 | 2.35 |
| 大豆 | Soybean | 7.70 | 7.88 | 7.43 | 7.70 | 7.78 | 7.48 |
| 籼米 | Indica | 5.38 | 5.35 | 5.39 | 5.38 | 5.40 | 5.44 |
| **经济作物类** | **Economic Crops Category** | | | | | | |
| 花生仁 | Peanuts | 12.48 | 12.58 | 12.00 | 12.60 | 12.53 | 12.00 |
| **畜产品类** | **Animal Products** | | | | | | |
| 活猪 | Live Pig | 17.25 | 17.63 | 14.45 | 17.74 | 17.35 | 13.95 |
| 仔猪 | Piglets | 27.08 | 34.29 | 26.64 | 28.63 | 35.79 | 27.38 |
| 猪肉 | Pork | 25.30 | 26.50 | 21.38 | 26.88 | 25.50 | 21.63 |
| 活牛 | Live Cattle | 26.14 | 26.29 | 27.68 | 26.57 | 28.38 | 28.30 |
| 牛肉 | Beef | 67.75 | 68.50 | 65.75 | 69.50 | 66.13 | 70.50 |
| 活羊 | Live Sheep | 38.20 | 37.20 | 31.71 | 38.80 | 34.00 | 34.00 |
| 羊肉 | Mutton | 74.75 | 72.75 | 69.75 | 76.25 | 71.25 | 74.88 |
| 活鸡 | Live Chicken | 26.00 | 26.00 | 26.50 | 26.88 | 22.63 | 26.88 |
| 鸡蛋 | Eggs | 12.71 | 12.10 | 12.88 | 12.44 | 11.63 | 13.00 |
| **水产品类** | **Aquatic Products** | | | | | | |
| 草鱼 | Grass Carp | 14.58 | 14.25 | 15.38 | 15.00 | 14.25 | 16.63 |
| 鲤鱼 | Cyprinoid | 13.19 | 12.88 | 13.13 | 13.56 | 13.13 | 14.50 |
| 鲢鱼 | Silver Carp | 8.46 | 8.14 | 9.57 | 8.46 | 8.34 | 10.14 |
| **蔬菜类** | **Vegetables** | | | | | | |
| 大白菜 | Chinese Cabbage | 3.56 | 2.85 | 2.84 | 4.00 | 2.30 | 2.66 |
| 黄瓜 | Cucumber | 6.49 | 6.40 | 5.29 | 8.21 | 6.23 | 6.36 |
| 西红柿 | Tomato | 5.73 | 6.23 | 4.94 | 6.66 | 5.70 | 5.06 |
| 菜椒 | Green Pepper | 6.93 | 7.05 | 7.88 | 9.03 | 6.63 | 9.38 |
| 四季豆 | French Beans | 6.65 | 7.60 | 8.75 | 8.75 | 8.07 | 10.25 |
| **水果类** | **Fruit Group** | | | | | | |
| 红富士苹果 | Fuji apple | 11.50 | 11.31 | 11.75 | 11.58 | 11.25 | 12.25 |
| 香蕉 | Banana | 4.54 | 4.08 | 4.56 | 5.08 | 4.14 | 5.56 |
| 橙子 | Orange | 5.58 | 4.50 | 6.53 | 6.15 | 4.50 | 7.19 |

## Rural Market Fairs Prices of Agricultural Products

(yuan/kg)

| 3 月 March | | | 4 月 April | | | 5 月 May | | | 6 月 June | | |
|---|---|---|---|---|---|---|---|---|---|---|---|
| 2016 | 2017 | 2018 | 2016 | 2017 | 2018 | 2016 | 2017 | 2018 | 2016 | 2017 | 2018 |
| 2.83 | 2.78 | 2.97 | 2.80 | 2.81 | 3.00 | 2.78 | 2.88 | 2.99 | 2.76 | 2.85 | 2.98 |
| 5.00 | 5.50 | 5.50 | 5.00 | 5.00 | 5.50 | 5.00 | 5.20 | 5.50 | 5.00 | 5.30 | 5.50 |
| 2.59 | 2.46 | 2.38 | 2.54 | 2.41 | 2.38 | 2.51 | 2.46 | 2.38 | 2.50 | 2.43 | 2.35 |
| 7.68 | 7.70 | 7.48 | 7.68 | 7.63 | 7.43 | 7.80 | 7.60 | 7.55 | 7.73 | 7.53 | 7.43 |
| 5.36 | 5.03 | 5.44 | 5.36 | 5.37 | 5.46 | 5.38 | 5.37 | 5.44 | 5.40 | 5.40 | 5.44 |
| 12.73 | 12.50 | 11.88 | 12.85 | 12.38 | 11.75 | 13.23 | 12.38 | 11.75 | 13.48 | 12.25 | 11.75 |
| 19.05 | 16.43 | 12.00 | 19.58 | 15.60 | 10.68 | 20.60 | 14.73 | 10.11 | 20.33 | 13.96 | 10.96 |
| 35.13 | 34.74 | 23.29 | 36.10 | 33.78 | 20.14 | 38.99 | 32.25 | 16.60 | 39.49 | 29.89 | 18.31 |
| 27.25 | 24.63 | 19.88 | 28.63 | 24.00 | 17.50 | 29.75 | 22.88 | 16.13 | 29.75 | 21.63 | 16.88 |
| 26.43 | 27.75 | 26.95 | 26.00 | 27.38 | 26.45 | 26.00 | 27.38 | 26.08 | 25.57 | 27.63 | 26.20 |
| 67.75 | 65.63 | 65.88 | 67.13 | 66.00 | 64.88 | 67.00 | 66.00 | 64.50 | 66.75 | 66.00 | 64.75 |
| 38.80 | 32.43 | 31.66 | 38.80 | 31.43 | 30.51 | 38.80 | 31.29 | 30.23 | 37.30 | 30.86 | 30.80 |
| 75.25 | 68.13 | 71.25 | 75.25 | 67.25 | 70.88 | 74.63 | 66.00 | 70.50 | 73.13 | 64.50 | 70.50 |
| 26.00 | 19.63 | 25.50 | 25.50 | 19.38 | 24.00 | 25.13 | 20.13 | 23.75 | 25.38 | 20.75 | 23.88 |
| 12.05 | 10.88 | 12.45 | 12.13 | 10.80 | 12.15 | 12.00 | 10.88 | 11.73 | 11.88 | 11.13 | 11.93 |
| 14.50 | 15.00 | 15.88 | 14.38 | 15.63 | 15.75 | 14.13 | 16.14 | 15.88 | 14.13 | 16.71 | 15.88 |
| 13.44 | 13.13 | 14.00 | 13.38 | 13.25 | 13.38 | 13.13 | 13.25 | 13.88 | 13.25 | 13.63 | 13.88 |
| 8.34 | 8.56 | 9.43 | 8.29 | 9.00 | 9.57 | 8.29 | 9.29 | 9.71 | 8.51 | 9.29 | 9.57 |
| 4.30 | 2.23 | 2.98 | 4.00 | 2.93 | 3.63 | 3.73 | 3.30 | 3.95 | 3.40 | 3.48 | 3.75 |
| 7.09 | 5.71 | 5.93 | 5.14 | 5.37 | 5.14 | 3.69 | 4.49 | 4.43 | 3.50 | 4.66 | 3.66 |
| 6.20 | 5.58 | 4.63 | 6.13 | 6.00 | 4.38 | 4.73 | 5.50 | 4.83 | 4.93 | 5.95 | 4.58 |
| 10.50 | 6.83 | 7.88 | 8.33 | 7.50 | 7.56 | 6.08 | 6.25 | 7.38 | 5.79 | 6.48 | 7.25 |
| 8.00 | 7.80 | 8.50 | 7.50 | 7.40 | 7.00 | 5.20 | 6.38 | 5.75 | 5.88 | 6.75 | 6.00 |
| 11.33 | 11.25 | 11.50 | 11.31 | 11.25 | 11.38 | 11.13 | 11.25 | 11.13 | 11.00 | 11.38 | 10.88 |
| 5.20 | 4.95 | 5.26 | 5.50 | 5.33 | 5.29 | 5.38 | 5.58 | 4.93 | 5.43 | 5.20 | 4.50 |
| 6.20 | 5.33 | 7.17 | 6.67 | 5.60 | 6.77 | 5.30 | 5.80 | 6.84 | 5.15 | 5.50 | 5.50 |

4-38 续表

单位：元/公斤

| 指　标 | Item | 7月 July 2016 | 2017 | 2018 | 8月 August 2016 | 2017 | 2018 |
|---|---|---|---|---|---|---|---|
| **粮食类** | **Grain** | | | | | | |
| 籼稻 | Rice | 2.72 | 2.86 | 2.89 | 2.72 | 2.75 | 2.85 |
| 小麦 | Wheat | 5.00 | 5.50 | 5.50 | 5.00 | 5.50 | 5.50 |
| 玉米 | Corn | 2.53 | 2.41 | 2.34 | 2.53 | 2.41 | 2.30 |
| 大豆 | Soybean | 7.70 | 7.48 | 7.43 | 7.70 | 7.48 | 7.40 |
| 籼米 | Indica | 5.39 | 5.36 | 5.39 | 5.38 | 5.36 | 5.36 |
| **经济作物类** | **Economic Crops Category** | | | | | | |
| 花生仁 | Peanuts | 13.50 | 12.13 | 11.75 | 13.38 | 12.13 | 12.00 |
| **畜产品类** | **Animal Products** | | | | | | |
| 活猪 | Live Pig | 19.34 | 14.18 | 12.34 | 18.98 | 14.59 | 13.59 |
| 仔猪 | Piglets | 37.30 | 29.59 | 19.51 | 35.88 | 29.58 | 22.79 |
| 猪肉 | Pork | 28.88 | 21.25 | 18.75 | 28.38 | 21.45 | 20.00 |
| 活牛 | Live Cattle | 25.29 | 27.63 | 26.20 | 25.29 | 27.63 | 26.45 |
| 牛肉 | Beef | 66.25 | 65.75 | 65.25 | 66.00 | 65.50 | 65.25 |
| 活羊 | Live Sheep | 37.20 | 30.57 | 30.80 | 37.20 | 30.71 | 30.94 |
| 羊肉 | Mutton | 73.00 | 63.38 | 70.38 | 72.75 | 63.38 | 70.25 |
| 活鸡 | Live Chicken | 25.00 | 20.63 | 23.94 | 25.00 | 21.38 | 25.00 |
| 鸡蛋 | Eggs | 11.75 | 11.20 | 12.38 | 12.13 | 12.13 | 13.58 |
| **水产品类** | **Aquatic Products** | | | | | | |
| 草鱼 | Grass Carp | 13.88 | 16.86 | 15.88 | 13.98 | 16.86 | 15.88 |
| 鲤鱼 | Cyprinoid | 13.25 | 13.75 | 13.75 | 13.13 | 13.75 | 13.75 |
| 鲢鱼 | Silver Carp | 8.43 | 9.29 | 9.57 | 8.29 | 9.43 | 9.86 |
| **蔬菜类** | **Vegetables** | | | | | | |
| 大白菜 | Chinese Cabbage | 3.68 | 4.15 | 3.65 | 3.85 | 4.20 | 3.75 |
| 黄瓜 | Cucumber | 3.94 | 5.37 | 4.29 | 5.07 | 5.86 | 5.64 |
| 西红柿 | Tomato | 4.34 | 6.19 | 5.09 | 4.36 | 6.13 | 5.43 |
| 菜椒 | Green Pepper | 5.55 | 6.65 | 7.60 | 6.15 | 6.88 | 7.58 |
| 四季豆 | French Beans | 6.50 | 8.05 | 7.50 | 7.15 | 8.63 | 8.50 |
| **水果类** | **Fruit Group** | | | | | | |
| 红富士苹果 | Fuji apple | 11.00 | 11.50 | 10.75 | 10.83 | 11.50 | 11.00 |
| 香蕉 | Banana | 4.85 | 5.00 | 4.43 | 5.20 | 4.30 | 5.19 |
| 橙子 | Orange | 4.95 | 5.20 | 5.50 | 5.20 | 5.00 | 5.50 |

continued

(yuan/kg)

| 9 月 September | | | 10 月 October | | | 11 月 November | | | 12 月 December | | |
|---|---|---|---|---|---|---|---|---|---|---|---|
| 2016 | 2017 | 2018 | 2016 | 2017 | 2018 | 2016 | 2017 | 2018 | 2016 | 2017 | 2018 |
| | | | | | | | | | | | |
| 2.71 | 2.80 | 2.88 | 2.62 | 2.79 | 2.90 | 2.66 | 2.90 | 2.86 | 2.67 | 3.01 | 2.88 |
| 5.00 | 5.50 | 5.50 | 5.20 | 5.50 | 5.50 | 5.20 | 5.50 | 5.50 | 5.20 | 5.50 | 5.50 |
| 2.53 | 2.36 | 2.30 | 2.51 | 2.34 | 2.25 | 2.53 | 2.36 | 2.25 | 2.55 | 2.39 | 2.28 |
| 7.65 | 7.50 | 7.40 | 7.78 | 7.49 | 7.38 | 7.88 | 7.50 | 7.33 | 8.00 | 7.50 | 7.38 |
| 5.35 | 5.35 | 5.36 | 5.30 | 5.35 | 5.39 | 5.33 | 5.38 | 5.34 | 5.35 | 5.38 | 5.34 |
| | | | | | | | | | | | |
| 13.00 | 11.88 | 11.81 | 12.75 | 11.75 | 11.81 | 12.75 | 11.88 | 11.81 | 12.63 | 11.88 | 11.69 |
| | | | | | | | | | | | |
| 18.80 | 14.58 | 14.28 | 17.33 | 14.48 | 14.05 | 17.08 | 14.40 | 13.98 | 17.10 | 14.38 | 13.59 |
| 35.65 | 30.05 | 23.81 | 33.80 | 27.74 | 23.40 | 32.63 | 25.89 | 23.50 | 33.13 | 26.26 | 23.41 |
| 28.00 | 21.50 | 20.56 | 26.38 | 21.25 | 21.13 | 25.38 | 21.13 | 20.50 | 25.50 | 21.63 | 20.13 |
| 25.14 | 27.25 | 26.70 | 25.00 | 27.25 | 26.98 | 25.00 | 27.43 | 27.84 | 25.86 | 27.55 | 28.46 |
| 65.75 | 65.75 | 65.63 | 65.50 | 65.50 | 67.38 | 65.50 | 65.50 | 68.50 | 65.50 | 65.75 | 70.75 |
| 37.20 | 30.86 | 31.37 | 37.20 | 31.00 | 32.51 | 37.40 | 31.71 | 34.29 | 36.80 | 31.43 | 35.72 |
| 72.50 | 63.38 | 70.63 | 71.75 | 64.13 | 72.75 | 71.25 | 65.50 | 74.00 | 70.75 | 68.00 | 77.00 |
| 25.38 | 23.25 | 24.50 | 25.25 | 24.38 | 24.50 | 25.13 | 25.25 | 24.25 | 25.38 | 26.25 | 24.75 |
| 12.63 | 12.63 | 13.80 | 12.38 | 12.70 | 13.68 | 12.18 | 12.38 | 13.13 | 12.13 | 12.80 | 13.00 |
| | | | | | | | | | | | |
| 14.00 | 16.57 | 16.00 | 14.00 | 15.86 | 16.13 | 13.75 | 16.00 | 15.88 | 13.88 | 15.63 | 15.75 |
| 13.10 | 13.38 | 13.88 | 13.00 | 13.25 | 13.88 | 12.50 | 13.25 | 13.75 | 12.75 | 13.25 | 13.50 |
| 8.26 | 9.43 | 9.57 | 8.36 | 9.36 | 9.71 | 8.29 | 9.50 | 9.43 | 8.29 | 9.57 | 9.57 |
| | | | | | | | | | | | |
| 3.93 | 3.85 | 4.36 | 3.60 | 3.71 | 4.13 | 3.55 | 3.85 | 3.23 | 3.38 | 3.34 | 2.93 |
| 4.87 | 5.30 | 6.71 | 4.93 | 6.29 | 6.23 | 4.86 | 5.71 | 5.43 | 5.17 | 5.86 | 7.29 |
| 5.39 | 5.19 | 7.13 | 5.50 | 5.88 | 8.31 | 5.70 | 5.28 | 6.50 | 5.75 | 5.38 | 6.25 |
| 7.55 | 7.13 | 8.75 | 7.13 | 7.00 | 10.88 | 7.38 | 6.88 | 9.38 | 7.63 | 7.64 | 8.50 |
| 7.50 | 8.00 | 8.50 | 6.25 | 8.75 | 8.88 | 5.80 | 8.00 | 6.60 | 6.00 | 8.25 | 7.40 |
| | | | | | | | | | | | |
| 10.95 | 11.88 | 11.88 | 11.00 | 11.75 | 11.50 | 10.85 | 11.51 | 11.25 | 10.94 | 11.58 | 11.25 |
| 5.58 | 4.25 | 5.69 | 4.69 | 3.70 | 5.88 | 4.23 | 3.80 | 5.83 | 3.83 | 4.14 | 5.75 |
| 5.20 | 5.00 | 5.90 | 5.00 | 4.50 | 6.44 | 5.80 | 7.00 | 6.20 | 5.67 | 6.50 | 6.00 |

# 4-39 农产品集贸市场价格指数

（上年同期＝100）

| 指 标 | Item | 1月 January 2016 | 1月 January 2017 | 1月 January 2018 | 2月 February 2016 | 2月 February 2017 | 2月 February 2018 |
|---|---|---|---|---|---|---|---|
| **粮食类** | **Grain** | | | | | | |
| 籼稻 | Rice | 100.4 | 95.1 | 111.9 | 100.7 | 96.5 | 110.2 |
| 小麦 | Wheat | 100.0 | 110.0 | 100.0 | | 110.0 | 100.0 |
| 玉米 | Corn | 91.6 | 97.0 | 92.5 | 91.9 | 95.4 | 94.4 |
| 大豆 | Soybean | 103.5 | 102.3 | 94.3 | 103.4 | 101.0 | 96.1 |
| 籼米 | Indica | 100.6 | 99.4 | 100.7 | 100.9 | 100.4 | 100.7 |
| **经济作物类** | **Economic Crops Category** | | | | | | |
| 花生仁 | Peanuts | 98.0 | 100.8 | 95.4 | 98.8 | 99.4 | 95.8 |
| **畜产品类** | **Animal Products** | | | | | | |
| 活猪 | Live Pig | 122.1 | 102.2 | 82.0 | 130.2 | 97.8 | 80.4 |
| 仔猪 | Piglets | 153.0 | 126.6 | 77.7 | 164.2 | 125.0 | 76.5 |
| 猪肉 | Pork | 116.2 | 104.7 | 80.7 | 124.3 | 94.9 | 84.8 |
| 活牛 | Live Cattle | 99.4 | 100.6 | 105.3 | 100.0 | 106.8 | 99.7 |
| 牛肉 | Beef | 100.4 | 101.1 | 96.0 | 100.0 | 95.2 | 106.6 |
| 活羊 | Live Sheep | 104.0 | 97.4 | 85.2 | 104.3 | 87.6 | 100.0 |
| 羊肉 | Mutton | 98.9 | 97.3 | 95.9 | 99.0 | 93.4 | 105.1 |
| 活鸡 | Live Chicken | 104.4 | 100.0 | 101.9 | 105.9 | 84.2 | 118.8 |
| 鸡蛋 | Eggs | 96.4 | 95.2 | 106.4 | 94.7 | 93.5 | 111.8 |
| **水产品类** | **Aquatic Products** | | | | | | |
| 草鱼 | Grass Carp | 101.3 | 97.7 | 107.9 | 100.0 | 95.0 | 116.7 |
| 鲤鱼 | Cyprinoid | 102.8 | 97.6 | 101.9 | 100.9 | 96.8 | 110.4 |
| 鲢鱼 | Silver Carp | 100.4 | 96.2 | 117.6 | 97.4 | 98.6 | 121.6 |
| **蔬菜类** | **Vegetables** | | | | | | |
| 大白菜 | Chinese Cabbage | 164.8 | 80.1 | 99.6 | 168.1 | 57.5 | 115.7 |
| 黄瓜 | Cucumber | 116.5 | 98.6 | 82.7 | 126.5 | 75.9 | 102.1 |
| 西红柿 | Tomato | 121.7 | 108.7 | 79.3 | 144.8 | 85.6 | 88.8 |
| 菜椒 | Green Pepper | 100.6 | 101.7 | 111.8 | 135.8 | 73.4 | 141.5 |
| 四季豆 | French Beans | 97.8 | 114.3 | 115.1 | 130.0 | 92.2 | 127.0 |
| **水果类** | **Fruit Group** | | | | | | |
| 红富士苹果 | Fuji apple | 95.6 | 98.3 | 103.9 | 91.5 | 97.2 | 108.9 |
| 香蕉 | Banana | 81.4 | 89.9 | 111.8 | 88.4 | 81.5 | 134.3 |
| 橙子 | Orange | 101.8 | 80.6 | 145.1 | 99.2 | 73.2 | 159.8 |

# Rural Market Fairs Prices Indices of Agricultural Products

(preceding year=100)

| 3 月 March | | | 4 月 April | | | 5 月 May | | | 6 月 June | | |
|---|---|---|---|---|---|---|---|---|---|---|---|
| 2016 | 2017 | 2018 | 2016 | 2017 | 2018 | 2016 | 2017 | 2018 | 2016 | 2017 | 2018 |
| 99.3 | 98.2 | 106.8 | 98.3 | 100.4 | 106.8 | 97.9 | 103.6 | 103.8 | 96.2 | 103.3 | 104.6 |
| 100.0 | 110.0 | 100.0 | 100.0 | 100.0 | 110.0 | 100.0 | 104.0 | 105.8 | 100.0 | 106.0 | 103.8 |
| 89.6 | 95.0 | 96.7 | 88.8 | 94.9 | 98.8 | 87.8 | 98.0 | 96.7 | 87.4 | 97.2 | 96.7 |
| 101.9 | 100.3 | 97.1 | 101.1 | 99.3 | 97.4 | 102.6 | 97.4 | 99.3 | 102.0 | 97.4 | 98.7 |
| 100.2 | 93.8 | 108.2 | 100.0 | 100.2 | 101.7 | 101.3 | 99.8 | 101.3 | 102.3 | 100.0 | 100.7 |
| | | | | | | | | | | | |
| 99.6 | 98.2 | 95.0 | 100.6 | 96.3 | 94.9 | 103.4 | 93.6 | 94.9 | 105.1 | 90.9 | 95.9 |
| | | | | | | | | | | | |
| 150.0 | 86.2 | 73.0 | 150.2 | 79.7 | 68.5 | 149.9 | 71.5 | 68.6 | 135.9 | 68.7 | 78.5 |
| 206.9 | 98.9 | 67.0 | 203.0 | 93.6 | 59.6 | 201.9 | 82.7 | 51.5 | 177.0 | 75.7 | 61.3 |
| 132.4 | 90.4 | 80.7 | 141.0 | 83.8 | 72.9 | 142.5 | 76.9 | 70.5 | 133.2 | 72.7 | 78.0 |
| 101.7 | 105.0 | 97.1 | 101.1 | 105.3 | 96.6 | 101.1 | 105.3 | 95.3 | 98.9 | 108.1 | 94.8 |
| 100.7 | 96.9 | 100.4 | 101.3 | 98.3 | 98.3 | 100.6 | 98.5 | 97.7 | 99.6 | 98.9 | 98.1 |
| 105.4 | 83.6 | 97.6 | 106.6 | 81.0 | 97.1 | 106.6 | 80.6 | 96.6 | 103.6 | 82.7 | 99.8 |
| 101.0 | 90.5 | 104.6 | 101.5 | 89.4 | 105.4 | 100.7 | 88.4 | 106.8 | 99.0 | 88.2 | 109.3 |
| 103.0 | 75.5 | 129.9 | 102.5 | 76.0 | 123.8 | 99.5 | 80.1 | 118.0 | 98.6 | 81.8 | 115.1 |
| 96.4 | 90.3 | 114.4 | 99.5 | 89.0 | 112.5 | 99.3 | 90.7 | 107.8 | 97.5 | 93.7 | 107.2 |
| | | | | | | | | | | | |
| 96.2 | 103.4 | 105.9 | 98.0 | 108.7 | 100.8 | 97.1 | 114.2 | 98.4 | 95.8 | 118.3 | 95.0 |
| 98.8 | 97.7 | 106.6 | 100.4 | 99.0 | 101.0 | 99.6 | 100.9 | 104.8 | 100.2 | 102.9 | 101.8 |
| 98.0 | 102.6 | 110.2 | 100.4 | 108.6 | 106.3 | 102.2 | 112.1 | 104.5 | 104.6 | 109.2 | 103.0 |
| | | | | | | | | | | | |
| 157.5 | 51.9 | 133.6 | 119.8 | 73.3 | 123.9 | 111.3 | 88.5 | 119.7 | 91.9 | 102.4 | 107.8 |
| 131.3 | 80.5 | 103.9 | 117.9 | 104.5 | 95.7 | 87.2 | 121.7 | 98.7 | 77.6 | 133.1 | 78.5 |
| 144.2 | 90.0 | 83.0 | 135.3 | 97.9 | 73.0 | 93.7 | 116.3 | 87.8 | 108.4 | 120.7 | 77.0 |
| 164.6 | 65.0 | 115.4 | 129.4 | 90.0 | 100.8 | 102.2 | 102.8 | 118.1 | 92.9 | 111.9 | 111.9 |
| 133.3 | 97.5 | 109.0 | 130.4 | 98.7 | 94.6 | 90.4 | 122.7 | 90.1 | 87.1 | 114.8 | 88.9 |
| | | | | | | | | | | | |
| 93.3 | 99.3 | 102.2 | 95.2 | 99.5 | 101.2 | 94.7 | 101.1 | 98.9 | 90.7 | 103.5 | 95.6 |
| 88.1 | 95.2 | 106.3 | 96.3 | 96.9 | 99.2 | 96.1 | 103.7 | 88.4 | 102.8 | 95.8 | 86.5 |
| 99.2 | 86.0 | 134.5 | 87.8 | 84.0 | 120.9 | 66.3 | 109.4 | 117.9 | 92.0 | 106.8 | 100.0 |

4-39 续表

（上年同期=100）

| 指 标 | Item | 7月 July 2016 | 7月 July 2017 | 7月 July 2018 | 8月 August 2016 | 8月 August 2017 | 8月 August 2018 |
|---|---|---|---|---|---|---|---|
| **粮食类** | **Grain** | | | | | | |
| 籼稻 | Rice | 95.8 | 105.1 | 101.0 | 96.5 | 101.1 | 103.6 |
| 小麦 | Wheat | 100.0 | 110.0 | 100.0 | | 110.0 | 100.0 |
| 玉米 | Corn | 88.2 | 95.3 | 97.1 | 88.5 | 95.3 | 95.4 |
| 大豆 | Soybean | 101.6 | 97.1 | 99.3 | 100.0 | 97.1 | 98.9 |
| 籼米 | Indica | 102.5 | 99.4 | 100.6 | 102.3 | 99.6 | 100.0 |
| **经济作物类** | **Economic Crops Category** | | | | | | |
| 花生仁 | Peanuts | 105.1 | 89.9 | 96.9 | 98.8 | 90.7 | 98.9 |
| **畜产品类** | **Animal Products** | | | | | | |
| 活猪 | Live Pig | 116.4 | 73.3 | 87.0 | 105.4 | 76.9 | 93.1 |
| 仔猪 | Piglets | 143.2 | 79.3 | 65.9 | 125.8 | 82.4 | 77.0 |
| 猪肉 | Pork | 115.8 | 73.6 | 88.2 | 104.2 | 75.6 | 93.2 |
| 活牛 | Live Cattle | 97.3 | 109.3 | 94.8 | 97.3 | 109.3 | 95.7 |
| 牛肉 | Beef | 98.5 | 99.2 | 99.2 | 96.4 | 99.2 | 99.6 |
| 活羊 | Live Sheep | 103.3 | 82.2 | 100.8 | 98.9 | 82.6 | 100.7 |
| 羊肉 | Mutton | 98.8 | 86.8 | 111.0 | 97.7 | 87.1 | 110.8 |
| 活鸡 | Live Chicken | 97.1 | 82.5 | 116.0 | 94.8 | 85.5 | 116.9 |
| 鸡蛋 | Eggs | 93.8 | 95.3 | 110.5 | 92.6 | 100.0 | 112.0 |
| **水产品类** | **Aquatic Products** | | | | | | |
| 草鱼 | Grass Carp | 93.8 | 121.5 | 94.2 | 93.5 | 120.6 | 94.2 |
| 鲤鱼 | Cyprinoid | 98.2 | 103.8 | 100.0 | 96.3 | 104.7 | 100.0 |
| 鲢鱼 | Silver Carp | 100.7 | 110.2 | 103.0 | 97.5 | 113.8 | 104.6 |
| **蔬菜类** | **Vegetables** | | | | | | |
| 大白菜 | Chinese Cabbage | 107.3 | 112.8 | 88.0 | 106.9 | 109.1 | 89.3 |
| 黄瓜 | Cucumber | 93.8 | 136.3 | 79.9 | 102.0 | 115.6 | 96.2 |
| 西红柿 | Tomato | 85.9 | 142.6 | 82.2 | 77.0 | 140.6 | 88.6 |
| 菜椒 | Green Pepper | 87.7 | 119.8 | 114.3 | 94.9 | 111.9 | 110.2 |
| 四季豆 | French Beans | 94.9 | 123.8 | 93.2 | 86.1 | 120.7 | 98.5 |
| **水果类** | **Fruit Group** | | | | | | |
| 红富士苹果 | Fuji apple | 91.7 | 104.5 | 93.5 | 91.9 | 106.2 | 95.7 |
| 香蕉 | Banana | 93.6 | 103.1 | 88.6 | 102.4 | 82.7 | 120.7 |
| 橙子 | Orange | 90.0 | 105.1 | 105.8 | 91.2 | 96.2 | 110.0 |

continued

(preceding year=100)

| 9 月 September | | | 10 月 October | | | 11 月 November | | | 12 月 December | | |
|---|---|---|---|---|---|---|---|---|---|---|---|
| 2016 | 2017 | 2018 | 2016 | 2017 | 2018 | 2016 | 2017 | 2018 | 2016 | 2017 | 2018 |
| 96.1 | 103.3 | 102.9 | 92.9 | 106.5 | 103.9 | 93.7 | 109.0 | 98.6 | 93.7 | 112.7 | 95.7 |
| 100.0 | 110.0 | 100.0 | 104.0 | 105.8 | 100.0 | 104.0 | 105.8 | 100.0 | 104.0 | 105.8 | 100.0 |
| 90.4 | 93.3 | 97.5 | 92.6 | 93.2 | 96.2 | 95.5 | 93.3 | 95.3 | 95.9 | 93.7 | 95.4 |
| 99.4 | 98.0 | 98.7 | 100.7 | 96.3 | 98.5 | 102.5 | 95.2 | 97.7 | 104.2 | 93.8 | 98.4 |
| 101.7 | 100.0 | 100.2 | 100.2 | 100.9 | 100.7 | 100.4 | 100.9 | 99.3 | 100.2 | 100.6 | 99.3 |
| 96.8 | 91.4 | 99.4 | 100.2 | 92.2 | 100.5 | 101.4 | 93.2 | 99.4 | 100.8 | 94.1 | 98.4 |
| 105.7 | 77.6 | 97.9 | 100.2 | 83.6 | 97.0 | 103.6 | 84.3 | 97.1 | 102.1 | 84.1 | 94.5 |
| 123.6 | 84.3 | 79.2 | 120.5 | 82.1 | 84.4 | 124.4 | 79.3 | 90.8 | 123.4 | 79.3 | 89.1 |
| 103.7 | 76.8 | 95.6 | 98.6 | 80.6 | 99.4 | 101.0 | 83.3 | 97.0 | 101.0 | 84.8 | 93.1 |
| 96.2 | 108.4 | 98.0 | 96.7 | 109.0 | 99.0 | 97.2 | 109.7 | 101.5 | 100.0 | 106.5 | 103.3 |
| 95.3 | 100.0 | 99.8 | 96.7 | 100.0 | 102.9 | 97.0 | 100.0 | 104.6 | 96.7 | 100.4 | 107.6 |
| 98.9 | 83.0 | 101.7 | 98.4 | 83.3 | 104.9 | 97.9 | 84.8 | 108.1 | 98.4 | 85.4 | 113.6 |
| 97.2 | 87.4 | 111.4 | 95.7 | 89.4 | 113.4 | 95.2 | 91.9 | 113.0 | 95.3 | 96.1 | 113.2 |
| 96.7 | 91.6 | 105.4 | 95.3 | 96.6 | 100.5 | 97.6 | 100.5 | 96.0 | 97.6 | 103.4 | 94.3 |
| 95.7 | 100.0 | 109.3 | 94.3 | 102.6 | 107.7 | 94.6 | 101.6 | 106.1 | 95.9 | 105.5 | 101.6 |
| 93.9 | 118.4 | 96.6 | 96.4 | 113.3 | 101.7 | 95.3 | 116.4 | 99.3 | 95.4 | 112.6 | 100.8 |
| 98.1 | 102.1 | 103.7 | 100.4 | 101.9 | 104.8 | 96.5 | 106.0 | 103.8 | 95.8 | 103.9 | 101.9 |
| 97.6 | 114.2 | 101.5 | 99.2 | 112.0 | 103.7 | 98.3 | 114.6 | 99.3 | 98.3 | 115.4 | 100.0 |
| 104.8 | 98.0 | 113.2 | 104.4 | 103.1 | 111.3 | 110.9 | 108.5 | 83.9 | 113.4 | 98.8 | 87.7 |
| 99.2 | 108.8 | 126.6 | 107.9 | 127.6 | 99.0 | 96.1 | 117.5 | 95.1 | 94.2 | 113.3 | 124.4 |
| 91.7 | 96.3 | 137.4 | 90.5 | 106.9 | 141.3 | 97.4 | 92.6 | 123.1 | 92.0 | 93.6 | 116.2 |
| 113.5 | 94.4 | 122.7 | 108.4 | 98.2 | 155.4 | 108.9 | 93.2 | 136.3 | 106.0 | 100.1 | 111.3 |
| 92.3 | 106.7 | 106.3 | 85.6 | 140.0 | 101.5 | 100.9 | 137.9 | 82.5 | 91.6 | 137.5 | 89.7 |
| 91.0 | 108.5 | 100.0 | 93.4 | 106.8 | 97.9 | 91.3 | 106.1 | 97.7 | 93.7 | 105.9 | 97.2 |
| 113.9 | 76.2 | 133.9 | 100.9 | 78.9 | 158.9 | 95.1 | 89.8 | 153.4 | 88.5 | 108.1 | 138.9 |
| 91.2 | 96.2 | 118.0 | 87.0 | 90.0 | 143.1 | 83.2 | 120.7 | 88.6 | 93.4 | 114.6 | 92.3 |

# 4-40 农产品集贸市场价格环比指数

（上月=100）

| 指　标 | Item | 1 月 January 2016 | 2017 | 2018 | 2 月 February 2016 | 2017 | 2018 |
|---|---|---|---|---|---|---|---|
| **粮食类** | **Grain** | | | | | | |
| 籼稻 | Rice | 99.6 | 101.1 | 100.3 | 100.0 | 101.5 | 100.0 |
| 小麦 | Wheat | 100.0 | 105.8 | 100.0 | | 100.0 | 100.0 |
| 玉米 | Corn | 98.9 | 100.0 | 98.7 | 99.2 | 97.6 | 99.6 |
| 大豆 | Soybean | 100.3 | 98.5 | 99.1 | 100.0 | 98.7 | 100.7 |
| 籼米 | Indica | 100.7 | 100.0 | 100.2 | 100.0 | 100.9 | 100.9 |
| **经济作物类** | **Economic Crops Category** | | | | | | |
| 花生仁 | Peanuts | 99.6 | 99.6 | 101.0 | 101.0 | 99.6 | 100.0 |
| **畜产品类** | **Animal Products** | | | | | | |
| 活猪 | Live Pig | 103.0 | 103.1 | 100.5 | 102.8 | 98.4 | 96.5 |
| 仔猪 | Piglets | 100.9 | 103.5 | 101.4 | 105.7 | 104.4 | 102.8 |
| 猪肉 | Pork | 100.2 | 103.9 | 98.8 | 106.3 | 96.2 | 101.2 |
| 活牛 | Live Cattle | 101.1 | 101.7 | 100.5 | 101.6 | 107.9 | 102.2 |
| 牛肉 | Beef | 100.0 | 104.6 | 100.0 | 102.6 | 96.5 | 107.2 |
| 活羊 | Live Sheep | 102.1 | 101.1 | 100.9 | 101.6 | 91.4 | 107.2 |
| 羊肉 | Mutton | 100.7 | 102.8 | 102.6 | 102.0 | 97.9 | 107.4 |
| 活鸡 | Live Chicken | 100.0 | 102.4 | 101.0 | 103.4 | 87.0 | 101.4 |
| 鸡蛋 | Eggs | 100.5 | 99.8 | 100.6 | 97.9 | 96.1 | 100.9 |
| **水产品类** | **Aquatic Products** | | | | | | |
| 草鱼 | Grass Carp | 100.2 | 102.7 | 98.4 | 102.9 | 100.0 | 108.1 |
| 鲤鱼 | Cyprinoid | 99.1 | 101.0 | 99.1 | 102.8 | 101.9 | 110.4 |
| 鲢鱼 | Silver Carp | 100.4 | 98.2 | 100.0 | 100.0 | 102.5 | 106.0 |
| **蔬菜类** | **Vegetables** | | | | | | |
| 大白菜 | Chinese Cabbage | 119.5 | 84.3 | 85.0 | 112.4 | 80.7 | 93.7 |
| 黄瓜 | Cucumber | 118.2 | 123.8 | 90.3 | 126.5 | 97.3 | 120.2 |
| 西红柿 | Tomato | 91.7 | 108.3 | 91.8 | 116.2 | 91.5 | 102.4 |
| 菜椒 | Green Pepper | 96.3 | 92.4 | 103.1 | 130.3 | 94.0 | 119.0 |
| 四季豆 | French Beans | 101.5 | 126.7 | 106.1 | 131.6 | 106.2 | 117.1 |
| **水果类** | **Fruit Group** | | | | | | |
| 红富士苹果 | Fuji apple | 98.5 | 103.4 | 101.5 | 100.7 | 99.5 | 104.3 |
| 香蕉 | Banana | 104.8 | 106.5 | 110.1 | 111.9 | 101.5 | 121.9 |
| 橙子 | Orange | 91.9 | 79.4 | 100.5 | 110.2 | 100.0 | 110.1 |

# Rural Market Fairs Prices Chain Indices of Agricultural Products

(preceding month=100)

| 3 月 March | | | 4 月 April | | | 5 月 May | | | 6 月 June | | |
|---|---|---|---|---|---|---|---|---|---|---|---|
| 2016 | 2017 | 2018 | 2016 | 2017 | 2018 | 2016 | 2017 | 2018 | 2016 | 2017 | 2018 |
| 99.7 | 101.5 | 98.3 | 98.9 | 101.1 | 101.0 | 99.3 | 102.5 | 99.7 | 99.3 | 99.0 | 99.7 |
| 100.0 | 100.0 | 100.0 | 100.0 | 90.9 | 100.0 | 100.0 | 104.0 | 100.0 | 100.0 | 101.9 | 100.0 |
| 99.2 | 98.8 | 101.3 | 98.1 | 98.0 | 100.0 | 98.8 | 102.1 | 100.0 | 99.6 | 98.8 | 98.7 |
| 99.7 | 99.0 | 100.0 | 100.0 | 99.1 | 99.3 | 101.6 | 99.6 | 101.6 | 99.1 | 99.1 | 98.4 |
| 99.6 | 93.1 | 100.0 | 100.0 | 106.8 | 100.4 | 100.4 | 100.0 | 99.6 | 100.4 | 100.6 | 100.0 |
| 101.0 | 99.8 | 99.0 | 100.9 | 99.0 | 98.9 | 103.0 | 100.0 | 100.0 | 101.9 | 98.9 | 100.0 |
| 107.4 | 94.7 | 86.0 | 102.8 | 94.9 | 89.0 | 105.2 | 94.4 | 94.7 | 98.7 | 94.8 | 108.4 |
| 122.7 | 97.1 | 85.1 | 102.8 | 97.2 | 86.5 | 108.0 | 95.5 | 82.4 | 101.3 | 92.7 | 110.3 |
| 101.4 | 96.6 | 91.9 | 105.1 | 97.4 | 88.0 | 103.9 | 95.3 | 92.2 | 100.0 | 94.5 | 104.6 |
| 99.5 | 97.8 | 95.2 | 98.4 | 98.7 | 98.1 | 100.0 | 100.0 | 98.6 | 98.4 | 100.9 | 100.5 |
| 97.5 | 99.2 | 93.4 | 99.1 | 100.6 | 98.5 | 99.8 | 100.0 | 99.4 | 99.6 | 100.0 | 100.4 |
| 100.0 | 95.4 | 93.1 | 100.0 | 96.9 | 96.4 | 100.0 | 99.6 | 99.1 | 96.1 | 98.6 | 101.9 |
| 98.7 | 95.6 | 95.2 | 100.0 | 98.7 | 99.5 | 99.2 | 98.1 | 99.5 | 98.0 | 97.7 | 100.0 |
| 96.7 | 86.7 | 94.9 | 98.1 | 98.7 | 94.1 | 98.6 | 103.9 | 99.0 | 101.0 | 103.1 | 100.5 |
| 96.9 | 93.6 | 95.8 | 100.7 | 99.3 | 97.6 | 98.9 | 100.7 | 96.5 | 99.0 | 102.3 | 101.7 |
| 96.7 | 105.3 | 95.5 | 99.2 | 104.2 | 99.2 | 98.3 | 103.3 | 100.8 | 100.0 | 103.5 | 100.0 |
| 99.1 | 100.0 | 96.6 | 99.6 | 100.9 | 95.6 | 98.1 | 100.0 | 103.7 | 100.9 | 102.9 | 100.0 |
| 98.6 | 102.6 | 93.0 | 99.4 | 105.1 | 101.5 | 100.0 | 103.2 | 101.5 | 102.7 | 100.0 | 98.6 |
| 107.5 | 97.0 | 112.0 | 93.0 | 131.4 | 121.8 | 93.3 | 112.6 | 108.8 | 91.2 | 105.5 | 94.9 |
| 86.4 | 91.7 | 93.2 | 72.5 | 94.0 | 86.7 | 71.8 | 83.6 | 86.2 | 94.9 | 103.8 | 82.6 |
| 93.1 | 97.9 | 91.5 | 98.9 | 107.5 | 94.6 | 77.2 | 91.7 | 110.3 | 104.2 | 108.2 | 94.8 |
| 116.3 | 103.0 | 84.0 | 79.3 | 109.8 | 95.9 | 73.0 | 83.3 | 97.6 | 95.2 | 103.7 | 98.2 |
| 91.4 | 96.7 | 82.9 | 93.8 | 94.9 | 82.4 | 69.3 | 86.2 | 82.1 | 113.1 | 105.8 | 104.3 |
| 97.8 | 100.0 | 93.9 | 99.8 | 100.0 | 99.0 | 98.4 | 100.0 | 97.8 | 98.8 | 101.2 | 97.8 |
| 102.4 | 119.6 | 94.6 | 105.8 | 107.7 | 100.6 | 97.8 | 104.7 | 93.2 | 100.9 | 93.2 | 91.3 |
| 100.8 | 118.4 | 99.7 | 107.6 | 105.1 | 94.4 | 79.5 | 103.6 | 101.0 | 97.2 | 94.8 | 80.4 |

4-40 续表

（上月=100）

| 指 标 | Item | 7 月 July 2016 | 7 月 July 2017 | 7 月 July 2018 | 8 月 August 2016 | 8 月 August 2017 | 8 月 August 2018 |
|---|---|---|---|---|---|---|---|
| **粮食类** | **Grain** | | | | | | |
| 籼稻 | Rice | 98.6 | 100.4 | 97.0 | 100.0 | 96.2 | 98.6 |
| 小麦 | Wheat | 100.0 | 103.8 | 100.0 | | 100.0 | 100.0 |
| 玉米 | Corn | 101.2 | 99.2 | 99.6 | 100.0 | 100.0 | 98.3 |
| 大豆 | Soybean | 99.6 | 99.3 | 100.0 | 100.0 | 100.0 | 99.6 |
| 籼米 | Indica | 99.8 | 99.3 | 99.1 | 99.8 | 100.0 | 99.4 |
| **经济作物类** | **Economic Crops Category** | | | | | | |
| 花生仁 | Peanuts | 100.2 | 99.0 | 100.0 | 99.1 | 100.0 | 102.1 |
| **畜产品类** | **Animal Products** | | | | | | |
| 活猪 | Live Pig | 95.1 | 101.6 | 112.6 | 98.1 | 102.9 | 110.1 |
| 仔猪 | Piglets | 94.5 | 99.0 | 106.6 | 96.2 | 100.0 | 116.8 |
| 猪肉 | Pork | 97.1 | 98.2 | 111.1 | 98.3 | 100.9 | 106.7 |
| 活牛 | Live Cattle | 98.9 | 100.0 | 100.0 | 100.0 | 100.0 | 101.0 |
| 牛肉 | Beef | 99.3 | 99.6 | 100.8 | 99.6 | 99.6 | 100.0 |
| 活羊 | Live Sheep | 99.7 | 99.1 | 100.0 | 100.0 | 100.5 | 100.5 |
| 羊肉 | Mutton | 99.8 | 98.3 | 99.8 | 99.7 | 100.0 | 99.8 |
| 活鸡 | Live Chicken | 98.5 | 99.4 | 100.3 | 100.0 | 103.6 | 104.4 |
| 鸡蛋 | Eggs | 98.9 | 100.6 | 103.8 | 103.2 | 108.3 | 109.7 |
| **水产品类** | **Aquatic Products** | | | | | | |
| 草鱼 | Grass Carp | 98.2 | 100.9 | 100.0 | 100.7 | 100.0 | 100.0 |
| 鲤鱼 | Cyprinoid | 100.0 | 100.9 | 99.1 | 99.1 | 100.0 | 100.0 |
| 鲢鱼 | Silver Carp | 99.1 | 100.0 | 100.0 | 98.3 | 101.5 | 103.0 |
| **蔬菜类** | **Vegetables** | | | | | | |
| 大白菜 | Chinese Cabbage | 108.2 | 119.3 | 97.3 | 104.6 | 101.2 | 102.7 |
| 黄瓜 | Cucumber | 112.6 | 115.2 | 117.2 | 128.7 | 109.1 | 131.5 |
| 西红柿 | Tomato | 88.0 | 104.0 | 111.1 | 100.5 | 99.0 | 106.7 |
| 菜椒 | Green Pepper | 95.9 | 102.6 | 104.8 | 110.8 | 103.5 | 99.7 |
| 四季豆 | French Beans | 110.5 | 119.3 | 125.0 | 110.0 | 107.2 | 113.3 |
| **水果类** | **Fruit Group** | | | | | | |
| 红富士苹果 | Fuji apple | 100.0 | 101.1 | 98.8 | 98.5 | 100.0 | 102.3 |
| 香蕉 | Banana | 89.3 | 96.2 | 98.4 | 107.2 | 86.0 | 117.2 |
| 橙子 | Orange | 96.1 | 94.5 | 100.0 | 105.1 | 96.2 | 100.0 |

continued

(preceding month=100)

| 9 月 September | | | 10 月 October | | | 11 月 November | | | 12 月 December | | |
|---|---|---|---|---|---|---|---|---|---|---|---|
| 2016 | 2017 | 2018 | 2016 | 2017 | 2018 | 2016 | 2017 | 2018 | 2016 | 2017 | 2018 |
| | | | | | | | | | | | |
| 99.6 | 101.8 | 101.1 | 96.7 | 99.6 | 100.7 | 101.5 | 103.9 | 98.6 | 100.4 | 103.8 | 100.7 |
| 100.0 | 100.0 | 100.0 | 104.0 | 100.0 | 100.0 | 100.0 | 100.0 | 100.0 | 100.0 | 100.0 | 100.0 |
| 100.0 | 97.9 | 100.0 | 99.2 | 99.2 | 97.8 | 100.8 | 100.9 | 100.0 | 100.8 | 101.3 | 101.3 |
| 99.4 | 100.3 | 100.0 | 101.7 | 99.9 | 99.7 | 101.3 | 100.1 | 99.3 | 101.5 | 100.0 | 100.7 |
| 99.4 | 99.8 | 100.0 | 99.1 | 100.0 | 100.6 | 100.6 | 100.6 | 99.1 | 100.4 | 100.0 | 100.0 |
| | | | | | | | | | | | |
| 97.2 | 97.9 | 98.4 | 98.1 | 98.9 | 100.0 | 100.0 | 101.1 | 100.0 | 99.1 | 100.0 | 99.0 |
| | | | | | | | | | | | |
| 99.1 | 99.9 | 105.1 | 92.2 | 99.3 | 98.4 | 98.6 | 99.4 | 99.5 | 100.1 | 99.9 | 97.2 |
| 99.4 | 101.6 | 104.5 | 94.8 | 92.3 | 98.3 | 96.5 | 93.3 | 100.4 | 101.5 | 101.4 | 99.6 |
| 98.7 | 100.2 | 102.8 | 94.2 | 98.8 | 102.8 | 96.2 | 99.4 | 97.0 | 100.5 | 102.4 | 98.2 |
| 99.4 | 98.6 | 100.9 | 99.4 | 100.0 | 101.0 | 100.0 | 100.7 | 103.2 | 103.4 | 100.4 | 102.2 |
| 99.6 | 100.4 | 100.6 | 99.6 | 99.6 | 102.7 | 100.0 | 100.0 | 101.7 | 100.0 | 100.4 | 103.3 |
| 100.0 | 100.5 | 101.4 | 100.0 | 100.5 | 103.6 | 100.5 | 102.3 | 105.5 | 98.4 | 99.1 | 104.2 |
| 99.7 | 100.0 | 100.5 | 99.0 | 101.2 | 103.0 | 99.3 | 102.1 | 101.7 | 99.3 | 103.8 | 104.1 |
| 101.5 | 108.7 | 98.0 | 99.5 | 104.9 | 100.0 | 99.5 | 103.6 | 99.0 | 101.0 | 104.0 | 102.1 |
| 104.1 | 104.1 | 101.6 | 98.0 | 100.6 | 99.1 | 98.4 | 97.5 | 96.0 | 99.6 | 103.4 | 99.0 |
| | | | | | | | | | | | |
| 100.1 | 98.3 | 100.8 | 100.0 | 95.7 | 100.8 | 98.2 | 100.9 | 98.5 | 101.0 | 97.7 | 99.2 |
| 99.8 | 97.3 | 100.9 | 99.2 | 99.0 | 100.0 | 96.2 | 100.0 | 99.1 | 102.0 | 100.0 | 98.2 |
| 99.6 | 100.0 | 97.1 | 101.2 | 99.3 | 101.5 | 99.2 | 101.5 | 97.1 | 100.0 | 100.7 | 101.5 |
| | | | | | | | | | | | |
| 102.1 | 91.7 | 116.3 | 91.6 | 96.4 | 94.7 | 98.6 | 103.8 | 78.2 | 95.2 | 86.8 | 90.7 |
| 96.1 | 90.4 | 119.0 | 101.2 | 118.7 | 92.8 | 98.6 | 90.8 | 87.2 | 106.4 | 102.6 | 134.3 |
| 123.6 | 84.7 | 131.3 | 102.0 | 113.3 | 116.5 | 103.6 | 89.8 | 78.2 | 100.9 | 101.9 | 96.2 |
| 122.8 | 103.6 | 115.4 | 94.4 | 98.2 | 124.3 | 103.5 | 98.3 | 86.2 | 103.4 | 111.0 | 90.6 |
| 104.9 | 92.7 | 100.0 | 83.3 | 109.4 | 104.5 | 92.8 | 91.4 | 74.3 | 103.5 | 103.1 | 112.1 |
| | | | | | | | | | | | |
| 101.1 | 103.3 | 108.0 | 100.5 | 98.9 | 96.8 | 98.6 | 98.0 | 97.8 | 100.8 | 100.6 | 100.0 |
| 107.3 | 98.8 | 109.6 | 84.1 | 87.1 | 103.3 | 90.2 | 102.7 | 99.1 | 90.5 | 108.9 | 98.6 |
| 100.0 | 100.0 | 107.3 | 96.2 | 90.0 | 109.2 | 116.0 | 155.6 | 96.3 | 97.8 | 92.9 | 96.8 |

# 主要统计指标解释

**居民消费价格指数** 是反映一定时期内城乡居民所购买的生活消费品和服务项目价格变动趋势和程度的相对数，是对城市居民消费价格指数和农村居民消费价格指数进行综合汇总计算的结果。通过该指数可以观察和分析消费品的零售价格和服务项目价格变动对城乡居民实际生活费支出的影响程度。

**城市居民消费价格指数** 是反映一定时期内城市居民家庭所购买的生活消费品价格和服务项目价格变动趋势和程度的相对数。通过该指数可以观察和分析消费品的零售价格和服务项目价格变动对城镇居民收入和消费支出的影响。

**农村居民消费价格指数** 是反映一定时期内农村居民家庭所购买的生活消费品价格和服务项目价格变动趋势和程度的相对数。该指数可以观察农村消费品的零售价格和服务项目价格变动对农村居民收入和生活消费支出的影响。

**商品零售价格指数** 是反映一定时期内城乡商品零售价格变动趋势和程度的相对数。商品零售价格的变动与国家的财政收入、市场供需的平衡、消费与积累的比例关系有关。因此，该指数可以从一个侧面对上述经济活动进行观察和分析。

**农业生产资料价格指数** 指反映一定时期内农业生产资料价格变动趋势和程度的相对数。其编制目的是了解农业生产中投入物质资料价格的变动状况，服务于国民经济核算。1994年以前，农业生产资料价格指数仅仅是商品零售价格指数的一个类别，此后，从商品零售价格指数中分离出来，单独编制。

**农产品生产价格指数** 是反映一定时期内，农产品生产者出售农产品价格水平变动趋势及幅度的相对数。该指数可以客观反映全国农产品生产价格水平和结构变动情况，满足农业与国民经济核算需要。其中某代表品生产价格指数是通过对全部有出售该产品行为的调查单位的个体指数进行几何平均求得的，类价格指数是通过对其所属的类（或代表品）的价格指数进行加权平均求得的。季度累计价格指数的计算方法与分季指数的计算方法相同。

**工业生产者出厂价格指数** 是反映一定时期内全部工业产品第一次出售时的出厂价格总水平的变动趋势和变动幅度的相对数。

**工业生产者出厂价格指数** 是反映作为中间投入的原材料、燃料、动力购进价格总水平的变动趋势和变动幅度的相对数。

**固定资产投资价格指数** 是反映一定时期内固定资产投资品及取费项目的价格变动趋势和变动幅度的相对数。该指数可以准确地反映固定资产投资中涉及的各类投资品和取费项目价格变动趋势和变动幅度，消除按现价计算的固定资产投资指标中的价格变动因素，真实地反映固定资产投资的规模、速度、结构和效益。

**新建商品住宅销售价格** 指新建的、用于居住的进入房地产市场进行交易的房屋，第一次进行产权登记时的实际交易价格（合同价格）。其价格由成本、税金、利润、代收费用等组成，它受地段、层次、朝向、质量、材料差价等因素的影响。

**二手住宅销售价格** 指用于居住的进入房地产市场进行交易的房屋，再次进行产权登记时的实际交易价格。该指标取自《存量房屋买卖合同》。若合同中含有相关税费，则应将其扣除。

# Explanatory Notes on Main Statistical Indicators

**Consumer Price Indices** reflect the trend and degree of changes in prices of consumer goods and services purchased by urban and rural households during a given period. They are obtained by combining Consumer Price Indices of Urban Household and Consumer Price Indices of Rural Household. The Indices enable the observation and analysis of the degree of impact of the changes in the prices of retailed goods and services on the actual living expenses of urban and rural residents.

**Consumer Price Indices of Urban Household** reflect the trend and degree of changes in prices of consumer goods and services purchased by urban households during a given period. It can be used to observe and analyze the impact of price changes in consumer goods and services on urban household income and consumption expenditure.

**Consumer Price Indices of Rural Household** reflect the trend and degree of changes in prices of consumer goods and services purchased by rural households during a given period. It can be used to observe the impact of change in retail prices of consumer goods and service prices on rural household income and consumption expenditure on living.

**Retail Price Indices** reflect the trend and degree of change in retail prices of commodities during a given period. The change in retail prices of commodities is related to government revenue, the equilibrium of market supply and demand, and the ratio of consumption to accumulation. Therefore, the retail price indices are useful from an oblique perspective for observing and analyzing the changes of the above economic activities.

**Price Indices for Means of Agricultural Production** reflect the trend and degree of changes in the prices of the means of agricultural production during a given period. Compilation of these indices helps to understand the price changes of material input in agricultural production and facilitate the compilation of national accounts. Before 1994, price indices for means of agricultural production were a sub-category in the retail price indices for commodities, and it has been compiled separately since 1994.

**Producer Prices Indices for Farm Products** reflect the trend and degree of changes in producers' prices received by farmers when they sell farm products during a given period. These indices depict the change in the level and structure of producer prices for farm products of the country and meet the needs of agricultural statistics and national accounts statistics. The producer price index for a given product is calculated as the geometrical mean of individual indices for all surveyed units which sell such product, and the indices for a product category is obtained as the weighted mean of price indices for all products in the category. Method for calculating accumulative quarterly indices is the same as for calculating the individual quarterly indices.

**Producer Price Indices for Industrial Products** reflect the trend and degree of changes in general ex-factory prices of all manufactured goods for first sale during a given period.

**Purchasing Price Indices for Industrial Producers** reflect changes in the level and degree of purchasing prices such as intermediate input such as raw materials, fuels and power.

At present, close to 1,800 products in 9 categories, including fuels and power, ferrous metals, non-ferrous metals, chemicals, building materials, are covered in China for the survey to produce indices of purchasing prices of raw materials, fuels and power.

**Price Indices for Investment in Fixed Assets** reflect the trend and degree of changes in prices of investment goods and projects in fixed assets during a given period. Removing the factor of price change in the aggregates of investment at current prices, this indicator shows the changes in the prices of commodities and fees involved in the investment of fixed assets, and can be used to observe the actual size, growth, structure, and efficiency of investment in fixed assets.

**New Commodity Residential Houses Selling Price Index** refers to the newly built into the real estate market, used to live in trading houses, undertake property right registration for the first time the actual transaction price of (the contract price). Its price by cost, taxes and profits, collecting fees, etc, it is location, level, orientation, quality, the factors of material price difference.

**Second-hand Housing Sales price** refers to enter the real estate market for residential houses, which trade, undertake property right registration of actual transaction prices again. The index from the stock of the sale and purchase contract. If contract is contained in the relevant taxes, it should be deducted.

# 第五篇 农业生产

# Chapter 5 Agriculture Production

# 简要说明

**一、本篇资料的主要内容及统计范围**

本篇资料反映广西农业生产的基本情况，内容主要包括主要粮食作物生产情况、主要畜禽生产情况等方面的统计资料。

（一）粮食作物

统计范围包括全部农业生产经营户，各种经济组织类型、各个系统的全部农业生产单位和非农业单位附属的农业生产活动单位。但不包括农业科学试验机构进行的农业生产。调查内容包括从抽样调查样本取得的各季农作物播种面积和产量资料。

1.农作物播种面积（粮食作物）：包含谷物、豆类、薯类播种面积，由农业生产经营户和农业生产经营单位两部分组成。

2.农作物产量（粮食作物）：包含实测作物（早稻、中稻、晚稻、玉米）和非放样实测作物（薯类、豆类、高粱、小麦、谷子、其他谷物等粮食作物）的单产和产量。

（二）畜禽

主要畜禽监测调查是按照国家统计局相关统计报表制度要求、以猪、牛、羊、禽等主要畜禽产品作为调查主题、由国家统计局广西调查总队统一组织、部署实施开展的国家常规性、制度性调查项目，该项目主要调查内容如下：

1.生猪调查。对于自治区范围内的生猪生产情况进行调查。

2.牛调查。牛包括役用牛和肉牛，对牛的养殖情况和牛奶的生产情况开展季度调查。

3.羊调查。羊包括绵羊和山羊，羊调查主要指对自治区范围内的羊的养殖情况开展调查。

4.禽调查。禽类包括鸡、鸭、鹅三个种类，禽类调查包括鸡蛋和禽类养殖情况的调查。

**二、本篇的资料来源及统计调查方法**

（一）粮食作物

1.由国家统计局广西调查总队根据国家统计局《农林牧渔业统计报表制度》《农业产值和价格综合统计报表制度》开展抽样调查获得资料整理提供。

2.调查方法：

（1）农作物播种面积：①省级播种面积：在32个国家抽样调查县内抽取调查样方，由市县级国家调查队对样方压盖的全部地块进行实地调查（包含无人机遥感测量调查和掌上电脑<PDA>实地调查方式）获得。调查周期分春播、夏播、秋冬播三个播种季节。②县级播种面积：在38个粮食生产大县中开展以县为总体的播种面积调查，由市县级国家调查队或统计局对样方压盖的全部地块进行实地调查（包含无人机遥感测量调查和PDA实地调查方式）获得。调查周期分春播、夏播、秋冬播三个播种季节。

（2）农作物单位面积产量：①省级产量：在32个国家抽样调查县样本村样方中，由市县级国家调查队对样方压盖的全部地块上种植粮食作物的地块进行放样实测和非放样实测调查获得。调查周期按国家口径分夏收（广西春收）、早稻、秋收三个粮食作物收获季节。②县级产量：在38个粮食生产大县样本村样方中，由市县级国家调查队或统计局对样方覆盖的全部地块上种植粮食作物的地块进行放样实测和非放样实测调查获得。调查周期按国家口径分夏收（广西春收）、早稻、秋收三个粮食作物收获季节。

（二）畜禽

畜牧业生产基本情况由国家统计局广西调查总队根据每年的调查情况所提供。主要有季报和月报。

调查分为三大块：

1.主要畜禽产品监测调查。即以生猪、牛、羊、禽为调查主题，实行按季度调查和上报调查数据，调查对象：全自治区111个县区所有大型规模养殖户全数调查（大型的标准是：生猪年饲养量5000头以上、肉牛1000头以上和肉禽10万只以上）；14个市、29个国家调查县（区）抽中的中小型养殖户（如生猪年饲养量100～5000头）抽样调查；抽中的调查小区散养户抽样调查。

2.生猪调出大县调查，就是按照国家统计局核定给广西的生猪调出大县，仅以生猪品种的生产情况为调查主题，对县范围内的生猪生产情况进行调查，实行月度调查与季度调查相结合模式，主要数据按照月度上报报表数据。2017年末，生猪大县生猪饲养量占全自治区比重大半。

3.万头猪场联网直报。年饲养量达到万头以上的养猪场（户）（2017年底广西万头猪场联网直报企业共73家）按制度要求，登陆国家统计局统计联网直报平台，报送生猪生产情况。

# 5-1 主要粮食作物生产情况（1985—2019年）

## Basic Statistics on Main Grain Crops（1985—2019）

| 年 份<br>Year | 粮食作物 Grain Crops | | | 早 稻 Early Rice | | |
|---|---|---|---|---|---|---|
| | 播种面积（千公顷）<br>Sown Area（1000 hectares） | 每公顷产量（公斤/公顷）<br>Per Hectare Output（kg/hectare） | 总 产 量（万吨）<br>Total Output（10 000 tons） | 播种面积（千公顷）<br>Sown Area（1000 hectares） | 每公顷产量（公斤/公顷）<br>Per Hectare Output（kg/hectare） | 总 产 量（万吨）<br>Total Output（10 000 tons） |
| 1985 | 3447.3 | 3240.5 | 1117.1 | 1153.2 | 4701.7 | 542.2 |
| 1986 | 3530.6 | 3166.9 | 1118.1 | 1157.9 | 4556.4 | 527.6 |
| 1987 | 3539.5 | 3418.6 | 1210.0 | 1145.5 | 4863.2 | 557.1 |
| 1988 | 3510.7 | 2976.6 | 1045.0 | 1128.5 | 4691.9 | 529.5 |
| 1989 | 3596.9 | 3533.0 | 1270.8 | 1178.4 | 5070.4 | 597.5 |
| 1990 | 3639.9 | 3744.8 | 1363.1 | 1190.3 | 5287.9 | 629.4 |
| 1991 | 3567.7 | 3758.7 | 1341.0 | 1124.1 | 5473.9 | 615.3 |
| 1992 | 3521.8 | 4028.9 | 1418.9 | 1153.6 | 5710.8 | 658.8 |
| 1993 | 3538.8 | 4115.8 | 1456.5 | 1137.1 | 5678.5 | 645.7 |
| 1994 | 3633.6 | 3502.0 | 1272.5 | 1134.1 | 4554.3 | 516.5 |
| 1995 | 3662.7 | 4117.7 | 1508.2 | 1148.4 | 5846.4 | 671.4 |
| 1996 | 3708.0 | 4070.4 | 1509.3 | 1152.4 | 5795.7 | 667.9 |
| 1997 | 3738.5 | 4132.1 | 1544.8 | 1155.3 | 5983.7 | 691.3 |
| 1998 | 3757.7 | 4143.8 | 1557.1 | 1147.9 | 5551.9 | 637.3 |
| 1999 | 3725.5 | 4227.6 | 1575.0 | 1116.4 | 5966.6 | 666.1 |
| 2000 | 3655.9 | 4180.9 | 1528.5 | 1078.1 | 5865.9 | 632.4 |
| 2001 | 3641.9 | 4150.0 | 1511.4 | 1141.5 | 5148.5 | 587.7 |
| 2002 | 3556.9 | 4180.0 | 1486.8 | 1130.3 | 5383.5 | 608.5 |
| 2003 | 3470.0 | 4222.2 | 1465.1 | 1118.5 | 5353.6 | 598.8 |
| 2004 | 3511.2 | 3983.0 | 1398.5 | 1098.9 | 5217.0 | 573.3 |
| 2005 | 3496.2 | 4254.0 | 1487.3 | 1131.3 | 5056.1 | 572.0 |
| 2006 | 3133.2 | 4556.4 | 1427.6 | 1053.3 | 5261.6 | 554.2 |
| 2007 | 2969.4 | 4670.3 | 1386.8 | 985.1 | 5413.7 | 533.3 |
| 2008 | 2944.1 | 4671.4 | 1375.3 | 971.7 | 5307.2 | 515.7 |
| 2009 | 3023.9 | 4738.3 | 1432.8 | 969.7 | 5596.6 | 542.7 |
| 2010 | 3003.7 | 4568.0 | 1372.1 | 940.1 | 5509.0 | 517.9 |
| 2011 | 3013.9 | 4586.4 | 1382.3 | 911.2 | 5635.4 | 513.5 |
| 2012 | 2978.2 | 4789.1 | 1426.3 | 894.3 | 5861.6 | 524.2 |
| 2013 | 2974.1 | 4877.8 | 1450.7 | 886.7 | 5984.0 | 530.6 |
| 2014 | 2947.7 | 4927.9 | 1452.6 | 871.2 | 5921.7 | 515.9 |
| 2015 | 2950.6 | 4857.3 | 1433.2 | 837.9 | 5954.2 | 498.9 |
| 2016 | 2897.1 | 4898.0 | 1419.0 | 828.2 | 5994.9 | 496.5 |
| 2017 | 2853.1 | 4803.5 | 1370.5 | 810.7 | 5799.9 | 470.2 |
| 2018 | 2802.0 | 4899.0 | 1373.0 | 790.5 | 5952.0 | 470.5 |
| 2019 | 2747.0 | 4849.0 | 1332.0 | 767.9 | 5893.9 | 452.6 |

注：2007—2017年数据根据第三次全国农业普查数据进行了修订（下相关表同）。
Note: Data from 2007 to 2017 have been revised according to the Third Agricultural Census. The same applies to the relevant tables following.

5-1 续表 continued

| 年份 Year | 晚稻 Late Rice | | | 玉米 Corn | | |
|---|---|---|---|---|---|---|
| | 播种面积（千公顷） Sown Area（1000 hectares） | 每公顷产量（公斤/公顷） Per Hectare Output（kg/hectare） | 总产量（万吨） Total Output（10 000 ton） | 播种面积（千公顷） Sown Area（1000 hectares） | 每公顷产量（公斤/公顷） Per Hectare Output（kg/hectare） | 总产量（万吨） Total Output（10 000 ton） |
| 1985 | 1124.5 | 3616.7 | 406.7 | | | |
| 1986 | 1180.9 | 3407.6 | 402.4 | | | |
| 1987 | 1172.7 | 3855.2 | 452.1 | | | |
| 1988 | 1151.2 | 3015.1 | 347.1 | | | |
| 1989 | 1134.5 | 3963.0 | 449.6 | | | |
| 1990 | 1174.5 | 4330.4 | 508.6 | | | |
| 1991 | 1182.4 | 4217.7 | 498.7 | | | |
| 1992 | 1160.2 | 4453.5 | 516.7 | | | |
| 1993 | 1131.8 | 4547.6 | 514.7 | | | |
| 1994 | 1132.2 | 3413.7 | 386.5 | | | |
| 1995 | 1136.9 | 4546.6 | 516.9 | | | |
| 1996 | 1143.3 | 4537.7 | 518.8 | | | |
| 1997 | 1143.8 | 4416.0 | 505.1 | | | |
| 1998 | 1140.0 | 5064.0 | 577.3 | | | |
| 1999 | 1123.8 | 4825.6 | 542.3 | | | |
| 2000 | 1068.7 | 4775.9 | 510.4 | 610.7 | 3016.2 | 184.2 |
| 2001 | 1147.3 | 4915.9 | 564.0 | 556.9 | 3025.7 | 168.5 |
| 2002 | 1142.0 | 4659.4 | 532.1 | 520.3 | 3094.4 | 161.0 |
| 2003 | 1110.2 | 4800.0 | 532.9 | 531.1 | 3007.0 | 159.7 |
| 2004 | 1125.0 | 4245.3 | 477.6 | 586.6 | 3002.0 | 176.1 |
| 2005 | 1108.4 | 4767.2 | 528.4 | 575.7 | 3682.5 | 212.0 |
| 2006 | 1038.8 | 4944.2 | 513.6 | 516.3 | 3844.7 | 198.5 |
| 2007 | 980.3 | 4969.2 | 487.1 | 489.6 | 4162.4 | 203.9 |
| 2008 | 971.2 | 5056.6 | 491.1 | 488.7 | 4228.8 | 206.7 |
| 2009 | 971.9 | 5125.4 | 498.1 | 533.0 | 4209.0 | 224.3 |
| 2010 | 954.6 | 5200.0 | 496.4 | 536.4 | 3870.4 | 207.6 |
| 2011 | 954.8 | 4785.5 | 456.9 | 563.0 | 4318.5 | 243.2 |
| 2012 | 941.8 | 5205.8 | 490.3 | 577.0 | 4309.7 | 248.7 |
| 2013 | 924.5 | 5252.2 | 485.5 | 583.5 | 4516.3 | 263.5 |
| 2014 | 911.2 | 5474.3 | 498.8 | 579.3 | 4551.4 | 263.7 |
| 2015 | 894.1 | 5414.2 | 484.1 | 617.0 | 4496.8 | 277.5 |
| 2016 | 871.8 | 5495.3 | 479.1 | 603.2 | 4571.6 | 275.8 |
| 2017 | 849.9 | 5327.6 | 452.8 | 591.2 | 4594.5 | 271.6 |
| 2018 | 826.6 | 5461.2 | 451.4 | 584.4 | 4678.1 | 273.4 |
| 2019 | 810.9 | 5485.5 | 444.8 | 580.1 | 4502.5 | 261.2 |

# 5-2　主要县（区）粮食生产情况

## Basic Statistics of Grain by Major County（District）

| 地　区 | Region | 粮食播种面积（公顷）Sown Area of Grain（hectares） | | 粮食单位面积产量（公斤/公顷）Output of Grain Per Hectare（kg/hectare） | | 粮食总产量（吨）Total Output of Grain（tons） | |
|---|---|---|---|---|---|---|---|
| | | 2018 | 2019 | 2018 | 2019 | 2018 | 2019 |
| **南宁市** | **Nanning** | | | | | | |
| 邕宁区 | Yongning District | 27103.0 | 26394.0 | 4972.1 | 4983.5 | 134759.4 | 131535.0 |
| 武鸣区 | Wuming District | 67099.0 | 66169.0 | 5040.1 | 4975.8 | 338183.6 | 329241.6 |
| 隆安县 | Long'an | 37247.4 | 36248.0 | 4490.5 | 4412.6 | 167260.6 | 159948.4 |
| 马山县 | Mashan | 39675.0 | 39028.7 | 4688.7 | 4544.3 | 186025.8 | 177359.8 |
| 上林县 | Shanglin | 37236.6 | 36774.0 | 4705.0 | 4653.1 | 175196.9 | 171114.0 |
| 宾阳县 | Binyang | 72039.0 | 71934.3 | 4900.1 | 4891.5 | 353001.6 | 351864.7 |
| 横　县 | Hengxian | 75681.0 | 74306.0 | 5160.2 | 5168.5 | 390529.2 | 384054.0 |
| **柳州市** | **Liuzhou** | | | | | | |
| 柳江区 | Liujiang District | 25030.8 | 24926.6 | 5134.9 | 5034.1 | 128531.4 | 125482.0 |
| 柳城县 | Liucheng | 29147.5 | 28398.9 | 5060.4 | 5068.6 | 147498.6 | 143943.9 |
| 鹿寨县 | Luzhai | 26923.0 | 26151.3 | 5179.3 | 5128.3 | 139442.8 | 134110.7 |
| **桂林市** | **Guilin** | | | | | | |
| 临桂区 | Lingui District | 44751.0 | 43433.1 | 5305.0 | 5208.8 | 237405.6 | 226236.1 |
| 阳朔县 | Yangshuo | 19479.0 | 19228.5 | 4847.1 | 4658.8 | 94417.6 | 89581.4 |
| 灵川县 | Lingchuan | 26861.0 | 26213.1 | 5210.4 | 5123.1 | 139956.6 | 134292.2 |
| 全州县 | Quanzhou | 72578.0 | 70712.6 | 5258.8 | 5139.5 | 381673.8 | 363425.9 |
| 兴安县 | Xing'an | 31336.0 | 30378.0 | 5622.6 | 5488.9 | 176188.6 | 166741.0 |
| 永福县 | Yongfu | 23753.5 | 22755.4 | 4911.1 | 4849.9 | 116655.0 | 110360.9 |
| 平乐县 | Pingle | 30369.0 | 29395.0 | 5015.1 | 4921.0 | 152302.6 | 144652.3 |
| **梧州市** | **Wuzhou** | | | | | | |
| 藤　县 | Tengxian | 42809.0 | 41393.4 | 5303.4 | 5286.6 | 227034.8 | 218828.7 |
| 岑溪市 | Cenxi | 44580.0 | 43256.8 | 4562.2 | 4544.9 | 203384.8 | 196598.0 |
| **北海市** | **Beihai** | | | | | | |
| 合浦县 | Hepu | 54930.0 | 54136.0 | 4770.3 | 4748.4 | 262033.6 | 257058.6 |

5-2 续表 continued

| 地 区 | Region | 粮食播种面积（公顷）Sown Area of Grain（hectares） | | 粮食单位面积产量（公斤/公顷）Output of Grain Per Hectare（kg/hectare） | | 粮食总产量（吨）Total Output of Grain（tons） | |
|---|---|---|---|---|---|---|---|
| | | 2018 | 2019 | 2018 | 2019 | 2018 | 2019 |
| **钦州市** | **Qinzhou** | | | | | | |
| 钦北区 | Qinbei District | 46407.4 | 45418.2 | 4905.5 | 4825.6 | 227650.2 | 219167.9 |
| 灵山县 | Lingshan | 65330.0 | 63334.5 | 5075.6 | 5108.2 | 331586.2 | 323524.9 |
| 浦北县 | Pubei | 42981.0 | 41734.6 | 5240.7 | 5242.1 | 225251.6 | 218778.6 |
| **贵港市** | **Guigang** | | | | | | |
| 港南区 | Gangnan District | 39121.0 | 39101.8 | 5568.2 | 5547.3 | 217831.6 | 216909.2 |
| 平南县 | Pingnan | 66905.0 | 65252.4 | 5164.4 | 5133.8 | 345524.6 | 334990.3 |
| 桂平市 | Guiping | 104488.0 | 101620.7 | 5370.2 | 5352.3 | 561119.8 | 543903.5 |
| **玉林市** | **Yulin** | | | | | | |
| 容 县 | Rongxian | 38052.2 | 36964.8 | 5528.5 | 5535.3 | 210369.5 | 204610.5 |
| 陆川县 | Luchuan | 41109.2 | 40830.7 | 5749.6 | 5739.3 | 236360.4 | 234340.9 |
| 博白县 | Bobai | 80064.5 | 77878.3 | 5381.5 | 5333.2 | 430868.2 | 415341.3 |
| 兴业县 | Xingye | 35296.7 | 35338.2 | 5949.0 | 5893.9 | 209981.6 | 208280.3 |
| 北流市 | Beiliu | 53713.7 | 51898.2 | 5660.8 | 5605.3 | 304061.7 | 290906.9 |
| **百色市** | **Baise** | | | | | | |
| 田阳区 | Tianyang District | 21490.9 | 21521.3 | 5300.3 | 5221.7 | 113908.8 | 112377.4 |
| 靖西市 | Jingxi | 48493.4 | 47638.1 | 4198.7 | 4133.3 | 203607.9 | 196901.1 |
| **贺州市** | **Hezhou** | | | | | | |
| 八步区 | Babu District | 31740.0 | 31369.8 | 5303.4 | 5172.9 | 168329.8 | 162274.2 |
| **河池市** | **Hechi** | | | | | | |
| 环江毛南族自治县 | Huanjiang | 21682.0 | 21278.2 | 5489.9 | 5451.9 | 119032.2 | 116006.2 |
| 宜州区 | Yizhou District | 41612.0 | 41075.9 | 4551.3 | 4497.3 | 189389.6 | 184729.8 |
| **来宾市** | **Laibin** | | | | | | |
| 兴宾区 | Xingbin District | 55010.3 | 53755.9 | 4602.0 | 4583.2 | 253157.0 | 246376.0 |
| 象州县 | Xiangzhou | 30550.2 | 30014.7 | 5157.8 | 5186.6 | 157571.7 | 155674.9 |

# 5-3 主要畜禽生产情况（1978—2019年）

## Basic Statistics of major Livestock and Poultry（1978—2019）

| 年份 Year | 生猪 Live Hog | | | 牛 Cattle | | |
|---|---|---|---|---|---|---|
| | 存栏（万头）Number of Hogs（10 000 heads） | 出栏（万头）Slaughter Hogs（10 000 heads） | 肉产量（万吨）Output of Pork（10 000 tons） | 存栏（万头）Number of Cattle（10 000 heads） | 出栏（万头）Slaughter Cattle（10 000 heads） | 肉产量（万吨）Output of Beef（10 000 tons） |
| 1978 | 1246.3 | 650.6 | | 413.9 | 7.4 | |
| 1979 | 1103.0 | 683.2 | 36.6 | 415.5 | 8.5 | 0.5 |
| 1980 | 1034.1 | 564.7 | 39.7 | 411.0 | 5.0 | 0.3 |
| 1981 | 1125.3 | 514.7 | 42.6 | 428.3 | 6.5 | 0.5 |
| 1982 | 1284.2 | 610.2 | 50.4 | 460.4 | 7.1 | 0.6 |
| 1983 | 1355.3 | 691.6 | 56.4 | 484.0 | 7.6 | 0.6 |
| 1984 | 1350.0 | 743.5 | 61.8 | 522.7 | 9.1 | 0.8 |
| 1985 | 1435.7 | 693.4 | 60.8 | 560.2 | 12.5 | 1.1 |
| 1986 | 1563.8 | 733.2 | 62.1 | 595.5 | 14.8 | 1.3 |
| 1987 | 1564.6 | 841.0 | 69.1 | 627.2 | 21.3 | 1.8 |
| 1988 | 1527.2 | 876.1 | 71.3 | 648.0 | 27.2 | 2.4 |
| 1989 | 1634.0 | 939.4 | 76.9 | 672.8 | 28.1 | 2.4 |
| 1990 | 1742.5 | 1063.9 | 87.2 | 703.9 | 35.0 | 3.0 |
| 1991 | 1808.6 | 1195.0 | 97.4 | 708.7 | 44.2 | 3.8 |
| 1992 | 1903.9 | 1349.9 | 109.8 | 712.3 | 55.3 | 4.8 |
| 1993 | 1923.6 | 1464.4 | 118.1 | 714.8 | 60.3 | 5.3 |
| 1994 | 1990.1 | 1654.3 | 134.4 | 724.8 | 67.1 | 5.9 |
| 1995 | 2075.7 | 1905.8 | 153.6 | 738.8 | 73.5 | 6.5 |
| 1996 | 2137.0 | 2187.0 | 175.9 | 747.4 | 83.2 | 7.5 |
| 1997 | 2244.0 | 2378.4 | 190.0 | 759.6 | 96.9 | 8.7 |
| 1998 | 2085.2 | 2424.5 | 194.0 | 776.3 | 105.8 | 9.5 |
| 1999 | 2309.6 | 2547.0 | 202.5 | 770.7 | 99.9 | 8.9 |
| 2000 | 2415.6 | 2756.9 | 217.9 | 775.3 | 108.9 | 9.8 |
| 2001 | 3154.6 | 2768.4 | 208.1 | 766.6 | 115.5 | 10.4 |
| 2002 | 3029.3 | 2656.5 | 190.8 | 766.5 | 129.1 | 11.6 |
| 2003 | 2637.7 | 2555.1 | 179.8 | 760.6 | 144.4 | 12.9 |
| 2004 | 2671.0 | 2462.5 | 161.7 | 739.7 | 163.5 | 14.6 |
| 2005 | 3015.0 | 2831.9 | 186.0 | 735.6 | 188.3 | 16.9 |
| 2006 | 2259.9 | 2957.2 | 210.3 | 403.8 | 117.1 | 10.9 |
| 2007 | 2169.3 | 2767.3 | 206.2 | 396.8 | 125.4 | 11.7 |
| 2008 | 2307.0 | 2935.0 | 218.4 | 421.8 | 133.7 | 12.5 |
| 2009 | 2332.4 | 3119.9 | 232.3 | 448.0 | 143.0 | 13.4 |
| 2010 | 2344.0 | 3230.0 | 241.5 | 450.0 | 146.3 | 13.7 |
| 2011 | 2412.0 | 3195.1 | 239.8 | 441.7 | 150.4 | 14.3 |
| 2012 | 2466.6 | 3342.1 | 252.5 | 453.6 | 147.7 | 13.9 |
| 2013 | 2471.5 | 3456.7 | 261.3 | 467.0 | 148.2 | 14.3 |
| 2014 | 2360.3 | 3518.0 | 266.3 | 448.6 | 149.6 | 14.4 |
| 2015 | 2303.7 | 3416.8 | 258.8 | 445.9 | 149.3 | 14.4 |
| 2016 | 2216.1 | 3280.1 | 249.8 | 418.7 | 149.8 | 14.7 |
| 2017 | 2293.7 | 3355.1 | 255.0 | 326.6 | 117.0 | 11.7 |
| 2018 | 2298.3 | 3465.8 | 263.9 | 328.6 | 123.6 | 12.3 |
| 2019 | 1599.6 | 2505.8 | 192.1 | 337.0 | 124.6 | 12.4 |

5-3 续表 continued

| 年 份 Year | 羊 Sheep | | | 家 禽 Poultry | | |
|---|---|---|---|---|---|---|
| | 存 栏（万只）Number of Sheep（10 000 heads） | 出 栏（万只）Slaughter Sheep（10 000 heads） | 肉 产 量（万吨）Output of Mutton（10 000 tons） | 存 栏（万只）Number of Poultry（10 000 heads） | 出 栏（万只）Slaughter Poultry（10 000 heads） | 肉 产 量（万吨）Output of Poultry（10 000 tons） |
| 1978 | 94.8 | 17.8 | | | | |
| 1979 | 87.5 | 16.0 | 0.3 | | | |
| 1980 | 80.3 | 15.1 | 0.2 | | | |
| 1981 | 78.0 | 14.2 | 0.2 | | | |
| 1982 | 79.8 | 12.6 | 0.2 | | | |
| 1983 | 76.6 | 10.3 | 0.2 | | | |
| 1984 | 71.8 | 11.9 | 0.2 | | | |
| 1985 | 66.6 | 14.4 | 0.2 | | | |
| 1986 | 63.6 | 15.7 | 0.2 | | | |
| 1987 | 66.7 | 15.3 | 0.2 | | | |
| 1988 | 68.8 | 17.4 | 0.2 | | | |
| 1989 | 74.6 | 18.2 | 0.3 | | | |
| 1990 | 80.6 | 21.5 | 0.3 | | | |
| 1991 | 84.0 | 25.5 | 0.4 | | | |
| 1992 | 89.1 | 30.3 | 0.4 | | | |
| 1993 | 95.4 | 34.7 | 0.5 | | | |
| 1994 | 104.2 | 38.9 | 0.6 | | | |
| 1995 | 131.5 | 51.5 | 0.8 | | | |
| 1996 | 161.6 | 66.3 | 1.1 | | | |
| 1997 | 228.7 | 102.8 | 1.6 | | | |
| 1998 | 239.2 | 133.1 | 2.1 | | | |
| 1999 | 241.1 | 150.9 | 2.3 | | | |
| 2000 | 241.8 | 165.0 | 2.5 | | | |
| 2001 | 237.6 | 173.8 | 2.6 | | 24617.3 | 43.4 |
| 2002 | 232.4 | 181.5 | 2.6 | | 22918.3 | 41.6 |
| 2003 | 246.6 | 194.4 | 2.8 | | 21206.9 | 29.3 |
| 2004 | 278.1 | 217.7 | 3.2 | | 20166.1 | 28.4 |
| 2005 | 260.0 | 255.0 | 3.8 | | 27111.6 | 33.5 |
| 2006 | 151.4 | 166.5 | 2.5 | 23957.5 | 60123.0 | 94.5 |
| 2007 | 155.1 | 176.0 | 2.7 | 25938.8 | 64538.1 | 105.3 |
| 2008 | 176.4 | 190.9 | 2.9 | 27495.1 | 69701.1 | 113.7 |
| 2009 | 190.0 | 205.0 | 3.2 | 28180.0 | 72834.0 | 118.4 |
| 2010 | 193.4 | 212.3 | 3.3 | 28501.3 | 77058.4 | 124.9 |
| 2011 | 198.2 | 205.0 | 3.2 | 30282.6 | 79169.8 | 128.8 |
| 2012 | 203.6 | 206.0 | 3.2 | 31202.6 | 82631.7 | 136.0 |
| 2013 | 202.2 | 205.6 | 3.2 | 30625.4 | 82218.5 | 135.3 |
| 2014 | 201.6 | 205.0 | 3.2 | 30656.0 | 78288.1 | 128.2 |
| 2015 | 202.6 | 205.3 | 3.2 | 31330.4 | 80825.0 | 132.5 |
| 2016 | 203.7 | 207.2 | 3.3 | 30860.5 | 82237.3 | 135.0 |
| 2017 | 222.4 | 209.7 | 3.3 | 32712.1 | 86486.3 | 142.0 |
| 2018 | 223.5 | 210.9 | 3.4 | 33300.9 | 84929.5 | 138.8 |
| 2019 | 231.2 | 217.5 | 3.5 | 38296.1 | 101660.6 | 162.9 |

# 主要统计指标解释

**粮食产量**　指农业生产经营者日历年度内生产的全部粮食数量。按收获季节包括夏收粮食、早稻和秋收粮食，按作物品种包括谷物、薯类和豆类。其产量计算方法：谷物按脱粒后的原粮计算，豆类按去豆荚后的干豆计算；薯类（包括甘薯和马铃薯，不包括芋头和木薯）1963年以前按每4公斤鲜薯折1公斤粮食计算，从1964年开始改为按5公斤鲜薯折1公斤粮食计算，2014年开始按鲜薯计算；城市郊区作为蔬菜的薯类（如马铃薯等）按鲜品计算，并且不作粮食统计。1989年以前全国粮食产量数据主要靠全面报表取得，1989年开始使用抽样调查数据。

**猪、牛、羊肉产量**　指当年出栏并已屠宰、除去头蹄下水后带骨肉（即胴体重）的重量。包括全社会范围内的产量。1996年以前为全面统计并逐级上报数据。1996年第一次农业普查以后，根据普查结果，对畜牧业主要年报数据进行了修正。1999年以后，国家统计局在部分地区开展了猪、牛、羊、禽等主要畜禽品种的抽样调查，并用抽样数据作为国家定案数据使用。未开展抽样调查的地区和品种，仍使用各级统计部门逐级上报数据。2007年，根据第二次农业普查结果，对2000—2006年畜牧业主要年报数据进行了修正。2008年，建立了主要畜禽监测调查制度，猪、牛、羊、禽等主要畜禽数据均以抽样调查数为法定数据。

**期初（末）畜禽存栏头（只）数**　指报告期初（末）农村各种合作经济组织和国营农场、农民个人、机关、团体、学校、工矿企业、部队等单位以及城镇居民饲养的大牲畜、猪、羊、家禽等畜禽的存栏数。数据上报方式及数据调整情况同猪、牛、羊肉产量。

**当年出栏头数**　指农林牧渔企业生产单位饲养的，供屠宰并已出栏的全部牲畜头数。包括交售给国家，集市上出售的部分。

**常用耕地**　是指耕地总资源中专门种植农作物并经常进行耕种、能够正常收获的土地。包括当年实际耕种的熟地；弃耕、休闲不满三年，随时可以复耕的地；开荒利用三年以上的土地。在统计口径上包括南方小于1米、北方小于2米宽的沟、渠、路和田埂。不包括临时种植农作物的坡度在25度以上的陡坡地；在河套、湖畔、库区临时开发的成片或零星土地；也不包括已列为国家和省（区、市）退耕计划但临时耕种的土地。常用耕地是国家需要重点保护的耕地，是反映我国农业综合生产能力的一个重要指标。

**农作物播种面积**　指实际播种或移植有农作物的面积。凡是实际种植有农作物的面积，不论种植在耕地上还是种植在非耕地上，均包括在农作物播种面积中。在播种季节基本结束后，因遭灾而重新改种和补种的农作物面积，也包括在内。它是反映我国耕地面积利用情况的一个重要指标。目前，农作物播种面积主要包括粮食、棉花、油料、糖料、麻类、烟叶、蔬菜和瓜类、药材和其他农作物九大类。

# Explanatory Notes on Main Statistical Indicators

**Grain Output** refers to the total output of grains produced by agricultural producers within a calendar year. It includes summer grain, early rice and autumn grain if classified by harvest seasons; it covers cereal, tubers and beans if classified by type of crops. Output of cereal should be limited to husked grain only. Output of beans refers to dry beans without pods. The output of tubers (sweet potatoes and potatoes, not including taros and cassava) are converted into that of grain at the ratio 4:1, i.e. 4 kilograms of fresh tubers were equivalent to 1 kilogram of grain up to 1963. Since 1964 the ratio for conversion has been 5:1, and Starting from 2014, the ratio for conversion has been 1:1. Tubers supplied as vegetables (such as potatoes) in cities and suburbs are calculated as fresh vegetables and their output is not included in the output of grain. Data on grain production before 1989 were obtained through the Comprehensive Statistical Reporting System. Since 1989, data from sample surveys are used.

**Output of Pork, Beef, and Mutton** refers to the meat of slaughtered hogs, cattle, sheep and goats with head, feet, and offal taken away. Data refers to the production of the whole country. Before 1996, it was a comprehensive reporting from the lower level to the upper one. The First Agricultural Census of China in 1996 revealed some discrepancy between the production of animal products from the annual reports and that from the census. Efforts were made to adjust the output value of animal husbandry to make the figures from the annual reports consistent with the census data. Since 1999, the NBS conducted sample surveys for the major animal husbandry products, such as hogs, cattle, sheep and goats and fowls, and the data from sample surveys are used as national finalized data. Those products, which are not covered by the sample survey, are still reported by statistical agencies level by level. In 2007, the data on animal husbandry from 2000 to 2006 were revised according to the results of the Second Agriculture Census of China. In 2008, A Monitoring and Survey Program was set up on main livestock, the data on the main livestock such as hog, cattle, sheep and poultry became the official data based on the sampling survey.

**Number of Livestock or Poultry in Stock at Beginning (or End)** refers to the total number of large animals, pigs, sheep, fowls, etc. raised by rural cooperative organizations, state farms, rural individuals, government agencies, schools, industrial and mining enterprises, army, and urban residents at the beginning (or end) of the reference period. Data reporting system and data adjustment are the same as that in the output of pork, beef and mutton.

**Number of Livestock Slaughtered** refers to the total number of animals for butchering by farming, forestry, animal husbandry and fishery, including parts of selling to country and markets.

**Regularly Cultivated Land** refers to farmland among the total land resources, which is exclusively used for farming and is under regular cultivation with harvest in normal years. Included are currently cultivated land, land that has been abandoned or put in idle for less than 3 years and could be re-used for cultivation at any time, and new-claimed land that has been put into cultivation for more than 3 years. According to statistical coverage, it includes the gouges, dykes, roads and ridges of field with 1 meter wide in Southern areas and 2 meters wide in Northern areas. Excluded under this category are steep slope land over 25 degrees under temporary cultivation, land (large or small plots) that is claimed along river bends, lake sides or banks of reservoirs, as well as land that has been designated under the “Green for Grain” programme of the state and provincial governments but is still temporarily under cultivation. The regularly cultivated land is the key protection land of the nation, an important indicator reflecting the comprehensive productivity of agriculture of China.

**Sown Area of Crops** refers to area of land sown or transplanted with crops regardless of being in cultivated area or non-cultivated area. Area of land re-sown due to natural disasters is also included. This is an important indicator that can reflect the utilization condition of the cultivated land in China. At present, the sown area of crops mainly include the following 9 categories of crops: grain, cotton, oil-bearing crops, sugar crops, fiber crops, Tobacco, Vegetables and melons, medicinal materials and other farm crops.

# 第六篇　分析资料

Chapter 6　Analysis of Data

# 6-1　2019年广西壮族自治区国民经济和社会发展统计公报

Statistical Communique on Nationa Economic & Social Development of Guangxi Zhuang Autonomous Region in 2019

## 2019年广西壮族自治区国民经济和社会发展统计公报

广西壮族自治区统计局　国家统计局广西调查总队

2020年3月12日

2019年，广西各级各部门在自治区党委、政府的坚强领导下，坚持以习近平新时代中国特色社会主义思想为指导，深入学习贯彻党的十九大和十九届二中、三中、四中全会精神，全面落实"三大定位"新使命和"五个扎实"新要求，坚持稳中求进工作总基调，深入贯彻新发展理念，落实高质量发展要求，坚持以供给侧结构性改革为主线，持续打好三大攻坚战，统筹稳增长、促改革、调结构、惠民生、防风险、保稳定，扎实做好稳就业、稳金融、稳外贸、稳外资、稳投资、稳预期工作，全区经济运行总体平稳，发展质量继续提升，民生事业持续改善，保持了经济持续健康发展和社会大局稳定，为全面建成小康社会奠定了坚实的基础。

### 一、综合

初步核算，全年广西生产总值[2]（GDP）21237.14亿元，按可比价计算，比上年增长6.0%。其中，第一产业增加值3387.74亿元，增长5.6%；第二产业增加值7077.43亿元，增长5.7%；第三产业增加值10771.97亿元，增长6.2%。第一、二、三产业增加值占地区生产总值的比重分别为16.0%、33.3%和50.7%，对经济增长的贡献率分别为15.2%、32.5%和52.3%。按常住人口计算，全年人均地区生产总值42964元，比上年增长5.1%。全员劳动生产率[3]为74497元/人，比上年提高5.8%。

图1　2019年广西三次产业结构

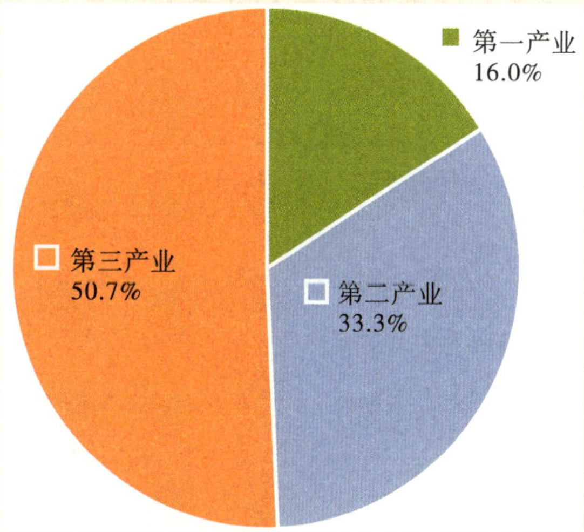

年末广西户籍总人口5695万人，比上年末增加36万人。广西常住人口[4]4960万人，比上年末增加34万人，其中城镇人口2534.3万人，占常住人口比重（常住人口城镇化率）为51.09%，比上年末提高0.87个百分点。户籍人口城镇化率为32.49%，比上年末提高0.77个百分点。全年出生人口65.6万人，出生率为13.31‰；死亡人口30.8万人，死亡率为6.14‰；自然增长率为7.17‰。

表1　2019年年末广西常住人口数及其构成

| 指　标 | 年末数（万人） | 比重（%） |
|---|---|---|
| 常住人口 | 4960 | |
| 其中：城镇 | 2534.3 | 51.09 |
| 乡村 | 2425.7 | 48.91 |
| 其中：男性 | 2570.2 | 51.82 |
| 女性 | 2389.8 | 48.18 |
| 其中：0-14岁 | 1092.7 | 22.03 |
| 15-64岁 | 3371.3 | 67.97 |
| 65岁及以上 | 496.0 | 10.00 |

图2　2015—2019年广西常住人口城镇化率

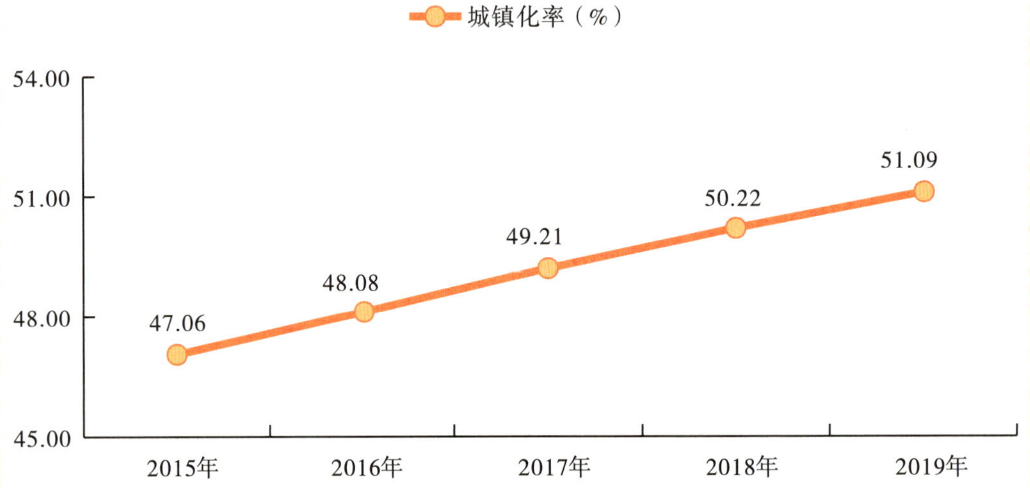


年末广西就业人员2853.2万人（按常住人口口径统计），其中城镇就业人员1314.8万人。全年城镇新增就业41.37万人。年末城镇登记失业率为2.60%。广西农民工总量1287.2万人，比上年增长1.1%。其中，外出农民工894.2万人，下降2.0%；本地农民工393.0万人，增长8.8%。

全年广西居民消费价格比上年上涨3.7%。工业生产者出厂价格下降0.7%。工业生产者购进价格下降0.5%。固定资产投资价格上涨2.4%。农产品生产者价格上涨15.5%。

**图3 2019年广西居民消费价格月度涨跌幅度**

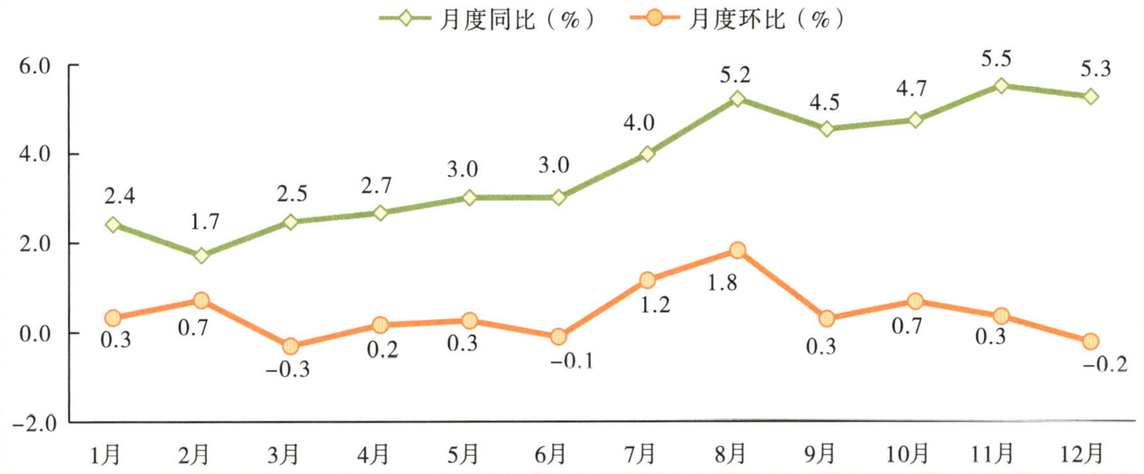


**表2 2019年广西居民消费价格比上年涨跌幅度**

单位：%

| 指　　标 | 广西 | | |
|---|---|---|---|
| | | 城　市 | 农　村 |
| 居民消费价格 | 3.7 | 3.5 | 4.1 |
| 其中：食品烟酒 | 9.5 | 9.1 | 10.3 |
| 衣着 | 1.7 | 1.8 | 1.4 |
| 居住 | 1.7 | 1.7 | 1.7 |
| 生活用品及服务 | 1.1 | 1.0 | 1.3 |
| 交通和通信 | -1.9 | -2.0 | -1.6 |
| 教育文化和娱乐 | 2.1 | 1.9 | 2.6 |
| 医疗保健 | 1.8 | 1.7 | 1.9 |
| 其他用品和服务 | 3.0 | 3.2 | 2.6 |

供给侧结构性改革继续深化。年末广西规上工业产成品存货比上年末下降0.1%，产成品存货平均周转天数为18.8天，比上年少0.9天。年末广西商品房待售面积1268.96万平方米，比上年末减少111.23万平方米。其中，商品住宅待售面积702.44万平方米，减少90.01万平方米。全年生态保护和环境治理业、互联网和相关服务业、道路运输业投资比上年分别增长66.3%、11.4%和14.8%。“放管服”改革深入推进，市场主体大量涌现。全年新登记市场主体57.81万户，日均新登记企业1500多户，年末市场主体总数达303.46万户。

发展新动能逐步增强。全年规模以上工业中，高技术制造业[5]增加值比上年增长4.0%，占规模以上工业增加值比重为6.74%。全年规模以上服务业[6]中，软件和信息技术服务业营业收入比上年增长18.8%。全年高技术产业投资[7]比上年增长27.0%，其中高技术制造业和高技术服务业投资分别增长26.5%和27.4%。全年智能电视产量比上年增长2.1倍，手机增长72.1%，电子元件增长11.9%。

脱贫攻坚成效明显。年末广西贫困发生率1.2%，比上年末下降2.1个百分点。全年贫困地区（33个国家贫困县）农村居民人均可支配收入11958元，比上年增长11.1%，扣除价格因素，实际增长6.7%。

**图4　2015—2019年末广西贫困发生率**

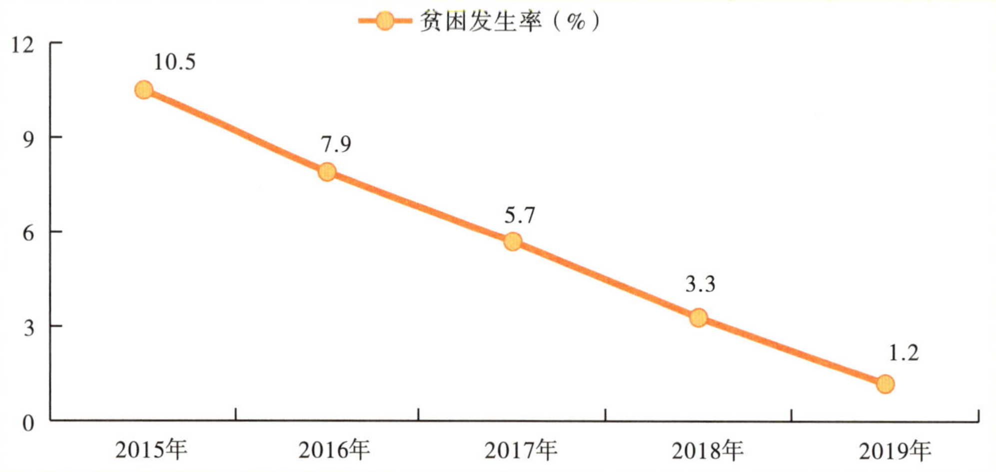


## 二、农业

全年广西粮食种植面积2747千公顷，比上年减少55千公顷。甘蔗种植面积890.23千公顷，增加3.83千公顷。油料种植面积253.65千公顷，增加10.26千公顷。蔬菜种植面积1485.16千公顷，增加45.50千公顷。木薯种植面积178.04千公顷，减少4.21千公顷。果园面积1331.88千公顷，增加68.27千公顷。桑园面积196.89千公顷，减少7.44千公顷。

全年广西粮食总产量1332.0万吨，比上年减少41.0万吨，减产3.0%。其中，春收粮食产量20.0万吨，减产6.1%；早稻产量452.6万吨，减产3.8%；秋粮产量859.4万吨，减产2.5%。全年谷物产量1259.1万吨，减产2.8%。其中，稻谷产量991.9万吨，减产2.4%；玉米产量261.2万吨，减产4.5%。

**图5　2015—2019年广西粮食产量**

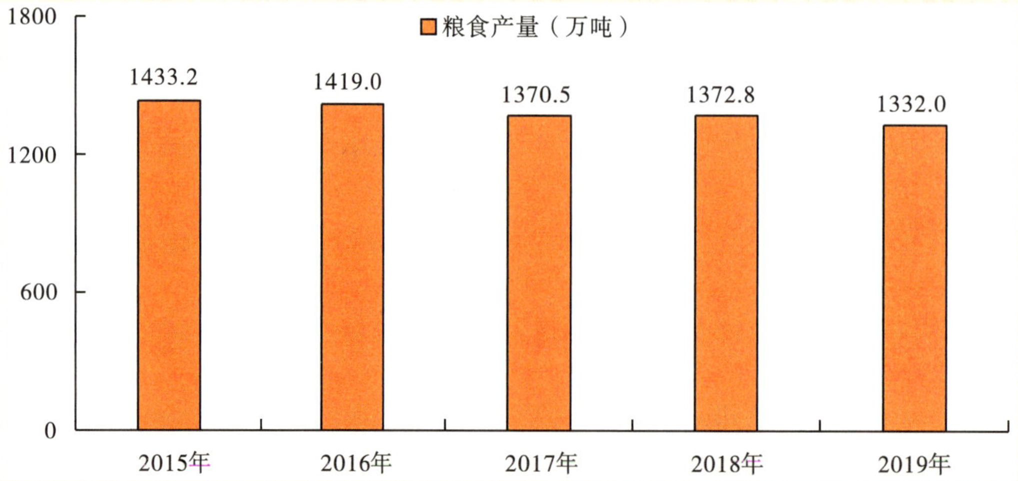

全年广西油料产量71.63万吨，比上年增产7.5%。甘蔗产量7490.65万吨，增产2.7%。蔬菜产量（含食用菌）3636.36万吨，增产6.0%。园林水果产量2140.17万吨，增产19.5%。

全年广西猪牛羊禽肉产量370.8万吨，比上年下降11.4 %。其中，猪肉产量192.1万吨，下降27.2%；牛肉产量12.4万吨，增长0.7%；羊肉产量3.5万吨，增长2.9%；禽肉产量162.9万吨，增长17.3%。禽蛋产量25.1万吨，增长12.4%；牛奶产量8.7万吨，下降1.8%。全年生猪出栏2505.8万头，比上年下降27.7%。年末生猪存栏1599.6万头，比上年末下降30.4%。全年蚕茧产量37.87万吨，比上年增长2.7%。

全年广西水产品产量340.33万吨，比上年增长3.2%。其中，海水产品产量197.68万吨，增长2.8%。

全年广西木材产量3500万立方米，比上年增长10.3%。天然松脂72.09万吨，增长2.4%。油茶籽26.17万吨，增长12.2%。

**表3　2019年主要农产品产量及其增长速度**

| 产品名称 | 产量（万吨） | 比上年增长（%） |
|---|---|---|
| 粮食 | 1332.0 | -3.0 |
| 其中：稻谷 | 991.95 | -2.4 |
| 其中：早稻 | 452.60 | -3.8 |
| 晚稻 | 444.81 | -1.5 |
| 玉米 | 261.21 | -4.5 |
| 油料 | 71.63 | 7.5 |
| 其中：花生 | 67.20 | 7.2 |
| 甘蔗 | 7490.65 | 2.7 |
| 其中：果蔗 | 312.28 | 2.7 |
| 蔬菜（含菌类） | 3636.36 | 6.0 |
| 烤烟 | 1.26 | -12.4 |
| 木薯 | 168.56 | 1.1 |
| 茶叶 | 8.28 | 10.1 |
| 园林水果 | 2140.17 | 19.5 |
| 其中：柑橘类 | 1124.52 | 34.4 |
| 香蕉 | 311.0 | -3.8 |
| 菠萝 | 3.69 | 2.8 |
| 荔枝 | 58.34 | -5.4 |
| 龙眼 | 50.74 | -2.2 |
| 芒果 | 79.81 | 25.5 |

续表

| 产品名称 | 产量（万吨） | 比上年增长（%） |
|---|---|---|
| 火龙果 | 34.95 | 47.0 |
| 百香果 | 31.28 | 42.1 |
| 食用坚果 | 13.10 | 4.3 |
| 肉类总产量 | 380.01 | -11 |
| 猪肉 | 192.11 | -27.2 |
| 禽肉 | 162.85 | 17.3 |
| 蚕茧 | 37.87 | 2.7 |
| 水产品 | 340.33 | 3.2 |
| 其中：海水产品 | 197.68 | 2.8 |

## 三、工业和建筑业

全年广西全部工业增加值比上年增长4.3%。规模以上工业增加值增长4.5%。在规模以上工业中，分经济类型看，国有控股企业增加值增长5.5%；股份制企业增长6.5%，外商及港澳台商投资企业下降0.2%；非公有工业企业增长3.6%。分门类看，采矿业下降11.4%，制造业增长3.8%，电力热力燃气及水生产和供应业增长14.7%。

全年广西规模以上工业中，农副食品加工业增加值比上年下降1.7%，木材加工和木竹藤棕草制品业增长25.5%，石油煤炭及其他燃料加工业增长2.0%，非金属矿物制品业增长7.3%，黑色金属冶炼及压延加工业增长10.8%，有色金属冶炼及压延加工业增长19.7%，专用设备制造业增长9.0%，汽车制造业下降7.4%，电气机械及器材制造业增长0.8%，计算机、通信和其他电子设备制造业增长5.8%，电力、热力生产和供应业增长15.2%。

**表4　2019年广西规模以上工业主要产品产量及其增长速度[8]**

| 产品名称 | 单位 | 产量 | 比上年增长（%） |
|---|---|---|---|
| 成品糖 | 万吨 | 791.98 | 21.8 |
| 发酵酒精 | 万千升 | 38.20 | 25.0 |
| 卷烟 | 万箱 | 140.26 | 0.2 |
| 机制纸及纸板 | 万吨 | 323.84 | 8.0 |
| 原煤 | 万吨 | 356.6 | -23.3 |
| 原油 | 万吨 | 50.3 | -3.1 |

续表

| 产品名称 | 单位 | 产量 | 比上年增长（%） |
|---|---|---|---|
| 发电量 | 亿千瓦小时 | 1781.2 | 12.0 |
| 其中：火电[9] | 亿千瓦小时 | 1005.8 | 22.0 |
| 水电 | 亿千瓦小时 | 541.2 | -3.5 |
| 粗钢 | 万吨 | 2662.71 | 18.7 |
| 钢材 | 万吨 | 3346.74 | 20.7 |
| 十种有色金属 | 万吨 | 373.77 | 25.6 |
| 其中：电解铝 | 万吨 | 227.80 | 31.1 |
| 氧化铝 | 万吨 | 846.46 | 3.6 |
| 水泥 | 万吨 | 11919.76 | 5.4 |
| 显示器 | 万台 | 1205.44 | -25.6 |
| 电子元件 | 亿只 | 283.92 | 11.9 |
| 化肥（折100%） | 万吨 | 27.21 | -34.2 |
| 发动机 | 万千瓦 | 18162.94 | -5.9 |
| 汽车 | 万辆 | 183.03 | -14.9 |
| 铁合金 | 万吨 | 324.79 | 0.8 |

全年广西规模以上工业企业利润比上年下降15.4%[10]。分经济类型看，国有控股企业利润比上年下降28.9%；股份制企业下降17.5%，外商及港澳台商投资企业下降7.1%；非公有制企业下降3.8%。分门类看，采矿业利润比上年下降30.2%，制造业下降17.8%，电力、热力、燃气及水生产和供应业增长14.1%。

全年广西全社会建筑业增加值比上年增长10.4%。广西具有资质等级的总承包和专业承包建筑业企业实现总产值5407.31亿元，比上年增长15.7%。其中国有控股企业2331.59亿元，比上年增长13.6%。

## 四、固定资产投资

全年广西固定资产投资[11]（不含农户）比上年增长9.5%，其中，第一产业投资下降17.9%；第二产业投资增长5.3%，其中工业投资增长11.1%；第三产业投资增长11.8%。基础设施投资增长2.4%，占固定资产投资（不含农户）的比重为24.8%。民间固定资产投资增长13.4%，占固定资产投资（不含农户）的比重为50.7%。六大高耗能行业投资比上年增长17.0%，占固定资产投资（不含农户）的比重为8.8%。

## 图6 2015—2019年广西固定资产投资增速

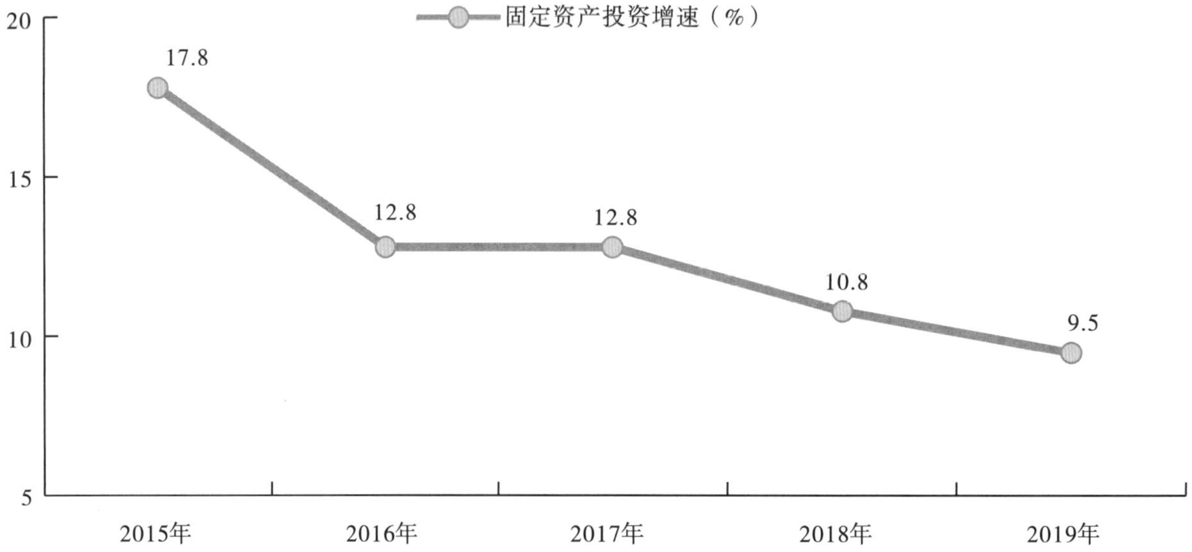


## 表5 2019年广西分行业固定资产投资（不含农户）增长速度

| 行业 | 比上年增长（%） |
| --- | --- |
| 总计 | 9.5 |
| 农、林、牧、渔业 | -17.9 |
| 采矿业 | 34.3 |
| 制造业 | 9.2 |
| 电力、热力、燃气及水生产和供应业 | 14.0 |
| 建筑业 | -67.8 |
| 交通运输、仓储和邮政业 | 14.4 |
| 信息传输、软件和信息技术服务业 | 28.3 |
| 批发和零售业 | -35.0 |
| 住宿和餐饮业 | -3.6 |
| 金融业 | -13.3 |
| 房地产业 | 23.7 |
| 租赁和商务服务业 | -7.2 |
| 科学研究和技术服务业 | -3.6 |
| 水利、环境和公共设施管理业 | -10.0 |
| 居民服务、修理和其他服务业 | -32.8 |
| 教育 | 18.6 |
| 卫生和社会工作 | 23.0 |
| 文化、体育和娱乐业 | -14.7 |
| 公共管理、社会保障和社会组织 | 32.1 |

全年广西房地产开发投资3814.41亿元，比上年增长27.0%。其中住宅投资982.40亿元，增长5.0%；办公楼投资105.23亿元，增长7.3%；商业营业用房投资321.98亿元，增长0.5%。商品房销售面积6711.77万平方米，增长8.0%，其中住宅6076.88万平方米，增长8.7%。

**表6　2019年广西房地产开发和销售主要指标完成情况及其增长速度**

| 指　　标 | 单位 | 绝对数 | 比上年增长（%） |
|---|---|---|---|
| 投资额 | 亿元 | 3814.41 | 27.0 |
| 其中：住宅 | 亿元 | 982.40 | 5.0 |
| 其中：90平方米及以下 | 亿元 | 549.75 | 6.9 |
| 房屋施工面积 | 万平方米 | 29807.03 | 17.4 |
| 其中：住宅 | 万平方米 | 22061.19 | 19.1 |
| 房屋新开工面积 | 万平方米 | 8218.52 | 35.6 |
| 其中：住宅 | 万平方米 | 6533.95 | 39.9 |
| 房屋竣工面积 | 万平方米 | 2037.85 | -7.1 |
| 其中：住宅 | 万平方米 | 1515.99 | -8.4 |
| 商品房销售面积 | 万平方米 | 6711.77 | 8.0 |
| 其中：住宅 | 万平方米 | 6076.88 | 8.7 |
| 本年资金来源 | 亿元 | 5053.89 | 26.7 |
| 其中：国内贷款 | 亿元 | 693.27 | 37.3 |
| 其中：个人按揭贷款 | 亿元 | 979.11 | 9.9 |

## 五、国内贸易

全年广西社会消费品零售总额比上年增长7.0%。按经营地统计，城镇消费品零售额增长6.9%，乡村消费品零售额增长7.9%。按消费类型统计，商品零售额增长6.9%，餐饮收入额增长8.3%。

**图7　2015—2019年广西社会消费品零售总额增速**

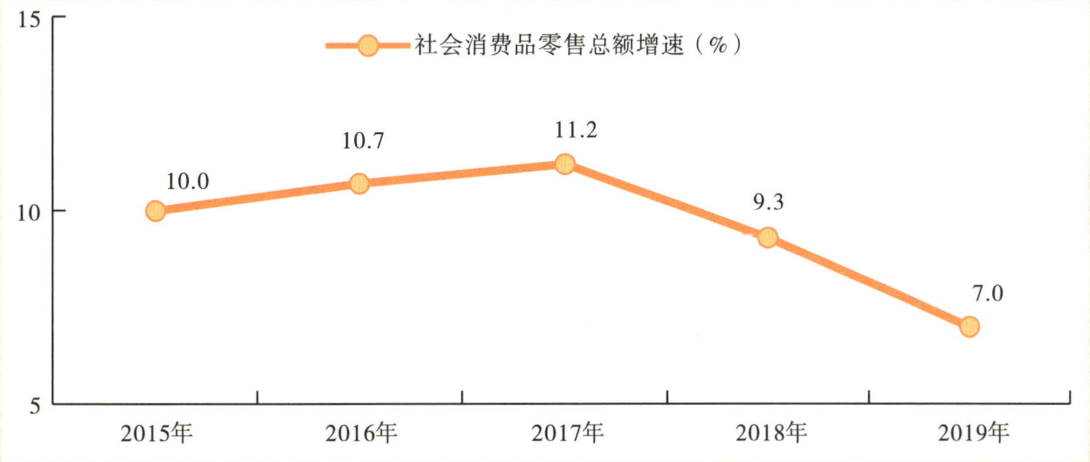

在限额以上单位商品零售额中，粮油、食品、饮料、烟酒类零售额比上年增长6.5%，服装、鞋帽、针纺织品类下降11.7%，化妆品类增长1.6%，金银珠宝类下降7.5%，日用品类下降1.7%，家用电器和音像器材类下降8.5%，中西药品类下降9.4%，文化办公用品类增长4.5%，家具类增长7.4%，通讯器材类下降8.1%，建筑及装潢材料类下降0.4%，石油及制品类增长2.2%，汽车类下降4.8%。

## 六、对外经济

全年广西货物进出口总额4694.70亿元，比上年增长 14.4%。其中，出口2597.15亿元，增长 19.4%；进口2097.56亿元，增长8.7%。进出口顺差（进口小于出口）499.59亿元，比上年增加252.91亿元。对东盟国家进出口总额2334.65亿元，比上年增长13.3%。其中，出口1402.98亿元，增长11.4%；进口931.68亿元，增长16.3%。

全年广西对外实际投资额（不含银行、证券、保险）3.12亿美元，比上年下降65.3%。全年全区对外承包工程和劳务合作实际完成营业额6.82亿美元，比上年下降5.7%。

**图8　2015—2019年广西进出口总额**

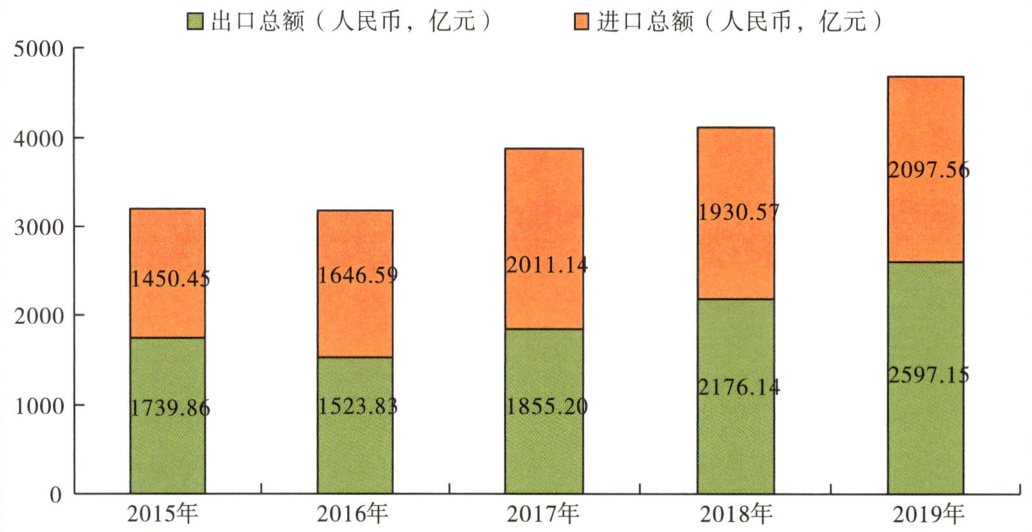


**表7　2019年广西货物进出口总额及其增长速度**

| 指　标 | 绝对数（亿元） | 比上年增长（%） |
|---|---|---|
| 货物进出口总额 | 4694.70 | 14.4 |
| 其中：一般贸易 | 1656.62 | 20.2 |
| 其中：货物出口额 | 2597.15 | 19.4 |
| 其中：一般贸易 | 816.88 | 48.9 |
| 来料加工 | 15.26 | -56.8 |
| 进料加工 | 433.79 | -9.6 |
| 边境小额贸易 | 1060.53 | 2.7 |
| 货物进口额 | 2097.56 | 8.7 |

**表8　2019年广西对主要国家和地区货物进出口总额及其增长速度**

| 国家和地区 | 货物出口额（亿元） | 比上年增长（%） | 货物进口额（亿元） | 比上年增长（%） |
|---|---|---|---|---|
| 亚洲 | 2073.28 | 17.9 | 1325.58 | 13.9 |
| 其中：东盟 | 1402.98 | 11.4 | 931.68 | 16.3 |
| 其中：越南 | 1204.59 | 5.5 | 549.32 | -9.5 |
| 其中：中国香港 | 494.22 | 36.9 | 73.45 | 49.4 |
| 日本 | 28.01 | 11.4 | 38.23 | 56.1 |
| 韩国 | 22.54 | 6.4 | 24.77 | -8.1 |
| 非洲 | 37.78 | 3.9 | 121.12 | 22.9 |
| 欧洲 | 195.93 | 64.7 | 73.39 | 23.7 |
| 其中：欧盟 | 179.69 | 70.5 | 39.49 | -10.0 |
| 拉丁美洲 | 55.09 | 37.6 | 369.87 | 4.7 |
| 北美洲 | 203.81 | 4.8 | 78.19 | -45.7 |
| 其中：美国 | 177.33 | -2.9 | 21.44 | -67.3 |
| 大洋洲 | 31.23 | 14.7 | 126.71 | 16.0 |

## 七、财政、金融和保险

全年广西财政收入2969.22亿元，比上年增长6.4%；一般公共预算收入1811.89亿元，增长7.8%，其中税收收入1146.78亿元，增长2.2%，占一般公共预算收入的比重为63.3%。全区一般公共预算支出5849.02亿元，比上年增长10.1%，其中，民生重点领域支出4691.59亿元，增长9.6%，占一般公共预算支出的比重为80.2%。

**图9　2015—2019年广西财政收入及其增长速度**

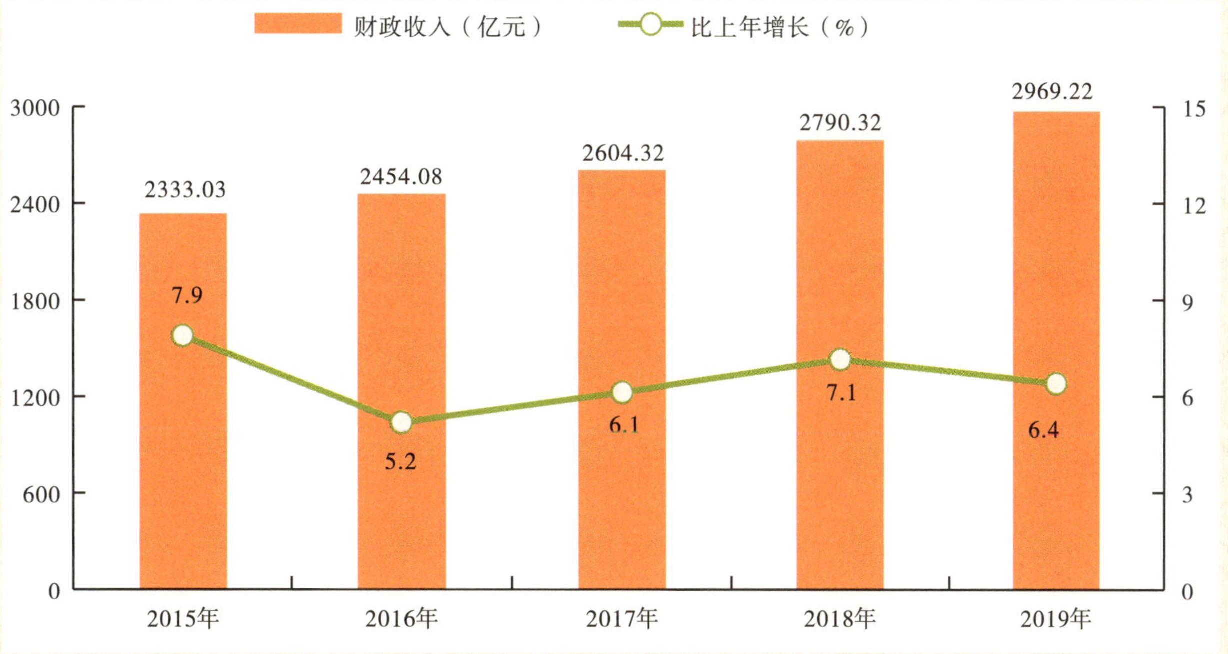

全年广西金融业增加值比上年增长6.2%。年末全区金融机构本外币各项存款余额31646.01亿元，比年初增加1883.22亿元，其中人民币各项存款余额31504.98亿元，增加1912.07亿元。年末金融机构本外币各项贷款余额30497.39亿元，比年初增加3691.24亿元，其中人民币各项贷款余额29988.52亿元，增加3727.52亿元。

**表9　2019年广西金融机构本外币存贷款余额及其增长速度**

| 指　　标 | 年末数（亿元） | 比上年末增长（%） |
|---|---|---|
| 各项存款余额 | 31646.01 | 6.2 |
| 　其中：住户存款 | 16988.67 | 10.8 |
| 　　　其中：人民币 | 16939.19 | 10.8 |
| 　　　非金融企业存款 | 8102.54 | -0.9 |
| 各项贷款余额 | 30497.39 | 14.3 |
| 　其中：境内短期贷款 | 5709.63 | 11.3 |
| 　　　境内中长期贷款 | 23308.80 | 15.1 |

年末广西上市公司（A股）数量38家，市价总值2891.44亿元。

全年广西保险公司原保险保费收入644.92亿元，比上年增长5.7%。其中，财产险业务原保险保费收入216.78亿元，下降1.1%；寿险业务原保险保费收入298.96亿元，增长2.2%；健康险和意外险业务原保险保费收入149.17亿元，增长27.2%。支付各类赔款及给付237.93亿元，增长6.3%。其中，财产险业务赔款119.19亿元，增长21.4%；寿险业务给付51.66亿元，下降28.9%；健康险和意外险业务赔款及给付67.07亿元，增长26.6%。

## 八、交通运输和邮电

年末广西公路总里程12.78万公里，比上年末新增0.24万公里；其中，高速公路里程6026公里，比上年末新增463公里。年末铁路营业总里程5206公里，比上年末增加4公里；其中，高速铁路营业里程1792公里。

**表10　2019年广西旅客、货物运输量及其增长速度**

| 指　　标 | 单位 | 绝对数 | 比上年增长（%） |
|---|---|---|---|
| 旅客运输总量 | 亿人次 | 5.00 | -1.4 |
| 旅客运输周转量 | 亿人公里 | 817.45 | 0.1 |
| 货物运输总量 | 亿吨 | 20.53 | 7.6 |
| 货物运输周转量 | 亿吨公里 | 5382.86 | 8.0 |

全年广西货物运输总量20.53亿吨，比上年增长7.6%。货物运输周转量5382.86亿吨公里，增长8.0%。全年港口完成货物吞吐量3.79亿吨，比上年增长27.0%，其中外贸货物吞吐量

1.39亿吨，增长9.2%。港口集装箱吞吐量494.68万标准箱，增长34.2%。

全年广西旅客运输总量5.0亿人次，比上年下降1.4%。旅客运输周转量817.45亿人公里，增长0.1%。

年末广西民用汽车保有量675.72万辆，比上年末增长14.5%，其中私人汽车保有量615.13万辆，增长15.3%。轿车保有量354.21万辆，增长17.8%，其中私人轿车337.55万辆，增长18.1%。

全年广西完成邮政业务总量159.44亿元，比上年增长25.8%。邮政业全年完成邮政函件业务0.23亿件，包裹业务41.42万件，快递业务量5.64亿件。全年完成电信业务总量3587.75亿元，比上年增长74.9%。年末全区电话用户总数5458万户，其中移动电话用户5128万户。移动电话普及率上升至103.4部/百人。固定互联网宽带接入用户1684万户，比上年末增加326万户，其中固定互联网光纤宽带接入用户1363万户，增加221万户；移动宽带用户4373万户，增加264万户。年末广西互联网用户6135万户，比上年末增加646万户。互联网宽带接入通达的行政村比重达到100%。全年移动互联网接入流量42.20亿G，比上年增长84.5%。

## 九、居民收入消费和社会保障

全年广西居民人均可支配收入23328元，比上年名义增长8.6%，扣除价格因素，实际增长4.7%。广西居民人均可支配收入中位数[12]19080元，名义增长5.9%。按常住地分，城镇居民人均可支配收入34745元，比上年名义增长7.1%，扣除价格因素，实际增长3.5%。农村居民人均可支配收入13676元，比上年名义增长10.0%，扣除价格因素，实际增长5.7%。广西农民工人均月收入3909元，比上年增长7.0%。

全年广西居民人均消费支出16418元，比上年名义增长9.9%，扣除价格因素，实际增长6.0%。按常住地分，城镇居民人均消费支出21591元，名义增长7.1%，扣除价格因素，实际增长3.5%；农村居民人均消费支出12045元，名义增长13.5%，扣除价格因素，实际增长9.0%。全区居民恩格尔系数为30.6%，其中城镇为30.5%，农村为30.9%。

**图10　2015—2019年广西城乡居民收入**

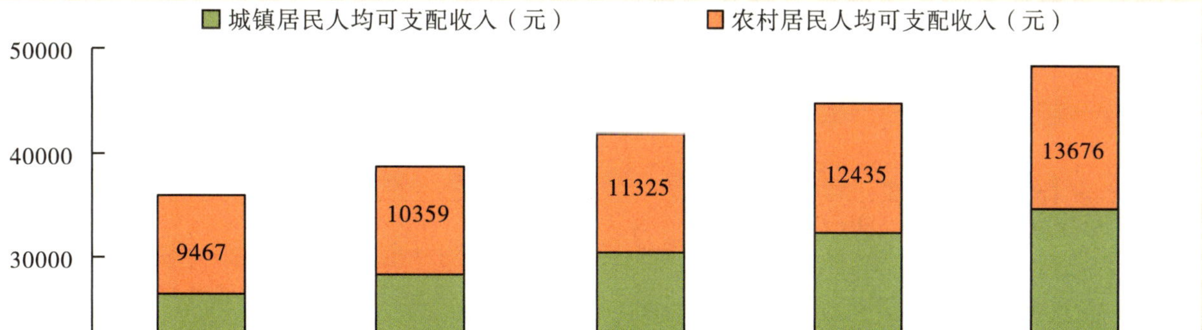

年末广西参加城镇职工（包括企业和机关事业单位）基本养老保险人数869.52万人，比上年末增加43.65万人。参加城乡居民基本养老保险人数1983.68万人，增加94.06万人。参加基本医疗保险人数5207.15万人，增加70.46万人。其中，参加城镇职工基本医疗保险人数620.51万人，增加32.04万人；参加城乡居民基本医疗保险人数4586.64万人，增加38.42万人。参加失业保险人数362.96万人，增加39.44万人。年末全区领取失业保险金人数5.49万人。参加工伤保险人数442.23万人，增加29.63万人，其中参加工伤保险的农民工41.36万人。参加生育保险人数405.93万人，增加39.73万人。

年末广西社会保障卡持卡人数4690.1万人，比上年末增加656.6万人。全区共有30.5万人享受城市居民最低生活保障，247.1万人享受农村居民最低生活保障，24.6万人享受特困人员救助供养。全年民政部门资助186万人参加基本医疗保险，医疗救助108.2万人次。

年末广西共有为儿童提供救助收养服务的机构42个，床位0.4万张，年末收养0.1万人。各类社区服务设施2780个，其中社区服务中心223个，社区服务站2078个。

## 十、科学技术和教育

全年安排科学研究与技术开发计划项目2649项，资助经费81764.8万元。其中，重点研发计划经费19208万元，技术创新引导专项（基金）经费12617.4万元，科技基地和人才专项经费9816万元，自然科学基金10808.46万元。取得省部级以上登记科技成果3491项，其中，应用技术成果2951项，软科学研究成果1项，基础理论成果539项。全年广西获广西科技进步奖项目157项，其中，特别贡献奖1项，自然科学奖24项，技术发明奖24项，科学技术进步奖108项。全年广西专利申请量41974件，比上年下降5.1%，其中发明专利申请量12460件，比上年下降38.6%。全年广西授权专利22682件，比上年增长10.4%，其中授权发明专利3413件，比上年下降21.1%。每万人口发明专利拥有量为4.6件，比上年增长5.5%。全年共签订技术合同7905项，技术合同成交金额39.43亿元，比上年增长55.5%。

年末广西共有产品检测实验室（指全区获得省级实验室资质认定的检验检测实验室）1397个，国家级检测中心9个，自治区级检测中心31个。广西累计完成产品认证企业个数（有效期内）1377个。广西共有法定计量技术机构86个，全年强制检定计量器具391.8万台（件）。累计制、修订地方标准数2082个，有效期内广西名牌产品数517个，地理标志保护产品1个。

全年广西研究生教育招生1.43万人，在校研究生3.82万人，毕业生0.99万人。普通高等教育招生38.1万人，在校生107.6万人，毕业生23.3万人。各类中等职业教育（不含技工）招生25.9万人，在校生68.0万人，毕业生19.6万人。普通高中招生39.4万人，在校生109.1万人，毕业生32.7万人。普通初中招生76.0万人，在校生220.5万人，毕业生68.1万人。普通小学招生93.3万人，在校生495.0万人，毕业生75.2万人。特殊教育招生0.7万人，在校生3.77万人，毕业生0.47万人。学前教育在园幼儿216.8万人。九年义务教育巩固率为95.2%，高中阶段毛入学率为90.9%。

表11　2019年各类教育发展情况

| 指　　标 | 招生人数（万人） | 在校生人数（万人） | 毕业生人数（万人） |
|---|---|---|---|
| 研究生 | 1.43 | 3.82 | 0.99 |
| 普通高等教育 | 38.1 | 107.6 | 23.3 |
| 中等职业教育（不含技工） | 25.9 | 68.0 | 19.6 |
| 普通高中 | 39.4 | 109.1 | 32.7 |
| 普通初中 | 76.0 | 220.5 | 68.1 |
| 普通小学 | 93.3 | 495.0 | 75.2 |
| 特殊教育 | 0.7 | 3.77 | 0.47 |

## 十一、文化旅游、卫生健康和体育

年末广西共有县级以上公共图书馆116个，文化馆124个，博物馆131个，国有艺术表演团体112个。全区共有52个项目列入国家级非物质文化遗产名录，762个项目列入自治区级非物质文化遗产名录。

年末广西共有广播电视台90座。有线广播电视用户641.03万户，数字电视用户635.46万户。年末广播节目综合人口覆盖率为97.81%；电视节目综合人口覆盖率为98.92%。全年出版各类报纸5.0亿份，各类期刊0.38亿册，图书2.9亿册。年末全区共有档案馆161个，已开放各类档案490.1万卷。

全年广西入境过夜游客623.96万人次，比上年增长11.0%；国际旅游（外汇）消费35.11亿美元，增长26.4%。接待国内旅客8.70亿人次，增长28.4%；国内旅游消费9998.82亿元，增长34.5%。旅游总消费10241.44亿元，增长34.4%。

年末广西共有医疗卫生机构33683个，其中医院678个，乡镇卫生院1261个，社区卫生服务中心173个，诊所（卫生所、医务室）10063个，村卫生室19877个，疾病预防控制中心118个，卫生监督所（中心）119个，妇幼保健院（所、站）105个。年末全区卫生技术人员44.0万人，其中执业医师和执业助理医师11.4万人，注册护士15.2万人，乡村医生和卫生员3.13万人。医疗卫生机构床位27.8万张，其中医院18.9万张，乡镇卫生院7.0万张。

全年广西运动员在世界三大赛中获金银铜牌19枚，其中金牌10枚，银牌6枚，铜牌3枚。

## 十二、资源、环境和应急管理

全年广西国有建设用地供应总量2.6万公顷，比上年下降12.4%。其中，工矿仓储用地0.6万公顷，增长34.1%；住宅用地0.4万公顷，增长2.4%；基础设施用地1.4万公顷，下降27.8%。

全年广西总用水量283.4亿立方米，比上年下降1.5%。其中，生活用水增长1.2%，工业用水增长2.9%，农业用水下降3.3%，生态补水增长7.6%。人均用水量569立方米，比上年下降2.6%。

年末广西共有国家生态文明建设示范市县6个，其中本年新增3个。森林面积1483.9万公顷，森林覆盖率62.45%。活立木蓄积量8.1亿立方米。全年完成造林面积202.5千公顷，其中人工造林面积83.7千公顷，占全部造林面积的

41.3%。截至年底，建成自然保护区78个，其中国家级自然保护区23个，自然保护区面积125.7万公顷。新增水土流失治理面积2000.8平方公里。

全年广西电力消费量比上年增长12.0%。重点耗能工业企业单位油气产量综合能耗下降1.0%，机制纸及纸板综合能耗下降9.2%，原油加工单位综合能耗下降6.0%，单位水泥熟料综合能耗上升0.5%，单位电解铝综合能耗下降5.5%，每千瓦时火力发电标准煤耗持平。

全年广西地表水考核断面水质优良率96.2%，地级城市集中式饮用水水源地达标率97.4%，比上年提高4.9个百分点。近岸海域22个海水水质监测点水质优良率90.9%，达到国家一类海水水质标准占77.4%，二类海水水质占13.6%，无三类海水，四类、劣四类海水占9%。

在监测的14个设区市中，空气质量达标以上城市9个，比上年增加3个。城市区域昼间声环境质量较好的市占64.3%，一般的占35.7%。

全年广西平均气温为21.1℃，比上年升高0.1℃，共有3个热带气旋直接影响广西。

年末广西城镇污水处理厂日处理能力476.7万立方米，比上年末增长1.1%；城镇污水处理率95.6%，提高1.4个百分点。城镇生活垃圾无害化处理率99.9%。城镇建成区绿地率34.3%；人均公园绿地面积12.86平方米，增加0.17平方米。

年末广西共有地震台站524个，地震监测台网10个。

全年广西各级气象台共发布气象预警信号12831次，全年自治区气象台发布预警68次。

注释：

［1］本公报中2019年数据均为初步统计数。部分数据因四舍五入的原因，存在总计与分项合计不等的情况。

［2］地区生产总值、三次产业及相关行业增加值、人均地区生产总值绝对数按现价计算，增长速度按不变价格计算。根据第四次全国经济普查结果，对国内生产总值、三次产业及相关行业增加值等相关指标的历史数据进行了修订。

［3］全员劳动生产率为地区生产总值（现价）与全部就业人员的比率，增速按可比价计算。根据第四次全国经济普查结果对历史数据进行了修订。

［4］常住人口指在广西居住半年以上的人口，以及户口在广西、外出广西不满半年或在境外工作学习的人口。

［5］高技术制造业包括医药制造业，航空、航天器及设备制造业，电子及通信设备制造业，计算机及办公设备制造业，医疗仪器设备及仪器仪表制造业，信息化学品制造业。

［6］规模以上服务业统计范围包括年营业收入1000万元及以上，或年末从业人员50人及以上的交通运输、仓储和邮政业，信息传输、软件和信息技术服务业，房地产业（不含房地产开发经营），租赁和商务服务业，科学研究和技术服务业，水利、环境和公共设施管理业，教育，卫生和社会工作；年营业收入500万元及以上，或年末从业人员50人及以上的居民服务、修理和其他服务业，文化、体育和娱乐业法人单位。

［7］高技术产业投资包括医药制造、航空航天器及设备制造等六大类高技术制造业投资和信息服务、电子商务服务等九大类高技术服务业投资。

［8］2018年部分产品产量数据根据第四次

全国经济普查结果进行了修订，2019年产量增速按可比口径计算。

［9］火电包括燃煤发电量，燃油发电量，燃气发电量，余热、余压、余气发电量，垃圾焚烧发电量，生物质发电量。

［10］由于统计调查制度规定的口径调整、统计执法、剔除重复数据、企业改革剥离、第四次全国经济普查核实调整等因素，2019年规模以上工业企业财务指标增速及变化按可比口径计算。

［11］根据第四次全国经济普查、统计执法检查和统计调查制度规定，对2018年固定资产投资数据进行修订，2019年增速按可比口径计算。

［12］人均收入中位数是指将所有调查户按人均收入水平从低到高顺序排列，处于最中间位置的调查户的人均收入。

资料来源：

本公报中城镇新增就业、登记失业率、社会保障数据来自人力资源社会保障厅；医疗保障数据来自医保局；户籍总人口数据来自公安厅；市场主体数据来自自治区市场监管局；财政数据来自财政厅；物价、城乡居民收入和支出、恩格尔系数、农民工、贫困人口、部分农业数据来自国家统计局广西调查总队；进出口数据来自南宁海关；对外实际投资、对外承包工程和劳务合作等数据来自商务厅；金融数据来自中国人民银行南宁中心支行；保险数据来自中国保险监督委员会广西监管局；公路里程、港口数据来自交通运输厅；旅客、货物运输量和周转量数据来自交通运输厅、中国铁路南宁局集团有限公司和广西机场集团；铁路营业里程、高速铁路数据来自中国铁路南宁分局集团有限公司；汽车保有量数据来自自治区交警总队；邮政业务数据来自自治区邮政管理局；电信业务数据来自自治区通信管理局；教育数据来自教育厅；安排科技计划课题、专利数据、技术合同等数据来自科技厅；质量检验、标准制定修订数据来自自治区质量技术监督局；艺术表演团体、博物馆、公共图书馆、文化馆、娱乐场所、互联网上网服务营业场所（网吧）、非物质文化遗产、旅游数据来自文化和旅游厅；广播电视、报纸、期刊、图书数据来自自治区新闻出版广电局；档案数据来自自治区档案局；卫生数据来自卫生健康委；体育数据来自自治区体育局；社会服务及救助数据来自民政厅；国有建设用地供应数据来自自然资源厅；用水量数据来自水利厅；林业、自然保护区数据来自自治区林业局；环境监测数据来自生态环境厅；城市污水处理、建成区绿地覆盖率来自住房城乡建设厅；气象预警、平均气温、热带气旋数据来自自治区气象局；地震数据来自自治区地震局；其他数据均来自自治区统计局。

# 6-2 2019年广西城镇居民生活调查报告

Urban Residents Living Investigation Report in 2019

## 2019年广西城镇居民可支配收入稳步增长消费支出增长平稳

2019年，广西深入落实高质量发展理念，加大民生保障力度，实体经济发展带动城镇居民收入稳步增长。据国家统计局广西调查总队抽样调查资料显示：2019年广西城镇居民人均可支配收入34745元，比上年增加2309元，增长7.1%，扣除价格因素实际增长3.5%。四项收入实现全面增长，收入结构进一步优化。

### 一、城镇居民人均可支配收入增长特点

2019年广西城镇居民人均可支配收入增长7.1%，增幅比上年提高0.8个百分点，低于全国平均增速0.8个百分点；增速位居全国第25位，排名较2018年前进了6位。从绝对值看，2019年广西城镇居民人均可支配收入34745元，与全国城镇居民人均可支配收入42359元的相差7614元，比2018年相差6815元扩大799元。

从收入来源看，2019年广西城镇居民收入四项构成全面增长，居民生活水平稳步提高。

#### （一）工资性收入稳步增长

2019年广西城镇居民人均工资性收入19344元，比上年增加1260元，增长7.0%。工资性收入的增长：一是得益于稳中向好的经济和就业形势。2019年，广西经济运行总体平稳，工业总体效益得到改善，小微企业盈利能力增强，商贸和投资繁荣活跃，产业经济提质增效，稳定了就业岗位，扩大了就业需求。二是得益于各项增资政策的有效落实，推动工资水平刚性增长。2019年广西增资保障机制逐步完善，按时完成机关事业单位人员工资标准调整，提高绩效奖金发放额度，稳步提高义务教育教师工资待遇，完善乡镇机关事业单位工作人员乡镇工作补贴机制，发布企业工资指导线等，促进工资收入水平稳定增长。

#### （二）经营净收入较快增长

2019年广西城镇居民人均经营净收入5965元，比上年增加370元，增长6.6%。从产业划分上看，第二产业经营净收入表现最为亮眼，增速达8.0%；第三产业经营净收入占比最高，达70.0%。其中，建筑业、住宿和餐饮业、交通运输仓储和邮政业收入增加是推动经营净收入增长的主要力量。经营净收入增长的主要原因：一是重视营商环境建设，促进各类经营主体发展。广西进一步放宽市场准入，企业开办实现“一日办结”，达到全国先进水平；统筹资金及引导金融信贷等，采取“银税互动”解决民营企业融资难题；陆续出台各项降成本、激活力的政策措施，减税降费减轻企业负担，激发了企业活力。二是持续加强职业技能培训、培育创新创业孵化平台，发放创业担保贷款，提高居民创业积极性，以创业带动就业。鼓励微商、跨境电商等新兴产业的发展，拉动三产收入持续增加。

#### （三）财产净收入小幅增长

2019年广西城镇居民人均财产净收入2932元，比上年增加43元，增长1.5%。财产净收入增长，一是随着房价的上涨，私房房租和商铺租金收入均有所提高。调查数据显示，城镇居

民人均出租房屋净收入和房屋虚拟租金收入比上年分别增长1.4%和1.2%。二是电子理财产品的普及便利了财产的保值增值，可供城镇居民家庭选择的理财方式增多，理财渠道进一步拓宽。

### （四）转移净收入增幅较大

2019年广西城镇居民人均转移净收入6503元，比上年增加636元，增长10.8%，增速居四大项收入之首，对增收的贡献率仅次于工资性收入。转移净收入的主要来源是养老金或离退休金，报销医疗费、外出从业人员寄带回和赡养收入作为补充。转移净收入增长原因有：一是全区城乡居民基本养老保险基础养老金标准由每人每月90元提高至116元，并且建立了城乡居民基础养老金正常调整机制。二是2019年企业和机关事业单位退休人员的基本养老金水平较上年提高5%左右，惠及广西258万余人，月人均增资149.5元。三是居民最低生活保障标准提高。2019年起，城镇居民最低生活保障标准从590元/月提高至666元/月，平均补助水平由每人每月350元提高至405元。四是医疗保障体系建设稳步推进，提高医疗保险补助标准和报销比例，居民报销医疗费收入增长。五是个人所得税改革稳步推进，通过上调起征点、设立专项附加扣除、调整优化税率结构等，使纳税人的税负普遍得到降低，转移性支出减少。调查数据显示，城镇居民人均社会救济和补助、政策性生活补贴、报销医疗费收入增长较快，增速分别达到18.7%和105.1%和84.2%；人均养老金或离退休金收入6054元，比上年增长1.8%。

## 二、制约城镇居民收入持续增长的主要因素

### （一）工资性收入增长动力不强

据调查，无论是一次性补发津补贴、奖金或是机关事业单位调资提薪的举措，均存在涉及面不广和持续性不强等问题。随着津补贴政策逐步规范，以及收入基数的逐步加大，政策性因素所带来的增收效应逐步减退。如果没有新的增收政策支撑，工资性收入持续增长后劲不足，增长空间会被压缩，对城镇居民收入增长的拉动作用会趋于弱化。

### （二）财产净收入增长乏力

2019年广西城镇居民人均财产净收入仅占可支配收入8.4%，在四项收入构成中占比最低，增幅最小。从财产净收入的构成中看，房屋虚拟租金、出租房屋净收入占比达到83.1%，来源过于单一，极易受到市场环境波动的影响。另外央行陆续出台降息、降准政策，影响利息收入、红利收入、理财收益等均有所回落，增收渠道有待进一步拓宽。

### （三）物价上涨影响收入实际增幅

2019年广西城镇居民人均可支配收入虽然名义增长7.1%，但扣除物价影响因素后仅增长3.5%，物价过快上涨降低居民收入的实际增长。另外，物价上涨对城镇低收入群体生活质量影响也较为明显。由于食品消费在低收入家庭生活消费中占比较高，食品价格水平上涨将导致食品消费支出增多，低收入家庭在没有其它收入来源的情况下，只能努力缩减其他消费，不利于生活质量的提高。

## 三、城镇居民消费支出增长平稳

2019年，广西城镇居民人均生活消费支出21591元，比2018年增加1432元，增长7.1%，消费支出增速与可支配收入增速持平。消费支出总量比全国平均水平28063元低6472元，消费支出增速低于全国0.4个百分点。按消费用途划分，八大类消费支出呈现全面增长格局，其中医疗保健支出实现两位数增长。

### （一）基础性消费支出占主导

从消费结构看，基础性消费支出占据主导地位，吃、住、行消费占比位居前三。人均食品烟酒、居住和交通通信支出分别为6578元、4468元和3176元，占人均生活消费支出的比重分别为30.5%、20.7%和14.7%。内部消费结构进一步优化。城镇居民恩格尔系数比上年下降了0.2个百分点，食品消费质量得到改善；居住面积提高，人均自有现住房面积41.7平方米，较上年增加了1.1平方米，增长2.7%；交通通信不断升级换代，城镇居民家庭每百户汽车拥有量达43辆，比上年增长7.5%。

### （二）服务性消费需求巨大

伴随居民消费观念和生活方式逐步发生转变，服务性消费需求巨大，且不再是高收入群体的专属，正逐渐成为普通居民家庭必不可少的消费项目。例如：网上订餐服务方便快捷，家庭清洁、保姆服务走进千家万户，旅游、健康私人订制服务逐渐流行。2019年广西城镇居民人均服务性消费支出9695元，比上年增长10.2%，占消费支出的比重为44.9%，比重比上年提高1.2个百分点。

### （三）医疗保健支出增长迅猛

随着医保覆盖面的扩大，异地就医即时结算等一系列惠民措施的推行，居民的健康保健意识、科学就医理念不断加深，对医疗保健需求不断增加，医疗保健支出增长较快。2019年广西城镇居民医疗保健支出2071元，比上年增长21.9%，增速位居八大类支出之首。其中人均门诊总费用497元，比上年增长11.7%；人均住院总费用1157元，比上年增长48.2%。

### （四）住房和居住条件显著改善

城镇居民住房条件改善，居住舒适度提升。2019年，拥有三居室单元房的城镇居民家庭比例为32.3%，较上年提高了0.7个百分点。随着住宅商业化及高档化，小区物业管理逐步规范，进一步推动房屋装修、物业管理以及水电燃料等费用的增加，人均住房维修及管理支出881元，比上年增长22.8%。居民为改善居住环境，通过更新家具、添置室内装饰等来提高生活品质，带动家庭生活用品和家用器具的消费。人均家用器具、家用纺织品支出336元、112元，分别比上年增长12.9%、2.2%。

### （五）文教娱乐消费倍受重视

居民家庭对孩子教育和自身素质提高的重视程度越来越高，各类兴趣班、辅导班、补习班持续火爆，带动教育支出快速增长，教育文化娱乐消费领域拓宽。2019年广西城镇居民人均教育文化娱乐支出2609元，比上年增长5.8%。其中，人均教育支出1779元，比上年增长14.6%，占人均生活消费支出的比重为8.2%，比上年提高0.5个百分点。在分阶段教育支出中，学前教育、小学教育和中专职高教育支出的增加幅度最高，三项支出分别比上年增长32.9%、30.2%和27.2%。

## 四、对提高城镇居民收入的几点建议

### （一）研究出台新的增资政策

实现高质量以及更充分的就业，是提高居民收入水平的有效途径。一是要推行积极的就业政策，完善就业保障。搭建就业培训平台，不断提高劳动力就业能力，实现充分就业；关注就业人口众多的中小企业的生存与发展，促进企业增员、增效、增薪资。二是要切实落实《广西持续增加城镇居民收入工作方案》等文件所确定的各项政策措施，通过出台新的增资政策推动广西城镇居民工资性收入增长。重点关注技能人才、小微创业者、高校毕业生等增收潜力大、带动能力强的群体，不断扩大中等收入群体的规模，带动居民总体收入水平的提升。

### （二）拓宽城镇居民增收渠道

一是顺应城镇化和现代服务业的发展趋势，不断完善自主创业的良好环境，拓宽居民创业途径，在财政补贴、小额贷款贴息、行业引导等方面加强对自主创业群体的政策指导和扶持，充分发挥创业就业增收倍增效应。二是加强互联网金融市场的监管力度，降低居民投资风险，进一步推动金融创新，增加民众金融投资渠道，不断推出持续增值的金融工具，为居民资产提供更多的保值增值方式。

### （三）加大社会民生投入力度

要采取措施促进各项民生事业发展，增加民生保障投入。确保最低生活保障、社会救济、养老退休、医疗保障和教育投入，提高基本公共服务均等化水平和覆盖面；增加普惠性学前教育资源，深化医疗制度改革，推进保障性住房建设，完善社会保障和救助体系，为居民解决后顾之忧，释放消费活力。

### （四）抑制物价上涨对低收入群体影响

根据经济发展水平，相应提高最低工资标准、最低生活保障标准和退休人员基本养老金标准等。加强市场物价监控力度，确保房地产市场和房屋租赁价格的平稳，保障居民基本生活成本合理、稳定。关注低收入人群，对低收入人群及时落实物价补贴等政策性补贴，加大财政补贴力度。

# 6-3 2019年广西农村居民生活调查报告

Urban Residents Living Investigation Report in 2019

## 2019年广西农村居民收入较快增长 消费支出呈现“七升一降”态势

2019年以来，在自治区党委政府的正确领导下，广西各级各部门以十九大精神为指导，深入贯彻习近平总书记“建设壮美广西共圆复兴梦”重要题词精神，认真贯彻中央农村工作会议和广西农村工作会议精神，深入实施乡村振兴战略，深化农业供给侧结构性改革，加大脱贫攻坚工作力度，不断拓展农村就业空间和农民增收渠道。抽样调查显示，2019年广西农村居民人均可支配收入为13676元，比上年增加1241元，增长10.0%，（如无特别说明，以下均为同比名义增长），扣除价格因素，实际增长5.7%。

### 一、收入增长基本情况

2019年，在中美贸易摩擦以及经济结构转型压力下，广西各级政府及相关部门全力实施精准扶贫攻坚工作，持续拓宽农村居民增收渠道，取得显著成效。2019年农村居民收入名义增速有两位数增长，达到10.0%，为2015年以来的新高。

#### （一）农村居民可支配收入提前实现翻番目标

党的十八大报告提出要在2020年实现国内生产总值和城乡居民人均收入比2010年翻一番。广西党委政府严格贯彻落实中央各项助农增收精神，出台政策增加农民工就业岗位，下大力气提升农业劳动者知识技能，调整和完善收入分配政策，扶贫攻坚补足提高农村居民收入“短板”，广西农村居民人均可支配收入增速自2010年以来均保持9%以上的快速增长。截止到2019年，扣除物价上涨因素，广西农村居民人均可支配收入较2010年增1.03倍，提前一年实现十八大提出的收入翻番目标。

#### （二）城乡居民收入差距进一步缩小

2019年广西农村居民人均可支配收入增速比同期城镇居民人均可支配收入增速7.1%高2.9个百分点，城乡居民收入差距缩小，2019年城乡居民收入比为2.54：1（其中农村收入为1），城乡收入差距比共缩小0.07。

#### （三）收入增速高于全国平均水平，居西部省区第六位

与全国相比，2019年广西农村居民人均可支配收入增速比全国平均水平9.6%高0.4个百分点，在全国排第7位。广西农村居民人均可支配收入绝对量相当于全国平均水平85.4%，比上年提高0.3个百分点。从收入来源看，广西农村居民人均工资性收入和财产净收入增速分别比全国平均水平高6.0和31.3个百分点。

在西部12省（区）中，广西农村居民人均可支配收入增速排第6位，仅低于西藏（13.1%）、内蒙古（10.7%）、贵州（10.7%）、青海（10.6%）和云南（10.5%）。

### 2019年广西农村居民人均可支配收入情况表

（单位：元/人）

| 指标名称 | 2019年 | 2018年 | 比上年增长（%） | 占比（%） | 贡献率（%） |
|---|---|---|---|---|---|
| 人均可支配收入 | 13676 | 12435 | 10.0 | — | — |
| 一、工资性收入 | 4259 | 3691 | 15.4 | 31.1 | 45.7 |
| 二、经营净收入 | 5619 | 5393 | 4.2 | 41.1 | 18.2 |
| （一）第一产业收入 | 4016 | 3961 | 1.4 | — | — |
| 1. 农业 | 2405 | 2436 | -1.3 | — | — |
| 2. 林业 | 626 | 517 | 21.1 | — | — |
| 3. 牧业 | 830 | 837 | -0.7 | — | — |
| 4. 渔业 | 155 | 171 | -9.4 | — | — |
| （二）第二产业收入 | 220 | 177 | 24.3 | — | — |
| （三）第三产业收入 | 1383 | 1255 | 10.2 | — | — |
| 三、财产净收入 | 340 | 242 | 41.0 | 2.5 | 8.0 |
| 四、转移净收入 | 3458 | 3109 | 11.2 | 25.3 | 28.1 |

## 二、消费支出呈现“七升一降”态势

2019年，广西农村居民人均生活消费支出12045元，比2018年增加1428元，增长13.5%，扣除价格因素，实际增长9.0%。消费支出总量比全国平均水平13328元低1283元，消费支出增速高于全国3.6个百分点。按消费用途划分，八大类消费支出呈现“七升一降”态势，其中教育文化娱乐支出增幅最高。

### （一）生活消费支出趋于对生活品质的改善

随着农村居民可支配收入的快速增长，农村居民对改善生活品质的需求越来越高。据调查，2019年广西农村居民人均交通通讯、医疗保健、文化娱乐支出同比分别增长12.3%、13.2%和5.3%。

### （二）对教育重视程度越来越高

农村居民对于子女教育及自身教育的重视程度越来越高，教育支出同比增23.0%，占生活消费的10.7%。其中，学前教育支出同比增36.5%、成人教育支出同比增8.6%。

### （三）服务性消费同比快速增长

随着农村居民生活消费品质的提示，在外饮食、交通通讯服务以及教育等服务性消费需求旺盛，促进农村居民服务性消费同比快速增长。据调查，2019年广西农村居民人均服务性消费4714元，同比增长16.1%。

## 三、农村居民收入增收原因分析

### （一）稳定农民工就业，促进工资性收入增长

2019年，广西农村居民人均工资性收入4259元，较上年增加568元，增长15.4%，占可支配收入的比重为31.1%，对可支配收入的贡献率为45.7%。自2016年以来，连续4年农村居民人均工资性收入增速达两位数，其增长的主要原因：1.稳定增加农民工就业人数，提升就业技能。一是本地雇工人数增加。近年来我区先后出台相关金融政策，鼓励农民工创业，大力发展农村合作社、家庭农场、扶贫车间等，

增加了就业岗位。2019年广西农村居民常住劳动力中，从业性质为其他雇员的比例较上年同期增长3.2个百分点；二是就业技能提升。在农民工技能培训方面，广西全面推行终身职业技能培训制度，大力支持推进贫困劳动力“提技能、促就业”工程，开展“千村万企”职业技能培训大行动。同时部分农村居民转变观念主动学习相关职业技能，以便提升自身素质增加劳动报酬。2019年广西农村居民人均成人教育费用支出较上年同期增长8.6%。

2.落实整治拖欠农民工政策，保障农民工权益效果明显。广西各级政府及有关部门认真贯彻落实党中央、国务院决策部署，狠抓责任落实、制度落实和工作落实，保障农民工工资支付工作取得新的积极进展，欠薪问题高发多发的态势得到进一步遏制。据有关部门统计，截至2019年10月底，广西拖欠农民工工资案件、涉及金额、涉及人数与去年同期相比分别下降80.04%、82.81%、85.06%，广西拖欠农民工工资案件、涉及金额、涉及人数同比实现“三个大幅度下降”的预期目标，保障农民工工资支付各项制度进一步落实，专项整治攻坚行动取得阶段性成效。根据住户调查统计制度，收入数据按收付实现制统计，落实整治拖欠农民工工资政策，及时兑现工资，维护农民工权益，有利于工资性收入增长。

**（二）民生投入大幅增加，促进转移净收入增长**

据财政部门统计，2019年，财政用于民生支出增长9.6%。广西农村居民人均转移净收入为3458元，较上年增加349元，增长11.2%，占农村居民可支配收入的比重为25.3%，对可支配收入的贡献率为28.1%。

1.广西提高城乡居民养老金提高。根据自治区人社厅和财政厅联合印发的文件精神，广西城乡居民基础养老金从2018年12月份起每人每月90元提高至116元，增加26元，增幅达到28.89%。农村居民人均社会救济和补贴收入295元，同比增长30.7%；人均政策性生活补贴145元，同比增长33.0%。

2.脱贫攻坚政策性补贴及时发放。受危旧住房改造政策、汽车下乡以及家电以旧换新补贴政策刺激，农村地区购建房、购买汽车家电等耐用消费品费用增长，促使在外务工人员寄带回收入以及分家子女赡养收入同比增长9.0%和14.5%。

**（三）农村资源改革深入推进，财产性收入渠道拓宽**

2019年农村居民财产净收入340元，较上年同期增加98元，增长41.0%，占农村居民可支配收入的比重为2.5%，对可支配收入的贡献率为8.0%。

1.租金收入高速增长。一是土地供应增加以及租金上涨促进土地租金收入增长。各地大力发展合作社、引进农业龙头企业，土地需求增长促进土地租金上涨；同时因青壮年劳动力外出从业，空置耕地增加，促使农村居民将其外租获利。2019年农村居民人均转让承包土地经营权租金净收入115元，同比增长66.3%；二是广西各地农村大力发展乡村旅游，企业或合作社租赁村民的房屋做民宿，带动了农村地区房屋租金收入上涨，2019年农村居民人均出租房屋净收入达36元，比上年增长51.4%。

2.红利收入稳步增长。随着广西农村地区合作社和村集体经济的发展，农村居民红利收入增加。2019年广西农村居民人均红利收入160元，比上年增长44.9%。

**（四）二三产业收入保持较快增长，推动经营净收入增长**

2019年农村居民家庭经营净收入5619元，

较上年增加226元，增长4.2%，占农村居民可支配收入的比重为41.1%，对可支配收入的贡献率为18.2%。

1.第一产业净收入增速小幅回升。2019年广西农村居民第一产业人均经营净收入的增速为1.4%，比上年提高2.6个百分点。从第一产业收入构成来看，林业净收入比上年增长21.1%，主要是八角、玉桂等林产品价格大幅上涨；农业、牧业净收入减幅比上年收窄，仅比上年略减，主要是“双高”甘蔗种植面积扩大，农村居民人均出售甘蔗数量和收入分别较上年增长16.0%和13.9%；部分水果价格大幅上涨，如出售荔枝龙眼芒果等南方水果收入较上年增长76.1%；生猪出售价格受猪瘟影响大幅上涨，虽然人均出售肉猪重量较上年下降13.1%，但出售生猪收入比上年仅下降7.2%。

2.第二第三产业收入保持较快增长。2019年广西农村居民第二产业和第三产业经营净收入仍保持两位数增长，比上年分别增长24.3%和10.2%。二三产业收入主要来源于建筑、餐饮、批发零销及旅游等行业。

## 四、2019年广西农村居民增收的不利因素

### （一）受自然灾害和疫情等因素影响，农牧渔业生产下降

一是出售生猪收入下降。非洲猪瘟疫情的发生导致生猪死亡和禁运，影响广西农村居民牧业收入，疫情过后较高的养殖成本和养殖风险也让牧业生产难以短时间恢复；二是出售蚕茧收入下降。受到持续低温多雨天气及冰雹等自然灾害影响，桑树长势较差，病虫害比较严重；再加上丝绸外贸出口受阻，国内需求下降，上半年茧丝价格大跌，虽然10月份蚕茧价格有所恢复，但仍不能弥补蚕农减收趋势；三是养殖渔业收入下降。近年来广西规范淡水养殖，禁止环保不达标的鱼塘和网箱养殖继续经营，渔业收入明显减少。2019年广西农村居民人均出售生猪、蚕茧和养殖水产品收入比上年分别下降7.2%、28.9%和50.6%。

### （二）农业生产抵御风险措施效果不明显，不利于农业生产发展

一是农业生产经营规模较小。目前农村产业合作社发展较快，有些地方一个村就有好几个合作社，但其经营规模小，资金和技术较为薄弱，抵御市场风险能力较差；二是农业保险宣传推广力度不够。据调查，2019年广西遭受非洲猪瘟疫情影响，很多生猪养殖户因没有及时购买生猪保险而没有得到赔偿，损失较大；三是农产品价格波动较大。广西作为全国最大的蔗糖、砂糖桔、蚕茧和火龙果生产基地，受物流冷链以及深加工等条件的制约，其价格波动较大，既影响农民收益，又不利于生产。

### （三）农业生产经营成本增加，降低农业收益

据居民消费价格（CPI）调查显示，受原材料价格上涨和环保要求提高企业限产停产等因素的影响，2019年广西农业生产资料价格比上年上涨4.6%，涨幅比上年提高2.8个百分点，自2012年以来涨幅最大的一年。其中从分类结构看，化学农药价格比上年上涨3.0%、化肥价格上涨2.3%、农业用工价格上涨2.5%、仔畜价格上涨67.7%等，其中仔畜是拉动农资价格上涨的主要原因。

## 五、促进农村居民增收的几点建议

### （一）继续加强维护农民工权益

一是继续严格贯彻落实各项保障农民工工资支付政策，加强政策宣传，发动广大人民群众的力量进行监督。同时加强巡查协调力度，

发现并处理拖欠农民工工资的企业和个人，保障农民工工资及时足额发放；二是关注农民工社保缴纳情况。目前广西农村居民常住劳动力中，未参加任何养老保险的占劳动力总数的三成。政府部门出台相应政策制度，确保企业按规定为农民工缴纳各项社会保险。

### （二）加强物流冷链及深加工企业建设

一是继续优化营商环境，加大对农产品加工企业扶持力度，不断引进农产品加工企业，进一步加强农产品深加工能力，提高广西初级农产品的加工占比，稳定我区农产品供求关系，稳步提升重要农产品销售价格；二是建立高效的物流网和冷链储运企业，解决广西鲜活农产品储存和运输问题，确保种养农户增收。

### （三）加大力度宣传推广农业保险

一是通过宣传板报、广播、电视、网络等多种方式加强农业保险宣传，让农民真正了解具体内容，树立生产保险意识；二是政府要出台相关政策，吸引有实力的保险公司出台更多的农业保险，增强农村居民抵御自然灾害和市场风险的能力。

# 6-4　2019年广西农村贫困监测调查报告

Rural Poverty Monitoring Investigation Report in 2019

## 2019年广西脱贫攻坚成效明显　贫困地区农民收入较快增长

2019年，广西自治区党委、政府认真贯彻党中央、国务院《关于打赢脱贫攻坚战三年行动的指导意见》，贯彻“核心是精准、关键在落实、确保可持续”的要求，强化落实，因地制宜，精准施策，贫困地区农民收入水平明显提高，贫困发生率持续下降，减贫成效显著增强，群众获得感不断提升。据国家统计局根据国际贫困标准核定，2019年广西全年减少贫困人口89万人，贫困地区（指33个国家贫困监测县，下同）农村居民人均可支配收入11958元，比上年增长11.1%，高于广西农村平均水平1.1个百分点，高于全国农村平均水平1.5个百分点。

### 一、广西脱贫攻坚工作扎实，成效显著

经国家统计局核定，2019年底广西农村贫困人口51万人，全年减贫89万人，居全国第四位；贫困发生率1.2%，比上年降低2.1个百分点。减贫速度（减贫人口占上年贫困人口的比重）为63.7%，比上年提高20.5个百分点，减贫速度高于云南（63.1%）、四川（47.2%），低于贵州（69.2%）、河南（69.5%），广西减贫速度处于较快幅度。2012年以来，广西农村贫困人口由2012年的755万人减少至2019年的51万人，七年累计减少704万人，贫困发生率逐年稳定下降。

图1　2012—2019年广西贫困人口和贫困发生率

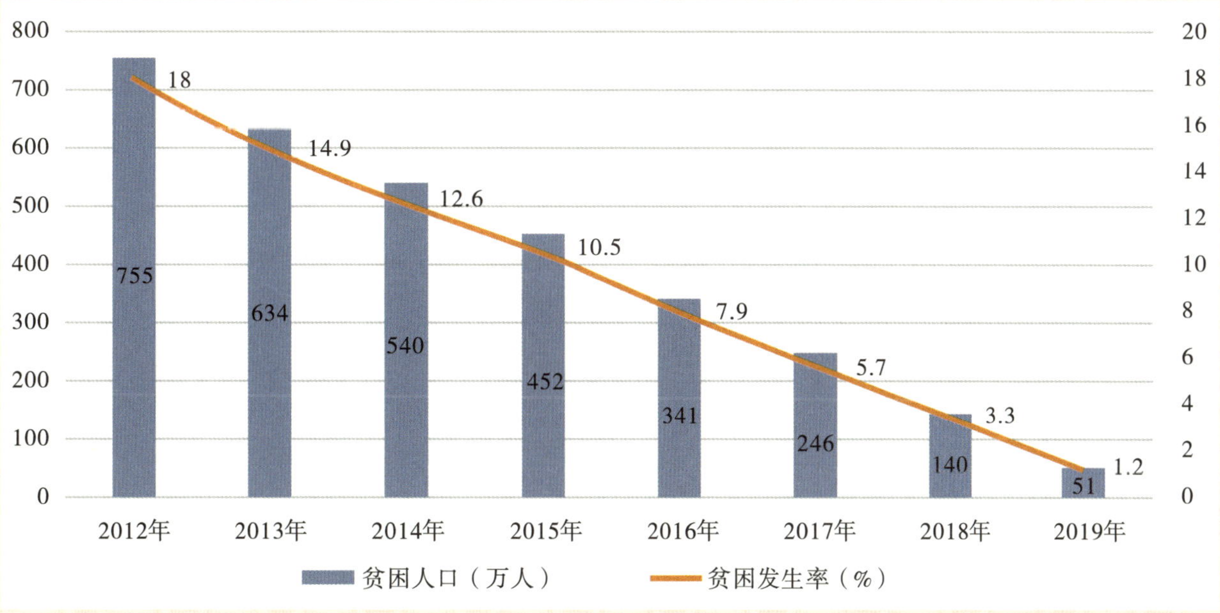

图2 2017—2019年贫困大省减贫速度对比

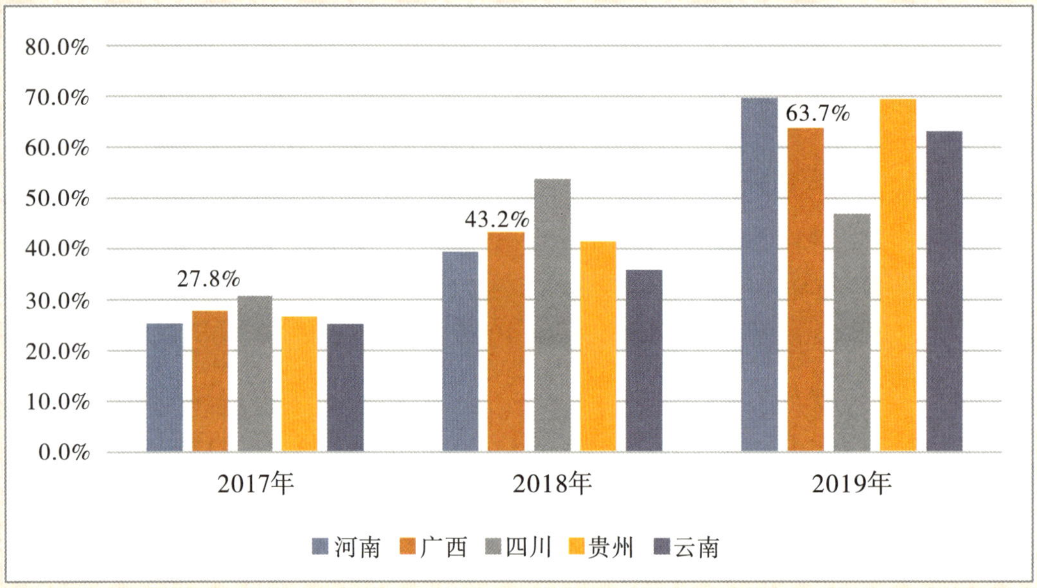


总体上看，2019年广西减贫速度为63.7%，与全国贫困人口大省相比，高于云南、四川，略低于贵州、河南，减贫速度依旧保持全国前列，而广西贫困发生率也呈现稳定下降趋势。

## 二、贫困地区农民收入持续稳定增长

### （一）贫困地区农民收入增长11.1%

2019年广西贫困地区（33个国家贫困县）农村居民人均可支配收入11958元，比上年增加1197元，增长11.1%；2013—2019年，广西贫困地区农村人均可支配收入逐年增加，平均增速为11.4%。2019年相比2013年人均可支配收入增加了5706元，增长91.3%。

图3 贫困地区农村人均可支配收入与增速

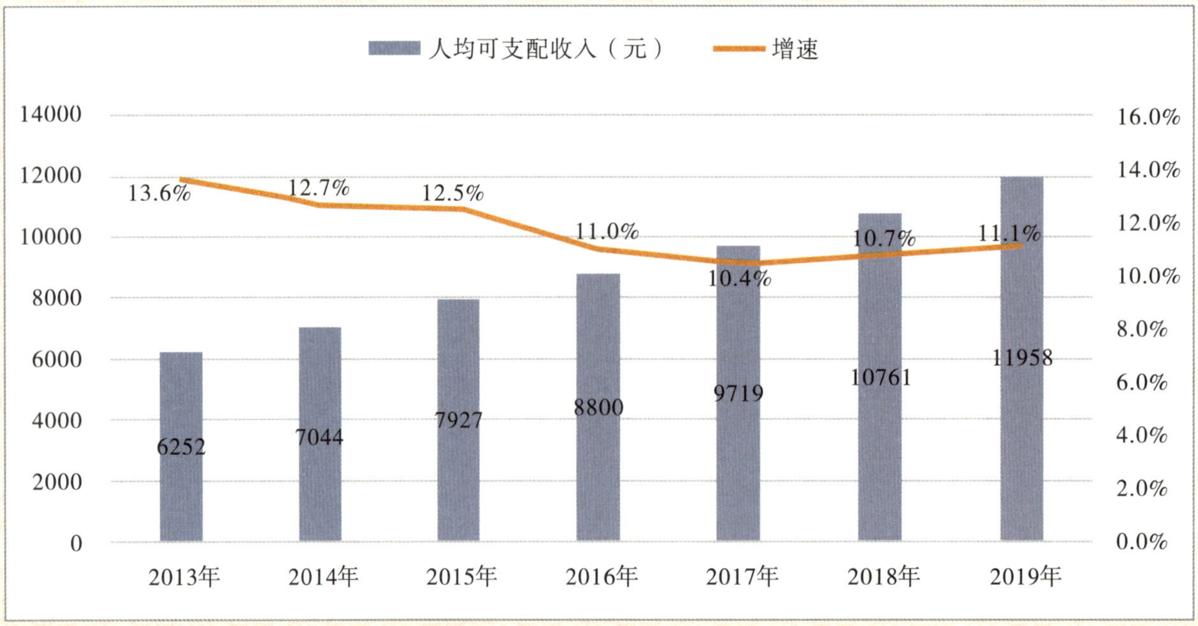

1.工资性收入增速11.4%。2019年广西贫困地区农村居民人均工资性收入为3377元，较上年增长11.4%，对可支配收入增长的贡献率为28.8%。工资性收入增长主要得益于：一是本地雇工人数增加。近年来我区先后出台相关扶持政策，鼓励农民工创业，大力发展农村合作社、扶贫车间等，增加了就业岗位。据农民工监测数据显示，2019年广西本地（本乡镇）务工人员比上年增加31.8万人，带动了工资性收入的增长；二是技能培训和就业扶贫显成效。广西实施“千村万企”职业培训大行动，2019年广西培训劳动者达到33万人次，其中农村贫困劳动力4万人次。通过培训，提高了劳动技能，拓宽了就业门路。三是监督机制不断完善，务工收入更有保障。2019年人社部门按季度公布拖欠农民工工资“黑名单”，各部门对名单企业依法实施联合惩戒，在招投标、融资和准入等多个方面进行限制，有力保障了农民工工资的正常发放以及其他合法权益。

2.经营净收入缓慢增长。2019年贫困地区农民人均经营净收入为4901元，比上年增加319元，增长7.0%。经营净收入增长，一是主要得益于二、三产业收入增加。2019年贫困地区农民来源于建筑、餐饮和批发零售业等二、三产业经营净收入分别增长16.1%和10.1%。2019年从事非农自营人数增加，比上年增加13个百分点，带动了二、三产业经营收入的提高。二是林业收入大幅增加。2019年林业收入增长26.3%，有效拉动经营收入增长。如凌云县积极发展林业产业，实施油茶新造1万亩，油茶低改2万亩，创建“双高”示范园10个，同时积极发展林下经济，该县全年林业经营净收入较上年增长2.2倍。

3.财产性净收入稳定增长。2019年贫困地区农村居民人均财产净收入145元，比上年增长6.6%。财产性收入主要来源一是村集体经济或合作社收益分红。如大新县桃城镇宝新村，村集体土地出租做石场，2019年前三季度得到上年的分红收益，户均3800元；二是转让承包土地经营权收入增长。随着土地流转越来越普遍，水果、甘蔗等经济作物的规模种植，土地租金价格不断上涨。

4.转移净收入快速增长。2019年自治区实行一系列惠民政策，对贫困地区在养老、医疗保障方面给予持续支持，全力助推脱贫攻坚。2019年贫困地区农村居民人均转移净收入3535元，比上年增长17.4%，对可支配增长贡献率为43.8%。转移性净收入增长的主要原因：一是养老金或离退休金的提高，拉动了居民收入的增长；二是医疗保障政策的落实、低保等社会救济、政策性补贴的实施，也促进了转移净收入的提高；三是外出务工寄带回收入增加。随着外出从业人员待遇提高，以及人社部门加强对拖欠农民工工资问题的治理，有力保障了农民工工资收入，进而促进了农民工寄带回收入增加。

**表1　2019年广西贫困地区农村居民收入增长情况**

| 指标名称 | 2019年（元） | 2018年（元） | 比上年同期 | |
|---|---|---|---|---|
| | | | 增加额 | 增幅（%） |
| 人均可支配收入 | 11958 | 10761 | 1197 | 11.1 |
| 一、工资性收入 | 3377 | 3032 | 345 | 11.4 |
| 二、经营净收入 | 4901 | 4582 | 319 | 7.0 |

续表

| 指标名称 | 2019年（元） | 2018年（元） | 比上年同期 | |
|---|---|---|---|---|
| | | | 增加额 | 增幅（%） |
| （一）第一产业经营净收入 | 3499 | 3320 | 180 | 5.4 |
| 1. 农业 | 2022 | 1995 | 27 | 1.4 |
| 2. 林业 | 684 | 541 | 142 | 26.3 |
| 3. 牧业 | 733 | 726 | 7 | 0.9 |
| 4. 渔业 | 61 | 58 | 3 | 5.8 |
| （二）第二产业经营净收入 | 234 | 201 | 32 | 16.1 |
| （三）第三产业经营净收入 | 1168 | 1061 | 107 | 10.1 |
| 三、财产净收入 | 145 | 136 | 9 | 6.6 |
| 四、转移净收入 | 3535 | 3010 | 525 | 17.4 |

### （二）贫困地区农村收入增速高于全国和广西平均水平

一是贫困地区农民收入增速持续高于广西平均水平。从收入增速看，近几年来广西农民收入增速有所减缓，但贫困地区农民收入增速仍持续高于广西和全国平均水平，2019年贫困地区农民人均可支配收入比上年增长11.1%，比广西平均增速高1.1个百分点。

二是贫困地区农民收入水平占广西的比重继续增大。监测数据显示，2019年广西贫困地区农村居民人均可支配收入11958元，对比广西农村水平13676元，人均收入占比由2013年的80.2%提高至2019年的87.4%，收入差距不断缩小。

### （三）消费支出增加，生活条件不断得到改善

2019年广西贫困地区农村居民人均生活消费支出10368元，比上年增加1016元，增长10.9%，医疗保健、教育文化娱乐、食品烟酒等消费支出增长较快。

**表2　贫困地区农村居民生活消费支出情况**

| 指标名称 | 2019年（元） | 2018年（元） | 比上年 | |
|---|---|---|---|---|
| | | | 增加额 | 增幅（%） |
| 人均生活消费支出 | 10368 | 9352 | 1016 | 10.9 |
| （一）食品烟酒 | 3212 | 2848 | 364 | 12.8 |
| （二）衣着 | 359 | 323 | 36 | 11.0 |
| （三）居住 | 2336 | 2089 | 246 | 11.8 |
| （四）生活用品及服务 | 589 | 557 | 33 | 5.8 |
| （五）交通通信 | 1307 | 1248 | 59 | 4.7 |
| （六）教育文化娱乐 | 1355 | 1200 | 155 | 12.9 |
| （七）医疗保健 | 1067 | 936 | 131 | 14.0 |
| （八）其他用品和服务 | 143 | 151 | -8 | -5.2 |

贫困地区农村居民住房保障进一步提高，2019年户均建筑面积183.9平方米，68.6%的居民住房为砖混结构，比上年提高了4.8个百分点；饮水质量提高，95.4%的农户不存在饮水困难，比上年提高2.3个百分点。耐用消费品拥有量增加，每百户汽车拥有量为21.4辆，比上年增加2.8辆，百户洗衣机、电冰箱、空调、电视机拥有量比上年分别增加7.7台、5.1台、7.8台和2.1台。贫困地区交通通讯设施和文化教育卫生设施也不断完善，精准扶贫持续发力，贫困地区的生产生活条件不断得到改善。

## 三、主要问题

### （一）灾害多发，抗风险能力薄弱

1.受灾害影响，农户增收乏力。一是受非洲猪瘟疫情影响，2019年广西生猪存、出栏大幅下降，养殖户养殖信心普遍不足，严重影响农民增收；二是蚕茧收入下降。2019年气候低温多湿，蚕病蔓延，蚕茧质量下降，蚕茧价格偏低，作为贫困地区扶贫重要产业的桑蚕收入大幅下降。

2.贫困地区基础条件不足，抗风险能力薄弱。一是广西贫困地区多处在大石山区，生态环境弱，资源匮乏，生产条件差；二是产业结构单一，经营粗放而缺乏科学管理，导致广种而薄收；三是农技人才不足，基层工作条件及收入差导致农技人员偏少，而且农技人员适应新情况、解决新问题的能力不强，如田林县八渡笋、油茶等主导产业目前已经逐渐老化，但品种改良等技术服务跟不上正制约着发展和农户增收；四是农村基础设施老化现象依然严重，抗灾能力薄弱。

### （二）农产品卖难，影响农民增收

产业扶贫发展取得一定成效，但农产品卖难问题制约着农民增收。一是随着产业扶贫的发展，家禽、果品蔬菜等种养业生产规模迅速扩大，但区域内产品扎堆，产业发展单一化、雷同化现象依然存在；二是贫困地区农产品产量增加，但出现价格下跌、滞销现象，如一季度广西柑橘集中大量上市，导致价格低至两毛五却无人问津，2020年春节前后鸡鸭等家禽同样因供大于求而出现卖难现象，“运不出、卖不掉、价不高”等销售环节问题突出。

### （三）减贫规模降低，脱贫攻坚难度加大

2019年广西减贫规模较近年有所减缓，一是受部分农产品价格下降和疫病灾害影响，在贫困户收入渠道本身较窄的情况下，进一步加大了贫困农户的增收难度；二是随着脱贫攻坚到最后的爬坡过坎阶段，剩余贫困户的贫困程度深，脱贫能力和脱贫意识不强，脱贫难度也越来越大；三是脱贫攻坚最后阶段，面临的贫困户问题多、细且复杂，政策制度“一刀切”的弱点显现，对相关政策的制定和实施的过程要求也越来越高。

### （四）技能培训资源分散，需要统筹规划

贫困地区特别是贫困家庭，大多劳动技能不高，就业门路窄，需要加强技能培训，但从调研情况看，当前存在技能培训资源分散、培训效果不佳等问题：一是培训部门众多，缺乏统筹协调。调研发现，当前涉及技能培训的部门众多，包括人社、农业农村、扶贫、住建、商贸、科技、妇联等部门，各部门根据各自行业、部门的政策规定，从各自的业务出发，组织开展职业培训，缺乏统一组织和统筹协调；二是培训资源分散，无法形成合力。各部门的培训政策、组织与资金使用等标准不一，容易出现培训对象重复、多部门申领补贴、培训资源浪费等现象，造成培训资源分散，无法形成合力；三是培训供需脱节。当前存在技能培训宣传工作不到位，群众知晓率低，培训供需脱

节，以及群众参加培训的动力不足等。

## 四、几点建议

### （一）解放思想，创新产业发展思路

发展产业扶贫，需要增加贫困户内生动力，解放思想，开拓眼界，创新发展思路。通过到企业车间、基地参观学习，开拓视野，让农户结合当地实际因地制宜选择产业及发展组织方式，让贫困户感受或看到产业发展的前景，激发贫困群众脱贫致富愿望。

### （二）聚焦深度贫困地区，啃下“硬骨头”

脱贫攻坚战役进入最后阶段，也是最困难阶段，而任务主要集中在深度贫困地区，这些地区致贫原因复杂、贫困程度深、脱贫难度大。要聚焦深度贫困地区和特殊贫困群体，继续坚持精准施策，促进扶贫资源向这些地区和群体倾斜，从财税、金融、土地、人才等方面加大对深度贫困地区脱贫攻坚的支持。

### （三）加强市场引导与风险预警，保障农民增收

贫困地区个体种植户多，农业生产基础薄，抵御风险的能力弱，需要政府加强市场引导，根据实际情况选择发展项目，减少盲目跟风种养现象，做好产业布局规划，避免产业重叠，同时要加强风险预警，提前预判自然风险，最大限度减少农民损失，为农民增收保驾护航。

### （四）强化资源整合，提升技能培训效能

要统筹各部门的培训资源，区市两级合理安排培训计划，加强培训督促检查，发挥资源效能，提高资金使用效益，县级部门和培训机构要摸清底数，落实好培训计划。同时，清理相关不合时宜的规定，破除制约技能培训的限制，调动各部门、培训机构和农民工的积极性，加快提升职业技能，以适应产业发展和就业需要。

# 6-5 2019年广西居民消费价格调查报告

Consumer Prices Investigation Report in 2019

## 2019年广西居民消费价格涨幅较大

据国家统计局广西调查总队调查，2019年广西居民消费价格（CPI）上涨3.7%，高于全国平均水平（2.9%）0.8个百分点。其中，城市上涨3.5%，农村上涨4.1%，工业品价格上涨0.7%，服务价格上涨1.7%。

### 一、运行情况

#### （一）CPI涨幅高于调控目标

2019年广西CPI涨幅上涨3.7%，涨幅比上年扩大1.4个百分点，为2012年以来8年新高，超年初政府确定的“3.0%左右”的物价调控目标。

#### （二）八大类商品及服务价格“七升一降”

2019年广西八大类商品及服务价格呈“七升一降”的态势。其中：食品烟酒类、其他用品和服务类、教育文化和娱乐类、医疗保健类、衣着类、居住类、生活用品及服务类价格分别上涨9.5%、3.0%、2.1%、1.8%、1.7%、1.7%、1.1%，交通和通信类下降1.9%。

图1 2019年居民消费价格分类别涨跌幅（%）

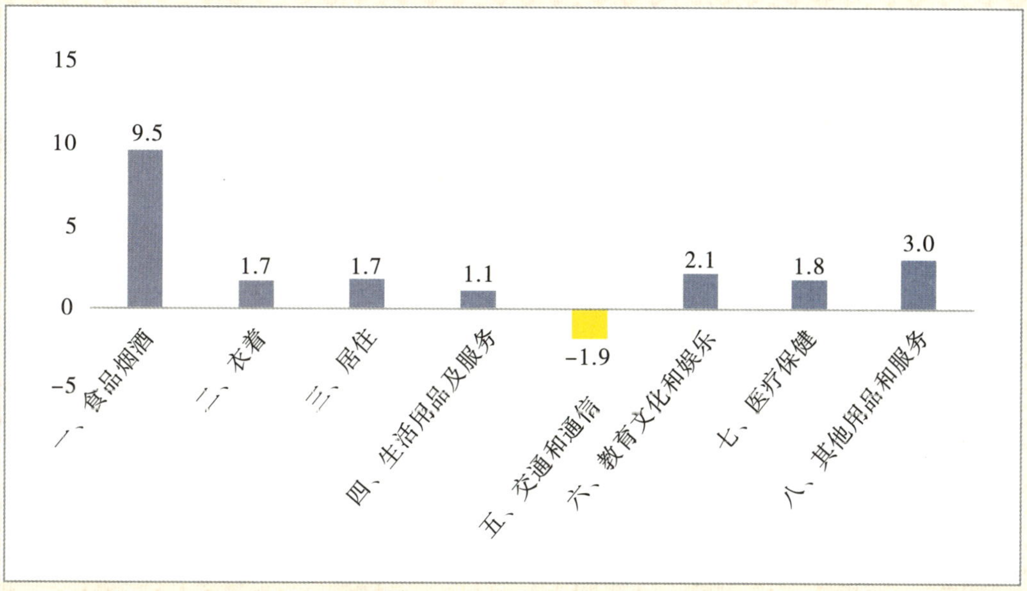


#### （三）从月度数据看，同比涨幅前低后高，环比涨多跌少

从同比数据看，2019年1—4月广西居民消费价格均呈温和上涨态势，同比分别上涨2.4%、1.7%、2.5%、2.7%；5月，受食品价格连续走高影响，CPI同比涨幅年内首次破“3”；7月开始，随着猪肉价格飙升，CPI也开始一骑绝尘，直上4.0%，11月达到年内最高点5.5%，12月涨幅略有回落，仍保持5.3%的高涨幅。

从环比数据看，月度环比指数涨多跌少，

仅3月、6月、12月环比下降，其余9个月均呈上涨态势，8月环比上涨1.8%，是2019年月度环比涨幅的最高点。

图2　2019年1—12月各月广西CPI环比、同比涨跌幅（%）

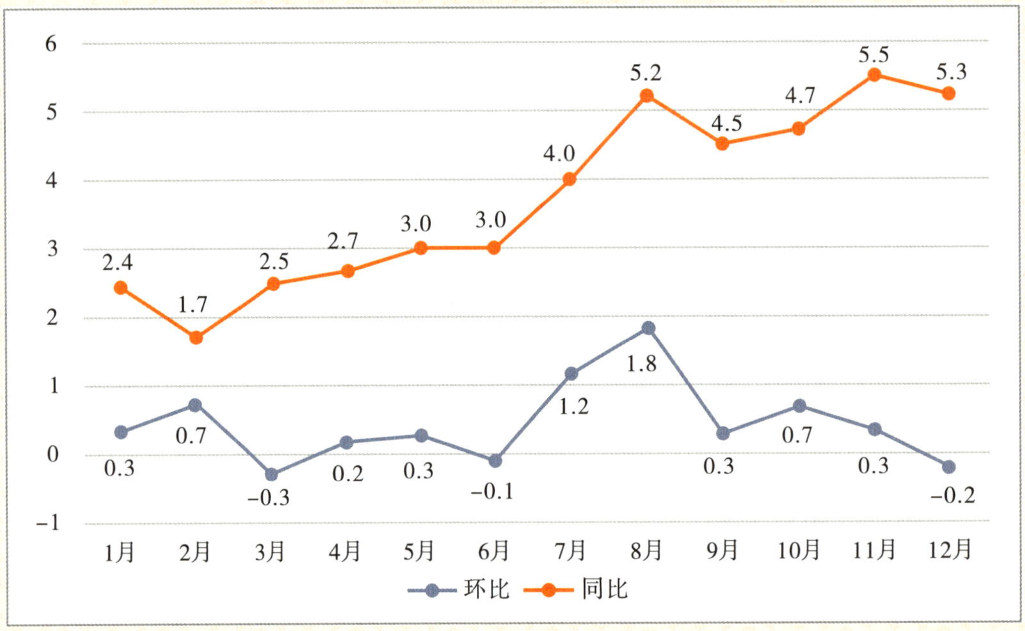


**（四）横向比较，涨幅排名全国第1位**

2019年广西居民消费价格上涨3.7%，在全国31个省（区、市）涨幅从高到低的排序中，排名第1位，海南、广东分别排第二和第三位。从结构来看，与全国趋势一致，八大类商品和服务价格均“七升一降”，其中食品烟酒、其它用品和服务价格领涨，交通和通信价格下降。差距较大的为食品烟酒类，广西涨幅高于全国平均水平2.5个点，是导致全年CPI涨幅排全国首位的原因所在。

图3　2019年广西与全国居民消费价格分类别涨跌幅（%）

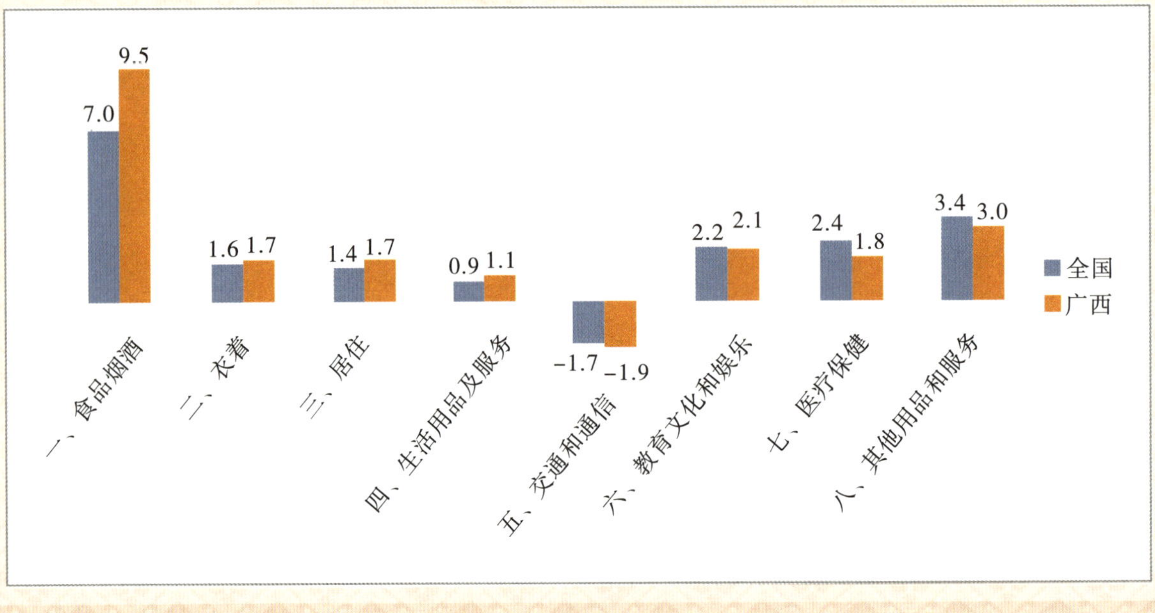

**（五）结构性上涨特点突出**

从构成CPI的食品、工业品及服务价格来看，2019年食品价格上涨12.9%，较上年扩大12.5个百分点，拉动居民消费价格总水平上涨约2.6个百分点，对CPI的影响程度达到70.3%；工业品价格同比上涨0.7%，比上年回落1.4个百分点；服务价格上涨1.7%，比上年回落2.0个百分点，对CPI影响明显减弱。2019年广西扣除食品和能源的核心价格上涨1.7%，仅高于全国平均水平（1.6%）0.1个百分点，与全国平均水平基本一致。与CPI走势出现分化也说明当前CPI上涨是食品价格带动的结构性上涨，并非全面上涨。

**表1　2018—2019年广西主要分类涨幅及影响程度比较**

| 分类 | 2019年 | | | 2018年 | | |
| --- | --- | --- | --- | --- | --- | --- |
| | 涨幅（%） | 影响幅度（百分点） | 贡献率（%） | 涨幅（%） | 影响幅度（百分点） | 贡献率（%） |
| 食品烟酒 | 9.5 | 2.9 | 78.4 | 1.0 | 0.3 | 13.0 |
| 食品 | 12.9 | 2.6 | 70.3 | 0.4 | 0.1 | 4.3 |
| 工业品 | 0.7 | 0.2 | 5.4 | 2.1 | 0.7 | 30.4 |
| 服务项目 | 1.7 | 0.6 | 16.2 | 3.7 | 1.3 | 56.5 |

## 二、影响CPI变动原因分析

**（一）疫情灾情事件对农产品价格冲击，食品类价格上涨推动CPI上行**

农业生产本身具有周期性和季节性，也容易受到灾害性天气和动植物疫病等突发因素的影响，生产供给波动风险比较大，加上我国农业小生产与大市场的衔接效率偏低，导致农产品价格往往比工业品价格波动幅度大。2019年受疫情和灾情影响，广西鲜活食品价格上涨，从而推高CPI涨幅。广西2019年居民消费价格上涨3.7%中，食品类价格上涨12.9%，拉动居民消费价格总水平上涨2.6个百分点，影响程度为70.3%，其中猪肉、鲜瓜果、禽类、鲜菜价格分别上涨53.2%、15.0%、12.5%、7.8%，四类鲜活食品合计拉动居民消费价格总水平上涨约2.2个百分点，影响程度为59.5%。

1.猪肉价格领涨冲击CPI。2019年2月18日，北海出现广西首例非洲猪瘟疫情，随后多地出现的非洲猪瘟疫情以及大范围的病死猪瘟情，使广西养猪业严重受损，导致广西生猪产能急剧萎缩，猪肉价格持续暴涨。7月、8月猪肉价格环比分别上涨42.1%和51.3%，9—11月，猪肉价格环比分别上涨4.2%、11.6%和3.2%，11月猪肉价格同比上涨134.7%，创有CPI记录以来单月最高涨幅；12月随着生猪生产出现积极变化，中央和地方储备猪肉陆续投放，进口量有所增加，猪肉供给紧张状况进一步缓解，价格环比由上月上涨3.2%转为下降5.9%。2019年广西猪肉价格上涨53.2%，拉动了价格总水平上涨约1.4个百分点，影响程度为37.8%，对2019年CPI拉动率较2018年提高约1.7个百分点。

图4 2009年—2019年各月广西猪肉价格环比同比涨跌幅

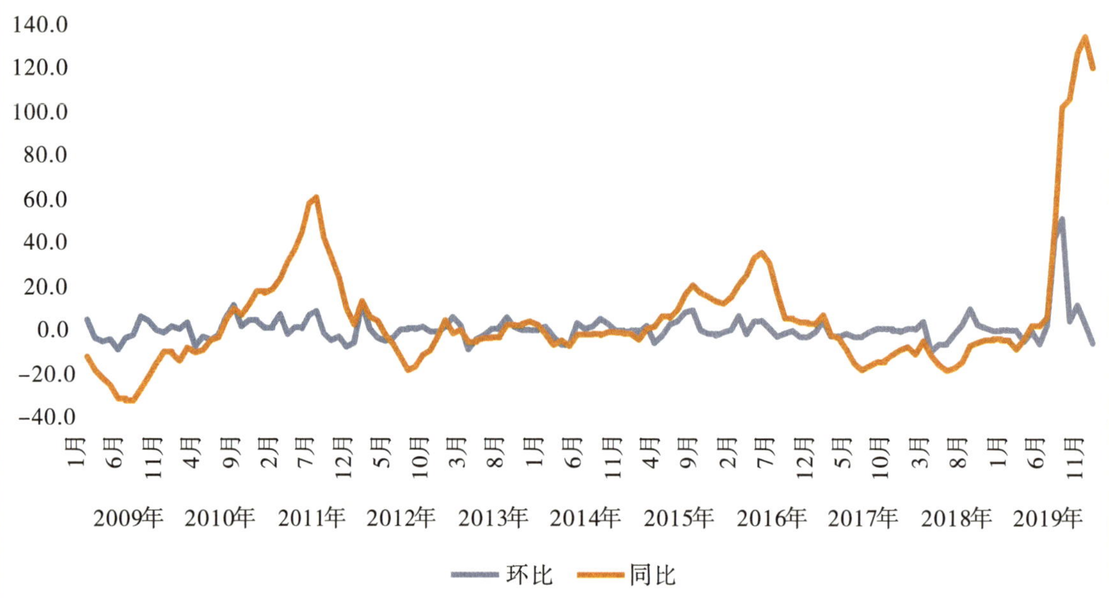


2.恶劣天气影响导致水果价格上涨。2018年北方多个水果主产区在春季遭受倒春寒，冻害范围广，导致我国北方果品产量、质量深受影响，导致秋季北方水果减产幅度较大，全国苹果减产了25%左右，2019年苹果、梨子等家常水果价格高于往年；2019年南方云南等地受天气干旱影响、广东、广西受暖冬和周期性小年影响造成水果减产，供给有所减少，多重因素的作用下，导致水果价格在二季度出现超季节性上涨，价格节节攀高。2019年鲜瓜果价格上涨15.0%，涨幅比上年增加14.4%，为2015年以来最高。

### （二）非食品类价格上涨温和，与食品类高涨幅形成分化

2019年广西非食品类价格上涨1.4%，涨幅较上年回落1.4个百分点，呈温和上涨，为近三年最低。

1.工业品价格上涨乏力，涨幅三年来最低。受PPI回落、市场总需求不振影响，2019年工业品价格上涨0.7%，低于上年1.4个百分点，仅拉动居民消费价格总水平0.2个百分点，影响较小。工业品中，能源、家电和汽车价格呈现下降态势。受国际原油价格低迷影响，汽油、柴油价格分别下降5.9%和6.2%，需求不足、产品更新换代等因素影响，部分家电、数码设备、通讯设备、小汽车等产品价格下降。

2.服务价格小幅上涨，涨幅弱于往年。近年来，随着最低工资标准的提高和社保制度的建立健全，养老保险、失业保险和医疗保险等社会保障工作逐步落实到位，人工成本呈刚性上涨态势，据统计，过去十年来我国最低工资和平均工资年均增长率都超过10%，如南宁市最低工资标准第一档从2010年的820元/月调整为2019年的1680元/月，涨幅达104.9%。服务价格从2010年以来，连续10年呈现上涨。2019年广西服务价格上涨1.7%，涨幅比上年低2.0个百分点，上涨势头放缓。其中劳动密集型相关服务价格和教育费用涨幅较大，2019年衣着加工服务费、鞋类加工服务、美发、家庭维修服务、家政服务价格分别上涨6.6%、6.4%、6.1%、5.1%、4.8%；家长对子女教育特别是学前教育及课外教育重视程度增大，以及二胎政策的全面实施使得学前教育及课外教育等非义务教育需求增长，导致私立中小学、幼儿园、课

外培训班等收费普遍上涨，其中学前教育、小学初中教育、课外教育分别上涨7.3%、4.9%和4.3%。

### 三、2020年走势预判

影响2020年物价波动的因素主要有以下几个方面：一是2019年对2020年的高翘尾，影响物价走高。由于2019年7月以来，猪肉价格飙升，带动CPI上涨过快过高，给2020年CPI带来了高翘尾影响，在2020年各月没有任何新涨价因素的前提下，2020年全年涨幅将达2.6%，其中上半年CPI涨幅将达4.3%。二是猪肉仍在高位运行。猪肉是居民“菜篮子”的重要肉类食品，其价格对居民特别是低收入群体生活有重要影响，还会一定程度作为生活成本传导至消费终端，从而进一步影响价格总水平。随着各地促进生猪生产的政策生效以及库存冻肉的逐步上市，2020年，猪肉总体供给紧张的情况有所缓和，但生产完全恢复尚需时日，在市场供应偏紧局面得到有效缓解前，猪肉价格高位运行还将持续一段时间。因此，稳定猪肉价格是当前及今后一段时间政府必须高度重视的民生问题和经济问题。三是其他政策性价格改革的逐步执行，带来新的上涨压力。由于2019年的高物价暂缓执行的学前教育费和医疗服务价格调整，价格调整压力也将在2020年择机释放。

综合以上分析，初步判断2020年广西居民消费价格总水平仍将高位运行，受基数效应影响以及生猪产能的逐步恢复，2020年CPI将呈现前高后低走势。

# 6-6 2019年广西工业生产者出厂价格调查报告

Industrial Producer Prices Investigation Report in 2019

## 2019年广西工业生产者价格小幅回落

2019年，面对错综复杂的国内外形势和持续加大的经济下行压力，在自治区党委、政府的坚强领导下，广西经济平稳运行，工业生产者价格小幅回落。据国家统计局广西调查总队调查数据显示，2019年，广西工业生产者出厂价格（PPI）同比下降0.7%，广西工业生产者购进价格（IPI）同比下降0.5%。

### 一、2019年总体运行情况

**（一）PPI同比指数呈“W”型波动走势，IPI呈前升后降走势**

从月度同比看，1—3月广西PPI呈下降走势，各月同比分别下降0.9%、0.9%和0.6%，4月开始由降转升，4月和5月同比分别上涨0.6%和0.2%，6月由升转降，6—11月同比分别下降0.5%、0.6%、1.3%、1.9%、1.8%、1.4%，12月由降转升，同比上涨0.2%。广西IPI上半年延续2018年的上涨态势，1—5月同比分别上涨0.8%、0.5%、0.4%、0.5%和0.5%，6月由升转降，6—12月同比分别下降0.1%、0.6%、0.9%、1.3%、2.0%、2.2%和1.6%。

**2019年广西工业生产者价格同比指数表**

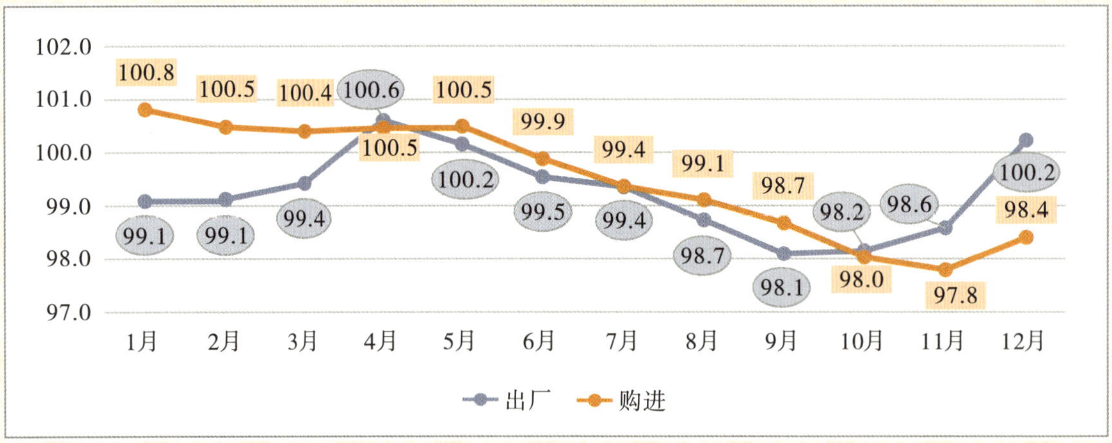


**（二）各月环比指数在100左右窄幅波动**

从月度环比看，2019年广西PPI和IPI各月环比指数在100左右窄幅波动，涨跌波动幅度不超过1.0个百分点。从PPI看，1、2月广西PPI环比分别下降0.7%和0.1%，3月开始由降转升，3—5月各月环比分别上涨0.2%、0.8%和0.1%，6月由升转降，6—8月环比分别下降0.5%、0.2%、0.2%，9月环比持平，10-12月环比分别上涨0.4%、0.2%和0.2%。从IPI看，1—4月广西IPI环比分别下降0.6%、0.4%、0.1%和0.1%，5月由降转升，环比上涨0.2%，6月再次下降，6—8月环比分别下降0.2%、0.5%和0.2%，9月由降转升，9—10月环比分别上涨0.1%和0.1%，11月再次下降，环比下降0.2%，12月由降转升，环比上涨0.2%。

2019年广西工业生产者价格环比指数表

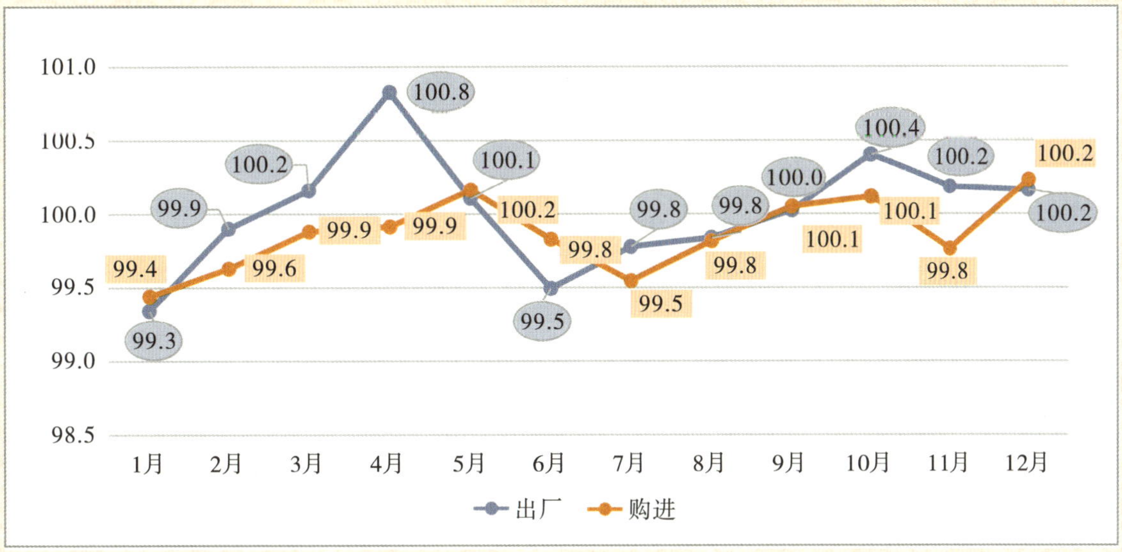


## 二、主要运行特点

### （一）PPI生产资料和生活资料价格走势相背离

2019年生产资料价格同比下降1.4%，其中：原材料工业产品价格同比下降3.6%，采掘工业产品价格同比下降2.2%，加工工业产品价格同比下降0.3%；生活资料价格同比上涨1.2%，其中：一般日用品价格同比上涨1.5%，耐用消费品价格同比上涨1.8%，衣着价格同比上涨1.1%，食品价格同比上涨0.9%。从各月价格走势看，生活资料价格和生产资料价格从6月份开始走势出现背离，生活资料价格呈现逐月攀升走势，总体涨幅达5.9个百分点；生产资料价格则不断走弱，跌幅达4.2个百分点。

### （二）七大行业拉动出厂价格下降

从大类行业看，与上年相比，2019年调查的37个工业大类行业产品价格呈“20升14降3平”的运行态势。其中涨幅最大的是医药制造业，同比上涨4.9%，降幅最大的是纺织业，同比下降10.7%。

2019年广西PPI整体呈下降走势，主要是受黑色金属冶炼和压延加工业，有色金属冶炼和压延加工业，石油、煤炭及其他燃料加工业，电力、热力生产和供应业，纺织业，化学原料和化学制品制造业，有色金属矿采选业等七个行业大类价格下降影响，这七个大类共影响总指数下降1.35个百分点。

**七大行业对总指数影响情况表**

| 大类名称 | 2019年与上年相比涨跌幅度 | 对总指数影响百分点 |
|---|---|---|
| 黑色金属冶炼和压延加工业 | -3.3 | -0.371 |
| 有色金属冶炼和压延加工业 | -4.7 | -0.264 |
| 石油、煤炭及其他燃料加工业 | -3.6 | -0.164 |
| 电力、热力生产和供应业 | -2.3 | -0.162 |
| 化学原料和化学制品制造业 | -2.8 | -0.143 |
| 纺织业 | -10.7 | -0.128 |
| 有色金属矿采选业 | -7.5 | -0.116 |

### （三）广西价格走势与全国基本一致，PPI涨幅居全国和西部地区中下游

2019年，全国工业生产者出厂价格同比指数为99.7，广西为99.3，在31个省、区、直辖市排位中，按涨幅从高到低排名位居第20位，全国工业生产者购进价格同比指数为99.3，广西为99.5，居第15位。在西部12个省（自治区、直辖市）中，广西PPI涨幅比最高的内蒙古低2.8个百分点，按涨幅从高到低排名位居西部地区第8位。

**2019年西部十二省区市工业生产者出厂价格指数情况**

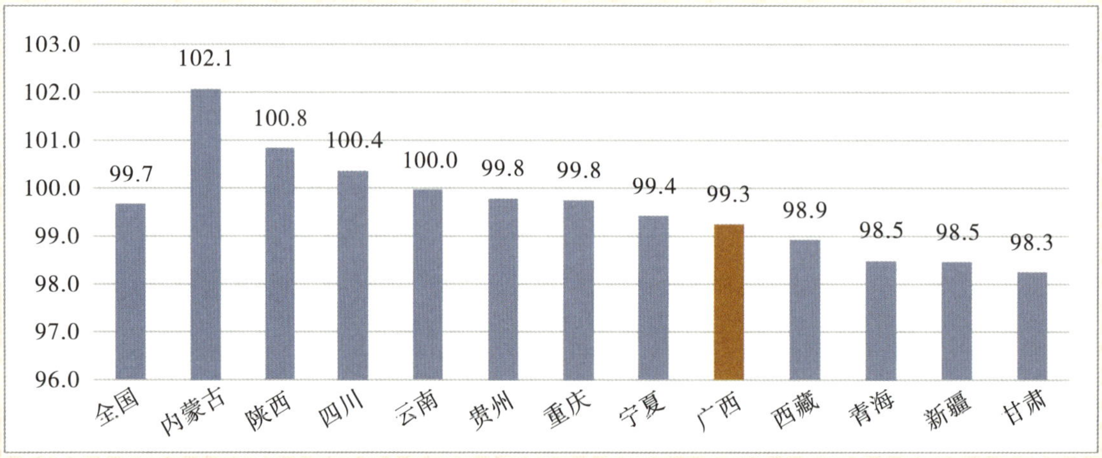


### （四）九大类原材料购进价格“六降三升”

2019年广西工业生产者购进价格比上年下降0.5%，九大类原材料购进价格呈“六降三升”的走势。其中，建筑材料及非金属类价格上涨2.4%、燃料、动力类价格上涨0.9%、纺织原料类价格上涨0.8%，有色金属材料及电线类价格下降3.8%、木材及纸浆类价格下降2.8%、化工原料类价格下降2.0%、农副产品类价格下降1.7%、黑色金属材料类价格下降0.3%、其它工业原材料及半成品类价格下降0.1%。

### （五）翘尾因素对PPI同比指数影响较大

2019年，广西PPI各月环比指数涨跌互现，但同比走势从6月份开始持续下降，主要是受翘尾因素影响。2019年新涨价因素为上涨0.2%，而全年同比指数却下降0.7%，翘尾因素对PPI下

降的影响超过九成。

## 三、广西重点行业产品出厂价格变动情况及原因分析

### （一）食糖价格触底回升

2019年广西制糖业产品出厂价格同比下降4.2%，降幅较上年收窄14个百分点。从环比看，2019年以来，制糖业产品出厂价格各月环比缓慢回升，同比降幅持续收窄，8月份同比由降转升，结束了连续20个月的同比下降走势。食糖价格触底反弹主要受以下因素影响：一是国家加大打击食糖走私力度，在“国门利剑2019”打私联合专项行动中，中国海关侦办食糖走私犯罪案件83期起，案值13.9亿元，同比分别增长23.9%和1.3倍，有效保护国内食糖市场。二是2019/2020榨季国内外食糖均处于减产预期，中国糖业协会预估2019/2020年制糖期中国糖产量为1050万吨，同比减少26万吨。泰国、印度、美国等主要产糖国均出现减产，造成国际食糖市场供应减少。国际糖业组织（ISO）预测2019/2020年度全球食糖供应将出现350万吨的缺口，2020/2021年度将扩大至近600万吨。减产预期使得市场对未来糖价信心较足推动食糖价格持续上涨。

2019年广西制糖业产品出厂价格指数走势图

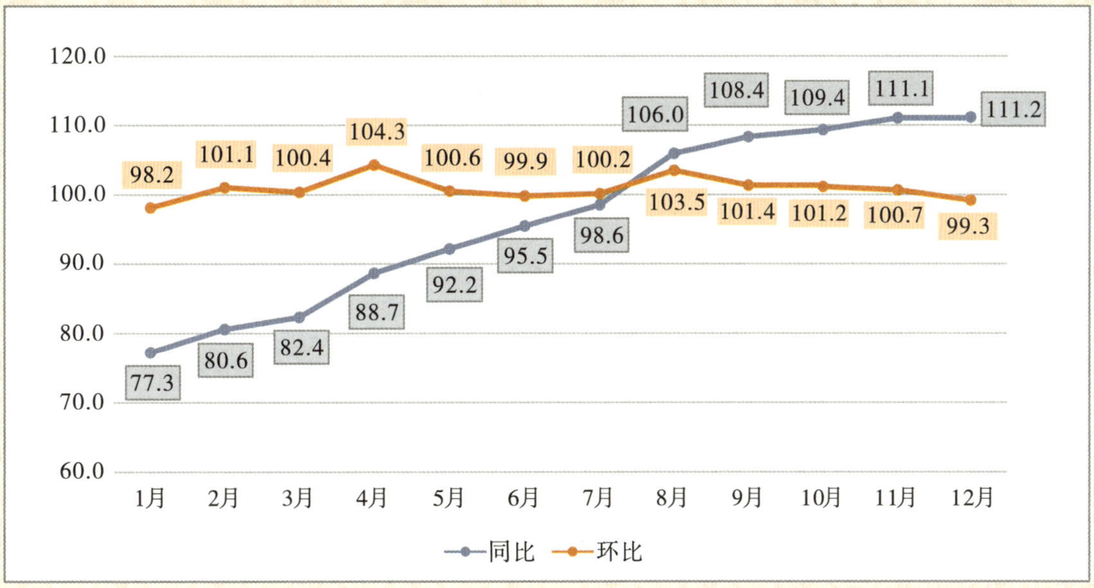


### （二）钢材价格波动下行

2019年，广西钢压延加工业产品出厂价格同比下降3.0%。从环比看，2019年钢材价格环比指数呈“W”型波动走势。钢材价格主要受以下因素影响：一是受钢铁产能释放较快影响，钢材市场呈现供大于求局面。统计数据显示，1—11月全国钢材产量同比增长10%。二是原材料铁矿石价格大幅波动影响。巴西溃坝事故和澳洲飓风天气造成部分矿山铁矿石生产受限，从4月份开始铁矿石供应紧张，价格快速上涨，随着相关事件影响消退，8月份铁矿石价格直线下跌。三是基建投资增速较低，以及整体制造业经济环境疲软，给钢铁行业带来低迷行情。2019年1—12月，制造业投资同比增长3.1%，增速较上年同期回落6.4个百分点；制造业增加值同比增长6.0%，增速较上年同期回落0.5个百分点。2019年1—12月，我国基础设施投资同比增长3.8%，增速与上年持平，仍处于历史较低水平。

2019年广西钢压延加工业产品出厂价格指数走势图

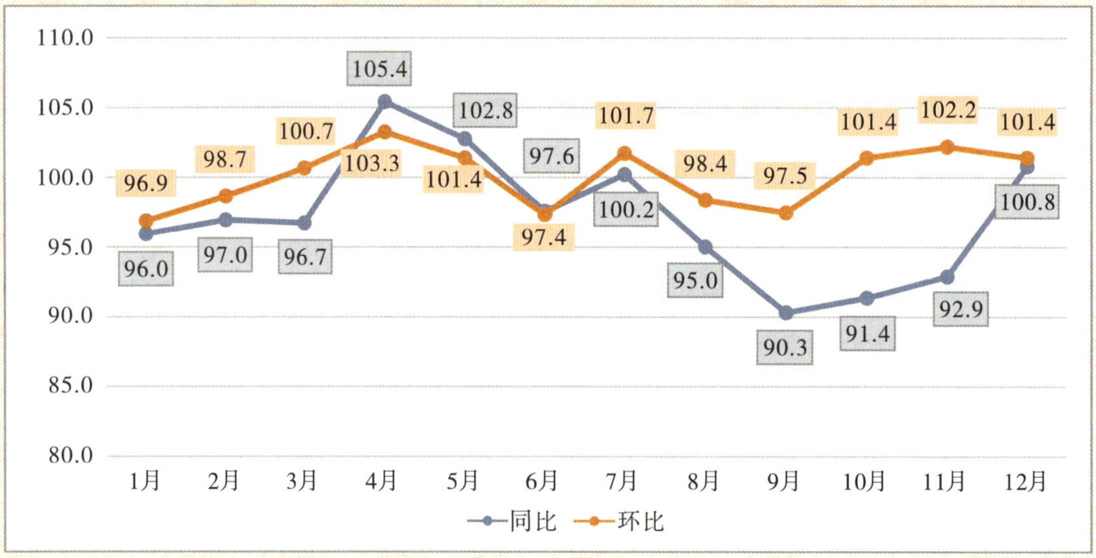


（三）铝产品价格低位震荡

2019年，广西铝冶炼产品出厂价格同比分别下降7.9%，其中氧化铝价格下降8.7%，电解铝价格下降4.0%。从环比看，2019年铝冶炼产品价格环比指数呈“W”型宽幅波动走势。铝冶炼产品价格主要受以下因素影响：一是受经济下行压力增大，汽车、家电等传统消费领域增速放缓影响，氧化铝和电解铝市场供处于供需两弱状态。统计数据显示，2019年1—11月全国氧化铝和电解铝产量同比分别下降0.7%和0.6%，市场供给减少但需求不足，价格低位震荡。二是受意外事件影响，氧化铝和电解铝短期供应不足，造成氧化铝和电解铝价格大幅波动。5月份受山西赤泥库泄露事件影响，相关企业停产整顿，导致氧化铝产量下降，市场供应不足价格快速上涨，7月份相关停产产能恢复后价格快速回落。8月份山东魏桥、新疆信发、阿坝铝厂等接连发生意外减产事件，造成国内电解铝产量减少，推动价格上涨，12月前期因事故停产的产能开始逐渐恢复，市场供应增加，价格由升转降。

2019年广西铝冶炼产品出厂价格指数走势图

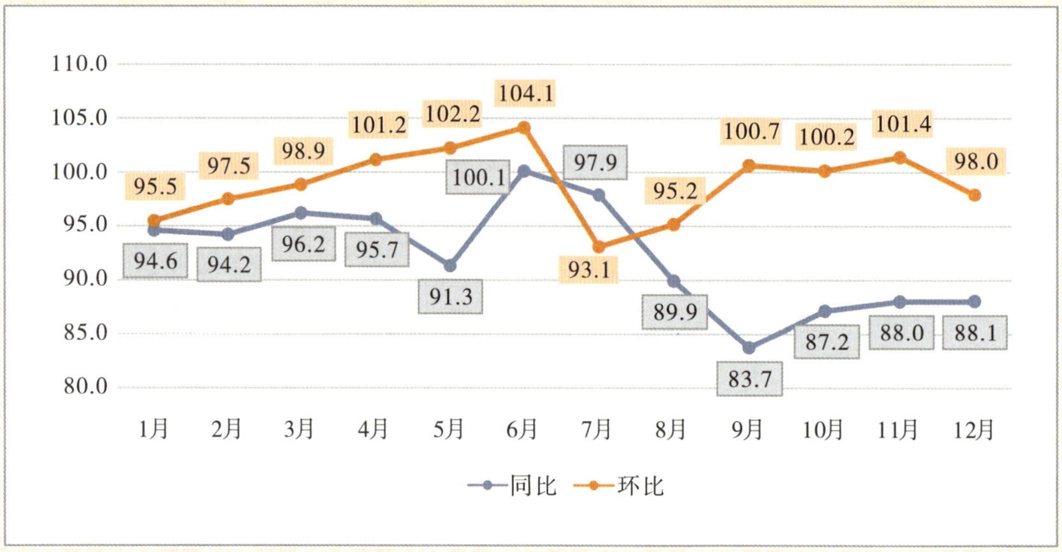

### （四）水泥价格震荡下行

2019年，广西水泥制造产品出厂价格同比上涨0.9%。从环比看，水泥价格整体呈“前降后升”的波动走势。水泥价格主要是受以下因素影响：一是水泥产量保持较快增长，市场供应充足。统计数据显示，2019年1—11月全国水泥产量同比增长6.1%。前三季度受多雨和高温天气下游施工受限影响，市场需求不足价格持续下跌。二是在四季度基建、房地产投资传统旺季带动下，水泥需求旺盛，加上冬季采暖错峰生产政策的出台和落实，市场供不应求，价格在9月份由降转升后快速上涨。

2019年广西水泥制造产品出厂价格指数走势图

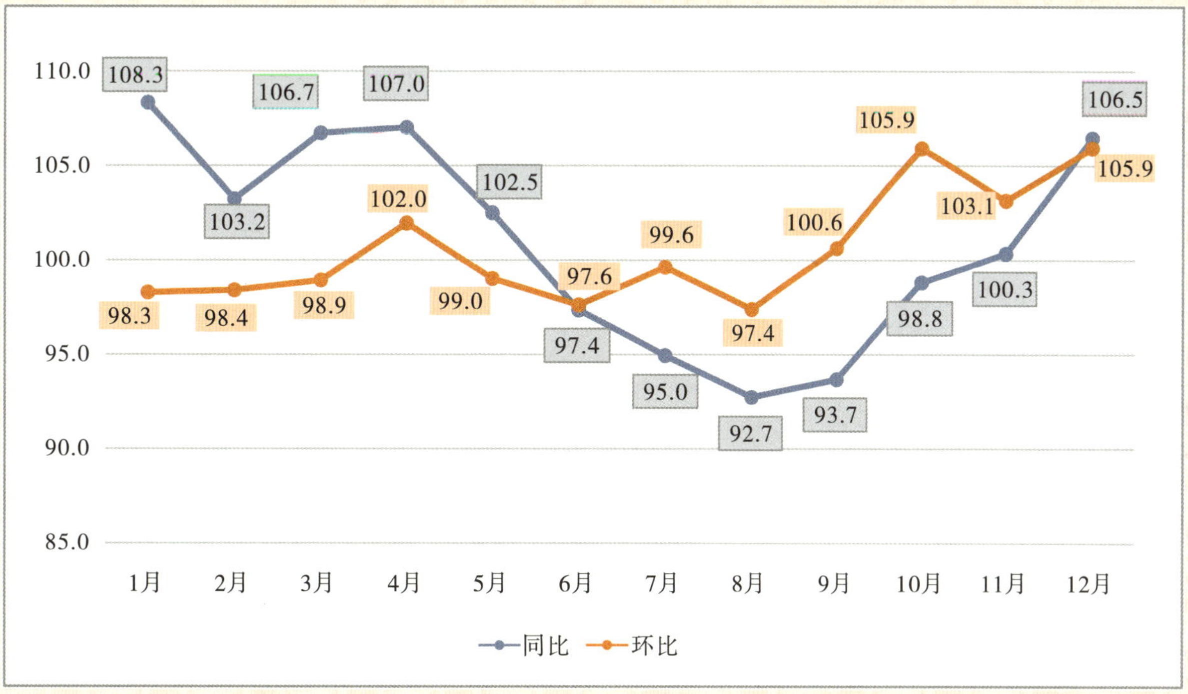


## 四、2020年PPI走势分析

从宏观经济形势看，展望2020年，全球经济增长难有回升，2020年1月20日国际货币基金组织（IMF）下调了2020年全球经济增速0.1个百分点至3.3%，美对中国产品已加征关税或难以全面取消，中美摩擦不确定性仍然存在，出口改善有限。国内经济下行压力依然较大，在坚持“房住不炒”和全面收紧房地产融资背景下，房地产投资将放缓，市场需求依然疲弱。但在挑战中也存在积极因素，汽车消费回稳，新消费（包括旅游、文化、体育、教育、家政、健康、养老、住房、汽车、绿色等领域）持续发力，消费的基础性作用将进一步夯实。2020年基建投资预计仍是财政发力重点，预计专项债发行规模将有所增加。随着专项债发行使用并逐步形成实物工作量，将撬动更多社会资金，基建投资增速未来有望继续回升。消费和基建发力将有力提升相关工业品需求，带动工业品价格企稳回升。

从主要行业产品看，在国家加大基建投资力度的背景下，钢材和水泥的市场需求有望增加，但房地产市场预期低迷，将部分对冲基建投资增长带来的需求，因此2020年钢材和水泥价格预期呈温和波动上涨趋势。当期国内汽车行业和制造业开始企稳回暖，将有力带动下游铝材消费，同时随着消费行业用铝和特高压用铝的推广，将有效带动铝产品的市场需求，铝产品价格将企稳回升。在国内外食糖均处于减产预期的背景下，走私糖的控制及储备糖的投放情况是影响未来食糖价格走势的关键因素。未来如果走私糖得到有效控制，在政府不大量投放储备糖的情况下，糖价将得到有力支撑，进入上升通道。

从翘尾因素影响看，初步估算2020年各月翘尾因素影响较低，总体在零上下窄幅波动，整体呈正向翘尾。在国内外经济形势、调控政策不发生较大变化的情况下，预计全年广西PPI呈温和上涨走势。

# 6-7 2019年广西农产品生产者价格调查报告

Farm Products Prices Investigation Report in 2019

## 2019年广西农产品生产者价格上涨15.5%

据国家统计局广西调查总队调查，2019年广西农产品生产者价格同比上涨15.5%，其中一季度下跌4.4%，二季度上涨10.6%，三季度上涨22.9%，四季度上涨37.7%，呈现先抑后扬，逐季上涨的态势。从主要品种看，生猪价格上涨52.8%，活家禽上涨12.4%，水果价格上涨18.7%。

### 一、种植业产品价格上涨3.5%

2019年广西种植业产品生产者价格同比上涨3.5%。其中，油料、蔬菜及食用菌、水果、茶及饮料原料价格分别上涨9.8%、5.8%、18.7%和5.4%，生麻价格与上年同期持平，谷物、豆类价格分别下跌5.8%、3.7%。水果价格的大幅上涨拉动了种植业产品价格的上涨。

#### （一）谷物价格下跌5.8%

2019年广西谷物生产者价格同比下跌5.8%，其中早籼稻价格下跌13.1%，晚籼稻价格下跌4.8%，玉米价格上涨2.8%。

早籼稻价格下跌的原因：一是市场需求量减少。据贵港市等地反映，2018年粮食价格处于高位，大部分粮食企业为了盈利，大量收购优质稻谷，导致存库较多，市场上粮食供给充足。新的收购季节各粮食企业收购积极性不高，需求下降。二是夏粮品质较差，销路不畅。2019年早稻进入成熟期后雨水过多，谷粒被雨水打湿的稻穗和叶子长时间粘合在一起，谷子容易发芽；同时，谷粒受潮造成米粒变黑，品质较差导致销路不畅。如贵港某粮食企业2019年7月26日拉了两车谷子到广东，客户验出米粒发黑，直接退货。三是外省优质早稻挤占市场。外省优质早稻价格较广西境内略低0.1～0.2元/斤，导致外省客商到本地收购稻谷减少。

晚籼稻价格下跌的原因：一是晚稻单产上升，部分主产区收成较好，市场供应充足。2019年广西晚稻亩产365.7公斤，比上年增加1.6公斤，贵港市、平南县、桂平市、上林县等水稻主产区地收成可观。二是晚稻对外销售行情走低。据贵港市反映，由于相邻的湖南、湖北等省份大量推广优质水稻，所生产的大米质优价廉大量销往广东市场，同时从国外进口的大米价格也比贵港产的大米便宜20%～30%，致使贵港市外销广东的大米数量大幅度减少。三是本地商贩压价收购。据2019年四季度广西农产品生产者价格调查平台数据显示，早稻出售均价为2.38元/公斤，晚稻出售均价为3.05元/公斤，早稻出售均价比政府收购保护价（2.40元/公斤）还低0.02元/公斤。据贵港市反映，由于对市场判断不准，夏粮上市以来部分粮食企业以3.00元/公斤大量收购早造优质稻谷，收购后粮食价格大幅下跌，收购的优质稻谷难寻销路，部分企业由于资金周转困难，难以筹集资金收购晚稻谷，从而压价收购。

#### （二）甘蔗价格下跌1.3%

2019年广西甘蔗价格同比下跌1.3%，其中一、二季度价格均下跌1.9%，四季度价格持平。主要原因是：一、二季度广西各市执行自治区物价局2018/2019年榨季糖料蔗的收购价格方案，即普通糖料蔗收购首付价为每吨490

元，比2017/2018年榨季首付价每吨下降10元/吨，降幅2.0%；优质糖料蔗收购首付价为每吨520元，比上榨季首付价每吨下降10元，降幅1.89%。四季度进入2019/2020榨季，甘蔗普通品种出售价格为0.49元/公斤，高糖品种价格为0.52元/公斤，与上年持平。

### （三）蔬菜及食用菌价格上涨5.8%

2019年广西蔬菜及食用菌生产者价格上涨5.8%，其中蔬菜价格上涨6.1%，食用菌价格上涨0.6%。分种类看，除根茎类蔬菜、瓜菜类蔬菜价格分别下跌2.1%和1.5%外，其余9类蔬菜全线上涨，叶菜类蔬菜、白菜类蔬菜、芥菜类蔬菜、甘蓝类蔬菜、豆类蔬菜、茄果类蔬菜、莴苣及菊苣类蔬菜、葱蒜类蔬菜和水生类蔬菜价格同比分别上涨4.3%、6.6%、1.1%、11.6%、16.7%、14.0%、1.0%、4.3%和3.3%。

### （四）水果价格大幅上涨18.7%

2019年广西水果生产者价格同比上涨18.7%，其中一、四季度分别下跌17.4%和4.4%，二、三季度分别上涨49%和42.8%。主要是热带水果、瓜类水果价格同比分别上涨55.9%和19%，拉动了全年价格上涨。分品种看，荔枝、龙眼、芒果、西瓜价格分别上涨164%、56.7%、22.2%和17.8%。水果价格上涨的原因有：一是2019年遇上荔枝、龙眼产量的“小年”，产量较上年减少30%～40%。据钦州市灵山县某林场反映，2019年荔枝产量较上年同期减少约40%；另有某农场反映，该场2019年荔枝产量较上年同期减少约30%，其中“桂味”品种产量不到上年三分之一，“香荔”品种产量不到上年十分之一，“妃子笑”品种产量也比上年同期有所减少。二是2019年采摘人工成本有所增加。据调查，2019年采摘工钱为100元/人/天，同比上涨25%。三是西瓜受上半年多雨影响产量降低，价格上涨。据南宁市反映，受多雨天气影响，2019年西瓜平均亩产2000公斤，比上年3000公斤减少1000公斤，下降33.3%；再加上2018年本地西瓜价格低，2019年农户减少种植面积，导致产量减少，价格上涨。

## 二、林业产品价格下跌0.1%

2019年广西林业产品生产者价格比上年同期下跌0.1%。其中，木材采伐产品、竹材采伐产品、林产品价格同比分别上涨0.1%、1.3%和1.7%，育种和育苗价格同比下跌7.7%。分品种看，果树苗价格下跌23.6%，天然松脂价格下跌15.0%，油桐籽价格上涨35.7%。果树苗价格下降主要是由于2019年上半年柑橘类水果价格低，导致该类型苗木销售不畅，销售价格低迷。松脂价格下跌，一是国际贸易不稳定性因素增加，以出口为主的天然松脂及其产成品和半成品的价格下降；二是由于技术上的突破，出现了人工合成的天然松脂产成品和半成品的替代品，从而对天然松脂需求下降；三是随着国家对环境保护的重视程度和环境保护要求的日益提高，整治环境的保护措施越来越严，使得天然松脂及其产成品半成品的提炼生产和使用受到一定程度的限制，在生产成本增加的同时，使用量也大为减少。

## 三、畜禽类价格大幅上涨39.6%

2019年广西畜禽类产品价格比上年同期上涨39.6%，其中一季度下跌10.1%，二至四季度分别上涨11.1%、44.0%和108.6%，四季度的大涨带动了全年指数的上涨。其中猪、牛、羊、活家禽、畜禽产品、禽蛋和蚕茧的价格同比分别上涨52.8%、19.3%、17.3%、12.4%、4.2%、5.1%和3.6%。

（一）猪价上涨52.8%。2019年广西猪价同比上涨52.8%，其中仔猪价格上涨63.6%，活猪价格上涨52.8%。猪价上涨的主要原因：一是2018年生猪行情低迷，猪价较低，同比下跌15.1%。二是受非洲猪瘟影响，二季度生猪出栏量急剧增加，三、四季度存出栏量严重不足，市场供应锐减，价格上涨。据玉林市反映，由于生猪存栏量的减少，玉林市5个生猪大县从2019年7月份起，出栏量也开始大幅下降，8月份出栏量仅有3.27万头，与1月份相比下降77.41%。据贺州市反映，某养猪场2019年年初存栏生猪6000多头，截止至9月15日仅剩351头。三是仔猪严重紧缺，价格上涨。据贵港市、柳州市反映，由于能繁母猪数量减少，导致仔猪量锐减，仔猪价格飙升，四季度仔猪价格约为2000元/头，母仔猪价格一度高达4000元/头。四是部分养殖户为追求利润最大化存在惜售现象。据柳州市反映，该市某大型养殖场在四季度有一批饲养期超过5个月，净重150公斤以上，按常规年景已达出栏标准的肉猪仍继续存栏饲养，企业看好春节销售旺季及后续市场，希望能在春节期间销售获得更好收益而惜售。

（二）蚕茧价格上涨3.6%。2019年蚕茧价格同比上涨3.6%，其中二季度下跌28.1%，四季度上涨37.6%。主要是2019年上半年春蚕疾病较多，质量差，价格低。由于市场不景气，大部分养殖户不再种养秋蚕，秋茧供应量大幅减少，导致价格上扬。

## 四、渔业产品价格上涨1.2%

2019年广西渔业生产者价格上涨1.2%。其中，海水养殖产品、海水捕捞产品和淡水养殖产品价格同比分别上涨1.2%、2.2%和0.7%。分品种看，海水养殖虾价格上涨3.8%，海水养殖牡蛎价格上涨6.9%，鲳鱼价格上涨3.7%，斑节对虾价格上涨28.4%，淡水养殖龟价格下跌15.7%，淡水养殖鳖价格下跌1.9%。据钦州市反映，牡蛎价格上涨原因：一是养殖风险大难度增加，产量减少拉动价格上涨。二是环保要求严格。2019年6月份以来，有关部门对非法养殖户进行了大力整治，导致牡蛎产量相对减少。据北海市反映，鲳鱼等海水捕捞鱼类价格上涨的原因：一是入冬后随着气温下降，海上捕捞量大幅下降，又临近春节海鲜需求量大。二是捕鱼成本高，由于渔业资源减少和捕鱼成本增加等多种因素，北海多家海产品加工企业收购不到海产品，市场海产品供应量减少，导致收购价格上涨。据平南县反映，龟、鳖价格下跌的主要原因：一是前几年龟鳖市场过度热炒，导致价格虚高，随着市场炒作降温，价格逐步回归正常；二是龟鳖在老百姓观念中属于高档食材，虽然价格连年下跌，但是需求不大，市场供过于求。

## 五、几点建议

一是千方百计稳定粮食生产。落实基本农田保护制度，杜绝农民改种难以恢复粮食生产的作物；加强土地流转，实施规模化种植；调整种粮补贴发放政策，发放给实际种粮者，提高实际种粮者的积极性。

二是落实政策恢复生猪产能。要从保障“菜篮子”的高度重视生猪产能恢复，在严把环境关、防疫关的基础上，用好国家近期发布的政策，积极扶持本地生猪生产，尤其要加大推广可复制的防疫情养殖办法，同时加大金融扶持力度，坚定养殖户的信心。

三是加大牛羊禽类的生产供应。由于猪肉价格居高不下，广大群众大多减少消费猪肉，转而消费牛羊禽类，导致牛羊禽类供应趋紧，价格稳步上涨。为此，要适当引导养殖户增加牛羊禽类的生产，加大市场供应，在满足群众消费需求的同时，稳定牛羊禽类价格。

# 6-8　2019年广西畜禽生产调查报告

Liestock Production Investigation Report in 2019

## 生猪产能严重萎缩　畜禽产品大幅增长

据国家统计局广西调查总队调查数据显示，截至2019年底，广西生猪存栏1599.6万头，同比减少30.4%，其中能繁母猪存栏181.1万头，同比减少31%，全年生猪累计出栏2505.8万头，同比减少27.7%；家禽方面，2019年底家禽存栏为38296.1万只，同比增长15%，全年累计出栏为101660万只，同比增长19.7 %；牛、羊的生产基本平稳，广西活牛、活羊年底存栏分别为337.0万头 和231.2万只，同比分别增长2.6和3.5%，全年累计出栏分别为124.6万头和217.5万只，同比分别增长0.8%和3.1%。猪牛羊禽肉产量370.8万吨，同比减少11.1%。（详见表1）

表1　2019年广西主要畜禽生产情况

| | 2019年末存栏（万只） | 同比（%） | 2019年累计出栏（万只） | 同比（%） |
|---|---|---|---|---|
| 猪 | 1599.6 | -30.4 | 2508.8 | -27.7 |
| 家禽 | 38296.1 | 15.0 | 101660 | 19.7 |
| 牛 | 337.0 | 2.6 | 124.6 | 0.8 |
| 羊 | 231.2 | 3.5 | 217.5 | 3.1 |

总体而言，2019年，广西生猪产业受非洲猪瘟疫情影响，萎缩严重，产能下滑明显。受此影响，家禽作为猪肉消费主要替代品，存栏、出栏的同比均上涨，生产获得较大发展，价格也明显上升；牛羊产品生产则继续保持稳步发展态势。

### 一、主要畜禽产品生产情况分析

#### （一）受非洲猪瘟疫情影响，2019年广西生猪产业呈现紧缩状态

1.存栏下降明显。2019年2至7月份，国家农业农村部共发布广西北海、贵港、博白、陆川等市县共发生四起非洲猪瘟疫情。4月下旬以来，北海、贵港以及南宁、玉林等地相继发生了大范围的病死猪现象，不少养殖户因恐慌情绪，开始低价抛售生猪；5月份，恐慌情绪在全区养殖户尤其是中小散户中迅速蔓延，许多生猪养殖户急于止损，将尚未染病的猪也低价抛售，致广西生猪存栏量急剧减少，生猪产能下降，生猪产业稳定发展受到严重冲击和影响。调查数据显示，至2019年6月底，广西生猪存栏量为1714.6万头，同比减少23.5%；能繁母猪存栏191.5万头，同比减少24.8%。存栏连续减少的状况延续到了三季度。调查数据显示，三季度末广西生猪存栏1527.6万头，同比减少34%。据调查，影响广西生猪存栏大幅减少的主要原因有：一是广西区内发生大面积病死猪现象，直接导致生猪存栏减少，4、5月份的调查结果反映，只要发生病死猪的地方，生猪存栏的减幅都在30%以上，严重的地方存栏减幅

超过50%；二是受病死猪影响，广西不少县区出现恐慌性抛售肉猪的现象，在发生病死猪疫情的地区，无论是养殖户本场是否发生疫情，都迫于疫情压力，纷纷清栏出售，降低损失，甚至一些猪场抛售中猪和能繁母猪以降低经济损失；三是养殖户补栏信心不足，不少养殖户为规避风险采取逐渐减栏、暂不补栏、淘汰母猪的方式来规避风险；四是因二季度大量母猪死亡或抛售，直接影响后续产能恢复。

四季度末，广西生猪存栏1599.6万头，同比减少30.4%，与去年同期相比仍有较大幅度减少，但相较三季度，减幅已经有所收窄，开始出现止跌回升的趋势。根据对广西16个生猪调出大县监测显示，10月、11月、12月连续三个月广西生猪存栏和能繁母猪存栏数据均显示环比连续上涨趋势。据分析，四季度广西生猪存栏开始止跌回升的原因主要有：一是四季度非洲猪瘟疫情基本处于稳定，广西区内没有继续发生疫情，养殖户生产信心有所提升；二是受高价刺激，不少养户产生投机心理；三是政策因素影响，下半年以来，广西各级政策均出台了生猪保价稳供的相关政策措施，引进扶持大型养殖企业发展等办法，刺激生猪产能恢复。

**图1 2018—2019年各季度生猪季末存栏量（单位：万头）**

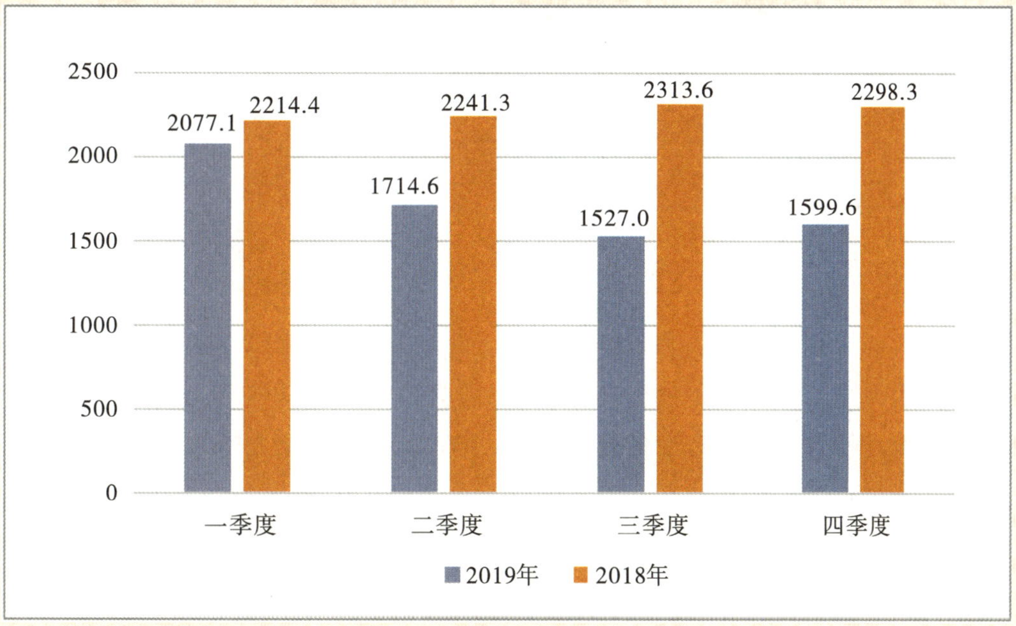


2.出栏量由升转降，后期生猪供应不足。2019年上半年，受疫情导致的抛售影响，广西上半年生猪出栏量1893.8万头，同比增长6.6%，这也为下半年生猪供应不足埋下了“伏笔”；三季度开始，生猪抛售过度的后续影响开始体现，区内生猪供应明显不足。调查数据显示，前三季度广西累计生猪出栏2132.6万头，同比减少17.3；全年累计出栏2505.8万头，同比减少27.7%，减幅继续扩大。据分析，四季度出栏减幅继续扩大的原因主要有：一是前期抛售过多，造成后期供应不足。下半年，大部分中小型养殖户经过疫病及抛售“两阵风”，所剩下来的大部分是仔猪，出现了养殖断层，生猪供应进入“入不敷出”的状态，随着生猪市场供不应求，价格持续走高，较多养殖户压栏到近150公斤才出售，猪的均重提高使得养殖

户能够在猪价高位时把效益快速变现；二是随着生猪市场行情明显向好，养殖户补栏热情明显提高，养殖户出现不管质量，“见母就留”的情况，部分原该养成肉猪出栏的雌仔猪被当作后备母猪培育，导致肉猪培育比例下降，一定程度上也导致出栏减少；三是受生猪生长规律制约，生猪养殖周期较长，短期内恢复生产的养殖户也无法提供生猪出栏。

图2　2018年、2019年各季度生猪累计出栏量（单位：万头）

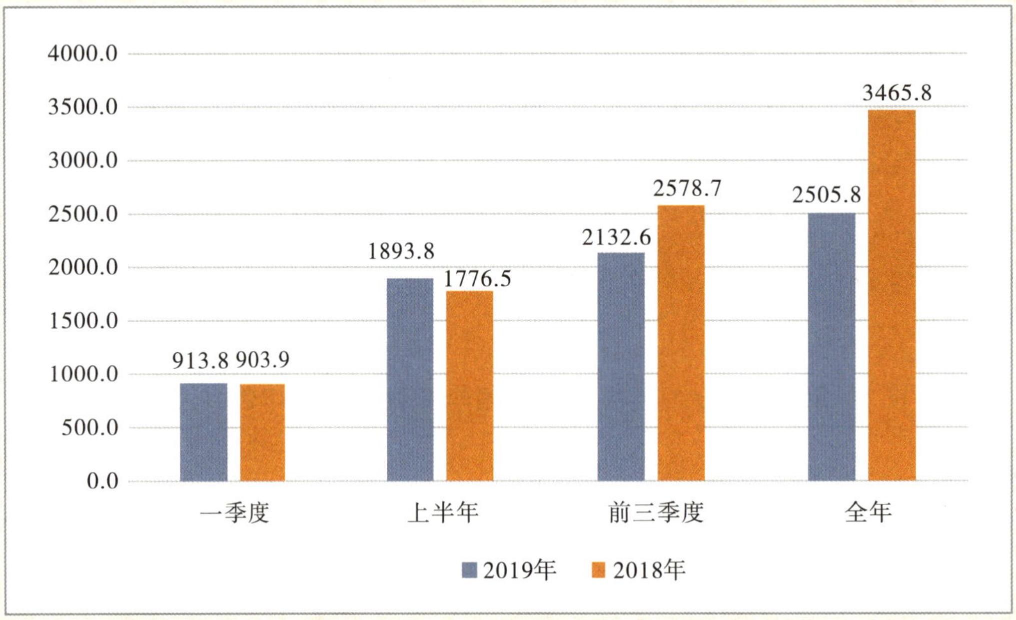


3.活猪价格经历了“过山车”变化，由5、6月份的跌至谷底到下半年升至历史高峰。2019年，广西生猪价格可谓是“过山车”模式。二季度，受非洲猪瘟疫情影响，广西生猪价格出现大幅下降，一些影响小的市县，生猪平均出售价格基本在12～13.2元/公斤左右；而在已经出现病死猪较多的市县如南宁、玉林、贵港等市，价格下降到8～8.2元/公斤左右。一些发生了病死猪现象的养殖场，为了急于止损，只能将尚未染病的猪低价抛售，价格在5～6元/公斤左右，个别养殖场甚至按头200～500元/头不等价格抛售肉猪。分析认为，二季度广西生猪出栏价格下降的主要原因有：一是受区内发现非洲猪瘟疫情影响，区内生猪禁止调运出省，生猪销路受阻，区内市场消化能力有限，生猪市场供过于求，一定程度上抑制生猪价格上涨；二是4月初至5月中旬广西区内部分县市发生的大面积病死猪疫情，生猪大量死亡，养殖户恐慌抛售形成踩踏效应，导致价格下降；三是养殖户对非洲猪瘟疫情严重担忧，心理负担重，为了避免造成更大的损失，只要有人来买，价钱相对低点都能够接受，一些猪贩子趁机压价。

6月底，生猪出售开始偏紧，猪价开始明显回升。到了三季度，猪价连续飙升，7月底，广西区内部分县市生猪价格便超过到了20元/公斤，8月底更是飙升至28元/公斤以上，9月份广西区内出台了不少政策措施抑制生猪价格快速飙升，但价格保持在高位，维持在28元/公斤左右。国庆过后，广西生猪价格再度上涨，10月中下旬突破40元/公斤，部分市县一度达到44元/公斤左右。11月底至12月，偏高的猪肉价格致使居民对猪肉消费需求下降，加上这一时期国家加大猪肉进口和投放冻肉等保供稳价政策的落实，在一定程度上抑制猪价进一步攀高，但仍处于高位运行。根据监测数据显示，12月猪价在37.1元/公斤左右。

图3　2019年广西生猪大县月度平均价格（单位：元/公斤）

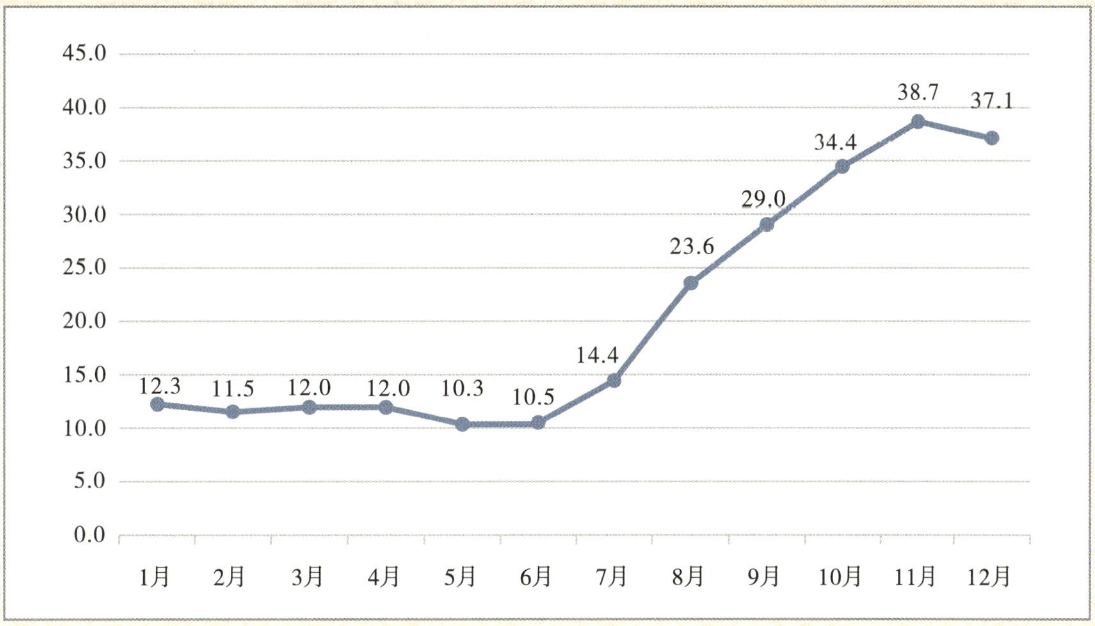


### （二）受消费替代效应影响，家禽生产获得较大发展

由于生猪供应不足，肉类市场空缺明显，家禽行业替代效应显著，全年广西家禽产能持续扩大。数据显示，2019年一季度，家禽存栏18937.8万只，同比增长3.1%，出栏20853.8万只，同比增长3.5；上半年广西家禽存栏25487.1万只，同比增长6.8%，出栏42348.7万只，同比增10.5%；前三季度家禽存栏28655.2万只，同比增长9.5%，出栏69018.2万只，同比增长15.4%；年末家禽存栏38296.1万只，同比增长15%，全年出栏101660万只，同比增长19.7%。全年广西家禽存栏、出栏均呈现扩张趋势，生产规模和增长幅度都在不断扩大。主要原因有：一是受非洲猪瘟影响，一部分生猪养殖户从养猪转变为饲养家禽，原有家禽养殖户也看好家禽市场发展，从而大量扩栏、补栏，导致存栏量增加；二是由于猪肉价格居高不下，猪肉消费量大幅度减少，而广西牛羊肉产量偏小，禽肉成为了猪肉的主要替代品，禽肉类消费增加，从而导致了禽类出栏量大幅度上升。

从价格变动方面看，家禽价格也随着猪肉价格水涨船高。根据对桂林市临桂区科源公司的监测数据显示，该公司一季度活鸡季度平均出售价格约10.0元/公斤，二季度末家禽出售价格达到了16.5元/公斤左右，三季度价格则上涨至20.3～21.5元/公斤，四季度均价为13.9元/公斤，虽有所回落，但仍大幅高于上年同期。分析认为，家禽价格连续上涨，且养殖户继续看好行情发展，主要因素还是因为非洲猪瘟疫情，生猪供应不足，猪肉价格飞涨，民众猪肉消费需求转移到禽肉消费，增加了禽肉需求，造成了禽类市场供不应求，价格上涨。

### （三）牛、羊的生产继续保持平稳发展

虽然近年来市场上牛、羊肉价格一直较高，但广西牛、羊的产业规模仍相对较小，产业规模快速发展的各项条件尚不具备，所以整体上生产一直处于平稳发展的态势。

## 二、当前广西畜牧业生产发展面临的问题

### （一）生猪养殖成本加大

1.种猪仔猪价格不断上涨。2019年四季度，不仅肉猪价格居高不下，种猪和仔猪的价格也在连续上涨，如玉林市反映，当地5～10公斤的仔猪价格已从国庆节前的700～800元/头上涨到当前1500元/头左右，二元母猪售价也从9月份5000元/头已经上涨到了6000元/头左右。

2.防疫成本和人工成本也在增加。为抵御非洲猪瘟，很多大中型养猪场都对栏舍和养殖场地进行防控非瘟改造，增加防虫防鼠设施，大量引进消毒防控设施等，投入了较大资金和人力成本；所有大中型猪场还进行完全封闭式管理，需要给所有管理、养殖人员发放防非洲猪瘟补贴，据走访调研，某大型养猪场采取隔离措施，禁止猪场工人出去，将工人工资提高1000元/月左右；同时指定运输车辆，不允许拉其他场的猪，进入猪场必须经过严格消毒才能进入警戒范围，运输成本也在增加。

### （二）恢复生产的风险过大

由于养殖户的养殖条件、疫病防控条件相对薄弱，近段时间以来，有的养殖户补栏复养遭遇失败，恢复生猪生产遭受挫折。据柳州市鹿寨县、梧州市藤县、北海市合浦县等地的部分养殖户反映，三季度以来，购买了少量仔猪进行尝试性复养，却均告失败，造成二次亏损，养殖户恢复生产的信心受到二次打击。

### （三）猪源不足，恢复生产的基础仍然薄弱

母猪、仔猪市场价格一路攀升的背后是猪源紧缺，市场供应不足。部分中小型养殖户普遍反映大型养殖场有垄断猪源的趋势，小散养殖户“一猪（母猪、猪仔）难求”，补栏困难。据北海市、百色市、来宾市、崇左市等地的部分养殖户反映，受当前市场猪价高企的影响，近期虽有补栏计划，但一直求购仔猪未果。

### （四）中小型养殖户生产发展缺少必要的政策和技术支持

目前，广西对中小型养殖户在环境保护和疫病防控技术改造方面的支持有所缺位。据梧州市、百色市等地的部分养殖户反映，养殖场升级改造的资金需求较大，但地方政府补贴支持侧重于大型养殖户，中小型养殖户很难获得有效的补贴支持。部分养殖户反映环保审批不懂怎么申请才达标，很难办到环保证。如玉林市福绵区一家养殖户主反映，该养殖场按照要求建成了沼气池、发酵池、过滤池等环保设施，还种植了牧草，曾经还做过正面典型，但还是未办得环保合格证。中小型养殖户普遍缺乏最新的科学养殖技术和疫病防控技术，缺少与大型养殖场技术人员的交流机会，很多技术都不掌握。

## 三、养殖户的四大期盼

### （一）期盼加快非洲猪瘟疫苗研制进度

养殖户普遍期盼国家加大对非洲猪瘟疫苗研发的资金投入，促使有关部门和科研机构能加快非洲猪瘟疫苗的研制进度，找到有效防范非洲猪瘟产生和扩散的办法，提振生猪养殖信心，促进生猪养殖行业的健康发展。

**（二）期盼进一步强化政府的宏观调控**

政府和有关职能部门要建立完善信息平台，建立完善面对广大农户的信息发布机制，及时、准确的发布市场价格和供求的相关信息，引导养猪户了解和掌握市场规律，以积极的态度面对市场，准确把握时机，引导市场产销，保护养猪户的养殖积极性。

**（三）期盼健全养猪的风险补偿机制**

部分养殖户反映，养猪存在较大的风险，稍有不慎就会血本无归。因此，希望政府应对养殖户建立风险补偿机制，应根据猪肉价格形成的各环节情况，考虑市场变动因素，确定养殖户生猪的最低保护价格，当市场生猪价格低于保护价格，或遭遇疫病时，对养殖户进行必要的风险补偿，特别是规模养殖大户，政府要给予适当补贴，并建立优惠扶持长效机制，保证养猪户的利益，从而激发养猪户长期的养殖热情。

**（四）期盼出台政策帮助恢复生猪生产**

建议政府在疫情稳定后，积极采取多重措施帮助恢复生产。目前受疫情的影响，生猪养殖人工成本和防疫成本不断提高，银行业、饲料商都对疫情防控失去信心，银行停止对生猪养殖户的贷款，饲料商停止赊账，养猪户压力巨大。建议政府在养殖用地、栏舍建设、能繁母猪补贴等方面对养殖户提供帮助。

**（五）推动实现产业转型升级**

针对中小型养殖户单打独斗的生产发展模式存在的弊病，部分养殖户希望政府加强组织引导和牵线搭桥，让更多的养殖户加入大公司的产业发展链条，通过“公司+农户”的产业发展模式，提高抗风险的能力，推动养殖户积极恢复生产的同时，也能够实现生猪产业转型升级。

# 国家统计局南宁调查队

2019年，国家统计局南宁调查队（以下简称南宁调查队）在国家统计局广西调查总队的正确领导下，坚持以习近平新时代中国特色社会主义思想为指导，深入学习贯彻党的十九大精神，全面落实广西国家调查工作会议决策部署，紧扣“建一流‘首府调查’队伍，树权威‘国家调查’品牌”总目标和赵太想总队长“三高一好”目标要求，推动南宁首府调查事业高质量发展。

## 一、扎实整体推进，“不忘初心、牢记使命”主题教育有条不紊

一是组织封闭式主题教育集中学习，编印《主题教育应知应会知识读本》。二是队领导班子就解决本辖区本单位存在的突出、重大问题到基层开展调查研究16次，切实提出解决的办法措施。三是认真梳理“存量”问题，广泛听取意见建议，切实做到检视问题找准查实，落实8个方面专项整治。

## 二、落实品牌创建，推动“党建+业务”深度融合富有成效

一是队党组下发《关于向周伟明同志学习的决定》，强化党员先锋标杆引领示范，党员同志亮明身份搞调查，非党同志主动对标看齐。组织开展传统节日主题活动，参加市直机关多项文体活动，形成党工青妇一盘棋。

2019年6月3日，广西调查总队领导班子参加南宁调查队新办公场所搬迁揭牌

二是成立临时党支部和各县区党小组，开展“我是党员，向我看齐”“新时代讲习所”宣讲、“双评价”“传帮带”等活动。编撰《“绿城党旗红·调查数据真”党建品牌创建工作活动纪实（一）》获得一致好评，宁吉喆同志对本队开展党建品牌创建工作给予高度肯定。

## 三、创新工作理念，提升综合统计工作水平

### （一）调查信息报告工作上新台阶

南宁调查队坚持严抓优质服务，紧紧围绕南宁市稳增长、促改革、惠民生、防风险各项工作，密切关注社情民意，结合调查业务工作，深入基层开展调研，及时撰写分析，为各级政府领导科学决策、促进南宁市经济增长和社会大局稳定发挥了积极作用。2019年，南宁队共撰写调查信息117篇，调查报告17篇。据反馈，共获总队采用调查信息96篇、调查报告12篇，总分927.6分，位列全区市县队第一；共获市“两办”采用调查信息报告147篇次，在南宁市政府系统信息上报采用累计得分1425分，位居全市96个政务信息考核单位前列。

### （二）统计宣传工作成效显著

一是定期发布调查数据。2019年，南宁调查队在南宁主流媒体发布CPI、城乡居民收入、房地产价格等调查数据新闻通稿27篇，获自治区驻邕及市属主流媒体直接采用105篇次，有效发挥统计新闻宣传在提高统计能力、提高统计数据质量、提高政府统计公信力中的作用，为统计改革发展营造了良好舆论环境。

二是加强微信平台品牌建设。一方面是与媒

2019年6月27—28日，南宁调查队全体党员赴马山县开展“不忘初心、牢记使命”主题教育暨“七一”活动

体同步推送月度、季度和年度调查数据，深入开展数据解读，打造专业、趣味、知识性形象；另一方面立足本职，精心策划，面向调查队系统和社会公众发布工作动态、宣传统计调查文化，营造良好的舆论环境。2019年“南宁调查”共发布微信94期，其中获国家统计局官方微信“统计微讯”采用6篇，广西调查总队官方微信“广西调查统计”采用15篇，进一步提高南宁队微信公众号自身的传播力和影响力，实现统计服务功能和服务水平新提升。据“统计微讯”发布数据显示，2019年，全国统计系统活跃微信账号共计431个，“南宁调查”凭借推文质量及吸引力冲入了2019年全国统计系统微信账号百强榜单。

三是开展丰富多彩的“统计开放日”宣传活动。邀请主流媒体跟踪报道，刊发《文艺展演讲述风雨兼程70年》等多篇报道；在微信公众号上推出“中华人民共和国70年”“调查故事”；承办广西国家调查系统“向梦而歌·国家调查人”文艺展演等活动。通过系列活动，展现了南宁统计调查砥砺奋进、开拓创新的精神风貌，让社会各界走近统计

2019年9月21日，南宁调查队开展“不忘初心、牢记使命”主题活动

调查、理解统计调查、支持统计调查，激发南宁统计调查人进一步提升优质统计服务的精神。

### （三）打响“绿城党旗红·调查数据真”党建品牌知名度

一是邀请南国早报、南宁日报、南宁晚报、南宁新闻网等自治区驻邕及市属主流媒体记者跟访报走进调查队，跟访报道调查业务及党建工作，取得较好成效，在不同媒体分别刊发《国家统计局南宁调查队：促党建与业务深度融合为数据真实性保驾护航》《国家统计局南宁调查队打造党建品牌 提升调查数据质量》等报道，形成强势宣传，进一步提升南宁队影响力及公信力。

2019年9月21日，国家发展改革委副主任兼国家统计局局长宁吉喆（左二）参加南宁调查队“不忘初心、牢记使命”主题活动

二是在官方微信公众号开辟“党建品牌”专栏，推送《庆“七一”调查一线党旗分外红》《王洪琛赴基层开展“不忘初心、牢记使命”主题教育调研活动》《南宁队唱响〈我和我的祖国〉》《国家统计局南宁调查队创建“绿城党旗红　调查数据真”党建工作品牌活动纪实》等系列精美图文，全面营造宣传氛围。

### （四）充分开发统计调查资料

充分开发统计调查资料，满足不同服务对象的多样化需求，编印专报、月刊，积极研究编辑南宁调查年鉴等年度统计调查资料。

一是编印月度统计调查资料。为做好统计调

2019年9月25日，南宁调查队承办第十届中国统计开放日“向梦而歌·国家调查人”文艺展演

查资料的开发利用，打造“南宁调查”品牌，2019年共编印了《南宁调查》；特别是将《南宁调查专报》打造成服务党委政府的拳头产品，编辑《南宁调查专报》，积极为党委政府决策提供优质统计信息服务。

二是编印年度统计调查资料。2019年发行出版《南宁调查年鉴2019》、编印《南宁调查报告2018》《南宁调查资料2018》《南宁调查专报2018》《2014—2018年南宁调查课题》等统计调查资料，充分利用好、发挥好统计调查数据资源，为各级党政领导和社会搞好服务，及时、准确地提供信息服务于改革，服务于发展，服务于决策。

## 四、扎实开展统计法治工作，统计数据真实有保障

常态化深入学习《关于深化统计管理体制改革提高统计数据真实性的意见》《统计违纪违法责任人处分处理建议办法》《防范和惩治统计造假、虚弄作假督察工作规定》（以下简称《意见》《办法》《规定》）等文件精神，举办辖区市县队法治讲堂，发挥法律顾问作用，筑牢防范和惩治统计造假弄虚作假防线。“双随机”抽查、专项和重点执法检查多管齐下，加大统计违法案件查处工作力度，推进统计诚信体系建设。

2019年11月26日，南宁市市长周红波（右三）在广西调查总队总队长赵太想（右四）陪同下到南宁调查队开展“不忘初心、牢记使命”主题教育调研活动

# 国家统计局柳州调查队

2019年，国家统计局柳州调查队（以下简称柳州调查队）在国家统计局广西调查总队的正确领导下，在柳州市委、市政府的关心与支持下，以习近平新时代中国特色社会主义思想为指导，认真贯彻落实党的十九大精神和2019年广西国家调查队工作会议精神，认真谋划、狠抓落实，顺利推进各项统计调查工作。

## 一、奋力打造“党旗红·数据真”党建品牌，深入推进党建与住户调查业务深度融合

### （一）加强党建品牌与调查业务示范网点建设同部署同推进

在融水县古鼎村试点基础上，2019年9月在鹿寨县鹿寨镇大河村新增试点，进一步加大品牌创建力度，同时建立完善机制，指导各县区结合实际持续开展创建工作，发挥示范网点头雁效应，带动全市住户调查源头数据质量整体提升。截至2019年10月，全市已建立11个示范网点，覆盖五县五区；示范网点调查户电子记账率93.6%，比全市的83.9%高出9.7个百分点，记账笔数128笔/月·户，比全市的100笔/月·户多28笔。党建与调查业务融合的成效进一步凸显。

### （二）高标准、高质量开展“不忘初心、牢记使命”主题教育

组织全体干部职工开展学习“不忘初心、牢记使命”主题教育，统一思想，把握要求、明确目标，推动主题教育目标任务落地见效；发挥创新思维，挖掘创新方式，提高学习效果；深入基层、做实调研，防范工作风险、推进党建与业务融合，提高统计法律法规意识；对标查摆、找准问题，力求检视问题找全、找实、找准。

## 二、努力推进精神文明建设，国家调查队品牌效应进一步凸显

2019年，柳州调查队进一步推进文明单位创

2019年9月6日，柳州调查队在鹿寨县鹿寨镇大河村举行“党旗红·数据真”党建品牌暨住户调查示范网点揭牌仪式

2019年12月19日，柳州市常务副市长刘可（左一）听取柳州调查队专题汇报

建工作，坚持精神文明建设和业务工作“两手抓两手硬”，全力打造一支“阳光、上进、友善”的调查队伍，积极营造“风正、气顺、人和”良好工作氛围，树立国家调查队良好形象。多次举办“我们的节日”系列活动并获得丰硕成果。

## 三、学习强国，让爱国主义情怀激荡精神力量

以“中华人民共和国成立70周年”为契机，独立拍摄制作“我和我的祖国”主题活动微视频，在微信公众号发布并上报总队；与结对共建单位羊角山社区围绕中华人民共和国70周年主题开展系列主题活动；宣传中华人民共和国7成立70周年广西经济社会发展成就，围绕柳州农业生产、汽车制造业撰写2篇调查报告被总队采用，其中1篇被国家统计局内网采用；国庆节前后结合主题教育组织收看国庆庆典直播和学习习近平在庆祝中华人民共和国成立70周年大会上的讲话精神。

## 四、聚焦主业，全力推进服务型统计建设取得良好业绩

### （一）夯实基础，推进调查数据高质量发展

一是住户调查电子记账覆盖率稳步提升。全市住户调查电子记账覆盖率83.9%，其中分省样本电子记账覆盖率达到89.3%；二是首次在家电、文娱耐用消费品等类别推进电子扫描数据采集试点，目前，应用电子扫描数据采价的规格品约占总数的18.7%；三是各专业严格执行制度方案，加强培训和走访力度。年内各专业共开展业务培训15次，培训698人次，走访企业、基层348次，基础数据质量得到有效保障。

### （二）迅速部署，顺利启动各项新增重点调查工作

一是扎实推进房地产价格调查。主动与市住建局、房开商等部门和企业对接，确保调查工作扎实有序推进；二是按要求启动柳州固定资产投资价格调查工作。加强数据审核，从数据产生各环节入手，深入了解价格变动原因，提升数据质量。

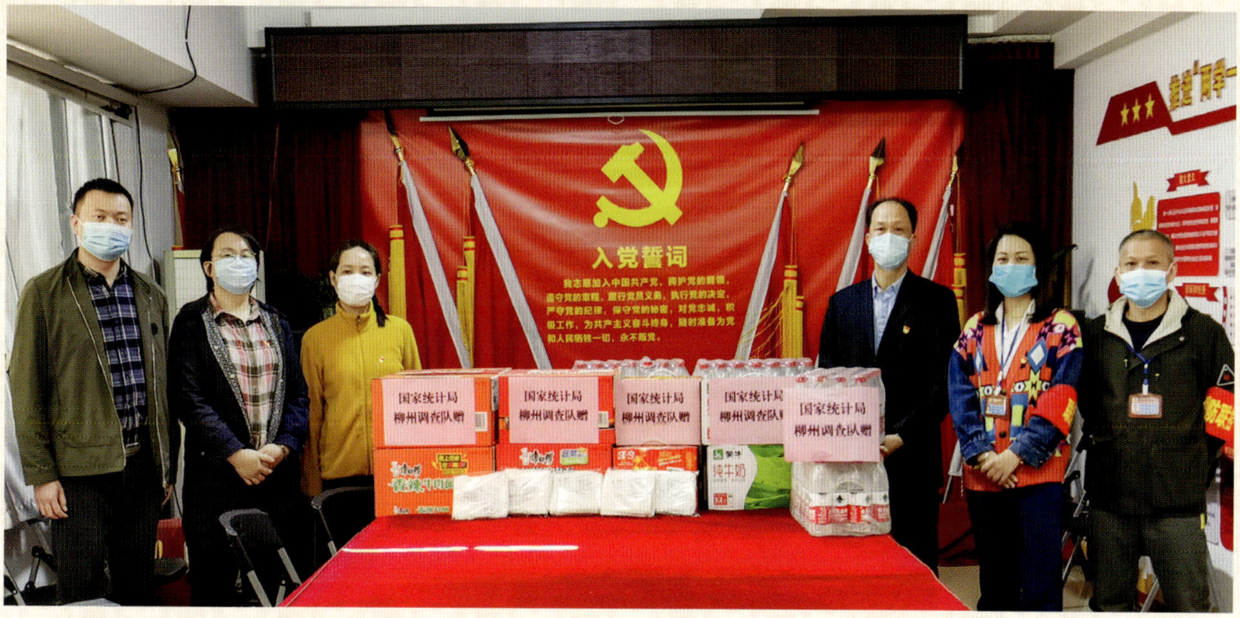


2020年2月24日，柳州调查队到社区进行慰问，向社区送上防护口罩、方便面、八宝粥、矿泉水和牛奶等慰问品

2020年3月26日，柳州市副市长朱富庭（左一）到柳州调查队走访调研

## （三）加强队伍建设，为高质量发展提供组织保障

一是多渠道多方面培养锻炼干部。2019年，2名科级干部提拔为易地副处级领导干部、提拔任用5名科级干部、9名干部职级晋升、交流转任干部3人、选派2名干部参加柳州市中青班培训、选派3名干部到总队跟班学习、争取到3名公益性岗位，队伍建设成效显著；二是注重学习，搭建干部教育平台。组织队员参加总队“微课堂”学习，到市委党校举办辖区能力提升专题培训班，年内选派319人次参加各类培训班72次，队伍素质全面提升。

## （四）加强调查研究，着力推进服务型统计高质量发展

截至11月14日，全队共编发调查信息、调查报告85篇，获广西调查总队采用59篇，其中1篇报告获国家统计局内网首页采用，获市“两办”采用56篇。政务信息工作取得突破。截至11月14日，共撰写政务信息166篇，广西调查总队采用141篇，其中17篇获国家统计局采用，创建队以来新高。因成绩较为突出，在总队办公室开设的“微课堂”中对全系统进行政务信息工作经验授课。

## 五、聚焦重点专项监督，压紧压实“两个责任”

一是围绕脱贫攻坚责任落实开展监督检查。党组纪检组到定点帮扶村实地走访，与驻村工作队员开展廉政谈话，落实中央脱贫攻坚专项巡视整改监督检查要求；二是开展公务接待和津贴补贴发放不规范及未经审批开展统计调查问题专项治理工作的监督检查，成立专项监督检查小组，对专项治理工作进行复查，确保了三项专项治理工作无遗漏、不留死角；三是有效开展统计法规和纪检监察联动核查，成立核查组，对5个主要调查业务开展数据质量联动核查，促进调查制度和业务规范落实到位，发挥纪检监督作用；四是认真组织开展领导干部配偶、子女及其配偶违规经商办企业问题专项整治和领导干部利用名贵特产特殊资源谋取私利问题专项整治工作，确保各项整治工作扎实开展取得成效。

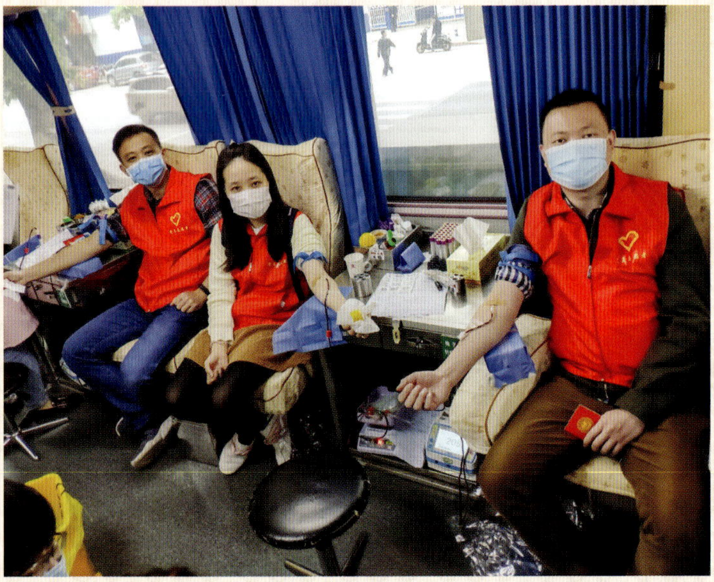

2020年4月17日，柳州调查队组织党员到结对共建羊角山社区开展“抗击疫情　党员先行”志愿献血活动

# 国家统计局桂林调查队

2019年，在国家统计局广西调查总队的正确领导下，在桂林市党委、政府的关心支持下，国家统计局桂林调查队深入贯彻落实广西国家调查工作会议精神，稳步推动2019年主要工作任务落实。

## 一、加强党的领导，把牢政治方向

### （一）打造特色品牌强化政治引领

1.精心统筹谋划。制定“党旗红·数据真”党建品牌第二阶段实施方案，制作“漓江党旗红·调查数据真”特色党建品牌标识，进一步丰富和彰显党建品牌内涵。

2.充分融合业务。“党建+住户”活动拓展为“党建+辅调员”“党建+记账户”“党建+县区住调办”，通过观红地唱红歌、结对子互帮扶、评优秀授匾额、亮身份树典型、讲党课忆初心的方式强化政治引领作用；开展“数海先锋·御空调查”的“党建+农业”活动，重走长征路，学习交流无人机应用；各专业充分挖掘先进党员调查对象先进事迹，开展“数海先锋行”活动。

### （二）抓好主题教育增强发展动能

1.主题教育快速扎实起步。制定工作方案、落实分工责任、细化工作安排，推动主题教育要求迅速落地。

2.各项工作稳步推进。对6个专题开展集中学习研讨，班子成员讲党课7次，邀请桂林市副市长黄加才为全队上主题教育党课；向桂林市直单位、县队等100多个单位征求意见，制作检视问题清单，含3个层面16个问题、38项措施，并立行立改，切实把检视问题和整改落实贯穿始终。

3.精心组织系列活动。用好本地红色资源，组织参观兴安县湘江战役纪念馆、飞虎队遗址公园、新建成的全州县红军长征湘江战役纪念馆，通过“上一堂红色党课、重温一遍入党誓词、进行一场战斗回顾，唱一首革命红歌，开展一次心灵碰撞”的“五个一”活动传承红色基因。

2019年7月18日，桂林调查队开展“数海先锋·御空调查”党建+农业活动

2019年10月31日，桂林市副市长黄加才为桂林调查队干部职工上专题党课

### （三）深抓党风廉政提供纪律保障

2019年，组织廉政活动20次，制作党风廉政建设“两个责任”落实情况记实手册，开展关键环节的监督检查25次；党组成员和县队一对一结对，年内两次到县队开展党建和党风廉政建设“两个责任”检查和调研，反馈问题、督促整改，助推整体水平上台阶。

## 二、庆祝70周年，砥砺发展之志

### （一）系列活动点燃爱国爱队之情

开展“庆祝中华人民共和国成立70周年·我们是共和国调查人”活动，开展知识竞赛、追寻先烈遗迹，登高望远唱红歌，感受爱国情怀。自导自演《调查颂》情景诗歌朗诵，展现桂林调查人砥砺前行、开创未来的精神面貌。

### （二）回顾调查历史转化高质发展动力

组织退休党员为年轻干部讲统计调查历史；将中华人民共和国成立70年来经济社会、人民生活、统计调查工作发展变化成果制作成10面展架，组织参观专人解说。

### （三）强化宣传彰显调查丰硕成果

专题报告《中华人民共和国七十年桂林市居民生活书写华章》刊登在《桂林晚报》专版，《砥砺奋进70载　居民生活翻新篇》《秩年七十民生兴　披荆斩棘砥砺行》获国家统计局内网采用。

## 三、牢牢把握核心，推动高质发展

### （一）提高数据保真能力

1.细化制度促落实。制定工业生产者价格调查、采购经理调查、市县区住户调查工作考评办法等4项制度，压实数据质量责任。

2.深入走访促扎实。采购经理190家企业走访面为92.6%，走访次数达233次；农业完成样方超200（个）次；住户调查访户全覆盖，电子记账开户率达86%，其中完全电子单轨记账率近80%。

3.创新培训促切实。细化培训，要求住调办人员跟班学习，侧重系统；对辅调员开展实操培训，侧重技巧；对记账户开展示范性培训，侧重细节。激发活力，工价采取实操演练、角色带入、典型发言、知识竞赛，收效良好。

4.细致审核促真实。房价专业借鉴车辆售前检验模式，制作房价数据检验单，设置4项一级项目和25项二级项目及检验标准；畜禽调查完善自制审核套表13个，有效减少县级数据差错率。

### （二）提升依法调查和统计宣传能力

完成7次“双随机”统计执法检查，将数据质量责任压实在基层一线；组织开展“统计开放日”现场宣传，设置咨询台、发放宣传资料、开展有奖

2019年10月23日，桂林调查队开展“不忘初心、牢记使命—忆峥嵘岁月、担时代使命”主题党日活动，支部书记现场上党课

2019年11月7日，桂林调查队走访住户调查记账户

问答、户外滚动播放统计法制宣传片，营造良好环境；借力“2019年桂林银行桂林马拉松”赛事开展统计宣传活动，向运动员和群众发放宣传读本、让参赛队员成为宣传“数据真实”的代言人，营造良好法治环境。

### （三）提升优质服务能力

2019年，广西调查总队共采用本队调查信息27篇，同比增加125%；调查报告15篇，同比增加143%，其中2篇被国家统计局内网采用；约稿信息42篇，同比增长31%；市两办采用25篇次，1篇获市长批示。

### （四）提升政务管理能力

1.完善制度机制。完善培训费管理办法、会议费管理办法、公务接待管理实施细则等10项制度。

2.政务信息优势凸显。2019年，政务信息总队采用164篇，同比增长43%；国家统计局采用14篇，近去年的5倍，排名前列。

### （五）提升队伍建设水平

2019年，选派人员参加全国、全区等培训班、工作组等11人次；轮岗4个科室负责人，遴选1名干部到总队工作；9月份迅速启动并完成了15名干部的首次晋升，激发干事创业的激情和动力。

## 四、改造主观世界，提升思想认识

### （一）加强学习教育，提升政治意识

2019年，共开展党组中心组学习17次，“三会一课”学习会议36次，重交流、提要求，切实增强政治意识。开展“科长讲堂”活动共7期，将学习交流主动权交给普通干部，产生示范带动作用。依托“桂林先锋”手机APP推送学习内容，定期安排网上学习和考试，进一步扩宽党员知识面。

### （二）推动奋勇争先，提升进取意识

10月份制定优质服务冲刺工作计划，激发干部写作积极性；完善文明科室评比方案，评比结果与年终考核相挂钩，激发全体干部职工奋勇争先热情。

### （三）强化精细管理，提升质量意识

全队月例会，科室周例会，通报工作完成情况，制定阶段性目标，领导班子带头，提要求、压担子，克服“交差了事”的懈怠意识。

2019年12月16日，桂林调查队赴社区开展统计普法宣传

# 国家统计局梧州调查队

2019年12月4日，梧州调查队到梧州市市政广场开展主题为“弘扬法治精神，全面依法治统”的统计法治宣传，提供统计法律法规咨询服务，市委书记全桂寿（右一）在梧州队宣传展位前指导工作

2019年，在国家统计局广西调查总队的正确指导下，国家统计局梧州调查队（以下简称梧州调查队）以习近平新时代中国特色社会主义思想为指引，深入贯彻习近平总书记关于统计工作重要指示批示精神，围绕年初制定的任务目标紧密部署、科学推进，党建业务有新亮点、优质服务有新举措、高质量发展有新突破、干部精气神有新提升。

## 一、以党建工作为引领，树标杆、呈亮点

2019年以来，梧州调查队精心构建党建工作的“经纬线”，以贯穿队党组、党支部、党小组、基层党员的“经线”激发党员干部的活力；以贯穿各调查业务、调查对象、结对共建点的“纬线”启动业务高质量发展的引擎，全面释放发展动能，不断提升“党旗红·数据真”品牌引领作用。一是结对创示范，难点变亮点，积极与全国文明村、扶贫村两委搭建结对共建平台，先后与调查网点、样本企业等12个党组织开展“追红色记忆·悟调查

2019年9月17日，梧州调查队在梧州市潘塘公园法治文化广场举办第十届“中国统计开放日”现场宣传活动，促进社会各界走进统计、理解统计、支持统计

2019年12月18日，肇庆调查队调研组一行6人在梧州调查队的陪同下，到梧州高新技术产业开发区进行实地走访，了解工业园区在建立区域合作、产业合作和产业承接转移方面的具体做法和先进经验

精神”等党支部结对共建系列主题活动，挂牌建成“党旗红·数据真”党建与调查工作示范点4个；二是“党建+1+3+5+30”，助力创先争优，通过一堂微党课、3名先锋、5个标兵、30个先锋网点，充分发挥党员示范引领作用，铺开“党建+”成效；三是红色情怀庆国庆，为庆祝中华人民共和国70周年，梧州调查队还举办了一系列庆祝活动，激发了队员的爱国热情：过好“我们的节日——国庆节”，每周一集体唱红歌，唱出爱国情感；借“统计开放日”舞台跳红舞《红旗飘飘》，跳出爱国情怀；两篇写出建国以来巨大成就的70周年成果分析报告获国家统计局内网采用。

## 二、以主题教育为切入点，学通透、抓整治

“不忘初心、牢记使命”主题教育开展以来，梧州调查队党组坚持按照国家统计局和广西调查总队党组关于主题教育的部署要求，聚焦主题主线，强力推进专项整治，掀起学习热潮。结合实际查短板、促整改，以解决实际问题，促进工作高质量发展为出发点，召开调研成果交流会，及时分析调研成果，充分交流探讨了制约调查事业高质量发展原因，形成检视问题和整改措施清单，有的放矢地同步推进检视整改。

## 三、以高质量发展为目标，夯基础、垒高墙

2019年，梧州调查队深入学习贯彻《意见》《办法》《条例》，聚焦问题主线，全力推动各项业务高质量发展。一是数据隐患排查有章有节；二是政务与优质服务再上台阶；三是制度完善助力提质；四是人才建设力度加强。

2019年12月26日，梧州调查队党支部与广西梧州双钱实业有限公司总支部委员会开展“党旗红·数据真”结对共建活动，创建了企业调查工作示范点，有效促进党建工作与调查业务深度融合

# 国家统计局北海调查队

2019年，在国家统计局广西调查总队和北海市委、市政府的正确领导下，国家统计局北海调查队（以下简称北海调查队）以提高数据质量为核心，以"党旗红·数据真"品牌创建为抓手，以开展"不忘初心、牢记使命"主题教育为推动，以全面从严治党治队为保障，坚决贯彻落实全国统计工作会议和广西国家调查工作会议部署，推动统计调查高质量发展取得明显成效。

## 一、党建多点发力，强力发挥红色引擎作用

### （一）全力推进，实现党建与业务深度融合发展

强化"党建+业务"建设，推进"一岗一点一支部"创建活动。通过在全市设立8个辅助调查员"党员示范岗"，在住户调查网点高德一居、侨中社区建立"党旗红·数据真"党建品牌建设住户调查示范点，成立北海市住户调查工作临时党支部、党小组等方式，以党员带动干部，以干部带动群众，纵深推进统计调查党群共建工作，进一步防范统计造假、弄虚作假，确保源头数据真实、准确。

### （二）党建引领，成功创获自治区级文明单位

深入开展"党建+创建"活动，着力推进精神文明建设，大力培育和弘扬社会主义核心价值观，通过道德讲堂、志愿服务、精准扶贫、爱国主义教育等活动，提高干部职工参与精神文明建设的积极性；通过开展廉政文化、节能减排、统计法律法规、文明礼仪等宣传，营造浓厚的文明氛围，进一步促进统计调查工作与文明单位创建两促进、双提质。2019年，北海调查队荣获第十七批自治区文明单位称号。

### （三）注重实效，深入开展"不忘初心、牢记使命"主题教育

以问题和目标为导向，加强组织领导，召开党组中心组学习和"不忘初心、牢记使命"主题教育集中学习18次，举办读书班、围绕学习开展交流

2019年6月26日，广西调查总队总队长赵太想到北海调查队开展"不忘初心、牢记使命"主题教育调研

6次。班子成员撰写交流发言、心得体会9篇，开展“不忘初心、牢记使命”主题教育走访调研16人次，形成调研报告7份。通过学习教育、调查研究、检视问题、整改落实，进一步促进领导干部增强“四个意识”、坚定“四个自信”、做到“两个维护”。

2019年10月26日，北海调查队开展“红色星期六”党员志愿者服务活动

## 二、弘扬爱国奋斗精神，多形式开展庆祝中华人民共和国成立70周年活动

广泛组织开展以“我和我的祖国”为主题的系列活动，激发干部职工爱国之情、报国之志。一是开展队领导干部带头讲党课活动，教育引导干部职工以更加强烈的自豪感、责任感和使命感投入统计改革发展事业之中。二是撰写2篇中华人民共和国成立70周年经济发展分析报告，用物价运行轨迹和城乡居民收入变迁，见证中华人民共和国成立70年来北海经济社会发展的成就。三是落实活动经费和人员保障，以舞蹈《丝路畅想》在第十届“中国统计开放日”文艺展演上展现了北海调查队开拓奋进的良好风貌。

## 三、以提高数据质量为目标，有序推进统计法治建设

**（一）全面规划，将学习教育贯穿始终。**制定年度统计法治工作方案，制定详实的学习计划表，使学习重大统计改革文件常态化。

**（二）统筹安排，加强统计执法队伍建设。**不断优化统计执法人员结构，强化实战技能，结合专业数据质量核查开展“双随机”执法检查，“以老带新”全方位提升统计执法综合能力。

**（三）强化宣传，提高公众统计法治观念。**以业务培训、调研走访和“9·20”“12·4”等为契机，开展统计法治宣传进企业、进学校、进社区活动，增强公众知法用法依法办事的法治观念。

**（四）规范执法，维护法治权威。**根据年度执法检查方案，开展纪检和法规双联动执行检查，切实发挥为统计数据质量保驾护航的作用。

2020年1月9日，北海调查队到南康镇黄丽窝村开展秋冬播粮食播种面积核查

2020年3月23日，北海市副市长欧余军（左三）带队到北海队开展农业农村调研座谈会

## 四、以提升服务水平为保障，稳步推进统计调查高质量发展

**（一）有力提升统计调查服务水平。**2019年北海调查队共编发调查信息81篇、调查报告13篇，其中：广西调查总队采用调查信息76篇、报告13篇，采用总得分889.8分，位列市级队第三名；北海市委市政府采用27篇次，采用量较上年增长107.7%；《北海日报》采用9篇报导，统计调查影响力进一步得到提升。同时，参加北海市优化营商环境调查问效检查，积极为地方服务；为在北海举办的全国和广西国家调查队系统各类培训班提供良好的后勤服务。

**（二）优化调查数据采集手段。**采购数据采集器150台，推动住户调查电子记账覆盖率达到83.5%。强力推进无人机遥感测量技术的应用，利用无人机调查遥感监测系统，为农作物播种面积及产量调查提供真实性、准确性、时效性保障。

**（三）改进统计调查方法。**顺应“互联网+”的发展趋势，CPI调查中扩大网采覆盖面，增加人工网络采价的基本分类和规格品，建立人工网络采价电子台账，有效提高采价效率和数据真实性。

2019年9月25日，北海调查队在广西国家调查队系统“向梦而歌·国家调查人”文艺展演上表演《丝路畅想》

# 国家统计局防城港调查队

2019年，国家统计局防城港调查队在国家统计局广西调查总队的正确领导下，真抓实干，创新作为，圆满完成各项目标任务，有效推动防城港国家调查事业高质量发展。

## 一、加强党的建设，有效推动党建工作向纵深发展

一是旗帜鲜明加强政治建设。深入学习贯彻习近平新时代中国特色社会主义思想和党的十九大及十九届二中、三中、四中全会精神，牢固树立“四个意识”，坚定“四个自信”，坚决做到“两个维护”。二是着力建强基层党组织。加强制度建设，建立完善党内规章制度，助推工作发展。加强班子建设，根据新“三定”方案，积极对接市直机关工委获批设置党支部专职副书记。加强党员教育，通过“三会一课”“学习强国”、主题教育等多渠道多载体推进学习教育落地落实。三是深入推进党建品牌建设。坚持品牌创建在机关、在调查一线的建设布局，全方位、多角度开展创建工作，评选一批“边海党旗红·港城数据真”住户调查党建品牌示范网点、党员示范户、标兵示范户，辐射带动住户调查工作全面提升。借助党建调研、主题党日、结对共建等形式，深入基层、各县区深入推进党建品牌建设，促进“党建+业务”深度融合。四是扎实开展“不忘初心、牢记使命”主题教育。落实主体责任，坚持学习教育、调查研究、检视问题、整改落实四项重点措施有机结合。组织集体学习12次，召开检视问题座谈会议2次，利用红色教育资源开展主题党日学习教育，组织开展视频学习、读书班等。领导干部带头深入调研，结合调查研究讲专题党课2次。认真检视问题，领导班子检视问题21条，制定整改措施23条，立行立改，确保检视问题到位、整改落实到位。

## 一、坚守初心使命，深情礼赞中华人民共和国成立70周年

围绕“六个着力”“六个强化”开展全年工作，重点推进队伍建设、统计改革、文明创建等，以崭新精神面貌庆祝中华人民共和国成立70周年。一是全面推进公务员职务与职级并行工作。严格按照要求开展公务员职级套转和职级晋升工作，晋升1名一级主任科员、5名四级主任科员，极大提振全队干事创业精气神。二是积极搭建干部成长平台。举办“我的专业我来讲”业务大讲堂，各科室干部职工逐一登台讲授各自专业，引导大家认真总结提炼经验，促进业务水平提升，促进互相借鉴、互通有无。组织全体干部职工赴武汉大学参加全市统计系统综合素能培训班，增长业务知识，提升业务素质。三是积极举办宣传教育活动。联合市统计局、民革市委面向群众举办“庆祝中华人民共和国70周年暨第十届中国统计开放日联欢晚会”，讲好“中国故事”和“统计调查故事”。组织参观爱国主义

2019年9月20日，防城港调查队开展第十届统计开放日活动

2019年10月21日，防城港调查队深入上思县叫安镇平江村扶贫点开展消费扶贫活动

教育基地、学习优秀传统文化、道德模范事迹等，大力弘扬社会主义核心价值观，礼赞伟大祖国。四是大力推进文明单位创建工作。完善创建工作机制，举全队之力推进创建工作常态化全方位高质量开展，有效提升精神文明建设成效，创建工作取得阶段性进展，2019年，荣获防城港市第十四批文明单位称号。

## 三、坚持真抓实干，积极推进调查事业高质量发展

一是加强调查业务基层基础建设。印发《国家统计局防城港调查队调查数据综合管理工作规范》《关于做好统计造假专项整治工作的通知》等文件，严格业务规范管理要求，强化全域全员全程数据质量控制。二是创新探索农业调查数据采集电子化。完善“e桂农”农业抽样调查数据电子采集平台研发，在主要畜禽监测调查、农产品价格调查中投入使用和推广，促进数据采集上报全程电子化，有效提高调查工作效率和源头数据质量。三是加大后勤保障力度。对居民消费价格调查手持数据采集设备和通讯服务进行了更新配备；购置了1套异地交流干部周转住房；加强向市政府请示汇报取得有力支持，市政府给予在预算外追加工作经费30万元，有效缓解电子记账和新增房价调查业务经费困难。

## 四、强化全面整治，夯实依法治统从严治队基础

一是加强主观世界改造，破除制约改革发展思想障碍。加强政治理论学习，强化理论武装，制定党组理论学习中心组学习计划、全队学习计划并抓好贯彻落实，既抓好“关键少数”，也重视“大多数”的思想改造，确保全队思想和行动统一到党中央关于统计工作的重要决策部署上来。二是树牢质量意识，讲究精益求精。根植高质量发展理念，严格对照“四个不强”认真检视问题和整改落实，

2020年2月25日，防城港调查队积极参与针对新型冠状病毒疫情的联防联控工作

着力整治工作质量意识不强的问题，扫除“差不多就行”“一般就好”“小成即满”思想，在全队组织开展目标管理考核交叉检查，互查互评，互学互帮，共同提高。三是持续推进作风建设。切实增强纪律规矩意识，党风廉政建设“两个责任”落实到位，严肃整治形式主义、官僚主义，组织落实公务接待和津贴补贴发放不规范及未经审批开展统计调查问题专项治理、公务用车管理违规问题自查整改，深入开展统计造假专项整治、不担当不作为问题专项整治等。

2020年3月18日，防城港市委副书记廖立勇（右一）到防城港调查队调研国家调查工作情况，与防城港队领导班子深入座谈

# 国家统计局钦州调查队

2019年，国家统计局钦州调查队（以下简称钦州调查队）在国家统计局广西调查总队的正确领导下，在钦州市委、市政府的关心支持下，认真落实全区国家调查工作会议统一部署，精心组织推进国家调查工作高质量发展，全力打造"党旗红·数据真"党建工作品牌，深入开展"不忘初心、牢记使命"主题教育，团结带领全体队员攻坚克难，担当作为，圆满完成全年各项工作任务。

2019年5月22日，广西调查总队副总队长王洪琛（左二）到钦州调查队调研指导工作

## 一、始终坚持把政治思想建设摆在首位，确保思想和行动的高度统一

通过定期召开全体会议、理论中心组学习会议、学习研讨交流会议、读书班、学习强国比一比等方式，深入学习贯彻习近平新时代中国特色社会主义思想和党的十九大、十九届二中、三中、四中全会精神以及习近平总书记关于统计工作指示批示精神、统计法律法规、全区国家调查工作会议精神。全年组织科级以上干部党员讲党课12次，向每名党员发放理论学习书籍10册。

## 二、始终坚持聚焦调查职能，确保高质量完成各项调查任务

严格执行调查方法制度和业务流程规范，按时保质圆满完成2019年度住户收支、劳动力、居民消费价格指数、主要畜禽监测等15项调查工作。住户调查、农业遥感测量、劳动力调查、消价调查等4项工作在全区会议上作了经验介绍。全市电子记账普及率从上年的74.8%提高到81.8%，户均记账笔数从上年的94.9笔提高到111.6笔。主动与市统计沟通对接，实现粮食畜牧业统计调查数据归口管理工作顺利交接。全年对外发布信息68篇次，其中微信公众号51篇，地方主流媒体平台17篇。统计调查传播频率明显提高，传播覆盖面进一步扩大。帮扶村巩固了整村脱贫成果，帮扶户新增5户脱贫，17户帮扶户全部成为脱贫户，帮扶成效通过了层层检查验收确认。

## 三、始终坚持夯实法治基础，确保依法治统工作水平不断提升

常态化组织学习《意见》《办法》《规定》等重大统计改革文件13次，印发《统计法条例》等规章制度全文资料70多份给每名队员，督促全体队员自觉学法、懂法、用法。结合统计月报、季报、年报以及专业培训会，开展统计法治培训和宣讲11次，增强统计调查对象统计数据真实性的担当意识和责任意识。通过本队官网、专业调查QQ群或微信群、微信公众号等平台，及时发布最新的统计法规信息和宣传精品13次（件），提升统计法治宣传效果。全年开展"双随机"执法检查4次，检查企业6家，完成全年执法检查工作任务，切实为调查事业保驾护航。牵头举办庆祝中华人民共和国成

2019年5月15日，钦州调查队到钦南区黄屋屯镇指导培训记账户

立70周年暨第十届“统计开放日”文艺晚会，晚会重点进行了统计普法宣传，本队原创小品《不多不少》也得到群众普遍好评，现场发放统计法治资料500多份。

## 四、始终坚持强化党建引领，确保党建和业务融合步伐加快

### （一）抓实四项固本强基举措，将“党旗红·数据真”党建品牌从党内到党外、从机关到基层，由内向外、自上往下推动落实

开展“党群1+1”活动带强队伍。全体在职党员与非党干部、聘用人员进行“1+1”结对子传帮带，当好党外人员的思想政治引导员、调查业务教导员、信息服务指导员，党建对各项工作的统领作用得到增强；“支部建在专业上”扩强战斗堡垒。在党员辅助调查员人数比较多、集中活动比较多的住户调查专业建立临时党支部并以县区为域划分4个党小组，以党小组为活动主体开展具有专业特色的党建活动，为党建品牌创建增添亮色。

### （二）开展两项党员讲课活动，促进党员思考工作、分享经验，当好思想政治和调查业务的践行者、传播者

开展“业务大讲堂”活动，发挥党员业务标兵引领作用。组织开展“骨干党员上党课”“业务大讲堂”“岗位大练兵”活动，队领导和科室党员骨干分批分享工作经验、理论收获。讲课评分列入年度创优评星考评体系，培育了全队上下学理论、钻业务良好风气；开展“我是党员，我来讲记账”初心讲堂活动，发挥党员调查对象示范作用。把党建品牌建设延伸进村委、社区，组织优秀的党员记账户在各自调查点培训会上分享自身记账初心、记账经验和心得体会，让党员记账户自我激励和示范带动做好住户记账工作。

2019年9月20日，钦州调查队在第十届中国统计开放日文艺展演上的城乡住户调查法制小品《不多不少》剧照

### （三）突出抓“关键少数”，“关键少数”突出抓，扎实有序推进主题教育开展，得到国家局巡回指导组肯定

国家统计局第一巡回指导组巡回指导时，认

2019年8月8日，钦州调查队举办“钦州党旗红，调查数据真”党建品牌创建工作暨住户调查业务培训班

为钦州调查队领导高度重视主题教育，工作抓得紧、做得实、亮点多，通过主题教育，干部精神面貌好，效果非常明显，达到中央要求。第一批主题教育开展时，钦州调查队党组紧跟开展学习和整改，提前营造氛围、超前谋划准备，达到思想认识到位、学习教育早开展、问题整改早落实的效果。以“个人主讲、轮流领学、集体朗诵、个人自学”四结合学原文读原著，提高学习兴趣；“规定书目、跟进选学、本土资源”三结合，邀请钦州地方党史专家讲党史，邀请本队退休老干部党员讲钦州统计史，丰富学习内容；“听、看、读、讲、写、做”六结合，强化学习效果。组织全体党员开展“讲述我的三个小故事”活动，用自身经历和身边人身边事强化正向激励、自我激励。

2019年10月29日，国家统计局第一巡回指导组指导钦州调查队开展“不忘初心、牢记使命”主题教育

### 五、始终坚持教育管理，确保了干部队伍风清气正

建设本队廉政文化长廊，营造环境潜移默化育人；每逢重大节日督促纪检组通过短信、Q群、微信群发送廉政提醒预警育人；每逢工作协商都提醒有关人员注意作风纪律，每有典型案件通报及时组织学习。年内全队12次党课，有5次是廉政专题；共组织辖区市县队干部职工开展廉政教育、革命传统教育等活动12场次，240多人次参加活动，使队员知敬畏、存戒惧、守底线。组织学习《意见》《规定》《办法》等重大统计法规文件，增强调查员、辅助调查员、调查对象的法律意识和风险意识，切实把统计调查工作抓细做实，预防统计造假、弄虚作假。扎实开展“统计造假、弄虚作假问题”“公务接待和津补贴发放不规范及未经审批开展委托调查”等8项专项整治工作，对这8项专项整治工作实行边学边查，已发现的问题及时改，新发现的问题及时列入清单，以钉钉子精神一项一项加以解决、突出问题重点改、举一反三深入改。

### 六、始终坚持常抓长严，确保了党风廉政建设责任落到实处

明确2名党组成员分管联系2个县队的党建和党风廉政工作，不定期深入县队检查指导党风廉政建设工作和调查业务数据质量，对县队领导班子进行经常性的督促、提醒，做到抓细、抓早、抓实，将落实“两个责任”压力传递到县队。纪检和财务每季度通过电话询问或现场核实方式对现金发放调查费用和发放宣传物品进行随机抽查核实，全年抽查核实30余人次；认真落实廉政审核和廉政审查工作，全年认真审查核实干部9人次；纪检监察干部参加队采购小组会议，监督本队物品采购全过程，确保合法合规；纪检组加强制度执行的监督落实，对违反队内管理制度的人员进行提醒教育，并将遵守纪律情况作为年终评优评先依据；督促要求党员领导如实报备婚庆宴请情况，严格按相关规定举行。

2019年8月23日，钦州调查队组织全市统计调查干部到钦州监狱开展“不忘初心、依法统计”警示教育活动

# 国家统计局贵港调查队

2019年8月22日，国家统计局城市司副司长陆奉昌（中）率联合调研组到到贵港开展水运市场调研

2019年，国家统计局贵港调查队在国家统计局广西调查总队和贵港市委、市政府的正确领导下，深入学习贯彻习近平新时代中国特色社会主义思想、党的十九大精神，贯彻落实全区国家调查工作会议精神，围绕“三强化三树立”工作思路，积极进取，开拓创新，高质量完成了全年各项工作任务。

## 一、全面加强党的建设，巩固良好政治生态

深入推进“党旗红·数据真”党建工作品牌创建。坚持“党建引领理念”“数据真实性理念”，党建与业务工作统筹部署、协同推进。开展“共产党员先锋岗”评选、“季度写作标兵”“金牌专业”“岗位技术能手业务比武”评比等活动，培养一批“共产党员先锋岗”和党员业务标兵，充分发挥先锋模范作用；开展组织生活严实硬、志愿服务树形象、服务发展当先锋、扫黑除恶我先行等特色主题党日活动11次；组织开展党员到社区“双报到”服务群众、卫生清洁净家园，与部分调查企业开展党建和业务融合共建等活动；在住户调查、农产量调查、价格调查、月度劳动力调查专业中评选出8名党员辅调员和3名党员记账户为“统计调查党员示范点”，充分发挥示范带动辐射作用；为党员过“政治生日”，重温入党初心，增强党员意识；及时增补支部委员，充实支委力量；严格执行“三会一课”、组织生活会、民主评议党员等制度推进党内生活规范化，做好党员星级量化考核工作。

2019年9月19日，广西调查总队副总队长杨锡虹（中）带队到贵港市安居市场调研猪肉价格及供应情况

2020年4月20日，贵港市委书记李新元（右二）到贵港调查队开展调研指导工作

## 二、推进统计改革创新，高质量完成各项调查工作任务

继续深化统计管理制度改革，统筹谋划，精准施策推进各项工作任务。采取分类指导、逐步推进、突出奖励的办法推进住户调查电子记账工作，全市电子记账率达82.6%；加强基础工作检查指导，不断提高数据质量；制定《贵港市住户调查业务“市管县”工作试点实施方案》及配套工作制度，推动试点工作稳步开展。组织贵港辖区调查队无人机驾驶员集中训练，提高无人机操作能力，实现辖区农作物面积调查所有样方飞行全覆盖，提升无人机在农业调查应用水平。通过“注重样本核实、注重培训制度、注重指标深化、注重核实反馈”深入开展采购经理调查，提供精品企业调研信息。坚持新调查样本、企业统计人员变动、数据异常“三必访”，确保真实反映地方物价水平和走势。加大对基础工作检查力度，加强风险防控，筑牢调查基础，提高数据质量。

## 三、深化法治建设，筑牢依法治统根基

法治教育培训多形式全覆盖。党组中心组每季度集中学习统计法律法规，开展全队统计法治集中培训8次；坚持业务会议、日常访户、调研检查等同步普法，实现调查业务法治培训“全覆盖”；抓住“12.4”“12.8”等重要节点加强法治宣传，进一步扩大法治宣传范围。强化执法监督检查，提高数据质量。1名干部通过统计执法资格考试，组织辖区执法骨干勇夺广西调查队系统统计法治知识竞赛第一名；印发《统计执法监督检查办法》，组织辖区执法骨干开展联合执法检查，完成4次统计执法“双随机”抽查、1次住户专项执法检查和2次规范化检查。

## 四、加强调研分析，提升优质服务水平

贯彻考评机制，坚持评选通报季度写作标兵，评选结果纳入年度考核、竞争上岗，切实提高优质服务积极性。加强调研分析，提升优质服务水平。依托国家调查任务，瞄准总队、地方党委政府信息约稿要求，有计划有组织深入开展调研分析。2018年12月至2019年11月，贵港调查队得到广西调查总队采用的调查信息(含约稿)和调查报告96篇，采用篇数排全区市级队第一，采用总分排在全区前列，其中：调查信息(含约稿)采用81篇，调查报告采用15篇。得到国家统计局内网采用调查报告2篇，区“两办”采用调查信息1篇。报送贵港市委市政府信息报告93篇，积极向《中国信息报》《贵港日报》《贵港工作》等新闻刊物报送新闻通稿40篇，获《中国信息报》采用2篇，获《贵港

2020年5月17日，贵港调查队到港南区瓦塘镇查看广西佳品有限公司新建养殖场

日报》采用3篇。拓宽宣传渠道，提高统计调查影响力。利用“贵港调查”公众号推送或转发住户收支、CPI等数据信息宣传稿89篇；向地方相关部门公布《贵港调查简讯》12期，《贵港调查季度资料》4期，调查专报78期，公开出版《贵港调查年鉴2019》。

2020年1月9日，贵港调查队开展义写春联送祝福暨党建+业务融合发展主题宣传活动

# 国家统计局玉林调查队

2019年，国家统计局玉林调查队（以下简称玉林调查队）在广西调查总队的正确领导下，认真学习贯彻习近平新时代中国特色社会主义思想和全面贯彻党的十九大和十九届二中、三中、四中全会精神，始终拥护并坚决执行总队的各项决定，贯彻落实2019年广西国家调查工作会议精神，不断增强“四个意识”，团结带领全队干部职工锐意进取，真抓实干，狠抓落实，有序地推进各项工作。

## 一、党建引领，助推统计调查高质量发展

### （一）多形式加强党建基础工作

按时开展“三会一课”，召开支部组织生活会、民主生活会，开展支部联建促发展、传统革命精神教育、参观廉政警示教育基地等12次主题党日活动，规范缴纳党费，吸收积极分子1人，加强党员管理教育；通过增设党建办、布置新党员活动室，进行支委改选，选优配齐支委班子，提拔骨干担任党支部专职副书记，及成立三个党小组，进一步落实党建基础工作。

### （二）开展好“不忘初心、牢记使命”主题教育

领导班子集中学习研讨12次、调研22次，上党课5次；召开对照党章党规找差距专题会议，班子及成员检视问题33条、提出整改措施42项，已落实23项；完成基层党组织软弱涣散、违规公务接待和发放津补贴等专项整治工作；组织到广西华原公司学习第一批主题教育先进经验；充分利用当地红

2019年7月9日，玉林调查队党员干部到仁东镇沼心村开展“党旗辉映田野别样红，农业牢抓源头数据真”主题党日活动

色资源，开展特色主题党日活动，激发党员干部守初心、担使命的强烈意识，结合实际工作找准差距、抓好落实，稳步推进各项调查业务、提升调查数据质量，高质量推动主题教育取得实效。

### （三）党群共建，提升党建引领水平

开展“党建+X”系列活动，如到调查点开展“党旗辉映田野别样红，农业牢抓源头数据真”主题党日活动、“党建+住户调查”示范点创建主题活动，坚持示范带动，发挥“党建+业务”的辐射引领效应；提高党员辅调员比例，如农产量调查专业辅调员均为党员，调查工作质量明显提高。积极创建文明单位，参观学习全国文明单位创建经验，安排干部到市文明办跟班学习，细化分工、全队共建，8月30日，获评获“玉林市文明单位”。

2019年7月21日，玉林调查队到采价网点金城商厦调研

## 二、组织系列活动庆祝新中国成立70周年

组织干部职工收听收看习近平总书记在庆祝中华人民共和国成立70周年大会上重要讲话，党组书记上“重温广西调查队统计史，牢记初心使命”主题党课，组织辖区力量编排《光彩艳丽70年》情景诗朗诵节目参加广西国家调查队系统中华人民共和国70周年主题文艺展演，参观广西革命文物展，加强爱国主义教育，充分调动和激发干部职工干事创业积极性。

## 三、解放思想，开拓进取，推动调查事业高质量发展

深入学习习近平总书记关于统计工作重要讲话和指示批示精神和中央《意见》《办法》《规定》，切实把握高质量发展的核心任务，结合工作实际开展解放思想大讨论活动，解决制约高质量发展的思想认识问题，推动各项调查工作高质量发展。

### （一）积极推进电子记账工作，抓牢住户调查数据质量

截至10月底，玉林调查队负责的分省样本电子记账开户率达89.3%。全市8个县区全部实现调查网点电子记账全覆盖，1020记账户的电子记账开户率达80.1%，超额完成目标任务。结合工作实际，开展“‘党旗红·数据真’住户调查基层行”行动，建成樟木社区“党旗红·数据真”住户调查示范点，并对示范点及示范户进行授牌。

### （二）关注民生热点，深入开展非洲猪瘟调研

与农业农村局、生猪大县联合调研4次，多次与养殖户座谈，并增开生猪大县业务培训会。访户达52次，形成调查报告3篇，其中获国家局采编1篇，上报总队及为市委市政府提供调研信息材料10篇。

### （三）创新工作思路，建立劳动力调查联合陪访机制

整合辖区劳动力调查资源，明确分工、密切协作，发挥市县队专业人员积极性和创造性，提高辖区劳动力调查工作效率与调查数据质量。

## 四、加强队伍建设，为高质量发展提供人才保障

择优提拔任用2名正科干部和3名副科干部，

2019年8月1日，玉林调查队到玉林市中医药健康产业园开展工业园区土地撂荒约稿调研

轮岗6名干部职工，落实职务职级并行工作，完成职级套转及首次晋升工作，首次职级晋升6名干部；组织集中学习及派人参加各类培训，到先进队开展交流学习；组织玉林辖区队伍，通过刻苦训练，提升业务技能，荣获2019年广西国家调查队系统农业调查技能竞赛集体三等奖，个人二等奖、三等奖，个人业务标兵等奖项。

## 五、提升服务水平，加强法规工作

年内召开三次优质服务联络员队伍经验交流会，每月通报，鼓励先进、督促后进。全年政务信息获国家统计局采用4篇，广西调查总队采用127篇；调查信息获广西调查总队采用72篇，调查报告获总队采用11篇、国家统计局采用3篇，采用得分844.6分，向地方党委政府报送信息16篇，提供优质高效的统计分析服务。规范对外提供数据，深入调查点开展执法检查及进行统计法治宣传，举办4次统计法治讲堂，在2019年广西国家调查队系统统计法律法规知识竞赛中荣获二等奖。

## 六、落实“两个责任”，加强党风廉政建设

召开2019年玉林辖区国家调查队党风廉政建设工作会议，定期开展廉政谈话；年内开展5次党风廉政理论学习，7次典型案例警示教育分析会，并组织参观玉林市检察机关廉政教育基地，坚持节前提醒、节后报告，筑牢干部廉政思想防线；每月不定期抽查3次纪律，工作作风取得明显转变。

2019年12月9日，玉林调查队到樟木镇开展住户调查低收入、低消费风险户访户核实

# 国家统计局百色调查队

2019年，国家统计局百色调查队（以下简称百色调查队）在国家统计局广西调查总队的正确领导下，以习近平新时代中国特色社会主义思想为指导，深入贯彻落实广西国家调查工作会议精神，努力推动统计调查事业高质量发展。

## 一、聚焦主题主线，全面深化党的建设

**（一）高质量高标准推动主题教育开展。**通过“坚守统计初心，践行时代使命”“追寻红色足迹，践行时代精神”等主题活动；组织党员干部参观“不忘初心、牢记使命——广西党组织成长的光荣之路”主题展览；学习百色优秀青年干部黄文秀同志先进事迹；组织党员干部到红色基地百色起义纪念碑、百色起义纪念馆、邓小平手迹碑林参观学习，讲好“百色故事”，传承红色基因。

**（二）多角度多维度推进“革命老区党旗红·国调先锋保数真”品牌建设。**一是“先锋评比促优”。开展党员“亮身份、亮标准、亮承诺”和“党员先锋科室”“党员先锋岗”评选活动，激励党员干部立足岗位，创先争优。二是党建+业务互融共推。组织辖区调查队到百色起义的策源地—田东县开展以“党旗红发扬革命老区精神，数据真扎实做好农业调查”为主题的农业调查技能培训活动，邀请老农调党员讲述“农调百色故事”。组织全体干部职工、住户调查记账户和CPI调查网点党员代表开展“不忘初心、牢记使命”主题教育暨庆祝新中国成立70周年观影、齐唱红歌颂祖国等活动。三是调查一线树“红旗”。发挥党员辅调员、记账户先锋模范的示范带动作用。及时公布党员辅调员工作完成情况、优秀党员记账户的账页填写情况、账页上交时间等，安排党员记账户代表讲述记账心得体会，向党员记账户颁发住户调查党员先锋记账户奖杯。

## 二、质量立队，不断提高调查数据真实性

常态化深入学习《意见》《办法》《规定》等文件精神，“双随机”执法检查、纪检法规联动数据质量检查多管齐下，加大数据质量核查力度，为数据质量保驾护航。年内组织开展三次农业调查业务培训暨统计法治宣传，开展两次农业调查技能集训；加强对县（市、区）住户调查的监管，积极促进居民增收，联合市住调办成员单位到县（市、区）开展城乡居民收入工作督导；逐个建立分县（市、区）的业务讨论组，邀请县（市、区）业务分管领导入群，反馈、核实抽查平台和实地发现的具体问题，解答疑惑与误区；制定劳动力调查辅调员量化考核方案，按月考核完成任务、实地入户采集数据、数据录入出错等情况，并将考核结果作为奖励依据。价格调查从及时性、完整性、查询回复、参加业务培训情况、保密工作、依法统计等方面按月对采价员进行量化考核。在保障信息安全和企业商业秘密的基础上，用先进企业的台账及三级签字存档的报表作为培训示范教材，提升培训实

2019年6月21日，百色市周异决市长（前排左二）带队莅临百色调查队检查指导工作

2019年7月3日，百色调查队乔迁新办公职场揭牌仪式

效；推行温馨提示卡，敦促依法统计、助推日常催报工作，卡片底端添加百色调查队的微信公众号二维码，增加企业对统计调查工作的关注度。

## 三、主动服务，唱响调查“好声音”

组织拍摄两部由百色调查队工作人员自编自导、本色出演的统计法治暨电子记账宣传片，并在百色电视台播出；利用公众微信号定期发布数据和开展统计法治宣传。自主拍摄由队员本色出演的《5毛钱也不能多》《工价报表事件》等微视频情景剧，寓教于故事，寓学于情景，让依法统计、数据真实的理念“润物细无声”。将原有《工作简讯》升级改版为《百色调查》，增加统计法治宣传版块，进一步扩大统计法治宣传覆盖面；分别经费支持并参加调查网点—百色市右江区的四塘镇社马村、汪甸乡汪甸村开展民族传统文化文艺表演和歌圩节活动，在参与活动中结合开展法治宣传、大力营造统计调查诚信环境。努力打造调查服务精品，2019年百色调查队信息报告采用得分897.6分，在14个市级队中位列第二。

## 四、配优配强，发展汇聚新动能

增强政治自觉和行动自觉，扎实开展巡察整改，三项清查、公务用车清查及后续整改，促进各项工作扎实有效开展。积极向市政府争取改善办公环境，搬入新址办公，比原有面积增加一倍，办公及业务用房紧张状况得到改善。严格落实新“三定”规定，及时完成科室及人员调整，落实好人员职责分工。安排一名干部到总队挂职。根据工作需要，择优选拔优秀青年干部，年内提拔副科级领导干部4名。定期公布政务信息撰写采用情况，评选“每月政务之星”“上榜科室”；配发科室事务提醒牌，加强跟踪落实；组织有关人员参加涉密人员岗位技能培训，进一步增强保密工作水平。与百色学院合作建立政校合作实践教学基地，年内安排两

2019年10月10日，百色调查队赴扶贫点开展“不忘初心使命、精准扶贫脱贫”主题教育活动

批共16人次实习生参与专项调查等工作，统计调查事业发展汇聚新力量。

### 五、风清气正，党风廉政明责任

3月8日，组织辖区调查队召开党风廉政建设工作培训会议，在加强辖区调查队党员干部廉政教育的同时，对辖区县队的纪检监察员开展培训，提升业务素养。8月1日，召开上半年百色辖区调查队纪检监察工作汇报会，市县队领导班子成员汇报半年履行党风廉政建设工作情况，党组书记开展集体廉政谈话。派出纪检监察督导组到辖区县队开展党风廉政建设工作落实情况督查，通过开展廉政谈心谈话、听取汇报、查阅资料等方式，加强对县队党风廉政建设工作的督查，当场指出存在的问题和不足，要求各县队整改提高，不断深化市队纪检组监督责任，切实形成有效监督压力，不断提高监督效果。

### 六、担当作为，吹响脱贫“进军号”

8万余元，努力为帮扶村2019年整村脱贫出列贡献百色国调力量。组织干部到结对帮扶村—靖西市武平镇仙奉村开展清洁乡村、异地搬迁等志愿服务活动，2019年百色队3人获得靖西市2018年度脱贫攻坚工作“突出贡献个人”称号。

2019年10月30日，国家统计局第一巡回指导组到百色调查队指导开展“不忘初心、牢记使命”主题教育活动

# 国家统计局贺州调查队

2019年，国家统计局贺州调查队（以下简称贺州调查队）坚持以党的政治建设为统领，以强化基础为抓手，以服务经济高质量发展为使命，扎实开展“不忘初心、牢记使命”主题教育，认真完成各项调查工作任务。

2019年7月10日，广西调查总队副巡视员邱洪刚（右三）到富川县调查户调研座谈

## 一、党建融合模式，推动党建特色品牌建设

一是党组专题研究“党旗红·数据真”特色品牌创建工作，落实“一岗双责”，把党建意识融入每个党员、把党建要求融入每个科室、把党建思维融入每项工作。二是优化和发挥党小组作用，将政治理论学习与业务培训工作同部署。三是开展基层党组织结对共建。2019年党支部与贺州学院数学与计算机学院教师第一党支部开展结对共建，加强机关、高校之间的科研合作与人才培养；与广西调查总队第六党支部综合处党小组开展结对，以党建为抓手，创建贺州队“党旗红·数据真·服务优”党建工作子品牌。四是开展“党建+业务”主题活动。通过“党建+住户调查”“党建+农业调查”等主题活动，推动调查工作水平和调查数据质量双提升。五是围绕“六个融合”创新开展“党旗红·数据真”党建工作品牌建设，全力推进党建工作与调查业务、脱贫攻坚、优质服务、人才培养、社会职能、信息技术等六项工作在内涵、外延等方面进行深度融合。

## 二、高质量推进第二批“不忘初心、牢记使命”主题教育

一是创新学习方式。开展“我是党员，我为国家调查添风采”“我的调查故事”“读书分享会”等主题党日活动，以“党员自己说，大家谈体会，领导做点评”的方式悟初心、忆初心、守初心。二是深入基层开展调研。党组坚持问题导向，深入基层调研，提出“调查网点支部共建提高数据质量”“高校党建联合共育人才”等改进工作思路和方案。三是对标对表狠抓短板提升。对年初全年工作目标，主题教育整改清单表，一一对照进行整改落实。四是高度重视检视问题和整改落实。紧密结合统计调查工作和国家调查队实际，系统梳理存在问题，深入开展“五查五改”，有针对性解决“四个不强”问题，切实提高第二批主题教育效果。

2019年8月14日，贺州调查队到里松镇三凤村检查住户基础数据

2019年8月29日，贺州调查队到企业进行执法检查，并宣传统计法律法规

## 三、加强统计法治教育，提升依法治统水平

一是加强学习。将《意见》《办法》《规定》等统计法律法规融入党组会、党员大会等学习议题当中，反复学习领会。二是加强宣传。在各业务培训会和专业年报会上、"贺州调查"微信公众号、统计开放日文艺节目展演和展板加强统计法治宣传和警示教育。三是增强统计执法力量。派出业务骨干参加统计法律法规知识竞赛，并荣获三等奖。四是配备齐全执法设备。购买了执法记录仪、便携式打印机等执法设备，提高执法硬件水平。五是开展"双随机"统计执法检查常态化。共执法检查4次，检查8家企业数据，对2家进行立案。

## 四、夯实调查业务基础，提高调查数据质量

一是召开全市住户调查、采购经理、价格调查、农业调查等培训会议，加强对调查对象和辅调员培训。二是与各县区统计局签订《住户调查工作质量承诺书》，层层落实责任。三是位于富川县的新设立小微企业和个体经营户跟踪调查样本顺利移交给富川调查队。

## 五、强化综合管理能力，推动各项工作落实

一是认真开展督查督办工作，推动工作落实。二是结合广西调查总队最新制度，修订贺州调查队工作规则、公务接待等7个制度。三是开展保密和国家安全培训，签订责任书。四是认真完成2018年档案归档工作。五是办公条件得到较大改善，办公和业务技术用房面积增加240多平米。六是认真做好精准扶贫工作。七是认真开展违反中央八项规定精神、公务用车管理违规问题自查整改、公务接待、津贴补贴发放不规范及未经审批开展统

2019年9月20日，贺州市人民政府副市长刘洪军（右二）出席贺州市第十届"中国统计开放日"暨庆祝中华人民共和国成立70周年活动

2019年10月12日，贺州调查队到铺门镇上洞村开展“党建+住户调查”主题活动

计调查问题、不担当不作为、统计弄虚作假统计造假问题和基层党组织软弱涣散等专项治理工作。八是加强意识形态宣传和教育工作。九是认真做好《贺州调查资料汇编（2006—2018）》资料编撰工作。十是认真做好养老保险参保工作。

## 六、加强统计调查宣传，提升调查队影响力

一是邀请广西调查总队综合处、贺州日报记者培训信息和新闻宣传写作。二是在《中国信息报》稿件实现零的突破，两篇文章得到采用。三是加强与新闻媒体的合作，11篇稿件在《贺州日报》发表。四是加大“贺州调查”微信公众号宣传，累计发送各类信息310篇。五是成功主办贺州市第十届“中国统计开放日”暨庆祝中华人民共和国成立70周年活动。市政府副市长刘洪军出席活动，贺州调查队、富川调查队、市县区统计局、贺州学院部分师生及市民群众约300多人参加活动，贺州电视台、贺州日报等媒体现场跟踪报道，活动取得圆满成功。

## 七、加强党风廉政建设，全面从严治党

一是认真落实“两个责任”和“一岗双责”，深入开展谈心谈话，认真贯彻执行“三重一大”事项决策制度。二是加强执纪监督问责，认真落实中央八项规定和总队党风廉政建设承诺书要求，层层压实责任，加强各环节风险防控，将纪检监察工作融入到调查工作全过程。三是坚持每月开展廉政教育活动。四是指导国家统计局富川调查队党风廉政建设和纪检监察工作。五是坚持党组书记和纪检组长上廉政党课。

2019年12月9日，贺州调查队党支部党员到社区开展志愿服务活动

# 国家统计局河池调查队

2019年，国家统计局河池调查队（以下简称河池调查队）在国家统计局广西调查总队的正确领导下，以习近平新时代中国特色社会主义思想为指导，坚持以党的政治建设为统领，不断提高数据质量，以高位争先的勇气，担当作为、真抓实干，较好地完成了各项工作任务。

## 一、强化党建示范引领，成效显著亮点纷呈

一是积极主动加强与河池市委市政府主要领导的汇报和请示，现已落实解决河池调查队新办公用房问题，很大程度改善了办公用房紧张和条件差的问题，进一步提高干部职工获得感和幸福感。二是以赛促学，党建引领农业调查成效显著。组织河池辖区调查队系统干部开展以党建+业务为中心的业务培训和技能大比武活动，有力促进学习农业调查业务知识的积极性，全面提升调查业务水平；河池调查队在广西区直机关第四届职工岗位技能大赛暨2019年广西国家调查队系统农业调查技能竞赛中荣获一等奖。三是条块结合，打造“小而精”党支部。积极派员参加复旦大学—党组织书记和党务干部专题培训班、到柳州、贵港等地学习党建工作经验，党支部书记在河池市直属机关2018年度基层党组织书记落实管党治党主体责任述职评议暨2019年“书记领谈”第1期会议作经验典型发言。四是以党建促业务，以业务强党建。积极创建“党建+住户调查”工作品牌示范点，设立住户调查“辅助调查员示范岗”和“党员记账示范户”，通过采用“1+1+2+3”的记账结对帮扶等多形式、多层次、多角度推进党建和业务深度融合；目前，各县区均已创建了“党建+住户调查”活动示范点，河池市“党建+住户调查”工作取得阶段性成果，其中大化县“住户调查微课堂”获得了上级部门领导的充分认可和推广，由于该县“党旗红・数据真”党建工作品牌工作成效突出，在全区住户调查年报工作会议上作典型发言。

## 二、抓基础强业务，促工作提质增效

**（一）强化政治学习，凝心聚力出成效。**一是稳步推进“不忘初心、牢记使命”主题教育，取得了阶段性成效。创新学习形式，在完成“规定动作”的基础上，通过组织参观中国红军第七第八军河池整编阅兵纪念馆、主题教育和“革命老区党旗红・统计调查数据真”专题活动展示板报，并观看廉政警示系列教育影片和红色教育影片等“自选动作”助推主题教育扎实开展。二是加强理论学习，推进党建工作。加强党组中心组理论学习和“三会一课”制度，组织集中传达学习中央《意见》《办法》等文件及有关会议精神，并精心策划打造河池队办公区域文化走廊，推进党建宣传阵地建设；通过利用网站、微信公众号、学习强国等媒介学习宣传党建知识，多形式多角度提高党员学习教育的效果，唤醒党员意识。

2019年9月11日，河池调查队向河池市市委书记何辛幸（右一）作专题工作汇报

**（二）夯实基层基础工作，提升调查工作质量。**一是实现每季度开展业务培训、数据联审和基础工作检查“三

个常态化”，进一步夯实住户调查基础工作和提升数据质量。二是通过制作电话回访卡和定期组织辖区调查队开展业务培训会等措施，提高调查对象电话接听回访配合度，进一步巩固劳动力调查工作基础。三是通过向企业发放《统计法》小册子、《备忘录》和《统计事务告知书》提高宣传力度；同时利用微信、QQ和电话等线上联系和远程指导的方式加强指导力度，进一步提高企业调查数据质量。四是加强居民消费价格情况监测，并与发改委等地方政府部门的沟通联系，开展调研和报送《CPI专报》、《河池市猪肉价格运行情况》等材料及时提供价格预警和研判，为当地党政领导提供决策依据。

2019年10月11日，广西调查总队总队长赵太想（前排右一）到河池督导“不忘初心、牢记使命”主题教育工作

2020年4月16日，广西调查总队副总队长邱洪刚（右一）参加河池队新办公楼揭牌仪式

**（三）推进法治廉政建设，确保调查数据真实性。**一是加强监督执纪问责，2019年对巡察中存在问题的干部进行提醒谈话共计5人次；二是探索党风廉政建设“市管县”监督工作，出台了《党员干部涉纪问题“负面清单”对照检查表》《纪检监察监督清单》等文件，进一步强化辖区县队党风廉政建设的监督指导；三是结合热点宣传，以宪法日和统计法颁布纪念日、“统计开放日”等为契机，通过宣传展板、宣传海报、进村入企和微信公众号等多种方式，宣传统计法律法规，进一步营造良好法制氛围。四是不断强化和规范执法工作，积极派人参与统计执法证考试，目前已有6人持有统计执法证，占全队在职干部的35.3%；同时选派优秀骨干参加总队“双随机”执法检查，通过实地检查和兄弟队交流，进一步提高本队执法水平。2019年以来，共对4家企业进行执法检查，其中对1家提供不真实统计资料的企业给予警告的行政处罚。

**（四）强化内部管理能力，提高统计服务水平。**一是主动作为，做好统计调查宣传工作。开通了“河池调查”公众号并刊发原创作品53篇，其中4篇作品被总队微信公众号采用；印发出版了4期的《河池调查》季度宣传小册子，有效满足地方党政机关单位对调查数据服务的需求。二是注重调研和数据分析，做好优质服务工作。截止到2019年10月底，全队共撰写调查报告7篇，总队采用7篇；

2019年12月7日，河池调查队开展“宪法日”普法宣传

调查信息54篇，广西调查总队采用44篇；向地方党委政府上报信息31篇；为地方政府及有关部门提供专报16期，《河池日报》采用通稿5篇；撰写上报工作政务信息119篇，其中总队采用97篇，国家统计局采用4篇。三是加强队伍的培训和管理。积极派人参加复旦大学统计调查综合能力提升班、统计知识基础班、新公务员培训班、党建培训班等培训，不断提升干部素养；不断规范人事管理和干部培养，积极做好本队公务员职务与职级并行工作。四是立足精细规范管理，提高政务管理水平。严格执行财务制度，完成“三公经费”的自查整改工作，强化网络安全与信息化建设工作，规范做好公文的收发处理、保密和文件档案等工作，并配合总队做好缴纳养老保险的前期准备工作等，为顺利完成各项调查业务工作提供了后勤保障。五是抓好脱贫攻坚工作。河池调查队高度重视扶贫工作，选派

2020年4月26日，河池调查队志愿者到社区清扫垃圾

1名干部脱产挂职扶贫工作队分队长，14名干部共帮扶贫困户15户；并先后到罗城县和巴马县开展脱贫攻坚普查工作调研，为明年正式开展脱贫普查工作打好基础。

2019年9月25日，在广西国家调查队系统主办的“向梦而歌　国家调查人”文艺展演上，河池辖区调查队表演《红歌伴舞》节目

# 国家统计局来宾调查队

2019年12月17日，来宾调查队向市委常委、常务副市长廖和明（左一）汇报脱贫攻坚普查前期工作情况

2019年，国家统计局来宾调查队（以下简称来宾调查队）坚持以习近平新时代中国特色社会主义思想为指导，迅速掀起学习贯彻十九届四中全会精神热潮，扎实推进“不忘初心、牢记使命”主题教育，紧扣广西国家调查队工作会议精神要求，扎实推进来宾调查事业高质量发展。

## 一、重点推进三大亮点工作

### （一）推动“党旗红·数据真”党建品牌与调查业务深度融合

一是树立优秀示范点，推动业务帮扶全覆盖，建设党建与企业调查深度融合“充电站”。来宾调查队探索推进党建与企业调查业务融合发展的新机制，在各县精准筛先进调查企业作为“党员帮扶工作站”，召集县域调查企业集中示范点开展联建活动，搭咨询沟通和调查合作平台，通过调查业务培训、先进经验分享、台账互检互学等形式，充分发挥先进企业党支部的战斗堡垒和优秀党员调查员的先锋模范作用，达到“一名党员撑起一个站，一个站带动一个县”的帮扶效果。

二是党建引领强思想，围绕支部共建做文章，搭建党建与调查业务深度融合“连心桥”。与辖区县队、县区统计局、调查网点、扶贫联系点党支部开展联建共建，采取党课下基层、党日共同过等方式，探讨交流在学习教育、组织建设上的好经验好做法，推动辖区六县（市、区）统计局、调查队全面铺开“党建+住户调查”工作。

### （二）传扬统计调查风采，礼献建国70周年

组织全体干部职工认真学习习近平总书记在庆祝中华人民共和国成立70周年大会上的重要讲话精神。邀请“老农调”回队宣讲统计调查的不平凡道路，收集制作风采相册，展示来宾调查发展取得的辉煌成就，向中华人民共和国70华诞献礼。同时，以“歌唱祖国礼赞70年”为主题，拍摄“歌唱祖国”快闪及体现来宾调查风采的微视频在文明来宾、广西调查总队微信公众号首页展示。

### （三）加强分析研究促进调查业务工作水平提升

申报完成《来宾市居民生活消费状况研究》

2019年7月31日，来宾调查队深入扶贫联系点忻城县马泗乡五龙村开展帮扶工作

2019年9月6日，来宾调查队到政和步行街开展第十届统计开放日宣传活动

《当前忻城县脱贫攻坚形势研究》两个总队立项课题。居民生活消费研究课题突出宏观数据和微观数据分析协同。在对汇总数据进行分析的基础上，还使用来宾市住户生活状况调查样本数据开展了实证分析，既充分利用了调查队掌握丰富的微观数据和第一手调查资料的巨大资源优势，突破了目前广西国家调查队系统课题研究使用汇总数据多、分析微观数据少的局限，也通过分析样本数据促进了调查业务人员更好地掌握住户调查方法制度，和发现制度执行、工作开展、记账质量等方面的问题，促进了业务工作水平提升。

#### （四）担当奉献，积极服务地方重点工作

一是突出现场精准调查核验，真实反馈市重点工作。我队对2018年市政府工作报告完成情况进行全面核实调查，精准反馈，并被2019年来宾市政府报告采用，并获雷应敏市长充分肯定。

二是突出上级下级合作联动，为地方扶贫工作把脉开方。受地方政府委托，来宾队先后在忻城县、兴宾区开展脱贫攻坚工作情况调研。调研中，来宾调查队邀请广西调查总队住户监测调查处和区扶贫办专家进行指导并组成联合调研组，既提高了在脱贫攻坚领域的专业性，也充分发挥调查队“作风务实入基层、事实说话摆数据、结论客观第三方”的优势。来宾市委市政府领导对调研报告给予了高度肯定，在脱贫攻坚工作会议上直接引用调研报告情况部署相关工作。

### 二、全面抓好2019年主要工作

#### （一）突出党员干部实事求是作风，扎实开展“不忘初心、牢记使命”主题教育

专题教育理论学习紧扣实际工作，班子成员集中学习注重结合实际工作谈体会、写心得，紧扣实际事务讲专题党课。检视问题刀刃向内，领导班子成员均围绕分管业务如实查问题、找原因、提对策，问题整改取得实实在在的效果。

#### （二）增强“两个责任”主体意识，不断推进党风廉政建设

全面抓好“两个责任”的落实，党组全面履

2019年9月12日，来宾调查队开展“我们的节日·中秋”共庆暨主题党日活动

行党风廉政建设主体责任，签订了《党风廉政建设责任书》。纪检组切实履行监督责任，经常性与各科室负责人、重点岗位人员开展廉政谈心谈话，扎实推进廉政风险防控建设。完成主要领导离任审查和问题全面认领和整改工作，抓好违规公务接待、发放津补贴和未经审批开展调查项目等三项专项整治工作，完成巡察反馈问题整改工作。

### （三）牢牢把握数据真实性生命线，扎实推进各项调查业务

一是农业调查保障增强。2019年以来，购买6台PDA、增购一台微型无人机，2名科室人员考取了无人机驾驶证。二是住户调查扎实开展。电子记账持续推进，全市电子记账户覆盖率78.14%。农民工监测调查、农民工市民化进程动态监测和农村党员教育培训调查按时按质按量顺利完成。三是价格调查调点提质增效。采用纸质和手持数据采集器“双轨制”采价，自制《来宾市2019年CPI月报审核评估完成情况记录》记录报表审核全过程，建立调查网点和规格品的动态管理制度。四是企业调查统筹推进。122家正常营业企业均能按制度较好地完成报表填报工作。五是提高劳动力辅助调查员调查补贴标准，劳动力调查扎实有效推进。

### （四）统计执法震慑力进一步增强

加强对《中华人民共和国统计法》宣传培训，把《意见》《办法》《规定》纳入党组理论中心组，印制统计法治宣传笔记本、围裙、文件袋进村入户宣传，开通微信红包统计法律知识抢答网站。严肃查处统计违法行为，对1家提供不真实调查数据的企业和1家迟报的企业进行立案，给予警告，责令整改。

### （五）干部队伍建设进一步加强

用实用活干部激励政策红。新设立专项调查科和机关党建工作办公室，新招录2名公务员，从地方选调2名优秀年轻干部充实队伍，2名科长进行交流轮岗，任命3名同志分别为办公室、住户科、党建办负责人，13名干部获得职级晋升，干部年轻化、专业化进一步加强。

2019年10月10日，来宾调查队在武宣县召开“党旗红·数据真”党建品牌创建与企业调查业务深度融合现场推进会，并向博宣公司授“党员帮扶工作站”牌匾

### （六）行政管理水平进一步增强

调整充实办公室人员，增强单位运转中枢力量，持续践行“数出我手无差错、文出我手有依据、事交我办请放心”理念，不断提高“三服务水平”。制定单位目标管理考核办法，规范政务管理，发挥督查督办作用，确保政令畅通。加强档案收集归档管理，召开、参加保密和国家安全专题会议6次，有序推进网络安全与信息化工作。

2019年以来，累计在全区国家调查工作会议经验作典型发言3次。总队广西调查内网采用调查报告7篇、调查信息10篇、约稿51篇，完成总队经济研究类立项课题研究2个。获党委信息综合部门采用14篇次，政府综合部门采用5篇次。政务信息得到国家统计局首页采用10篇，首次突破两位数；总队内网采用120篇，工作情况交流9篇，超额完成年度目标任务。

2019年8月2日，来宾调查队授予沃尔玛超市2018年度“优秀采价网点”牌匾

# 国家统计局崇左调查队

2019年，国家统计局崇左调查队（以下简称崇左调查队）认真贯彻落实习近平新时代中国特色社会主义思想和党的十九大精神，根据广西调查总队工作部署，坚持以党建工作为引领，从严从实抓好巡视巡察整改工作；以“党旗耀边关·国调出实数”为主题，扎实推进“党旗红·数据真”党建品牌创建活动；以落实《防范和惩治统计造假、弄虚作假督察工作规定》为载体，强化《中华人民共和国统计法》《统计法实施条例》《统计违纪违法责任人处分处理建议办法》的贯彻执行，促进全队党建工作水平明显提升，从严治党、从严治队扎实推进，调查数据真实性得到有效保障，依法统计、依法治统力度持续加大，统计调查服务能力不断提高。

## 一、深入推进“党旗耀边关·国调出实数”党建品牌创建，将“不忘初心、牢记使命”主题教育引向深入

1.推进“党建+统计业务+N”模式，“党旗耀边关·国调出实数”党建品牌创建活动有序开展。

一是以“党员红心盒”“国调诚信蓝心盒”为抓手，推进党员活动阵地标准化。在党员活动室设置“党员红心盒”，按照“一季一评一晒”要求进行季度考核，促进党员创先争优。给每个调查企业和调查对象发放“国调诚信蓝心盒”，归置调查方案制度、统计法律法规、报表台账等，引导调查对象依法调查。在调查企业和记账户中开展“中共党员统计诚信”评比活动，评选一批“统计诚信单位和中共党员统计诚信记账户”，发挥示范引领作用，营造依法统计的良好生态，2019年，崇左调查队未接到统计违法行为举报。

二是以党媒为主阵地，发出党建与国调业务深度融合的“好声音”。把抓好党建与国调业务深度融合的工作经验总结，及时向上级部门和新闻媒体报送。拍摄制作的快闪《我和我的祖国》得到“学习强国”平台的采用。撰写的《崇左队创党建品牌助调查发展》等5篇文章得到《广西日报》、国家统计局、《中国信息报》和《左江日报》采

2019年4月12日，崇左调查队联合辖区县级调查队和凭祥市统计局到友谊关开展“固定党日+唱响《我和我的祖国》献礼新中国70华诞”主题党日活动

2019年9月23日，崇左调查队到龙州县烈士陵园开展“不忘初心、牢记使命”主题教育读书班开班仪式

用，充分展示国调工作良好成果，通过各种党媒发出国调工作“好声音”“最强音”。

2.扎实推进“不忘初心、牢记使命”主题教育活动。

崇左调查队严格按照方案要求，扎实推进第二批主题教育活动。一是领导重视，精心组织。迅速成立主题教育领导小组，制定印发主题教育实施方案，及时召开了动员部署会。二是提前预热，统筹推进。积极参与广西调查总队第一批主题教育活动。及时启动主题教育读书班，以“传承红色基因、勇担职责使命”等7个主题集中安排7.5天的学习研讨，领导班子成员撰写学习交流体会25篇，三是以晨读为抓手，推进党支部理论学习。以学习小组为单位每周安排两次晨读《习近平关于“不忘初心、牢记使命”重要论述选编》等理论著作，谈体会、写心得，做到理论学习有收获，并指导实践，推动工作。四是聚焦问题，开展调研。领导班子成员分别列出调研专题深入开展调研，领导班子累计开展调研30余次。五是对标对表，检视问题。严格按照上级要求认真检视问题。共检视出95个问题，列出整改措施95条，其中立行立改39条。六是及时总结，做好宣传。撰写的《崇左队以党建引领助推主题教育走深走实》得到《中国信息报》等媒体采用。

## 二、开展多项活动庆祝中华人民共和国成立70周年

拍摄制作快闪《我和我的祖国》得到“学习强国”平台采用；联合崇左市直机关工委、市总工会共同开展党建+农业调查技能竞赛；组织全体干部职工收看收听中央庆祝中华人民共和国成立70周年大会直播，并迅速组织集中学习传达习近平总书记在庆祝中华人民共和国成立70周年大会上的讲话精神。

## 三、促进统计调查事业高质量发展举措

1.完善制度，规范流程，确保数据真实。一是以签订数据质量承诺书为抓手，完善数据质量控制体系。与辖区7个县（市、区）统计局、调查队主要负责人、调查样本企业填报人签订承诺书，层层传导压力，明确数据质量防控责任。二是健全数据质量评估制度，夯实基础工作。将评估工作纳入目标管理责任制，专业人员对调查数据分析解读工作纳入干部量化考核办法。规范调查全流程痕迹管理，将业务调查工作流程上墙，列出上报内容、时间节点、责任人和监督人，并对数据质量风险进行排查。

2.开展统计业务大讲堂，确保调查工作规范性。每月开展统计业务大讲堂，授课人员围绕各专

2019年9月29日，崇左调查队首次举办2019崇左辖区国家统计调查队农业调查技能竞赛

2019年10月28日，崇左市市委领导及各单位领导到崇左调查队参观党建工作

业调查目的意义、数据生产流程、数据质量评估等进行讲解，坚持“凡讲必考”的原则进行闭卷考试，对测试结果不合格的人员进行“回炉”，确保达到以讲促学、学以致用的目的。2019年已安排7个专业登台轮讲，取得良好效果。

3.强化重点对象的全面走访，促进数据质量提高。建立各专业基层走访检查工作制度，明确队领导每年带队走访检查任务，发现问题在一线解决。今年以来，累计走访样本企业80家次，超过样本总量的70%，实现对重点行业、重点企业的全覆盖。

4.市县联动抓实统计执法检查，营造良好统计生态。2019年开展4次“双随机”共11个对象的执法检查，向企业传导“有案必查、执法必严”高压态势。联合辖区两个县队共同开展执法检查，严格按照执法程序开展执法检查，对县队业务骨干进行一对一培训，为县队今后能独立开展统计执法检查奠定良好基础。

## 四、积极改造主观世界，切实解决思想认识问题

1.深入开展“一科室一品牌”创建活动，激发队员干事创业热情，助推党建和业务深度融合。如专项调查科创建“科企联建，共创统计诚信”品牌，住户调查科创建“亮身份，当先锋”品牌等。住户调查科推行创建活动后，全市69名党员记账户对175名记账能力较差的非党员记账户开展结对帮扶，促进全市住户调查工作整体水平的提升，前三季度，全市820户记账户中电子记账率达90.7%，高于全区平均水平5个百分点，其中天等县由高达97%；全市住户调查记账户户均记账笔数同比增加22笔。

2.深入开展“大榕树讲堂”活动，党建工作延伸到调查一线。到扶绥县龙头乡那塘村、江州区江州镇板崇村举办“大榕树讲堂”，把党中央最新文件精神和法律法规传达到基层一线。

通过持续打造“党旗耀边关·国调出实数”党建品牌，创新开展“党建+统计业务+N”工作模式，切实解决了制约高质量发展的思想认识问题，崇左队工作得到崇左市委市政府充分肯定。2019年先后在崇左市组织部长会议、崇左市机关党的建设工作会议作典型发言，并作为全市市直机关四个党建品牌创建现场考察示范点之一，累计有超120个党支部、200多人到队内进行观摩学习交流；被崇左市直机关工委授予“2017—2018年崇左市直属机

关先进基层党组织”荣誉称号；被崇左市委、市政府授予“崇左市文明单位”荣誉称号。

## 五、加大统计优质服务的撰写力度，提升服务工作水平

2019年以来，全队共获得广西调查总队以上级别采用各类调查信息56篇、调查报告4篇；政务信息获国家统计局采用7篇，同比增加4篇，增长116.7%。

## 六、抓好党风廉政建设工作，确保“两个责任”落实

严格落实党风廉政建设“两个责任”，运用好监督执纪四种形态和“一单双派、一问双责”工作机制，加大对“三重一大”事项、三公经费支出和数据质量等方面的监督检查，杜绝违法违纪现象发生。

2019年11月29日，崇左调查队到住户调查点那隆镇仁里村开展四级支部联建“党建+电商驻村产业扶贫”促农增收活动

# 国家统计局马山调查队

2019年，国家统计局马山调查队（以下简称马山调查队）结合本队实际，深入推进“不忘初心、牢记使命”主题教育，转变思想观念，强化服务意识，谋实事、创实绩，深入推进统计调查改革与发展，较好的完成本队各项工作。在2019年各项考核评比工作中，马山调查队获2019年度广西分市县住户调查业务考评二等奖、2019年度广西国家调查队系统市县级调查队目标管理考核良好等次。

2019年6月6日，马山调查队向住户调查记账户发放记账光荣之家牌匾，提升记账荣誉感

## 一、不断加强党的领导，以党的建设带动工作提升

一是马山调查队持续推进“党旗红·数据真”党建工作品牌创建。9月吸收1名入党积极分子，为支部注入新鲜血液。马山调查队积极开展“党建+住户调查”主题活动，始终坚持以依法统计、实事求是为原则，充分发挥党员记账户、党员辅助调查员和党员调查员的先锋模范作用，以党建工作促进住户调查业务，全面提升住户调查工作水平。充分利用调查点所在村委“新时代讲习所”场所、群众活动中心等资源开展“绿城党旗红·调查数据真”开展讲习教育活动，通过党员记账户带头光荣记账，党员辅助调查员带头言传真教，党员调查员带头“啃业务硬骨”，促进党建和业务深度融合。

二是抓实主题教育助推党建工作。马山调查队以开展“不忘初心、牢记使命”主题教育为契机，坚持条块结合、以“条”为主，在广西调查总队第四巡回指导组和县委第一指导组的指导下，由队党支部统一领导，全面组织主题教育活动，推动党建工作取得新成效。队班子成员带头抓理论学习，每周采取自学、集中学习研讨、依托学习强国平台、网络学习班、交流心得、晾晒学习笔记等形式，全员覆盖读原著、学原文、悟原理指导实践。目前领导班子集中学习、研讨10.5天，形成调研报告3篇，心得体会3篇，党课讲稿1篇，将主题教育成果转化为做好工作、服务人民的强大动力和生动实践。

## 二、深化业务建设，全力提高统计调查水平

始终坚持“独立调查，独立上报”的原则，按照国家调查方法制度的要求，深化业务建设，确保了各项制度性调查工作有序推进。

1. 努力提高行政工作水平。一是开展职务与职级并行惠及6人，推广运用财务一体化系统，推

2019年6月27日，广西调查总队副总队长王洪琛（后排正中）带队到马山县深入住户调查点开展慰问辅调员和记账户活动

2019年6月29日，马山调查队全体党员到基层调查点开展“不忘初心、牢记使命”主题党日活动

进养老保险数据纳入自治区社保系统，10月荣获“南宁市文明单位”称号，不断提升行政效能。二是扎实推进统计法治工作，通过统计开放日有奖问答、各专业培训会必讲必学、深入一线拉家长、慰问困难调查户等形式，宣传统计法条款、中央领导对统计工作的指示批示精神重大意义，提升统计人员及群众认知度。年内1名队员获得执法资格，连续派员参加南宁队、总队组织的“双随机”统计执法检查，提高持证人员执法工作水平。三是利用统计开放日宣传中华人民共和国70周年统计调查成就展，邀请退休干部讲述入队初心，激励马山队扬帆起航谋发展，为国调查续新篇。四是全面强化统计分析服务。深入基层开展数据核查和调查点回访，结合总队、地方党政部门和人民群众关心关切热点问题及时开展调查研究，今年共撰写政务信息21篇，调查信息32

2019年10月18日，马山调查队开展粮食测产工作

篇，截至11月初调查信息被采用25篇，政务信息采用13篇，形成了一批有价值的调查报告。

2. 扎实开展城乡住户调查工作。在圆满完成城乡居民生活状况和收支调查工作的同时，注重提升马山县城乡居民收入评估分析质量水平，3月由县政府协调召开城乡居民人均可支配收入亮点难点材料联审会议，马山调查队会训结合，强化联席单位的责任意识。每季、每半年以县政府办名义发文收集亮点难点材料，并与年终绩效考核挂钩，提升提供亮点材料单位重视度和配合度。

2019年9月19日，马山调查队与县统计局在会鼓广场举办第十届“中国统计开放日”宣传活动

3. 科学开展农业调查工作。一是根据农产量和面积调查业务工作需要对农业辅助调查员进行调整，并通过下发聘书给辅助调查员，切实增强辅助调查员的责任感和使命感。年内召开2次农作物面积和农产量调查业务培训会，学习统计法知识、调查方法制度，培训农业调查工作流程，强化辅助调查员工作规范。二是严格按照实地调查时点、调查方法开展秋冬播、春播实地调查，并按时完成无人机影像航拍上报工作。科学配

备1台大疆无人机，1台高性能图形工作站，3台高精度PDA，1台便携式打印机，1个移动硬盘和1个大容量U盘，2人考得无人机驾驶资格，确保农业调查顺利开展。三是每个季度到调查网点与调查对象面对面进行情感交流，详细了解农产品种养情况、价格变化走势和主要原因，做好农产品生产价格调查季报。

4. 加强专项调查工作。一是全力配合广西调查总队开展全区优化营商环境调查，安排2名队员分批次参加广西调查总队专项调查工作；二是与县农林局、统计局部门联动，通过实地查看、入户访问等方式摸底调查，切实摸清养殖户生产情况，圆满完成主要畜禽调查样本轮换工作；三是聘用17名畜禽调查辅助调查员并下发聘书，确保畜禽调查顺利进行。

2019年11月22日，马山调查队到畜禽调查企业开展统计“双随机”执法检查工作

# 国家统计局上林调查队

2019年6月28日，南宁辖区调查队党员志愿者到上林县明亮镇万古村开展党员帮扶活动

2019年，国家统计局上林调查队（以下简称上林调查队）在国家统计局广西调查总队的正确领导下，以党的十九大精神和习近平新时代中国特色社会主义思想为指导，深入贯彻2019年国家调查队综合工作会议精神，结合实际，改进作风，开拓创新，狠抓落实，坚持开展优质信息服务，加强综合数据管理，较好完成综合调查各项工作。

## 一、持续学习，综合工作业务水平不断提升

队领导班子多次在例会上强调信息写作的重要性和必要性，鼓励队员多在报刊、内网上学习他人写作手法，提醒队员关注本地热点难点问题，及时开展调查并撰写报告上报。积极派员参加总队组织的培训，2019年4月29日，办公室负责人按照要求前往来宾参加2019年广西国家调查队系统综合调查培训班，认真参加培训学习业务知识，并于5月5日召开全体干部职工会议及时传达领会全区综合调查工作会议精神。9月组织全体干部职工参与南宁辖区政务信息及调查信息培训会，信息写作水平进一步提升。

2019年8月13日，广西调查总队纪检组长姜永亮（左二）、人事教育处处长孙宝华（右二）等人，莅临上林宣布干部任免职和开展纪检工作调研

2019年8月27日，上林调查队在明亮镇万古村住户调查网点讲习所举办“绿城党旗红·调查数据真”“结对共建·服务基层”活动

## 二、铆足干劲，优质服务工作势头良好

上林调查队高度重视优质服务工作，将信息写作情况纳入每周督察督办内容，以及个人绩效考核指标中，督促队员们积极撰写，服务型统计职能得到充分发挥。2019年内积极报送调查工作等政务信息50篇次，采用45篇次，其中2篇农业类政务信息连续被国家统计局采用。结合上林县经济发展及市场趋势，分析当前社会热点难点问题，积极开展调查，撰写了扶贫车间、非洲猪瘟、甘蔗种植、土地撂荒等调查信息报告上报27篇次，采用19篇次。为广西调查总队、市级调查队、地方党委政府的领导决策和指导工作提供了良好的服务。

## 三、严格规范，统计数据管理不断强化

一是强化数据质量管理，确保调查数据真实准确。充分利用电子记账、PDA、无人机等现代科技进行数据采集，数据经由层层审核后，严格遵照联网直报模式上报数据。与各专业辅调员逐一签订数据质量承诺书，规定辅调员工作职责和应尽义务，进一步提升辅调员的统计法治意识和数据防范风险意识。强化问责落实，对违反统计法规定的队员按情节轻重进行相应问责，时刻提醒队员谨记调查规范，自觉担负起维护数据质量的责任。

二是严格执行统计资料管理办法，规范整理归档各专业调查数据。严格执行“双签”制度，各专业每季度按年底规范化考核要求，将本专业调查数据上报数、反馈数导出Excel表格设置只读并加密后移交到办公室，接收人和移交人每次移交数据后都在数据移交表上签字。办公室将电子数据按要求分类整理，统一存放于移动硬盘中，各专业整理归档本专业纸质材料，综合数据管理更安全、完整。

## 四、方式多样，新闻宣传取得良好效果

一是印发上林调查期刊。将本队撰写的调查信息、数据分析等资料印制成册，充分反映当前本地社会经济发展热点问题，为地方政府做决策提供参谋。

二是利用统计开放日促进宣传效果。与县统计局联合举办第十届统计开放日，邀请县政府联系调查副县长、各专业辅调员共同参与，通过悬挂横幅、张贴板报、发放宣传册、开展统计小知识有奖问答等形式，向群众宣传统计调查。同时现场驾驶无人机，向群众展示现代科技在统计调查中的运

2019年9月3日，上林调查队联合上林县统计局到森隆村住户调查网点举行“绿城党旗红·调查数据真”授牌仪式

2019年11月19日，上林县政府常务副县长梁展凡（中间）到上林调查队指导工作

2019年10月26日，上林调查队到上林县澄泰乡圩底村帮扶户家中检查本队帮扶干部结对帮扶工作开展情况

用。活动现场反响热烈，群众对统计调查的了解进一步加深，活动取得了良好的宣传效果。

三是成立“上林调查”微信公众号。由专人负责，及时更新本队工作动态，向调查对象宣传本队工作开展情况、统计小知识等，并设置监督举报电话和邮箱，呼吁广大调查对象支持、配合和监督统计调查工作。

# 国家统计局横县调查队

2020年5月27日，广西调查总队总队长赵太想（左二）到横州镇柳明社区住户调查记账户何玉明家中与其亲切交谈，并了解该户成员情况，生活开支等方面情况

2019年，国家统计局横县调查队（以下简称横县调查队）在国家统计局广西调查总队和横县县委、县政府的正确领导下，深入学习贯彻习近平新时代中国特色社会主义思想和党的十九大及十九届历次全会精神，按照全国统计调查工作会议及广西国家调查工作会议部署，紧紧围绕本队年度工作目标任务，狠抓工作落实，较好地完成了各项工作任务。

## 一、全面落实从严治党，党建工作稳步提升

**（一）建立健全党建工作制度。**制定党支部《“三会一课”制度》《党员领导干部谈心谈话制度》《党员集中活动日制度》等相关制度，不断提高党内政治生活的规范化、制度化。

**（二）夯实党内政治生活。**认真落实“三会一课”制度，2019年全队共召开党员大会19次（含主题教育），开展主题党日活动4次，支部书记上专题党课3次，其他领导上党课2次。

**（三）稳固推进“绿城党旗红·调查数据真”党建品牌创建工作。**一是开展亮身份搞调查活动。率先在劳动力调查业务中，开展统一穿着蓝色马甲、佩戴党徽、调查证的党员调查员亮身份活动。二是开展调查户讲习活动。全县住户调查网点依托“绿城党旗红·调查数据真”讲习所开展形式多样的讲习活动。三是及时跟进指导工作开展。2019年以来，召开全县党建品牌创建工作推进专题会议2次，组织业务培训会5次，开展“绿城党旗红·调查数据真”党建品牌主题活动1次，邀请南宁调查队领导上党课1次，业务指导1次，邀请市队业务骨干开展业务培训和统计法制宣讲3次，持续推进横县队党建与业务工作深度融合。

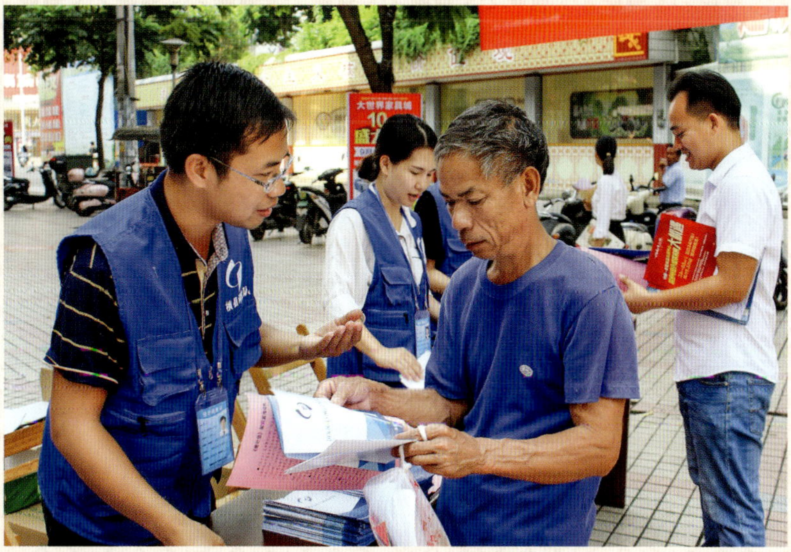

2019年9月6日，横县调查队到横县步行街广场开展第十届“中国统计开放日”宣传活动

## 二、抓好“一岗双责”落实工作，党风廉政建设得到加强

**（一）压实党风廉政责任。**与各股室负责人签订了《党风廉政建设承诺书》，把党风廉政建设的主要工作任务分解落实到各股室，把责任制落实到岗到人，切实履行“一岗双责”目标责任制。

**（二）加强提醒教育。**2019年召开党风廉政建设专题会议1次，上1次党风廉政专题党课，邀请南宁队纪检组朱必臻组长上廉政专题党课1次。组织学习《中共国家统计局广西调查总队党组关于阳朔调查队翟中元等同志违纪问题的通报》《广西部分地区通报违反中央八项规定精神问题》等典型案件，观看了党风廉政警示教育片《重整行装，利剑反腐》，到横县陶圩镇六秀村红色教育基地和西津水电站爱国主义教育基地开展革命主义和爱国主义教育，提高党员干部的党性意识。

## 三、强化建设，干部队伍素质能力得到提高

**（一）加强队领导班子建设。**优化领导班子分工，推行AB角负责制，实现领导班子成员间更好团结协作配合，有效地提升个人业务素质，有力保障政务畅通。

**（二）扎实做好干部职工教育培训。**组织新招录公务员和新聘工作人员到广西调查总队、南宁调查队、横县统计局跟班学习20人次，参加青年干部培训班1人，参加广西区直机关新录用公务员初任培训班3人，组织干部参加国家统计局在线学习中心网络学习、广西干部网络学院网上学习等培训。通过多渠道、多层面的培训，切实提高干部职工履职履责的理论水平和业务素质。

## 四、强化沟通协调，顺利完成业务交接工作

**（一）多次召开局队业务协调会。**主动加强与横县统计局沟通协调，多次召开局队业务移交前期工作座谈交流会，明确业务移交前后相关调查业务的责任分工，确保移交前调查工作开展不松懈，促进业务移交过渡期间相关工作的稳固开展。

**（二）稳步推进业务移交前期相关工作。**根据实际工作需要，积极协调横县统计局做好新招录工作人员的业务“传帮带”，及时安排各专业人员到南宁队、县统计局进行跟班学习，确保横县调查队调查业务负责同志及时掌握相关工作流程和规范。

**（三）主动跟进开展工作。**从2019年二季度开始主动跟进小微企业跟踪调查、劳动力调查、畜禽调查、住户调查、农业调查等相关调查，主动熟悉掌握业务开展流程，为业务移交奠定良好基础。

**（四）按时完成业务移交工作。**横县局队按照《县级调查队与地方统计局业务调整移交工作方案》部署，于10月中旬开展了业务资料（物资）交接仪式，完成了历史资料、有关文件、物资等移交和相关手续办理。于1月3日举行了业务移交仪式，顺利实现相关业务调整移交工作，自2020年1月起横县调查队按照调整移交后的职能

2019年11月6日，横县调查队到到云表镇福塘村开展晚稻实割实测工作

分工组织实施。

## 五、扎实开展统计法治宣传工作

一是组织全体干部职工认真学习习近平等中央领导同志关于统计工作的重要讲话指示批示精神，学习《意见》《办法》《规定》，坚决防范和惩治统计造假、弄虚作假，树牢统计调查人员依法统计的底线红线。二是开展第十届“统计开放日”和2019年“12.4”国家宪法日暨《统计法》颁布纪念日系列宣传活动，对统计法、统计相关业务知识、横县调查队工作职责等内容进行宣传，现场发放宣传资料500多份，参与群众400人次，进一步增强社会公众的统计法律意识，使群众进一步了解与支持统计调查工作。

2019年12月4日，横县调查队开展“国家宪法日”暨《统计法》颁布纪念日宣传活动

# 国家统计局鹿寨调查队

2019年6月17日，广西调查总队陆奉昌副总队长（右三）到鹿寨县调研指导畜禽工作

2019年，国家统计局鹿寨调查队（以下简称鹿寨调查队）在国家统计局广西调查总队的正确领导下，在鹿寨县委、县政府的关心支持下，坚持以习近平新时代中国特色社会主义思想为指导，扎实开展“不忘初心、牢记使命”主题教育，以加强党的建设为统领，全面压实“两个责任”，不断夯实统计调查基础工作，进一步提高数据真实性，圆满完成全年工作任务。

## 一、落实全面从严治党要求，不断加强党风廉政建设

2019年，鹿寨调查队党支部按照广西调查总队机关党委的工作部署，不断加强党的建设，夯实党建工作基础。一是制定了《2019年理论学习计划》，明确学习重点；二是严格执行“三会一课”制度；三是扎实开展“不忘初心、牢记使命”主题教育，将主题教育与调查业务工作深度融合，认真做好检视与整改，增强守初心、担使命的思想自觉和行动自觉。

鹿寨调查队认真贯彻落实“中央八项规定”精神，领导班子切实履行党风廉政建设“两个责任”，在日常工作中注重抓早抓小，做到早提醒、早防范。及时召开鹿寨调查队党风廉政建设工作会议，部署2019年党风廉政建设工作，组织签订《党风廉政建设承诺书》。在重要节日节点组织学习中央、总队有关廉洁过节文件要求，开展集体廉政谈话。平时积极开展警示教育，通报纪检机关查处的违反八项规定精神典型案例等等。

## 二、努力打造“党旗红·数据真”党建工作品牌，促进党建和业务工作的融合

1. 融合住户收支调查业务工作。

一是示范网点（户）揭牌仪式。9月6日，柳州调查队队长陆润开、副队长韦国能，鹿寨县副县长吴英明一行来到鹿寨县大河村委参加柳州市“党旗红·数据真”品牌暨住户调查示范网点

2019年7月25日，鹿寨调查队到寨沙镇教化村开展农产量调查

2019年8月7日，鹿寨调查队到四排镇开展夏播无人机航拍和实地调查

（户）揭牌仪式，推动党建与统计调查业务的深度融合；二是召开“党旗红·数据真”党建+住户主题活动的示范网点的现场培训会，不断增强记账户“为国调查”自豪感和荣誉感，从而达到确保源头数据真实性的目的；三是召开“党建+住户调查”主题活动，由队领导和住户辅调员开展面对面的指导、交流，从党建引领业务发展的高度，提升住户调查数据质量。

2. 融合农业调查业务工作。

8月2日，鹿寨队全体党员在吉云村开展粮食产量调查现场体验活动，后召开主题座谈会，了解粮食生产及农民收入等情况，不断提升“党旗红·数据真”党建工作品牌创建质量和效果。

3. 树立党员先锋模范。

全面实施全员全程统计数据质量控制体系，在队内设立“党员先锋模范岗”6个，全体党员充分利用走访、调查机会开展调研活动并撰写调查信息9篇，为上级掌握情况、科学决策提供智力支持。

## 三、加强常规统计调查与专项调查工作，不断提高数据质量

鹿寨调查队牢固树立国家队意识、调查队意识，坚持独立调查、独立报告，把统计数据质量放在首位，全力以赴开展各项工作。各专业在工作的部署和培训、报表的收集、审核、上报等全过程中，都严格按照相关制度的工作流程开展调查，较好地完成了城乡住户调查、农民工调查、农作物播种面积调查、粮食产量调查、居民消费价格指数调查等常规调查任务。

## 四、进一步加强干部队伍教育管理

多措并举丰富干部培训渠道，4—5月，队班子成员分批参加鹿寨县乡科级领导干部培训班；9月，派员参加柳州市档案管理培训班和鹿寨县政务系统培训班；10—11月，派员参加广西国家调查队系统青年干部培训班提升培训班和主题教育党务干部培训班；此外，通过国家统计局在线学习和队内业务和政治理论知识等方式，提高干部的理论水平和业务能力。

## 五、较好完成上级交办的各项工作

一是与柳州调查队联合开展双随机执法检查；二是开展形式多样普法学法活动，利用调查

2019年9月20日，鹿寨调查队在鹿寨县行政广场开展第十届统计开放日现场宣传活动

工作布置会、培训会、座谈会等向调查对象、辅助调查员进行统计法治宣传，在入户调查过程中向调查户宣传统计法律法规，做到普法常态化，重点抓好领导干部学习习近平总书记对统计工作重要指示批示精神和统计法律法规；三是继续做好“中国统计开放日”宣传活动，联合鹿寨县统计局在鹿寨县行政广场开展现场宣传活动；四是配合做好离任审计工作；五是结合绩效考核推进调查信息和政务信息的写作。

2019年11月8日，鹿寨调查队到鹿寨镇龙坪村开展农产量调查

2020年1月17日，鹿寨调查队到四排镇吉云村进行住户调查记账培训并发放记账户先进个人慰问品

# 国家统计局阳朔调查队

2019年7月16日，阳朔调查队召开上半年住户调查培训会

2019年，国家统计局阳朔调查队（以下简称阳朔调查队）在广西调查总队的正确领导下，深入贯彻落实习近平总书记关于统计工作重要讲话指示批示精神、广西国家调查工作会议精神以及《意见》《办法》《规定》等重要统计改革文件精神，着力加强党的领导，强化基层党建工作，不断深入推进“不忘初心、牢记使命”主题教育，夯实工作作风，提高调查数据质量，在全体队员的辛勤努力下较好的完成了全年各项统计调查工作。

## 一、认真打造“党旗红·数据真”党建工作品牌

2019年，阳朔调查队认真贯彻落实党的十九大和习近平新时代中国特色社会主义思想理论以及国家统计局、广西调查总队和地方党委关于党建工作的决策部署，持续推进党的建设向纵深发展，结合实际打造一个坚强的党支部，积极探索“党建+理论武装”“党建+基层共建”“党建+业务调查”“党建+创新服务”等党建工作新模式。2019年，阳朔调查队已召开4次支部党员大会，2次组织生活会，7次专题党课，16次专题学习会，16次专题调研，11次主题党日活动。党日活动内容活动形式新颖、内容丰富，涉及志愿服务、专题集中学习、警示片教育学习、参观廉政教育基地学习等多方面内容，进一步提高了基层党组织建设的水平，提升了基层党组织的战斗力和凝聚力，更增强了全体干部的“四个意识”和党性修养。

## 二、深入开展“不忘初心、牢记使命”主题教育活动

2019年，阳朔调查队坚持以习近平新时代中国特色社会主义思想和党的十九大精神为指导，认真开展“不忘初心、牢记使命”主题教育。把开展主题教育同贯彻落实习近平总书记关于统计工作重要讲话指示批示精神结合起来，同贯彻落实党的十九大关于“完善统计体制”重大部署结合起来，同推进落实中央《意见》《办法》《规定》等重要统计改革文件、同国家统计局、广西

2019年8月1日，阳朔调查队到葡萄镇葡萄村委开展“党建+农业”产量调查

2019年9月3日，阳朔调查队在高田镇桥头村委开展阳朔县乡村教师提高待遇改善环境问题调研

调查总队布置的各项任务结合起来，围绕三个层面，按照“八个专项整治”“四个对照”“四个找一找”“五查五改”“四个不强”以及对照党章党规“18个是否”，认真开展问题检视对照并积极开展整改，确保主题教育取得实效，将阳朔调查队打造成一支思想过硬、素质过硬、作风过硬、纪律过硬的国家统计调查“轻骑兵”。

## 三、周密部署，狠抓落实，提高数据质量

### （一）利用点、面结合提高数据质量

阳朔调查队住户股将集中全面培训和重点访户培训相结合，坚持不懈推广电子记账。对电子记账困难户开展重点访户培训，充分利用微信，QQ等通讯工具，及时传达总队工作部署要求，及时解决记账户问题，修改日常错误，让电子记账困难户每月都有进步，提高调查数据质量。2019年10月起已实现电子记账覆盖率100%，单轨率100%的双百目标。

### （二）采取“前移式”工作方法，提高数据质量

阳朔调查队农业股采取测产估产前移，根据水稻种植情况、生长规律，统筹安排时间，提前谋划稻谷实割实测工作。采取调查工作前移，充分发挥调查队机动灵活的特点，携带笔记本电脑下田估产，现场估产，现场抽样，现场实测，保证实割实测顺利完成。数据监控前移，实割实测由纪检监察员全程监控，本队队员全程参与，确保全流程符合制度要求，并在第一时间找出数据差异原因，排查数据质量风险，确保数据真实准确，提高数据质量。

## 四、规范管理，提高优质服务水平

一是发挥办公室“润滑剂”作用，保障工作顺利开展。阳朔调查队办公室认真学习《会议管理办法》《培训管理办法》，严格按照办法的标准和要求，充分发挥组织协调职能作用，在流程规范、车辆管理、后勤服务等日常化工作做到严谨高效，在来电来访、公务接待、会议组织等事务性工作做到周密细致。2019年来，协助各股室成功举办10次业务培训，为各股室开展业务培训，提供了坚实的服务保障。

二是及时上传下达。阳朔调查队做到传达及时，不拖延，不懒惰，让各项政令措施尽快落实到位。2019年来，共处理上级来文及阳朔县委、县政府等其他部门来文共1151（份/次），一步一个脚印，将各项工作落实到位，确保各项工作顺利开展和实施。

三是提高经济形势分析和数据解读能力。发挥“轻骑兵”优势，及时收集、报送地方企业经济增长亮点，社会经济形势难点，群众关心热点。认真做好政务信息和调查信息的报送工作，为当地政府提供数据支持及制定政策参考意见。

2019年10月23日，阳朔调查队党支部组织党员干部到全州县红军长征湘江战役纪念馆开展“不忘统计初心、牢记调查使命”主题党日活动

2019年6月27日，全州调查队党支部开展“不忘初心、牢记使命”主题党日活动

2019年，国家统计局全州调查队（以下简称全州调查队）在广西调查总队的正确领导下，在全州县委、县政府的关心和指导下，以习近平新时代中国特色社会主义思想为指导，深入贯彻党的十九大精神，按照2019年广西国家调查工作会议和年中工作会议部署，坚持从严治党，一手抓党建、一手抓业务，较为顺利完成各项工作。

## 一、党建工作取得长足进步

**（一）积极推进“党旗红·数据真”党建品牌建设。**2019年6月赴才湾镇紫岭村开展“党旗红·数据真”党建品牌建设座谈会，听取村两委和记账户的意见建议；2019年7月结合农产量调查工作组织有关辅助调查员、乡镇农业推广站负责人等开展了“守粮产统计初心，担数据真实使命”全州县早稻现场测产活动，激发调查员队伍“为党工作、为国统计、为民调查”的责任感、使命感；2019年9月底，组织全县住户调查党员辅助调查员和党员记账户开展“党建+住户调查”主题党日活动，通过“党建+住户”知识竞赛，优秀党员记账户和党员辅助调查员作典型发言，向住户调查党建示范点和党员记账户授匾，集体唱红歌，集中参观学习红军长征湘江战役纪念馆等引导和激励党员积极发挥先锋模范带头作用。通过一系列的活动，引导党员在各项工作中打头阵、打攻坚，引导党员在贯彻落实中央统计工作的决策部署中学在先、走在前，引导党员在提高统计调查数据质量中自我加压、执行更高标准和更严要求，引导党员在一线调查调研和统计优质服务中更加发挥主观能动性、创造性，努力培养优秀党员业务能手，积极建设高能党员调查队伍，强化党组织的凝聚力和战斗力。

**（二）扎实开展“不忘初心、牢记使命”主题教育活动。**2019年以来，全州调查队领导班子及干部职工以参加学习培训班、领导班子学习、支部集体学习、在线学习等方式开展日常学习，以“不忘初心、牢记使命”主题教育为契机深入学习习近平新时代中国特色社会主义思想和党的十九大精神，不断强化思想武装，始终坚持把党的政治建设摆在首位，深入领会和把握中央推进全面从严治党的各项要求，严守政治纪律和政治规矩，从政治上、思想上、行动上始终与党中央保持高度一致。

2019年9月20日，全州调查队开展第十届“中国统计开放日”活动

2019年9月29日，全州调查队开展“党建+住户”活动

## 二、庆祝中华人民共和国成立70周年，不忘统计调查事业

9月20日，在全州县中心广场开展第十届统计开放日现场活动，将庆祝中华人民共和国成立70周年和统计宣传相结合，设置宣讲台、发放统计调查及统计法律法规知识宣传册并回答群众的询问，吸引超百人次前来了解和询问，扩大了统计法的群众基础，激发了群众的爱国热情。

## 三、依法真实统计，服务高质量发展

**（一）加强业务培训，提高工作规范化水平。**一是针对统计工作人员，通过听取专业学习情况汇报、专业负责人定期解读调查方案等方式督促本队人员认真学习各专业调查制度，领会调查方案目的、掌握调查方案。二是针对辅助调查员，通过组织集中培训班的方式，对重难点专业进行了培训，并于每月调查上报期内，组织业务骨干赴各调查网点对辅助调查员开展重难点问题解答。农业调查对辅助调查员进行实地演练、边讲解、边操作、边示范。CPI调查每月组织采价员参加例会一次，对上月工作中遇到的问题进行针对性剖析纠正，提高采价员工作水平，保障采集数据质量。劳动力调查坚持每月陪访，了解一线调查情况，与辅助调查员共同做好统计调查工作。

**（二）加强数据审核评估，提高数据真实性。**坚持辅助调查员初审、包干队员二审、专业负责人三审和分管领导四审工作机制，一是紧抓台账的完整性和及时性审核，二是善抓报表的逻辑性和常识性审核，三是熟练运用数据处理软件进行报表审核，四是与宏观经济数据、行业性数据、其他相关专业数据等进行关联性和协调性审核。

**（三）以问题为导向，全面从严治队工作。**紧盯人、财、物、数、基建等风险点和决策制定、决策执行等关键环节，修订完善了8项规章制度，制定了《调查业务风险点防控措施》，完善了差旅、公务用车等3个台账，落实“县账省管”工作方案，不断改进完善廉政风险防控机制。加强党风廉政教育，以本系统、本地区、违反中央八项规定精神和扶贫领域违法违纪的通报为重点7次开展警示教育，不断强化党员干部的纪律意识和规矩意识，筑牢思想防线。

2019年9月29日，全州调查队开展“党建+住户”活动

# 国家统计局兴安县调查队

2019年7月30—31日，兴安县调查队重走长征路并举办“不忘初心、牢记使命”教育培训班

2019年全年，国家统计局兴安县调查队（以下简称兴安县调查队）在广西调查总队党组、兴安县委、县政府领导下，在桂林调查队党组关心下，认真贯彻落实习近平总书记关于统计工作的重要讲话指示批示精神和党的“十九大”以及广西国家调查工作会议精神，坚持以习近平新时代中国特色社会主义思想为指导，以“高质量发展”为目标，促进各项工作取得新进展。

## 一、以党建为引领，全面加强从严治党、从严治队

1. 学习贯彻党的十九大精神。2019年全年，兴安县调查队结合“三会一课”，开展3次专题学习活动。深入贯彻学习了习近平总书记新时代中国特色社会主义系列讲话、习近平总书记关于统计工作的重要讲话批示精神。派员参加广西国家调查队系统党的第一期、第二期理论知识培训班。通过学习培训进一步强化了“四个意识”、坚定了“四个自信”、坚决做到“两个维护”，自觉用习近平新时代中国特色社会主义思想武装头脑、指导工作。

2. 积极创建“党旗红·数据真”党建工作品牌。2019年，兴安县调查队全面贯彻落实《国家统计局广西调查总队党建工作领导小组关于全力打造“党旗红·数据真”党建工作品牌的指导意见》文件精神，以党的建设为引领，加强党建与业务的深度融合，开展“共建+扶贫”“党建+住户”“党建+农产”等一些列活动，将党性融入调查与工作，提高党员在基层调查工作中的引领带头作用，增强调查工作荣誉感和使命感，推进党建业务共同提升

3. 扎实开展“不忘初心，牢记使命”主题教育活动。3月29日兴安县调查队与县机关工委、团委、妇联等开展“不忘初心，牢记使命——缅怀先烈，传承长征精神”主题教育活动；7月30日—31日，兴安县调查队党支部参加了“不忘初心、牢记使命”系列主题教育培训班。集中学习了《习近平总书记新时代中国特色社会主义思想纲要》《习总书记“不忘初心，牢记使命”论述摘编》等近30篇书目，通过对标指导思想要求，结合兴安县调查队工作实际，形成了三篇调研报告，通过主题教育学习，有力的提高了全体队员的政治站位和思想凝聚力。

4. 开展庆祝中华人民共和国成立70周年系列活动。为庆祝中华人民共和国70周年，兴安县调查队于9月30日到红军长征突破湘江烈士纪念碑园开展“歌唱祖国”党日活动，并在10月9日开展集体观影“我和我的祖国”爱国主义教育活动，为

2019年10月10日，兴安县调查队到住户调查点华江乡水埠村委开展培训及慰问工作

2019年11月1日，兴安县调查队到桂林廉政教育基地开展“以案为鉴，警钟长鸣”党日活动

中华人民共和国成立70周年献礼。

## 二、提质增效，高质量完成业务工作

1. 加强培训，提高调查人员的业务水平。一是全年召开各专业辅调员业务培训会议3次，培训会议取得预期效果，会务服务得到辅调员的一致好评；二是加强远程业务指导，及时解决基层人员遇到的业务难题。通过QQ业务群和辅助调查员微信群，及时响应每个基层人员提出的业务问题，远程指导和督导业务开展，有效保证各项工作进度。

2. 科技促进调查效率。截至目前，兴安县住户调查100户中有80户单轨电子记账。全年，完善了电子记账管理制度建设，使电子记账调查数据的质量控制和电子记账有关工作的日常管理得到进一步加强。

在农业调查方面，兴安县调查队利用最新购置的无人机结合总队数据分析系统进行样方采集，大大提高了农业调查的效率和准确度。

## 三、 提高思想认识，促进兴安县队调查事业高质量发展

1. 加强培训，提高政治站位。全队多次召开培训会议学习领会中央领导同志关于统计工作的重要讲话指示批示精神，切实增强调查工作的方向感、责任感、使命感。紧密结合调查工作实际，聚焦工作中多发易发的违纪违规风险点，明确规矩和底线，充分认识调查数据真实准确的重要性，充分认识数据造假、弄虚作假的危害性，切实提高清正廉洁做好业务调查的自觉性。

2. 提高服务意识，加强信息报送能力。完善考评激励机制，提高写作积极性。以目标明确、强化责任，量化考核、注重激励，率先争先、追求卓越四大原则为总体要求，兴安队通过召开专题会议讨论制定了调查信息写作任务和写作奖惩制度、完善了年度优质服务考核制度，同时将聘用人员写作任务纳入考核指标，充实了调查信息写作人员力量。加强培训，鼓励调查队员在工作中，要留意创作的亮点，寻找写作的切入点，要主动调研，掌握调查信息写作的第一手资料，确保2019年兴安队优质服务在质量和数量上都得到提高。目前兴安队撰写约稿信息11篇。

## 四、工作亮点

一是修订完善工作制度。2019年以来，兴安县调查队修订完善了8项，至此共形成了57项制度。切实做到规范管理，制度先行。

二是“党旗红 数据真”取得实效。开展了“共建+扶贫”“党建+住户”“党建+农产”等一些列活动，党建引领工作党员干部带头作用日益凸显，数据质量明显提高。

三是人员力量充实，人员配置进一步完善。2019年新增两名队员，并做好传帮带工作；完善了领导班子的配备，极大增强了全队工作凝聚力，推动工作高质量开展。

2020年5月8日，广西调查总队党组纪检组长姜永亮（右二）带队到住户调查点大洞村委开展调研及慰问

# 国家统计局平乐调查队

2019年7月1日，平乐调查队党支部组织全体党员干部到平乐县阳安乡下登坡革命老区开展“不忘初心、牢记使命”主题党日活动

2019年，国家统计局平乐调查队（以下简称平乐调查队）在广西调查总队与平乐县委、县政府的正确领导下，在国家统计局桂林调查队的精心帮助下，全体队员始终保持艰苦奋斗的前进姿态，以贯彻《意见》《办法》《规定》为核心，以调查工作实际为第一出发点，贯彻落实从严治党治队，深化统计管理体制改革，提高全队创新意识，夯实数据基础、压实数据责任，各方面工作取得了显著成效。

## 一、坚持党建引领，调查工作有指引

2019年，平乐调查队全面推进从严治党工作，按照习近平总书记关于继续推进全面从严治党工作的重要指示以及广西调查总队关于党建工作的各项规定，全面落实党风廉政建设责任制度，强化对领导干部各项工作的监督，把党风廉政建设融入到统计调查业务工作中，做到党建调查“两手抓”；领导班子做到重要工作亲自部署、重人问题亲自过问、重要环节亲自协调、重要案件亲自督办，班子成员紧抓工作落实、充分发挥推进全面从严治党、落实党风廉政建设的带头表率作用。通过先进带后进，引导全体队员自觉践行统计核心价值观，强调四个意识，增强四个自信，形成干事创业担当的气氛。

加强党建活动的组织，创新活动形式，激发党支部活力。一是党支部提高组织能力，主动与地方党委、纪委及机关党委工作部门的协调沟通，积极参与地方组织的各项党建活动，探索构建多方合作、多方参与的新方式，与地方政府共同演奏党建工作“大合唱”。二是严格落实党建各项规定，严格落实好“三会一课”制度、党支部书记述职制度，党员评议制度等常规动作，在广西调查总队“党旗红 数据真”党建工作品牌创建活动指导下，平乐调查队坚持党建现行、活动引领，将党建工作与统计调查工作深入融合，用创新的思路抓统计，使党建工作渗透到了统计工作的方方面面、贯穿于统计工作的全过程，真正做到发现问题、分析问题、解决问题，促进党务业务共同进步，扎实有力推进各项调查工作。

## 二、强化纪检监督，党风廉政重夯实

平乐调查队领导班子自觉履行党风廉政主体责任，加强党风廉政建设工作，学习贯彻《中国共产党党内监督条例》《中国共产党纪律处分条例》《关于新形势下党内政治生活的若干准则》等党纪党规，积极开展警示教育学习。认真贯彻落实广西

2019年7月9日，广西调查总队劳动力调查处到平乐队到平乐龙窝村开展月度劳动力调查入户访户

2019年10月22日，平乐调查队开展粮食秋收估产工作

调查总队党风廉政工作要求，精心谋划党风廉政工作，对干部严格教育、严格要求、严格管理、严格监督。强化纪检部门责任，纪检监察员立足纪检“智囊、监督、传令、把关”的岗位职责，认真监督全队工作，积极向领导建言献策，及时纠正全队苗头性、原则性问题。严格参与本队“三重一大”事项决策过程，充分进行监督，定期对中央八项规定精神落实情况、执行有关制度情况、党风廉政建设责任制执行情况、“三重一大”落实情况进行监督检查，坚持紧盯人、财、物、数等方面风险点，确保党风廉政工作扎实。

## 三、确保数据真实，调查业务实打实

各专业股室严格落实各项调查专业方案，确保专业调查工作落实到位。一方面做好业务方案贯彻执行。贯彻总队业务培训的各项要求，业务负责人及时向领导班子成员传达总队要求，结合工作实际谈问题谈措施，形成意见后进行工作布置。业务负责人将规范化要求向调查对象和辅助调查员通俗易懂传达，确保各项要求准确贯彻到基层。另一方面加深对规范化条款的解读，制定符合平乐队实际的各项工作制度。办公室牵头，解读总队印发的广西市县队目标管理考核办法内容，各股室制定本股室专业工作办法，进一步提高各股室对规范化条款的理解和执行力。同时认真落实方案的执行，将方案内容转化为真真实实的工作方法。坚持以确保数据质量为中心，对照国家统计调查方法制度，市县“独立调查、直接调查、独立报告”原则，重点抓好数据采集、审核、评估、上报、跟踪等各环节，保障数据的真实、准确、完整、及时；做到对标对先，确保采集按制度、审核有记录、评估有依据、上报按时限、跟踪有反馈。扎实完成现阶段居民收支调查、县级粮食产量抽样调查、畜禽监测、劳动力调查、农村党员培训情况调查等各项调查任务。

## 四、强化统计服务，统计调查有定位

进一步提高统计调查为地方的服务能力，实现统计数据反映国情国力，服务社会经济发展的重要作用。积极承接国家统计局、广西调查总队，以及地方政府部门的各项调研任务，积极为各项政策实施献言献策。2019年全队共撰写政务信息32篇，广西调查总队采用30篇，国家统计局采用2篇；约稿撰写14篇，总队采用14篇。加大现有调查数据的开发力度，发挥调查队的轻骑兵优势，紧紧围绕中央和地方各级党委政府重要部署、重大定位、重点工作，做好统计分析，加强调查研究，发挥调查数据服务党政决策、为政策制定献言献策的功能。依据社会热点问题与搜集到的数据基础，及时对经济社会运行情况进行监测评价，快速反映情况，准确揭示问题，积极回应各单位部门的统计数据查询。做法统计宣传工作，加强统计普法宣传，以领导干部为关键强化统计法治教育，以统计人员为重点强化统计普法培训，以调查对象和社会公众为主体强化统计普法宣传，保证做到依法统计依法治统。

2019年10月29日，平乐调查队开展农产测产工作

# 国家统计局合浦调查队

2019年6月15日，广西调查总队总队长赵太想（左二）到合浦调查队调研

2019年，国家统计局合浦调查队（以下简称合浦调查队）坚持以习近平新时代中国特色社会主义思想为指导，扎实开展各项工作。

## 一、积极探索“党建+业务”，助推数据质量进一步提高

一是开创“激励+提升”方式。为记账户颁发“为国记账光荣户”奖牌，提升荣誉感和使命感，提高配合度；二是开展以“古郡住调党旗红·牢记使命数据真”为主题专题座谈会及“党建+住户”活动推进暨业务培训交流会，辅助调查员、记账户党员作经验交流，观看红色主题影片，重温入党誓词，有效发挥党员示范引领作用；三是结合农业调查深入田间地头开展“调查一线党旗红，夏播面积数据真”主题活动。

## 二、扎实推进“不忘初心、牢记使命”主题教育工作

一是聚焦主题开展学习。围绕习总书记重要论述选编、重要讲话精神等开展学习。坚持集中学与自学相结合，读原著、学原文、悟原理。二是抓实调查研究。队领导班子围绕本单位统计调查优质服务存在的问题和党的纪律建设面临的紧迫问题，通过问卷调查、座谈会、个别谈话等方式开展调查研究，形成调研报告，着力解决合浦调查队当前存在的问题。三是认真检视整改。党员对照党章党规定“18个是否”，对照《关于新形势下党内政治生活的若干准则》《中国共产党支部工作条例（试行）》，群众提出的意见建议等，认真查找问题，落实整改。四是抓好专项整治工作。在主题教育中对8个方面问题开展专项整治，形成检视问题清单，找出整改措施，列明责任人及整改时限，立行立改。

## 三、大力推进依法统计

一是不断建立和完善各项调查原始记录、统计台账，筑牢防范干预统计调查工作前端防线。二是多次组织全体队员学习《意见》、《办法》、《规定》及统计法律法规，坚决惩治“数字上的腐败”和“以数谋私”，营造良好统计环境。

2019年8月14日，北海调查队与合浦调查队开展夏播面积调查

2019年9月20日，合浦调查队组织开展第十届统计开放日活动，并向群众宣传统计法知识

2019年11月4日，合浦调查队到党江镇西山村开展晚稻实割实测调查

## 四、扎实推进统计调查工作高质量发展

一是优化农业调查手段。安排5名骨干参加UTC无人驾驶航空器系统操作手合格证培训；采购烘干机、玉米脱粒机、除杂风柜机和样本储存箱等工具，提高工作效率。二是扎实推进主要畜禽监测调查工作。新选聘25名辅助调查员，增强畜禽监测调查力量，在非洲猪瘟疫情爆发后，积极与调查户及县畜牧部门沟通，了解疫情对合浦县生猪生产的影响情况。三是夯实住户调查基础工作。2019年电子记账推广率达到82%。四是夯实CPI调查基础数据质量。五是完成劳动力调查新样本轮换测试，收集、梳理测试情况及存在问题，对新平台、新问卷的使用进行全方位总结，夯实新样本劳动力调查基础。每月坚持入户陪访，保证调查工作质量。

## 五、开展庆祝中华人民共和国成立70周年系列活动

一是组织队员参加庆祝中华人民共和国成立70周年升国旗唱国歌仪式、收看收听周年大庆典礼，召开专题会议学习习总书记在周年庆典上、大型成就展上的重要讲话精神。二是开展城市环境卫生清扫工作及公益活动。三是开展主题为“坚守统计初心、践行时代使命”的统计开放日活动，专题展示中华人民共和国成立70年广西民生发展。四是开展系列主题党日活动。

## 六、文明单位创建有新突破

2019年3月，荣获北海市文明单位称号。同年12月获得第十七批自治区文明单位称号。

## 七、狠抓信息工作，服务意识进一步提升

加大对农业、畜牧业、企业、物价走势等领域的分析研究，及时反映地方各行各业生产经营情况和经济运行特点。2019年，获采用调查信息49篇，采用政务信息92篇，国家统计局采用1篇，广西调查总队采用工作要事12篇。向地方政府编印调查专报4期。

2019年11月20日，广西调查总队副总队杨锡虹（左三）到合浦调查队开展消费价格调查基础工作检查

# 国家统计局灵山调查队

2019年8月5日，灵山调查队到灵山县新圩镇开展“重温调查队统计史·牢记初心使命”主题党日活动

2019年，国家统计局灵山调查队（以下简称“灵山调查队”）以习近平新时代中国特色社会主义思想为指导，深入贯彻习近平关于统计工作的重要讲话指示批示精神和统计法律法规，全面落实2019年全国统计工作会议、广西国家调查工作会议精神，坚持党建引领，狠抓工作落实，不断提高调查数据真实性。

## 一、强化党的领导，提高党的领导水平

### （一）创新党建工作载体

根据广西调查总队“党旗红·数据真”党建工作品牌创建方案，在党员干部、队员中开展“双亮双比双争”（亮身份比形象，亮承诺比实绩，争做优秀队员和业务标兵）活动，推动各项工作提质增效。

### （二）高标准开展“不忘初心、牢记使命”主题教育

在只有1个领导班子成员的情况下，党支部3名党员自觉形成共识，自我加压，以领导班子要求开展主题教育，紧紧围绕“实”字，做到制定方案“实”、组织学习“实”、调查研究“实”、专题党课“实”、查找问题“实”、整改工作“实”，确保取得实效。

坚持开门开展主题教育，邀请住户调查党员辅调员参加主题党日活动，现场教育传承红色革命基因；邀请住户辅调员参加第十届“统计开放日”晚会，与灵山调查队全体人员上台表演歌曲《我和我的祖国》，庆祝中华人民共和国成立70周年；邀请全体住户调查辅助调查员和党员记账户代表召开“坚守统计初心、践行时代使命”座谈会、向记账户征求意见建议，查找工作短板和调查对象所需、所盼。

### （三）创新开展“党旗红·数据真”党建品牌创建工作

在住户调查工作中开展“灵山党旗红·调查数据真”品牌创建工作，促进“党建+住户”深度融合，在党员记账户较多的两个调查点以1～2

2019年10月9日，灵山调查队到文利镇升平村开展玉米测产工作

2019年10月29日，国家统计局第一巡回组副组长张宏性（后排右五）到灵山县委中共灵山县委员会办公遗址参加灵山调查队不忘初心牢记使命主题党日活动

名党员记账户为核心，试点建立“诚信记账小组”，发挥党员记账户的先锋模范作用，推动记账户诚信记账，提高数据质量。

### （四）打造特色廉政文化

在单位显眼位置悬挂廉政警示标语，将廉政警语印制在各人工作台牌，将统计职业道德内容作为电脑画面，提高队员廉洁从政意识。

## 二、强化思想教育，营造健康向上队内文化

### （一）将非党干部纳入党内同教育

为了提高非党干部思想觉悟，将非党干部纳入党内教育范围，除涉及党内秘密外，与党员同学习，促其提高思想认识，提高“四个意识”，践行“两个维护”。

### （二）营造健康向上队内文化

通过组织学习、谈心谈话、严管厚爱、“传帮带”、以上率下和组织活动等方式，大力营造“团结、求真、廉洁、自信、争优”的队内文化，增强凝聚力、向心力。

## 三、强化督查，提升执行力

### （一）实行每周工作例会

每周星期一研究制订各股室、各专业重点工作，下周星期一跟踪前一周重点工作完成情况，总结分析存在问题和原因，促使队内各项工作执行落实水平得到明显改进。

### （二）实行多股室监督机制

坚持队分管领导、股室负责人每月对规范化建设和数据质量抽查1次以上；落实每季度纪检监察、办公室和业务股室监督机制，开展规范化、各专业数据质量自查，检查后及时通报结果，通过OA督查整改落实。

## 四、规范专项统计调查管理，提升统计服务能力

### （一）加强约稿信息工作

通过调研前讨论写作提纲、分工等，调研后讨论观点提炼及写作重点的方法，实行调查信息完成情况按月通报，提高队员调查信息写作能力。2019年，灵山调查队撰写上报调查信息42篇，较2018年撰写22篇，上升了90.9%。

### （二）规范专项统计调查管理

受灵山县绩效办的委托，灵山调查队严格按照广西调查总队有关规程，做好项目请示工作，经广西调查总队批准，按统计相关法律要求，规

2019年11月11日，灵山调查队到灵城镇谭礼村开展水稻实割实测工作

范调查流程，圆满完成调查工作，获得良好的社会效益，提高调查队的知名度。

## 五、善于宣传，提升调查队知名度

### （一）积极撰写政务信息

通过帮选题和每月通报等方式切实提高写作水平，提高采用率，在广西调查总队内网发布政务信息，在系统内对灵山调查队工作进行宣传。2019年，灵山调查队得到广西调查总队采用51篇，较2018年采用23篇，上升了121.7%。

### （二）举办晚会进行宣传

在调查点扎实开展统计法治宣传活动，提高宣传实效。2019年5月26日，灵山调查队联合灵城街道办、住户调查点中山社区、六峰社区，党建“双报到双服务”联系点附城社区，开展统计法治宣传文艺晚会；2019年9月20日，灵山调查队联合灵山县统计局举办第十届“中国统计开放日”、统计法治暨人口普查文艺晚会。

### （三）利用微信公众号“灵山调查”进行宣传

灵山调查队充分利用微信公众号“灵山调查”的宣传优势，加大微信公众号宣传力度，积极发布信息，拓宽群众了解统计信息渠道，提高群众知晓率。2019年，“灵山调查”共发布原创信息53篇。其中灵山调查队在微信公众号上开辟“不忘初心、牢记使命”主题教育栏目，发布“不忘初心、牢记使命”主题教育信息18篇。

### （四）定制抽纸进行宣传

统一定制入宣传品，在宣传品上印制统计法律法规、灵山调查队基本情况、业务调查情况等宣传信息，在日常工作中向调查对象发放，面对面向调查对象宣传统计法律法规知识，提高他们对统计法律法规的认识，增强宣传实效。

2019年12月4日，灵山调查队到住户调查点充头村委发放宣传资料

# 国家统计局浦北调查队

2019年3月19日，浦北调查队组织《意见》《办法》

2019年，在国家统计局广西调查总队的正确领导和县委县政府的大力支持下，国家统计局浦北调查队（以下简称浦北调查队）深入贯彻落实广西国家调查工作会议精神，坚持以习近平新时代中国特色社会主义思想为指导，深入推进“党旗红·数据真”工作品牌创建和“不忘初心、牢记使命”主题教育活动，加强党建引领，以提高数据真实性为中心，真抓实干，担当作为，各项工作有序推进。

## 一、打造“党旗红·数据真”工作品牌，推动统计调查工作高质量发展

### （一）培养党员、重用党员、发挥党员先锋模范作用

1. 加强支部建设，打造坚强战斗堡垒。以“提档升级”目标，以问题为导向，切实解决“三会一课”、主题党日活动等党建工作中存在的问题。在县直属工委最近的检查中，浦北队党支部问题反馈只有1个，实现了反馈问题“从多到一”的历史性突破。

2. 加强党性修养，提升党员政治觉悟。组织党员深入学习习近平新时代中国特色社会主义思想、党章、《关于深化统计管理体制改革提高统计数据真实性的意见》《防范和惩治统计造假、弄虚作假督察工作规定》《统计违纪违法责任人处分处理建议办法》（以下简称《意见》《规定》《办法》）等材料，组织干部职工到浦北县“农村第一党支部”、浦北县博物馆、十万大山烈士纪念碑开展红色教育，加强钦州智慧党建、“八桂先锋”、“学习强国”平台的推广使用，加强党员干部的党性教育和政治修养。组织党员干部参观学习钦州市“以案为镜”典型案例警示教育巡展，开展统计领域违反“中央八项规定”典型案件等学习，提升党风廉政自觉。

2019年6月28日，浦北调查队党支部到粮食产量调查点浦北县大成镇柑子根村（原广东省合浦县白石水地区“农村第一党支部”旧址）开展“不忘初心、牢记使命”主题教育暨“七一”活动

2020年5月28日，广西调查总队总队长赵太想率队深入浦北开展调研工作

**（二）发挥党建引领作用，调查数据更加真实可信**

1. 支部结对共建，调查环境进一步改善。与住户、劳动力调查点村委（社区）签订结对共建协议书，开展到点调研、集中研讨、微党课等共建活动，村委（社区）一把手对统计调查工作重要性认识进一步增强，对调查队的支持力度更大；调查点的调查对象培训更方便，辅助调查员协助调查队工作的环境更宽松，各种宣传海报和手册也出现在了调查点宣传栏和工作场所。

2. 加强支部调研，做好专业问题检视及整改。支部牵头，通过谈心谈话、专业检查、下乡调研等活动检视各专业调查中存在的问题，采取清单式管理，明确整改措施、整改时限和责任人，以问题为导向，夯实调查基础。

## 二、扎实开展“不忘初心、牢记使命”主题教育，为经济高质量发展提供坚实统计保障

1. 原原本本学，认认真真悟原理。突出习近平新时代中国特色社会主义思想学习和爱国主义教育，按照7天集中学习安排，分四个专题进行理论学习，增强党员干部“四个自信”，坚定“四个自信”，做到“两个维护”。组织党员干部参加浦北2019年烈士公祭日活动、到浦北博物馆进行爱国主义教育，增强党员干部的爱国主义情怀，提升使命意识。

2. 认真深入研究，将调查结果转化为提升队伍建设的内生动力。领导班子成员结合队内突出问题，拟定制度建设和提高住户调查数据质量的研究主题，加强调研，总结提炼，撰写调研成果，切实为提升队伍管理、提高数据质量提供参考依据，激发内生动力。

## 三、开展系列活动，喜庆中华人民共和国成立70周年

召开党员大会，组织党员干部学习贯彻习近平总书记在庆祝中华人民共和国成立70周年大会上的讲话精神，提出贯彻要求。结合第十届中国统计开放日活动开展“从调查数据看中华人民共和国成立70周年广西民生发展”主题宣传。积极派员参与第十届中国统计开放日文艺展演。组织党员到贫困户家中开展国庆节前慰问活动。

## 四、凝聚思想共识，推动统计调查工作高质量发展

1. 丰富活动形式，打好活动基础。召开“解放思想、改革创新、扩大开放、担当实干，推动经济社会高质量发展”专题讨论会，开展“不忘初心、重温入党誓词”主题党日活动，继续深化《意见》《办法》等文件学习，促使党员干部思想持续转变。

2. 认真查摆问题，将整改落到实处。领导干部和股室负责人认真查摆了调查业务基础工作不够扎实、工作人员业务技能不高、访户不到位等影响全队发展的突出问题10项，深刻剖析存在的原因，制定整改措施13项，落实工作责任，明确整改时间和整改责任人，将解放思想落实到实处。

## 五、新闻宣传工作亮点凸显

2019年，浦北调查队将新闻宣传工作作为综合工作开展的重要着力点。建设优化浦北调查队网站，积极开展信息化新闻宣传。申请创建了浦北队微信公众号并通过队员、辅助调查员及宣传资料二维码等广泛推广，及时推送相关统计数据、工作动态和统计法律法规，向社会公众展示统计调查工作风采魅力。

开展《中华人民共和国宪法》颁布日宣传活动，通过悬挂横幅、入户宣传等方式，让辅调员和调查对象对《中华人民共和国宪法》和相关统计法律法规有更深入的了解。在即将迎来新中国成立70周年华诞之际与县统计局联合开展以“坚守统计初心，践行时代使命”为主题的第十届中国统计开放日宣传活动。通过设立了咨询台，悬挂了宣传横幅标语，工作人员向来往的群众发放统计调查宣传手册、环保袋和纪念品等宣传用品，提升群众对统计调查工作的了解与支持。

## 六、提升统计法制宣传教育力度

1. 加强统计法治学习。9月12日，浦北调查队召开全体会议，传达学习2019年广西国家调查队系统法治暨统计行风建设工作会议精神，学习了《意见》《规定》《办法》；10月10日组织全体在职干部到钦州调查队集中学习《意见》《办法》；按季度组织全体干部职工开展对《中华人民共和国统计法》《中华人民共和国统计法实施条例》等相关法律法规进行宣传学习。

2. 认真开展统计法制宣传。充分利用《中华人民共和国统计法》颁布纪念日、国家宪法日和第十届中国统计开放日，紧密结合“不忘初心，牢记使命”主题教育，采取闹市展位宣传和单位门口设置自行取阅台的方式，促进社会公众对统计法制工作的了解；充分利用下乡时机，做好辅调员和调查对象的统计法治宣传，提高其工作配合度；通过浦北队内网及微信公众号设置统计法制专栏，提高社会公众统计法治意识。将统计法治学习列入所有专业的培训课程中，提高本队队员、辅调员和广大调查对象的法制水平。

2019年9月10日，浦北调查队联合浦北县统计局举办第十届中国统计开放日宣传活动

# 国家统计局桂平调查队

2019年12月5日，广西调查总队总队长赵太想（左二）到桂平队查看粮食产量抽样调查样方地块图纸

2019年，国家统计局桂平调查队（以下简称桂平调查队）在广西调查总队和桂平市委、市政府的正确领导下，全体队员团结协作，围绕广西国家调查事业高质量发展目标，以“134”工作思路积极谋划全年工作，不断推动各项工作纵深发展。

## 一、以数据质量为核心，严防数据造假、弄虚作假

一是深入学习贯彻习近平总书记关于统计工作重要指示批示精神。每季度组织全队干部职工对习总书记关于统计工作重要指示批示精神、统计法及其实施条例、《意见》《办法》《规定》等法律法规进行再学习、认识的再深化、落实的再提高，营造不敢造假的氛围。

二是强化风险防控。贯彻落实领导干部违规干预统计工作记录制度，开展调查业务风险点排查及防控措施贯彻落实情况检查，同时各专业定期检查调查业务流程规范化落实情况，原始记录、统计台账和统计资料上报和管理情况，工作开展走访和审核查询情况。

## 二、积极发挥好三个作用，助推调查工作再上新台阶

### （一）充分发挥党建引领作用，助推业务调查提质增效

一是突出政治建设，把政治建设摆在首位，不断增强“四个意识”，坚定“四个自信”，做到“两个维护”。坚持全面从严治党。

二是积极推进 “党旗红·数据真”党建工作品牌创建。开展“田间地头党旗红，我的业务大家评”主题党日活动。组织全体干部职工到农业调查网点开展“田间地头党旗红，我的业务大家评”主题党日活动，由党员干部现场介绍讲解播种面积、粮食产量调查业务、展示无人机航拍操作，并对春播面积调查数据进行现场复查核对，从学习和交流中不断促进业务高质量发展。开展“稻花香里说丰年，听取习语一遍”现场教育。在调查样方现场培训时，结合“不忘初心、牢记使命”主题教育开展“稻花香里说丰年，听取习语一遍”现场教育，通过听语录、唱红歌，齐聚人心、团结力量，斗志昂扬进行踏田估产现场培

2019年7月3日，桂平调查队到金田镇开展“稻花香里说丰年 听取习语一遍”主题教育实践活动

2019年9月20日，桂平调查队、桂平市统计局联合在桂平市广场开展第十届统计开放日活动

训。结合粮食作物实割实测开展“党建+业务”主题教育。结合“不忘初心、牢记使命”主题教育，由桂平调查队党支部书记李善生带队到实割实测现场，卷裤脚、走田地、割稻谷、称重量，与党员辅助调查员和农户同行同语同劳动，用身体力行促调查员同看齐、共提高，有效推动粮食产量数据更真更实更准。开展“党建+住户”主题系列活动促数据质量提升。到住户调查网点开展“党建+住户”主题系列活动，通过讲党课，提升记账户为国记账的参与感、责任感、使命感、荣誉感；通过宣讲法制知识，加深记账户对规范记账的理解和支持；颁发“党员模范记账户”荣誉牌匾，勉励模范记账户带头把账记好，同时鼓励其他记账户要向模范记账户对标看齐，增强责任心，切实提高记账质量。

三是加强对群团组织的领导。为庆祝中华人民共和国成立70周年，组织观看《我和我的祖国》电影，派员参加第十届“中国统计开放日”文艺展演。组织工会会员参加“五·一”气排球比赛，开展“五四”登山活动，使全队上下团结一致，气氛融洽。

### （二）压实压紧“两个责任”，推动党风廉政建设向好发展

加强廉政文化建设，利用宣传板报更新廉政文化内容；开展“弘扬爱国主义精神 做奋发统计调查人”爱国主义主题现场教育活动；在重要节点，组织干部职工学习上级有关遵规守纪廉洁过节的通知精神和警示案例，早提醒、敲警钟，增强廉政意识。

### （三）用好法治护航利剑作用，持续提高依法治统水平

一是加大法治宣传力度。实行“逢会必讲”全覆盖法治宣传培训，利用月报季报，以座谈会、访户、张贴宣传海报等形式深入调查网点开展统计法治宣传，营造良好的统计调查环境。

二是统计执法能力不断增强。派出2名统计执法骨干参加总队统计法治业务培训班，并勇夺知识竞赛一等奖；全队累计4人通过统计执法证考试；顺利完成全年执法检查任务。

### （四）推进现代信息技术应用，为统计调查工作添砖加瓦

一是积极推进住户调查电子记账工作，已实现电子记账80%覆盖率。

二是加强遥感技术应用。现有2人持有无人机驾驶航空器系统操作手合格证与1名无人机持证驾驶员，为农业调查提供技术保障。

## 三、强抓四项管理，高质量完成各项调查工作任务

### （一）强化业务管理

扎实推进电子记账高质量发展，做好住户调查电子记账督查和基础工作核查，不断提高数据质量。以“强化培训、加强指导、立足审核”为抓手，提高劳动力调查数据质量。派员参加贵港辖区无人机驾驶员集中培训，提升操作能力，采取无人机航拍和实地调查相结合的方式，提升无人机在农业调查中的应用水平。

### （二）政务管理能力不断提升

一是两个信息取得新突破。2019年，调查信息获总队采用30篇，总分排县级队第五；政务

2019年10月31日，桂平调查队到金田国营林场开展“双随机”执法检查

信息获广西调查总队采用41篇，比上年增加了20篇，其中4篇政务信息获国家统计局首页采用，1篇工作情况交流获国家统计局统计研究专栏采用，实现了桂平队调查建队以来获国家统计局首页采用零的突破。

二是积极推进保密及档案工作。组织学习有关法律法规，明确保密责任，建立电子和纸质目录，及时做好档案归档工作。

三是抓好文秘及公文处理工作。利用通达OA进行收文及文件传阅，提高网上办公的水平。

### （三）严格财务管理

严格按照总队要求，完成公务接待和津贴补贴发放不规范专项治理工作；严格按照县账省管要求，规范财务行为。

### （四）加强队伍管理，为推动高质量发展提供人才保障

一是抓好干部教育培训。派员参加总队举办的青年干部培训班，提高干部的综合能力。

二是实行干部队伍多岗位锻炼，培养复合型人才。

# 国家统计局博白调查队

2019年9月3日，博白调查队开展“党建+住户调查”主题活动暨住户调查培训会

2019年，国家统计局博白调查队（以下简称博白调查队）在国家统计局广西调查总队和博白县委县政府的正确领导下，以习近平新时代中国特色社会主义思想为指导，深入学习贯彻党的十九大、十九届二中、三中、四中全会精神，坚持从严治党，一手抓党建、一手抓业务，较为顺利完成各项工作。

## 一、党建工作取得长足进步

**（一）继续推进“党旗红·数据真”党建品牌创建。**一是努力搭建学习平台，组织党员干部学习《中国共产党纪律处分条例》《习近平新时代特色社会主义思想三十讲》等讲话精神，坚持理论武装头脑，不断增强“四个意识”，坚定“四个自信”，切实做到“两个维护”。二是围绕“做好党建带业务，抓好业务促党建”的工作思路，积极探索党建引领业务新举措，举办“党建+住户调查”暨住户调查业务培训会，邀请全县105名记账户及辅助调查员参加活动，进一步强化党建与住户调查的融合，发挥党建对住户调查工作的引领作用。另一方面以季度访户为着力点，开展“党旗红·数据真——数海先锋行”活动，队领导带队到调查网点记账户家中开展访户工作，尤其是党员记账户家中，勉励党员记账户增强数据质量担当意识，确保“党建+住户调查”落地生根。

**（二）有序推进“不忘初心、牢记使命”主题教育工作。**一是加强政治理论学习，学习习近平总书记关于长征精神的重要讲话、在国庆阅兵式上的重要讲话，学习十九届四中全会精神，《见证初心使命的“十一书”》等，不断提高干部理论素养，强化担当作为。二是精心组织党日活动，主题教育期间，正值中华人民共和国成立70周年大庆，博白调查队围绕国庆庆典举办多种学习活动，如组织全体干部职工到博白县博物馆爱国主义教育基地开展爱国主义现场体验教育活动，重温白州革命历史，筑牢统计调查根基；结合全国第六个“国家扶贫日”到扶贫挂点村枫木村开展扶贫志愿帮扶活动，组织干部为贫困户进行自愿爱心捐款，为贫困户带去党和政府的温暖；组织干部职工观看

2019年9月17日，博白调查队联合博白统计局开展第十届“统计开放日”活动，博白县副县长黄雪华（右二）参加活动

2019年10月17日，博白调查队到博白县爱国主义教育基地开展“不忘初心、牢记使命”主题教育现场体验活动

爱国主义教育电影《我和我的祖国》，进一步激发全体干部的爱国热情。三是深入开展调查研究，结合“党旗红·数据真”党建品牌创建，领导班子带头实地考察博白县城乡居民增收情况、精准扶贫“两不愁三保障”情况、生猪发展情况，带头巩固和扩大主题教育成果。

## 二、稳步提高数据质量

**（一）树牢数据质量责任，严守统计数据防线。**一是加强理论学习，组织干部职工学习中央《意见》《办法》《规定》和《统计法》《统计法实施条例》等有关统计的法律文件规章制度，提高干部职工的统计法制意识，树牢不敢造假、不能造假、不想造假的意识。二是明确数据质量管理三级体系，队分管领导压实业务股室的数据审核责任，业务股室压实各专业辅调员的报表收集初步核查责任，各专业辅调员压实调查户的数据填报责任，通过层层压实，确保基层数据质量准确可靠。三是修订完善绩效考核方案，加大对业务的考核力度，进一步强化完善数据质量责任。四是加强数据质量隐患排查，主动跟地方相关政府部门联系，明确拒绝将调查队列为数据责任单位。

**（二）加强业务规范化建设，做好财务管理建设。**一是严格按照国家统计调查制度要求开展各项工作，顺利完成各项调查业务。二是积极配合总队开展“县账省管”试点工作，利用试点这一契机，积极学习财务报账知识，进一步夯实财务工作基础。

## 三、优质信息服务取得较大进步

树立服务意识，提高服务水平。一是信息写作水平稳步提升。截至11月30日，博白调查队政务信息报送总队并获采用22篇；调查信息报送并获广西调查总队采用调查信息17篇。二是服务地方政府成效稳定保持，报送地方政府及有关部门调查信息和调查报告18篇，得到县政府办有关领导高度评价。

## 四、统计法治工作水平得到有力提高

加强统计法治学习，树牢依法调查意识。一是组织学习中央《关于深化统计管理体制改革提高统计数据真实性的意见》《统计违纪违法责任人处分处理建议办法》，专题学习《防范和惩治统计造假、弄虚作假督察工作规定》以及国家局印发的各类统计法治文件，扎实提高领导干部和业务人员的统计法治意识。二是深入开展统计法治宣传教育，一方面在2019年9月联合博白统计局，开展第十届统计开放日宣传活动，博白县

2019年10月18日，博白调查队到亚山镇民新村农业调查点开展工作

分管统计的黄雪华副县长到场参与活动。另一方面组织辅助调查员和调查对象等学习《统计法》《统计法实施条例》，防范“数字造假”问题，做到“诚信做人，真实统计”。

## 五、持续推进党风廉政建设

强廉政教育，守廉洁意识。一是严格执行《博白调查队党风廉政建设责任制度》，印发《2019年纪检工作要点》，组织签订《2019年党风廉政建设承诺书》《博白队2019年遵守“八项规定”“六项禁令”“十个严禁”承诺书》。二是定期组织召开专题学习会，学习当季重要会议、文件通知及有关制度精神，使全队在编干部职工进一步领会党风廉政建设的新精神、新要求、新做法、新形势，提高政治站位。三是深化廉政文化意识，在本队内网开设《党风廉政建设宣传专栏》，将有关法律法规、重要领导讲话、违法违纪典型案例等内容挂网，供单位干部职工学习，第二方面在节假日前夕发送廉政宣传短信到每一名干部职工手机上，加强廉政风险防控；第三方面是以参观廉政警示教育基地，观看廉政影片，下发学习资料等形式加强学习，增强全体干部职工的法治意识、廉洁意识，自觉知敬畏，守底线。

2019年11月29日，博白调查队到宁潭镇开展劳动力回访调查

# 国家统计局北流调查队

2020年5月13日，广西调查总队总队长赵太想（左二）在北流市市长华海德（右二）陪同下到北流市桂塘社区住户调查点了解记账户记账情况

2019年，国家统计局北流调查队在国家统计局广西调查总队的正确领导下，在北流市委、市政府的关系支持下，认真贯彻落实上级和地方各项决策部署，开拓创新，锐意进取，较好地完成全年各项工作任务。

## 一、推进“党旗红·数据真”党建工作品牌创建，积极探索党建“1+1”模式

**（一）“党建+明灯”，树立党员先进典型。**建立党支部亮身份亮承诺公示栏，设置共产党员示范岗牌。党员干部在下乡入户期间佩戴党员徽章，自觉接受群众监督。推动党员立足岗位履职尽责，充分发挥出党员的先锋模范作用，在全体党员中形成了先进就是一盏“明灯”，人人学当“明灯”，争做优秀共产党员，争创先进党支部的良好局面。

**（二）“党建+文化”，创新党建学习模式。**在队官方微信公众号发布有关党建新闻动态6篇，同时利用微信平台，及时宣传党的路线方针政策，用价值认同激发干事创业动力，推动各项工作快速发展。

**（三）“党建+联动”，强化辐射效应。**在抓实“三会一课”制度的基础上，以规范党内组织生活为抓手，以丰富多样的党员活动为载体，创新党员管理教育模式。

**（四）“党建+住户调查”，探索推广党建业务相融促发展的新思路。**与北流市统计局联合开展“‘党旗红·数据真’党建+住户调查”座谈会、统计调查业务培训会以及入户走访慰问活动。一是统一记账户的思想，树立记账户荣誉观念，增强记账工作责任感，牢固树立“为国记账，为已理财”意识；二是从记账细节入手，具体举例说明，现场讲解如何规范记账，全面开展记账培训，提高记账质量；三是对记账户生活表示关心，深入了解他们在记账过程中遇到的困难和问题，认真听取他们对记账工作的意见和建议，拉近与记账户的联系，提高记账户记账积极性。

## 二、扎实开展“不忘初心、牢记使命”主题教育，铸造坚定的理想信念

**（一）采用纵横交叉学习。**纵向上，聚焦

2019年7月1日，北流调查队到北流市富林塘社区开展“七·一”党员志愿服务进社区活动，慰问困难党员、群众

2019年9月20日，北流调查队联合北流市统计局举办第十届中国统计开放日宣传活动

主题和列出专题相结合，学习研讨总时9天，集中学习研讨22次；横向上，集中学习和分类教育相结合，确保人人参与、人人有收获。

**（二）多措并举检视问题。**通过发放征求意见表、下乡调研、个别谈话等多种方式，共归纳梳理出班子问题13条，制定整改措施24条，明确责任领导、责任股室、整改时限。

**（三）深入开展调查研究。**队领导班子成员结合各自职责分工，以问卷调查、下乡调查、约稿调研、队内谈心谈话活动等形式开展调研19次，形成调研报告4个，并召开调研成果交流会，分享调研成果，研讨破解难题、推动统计事业的对策建议，把调研成果转化为解决单位实际问题的具体行动。

## 三、抓宣传工作，庆祝中华人民共和国成立70周年

开展“缅怀先烈·铭记初心·庆祝中华人民共和国70周年”主题党日活动，组织党员干部参观北流市李明瑞、俞作豫烈士纪念馆，面对党旗宣誓，重温入党誓言；

开展“七·一”党员志愿服务进社区活动。慰问困难党员、群众，送上慰问品和慰问金，送去党的关心和问候。同时，在社区设摊点开展服务活动进行统计法规的宣传。

开展第十届“中国统计开放日”活动，“线上”利用微信公众号向公众普及统计法律法规、统计知识，并及时更新报道活动开展情况及照片，有力扩大影响力。“线下”联合市统计局开展宣传活动。在活动现场悬挂横幅，摆放统计知识宣传展板，发放“走进调查队”宣传材料200多份及印有宣传标语的环保袋200多个，向群众介绍调查队的工作职能和主要业务。

开展统计法治宣传活动，选取了住户调查点贵仁堂社区作为宣传点，在现场悬挂宣传主题横幅，摆放统计知识宣传展板，向调查小区居民进行统计普法讲解，同时介绍调查队的工作职能和主要业务，让调查队融入群众，让群众了解调查队，提升了干部群众的依法统计意识。

## 四、抓组织建设，提高综合服务水平

**（一）完善制度，建立长效机制。**建队以来，不断建立和完善各项规章制度，加强制度的解读和监督执行，确保制度执行到位。同时，制定年度考评办法，定期通报工作成绩，营造“比学赶超”氛围，推动全体干部职工主动作为。

**（二）强化意识，提升优质服务水平。**把提高优质服务作为重要任务来抓，强化队员的服务意识。2019年度北流调查队获总队采用政务信息31篇，约稿信息获总队采用9篇次。

2019年10月16日，北流调查队到北流市党员教育基地开展“学党史、悟初心、强党性”主题党日活动，在宣誓广场组织全体党员进行庄严宣誓

## 五、抓部署强学习，稳步推进业务移交工作

**（一）统筹部署，制定移交方案。**多次召开业务移交推进会，从整体推进部署，根据各专业报表进度制定的具体移交方案，明确调查资料和文件档案的移交方式和期限，努力做到“五个确保”——确保工作连续性、确保调查数据质量、确保经费跟随业务、确保资料跟随业务、确保“能接的过来，能干的下去”。

2019年10月16日，北流调查队到北流市党员教育基地开展“学党史、悟初心、强党性”主题党日活动

**（二）强化学习，打好业务移交能力基础。**一是认真组织统计法律法规的学习，将依法统计、依法治统贯穿调查工作始终，提高全体干部职工统计法治意识。二是提前派员到北流市统计局坐班并负责具体业务，积极参与调查工作，提高业务水平，熟悉技能操作，了解调查数据各指标含义及判定要求。三是积极派员到总队、市队参加培训，组织到系统内兄弟队交流学习，多形式增强干部培训的针对性和实效性，全面提升业务水平。

2019年12月24日，北流调查队联合北流市统计局举行业务调查移交仪式

# 国家统计局田阳调查队

2019年7月30日，田阳调查队到六惠开展玉米实割实测工作

2019年，国家统计局田阳调查队（以下简称田阳调查队）在国家统计局广西调查总队和田阳县党委、政府的正确领导下，坚持以习近平新时代中国特色社会主义思想为指导，认真贯彻落实《意见》《办法》《规定》等重要统计改革文件精神，坚持依法统计，狠抓调查数据质量，认真抓好制度建设、队伍建设和业务建设，圆满完成了2019年各项调查工作任务。

## 一、稳步加强党支部建设，促进调查事业发展

**（一）积极发展党员，夯实队伍力量。**2019年，罗李贵同志到期转为中共正式党员，发展韦沐秋同志为中共预备党员，吸收陆富和黄静两名入党申请人。2019年中共国家统计局田阳调查队支部（以下简称田阳调查队党支部）共有4名党员，1名预备党员，1名入党积极分子，2名入党申请人。

**（二）完善制度，落实机关党建工作责任制。**一是严格落实党建“一岗双责”制度，主要领导带头抓党建，实现党建工作职责清单化、党建工作内容条目化。二是一手抓党建强业务、一手抓业务促党建。三是组织完善党建工作相关制度，切实加强党组织管理。四是严格落实党的组织生活制度，2019年1月份顺利召开2018年组织生活会。五是继续推进“两学一做”学习教育常态化制度化，切实增强党员党性修养。六是全力打造“党旗红·数据真”党建工作品牌的精神和内涵，年度评选4名优秀工作者，其中3名是党员或入党积极分子，切实做好党员模范作用。

**（三）加强党员管理。**一是进一步规范党员日常教育、日常管理，组织党员按月交纳党费，督促党员按照学习计划开展学习、做好党员学习笔记。二是及时维护更新党员名录册，做好百色党建平台和全国党员信息管理系统党员信息更新等工作。

**（四）注重党员教育。**一是开展丰富多彩

2019年8月7日，田阳调查队党支部开展“党建+住户调查队”党日主题活动

2019年9月9日，田阳调查队和田阳县统计局联合前往田阳县人民广场开展第十届“中国统计开放日”宣传活动

的主题党日活动。2019年5月9日，田阳调查队党支部开展“党建引领基层治理，夯实扫黑除恶群众基础”主题党日活动；6月26日，前往百色开展“不忘初心、牢记使命” 暨庆祝“七一”主题教育活动；7月2日，开展“学习先进事迹・营造清风正气”主题活动，学习时代楷模黄文秀先进事迹；8月15日，开展“重温调查统计史，牢记初心使命”主题党日活动，退休返聘老调查员带领大家重温35年调查历史。二是深入开展理论学习活动。2019年7月29日，组织党员主讲了《学习习近平关于党的初心和使命重要论述》专题党课，并开展学习讨论和撰写心得体会；8月5日，党支部书记讲《让党的旗帜高高飘扬》专题党课；9月11日，组织党员干部集中收看《勤廉 初心——致敬广西勤廉榜样》颁奖仪式实况，感悟榜样精神；9月19日，党支部书记讲题为《增强政治意识 做合格党员》的党课。

## 二、紧盯队伍稳步建设，不断提升队伍整体素质

**（一）加强学习，提高理论知识。**制定了《党支部学习计划》《干部教育培训计划》等，努力提高队伍整体的素质。

**（二）召开专题会议，深入传达会议精神。**田阳调查队分别在2019年1月31日，7月18日，召开全体干部职工会议，深入传达学习了2019年广西国家调查工作会议精神和广西国家调查队系统2019年年中工作会议精神。通过学习，查摆自身问题，制定措施，确保会议精神贯彻落实到位。

**（三）加强干部队伍管理力度。**重新修订《干部及聘用人员目标管理考核办法》，从工作纪律、业务工作情况、优质服务三个方面加以考核，每月通报考核评分情况。2019年度田阳调查队撰写调查信息报告获采用22篇；撰写政务信息获总队采用58篇，国家局采用2篇；田阳调查队在2019年度广西国家调查队系统市县级调查队目标管理考核中获得2019年度良好等次。

## 三、抓好法治宣传教育，不断提高数据质量

**（一）现场宣传，扩大宣传效果。**2019年9月9日下午，联合田阳县统计局在田阳县人民广场开展第十届“中国统计开放日”现场活动。2019年12月13日，田阳调查队到头塘镇百沙村调查点开展国家宪法日统计法治宣传教育下乡活动。向群众宣讲《宪法》《统计法》等法律法规知识，讲解统计失信行为的惩戒、如何从调查数据看中华人民共和国成立70周年广西民生发展、调查队职能及具体调查业务等统计调查知识。

**（二）入户宣传，提高群众配合度。**以业务培训会、入户走访、CPI调查采价为契机，宣传《统计法》等法律法规，向辅助调查员和调查对象发放“统计开放日”宣传资料，解答辅助调查

2019年12月11日，广西调查总队总队长赵太想（右三）看望慰问田阳调查队统计调查工作一线干部职工，并深入了解各业务股室的人员配置及各业务开展情况

2020年1月10日，田阳调查队到新仑村开展春节慰问及统计法治宣讲

面积、春夏播种植意向、春播面积等工作。

**（三）畜禽监测调查。**针对记台帐、填写台账过程中存在的问题，通过集中培训和下乡一对一培训，有效地提高了辅助调查员的调查能力和调查户填写台帐的能力和水平，最大限度地提高源头数据质量。

**（四）居民消费价格调查。**一是通过走访核查，进行"一对一"的实地培训，不断提高采价员业务水平。二是抓好抓牢基础工作，确保数据质量。坚持严格按照"三定一直"原则采价，对每个采价员进行实时位置监测。三是规范规格品和采价网点更换，加强动态管理。四是新增1名业务员，充实调查队伍。五是2019年采购8台手持移动终端设备，用于居民消费价格调查联网直报的工作，做好数据留痕，提高源头数据质量。

**（五）月度劳动力调查。**一是加强数据核实。以入户陪访为核心，以电话核查为导向，以入户回访为抓手，进一步核实数据的准确性。二是配备人员，强化调查力量。2019年，3个网点辅助调查员人数由1名变为2名，同时解聘能力弱的辅助调查员。

员和调查对象的疑惑，提高配合度。

**（三）强化统计人员法治意识。**一是领导班子会议和全体会议每季度集中学习一次习总书记关于统计工作的重要讲话指示批示精神和中央《意见》《办法》《规定》以及统计法律法规。二是派员参加统计执法证资格考试，2019年1名干部通过统计执法证资格考试。

## 四、注重统计调查业务，高质量发展

2019年，田阳调查队坚持以提高数据质量为中心，严格执行国家统计调查方法制度，强化规范化建设，圆满完成各项调查任务。

**（一）城乡一体化住户调查。**一是召开城乡住户监测调查工作联席会议。2019年11月13日，田阳县住调办组织召开城乡住户监测调查工作联席会议，全力推动田阳县住户调查数据高质量发展。二是强化党建引领，提高思想认识。2019年8月7日，田阳调查队党支部开展"记账念党恩，唤我爱国情"知识竞赛主题党日活动。三是强化基础工作，加强培训力度。针对记账过程中存在的问题，定期或不定期地对调查户进行现场培训。四是入户摸底家庭情况，开展数实对比核查。五是坚持进行平台数据日审。

**（二）农业调查工作。**一是强化信息技术的应用。2019年采购1台无人机，运用无人机航拍影像识别调查网点农作物种植品种。采购1台移动工作站，用于农作物调查数据处理及调查结果的存储管理，以信息技术促进调查数据质量的提高。二是认真做好春播遥感测量PDA实地调查数据的采集、审核、合并整理工作，完成秋冬播

## 五、注重党风廉政建设，筑牢拒腐防变防线

**（一）抓好廉政教育。**一是紧抓重要节点开展廉政教育和警示教育，筑牢思想防线。2019年4月19日和5月6日，分别组织干部职工集中观看《间谍罪名的背后》等国家安全教育宣传系列片和自治区纪委组织摄制的《国有企业党员领导干部严重违纪典型案件警示录》警示教育片；12月30日，组织开展统计系统违反中央八项规定精神问题典型案例警示教育。二是节前开展廉洁过节提醒会，营造风清气正的节日氛围。三是开展廉政谈话、任前谈话。2019年5月23日，队长对晋升科级非领导职务人员开展廉政谈话、任前谈话。

**（二）抓好日常管理。**加强对日常考勤、差旅费管理等方面的检查，从源头严防廉政风

险；领导班子严格落实“两个责任”，履行分管范围内的党风廉政建设主体责任和监督责任，进一步落实全面从严治党治队工作，强化担当；纪检监察员紧盯人财物数和“四风”新动向新表现，充分运用监督执纪“四种形态”，营造风清气正的政治生态。

## 六、扎实开展“不忘初心、牢记使命”主题教育

**（一）多种形式开展学习教育。**一是开展集中学习研讨。2019年度开展十九次领导班子集中学习研讨，研讨内容除原本规定的书籍外，还积极新增学习有关最新文件和讲话精神。二是开展主题展参观活动。组织参观“不忘初心，牢记使命——广西党组织成长的光荣之路”主题展。三是开展爱国主义教育现场活动。2019年9月30日，组织干部职工参观“二都暴动”纪念碑，瞻仰烈士墓，聆听支部书记讲革命先辈英勇事迹。四是开展主题教育观影活动。组织观看历史影片《建国大业》，观后畅谈观影体会和感受。

**（二）加强调查研究。**一是班子成员通过实地走访、开座谈会等方式，开展调查研究，分别围绕新形势下探索提高住户调查数据质量的工作方法、党建与业务深度融合等方面，分析调研中发现的问题症结，提出可行性措施。二是2019年11月6日，党支部书记结合调研成果，以《推动田阳调查队党建工作高质量发展》为题讲党课，结合实际，提出破解田阳调查队党建“灯下黑”“两张皮”“活力低”等难题的思路，促进党建和业务工作深度融合。

**（三）狠抓检视问题和整改落实。**结合自身实际，围绕“五查五改”“四个对照”“四个找一找”，采取谈心谈话、开座谈会、发征求意见函等形式，开展检视反思，梳理自身存在的增量问题。针对存在的问题，深挖根源，提出了务实管用整改措施，立行立改，建立长效机制，狠抓各项整改措施落实落地。

## 七、注重与地方政府沟通，促各项工作顺利开展

一是参与地方经济建设。严格按照国家统计局的有关规定，加强工作汇报、建言献策。每季度向县直各职能部门收集关于城乡居民增收和社会经济发展的“亮点”材料，定期反馈居民“两个收入”数据，参加国民经济运行分析会，积极为地方经济发展做贡献。二是参与地方社会评价调查。经审批同意后，田阳调查队接受田阳县绩效办委托开展2019年度绩效考评社会评价调查。采用发放问卷和电话访问的方式进行调查，做好回收统计，将统计结果形成评议书面报告，上交县绩效办，圆满完成此项工作。

2020年1月14日，田阳县委副书记郭嘉（左三）到宝美村住户调查点开展城乡居民收入情况调研，并进行慰问

# 国家统计局田东调查队

广西调查总队总队长赵太想（后排中）来到田东调查队看望田东队干部职工并与田东干部职工合影留念

2019年，在国家统计局广西调查总队正确领导下，在田东县委、县政府的关心支持下，国家统计局田东调查队（以下简称田东调查队）严格按照广西国家调查工作会议部署，认真贯彻落实《意见》《办法》精神，圆满完成全年目标任务。

## 一、实施“三大工程”，全力推进“党旗红·数据真”工作品牌创建，党的建设不断加强

1. 实施党建品牌创建基础工程，凝聚思想共识。按时完成支部换届选举工作，切实履行“一岗双责”责任，提升队伍党建能力和管理水平。严格执行党内政治生活制度，规范党内政治生活流程。年内共召开党员大会11次，支部委员会会议12次，上党课4次，主题党日活动15次，党建效果有显著提升。

2. 实施党建品牌创建创新工程，引领调查业务。建立以党员为主的调查骨干队伍，为党建工作与业务工作深度融合奠定组织基础。设立党员先锋模范岗。树立行动标杆，激发党员激情活力。开展“党建+”系列活动，将党性教育和业务培训相融合。

3. 实施党建品牌创建延伸工程，助力全面小康。聚焦脱贫攻坚工作，加强与结对帮扶联系村党支部党建联建工作，履行联建同责监督责任。聚焦富民增收工作，加强与住户调查点所在村（社区）党支部的联系，齐心协力做好城乡居民收支调查工作。

## 二、强化政治担当，压实主体责任，扎实推动“不忘初心、牢记使命”主题教育取得实效

2019年10月31日，国家统计局第一巡回指导组张宏性副组长（右一）和广西调查总队巡回指导组王洪琛副总队长（左二）率队到田东调查队巡回指导主题教育工作

一是自觉扛起主题教育的政治责任，按照“一强化，三到位”要求，明确“任务书”“路线图”“时间表”，推动主题教育起好步、开好头。二是强化学习教育，掀起理论学习新高潮。坚持全面学习，争取“不落一项”；坚持全员学习，争取“不少一人”。共开展3个专题14次共计8天的集中学习研讨，主题学习研讨发言17篇次，专题党课3次，党员干部思想进一步得到升华。三是深入调查研究，形成调研报告3篇，着力解决田东国家调查事业长期存在的难题。四是深刻检视问

2019年7月5日，广西调查总队副总队长杨锡虹（左二）到田东队调研财务管理工作

题，着力深挖问题思想根源。共查找出五个方面12个问题，提出28项整改措施。班子成员个人共查找出22个问题，制定了41项整改措施。五是全面落实整改，着力推动调查事业发展。检视问题提出的28项整改措施。着力抓好七项专项整治工作，整治共清退公务接待不规范费用2306元，清退津补贴发放不规范金额2497.5元，清退疑似违规使用公务加油卡费用1747.39元。

## 三、弘扬担当精神，推动田东统计调查高质量发展，以优异成绩迎接新中国成立70周年

一是强化担当意识，构建生产高质量统计数据长效机制。建立健全田东队防惩统计造假、弄虚作假责任制，年内开展调查专业抽查工作3次，数据生产、审核、上报流程进一步规范，全年各项调查专业高质量开展，数据质量进一步提升。二是增强政治自觉，强化服务意识，优质服务水平有所突。全上报调查信息34篇，反馈采用28篇。三是扎实做好统计宣传工作，全方位、多角度宣传统计调查人形象。开展歌唱祖国活动，表达殷切爱国之情。利用好政务信息宣传统计调查工作的作用，共编发政务信息56篇，广西调查总队采用46篇，国家统计局采用1篇。用好内部网站和微信公众号等宣传平台，扩大宣传阵线。

## 四、切实在巡察整改、主题教育中改造主观世界，切实解决制约高质量发展的思想认识问题

以落实约谈整改工作、落实巡察整改工作和开展主题教育为契机，充分改造主观世界，解决思想认识问题。一是扎实推进主题教育，对标对表“五问五查五找”，抓好学习教育、调查研究、检视问题、整改落实各环节规定动作，政治意识和进取意识显著增强，工作成效更加显著。二是以落实违反《中华人民共和国统计法》精神行为约谈整改为契机，进行法制教育和业务整顿，以案示警，强化教育效果，基本达到问责一个，教育一片的初衷，质量意识、法制意识进一步增强。三是全面落实巡察整改工作，采取50项有效措施狠抓整改，作风浮躁、安于现状的思想观念得于纠正，“数出我手有依据、文过我手无差错、事交我办请放心”工作理念得到践行，创新意识、服务意识和纪律规矩意识全面强化。

2019年6月22日，田东调查队党支部、百渡村党总支在百色起义纪念园开展“不忘初心、牢记使命”主题教育主题党日活动

# 国家统计局靖西调查队

2019年，在广西调查总队党组的坚强领导下，国家统计局靖西调查队（以下简称靖西调查队）坚持以习近平新时代中国特色社会主义思想和党的十九大精神为指导，认真贯彻落实国家统计局和总队各项决策部署，以党建为引领，以推动统计调查事业高质量发展为目标，坚守初心，担当作为，圆满完成了2019年各项工作，在2019年度广西国家调查队系统市县级调查队目标管理考核中靖西队被评为优秀等次，在2019年单项业务考评中有4个专业获得一等奖，4个专业获得二等奖，6个专业获得三等奖。在靖西市2018年度绩效考评中荣获优秀等次，取得了历史以来最好的成绩。

2019年9月20日，靖西调查队在靖西中山休闲广场开展第十届统计开放日，向群众讲解相关统计知识

## 一、压紧压实责任，全面加强党的政治建设

### （一）加强理论武装，着力提高思想认识

靖西调查队始终坚持把学习贯彻习近平新时代中国特色社会主义思想和党的十九大精神作为长期的首要政治任务。2019年以来，队班子成员讲了5堂专题党课，形成5篇专题党课课件，开展了12次主题党日活动，先后组织全体干部职工开展了31次集体学习，引导党员干部在思想上政治上行动上同以习近平同志为核心的党中央保护高度一致，坚决贯彻落实党中央和上级党组织决策部署，自觉运用科学理论武装头脑，用于研究和分析解决调查工作中存在的问题，推动工作发展取得实效。

### （二）推行“党建+”工作体系，深入开展党建品牌创建

“党建+学习”。拟订学习计划，明确学习目标，通过“三会一课”“主题党日”和“书香伴随统计路”读书活动，积极倡导“善读书、多读书、读好书”的文化风尚，深入学习习总书记对统计工作重要指示批示精神和统计法律法规，不断提升干部职工的思想政治素质和文化素养，干部队伍愿作为、善担当的意识明显增强。

2019年8月18日，靖西调查队召开2019年“党建+住户”暨法治培训会议，表彰优秀记账户

“党建+培训”。通过开展“我的专业我来讲”活动，举办“党建+住户调查”暨法治培训班、“党建+畜禽调查”暨法治培训班，将党建、法治、业务等培训工作融合，及时学习贯彻上级部门最新决策部署，相互交流工作方法和经

验，督促引导全体业务人员严格按照国家方法制度规范工作流程，提升干部队伍业务能力。

“党建+业务”。通过与调查点开展支部共建，先进党员与后进人员结对帮扶、培养党员示范岗和业务标兵岗等方式，充分发挥党支部战斗堡垒和党员先锋模范作用，调查人员主动防范统计造假、弄虚作假意识明显提高，调查数据质量得到明显提升。

2019年11月26日，靖西调查队全体干部职工参观廉政教育基地

### （三）聚焦主题主线，主题教育走深走实

靖西调查队聚焦主题主线、目标任务，制定实施方案，坚持四个“贯穿始终”，突出抓好规定动作落实和自选动作创新。按照“班子先学、会议导学、党员讲学、平台帮学、活动引学”的思路，抓好主题学习研讨，共召开专题学习研讨14次，学时共计7天，撰写研讨发言材料36篇。班子成员通过与干部职工交流、翻阅调查资料、深入调查点、发放问卷、面对面访谈等方式，先后开展了12次调研，发现本单位在党建、数据质量和纪检监察工作方面存在的突出问题14个，提出16条解决问题、改进工作的思路举措，并形成了3篇调研报告。

## 二、攻坚克难，调查事业高质量发展取得新突破

### （一）抓学习严奖惩，调查数据质量再上新台阶

2019年以来，靖西调查队持之以恒狠抓统计法治教育，组织干部职工、辅助调查员、调查对象深入学习习总书记对统计工作重要指示批示精神和统计法律法规，严格执行《国家统计局靖西调查年度绩效考评管理办法》和《住户调查辅助调查员管理考核办法》，对工作突出的调查人员和辅助调查员给予表彰和奖励，对工作不扎实、业务落后的则扣发年度绩效奖励，以此激发调查人员和辅调员的干事动力。如住户调查户均月记账笔数从2018年初约76笔上升至2019年的约89笔，源头数据的真实性、准确性明显提高。

### （二）凝心聚力，“两个信息”工作取得新突破

把“两个信息”工作纳入一把手工程，由主要领导直接管、具体抓，带头写，建立高位推动、以上率下的管理机制。逐步建立健全绩效考评管理办法、聘用人员激励机制，提高“两个信息”工作权重，与绩效分配、干部培养、考核评优挂钩，树立清晰的工作导向，打造制度管理、全员重视的工作机制。据广西调查总队反馈，2019年靖西队约稿信息获得总队采用49篇，采用得分693.6分，首获优秀等次；政务信息获得总队采用100篇，获国家统计局采用5篇，位列县级队第一，均取得历史以来最好的成绩。

### （三）强化宣传教育，法治工作取得新进展

把统计法治宣传工作融入调查工作各环节，在日常访户、业务培训会议中加大统计法治宣传力度，调查人员主动防范统计造假、弄虚作假意识明显提高。在“9.20统计开放日”“12.4宪法日”“12.8 统计宣传日”等重要时间节点开展集中普法活动，增进了社会各界对统计调查工作的理解和支持。组织符合条件的队员参加2019年执法证考试，1名同志考取执法资格证书，实现了执法证零突破。

### （四）统筹兼顾，全力打好扶贫攻坚战

积极配合靖西市委市政府做好脱贫攻坚工

2020年3月24日，靖西调查队到住户调查点东利村向辅助调查员了解记账情况

作，在具体工作中以实际行动落实地方党委政府脱贫攻坚决策部署，将定点帮扶和精准扶贫工作纳入队班子重要议事日程，全年组织召开7次专题会议布置推进脱贫攻坚工作。2019年继续从有限的人员中派出2名优秀干部担任帮扶贫困村第一书记和工作队员，继续加大扶贫经费保障力度，全年扶贫经费支出累计达15万元，继续加强协助广西调查总队扶贫工作力度，多次派遣工作队到村协助开展帮扶工作。

## 三、加强党风廉政建设，推动全面从严治党治队向纵深发展

### （一）加强教育监管，从源头筑牢防腐底线

一是坚持教育为先、警示在前。在“五一”、端午、中秋和国庆前集中学习相关廉洁自律的文件精神，使全体干部职工知敬畏、存戒惧，持续敲响“手莫伸，伸手必被捉”的警钟。二是多形式开展警示教育学习增强学习效果。通过队领导上廉政党课、观看廉政教育影片、参观廉政教育基地、发放廉政读物等方式，以更加直面的活生生、血淋淋的教训来筑牢拒腐防变的思想防线，增强警示教育的感染力和震撼力。全年开展廉政教育活动8次，为干部职工明确了底线、划定了红线。

### （二）深化思想认识，从严从实推进巡察整改落实

靖西调查队切实提高政治站位，深刻认识巡察反馈意见的重要作用和重大意义，及时制定印发《国家统计局靖西调查队关于落实总队巡察组巡察反馈问题的整改工作方案》，建立《国家统计局靖西调查队巡察反馈意见整改责任清单》，明确整改内容、整改目标，细化整改时间和整改措施，落实整改责任，坚决做到不落一项、不丢一条。根据巡察反馈的七个方面15个问题，共制定了54项整改措施，目前立行立改已经整改到位，其中25项整改措施需要长期坚持。

## 四、加强保障能力建设，为调查工作提供坚实保障

2019年以来，把加强保障能力建设，改善工作环境作为提高干部职工归属感的重要举措，新招聘4名具有本科学历的工作人员，优化了队伍结构，有效缓解了人少事多的矛盾；落实专项经费购置了新公务用车，保障了干部职工出行安全；向国家局积极争取房屋维修经费，改善工作环境；积极争取地方政府对调查工作的支持，把调查经费纳入地方财政预算；购置更新一批办公设备，改善了干部职工办公条件。

2020年4月28日，靖西调查队看望慰问贫困户

# 国家统计局富川调查队

2019年以来，国家统计局富川调查队（以下简称富川调查队）在国家统计局广西调查总队的正确领导下，在富川瑶族自治县县委、县人民政府的关心支持下，按照全国统计调查工作会议及广西国家调查工作会议部署，富川调查队锐意进取、团结一致圆满完成建队、业务移交等各项工作。

2019年3月10日，富川调查队联合富川县统计局举行主要畜禽监测调查工作交接仪式

## 一、以党建工作为引领，推动各项工作落实

**（一）加强党的建设。**富川调查队认真贯彻落实上级党建工作部署，秉承“围绕中心抓党建、抓好党建促业务”的党建品牌创建理念，大力推进“党旗红·数据真”党建品牌创建。一是积极开展党建+住户调查活动。通过与辅助调查员共同开展主题党日活动，发挥党员辅助调查员和党员记账户模范带头作用，推选部分优秀党员辅助调查员和党员记账户，在培训会上做提高源头数据质量的先进经验介绍，与优秀的党员辅助调查员和党员记账户进行座谈。提升党建与业务的深度融合，打造“瑶乡党旗红·调查数据真”党建子品牌。二是开展“不忘初心，牢记使命”主题教育。富川调查队高度重视，及时召开动员部署会，制作专题学习计划，通过领导班子成员上党课、领导班子领学、观看爱国主义电影，参观红色景区，提高政治站位，激励党员干部敢担当、勇于担当。三是用好用活总队专题培训、地方党校培训、在线学习和支部书记讲堂四个阵地，先后组织党员干部参加地方组织的“党员进党校”培训班、领导干部能力、党务干部和支部书记培训班学习，增加党员党性锻炼。同时，做好宣传工作，充分利用学习会、培训会、富川调查队网站等多方式、多渠道对“党旗红·数据真”党建品牌进行宣传。

**（二）加强党风廉政建设，从严治党治队。**一是年初召开党风廉政建设会议，部署全年全面党风廉政工作；二是召开廉政专题学习会议，切实加强党风廉政教育，通过用“身边案例”，以案释法，教育党员干部，做到警钟长鸣。三是在节假日期间，在重要时间节点，提醒督促全体党员干部守住底线红线、严把廉洁关。四是认真执行谈心谈话制度。主要领导和班子成员，班子成员和分管股室开展不定期谈心谈话，增强廉政风险

2019年9月27日，富川调查队到富阳镇新建路开展“坚守统计初心 践行时代使命”第十届“统计开放日活动”

2019年11月29日，富川调查队赴中共广西省工委历史博物馆开展“坚守统计初心 践行时代使命”党日活动

的防控意识。

## 二、扎实推动调查事业有序发展

**（一）强化队伍建设。**富川调查队通过国考招录3名新公务员，从地方遴选1名公务员，扩大了队伍力量。同时，组织队员到国家统计局广西调查总队、国家统计局贺州调查队和富川瑶族自治县统计局跟班学习、参加国家统计局在线学习中心网络学习等，切实提高干部职工履职履责的能力。

**（二）建立健全各项规章制度。**根据总队要求并结合富川调查队实际，研究印发了46项制度，做到用制度管人，用制度管事，认真督促检查，使各项制度落实到位。

**（三）坚持依法治统。**严格执行领导干部违规干预统计工作记录制度，每季度按时上报领导干部违规干预统计工作记录台账、领导干部来访信息表。完善富川调查队统计从业人员统计信用档案、企业统计信用档案，加快统计信用建设。

**（四）严格财务管理。**富川调查队严格遵守《国家统计局市县调查队财务管理和会计工作规范》《调查队系统财务应知90条》、地方各项财经政策相关文件规定和财务管理制度，严格把控支出管理，加强与县帐省管人员沟通，密切合作，共同做好县帐省管工作。

**（五）确保调查业务平稳移交。**一是召开局队业务协调会、明确业务移交前后相关调查业务的责任分工，确保移交前调查工作开展不松解，促进业务移交过渡期间相关工作的稳固开展。二是积极协调县统计局做好业务“传帮带”，确保局队业务移交后相关业务能移交得过，开展得好。三是主动跟进相关调查业务，安排人员到县统计局跟班学习，为业务移交奠定良好基础。四是开展局队调查业务资料、物资交接，2019年12月30日正式与富川瑶族自治县统计局举行富川县统计局·国家统计局富川调查队住户调查及农村贫困监测调查工作交接仪式，圆满完成业务移交相关工作。

## 三、统计法治工作水平得到提高

一是坚持每季度学习《关于深化统计管理体制改革提高统计数据真实性的意见》《统计违纪违法责任人处分处理建议办法》《防范和惩治统计造假、弄虚作假督察工作规定》以及国家统计局印发的各类统计法治文件，全体干部职工防范和惩治统计造假、弄虚作假意识进一步增强。二是开展第十届“统计开放日”和2019年“12.4”国家宪法日暨《统计法》颁布纪念日系列宣传活动，到富川瑶族自治县富阳镇新建路设点开展宣传《统计法》，分发宣传资料，进一步营造依法治统氛围，增强了群众对统计调查工作了解和统计法律意识。

2019年12月30日，富川调查队联合富川县统计局举行住户调查及农村贫困监测调查工作交接仪式

# 国家统计局宜州调查队

2019年，国家统计局宜州调查队（以下简称宜州调查队）认真落实广西国家调查队工作会议精神，围绕高质量发展要求，坚持党建工作的统领地位，以党建统领业务发展，不断推动统计调查稳步前行。

2019年9月4日，宜州调查队党支部联合宜州区桑蚕循环经济发展中心党支部、宜州区北牙乡平里村党支部在高岭调查点开展“党建+住户调查”之“服务基层”活动

## 一、深入学习贯彻习近平总书记关于统计工作重要讲话指示批示精神，增强保证数据质量的政治意识

加强对习近平总书记关于统计工作重要讲话指示批示精神及中央《意见》《办法》《规定》的学习，把《意见》《办法》《规定》主要内容作为各类会议传达的重点，强化学习效果，促进干部职工严格遵守国家调查制度，防范和惩治统计造假、弄虚作假意识。2019年10月14日，组织全体队员到河池参加《意见》《办法》原文集中学习，实现全文再学习、再认识、再深化、再提高，增强数据质量做到“两个维护”的政治意识。

## 二、以党建引领业务，推动“党旗红·数据真”党建品牌创建

一是发挥基层党支部引领作用和党员的先锋模范作用，把党员推到工作前沿压以重担，安排到业务量大、工作难度大的统计调查岗位，压实责任，扭转统计调查工作颓局。二是强化党建业务融合，推进“党旗红 数据真”党建品牌落地出成效。结合业务工作的实际，寻找党建与业务融合的切入点，充分利用党建资源，开展“党建+支部共建”“党建+记账帮扶”“党建+服务基层”“党建+亲情关怀”活动，提高调查对象的配合度，维护了住户调查样本的稳定性和延续性；三是开展系列庆祝中华人民共和国成立70周年活动，增强党员干部政治意识，激发争先创优热情。

## 三、不折不扣开展“不忘初心、牢记使命”主题教育

认真学习中央关于“不忘初心、牢记使命”主题教育的工作会议精神，传达国家统计局党组、广西调查总队党组对第二批主题教育要求，及时研究贯彻落实的措施，把“学习教育、调查研究、检

2019年7月23日，宜州调查队到庆远镇龙村开展“守粮产统计初心 担数据真实使命”测产工作

2019年10月15日，宜州调查队到小微企业和个体经营户进行统计法制宣传

视问题、整改落实”贯穿主题教育全过程。通过活动提高了党员干部的思想意识和政治站位，自觉对照党章党规党纪查找自身存在问题，并抓好整改落实，真正达到理论学习有收获、思想政治受洗礼，干事创业敢担当、为民服务解难题、清正廉洁作表率的目标任务。

## 四、严格开展党风廉政建设工作，深化从严治党

制定年度党风廉政建设工作要点、“两个责任”清单，执行民主集中制。组织学习国家统计局违纪问题警示案例，增强党员干部的廉政意识和法制观念，自觉依法行政和廉洁从政。强化日常监督，开展专项治理工作，发挥纪检监督作用。

## 五、巩固数据核查机制，调查数据质量进一步提高

2019年宜州调查队不断巩固和完善数据校核、比对工作机制，努力提高数据质量。围绕“两个收入”、“劳动力”、“农业播种面积”等数据，开展定期自查核查工作。住户调查严格执行电子记账平台“三天查询”制度，利用“两卡一账”信息审核账页，对发现的问题，访户核实，确保调查数据的真实性。住户调查超过3天未记账户数明显下降。2019年7—9月，超过3天未记账户（即逾期记账）月均逾期记账0.34次。比1—6月下降30.61%。2019年3季度比上半年户收入、消费月均记账笔数增加分别3.91笔、4.66笔。收支匹配情况风险户：2019年上半年2户，三季度0户。劳动力月度调查专业调查员及分管领导坚持每月随机抽点进行现场跟踪调查及抽点回访，核对数据质量。农业播面调查坚持人工现场采集与无人机航拍采集图像对比，提高了数据的准确性。

2019年10月22日，宜州队全体党员及辅助调查员党员到罗城于成龙廉政教育基地开展党员活动

# 国家统计局南丹调查队

2019年，国家统计局南丹调查队（以下简称南丹调查队）坚持以习近平新时代中国特色社会主义思想为指导，深入贯彻全国统计工作会议、广西国家调查工作会议精神，持续落实中央深化统计改革发展重大决策部署，全力以赴推动调查事业高质量发展。

## 一、以党建引领调查工作进步，扎实推进“党旗红·数据真”品牌创建

**（一）强化支部建设，增强党建引领作用。**强化思想理论武装，采取多种形式开展学习活动，抓党员干部的政治思想教育；强化支部阵地建设，建成标准化党员活动室，并在走廊布置主题教育专栏，为党员学习教育提供丰富的资源。做好党员发展培养，坚持党员发展标准和总要求，年内培养发展对象2名。

**（二）以住户调查为示范，推进党建与业务深度融合。**树立党员记账标杆，让优秀党员记账户与记账困难户结对子，帮助记账困难户记好账、记全账。组织开展关键节点慰问党员记账户和辅调员活动以及关爱调查户老人、学龄儿童等活动。加强对党员辅调员和记账户培训。开展“调查一线党旗红 随机检查数据真”主题党日活动，对住户调查数据进行“双随机”检查。

**（三）让党建引领成为服务群众、助推业务“新引擎”。**围绕促农增收主题，组织党员深入农家一线开展帮助果农劳作；围绕精神文明创建，开展“文明创建 携手你我”服务活动；围绕凝心聚力，开展“党建+魅力巾帼”主题活动等；结合“党旗红·数据真”党建工作品牌创建，助推党建与业务的融合，在住户调查工作发挥党员带头作用。

## 二、紧抓四个“着力点”，推进“不忘初心、牢记使命”主题教育

将学习教育贯穿始终。积极开展习近平新时代中国特色社会主义思想、党章等理论学习，组织学习《意见》《办法》《规定》等重要文件精神。调查研究贯穿始终。围绕本队热点难点问题，制定调研方案，通过现场调研、发放问卷、发函征求意见、谈心谈话等方式，听民意、找症结、谋思路。将检视问题贯穿始终。队班子认真对照习近平新时代中国特色社会主义思想对照党章党规、对照习近平总书记四个“找一找”、国家统计局“五查五找”、广西调查总队“四个不强”问题，通过自我查摆、现场调研、发放问卷、发函征求意见等方式，查找工作短板。将整改落实贯穿始终。坚持边学边检视问题，边整改问题，对2018年总队巡察和2018年组织生活会的“存量”问题整改情况进行梳理，对调研、查摆问题发现的“增量”问题，坚持即查即改、立检立改。

2019年9月19日，南丹调查队到里湖瑶族乡开展第十届“中国统计开放日”宣传活动

2019年10月9日，南丹调查队工作人员到工业园区开展农民工市民化调查

## 三、开展“我和我的祖国”系列活动，庆祝中华人民共和国成立70周年

组织开展“我和我的祖国”系列活动之“党建+业务培训”党员主题日活动。制作发放主题宣传T恤、马甲、横幅；组织党员辅调员和党员记账户缅怀革命烈士、佩戴党徽、重温入党誓词等激发党员党性；通过无人机影像采集展示、开展分业务讨论等让调查对象、调查员进一步了解统计调查工作发展变革。组织学习习近平总书记庆祝中华人民共和国成立70周年重要讲话精神。组织观看爱国主义题材影片《我和我的祖国》，进一步激发爱国主义情怀。

## 四、贯彻落实中央关于统计工作重要决策部署，把握高质量发展的方向和任务

**（一）牢固树立法治理念，自觉学法普法用法。**主动学法，通过召开专题会议、参加河池区域调查队系统统计法规培训、统计知识竞赛等形式，加强统计法律法规学习。有效普法，利用统计开放日、统计法颁布纪念日、到基层开展调查等时机开展法律咨询服务活动，并在业务培训会上开设统计法律法规知识讲座，取得了良好效果；与县统计局联合推进，将统计法纳入县委党校培训必修课。主动用法，根据要求开展“双随机”执法，严肃查处统计造假、弄虚作假等违法违纪行为。

**（二）不断改进工作作风，提升调查工作水平。**提升行政办公水平，提高思想认识，提高服务水平，助推全队文稿质量、政务信息质量上台阶，配合纪检开展好公务接待清理自查。健全统计数据质量责任制，强化监督问责，单位负责人带头遵守统计法律法规，业务人员严格履行法定职权义务，辅调员素质能力提高。

**（三）配齐配强人员力量，打造过硬干部队伍。**开展面向社会的公开选调，择优选调一名优秀干部。通过挂职锻炼、驻村扶贫等丰富干部工作经验；安排人员参加UTC无人驾驶航空器系统操作手合格证培训。在河池区域、全区国家调查队系统农业调查技能比赛中取得良好成绩，岑强同志获得全区国家调查队系统农业调查技能比赛个人第一名；强化实践锻炼，抽调队纪检监察员参加巡察、选派年轻干部参加自治区、国家文明城市测评。

**（四）加强制度规范建设，提升统计服务水平。**推行工作目标责任制，明确全体人员写作任务，提高信息写作积极性。全年上报调查信息36篇，信息得分396分，居县级调查队前列；上报政务信息54篇，其中获国家统计局采用1篇，总队

2019年10月11日，广西调查总队总队长赵太想（右一）到南丹指导主题教育工作

采用41篇（含工作动态信息26篇、工作要事12篇、心得体会3篇）；获地方党委政府采用信息2篇。

## 五、全力支持脱贫攻坚工作

选派年轻干部到月里镇月里社区担任扶贫驻村工作队员，开展定点扶贫工作：与月里社区党总支部开展支部共建，协助基层党支部发展建设；协助开展多个项目建设；与联系村月里社区开展党支部共建春节座谈会，为驻村干部发放慰问品。年度脱贫11户44人，至此，该村实现全部脱贫。

2019年12月3日，南丹调查队到住户调查点城关镇恩村村，为记账户送去新年慰问

2019年8月5日，南丹调查队组织开展“我和我的祖国”党员主题日活动

# 国家统计局环江调查队

2019年，国家统计局环江调查队（以下简称环江调查队）在国家统计局广西调查总队的正确领导下和县委、县政府的关心和支持下，认真学习贯彻习近平新时代中国特色社会主义思想、党的十九大精神、习近平总书记关于统计工作的重要指示批示精神，围绕2019年广西国家调查工作会议精神部署，扎实开展各项工作，各项工作任务得以较好的完成。

## 一、打造平台，助力民生，擦亮党建品牌

扎实深入开展“党旗红·数据真”党建品牌创建活动，重新装修布置了“党员活动室”和机关大院党建宣传栏，及时发布党建工作信息，同时，打造“互联网+学习”新模式，依托“学习强国”“八桂先锋”“系统内网”等学习平台，力促党员自觉“充电补钙”，用活“掌上课堂”；开展了“党员身份亮出来”活动，在队内每名党员的办公桌上立放国旗党旗和党员标志工作牌，唤醒大家的党员意识；每年给予结对联系村工作经费或物资2万元左右，在职每名党员结对帮扶5户贫困户，近两年，为结对村争取到产业扶持资金30多万元，扶贫补助10多万元；全县住户调查点共选取20个党员记账户与非党员记账户开展结对子、互帮互助，持续推进党建引领住户调查工作；2019年10月份大安乡环界村住户调查点记账户红心香柚销售受阻时，包点党员及时摸清情况，及时向县政府反映，县政府及时协调相关部门通过电商促销手段帮助记账户销售红心香柚近80吨。

## 二、常拭初心，勇担使命，抓好主题教育

在开展“不忘初心、牢记使命”主题教育以来，环江调查队认真组织学习贯彻习近平总书记重要指示批示精神和中央《意见》《指导意见》要求，全面把握“守初心、担使命，找差距、抓落实”的总要求，坚持抓思想认识到位、抓检视问题到位、抓整改落实到位、抓组织领导到位，强化每一位干部职工职责定位和为国统计为民调查初心使命，树牢调查队意识，坚决防范和惩治统计造假弄虚作假，奋力提高统计能力和数据质量，加强管理、正风肃纪。年内一共开展了12集中学习，1次民主生活会，撰写了3篇主题调研报告，向总队上报了3篇主题教育类政务信息并获得采用。

2019年8月1日，环江调查队到思恩镇清谭村开展粮食产量测量工作

## 三、释放效能，抓高质量，助推国调发展

1. 悬利剑，严执纪，抓作风。认真学习《纪律》《准则》《党内监督条例》等廉政材料，做到心有所惧。队内党员干部坚持做到带头遵守单位考勤制度，不迟到、不早退、不缺勤，切实履行一岗双责，对财务、公务接待等工作

常监督、常检查，做到行有所止。讲规矩、守纪律，不妄议中央，不发表有违“两个维护”的言论，做到言有所戒。进一步畅通举报渠道，设立举报邮箱和举报电话，全方位、多渠道接受群众投诉举报，做到失有所察。

2. 知法网，顾底线，讲规制。在队务会议、全队会议上多次组织干部职工深入学习《意见》《办法》《规定》，反复学习《统计法》《条例》，持之以恒抓好习近平总书记关于统计工作的重要讲话指示批示精神的再学习、认识的再深化、落实的再提高，强调依法规范行使统计调查权和数据管理权，特别是住户季报涉及两个收入数据汇总和发布的情况，认真按照程序依法依规对外提供数据，防止数据的舆情舆论风险。

2019年9月20日，环江调查队联合县统计局开展第十届统计开放日宣传活动

3. 善分析，惯总结，强优质。目前为止，环江调查队充分发挥全队干部职工政务信息、调查信息的积极性，信息写作任务落实到个人，与年度目标管理责任制挂钩，直接关系到个人年终绩效考评奖，切实提升信息写作主动性，政务信息及约稿信息撰写质量也得到进一步提升。截止到目前，环江调查队共撰写政务信息33篇，被采用23篇，其中被国家统计局内网首页采用有6篇；约稿信息撰写23篇，采用19篇。

## 四、普法宣传，文化创建，凝聚发展动力

充分利用中国统计开放日、“12·4”宪法日、“12·8”统计法颁布纪念日等节日，组织单位全体干部职工，联合县统计局到人流量集中的花圃广场开展统计法治宣传教育工作，现场派发了300份统计法治宣传折页，发放了100份宣传慰问品，通过与现场群众的热烈互动，极大提升了统计相关法律法规的知晓率，也争取到了广大干部群众对统计调查工作的深入理解和大力支持。精选队内4位年轻同志加入河池区域调查队表演组，积极参与第十届中国统计开放日文艺汇演，以热情洋溢活力四射的民族特色歌舞演艺展示出环江调查队良好的精神风貌和才艺风采，征服了现场观众。组织全队干部职工热烈庆祝中华人民共和国成立七十周年，开展我和我的祖国系列活动。

## 五、提高站位，真整实改，落实巡察要求

以高度的政治责任感和政治站位，全力配合总队党组2019年第二轮巡察第二巡察组对环江调

2019年10月15日，环江调查队到环江革命陈列馆开展主题教育学习

查队开展的巡察工作，在巡察组反馈巡察意见后，队巡察整改领导小组认真制定《国家统计局环江调查队巡察整改工作方案》，对巡察整改反馈意见进行对标对表，围绕七个方面24个问题，建立了问题清单、整改台账，制定了47项具体详实的整改措施。各股室负责人主动担责，挂图作战，倒排工期，逐项抓好整改。

2020年4月27日，河池调查队到环江县川山镇古宾村开展畜禽调研

## 六、沉心帮扶，助力民生，扩大脱贫成效

年内服从县委县政府统一安排，由队长亲自带队到帮扶联系点福龙村担任大村长，并抽调全队1/3的干部驻村任脱贫攻坚百日冲刺工作队员，连续奋战150余昼夜，开展一系列扎实具体的扶贫工作，确保全村如期实现脱贫摘帽。2019年队领导努力克服队内工作经费紧张的局面，共计投入福龙村帮扶资金17400元，用于支持“百日脱贫攻坚”等工作，通过点点滴滴真真切切的倾情付出，诠释了国调人的初心与使命，展现了国调人的担当与责任。截至年底，全年新脱贫 12户32人，脱贫成效显著。

2019年12月17日，环江调查队组织全体干部职工开展无人机现场教学培训

# 国家统计局忻城调查队

2019年7月2日，忻城调查队入户走访记账户，指导记账户按时记账

2019年，国家统计局忻城调查队（以下简称忻城调查队）以“以党建为引领，夯实业务基础，狠抓作风建设，推动忻城调查事业高质量发展”为工作思路，坚持不懈推进各项工作开展。

## 一、持续推进“党旗红·数据真”工作品牌创建

认真抓好支部建设，科学制定“三会一课”工作计划，对党员干部高标准严要求，并坚持经常抓、抓经常，确保落实到位。从严发展培养党员，持续优化党员队伍结构，截止2019年10月，共组织集中学习16次，发展1名入党积极分子，1名干部递交了入党申请。队党支部牵头，组织全体干部职工，推进“党旗红·数据真”品牌创建活动，截至2019年10月，共开展“党旗红·数据真”品牌创建活动12次，如：举办“党旗红·数据真”数据质量承诺书签订仪式和“党旗红·数据真”优秀记账户评比等活动，进一步提高调查户的配合度，确保源头数据真实；开展“学习十九大 重走革命路”等丰富多彩的主题党日活动，让党员干部体验红色精神，并在党旗下重温入党宣誓，做出“党员带头，不出假数”的郑重承诺。

## 二、扎实开展“不忘初心、牢记使命”主题教育

自“不忘初心、牢记使命”主题教育启动以来，队班子以集中学习和个人自学的方式，读原著悟原理，将理论结合工作实际开展研讨，截至目前，开展集中学习研讨共16次，撰写学习交流材料共3篇。积极为民办实事，向县纪委反映调查户被骗取易地搬迁房资金问题，引起纪检部门重视并进行调查；组织党员干部开展扶贫志愿捐赠活动，向忻城县马泗乡同古村两户贫困户捐赠助学金550元。队班子多次深入调查点、干部中采取座谈交流、个别访谈、问卷调查、查阅资料等多种形式开展调研，截至目前，

2019年8月15日，忻城调查队开展劳动力月度调查工作

2019年9月20日，忻城调查队到欧洞乡里苗村开展“第十届统计开放日主题宣传活动”

开展调查研究共5次。在主题教育中开展统计造假专项整治、集中整治基层党组织软弱涣散等问题、公务接待和津贴补贴发放不规范问题专项治理整改、不担当不作为问题专项整治等工作，并通过广泛听取意见建议、自觉对标对表进行“五查五找”，找出“存量”问题，制定相应措施立行整改，营造风清气正的政治生态。

## 三、多形式庆祝中华人民共和国成立70周年

在中华人民共和国成立70周年庆典前后，在官方微信公众号“忻城调查”开设中华人民共和国成立70周年专题，转载有关70周年居民生活变化发展的信息报道；深入调查点开展现场宣讲活动，和社区调查对象共同观看《中华人民共和国成立70周年经济社会发展成就报告》，宣讲中央领导同志对统计工作的重要指示批示精神和调查工作对国计民生的重要意义；组织全体干部职工开展“永远跟党走”登山竞赛工会活动；组织党员干部参加忻城县烈士公祭活动；组织全体队员两次学习习近平总书记在庆祝中华人民共和国成立70周年大会上的讲话；组织全体干部职工到桂中第一支部旧址开展主题党日活动，重温入党誓词；组织全体干部职工观看了《血战湘江》《中国机长》等红色电影，传承红色基因，坚守初心使命。

2019年9月29日，忻城调查队党支部开展“不忘初心跟党走”主题党日活动

## 四、强措施推动调查事业高质量发展

**（一）“线上线下”开展社会公众普法宣传。**“线上”抓好网络媒体宣传，在官方微信公众号发布“讲述我的调查故事”系列信息，展现调查人求真务实、不懈奋斗的调查风貌，制作一系列独具特色、趣味性较强的图文及视频作品大力宣传调查工作，广受群众好评。“线下”深入调查点开展现场宣传活动，通过与调查对象谈心谈话，拉近了干群关系；举办季度统计法治讲堂共3期，组织队员、辅助调查员、党员记账户深入学习《意见》《办法》《规定》等，提高统计工作人员和调查对象统计法治意识；利用下乡开展业务的机会，与辅调员、调查对象召开统计法治座谈会共11场；在调查点张贴法治宣传海报、悬挂法治宣传横幅，图文并茂宣传统计法精神。

**（二）不断夯实调查工作基础。**把好制度方法关，各专业按照《调查业务规范化实施细则》不定期开展自查自纠工作，由队分管领导牵头，对所负责的业务工作进行梳理，

及时发现问题，立行立改；年内各专业通过集中交流和现场指导的方式对辅助调查员进行培训共30场次，并实现调查网点访户全覆盖；辅调员管理采用考核激励机制，根据考核结果对12名辅调员授予“2019年度优秀辅助调查员”荣誉称号。

2019年12月19日，忻城调查队使用无人机开展农业秋冬播调查工作

**（三）全力改进工作作风。**结合“狠抓作风建设”的工作思路，结合忻城队实际，重新制定了《机关工作人员考勤规定》，对出勤纪律、请销假程序做出严格规定；科学制定《2019年目标管理责任制》，对违反工作纪律行为从严处罚；队纪检监察员做好日常监督，使制度得到有效落实，队员自觉形成遵守各项纪律规定的好习惯，工作作风得到进一步改善。

# 国家统计局象州调查队

2019年，在国家统计局广西调查总队和地方党委、政府的正确领导下，国家统计局象州调查队（以下简称象州调查队）深入学习贯彻习近平总书记等中央领导同志关于统计工作的重要讲话指示批示精神和党的十九届四中全会精神，认真贯彻落实广西国家调查工作会议决策部署，进一步夯实基础工作，着力提高源头调查数据质量，一步一个脚印，较好的完成2019年各项工作任务。

## 一、坚持和加强党的全面领导，扎实推进党建工作

### （一）夯实党建工作基础，着力打造“党旗红·数据真”党建工作品牌

一是利用走廊建成党建文化走廊，改善办公环境，为下一步构筑党员“精神家园”和“活动阵地”提供了基础。二是以思想引领推行典型化建设，筑牢争优意识。2019年初共评选出3名“党员业务标兵”，并对优秀辅助调查员进行嘉奖。三是以思想引领推行常态化建设，规范开展“三会一课”。2019年，中共象州调查队支部累计召开支部大会8次、支委会11次、上党课5次，积分评级3次，干部职工“四个意识”不断加强。

### （二）扎实有效开展“不忘初心、牢记使命”主题教育，切实解决制约高质量发展的思想认识问题

2019年，象州调查队在总队巡回指导组的指导下，扎实有效开展“不忘初心、牢记使命”主题教育。9月17日，象州调查队领导班子召开支部委员会，研究部署“不忘初心、牢记使命”主题教育工作；9月20日，组织全体队员召开国家统计局象州调查队“不忘初心、牢记使命”主题教育动员会，学习贯彻习近平总书记重要讲话精神。象州调查队紧紧围绕守初心、担使命，找差距、抓落实的总要求，坚持将学习教育、调查研究、检视反思、整改落实四项重点措施贯穿始终，真正将主题教育成果转化为推动发展的强大动力，确保主题教育取得实实在在的成果。

## 二、加强法治宣传教育，推动调查工作全面进步

2019年10月15日，广西调查总队副巡视员邱洪刚（右二）到象州队指导“不忘初心、牢记使命”主题教育工作

象州调查队紧紧围绕深化统计管理体制改革，紧密结合“不忘初心、牢记使命”主题教育的要求和本队实际，积极开展2019年普法宣传活动。

1. 9月12日，象州调查队联合象州县统计局到县文化广场举行“第十届中国统计开放日宣传活动”。在活动现场采取通俗易懂的语言进行宣传，利用灯谜形式进行有奖问答活动，进一步宣传统计知识，增强宣传效果。

2. 开展走进社区活动。12月13日，象州队为开展好普法宣传工作，以住户做年

报期间为契机，利用下点开展调查工作的机会，积极向社区干部与群众宣传宪法、统计法和统计调查工作，并发放诚信统计宣传海报。

2019年8月15日，象州调查队到马坪开展访户工作

## 三、夯实行政基础，努力提升优质服务质量

一是强化领导，建章立制，加强档案管理工作。二是常抓不懈，制定保密要点，签订保密承诺书，扎实做好保密工作。三是狠抓两个信息写作。2019年，象州调查队共上报政务信息46篇，获广西调查总队采用33篇；工作情况交流，上报2篇；上报调查信息（含约稿）20篇，获广西调查总队采用16篇。四是瞄准薄弱环节，用好督查“利器”。2019年，办公室承办督查事项7项，办结率100%。五是改善队员办公环境。上半年增加两间办公室，购买办公书柜，升级办公设备。

## 四、提升业务工作能力，高质量完成各项调查任务

### （一）推进电子记账工作，全面提高住户一体化调查数据质量

一是稳扎稳打，电子记账稳步推进，数据质量逐步提升。目前全县电子记账比率为80%。二是定期自查，及时查缺补漏。象州队通过梳理调查业务流程，完善八个台账，强化源头数据质量。7月份开始，象州调查队遍访10个调查点，走访65户调查户，查看记账笔数5万余笔，进一步夯实住户基础工作，提高数据质量。三是加强数据审核，对可能存在的风险点进行详细排查，逐一通过电话或实地进行再核实，最大程度上切实杜绝数据风险，把好数据质量最后一道关。

### （二）与时俱进，顺利完成农产量调查工作

一是加大投入，增强调查力量。2019年，象州队选派2名队员到南宁参加广西调查总队组织的UTC无人驾驶航空器系统操作手合格证培训，并通过相关考试。通过UTC无人驾驶航空器系统，已实现在样方地块内设定无人机起飞、航拍、返程三步一体操作。二是加强培训，增强辅调员业务水平。7月初对15位辅助调查员进行培训，重点解读播面调查地块作物的填写技巧和粮食作物实割实测方法，确保每位辅助调查员知方案、懂要求、会操作。2019年顺利完成15个调查点的春播、夏播和秋冬播的农作物播种面积调查以及夏收（早稻）、秋收（晚稻）的农作物单位面积产量调查。

2019年9月20日，象州调查队联合象州县统计局开展“第十届中国统计开放日宣传活动”

### （三）规范调查，切实提高劳动力调查工作水平

一是坚持每月下点入户走访，指导辅助调查员填报就业、失业等数据。二是加强对辅助调

查员的培训，对调查对象、调查内容、调查步骤及调查时间做重点培训，通过实例分析，提升辅助调查员的调查技巧，从多方面入手，确保数据质量。

**（四）夯实基础，切实提升主要畜禽监测调查工作水平**

一是严格执行畜禽监测调查方案，扎实学习业务基础知识，规范操作流程；二是积极与县相关部门及规模养殖企业沟通，精心组织业务培训及联络感情；三是直接入户调查与电话访问相结合，认真做好数据采集及数据比对分析。

**（五）夯实农产品价格和中间消耗调查基础工作**

一是明确责任和工作目标。二是加强培训，提质保量。三是提升报表审查力度，力求数出有据。

2019年10月20日，象州调查队联合象州县农业局进行生态农业巨型稻验收

# 国家统计局大新调查队

2019年，国家统计局大新调查队（以下简称大新调查队）深入贯彻落实习近平新时代中国特色社会主义思想，以高质量发展为主旨，扎实推进各项工作。

## 一、党建与业务深入融合，领航成效凸显

**（一）树立党员先锋模范标杆，示范带动记账水平提升。**开展大新县“讲真话　记真账”优秀记账户考核评选，开会授牌表彰12名优秀记账户，先进典型作经验交流发言，树立典型示范作用。在2018年大新县“讲真话　记真账”品牌基础上再细化评选细则，新增“数海先锋行 统计出真数”优秀辅调员评选，加大奖励，不设名额，以点带面带动全县记账水平提升。

**（二）队领导带头，发挥示范带动作用。**深入调查点开展“党建+住户调查”12场专题座谈会。向党员辅调员、记账户发出“亮出党员身份、做好表率楷模、引领示范作用”的号召，引导党员记账户指导帮扶其他记账户提高记账质量。

2019年5月7日，广西调查总队总队长赵太想（中）到大新调查队参观党建活动室并指导“党旗红·数据真”品牌创建工作

**（三）重温统计调查史，坚守统计初心。**8月6日，组织全体党员干部、住户调查党员辅助调查员41人到榄圩乡先力村聆听共和国记账人张飞敏讲统计初心故事，引导全体党员立足本职岗位履职尽责，为提升住户调查数据质量努力。

## 二、“不忘初心、牢记使命”主题教育扎实开展

组织领导坚强有力，及时成立领导小组，召开动员部署会。学习理论注重成效，集中安排8天专题学习，领导带头读原著悟原理，领学《选编》《纲要》等规定篇目，多次学习中央领导对统计工作重要讲话指示批示精神及党史、新中国史，研讨交流21人次，组织观看《榜样》鼓励党员干部向黄文秀等同志先进事迹学习。组织开展革命传统现场教育2次、观看爱国题材影片7次，专题党课3次，党课内容获总队指导组肯定。组织参加县委党校“三个一”干部教育研讨班28人次。结合实际深入开展调查研究，通过座谈会、个别谈话、问卷调研、深入调查网点10次、记账户22户家中开展专题调研，收集问题建议47条，形成3篇调研报告；对标对表检视问题扎实推进整改，检视整改并落实8项。

## 三、凝心聚力共庆中华人民共和国成立70周年

开展“我和我的祖国”系列活动，与辅助调查员、优秀党员记账户合唱《我和我的祖国》，制作的宣传视频获大新县主流媒体《今日大新》采用。组织观看《我和我的祖国》，增强爱国情怀。主题征文“我和我的调查故事”获总队采用。

## 四、善做善成，调查事业高质量发展

**（一）夯实基础，电子记账工作量与质明显提升。**坚持以党建引领，评选一批先进、优秀记账户，介绍经验带动后进；结合物资激励，辅助调查员发动成功一户电子记账，奖励50元/户；改变原来以集中座谈为主的访户方式，带问题分散访户，提高访户的针对性；坚持日审，减少错记、漏记。目前，电子记账户占比91.7%，高于全区全市水平，户均记账笔数连续3个季度在全市位列前三，记账质量明显提高。

2019年8月21日，广西调查总队副巡视员邱洪刚（右五）一行检查组到桃城镇万礼村访户，翻阅记账户账本，检查节日消费记账情况

**（二）勤于汇报，争取支持。**积极主动向地方汇报工作7次，成功将电子记账经费纳入县财政年度预算，以政府名义发文调整住户联席会议成员，参照执行地方干部伙食补助和新增公益性岗位名额3个，工作人员与经费紧张状况有所改善，提升干部职工的获得感。

**（三）遥感测量锐意创新，农业技能水平有所提升。**在崇左市直机关工委、崇左市总工会和崇左调查队联合举办的农业调查技能大赛中，大新调查队荣获团体一等奖和个人一等奖，并获崇左市“五一奖章”候选人申报资格，充分展现大新队锐意创新，积极进取的精神风貌。

2019年7月2日，大新调查队组织全体干部职工、辅助调查员及记账户到恩城乡苏屯开展庆祝建党98周年活动

**（四）信息写作取得新突破，信息服务决策得到体现。**政务信息采用量翻倍式增长，写作服务意识明显提高。队领导带头领任务、带头采集一手信息，全员参与写作，激励编外人员写作并获采用13篇，鞭策在编人员写作。截止11月15日，政务信息采用54篇，较上年增长237.5%；上报约稿信息30篇，较上年增长114.3%；工作交流4篇获采用，其中1篇获国家统计局采用，实现量与质的飞跃。

## 五、解放思想创先争优，质量立队出成绩

**（一）积极主动推进统计法制学习宣传教育工作。**4月大新县召开专题学习会议，常务副县长徐钊传达《意见》《办法》《规定》等文件精神；3月、10月大新队组织全队再学习，不断提高贯彻《意见》《办法》《规定》的执行能力提高数据责任意识；深入住户调查网点新振社区开展统计法制宣传活动，将统计法制培训融入各项业务培训会8次。

**（二）创新方法抓数据核实，及时总结推广经验。**组织学习国家调查制度方法、本队制定的业务管理办法8次，扩宽思维提

高数据质量，充分利用制糖企业的入厂明细表、记账户银行流水等第一手资料开展核实甘蔗收入的做法，在赵太想总队长到大新队调研期间获充分肯定。及时总结经验方法，撰稿《关于核准和提高蔗区住户调查记账户甘蔗收入数据质量的思考》获国家统计局采用，是广西调查队系统在统计研究栏目第一篇。

**（三）成功创建市级文明单位。**年内投入文明单位建设资金达2万元，汇聚全队人力开展“我们的节日”系列活动7次、学雷锋志愿服务活动、道德讲堂2次、书香机关·朗读会1次、开展传承好家风好家训活动2次。2019年9月获“崇左市文明单位”荣誉称号。

**（四）“两个责任”清单式管理，巡察整改“回头看”。**一是全年召开2次专题会议部署党风廉政建设工作。学习传达全区党风工作会议精神，印发两个责任清单和工作要点，每季度对照检查落实情况。二是召开巡察整改“回头看”专题工作会议，对巡察发现问题一一核实销号。三是扎实开展专项治理工作。对不规范公务接待、违规发放津补贴和公车使用不规范等进行清理整顿，清退相关不规范问题款项。

2019年10月20日，广西调查总队第二批“不忘初心、牢记使命”主题教育第五巡回指导组副组长黄茂平（中）对大新调查队“不忘初心、牢记使命”主题教育活动开展情况、工作台账等进行检查和指导

2019年9月18日，大新调查队参加崇左辖区国家调查队不忘初心牢记使命“党建+农业调查”技能竞赛中荣获团体一等奖

# 附录一　广西主要社会经济指标

# APPENDIX Ⅰ　Main Social and Economic Indicators of Guangxi

# 附录1-1 地区生产总值（1979—2019年）

## Gross Domestic Product（1979—2019）

资料来源：《广西统计年鉴》
Source：Guangxi Statistical Yearbook.
（按当年价格计算）（calculated at current prices） 单位：亿元（100 million yuan）

| 年 份<br>Year | 地 区<br>生产总值<br>Gross Domestic Product | 第一产业<br>Primary Industry | 第二产业<br>Secondary Industry | | | 第三产业<br>Tertiary Industry | 人均地区<br>生产总值<br>（元/人）<br>Per Capita GDP（yuan/person） |
|---|---|---|---|---|---|---|---|
| | | | | 工业<br>Industry | 建筑业<br>Construction | | |
| 1979 | 84.59 | 37.57 | 27.98 | 25.12 | 2.86 | 19.04 | 246 |
| 1980 | 97.33 | 44.07 | 30.79 | 27.78 | 3.01 | 22.47 | 278 |
| 1981 | 113.46 | 52.58 | 33.01 | 29.71 | 3.30 | 27.87 | 317 |
| 1982 | 129.15 | 63.15 | 34.72 | 30.98 | 3.74 | 31.28 | 354 |
| 1983 | 134.60 | 63.59 | 37.09 | 32.39 | 4.70 | 33.92 | 363 |
| 1984 | 150.27 | 66.26 | 43.26 | 36.97 | 6.29 | 40.75 | 399 |
| 1985 | 180.97 | 77.49 | 54.69 | 45.92 | 8.77 | 48.79 | 471 |
| 1986 | 205.46 | 85.62 | 69.03 | 58.41 | 10.62 | 50.81 | 525 |
| 1987 | 241.56 | 99.94 | 81.79 | 70.96 | 10.83 | 59.83 | 607 |
| 1988 | 313.28 | 118.25 | 100.69 | 86.38 | 14.31 | 94.34 | 770 |
| 1989 | 383.44 | 149.98 | 109.97 | 97.11 | 12.86 | 123.49 | 927 |
| 1990 | 449.06 | 176.77 | 118.45 | 104.79 | 13.66 | 153.84 | 1066 |
| 1991 | 518.59 | 195.17 | 141.02 | 123.66 | 17.36 | 182.40 | 1211 |
| 1992 | 646.60 | 233.03 | 187.48 | 161.44 | 26.04 | 226.09 | 1490 |
| 1993 | 871.70 | 250.11 | 320.26 | 273.03 | 48.07 | 301.33 | 1982 |
| 1994 | 1198.29 | 333.79 | 468.57 | 404.59 | 65.22 | 395.93 | 2675 |
| 1995 | 1497.56 | 453.15 | 534.45 | 461.25 | 74.61 | 509.96 | 3304 |
| 1996 | 1697.90 | 534.88 | 585.83 | 503.32 | 84.05 | 577.19 | 3706 |
| 1997 | 1817.25 | 582.74 | 612.46 | 524.49 | 89.58 | 622.05 | 3928 |
| 1998 | 1911.30 | 586.70 | 665.57 | 561.34 | 105.95 | 659.03 | 4346 |
| 1999 | 1971.41 | 567.72 | 680.59 | 570.76 | 111.58 | 723.10 | 4444 |
| 2000 | 2080.04 | 557.38 | 730.88 | 612.33 | 120.43 | 791.78 | 4652 |
| 2001 | 2279.34 | 576.34 | 769.22 | 639.54 | 131.64 | 933.78 | 5058 |
| 2002 | 2523.73 | 601.99 | 844.75 | 699.15 | 147.74 | 1076.99 | 5558 |
| 2003 | 2798.17 | 659.59 | 955.14 | 788.41 | 169.15 | 1183.44 | 6119 |
| 2004 | 3305.12 | 810.14 | 1151.14 | 953.64 | 200.42 | 1343.84 | 7182 |
| 2005 | 3742.14 | 904.80 | 1324.25 | 1098.38 | 229.24 | 1513.09 | 8068 |
| 2006 | 4417.77 | 1024.31 | 1604.68 | 1343.19 | 265.61 | 1788.78 | 9421 |
| 2007 | 5474.79 | 1214.87 | 2073.99 | 1762.12 | 317.27 | 2185.93 | 11542 |
| 2008 | 6455.43 | 1422.25 | 2466.03 | 2088.03 | 384.40 | 2567.15 | 13471 |
| 2009 | 7112.91 | 1425.54 | 2715.26 | 2241.40 | 480.73 | 2972.11 | 14708 |
| 2010 | 8552.44 | 1639.67 | 3465.20 | 2875.51 | 598.50 | 3447.57 | 18070 |
| 2011 | 10299.94 | 2006.43 | 4241.18 | 3504.07 | 747.85 | 4052.33 | 22258 |
| 2012 | 11303.55 | 2126.41 | 4503.08 | 3643.80 | 870.44 | 4674.06 | 24238 |
| 2013 | 12448.36 | 2290.64 | 4709.33 | 3699.72 | 1013.03 | 5448.39 | 26483 |
| 2014 | 13587.82 | 2413.44 | 5145.55 | 4023.83 | 1125.97 | 6028.83 | 28687 |
| 2015 | 14797.80 | 2565.45 | 5391.00 | 4159.05 | 1232.81 | 6841.35 | 30990 |
| 2016 | 16116.55 | 2800.29 | 5620.96 | 4307.32 | 1315.03 | 7695.30 | 33458 |
| 2017 | 17790.68 | 2878.30 | 6138.25 | 4680.06 | 1465.96 | 8774.13 | 36595 |
| 2018 | 19627.81 | 3021.09 | 6692.87 | 5101.92 | 1606.58 | 9913.85 | 40012 |
| 2019 | 21237.14 | 3387.74 | 7077.43 | 5277.57 | 1816.05 | 10771.97 | 42964 |

注：1.表中数据行业分类依据《国民经济行业分类》（GB/T4754-2017）确定。三次产业分类依据国家统计局2018年修订的《三次产业划分规定》确定；2.2003—2018年数据依据全国第四次经济普查结果进行修订；3.2019年地区生产总值及其相关数据均为快报数。

Note:1.The data in this table has been adjusted by《National Economical Industry Classification》(GB/T4754-2017).Classification of three industries was based on 《Regulations on the division of three industries》by National Bureau of statistics 2018; 2.The data 2003—2018 in this chapter was revised with The Fouth National Economic Census; 3.The GDP data of 2019 in this chapter are from quick statistics data.

# 附录1-2 财政、金融（1979—2019年）

## Government Finance & Financial Intermediation（1979—2019）

资料来源：《广西统计年鉴》
Source：Guangxi Statistical Yearbook.
单位：亿元 （100 million yuan）

| 年份 Year | 财政 Finance | | | 金融 Banking | | |
|---|---|---|---|---|---|---|
| | 公共财政预算收入 Public Budget Income | 公共财政预算支出 Public Budget Expenditure | 收支差额 Income & Expenditure Balance | 各项存款年底余额 Total Saving Deposit Balance | 各项贷款年底余额 Total Loan Balance | 城乡居民储蓄存款年底余额 Urban and Rural Savings Deposits |
| 1979 | 12.05 | 20.60 | -8.54 | | | |
| 1980 | 12.58 | 17.44 | -4.86 | | | |
| 1981 | 12.73 | 16.04 | -3.32 | | | |
| 1982 | 13.03 | 17.44 | -4.41 | | | |
| 1983 | 13.58 | 18.84 | -5.26 | | | |
| 1984 | 13.47 | 23.06 | -9.59 | | | |
| 1985 | 20.18 | 29.75 | -9.57 | 94.96 | 118.38 | 34.23 |
| 1986 | 25.23 | 42.22 | -16.99 | 124.85 | 152.47 | 48.40 |
| 1987 | 30.54 | 47.70 | -17.16 | 160.54 | 186.26 | 67.64 |
| 1988 | 33.89 | 53.27 | -19.39 | 165.67 | 210.61 | 81.73 |
| 1989 | 41.41 | 57.74 | -16.33 | 211.22 | 277.75 | 107.35 |
| 1990 | 46.83 | 65.00 | -18.17 | 271.17 | 326.29 | 152.29 |
| 1991 | 55.92 | 71.61 | -15.69 | 351.85 | 389.76 | 201.39 |
| 1992 | 61.20 | 78.48 | -17.28 | 501.66 | 499.20 | 277.02 |
| 1993 | 95.93 | 107.49 | -11.56 | 662.74 | 664.72 | 406.04 |
| 1994 | 62.26 | 124.93 | -62.67 | 915.24 | 835.52 | 572.34 |
| 1995 | 79.44 | 140.59 | -61.15 | 1152.32 | 1055.67 | 735.50 |
| 1996 | 90.51 | 157.01 | -66.50 | 1361.17 | 1203.41 | 884.55 |
| 1997 | 99.16 | 170.83 | -71.68 | 1568.83 | 1423.48 | 1013.14 |
| 1998 | 119.67 | 198.36 | -78.69 | 1792.10 | 1516.49 | 1150.08 |
| 1999 | 133.56 | 224.98 | -91.41 | 2010.14 | 1719.19 | 1257.26 |
| 2000 | 147.05 | 258.49 | -111.43 | 2269.06 | 1613.25 | 1374.42 |
| 2001 | 178.67 | 351.65 | -172.98 | 2518.94 | 1764.05 | 1538.95 |
| 2002 | 186.73 | 419.86 | -233.13 | 2784.14 | 1941.07 | 1736.60 |
| 2003 | 203.66 | 443.60 | -239.94 | 3175.34 | 2320.66 | 1971.66 |
| 2004 | 237.77 | 507.47 | -269.70 | 3673.19 | 2759.65 | 2240.11 |
| 2005 | 283.04 | 611.48 | -328.44 | 4202.84 | 3056.86 | 2561.34 |
| 2006 | 342.58 | 729.52 | -386.94 | 4971.86 | 3595.25 | 2946.22 |
| 2007 | 418.83 | 985.94 | -567.12 | 5749.94 | 4287.79 | 3185.28 |
| 2008 | 518.42 | 1297.11 | -778.69 | 7024.10 | 5066.68 | 3851.95 |
| 2009 | 620.99 | 1621.82 | -1000.83 | 9583.13 | 7268.41 | 4686.20 |
| 2010 | 771.99 | 2007.59 | -1235.60 | 11746.77 | 8867.52 | 5702.43 |
| 2011 | 947.72 | 2545.28 | -1597.56 | 13527.97 | 10646.43 | 6682.21 |
| 2012 | 1166.06 | 2985.23 | -1819.16 | 15966.65 | 12355.52 | 8042.23 |
| 2013 | 1317.60 | 3208.67 | -1891.06 | 18400.48 | 14081.01 | 9532.48 |
| 2014 | 1422.28 | 3479.79 | -2057.51 | 20298.54 | 16070.95 | 10532.76 |
| 2015 | 1515.16 | 4065.51 | -2550.36 | 22793.54 | 18119.30 | 11434.29 |
| 2016 | 1556.27 | 4441.70 | -2885.44 | 25477.80 | 20640.54 | 12606.56 |
| 2017 | 1615.13 | 4908.55 | -3293.42 | 27899.64 | 23226.14 | 13814.30 |
| 2018 | 1681.45 | 5310.74 | -3629.29 | 29789.78 | 26688.31 | 15334.39 |
| 2019 | 1811.89 | 5850.96 | -4039.07 | 31646.01 | 30497.39 | 16988.67 |

注：根据中国人民银行报表调整，2015年起城乡居民储蓄存款改为住户存款。
Note: According to the people's Bank of China to adjust the report, from urban and rural residents in 2015 to household savings deposits.

# 附录1-3　人口（1979—2019年）

## Population（1979—2019）

资料来源：《广西统计年鉴》
Source：Guangxi Statistical Yearbook.
单位：万人　　（10 000 persons）

| 年　份<br>Year | 总户数（万户）<br>Total Households（10 000 households） | 总人口（年末）<br>Total Population（year-end） | 按性别分 By Sex<br>男性<br>Male | <br>女性<br>Female | 按城乡分 By Residence<br>城镇人口<br>Urban Population | <br>乡村人口<br>Rural Population | 常住人口<br>Permanent Population | 人口密度（人/平方公里）<br>Population Density（person/sq.km） |
|---|---|---|---|---|---|---|---|---|
| 1979 | 666 | 3470 | 1786 | 1684 | | | | |
| 1980 | 676 | 3538 | 1822 | 1716 | | | | 149 |
| 1981 | 694 | 3613 | 1862 | 1751 | | | | |
| 1982 | 706 | 3684 | 1902 | 1782 | | | | |
| 1983 | 718 | 3733 | 1930 | 1803 | | | | |
| 1984 | 734 | 3806 | 1970 | 1836 | | | | |
| 1985 | 757 | 3873 | 2005 | 1868 | | | | 164 |
| 1986 | 783 | 3946 | 2044 | 1902 | | | | |
| 1987 | 808 | 4016 | 2082 | 1934 | | | | |
| 1988 | 831 | 4088 | 2119 | 1969 | | | | |
| 1989 | 867 | 4150 | 2152 | 1998 | | | | |
| 1990 | 896 | 4242 | 2205 | 2037 | 641 | 3601 | | 179 |
| 1991 | 918 | 4324 | 2250 | 2074 | | | | 183 |
| 1992 | 950 | 4380 | 2285 | 2095 | | | | 185 |
| 1993 | 973 | 4438 | 2317 | 2121 | | | | 187 |
| 1994 | 997 | 4493 | 2346 | 2147 | | | | 190 |
| 1995 | 1020 | 4543 | 2377 | 2166 | 838 | 3705 | | 192 |
| 1996 | 1040 | 4589 | 2398 | 2191 | | | | 194 |
| 1997 | 1069 | 4633 | 2421 | 2212 | | | | 196 |
| 1998 | 1092 | 4675 | 2442 | 2233 | | | | 198 |
| 1999 | 1110 | 4713 | 2463 | 2250 | | | | 199 |
| 2000 | 1140 | 4751 | 2484 | 2267 | 1337 | 3414 | | 201 |
| 2001 | 1178 | 4788 | 2506 | 2282 | 1350 | 3438 | | 202 |
| 2002 | 1197 | 4822 | 2521 | 2301 | 1365 | 3457 | | 204 |
| 2003 | 1235 | 4857 | 2542 | 2315 | 1411 | 3446 | | 205 |
| 2004 | 1285 | 4889 | 2559 | 2330 | 1550 | 3339 | | 206 |
| 2005 | 1329 | 4925 | 2587 | 2338 | 1567 | 3093 | 4660 | 208 |
| 2006 | 1374 | 4961 | 2612 | 2349 | 1635 | 3084 | 4719 | 209 |
| 2007 | 1416 | 5002 | 2634 | 2368 | 1728 | 3040 | 4768 | 201 |
| 2008 | 1459 | 5049 | 2659 | 2390 | 1838 | 2978 | 4816 | 203 |
| 2009 | 1499 | 5092 | 2681 | 2411 | 1904 | 2952 | 4856 | 205 |
| 2010 | 1347 | 5159 | 2708 | 2451 | 1849 | 2761 | 4610 | 195 |
| 2011 | 1359 | 5199 | 2730 | 2469 | 1942 | 2703 | 4645 | 196 |
| 2012 | 1361 | 5240 | 2759 | 2481 | 2038 | 2644 | 4682 | 197 |
| 2013 | 1383 | 5282 | 2772 | 2510 | 2115 | 2604 | 4719 | 199 |
| 2014 | 1567 | 5475 | 2891 | 2584 | 2187 | 2567 | 4754 | 201 |
| 2015 | 1575 | 5518 | 2913 | 2605 | 2257 | 2539 | 4796 | 202 |
| 2016 | 1586 | 5579 | 2943 | 2636 | 2326 | 2512 | 4838 | 204 |
| 2017 | 1586 | 5600 | 2951 | 2649 | 2404 | 2481 | 4885 | 206 |
| 2018 | 1600 | 5659 | 2980 | 2679 | 2474 | 2452 | 4926 | 207 |
| 2019 | 1607 | 5695 | 2998 | 2697 | 2534 | 2426 | 4960 | 209 |

# 附录1-4 就业和劳动报酬基本情况

## Basic Statistics on Employment and Labor Remuneration

资料来源：《广西统计年鉴》
Source: Guangxi Statistical Yearbook.

| 指 标 | Item | 2015 | 2016 | 2017 | 2018 | 2019 |
|---|---|---|---|---|---|---|
| **劳动力资源总数（万人）** | **Total Resource of Labor Force（10 000 persons）** | **3438** | **3465** | **3498** | **3528** | **3555** |
| 占人口总数比重（%） | Proportion in Total Population（%） | 71.69 | 71.62 | 71.61 | 71.62 | 71.67 |
| 劳动力资源利用率（%） | Utilization Ratio of Resource of Labor Force（%） | 82.03 | 81.99 | 81.25 | 80.73 | 80.26 |
| **从业人员合计（万人）** | **Employed Persons（10 000 persons）** | **2820** | **2841** | **2842** | **2848** | **2853** |
| 第一产业 | Primary Industry | 1427 | 1423 | 1415 | 1404 | 1388 |
| 第二产业 | Secondary Industry | 513 | 500 | 498 | 494 | 492 |
| 第三产业 | Tertiary Industry | 880 | 918 | 929 | 950 | 973 |
| **从业人员构成（%）** | **Composition of Employed Persons（%）** | | | | | |
| 第一产业 | Primary Industry | 50.60 | 50.10 | 49.80 | 49.30 | 48.65 |
| 第二产业 | Secondary Industry | 18.20 | 17.60 | 17.50 | 17.34 | 17.24 |
| 第三产业 | Tertiary Industry | 31.20 | 32.30 | 32.70 | 33.36 | 34.11 |
| **按城乡分从业人员（万人）** | **Employed Persons by Urban and Rural Areas（10 000 persons）** | | | | | |
| 城镇从业人员 | Urban Employed Persons | 1198 | 1236 | 1247 | 1282 | 1315 |
| 国有单位 | State-owned Units | 202.37 | 201.82 | 201.64 | 199.10 | 195.52 |
| 城镇集体单位 | Urban Collective-owned Units | 13.27 | 13.21 | 12.44 | 10.85 | 10.20 |
| 股份合作单位 | Cooperative Units | 2.06 | 1.88 | 1.67 | 1.51 | 1.55 |
| 联营单位 | Joint Ownership Units | 0.14 | 0.11 | 0.07 | 0.07 | 0.04 |
| 有限责任公司 | Limited Liability Corporations | 125.21 | 123.25 | 125.95 | 125.28 | 146.88 |
| 股份有限公司 | Share-holding Corporations Ltd. | 27.55 | 27.41 | 24.62 | 25.41 | 22.33 |
| 港澳台投资单位 | Units with Funds from Hong Kong, Macao & Taiwan | 16.36 | 16.17 | 16.38 | 11.27 | 10.06 |
| 外商投资单位 | Foreign Funded Units | 12.92 | 12.98 | 11.39 | 10.49 | 12.26 |
| 私营企业 | Private Enterprises | 168.00 | 247.00 | 248.67 | 282.72 | 292.15 |
| 个体 | Self-employed Individuals | 212.00 | 252.00 | 270.30 | 304.27 | 350.54 |
| 在岗职工人数 | Number of Staff & Workers at Post | 329.60 | 325.50 | 316.73 | 304.44 | 319.81 |
| 国有单位 | State-owned Units | 178.80 | 178.36 | 175.28 | 173.45 | 175.55 |
| 城镇集体单位 | Urban Collective-owned Units | 10.08 | 9.62 | 8.78 | 7.45 | 6.95 |
| 其他类型单位 | Others | 140.72 | 137.50 | 132.67 | 123.54 | 137.32 |
| 乡村就业人员 | Rural Employed Persons | 1622 | 1605 | 1595 | 1566 | 1538 |
| **城镇单位从业劳动报酬（元）** | **Remuneration of Staff & Workers in Urban Units（yuan）** | | | | | |
| 单位从业人员平均劳动报酬 | Average Remuneration of Staff & Workers | 52982 | 57878 | 63821 | 70606 | 76479 |
| 国有单位 | State-owned Units | 57247 | 63751 | 70407 | 76904 | 82203 |
| 城镇集体单位 | Urban Collective-owned Units | 40510 | 43064 | 46457 | 51855 | 55747 |
| **城镇登记失业人数（万人）** | **Number of Registered Unemployed Persons in Urban Areas（10 000 persons）** | **18.13** | **18.13** | **14.72** | **16.71** | **19.66** |
| **城镇登记失业率（%）** | **Registered Unemployment Rate in Urban Areas（%）** | **2.92** | **2.93** | **2.21** | **2.34** | **2.60** |

# 主要统计指标解释

**地区生产总值（原国内生产总值）** 是指一个地区所有常住单位在一定时期内生产活动的最终成果。地区生产总值有三种表现形态，即价值形态、收入形态和产品形态。从价值形态看，它是所有常住单位在一定时期内所生产的全部货物和服务价值超过同期投入的全部非固定资产货物和服务价值的差额，即所有常住单位的增加值之和；从收入形态看，它是所有常住单位在一定时期内所创造并分配给常住单位和非常住单位的初次分配收入之和；从产品形态看，它是最终使用的货物和服务减去进口货物和服务。在核算中，地区生产总值的三种表现形态表现为三种计算方法，即生产法、收入法和支出法。三种方法分别从不同的方面反映地区生产总值及其构成。根据国家统计局有关我国GDP核算和数据发布制度的规定，广西国内生产总值自2004年起更名为“广西生产总值”，简称“广西GDP”。

**三次产业** 是根据社会生产活动历史发展的顺序对产业结构的划分，产品直接取自然界的部门称为第一产业，对初级产品进行再加工的部门称为第二产业，为生产和消费提供各种服务的部门称为第三产业。

我国的三次产业划分是：

第一产业：农业(包括种植业、林业、牧业和渔业)。

第二产业：工业(包括采掘业，制造业，电力、煤气及水的生产和供应业)和建筑业。

第三产业：除第一、第二产业以外的其他各业。由于第三产业包括的行业多，范围广，根据我国的实际情况，第三产业又分为两大部分：一是流通部门，二是服务部门。

**财政收入** 是指国家财政参与社会产品分配所取得的收入，是实现国家职能的财力保证。财政收入所包括的内容几经变化，目前主要包括：（1）各项税收，包括增值税、营业税、消费税、土地增值税、城市维护建设税、资源税、城市土地使用税、印花税、房产税、车船使用税、屠宰税、个人所得税、企业所得税、关税、契税、农牧业税和耕地占用税等。（2）专项收入：包括征收排污费收入、城市水资源费收入、教育费附加收入、矿产资源补偿费收入。（3）其他收入，包括国有资产经营收益、国有企业计划亏损补贴、基本建设贷款归还收入、基本建设收入、罚没收入、行政性收费收入、其他收入等。

**财政支出** 是指国家为行使其职能，对筹集的财政资金进行有计划的分配使用的总称。国家财政支出，体现政府的活动范围和方向，反映财政资金的分配关系。财政支出主要包括：（1）基本建设支出；（2）企业挖潜改造资金；（3）地质勘探费；（4）科技三项费用；（5）流动资金；（6）支援农村生产支出；（7）农林水利气象等部门的事业费；（8）工业交通等部门事业费；（9）商业部门事业费；（10）城市维护费；（11）文教卫生事业费；（12）科学事业费；（13）其他部门事业费；（14）抚恤和社会福利救济费；（15）国防支出类；（16）行政管理费；（17）公检法支出；（18）价格补贴支出；（19）支援不发达地区支出；（20）专项支出；（21）农业综合开发支出；（22）行政事业单位离退休经费（23）其他支出等。

**存款** 指企业、机关、团体或居民根据资金必须收回的原则，把货币资金存入银行或其他信用机构保管并取得一定利息的一种信用活动形式。根据存款对象的不同可划分为企业存款、财政存款、机关团体存款、基本建设存款、城镇储蓄存款、农村存款等科目。它是银行信贷资金的主要来源。

**贷款** 指银行或其他信用机构根据资金必须归还的原则，按一定利率，为企业、个人等提供资金的一种信用活动形式。我国银行贷款分为流动资金贷款、固定资产贷款、城乡个体工商户贷款以及农业贷款等科目。

**户数** 包括家庭户(含单身独居)和集体户。

**人口数** 指一定时点、一定地区范围内有生命的个人的总和。

**市镇人口** 指市人口和县辖镇人口。

**乡村人口** 指县辖乡的全部人口。

# Explanatory Notes on Main Statistical Indicators

**Gross Domestic Product (GDP)** refers to the final products of all resident units in a region during a certain period of time. Gross domestic product is expressed in three different forms, i.e. value added, income, and products respectively. The form of value added refers to the total value of all products and services produced by all resident units during a certain period of time minus total value of input of materials and services of the nature of non-fixed assets of the summation of the value added of all resident units; the form of income includes all the income created by all resident units and distributed primarily to all resident and non-resident units; the form of products refers to all final goods and services minus imports of goods and services. In the practice of national accounting, gross domestic product is calculated with three approaches, i.e. product approach, income approach, and expenditure approach respectively to reflect gross domestic product and its composition from different aspects.

**Three Industries** Industry structure has been classified according to the historical sequence of development. Primary industry refers to extraction of natural resources; secondary industry involves processing of primary products; and tertiary industry provides services of various kinds for production and consumption. Industry in China comprises:

Primary industry: agriculture (including farming, forestry, animal husbandry and fishery).

Secondary industry: industry (including mining and quarrying, manufacturing, and electricity, gas and water production and supply).

Tertiary industry: all other industries not included in primary or secondary industry. Since tertiary industry includes various trades and is with extensive coverage, it is divided into 2 parts according to our country's actual situation: circulation department and service department.

**Government Revenue** refers to the revenue of the government finance by means of participating in the distribution of the social products, which are the financial resources for ensuring the government to function. The contents of government revenue have been changed several times. Now it includes the following main items: (1) Various tax revenues, including value added taxes, business tax, consumption tax, land value added tax, tax on city maintenance and construction, resources tax, tax on use of urban land, stamp tax, tax on real estate, tax on the use of vehicles and ships, slaughter tax, personal income tax, enterprise income tax, tariff, contract tax, tax on agriculture and animal husbandry and tax on occupancy of cultivated land, etc. (2) Special income: including revenue collected from imposing fee on sewage treatment, revenue collected from imposing fee on urban water resources, extra-charges for education, and revenue collected from imposing fee on mine resources. (3) Other revenues, including profits from management of state-owned assets, subsidies to loss-making state-owned enterprise, revenue from the repayment of capital construction loan, revenue from capital construction, penalty, administration income and other incomes.

**Government Expenditure** refers to the (1) Expenditure for capital construction; (2) Innovation funds of the enterprises; (3) Geological prospecting expenses; (4) Expenditures for science and technology promotion; (5) Circulating funds; (6) Expenditure for supporting rural production; (7) Operating expenses of the departments of farming, forestry, water conservancy and meteorology etc; (8) Operating expenses of the departments of industry, transport; (9) Operating expenses of the department of commerce; (10) Expenditure for city maintenance; (11) Operating expenses of the departments of culture, education and public health; (12) Operating expenses of the department of science; (13) Operating expenses of the other departments; (14) Pension for the disabled or for the families of the bereaved and relief funds for social welfare; (15) Expenditures for national defense; (16) Administrative expenses (17) Expenditure for public security agency, procurator agency and court of justice; (18) Expenditure for price subsidies; (19) Expenditure for supporting under-developed areas; (20) Special expenditure; (21) Expenditure for comprehensive development of agriculture; (22) Expenditure for retired persons in administrative department; (23) Other expenditures.

**Deposit** is a form of credit by which enterprises,

institutions, organizations or residents can put money into banks and other credit institutions for safekeeping and interest earning under the principle of free withdrawal. According to different depositors, deposits are divided into enterprise deposits, treasury deposits, deposits of government agencies and organizations, capital construction deposits, urban savings deposits, rural deposits and other deposits. Deposits are major sources of the credit funds of banks.

**Loan** is a form of credit by which banks and other credit institutions provide funds at certain interest rate to enterprises and individuals in the light of the principle of unconditional repayment. Loans from Chinese banks include circulating capital loans, fixed assets loans, loans to urban and rural individuals engaged in industrial and commercial business and agricultural loans.

**Households** include family household (including single household) and collective households.

**TotalPopulation** refers to the total number of people alive at a certain point of time within a given area.

**Urban Population** refers to city population and town population.

**Country Population** refers to the total population under the jurisdiction of country.

# 附录二 全国及各省（直辖市、自治区）主要统计调查指标

## APPENDIX Ⅱ Main Statistical Survey Indicators by Region

# 附录2-1　全国及各省（直辖市、自治区）城镇居民人均收入与支出

## Per Capita Income and Expenditure of Urban Households by Region

单位：元　　（yuan）

| 地　区 | Region | 城镇居民人均可支配收入 Per Capita Disposable Income of Urban Households | | 城镇居民人均消费支出 Per Capita Consumption Expenditure of Urban Households | |
|---|---|---|---|---|---|
| | | 2018 | 2019 | 2018 | 2019 |
| **全　国** | **National** | **39251** | **42359** | **26112** | **28063** |
| 北　京 | Beijing | 67990 | 73849 | 42926 | 46358 |
| 天　津 | Tianjin | 42976 | 46119 | 32655 | 34811 |
| 河　北 | Hebei | 32977 | 35738 | 22127 | 23483 |
| 山　西 | Shanxi | 31035 | 33262 | 19790 | 21159 |
| 内蒙古 | Inner Mongolia | 38305 | 40782 | 24437 | 25383 |
| 辽　宁 | Liaoning | 37342 | 39777 | 26448 | 27355 |
| 吉　林 | Jilin | 30172 | 32299 | 22394 | 23394 |
| 黑龙江 | Heilongjiang | 29191 | 30945 | 21035 | 22165 |
| 上　海 | Shanghai | 68034 | 73615 | 46015 | 48272 |
| 江　苏 | Jiangsu | 47200 | 51056 | 29462 | 31329 |
| 浙　江 | Zhejiang | 55574 | 60182 | 34598 | 37508 |
| 安　徽 | Anhui | 34393 | 37540 | 21523 | 23782 |
| 福　建 | Fujian | 42121 | 45620 | 28145 | 30946 |
| 江　西 | Jiangxi | 33819 | 36546 | 20760 | 22714 |
| 山　东 | Shandong | 39549 | 42329 | 24798 | 26731 |
| 河　南 | Henan | 31874 | 34201 | 20989 | 21972 |
| 湖　北 | Hubei | 34455 | 37601 | 23996 | 26422 |
| 湖　南 | Hunan | 36698 | 39842 | 25064 | 26924 |
| 广　东 | Guangdong | 44341 | 48118 | 30924 | 34424 |
| 广　西 | Guangxi | 32436 | 34745 | 20159 | 21591 |
| 海　南 | Hainan | 33349 | 36017 | 22971 | 25317 |
| 重　庆 | Chongqing | 34889 | 37939 | 24154 | 25785 |
| 四　川 | Sichuan | 33216 | 36154 | 23484 | 25367 |
| 贵　州 | Guizhou | 31592 | 34404 | 20788 | 21402 |
| 云　南 | Yunnan | 33488 | 36238 | 21626 | 23455 |
| 西　藏 | Tibet | 33797 | 37410 | 23029 | 25637 |
| 陕　西 | Shaanxi | 33319 | 36098 | 21966 | 23514 |
| 甘　肃 | Gansu | 29957 | 32323 | 22606 | 24454 |
| 青　海 | Qinghai | 31515 | 33830 | 22998 | 23799 |
| 宁　夏 | Ningxia | 31895 | 34328 | 21977 | 24161 |
| 新　疆 | Xinjiang | 32764 | 34664 | 24191 | 25594 |

# 附录2-2 全国及各省（直辖市、自治区）农村居民人均收入与支出

## Per Capita Income and Expenditure of Rural Households by Region

单位：元 （yuan）

| 地 区 | Region | 农村居民人均可支配收入 Per Capita Disposable Income of Rural Households | | 农村居民人均消费支出 Per Capita Consumption Expenditure of Rural Households | |
|---|---|---|---|---|---|
| | | 2018 | 2019 | 2018 | 2019 |
| **全 国** | **National** | **14617** | **16021** | **12124** | **13328** |
| 北 京 | Beijing | 26490 | 28928 | 20195 | 21881 |
| 天 津 | Tianjin | 23065 | 24804 | 16863 | 17843 |
| 河 北 | Hebei | 14031 | 15373 | 11383 | 12372 |
| 山 西 | Shanxi | 11750 | 12902 | 9172 | 9728 |
| 内蒙古 | Inner Mongolia | 13803 | 15283 | 12661 | 13816 |
| 辽 宁 | Liaoning | 14656 | 16108 | 11455 | 12030 |
| 吉 林 | Jilin | 13748 | 14936 | 10826 | 11457 |
| 黑龙江 | Heilongjiang | 13804 | 14982 | 11417 | 12495 |
| 上 海 | Shanghai | 30375 | 33195 | 19965 | 22449 |
| 江 苏 | Jiangsu | 20845 | 22675 | 16567 | 17716 |
| 浙 江 | Zhejiang | 27302 | 29876 | 19707 | 21352 |
| 安 徽 | Anhui | 13996 | 15416 | 12748 | 14546 |
| 福 建 | Fujian | 17821 | 19568 | 14943 | 16281 |
| 江 西 | Jiangxi | 14460 | 15796 | 10885 | 12497 |
| 山 东 | Shandong | 16297 | 17775 | 11270 | 12309 |
| 河 南 | Henan | 13831 | 15164 | 10392 | 11546 |
| 湖 北 | Hubei | 14978 | 16391 | 13946 | 15328 |
| 湖 南 | Hunan | 14093 | 15395 | 12721 | 13969 |
| 广 东 | Guangdong | 17168 | 18818 | 15411 | 16949 |
| 广 西 | Guangxi | 12435 | 13676 | 10617 | 12045 |
| 海 南 | Hainan | 13989 | 15113 | 10956 | 12418 |
| 重 庆 | Chongqing | 13781 | 15133 | 11977 | 13112 |
| 四 川 | Sichuan | 13331 | 14670 | 12723 | 14056 |
| 贵 州 | Guizhou | 9716 | 10756 | 9170 | 10222 |
| 云 南 | Yunnan | 10768 | 11902 | 9123 | 10260 |
| 西 藏 | Tibet | 11450 | 12951 | 7452 | 8418 |
| 陕 西 | Shaanxi | 11213 | 12326 | 10071 | 10935 |
| 甘 肃 | Gansu | 8804 | 9629 | 9065 | 9694 |
| 青 海 | Qinghai | 10393 | 11499 | 10352 | 11343 |
| 宁 夏 | Ningxia | 11708 | 12858 | 10790 | 11465 |
| 新 疆 | Xinjiang | 11975 | 13122 | 9421 | 10318 |

# 附录2-3 广西与全国居民消费价格主要分类指数（2019年）

## Consumer Price Indices by Category in Country and Guangxi（2019）

（上年=100） (preceding year=100)

| 指 标 | Item | 全国平均 National Average | 广 西 Guangxi |
|---|---|---|---|
| **居民消费价格指数** | **Consumer Price Index** | **102.9** | **103.7** |
| 食品烟酒 | Food, Tobacco and Liquor | 107.0 | 109.5 |
| 粮食 | Grain | 100.5 | 100.5 |
| 鲜菜 | Fresh Vegetables | 104.1 | 107.8 |
| 畜肉 | Livestock Meat | 129.1 | 138.4 |
| 水产品 | Aquatic Products | 100.3 | 104.7 |
| 蛋 | Eggs | 105.1 | 104.7 |
| 鲜果 | Fresh Fruits | 112.3 | 115.0 |
| 衣着 | Clothing | 101.6 | 101.7 |
| 居住 | Residence | 101.4 | 101.7 |
| 生活用品及服务 | Household Facilities Articles and Services | 100.9 | 101.1 |
| 交通和通信 | Transportation and Communication | 98.3 | 98.1 |
| 教育文化和服务 | Education Culture and Services | 102.2 | 102.1 |
| 医疗保健 | Health Care and Medical Services | 102.4 | 101.8 |
| 其他用品和服务 | Other Supplies and Services | 103.4 | 103.0 |
| **商品零售价格指数** | **Retail Price Index** | **102.0** | **103.2** |
| 食品 | Food | 107.8 | 111.5 |
| 饮料、烟酒 | Beverages, Tobacco and Liquor | 101.3 | 101.0 |
| 服装、鞋帽 | Garments, Shoes and Hats | 101.6 | 101.8 |
| 纺织品 | Textiles | 100.7 | 100.4 |
| 家用电器及音像器材 | Household Appliances, Music and Video Equipment | 98.8 | 98.9 |
| 文化办公用品 | Cultural and Office Appliances | 99.9 | 99.8 |
| 日用品 | Articles for Daily Use | 100.7 | 101.0 |
| 体育娱乐用品 | Sports and Recreation Articles | 100.3 | 99.6 |
| 交通、通信用品 | Transportation and Communication Appliances | 98.4 | 98.6 |
| 家具 | Furniture | 101.1 | 100.7 |
| 化妆品 | Cosmetics | 101.5 | 100.5 |
| 金银珠宝 | Gold, Silver and Jewelry | 108.3 | 109.4 |
| 中西药品及医疗保健用品 | Traditional Chinese and Western Medicines and Health Care Articles | 103.9 | 104.7 |
| 书报杂志及电子出版物 | Books, Newspapers, Magazines and Electronic Publications | 104.6 | 103.5 |
| 燃料 | Fuels | 97.0 | 98.4 |
| 建筑材料及五金电料 | Building Materials and Hardware | 101.0 | 101.1 |
| **农业生产资料价格指数** | **Price Index of Means of Agricultural Production** | **104.6** | **104.6** |

# 附录2-4 全国及各省（直辖市、自治区）居民消费价格指数

## Consumer Price Indices by Region

（上年=100） (preceding year=100)

| 地 区 | Region | 2015 | | 2016 | | 2017 | | 2018 | | 2019 | |
|---|---|---|---|---|---|---|---|---|---|---|---|
| | | 指 数 Index | 排 位 Rank | 指 数 Index | 排 位 Rank | 指 数 Index | 排 位 Rank | 指 数 Index | 排 位 Rank | 指 数 Index | 排 位 Rank |
| **全 国** | **National** | **101.4** | | **102.0** | | **101.6** | | **102.1** | | **102.9** | |
| 北 京 | Beijing | 101.8 | 5 | 101.4 | 25 | 101.9 | 6 | 102.5 | 3 | 102.3 | 29 |
| 天 津 | Tianjin | 101.7 | 9 | 102.1 | 7 | 102.1 | 4 | 102.0 | 22 | 102.7 | 19 |
| 河 北 | Hebei | 100.9 | 29 | 101.5 | 22 | 101.7 | 8 | 102.4 | 6 | 103.0 | 10 |
| 山 西 | Shanxi | 100.6 | 30 | 101.1 | 31 | 101.1 | 28 | 101.8 | 25 | 102.7 | 17 |
| 内蒙古 | Inner Mongolia | 101.1 | 25 | 101.2 | 30 | 101.7 | 9 | 101.8 | 24 | 102.4 | 25 |
| 辽 宁 | Liaoning | 101.4 | 19 | 101.6 | 20 | 101.4 | 24 | 102.5 | 2 | 102.4 | 26 |
| 吉 林 | Jilin | 101.7 | 10 | 101.6 | 18 | 101.6 | 15 | 102.1 | 13 | 103.0 | 9 |
| 黑龙江 | Heilongjiang | 101.1 | 26 | 101.5 | 23 | 101.3 | 25 | 102.0 | 20 | 102.8 | 15 |
| 上 海 | Shanghai | 102.4 | 2 | 103.2 | 1 | 101.7 | 10 | 101.6 | 29 | 102.5 | 22 |
| 江 苏 | Jiangsu | 101.7 | 8 | 102.3 | 5 | 101.7 | 7 | 102.3 | 9 | 103.1 | 6 |
| 浙 江 | Zhejiang | 101.4 | 17 | 101.9 | 11 | 102.1 | 3 | 102.3 | 10 | 102.9 | 12 |
| 安 徽 | Anhui | 101.3 | 21 | 101.8 | 16 | 101.2 | 26 | 102.0 | 19 | 102.7 | 16 |
| 福 建 | Fujian | 101.7 | 7 | 101.7 | 17 | 101.2 | 27 | 101.5 | 31 | 102.6 | 20 |
| 江 西 | Jiangxi | 101.5 | 15 | 102.0 | 9 | 102.0 | 5 | 102.1 | 14 | 102.9 | 14 |
| 山 东 | Shandong | 101.2 | 23 | 102.1 | 8 | 101.5 | 17 | 102.5 | 5 | 103.2 | 4 |
| 河 南 | Henan | 101.3 | 20 | 101.9 | 10 | 101.4 | 23 | 102.3 | 11 | 103.0 | 8 |
| 湖 北 | Hubei | 101.5 | 13 | 102.2 | 6 | 101.5 | 16 | 101.9 | 23 | 103.1 | 7 |
| 湖 南 | Hunan | 101.4 | 18 | 101.9 | 13 | 101.4 | 20 | 102.0 | 21 | 102.9 | 11 |
| 广 东 | Guangdong | 101.5 | 12 | 102.3 | 4 | 101.5 | 18 | 102.2 | 12 | 103.4 | 3 |
| 广 西 | Guangxi | 101.5 | 14 | 101.6 | 19 | 101.6 | 13 | 102.3 | 8 | 103.7 | 1 |
| 海 南 | Hainan | 101.0 | 27 | 102.8 | 2 | 102.8 | 1 | 102.5 | 4 | 103.4 | 2 |
| 重 庆 | Chongqing | 101.3 | 22 | 101.8 | 15 | 101.0 | 29 | 102.0 | 16 | 102.7 | 18 |
| 四 川 | Sichuan | 101.5 | 16 | 101.9 | 12 | 101.4 | 21 | 101.7 | 27 | 103.2 | 5 |
| 贵 州 | Guizhou | 101.8 | 6 | 101.4 | 27 | 100.9 | 31 | 101.8 | 26 | 102.4 | 24 |
| 云 南 | Yunnan | 101.9 | 4 | 101.5 | 21 | 100.9 | 30 | 101.6 | 30 | 102.5 | 21 |
| 西 藏 | Tibet | 102.0 | 3 | 102.5 | 3 | 101.6 | 11 | 101.7 | 28 | 102.3 | 27 |
| 陕 西 | Shaanxi | 101.0 | 28 | 101.3 | 29 | 101.6 | 12 | 102.1 | 15 | 102.9 | 13 |
| 甘 肃 | Gansu | 101.6 | 11 | 101.3 | 28 | 101.4 | 22 | 102.0 | 17 | 102.3 | 28 |
| 青 海 | Qinghai | 102.6 | 1 | 101.8 | 14 | 101.5 | 19 | 102.5 | 1 | 102.5 | 23 |
| 宁 夏 | Ningxia | 101.1 | 24 | 101.5 | 24 | 101.6 | 14 | 102.3 | 7 | 102.1 | 30 |
| 新 疆 | Xinjiang | 100.6 | 31 | 101.4 | 26 | 102.2 | 2 | 102.0 | 18 | 101.9 | 31 |

# 附录2-5　全国及各省（直辖市、自治区）商品零售价格指数

## Retail Price Indices by Region

（上年＝100）　　　　（preceding year=100）

| 地 区 | Region | 2015 | | 2016 | | 2017 | | 2018 | | 2019 | |
|---|---|---|---|---|---|---|---|---|---|---|---|
| | | 指 数 Index | 排 位 Rank | 指 数 Index | 排 位 Rank | 指 数 Index | 排 位 Rank | 指 数 Index | 排 位 Rank | 指 数 Index | 排 位 Rank |
| **全 国** | **National** | **100.1** | | **100.7** | | **101.1** | | **101.9** | | **102.0** | |
| 北 京 | Beijing | 98.5 | 31 | 98.1 | 31 | 99.2 | 31 | 101.1 | 28 | 100.5 | 30 |
| 天 津 | Tianjin | 100.3 | 11 | 100.5 | 23 | 100.8 | 25 | 101.6 | 19 | 101.7 | 21 |
| 河 北 | Hebei | 100.2 | 14 | 101.2 | 5 | 101.4 | 9 | 102.2 | 8 | 101.8 | 19 |
| 山 西 | Shanxi | 99.3 | 30 | 100.5 | 25 | 101.3 | 14 | 101.7 | 15 | 101.8 | 20 |
| 内蒙古 | Inner Mongolia | 100.5 | 9 | 100.6 | 21 | 101.2 | 17 | 101.6 | 18 | 101.5 | 26 |
| 辽 宁 | Liaoning | 100.5 | 10 | 101.0 | 10 | 100.7 | 26 | 101.4 | 24 | 101.7 | 23 |
| 吉 林 | Jilin | 99.8 | 23 | 101.3 | 2 | 101.4 | 6 | 102.4 | 5 | 102.1 | 11 |
| 黑龙江 | Heilongjiang | 100.1 | 16 | 101.1 | 6 | 99.9 | 30 | 101.1 | 29 | 102.1 | 12 |
| 上 海 | Shanghai | 101.1 | 2 | 100.8 | 15 | 100.9 | 22 | 101.6 | 20 | 100.4 | 31 |
| 江 苏 | Jiangsu | 100.6 | 6 | 100.8 | 14 | 101.9 | 2 | 102.6 | 3 | 102.6 | 3 |
| 浙 江 | Zhejiang | 99.9 | 21 | 101.0 | 7 | 101.4 | 10 | 102.1 | 9 | 102.5 | 5 |
| 安 徽 | Anhui | 99.7 | 27 | 100.8 | 12 | 101.7 | 4 | 101.9 | 13 | 101.9 | 18 |
| 福 建 | Fujian | 99.9 | 20 | 100.7 | 18 | 100.6 | 27 | 101.5 | 21 | 101.9 | 17 |
| 江 西 | Jiangxi | 100.5 | 8 | 100.6 | 22 | 101.0 | 19 | 101.0 | 30 | 101.9 | 15 |
| 山 东 | Shandong | 100.2 | 13 | 101.3 | 3 | 100.8 | 24 | 102.2 | 7 | 102.2 | 10 |
| 河 南 | Henan | 99.8 | 26 | 100.3 | 29 | 101.3 | 11 | 102.9 | 1 | 102.4 | 7 |
| 湖 北 | Hubei | 100.5 | 7 | 100.8 | 17 | 100.3 | 29 | 101.2 | 26 | 102.6 | 4 |
| 湖 南 | Hunan | 99.9 | 22 | 101.0 | 9 | 101.3 | 15 | 102.3 | 6 | 102.3 | 9 |
| 广 东 | Guangdong | 99.6 | 28 | 100.8 | 16 | 101.6 | 5 | 102.1 | 12 | 101.4 | 27 |
| 广 西 | Guangxi | 100.1 | 18 | 100.4 | 26 | 101.2 | 18 | 101.6 | 17 | 103.2 | 1 |
| 海 南 | Hainan | 99.8 | 25 | 101.0 | 8 | 102.0 | 1 | 102.5 | 4 | 102.5 | 6 |
| 重 庆 | Chongqing | 100.2 | 15 | 101.3 | 4 | 100.8 | 23 | 101.2 | 27 | 101.6 | 24 |
| 四 川 | Sichuan | 100.2 | 12 | 100.8 | 13 | 100.5 | 28 | 101.4 | 25 | 102.7 | 2 |
| 贵 州 | Guizhou | 100.1 | 17 | 100.2 | 30 | 100.9 | 20 | 101.8 | 14 | 101.7 | 22 |
| 云 南 | Yunnan | 100.8 | 5 | 100.7 | 19 | 101.3 | 13 | 101.5 | 22 | 101.5 | 25 |
| 西 藏 | Tibet | 101.4 | 1 | 102.1 | 1 | 101.4 | 7 | 101.5 | 23 | 102.0 | 14 |
| 陕 西 | Shaanxi | 99.8 | 24 | 100.3 | 28 | 101.3 | 12 | 102.1 | 11 | 102.4 | 8 |
| 甘 肃 | Gansu | 101.0 | 3 | 100.9 | 11 | 101.4 | 8 | 101.7 | 16 | 101.9 | 16 |
| 青 海 | Qinghai | 101.0 | 4 | 100.4 | 27 | 101.2 | 16 | 102.1 | 10 | 102.0 | 13 |
| 宁 夏 | Ningxia | 100.1 | 19 | 100.7 | 20 | 101.8 | 3 | 102.9 | 2 | 101.1 | 29 |
| 新 疆 | Xinjiang | 99.6 | 29 | 100.5 | 24 | 100.9 | 21 | 100.9 | 31 | 101.3 | 28 |

# 附录2-6 全国和36个大中城市居民消费价格指数

## Price Indices of Consumer in China and 36 Large and Medium-sized Cities

（上年=100） (preceding year=100)

| 地区 | Region | 2015 指数 Index | 2015 排位 Rank | 2016 指数 Index | 2016 排位 Rank | 2017 指数 Index | 2017 排位 Rank | 2018 指数 Index | 2018 排位 Rank | 2019 指数 Index | 2019 排位 Rank |
|---|---|---|---|---|---|---|---|---|---|---|---|
| **全国** | **National** | **101.7** | | **102.2** | | **101.8** | | **102.2** | | **102.8** | |
| 北京 | Beijing | 101.8 | 10 | 101.4 | 31 | 101.9 | 14 | 102.5 | 8 | 102.3 | 32 |
| 天津 | Tianjin | 101.7 | 16 | 102.1 | 17 | 102.1 | 7 | 102.0 | 25 | 102.7 | 23 |
| 石家庄 | Shijiazhuang | 101.0 | 33 | 101.6 | 27 | 101.4 | 30 | 102.3 | 13 | 102.7 | 19 |
| 太原 | Taiyuan | 100.4 | 36 | 101.2 | 33 | 101.8 | 19 | 101.8 | 29 | 102.7 | 22 |
| 呼和浩特 | Hohhot | 101.8 | 11 | 101.4 | 30 | 101.4 | 29 | 102.1 | 20 | 102.6 | 24 |
| 沈阳 | Shenyang | 101.2 | 29 | 101.7 | 25 | 101.4 | 27 | 103.0 | 2 | 102.4 | 30 |
| 大连 | Dalian | 101.6 | 17 | 101.9 | 19 | 102.1 | 8 | 103.0 | 1 | 102.4 | 29 |
| 长春 | Changchun | 101.3 | 25 | 101.4 | 32 | 101.3 | 33 | 102.0 | 22 | 102.9 | 13 |
| 哈尔滨 | Harbin | 101.4 | 22 | 101.8 | 22 | 101.6 | 23 | 102.5 | 7 | 102.6 | 25 |
| 上海 | Shanghai | 102.4 | 3 | 103.2 | 1 | 101.7 | 22 | 101.6 | 33 | 102.5 | 28 |
| 南京 | Nanjing | 102.0 | 7 | 102.7 | 5 | 101.9 | 15 | 102.4 | 10 | 103.1 | 8 |
| 杭州 | Hangzhou | 101.8 | 12 | 102.6 | 8 | 102.5 | 3 | 102.3 | 15 | 103.1 | 7 |
| 宁波 | Ningbo | 101.8 | 13 | 102.1 | 18 | 101.8 | 17 | 102.2 | 17 | 103.0 | 12 |
| 合肥 | Hefei | 101.6 | 20 | 102.6 | 6 | 101.4 | 26 | 102.0 | 24 | 102.9 | 14 |
| 福州 | Fuzhou | 101.4 | 21 | 102.5 | 9 | 101.4 | 31 | 101.5 | 34 | 102.5 | 26 |
| 厦门 | Xiamen | 101.7 | 14 | 101.7 | 23 | 102.0 | 10 | 101.8 | 28 | 103.0 | 11 |
| 南昌 | Nanchang | 101.6 | 19 | 102.1 | 15 | 102.1 | 6 | 102.3 | 14 | 102.8 | 17 |
| 济南 | Jinan | 101.9 | 9 | 102.7 | 4 | 102.0 | 12 | 102.6 | 5 | 103.3 | 5 |
| 青岛 | Qingdao | 101.2 | 27 | 102.5 | 10 | 102.0 | 13 | 102.1 | 19 | 103.3 | 3 |
| 郑州 | Zhengzhou | 101.1 | 31 | 102.3 | 13 | 101.8 | 20 | 102.4 | 11 | 103.1 | 9 |
| 武汉 | Wuhan | 101.4 | 23 | 102.4 | 12 | 101.9 | 16 | 101.9 | 27 | 103.2 | 6 |
| 长沙 | Changsha | 101.1 | 32 | 101.9 | 20 | 101.3 | 32 | 102.0 | 23 | 102.9 | 15 |
| 广州 | Guangzhou | 101.7 | 15 | 102.7 | 3 | 102.3 | 4 | 102.4 | 12 | 103.0 | 10 |
| 深圳 | Shenzhen | 102.2 | 5 | 102.4 | 11 | 101.4 | 28 | 102.8 | 3 | 103.4 | 2 |
| 南宁 | Nanning | 101.9 | 8 | 101.4 | 29 | 102.3 | 5 | 102.5 | 6 | 103.4 | 1 |
| 海口 | Haikou | 101.2 | 28 | 103.0 | 2 | 103.3 | 1 | 102.4 | 9 | 103.3 | 4 |
| 重庆 | Chongqing | 101.3 | 26 | 101.8 | 21 | 101.0 | 34 | 102.0 | 21 | 102.7 | 20 |
| 成都 | Chengdu | 101.1 | 30 | 102.2 | 14 | 102.0 | 9 | 101.4 | 35 | 102.8 | 16 |
| 贵阳 | Guiyang | 102.3 | 4 | 101.1 | 34 | 101.0 | 35 | 101.7 | 32 | 102.7 | 18 |
| 昆明 | Kunming | 102.4 | 2 | 101.7 | 24 | 100.5 | 36 | 101.7 | 31 | 102.3 | 31 |
| 拉萨 | Lasa | 102.2 | 6 | 102.6 | 7 | 101.4 | 25 | 101.1 | 36 | 102.2 | 33 |
| 西安 | Xi' an | 100.7 | 34 | 100.9 | 35 | 102.0 | 11 | 101.9 | 26 | 102.7 | 21 |
| 兰州 | Lanzhou | 101.3 | 24 | 100.8 | 36 | 101.5 | 24 | 101.7 | 30 | 102.2 | 34 |
| 西宁 | Xining | 102.5 | 1 | 102.1 | 16 | 101.8 | 18 | 102.7 | 4 | 102.5 | 27 |
| 银川 | Yinchuan | 101.6 | 18 | 101.7 | 26 | 101.7 | 21 | 102.2 | 18 | 102.2 | 35 |
| 乌鲁木齐 | Urumqi | 100.7 | 35 | 101.5 | 28 | 102.8 | 2 | 102.2 | 16 | 102.0 | 36 |

# 附录2-7 全国和36个大中城市商品零售价格指数

## Price Indices of Retail in China and 36 Large and Medium-sized Cities

（上年=100） (preceding year=100)

| 地区 | Region | 2015 | | 2016 | | 2017 | | 2018 | | 2019 | |
|---|---|---|---|---|---|---|---|---|---|---|---|
| | | 指数 Index | 排位 Rank | 指数 Index | 排位 Rank | 指数 Index | 排位 Rank | 指数 Index | 排位 Rank | 指数 Index | 排位 Rank |
| **全国** | **National** | **99.8** | | **100.7** | | **100.9** | | **101.7** | | **101.6** | |
| 北京 | Beijing | 98.5 | 36 | 98.1 | 36 | 99.2 | 36 | 101.1 | 29 | 100.5 | 35 |
| 天津 | Tianjin | 100.3 | 10 | 100.5 | 27 | 100.8 | 29 | 101.6 | 23 | 101.7 | 22 |
| 石家庄 | Shijiazhuang | 100.2 | 16 | 101.7 | 5 | 100.9 | 25 | 101.9 | 15 | 101.6 | 24 |
| 太原 | Taiyuan | 98.6 | 35 | 100.8 | 19 | 101.7 | 5 | 101.7 | 20 | 101.5 | 26 |
| 呼和浩特 | Hohhot | 99.5 | 29 | 101.1 | 12 | 101.2 | 17 | 101.6 | 22 | 101.3 | 29 |
| 沈阳 | Shenyang | 100.0 | 20 | 100.6 | 26 | 101.0 | 23 | 101.7 | 18 | 101.4 | 28 |
| 大连 | Dalian | 99.5 | 28 | 102.0 | 2 | 101.5 | 10 | 101.5 | 26 | 102.1 | 16 |
| 长春 | Changchun | 99.1 | 33 | 101.2 | 11 | 101.2 | 16 | 102.9 | 2 | 102.2 | 14 |
| 哈尔滨 | Harbin | 100.2 | 14 | 101.6 | 6 | 99.7 | 34 | 100.7 | 34 | 102.2 | 13 |
| 上海 | Shanghai | 101.1 | 2 | 100.8 | 18 | 100.9 | 24 | 101.6 | 24 | 100.4 | 36 |
| 南京 | Nanjing | 100.6 | 5 | 100.5 | 28 | 101.6 | 8 | 102.8 | 3 | 102.1 | 15 |
| 杭州 | Hangzhou | 100.2 | 15 | 101.5 | 7 | 101.0 | 20 | 102.0 | 13 | 103.1 | 2 |
| 宁波 | Ningbo | 100.4 | 8 | 101.8 | 4 | 101.1 | 19 | 102.1 | 11 | 102.3 | 10 |
| 合肥 | Hefei | 99.5 | 27 | 100.8 | 15 | 102.3 | 1 | 101.7 | 21 | 101.6 | 25 |
| 福州 | Fuzhou | 99.4 | 30 | 100.7 | 23 | 100.3 | 32 | 101.5 | 25 | 101.8 | 21 |
| 厦门 | Xiamen | 100.0 | 18 | 100.0 | 33 | 100.8 | 28 | 101.8 | 17 | 102.5 | 4 |
| 南昌 | Nanchang | 100.5 | 6 | 100.4 | 29 | 101.0 | 21 | 100.8 | 33 | 101.3 | 30 |
| 济南 | Jinan | 100.3 | 9 | 100.8 | 17 | 101.0 | 22 | 102.6 | 5 | 102.5 | 6 |
| 青岛 | Qingdao | 100.0 | 21 | 102.0 | 3 | 100.8 | 30 | 101.8 | 16 | 102.4 | 7 |
| 郑州 | Zhengzhou | 99.0 | 34 | 100.2 | 31 | 101.7 | 7 | 103.6 | 1 | 103.0 | 3 |
| 武汉 | Wuhan | 100.0 | 19 | 101.3 | 9 | 100.1 | 33 | 101.4 | 27 | 102.5 | 5 |
| 长沙 | Changsha | 99.6 | 25 | 100.9 | 13 | 101.4 | 14 | 102.5 | 6 | 102.2 | 12 |
| 广州 | Guangzhou | 99.1 | 32 | 101.2 | 10 | 102.0 | 2 | 102.2 | 9 | 100.6 | 34 |
| 深圳 | Shenzhen | 99.7 | 23 | 100.3 | 30 | 101.5 | 9 | 102.0 | 12 | 101.3 | 31 |
| 南宁 | Nanning | 100.4 | 7 | 99.8 | 34 | 100.9 | 26 | 101.1 | 30 | 103.1 | 1 |
| 海口 | Haikou | 100.2 | 17 | 100.9 | 14 | 101.7 | 4 | 102.4 | 7 | 102.4 | 8 |
| 重庆 | Chongqing | 100.2 | 13 | 101.3 | 8 | 100.8 | 27 | 101.2 | 28 | 101.6 | 23 |
| 成都 | Chengdu | 99.5 | 26 | 100.8 | 16 | 99.4 | 35 | 100.7 | 35 | 101.9 | 20 |
| 贵阳 | Guiyang | 99.7 | 22 | 99.5 | 35 | 101.4 | 13 | 102.3 | 8 | 102.3 | 11 |
| 昆明 | Kunming | 100.7 | 3 | 100.8 | 21 | 101.3 | 15 | 101.1 | 32 | 101.5 | 27 |
| 拉萨 | Lasa | 101.5 | 1 | 102.4 | 1 | 101.2 | 18 | 101.1 | 31 | 102.3 | 9 |
| 西安 | Xi' an | 99.7 | 24 | 100.1 | 32 | 101.7 | 6 | 102.2 | 10 | 102.1 | 17 |
| 兰州 | Lanzhou | 100.6 | 4 | 100.7 | 22 | 101.8 | 3 | 101.7 | 19 | 102.0 | 18 |
| 西宁 | Xining | 100.2 | 12 | 100.6 | 24 | 101.4 | 12 | 102.0 | 14 | 101.9 | 19 |
| 银川 | Yinchuan | 100.2 | 11 | 100.8 | 20 | 101.5 | 11 | 102.7 | 4 | 101.1 | 33 |
| 乌鲁木齐 | Urumqi | 99.4 | 31 | 100.6 | 25 | 100.7 | 31 | 100.5 | 36 | 101.2 | 32 |

# 附录2-8　全国及各省（直辖市、自治区）工业生产者出厂价格指数（2019年）

（上年同期=100）

| 地　区 | Region | 全　年 Annual Year | 1 月 January | 2 月 February | 3 月 March | 4 月 April |
|---|---|---|---|---|---|---|
| **全　国** | **National** | **99.7** | **100.1** | **100.1** | **100.4** | **100.9** |
| 北　京 | Beijing | 99.6 | 99.0 | 98.8 | 99.1 | 99.9 |
| 天　津 | Tianjin | 99.3 | 98.8 | 100.2 | 101.1 | 101.1 |
| 河　北 | Hebei | 100.2 | 100.0 | 100.6 | 100.6 | 102.3 |
| 山　西 | Shanxi | 99.7 | 101.8 | 101.4 | 101.1 | 101.7 |
| 内蒙古 | Inner Mongolia | 102.1 | 100.6 | 100.6 | 101.6 | 102.9 |
| 辽　宁 | Liaoning | 99.5 | 99.3 | 99.4 | 99.7 | 101.0 |
| 吉　林 | Jilin | 98.9 | 99.6 | 99.1 | 99.5 | 99.2 |
| 黑龙江 | Heilongjiang | 98.2 | 98.8 | 99.6 | 102.9 | 102.6 |
| 上　海 | Shanghai | 98.8 | 98.9 | 98.8 | 99.0 | 99.6 |
| 江　苏 | Jiangsu | 98.9 | 99.7 | 99.6 | 99.7 | 100.0 |
| 浙　江 | Zhejiang | 98.9 | 99.9 | 99.6 | 99.9 | 100.5 |
| 安　徽 | Anhui | 100.3 | 99.9 | 99.8 | 100.4 | 100.8 |
| 福　建 | Fujian | 100.6 | 101.6 | 101.5 | 101.4 | 102.2 |
| 江　西 | Jiangxi | 98.9 | 98.3 | 98.9 | 99.6 | 100.1 |
| 山　东 | Shandong | 99.7 | 100.0 | 100.1 | 100.3 | 100.7 |
| 河　南 | Henan | 100.2 | 100.0 | 99.9 | 100.2 | 100.7 |
| 湖　北 | Hubei | 100.2 | 100.9 | 100.7 | 100.9 | 101.3 |
| 湖　南 | Hunan | 99.6 | 100.5 | 100.4 | 100.4 | 100.6 |
| 广　东 | Guangdong | 100.2 | 101.0 | 100.8 | 101.0 | 101.3 |
| 广　西 | Guangxi | 99.3 | 99.1 | 99.1 | 99.4 | 100.6 |
| 海　南 | Hainan | 97.4 | 99.7 | 98.4 | 100.5 | 100.9 |
| 重　庆 | Chongqing | 99.8 | 101.0 | 100.6 | 100.6 | 100.7 |
| 四　川 | Sichuan | 100.4 | 100.6 | 100.5 | 100.7 | 101.2 |
| 贵　州 | Guizhou | 99.8 | 100.7 | 100.4 | 100.0 | 100.5 |
| 云　南 | Yunnan | 100.0 | 99.9 | 99.8 | 100.3 | 101.3 |
| 西　藏 | Tibet | 98.9 | 97.3 | 97.6 | 96.4 | 97.7 |
| 陕　西 | Shaanxi | 100.8 | 101.7 | 101.8 | 103.1 | 103.9 |
| 甘　肃 | Gansu | 98.3 | 98.0 | 98.5 | 100.7 | 101.5 |
| 青　海 | Qinghai | 98.5 | 97.9 | 97.4 | 99.0 | 99.6 |
| 宁　夏 | Ningxia | 99.4 | 100.5 | 101.0 | 101.6 | 101.7 |
| 新　疆 | Xinjiang | 98.5 | 99.3 | 99.5 | 103.4 | 102.7 |

# Producer Price Indices for Industrial Products by Region（2019）

（preceding year=100）

| 5 月<br>May | 6 月<br>June | 7 月<br>July | 8 月<br>August | 9 月<br>September | 10 月<br>October | 11 月<br>November | 12 月<br>December |
|---|---|---|---|---|---|---|---|
| **100.6** | **100.0** | **99.7** | **99.2** | **98.8** | **98.4** | **98.6** | **99.5** |
| 100.2 | 100.1 | 100.0 | 99.4 | 99.3 | 99.8 | 99.8 | 100.1 |
| 100.5 | 99.2 | 99.0 | 98.3 | 97.6 | 96.7 | 98.2 | 101.3 |
| 101.9 | 100.9 | 101.5 | 100.4 | 98.3 | 98.0 | 98.3 | 100.2 |
| 102.7 | 101.5 | 99.9 | 99.2 | 98.0 | 96.8 | 96.1 | 96.9 |
| 103.4 | 103.2 | 102.8 | 102.2 | 101.7 | 101.4 | 101.8 | 102.8 |
| 101.1 | 100.5 | 99.8 | 99.7 | 98.5 | 98.1 | 98.1 | 99.6 |
| 98.8 | 98.4 | 98.4 | 98.6 | 98.6 | 98.4 | 98.8 | 99.7 |
| 101.2 | 97.5 | 96.0 | 95.8 | 94.1 | 93.1 | 96.2 | 101.3 |
| 99.5 | 98.8 | 98.8 | 98.6 | 98.5 | 98.0 | 98.1 | 98.8 |
| 99.7 | 99.0 | 98.9 | 98.5 | 98.2 | 97.8 | 97.8 | 98.3 |
| 100.0 | 99.2 | 99.0 | 98.2 | 97.7 | 97.5 | 97.5 | 98.2 |
| 101.0 | 100.8 | 100.9 | 100.4 | 100.0 | 99.8 | 99.8 | 100.7 |
| 101.8 | 101.5 | 100.7 | 99.7 | 99.6 | 99.0 | 98.7 | 99.5 |
| 99.6 | 99.0 | 98.9 | 98.5 | 98.3 | 98.4 | 98.6 | 99.0 |
| 100.4 | 99.7 | 99.6 | 99.4 | 99.0 | 98.5 | 98.8 | 99.6 |
| 100.8 | 100.3 | 100.3 | 100.3 | 99.7 | 99.7 | 99.8 | 100.1 |
| 101.0 | 100.5 | 100.2 | 100.0 | 99.5 | 99.0 | 99.2 | 99.7 |
| 100.2 | 99.6 | 99.4 | 99.0 | 98.8 | 98.7 | 98.7 | 99.3 |
| 101.0 | 101.0 | 100.1 | 99.2 | 99.4 | 99.1 | 98.9 | 99.5 |
| 100.2 | 99.5 | 99.4 | 98.7 | 98.1 | 98.2 | 98.6 | 100.2 |
| 99.9 | 97.6 | 97.9 | 95.2 | 93.6 | 92.8 | 94.9 | 97.8 |
| 100.5 | 100.1 | 99.5 | 99.1 | 98.8 | 98.7 | 98.7 | 98.8 |
| 101.0 | 100.7 | 100.5 | 99.8 | 100.0 | 99.9 | 99.8 | 99.9 |
| 100.7 | 100.2 | 100.0 | 99.5 | 99.2 | 99.3 | 98.7 | 98.4 |
| 101.3 | 100.8 | 100.3 | 99.8 | 99.1 | 98.6 | 98.7 | 99.7 |
| 98.7 | 99.1 | 99.9 | 99.8 | 100.5 | 99.4 | 100.4 | 100.6 |
| 104.0 | 101.9 | 100.3 | 100.0 | 98.4 | 98.0 | 97.9 | 99.7 |
| 100.2 | 97.8 | 96.6 | 96.6 | 96.5 | 95.4 | 96.6 | 101.3 |
| 100.1 | 99.0 | 98.3 | 98.8 | 97.5 | 96.9 | 97.6 | 99.8 |
| 100.4 | 100.3 | 100.2 | 99.1 | 97.5 | 96.7 | 96.4 | 98.1 |
| 102.2 | 99.4 | 97.8 | 96.9 | 94.6 | 92.2 | 94.8 | 99.9 |

# 附录2-9　全国及各省（直辖市、自治区）工业生产者购进价格指数（2019年）

（上年同期＝100）

| 地　区 | Region | 全　年 Annual Year | 1 月 January | 2 月 February | 3 月 March | 4 月 April |
|---|---|---|---|---|---|---|
| **全　国** | **National** | **99.3** | **100.2** | **99.9** | **100.2** | **100.4** |
| 北　京 | Beijing | 99.6 | 100.0 | 99.9 | 100.3 | 100.1 |
| 天　津 | Tianjin | 98.8 | 99.9 | 99.8 | 100.1 | 100.6 |
| 河　北 | Hebei | 102.1 | 100.4 | 100.5 | 101.6 | 102.6 |
| 山　西 | Shanxi | 101.1 | 102.7 | 102.0 | 101.8 | 102.1 |
| 内蒙古 | Inner Mongolia | 101.1 | 101.1 | 100.6 | 100.3 | 100.3 |
| 辽　宁 | Liaoning | 100.8 | 101.0 | 100.8 | 101.3 | 101.5 |
| 吉　林 | Jilin | 99.2 | 99.3 | 99.4 | 100.1 | 99.6 |
| 黑龙江 | Heilongjiang | 100.3 | 99.7 | 100.6 | 103.4 | 103.7 |
| 上　海 | Shanghai | 98.7 | 99.4 | 99.6 | 100.2 | 100.6 |
| 江　苏 | Jiangsu | 97.2 | 99.0 | 98.5 | 98.8 | 98.9 |
| 浙　江 | Zhejiang | 97.1 | 99.0 | 98.5 | 98.9 | 99.2 |
| 安　徽 | Anhui | 99.9 | 100.7 | 100.6 | 100.2 | 101.0 |
| 福　建 | Fujian | 99.0 | 100.1 | 100.0 | 99.9 | 100.0 |
| 江　西 | Jiangxi | 98.2 | 99.5 | 99.1 | 99.3 | 99.4 |
| 山　东 | Shandong | 99.2 | 100.0 | 99.9 | 100.0 | 100.1 |
| 河　南 | Henan | 101.2 | 101.0 | 100.7 | 101.1 | 101.6 |
| 湖　北 | Hubei | 99.3 | 100.3 | 99.6 | 100.1 | 100.9 |
| 湖　南 | Hunan | 100.2 | 100.7 | 100.5 | 100.8 | 100.9 |
| 广　东 | Guangdong | 99.2 | 100.2 | 100.1 | 100.2 | 100.3 |
| 广　西 | Guangxi | 99.5 | 100.8 | 100.5 | 100.4 | 100.5 |
| 海　南 | Hainan | 103.1 | 107.4 | 104.2 | 106.8 | 108.4 |
| 重　庆 | Chongqing | 100.1 | 101.0 | 100.8 | 100.6 | 100.3 |
| 四　川 | Sichuan | 100.6 | 101.5 | 101.1 | 101.0 | 101.4 |
| 贵　州 | Guizhou | 99.4 | 101.7 | 101.7 | 100.8 | 100.9 |
| 云　南 | Yunnan | 99.0 | 100.8 | 100.9 | 100.5 | 100.4 |
| 西　藏 | Tibet | | | | | |
| 陕　西 | Shaanxi | 100.3 | 101.4 | 101.2 | 101.9 | 101.0 |
| 甘　肃 | Gansu | 99.0 | 100.2 | 100.6 | 102.8 | 102.2 |
| 青　海 | Qinghai | 98.2 | 97.8 | 98.6 | 98.3 | 98.1 |
| 宁　夏 | Ningxia | 97.5 | 101.0 | 100.4 | 100.9 | 99.9 |
| 新　疆 | Xinjiang | 100.0 | 101.4 | 100.9 | 101.8 | 103.1 |

## Pruchasing Price Indices for Industrial Producers by Region（2019）

（preceding year=100）

| 5 月<br>May | 6 月<br>June | 7 月<br>July | 8 月<br>August | 9 月<br>September | 10 月<br>October | 11 月<br>November | 12 月<br>December |
|---|---|---|---|---|---|---|---|
| **100.2** | **99.7** | **99.4** | **98.7** | **98.3** | **97.9** | **97.8** | **98.7** |
| | | | | | | | |
| 100.1 | 100.1 | 99.3 | 99.1 | 99.1 | 99.0 | 99.0 | 99.2 |
| 100.9 | 99.5 | 98.3 | 97.7 | 96.9 | 96.5 | 96.3 | 98.8 |
| 103.5 | 103.6 | 105.3 | 103.7 | 102.1 | 101.3 | 99.8 | 101.4 |
| 102.8 | 102.0 | 101.6 | 100.6 | 100.5 | 99.7 | 98.9 | 98.6 |
| 100.6 | 100.6 | 101.6 | 101.3 | 101.6 | 101.1 | 102.1 | 101.9 |
| | | | | | | | |
| 102.1 | 101.4 | 101.1 | 101.0 | 100.1 | 99.4 | 99.3 | 100.3 |
| 99.5 | 99.0 | 98.7 | 98.5 | 98.3 | 98.3 | 99.1 | 100.4 |
| 102.4 | 100.3 | 99.3 | 98.7 | 97.7 | 96.6 | 98.5 | 103.3 |
| | | | | | | | |
| 100.4 | 99.5 | 98.7 | 97.9 | 97.5 | 96.8 | 95.6 | 97.9 |
| 98.3 | 97.4 | 97.0 | 96.2 | 95.7 | 95.2 | 95.4 | 96.6 |
| 98.4 | 97.2 | 96.5 | 95.9 | 95.3 | 95.0 | 95.1 | 96.5 |
| 100.8 | 100.3 | 100.0 | 99.4 | 99.2 | 98.9 | 98.9 | 99.0 |
| 99.7 | 99.7 | 98.7 | 97.9 | 97.7 | 97.6 | 97.8 | 98.8 |
| 98.7 | 98.9 | 98.5 | 97.7 | 97.6 | 96.6 | 95.9 | 96.9 |
| 100.0 | 99.6 | 99.4 | 98.8 | 98.4 | 98.0 | 97.9 | 98.4 |
| | | | | | | | |
| 101.2 | 101.7 | 101.9 | 101.2 | 100.7 | 100.7 | 101.4 | 101.2 |
| 100.3 | 99.5 | 99.1 | 98.5 | 98.4 | 97.9 | 98.2 | 99.3 |
| 100.7 | 100.5 | 100.6 | 99.9 | 99.7 | 99.4 | 99.2 | 99.8 |
| 100.3 | 99.8 | 99.2 | 98.0 | 98.3 | 98.0 | 97.6 | 97.9 |
| 100.5 | 99.9 | 99.4 | 99.1 | 98.7 | 98.0 | 97.8 | 98.4 |
| 106.8 | 106.0 | 104.0 | 101.5 | 99.5 | 98.4 | 97.5 | 98.4 |
| | | | | | | | |
| 100.0 | 100.1 | 100.1 | 99.9 | 99.8 | 99.8 | 99.6 | 99.7 |
| 101.4 | 100.8 | 100.3 | 100.3 | 100.2 | 99.8 | 99.6 | 99.3 |
| 100.2 | 100.6 | 99.5 | 98.9 | 97.9 | 97.3 | 96.9 | 97.0 |
| 100.0 | 99.9 | 99.6 | 98.3 | 97.3 | 96.8 | 96.4 | 96.9 |
| | | | | | | | |
| | | | | | | | |
| 101.0 | 100.6 | 99.8 | 99.9 | 99.3 | 99.0 | 98.8 | 99.5 |
| 101.2 | 100.2 | 98.7 | 97.8 | 95.5 | 94.3 | 95.4 | 99.5 |
| 97.5 | 98.3 | 98.6 | 99.2 | 98.1 | 97.4 | 97.2 | 99.6 |
| 99.5 | 99.2 | 96.9 | 96.3 | 94.7 | 93.4 | 92.9 | 95.5 |
| 101.8 | 101.2 | 100.2 | 99.4 | 98.2 | 96.3 | 96.9 | 98.6 |

# 附录2-10 全国70个大中城市住宅销售价格指数（2019年）

（上年同期=100）

| 地区 | Region | 新建商品住宅价格指数 | | | | |
|---|---|---|---|---|---|---|
| | | 1月 January | 2月 February | 3月 March | 4月 April | 5月 May |
| 北　京 | Beijing | 102.8 | 102.9 | 103.2 | 103.5 | 103.9 |
| 天　津 | Tianjin | 101.1 | 101.4 | 101.8 | 102.4 | 102.1 |
| 石家庄 | Shijiazhuang | 115.5 | 116.6 | 117.3 | 117.6 | 117.5 |
| 太　原 | Taiyuan | 111.7 | 112.6 | 112.4 | 111.6 | 111.2 |
| 呼和浩特 | Hohhto | 122.6 | 123.0 | 122.8 | 122.3 | 121.4 |
| 沈　阳 | Shenyang | 112.2 | 112.3 | 112.7 | 112.5 | 111.7 |
| 大　连 | Dalian | 112.5 | 113.3 | 113.7 | 113.2 | 112.9 |
| 长　春 | Changchun | 111.9 | 112.7 | 111.8 | 111.4 | 110.6 |
| 哈尔滨 | Harbin | 115.3 | 115.2 | 115.2 | 114.6 | 114.0 |
| 上　海 | Shanghai | 100.9 | 101.5 | 101.2 | 101.5 | 101.7 |
| 南　京 | Nanjing | 101.7 | 101.8 | 102.3 | 103.0 | 104.0 |
| 杭　州 | Hangzhou | 106.0 | 106.6 | 106.6 | 107.7 | 108.5 |
| 宁　波 | Ningbo | 106.2 | 106.7 | 107.6 | 107.1 | 107.8 |
| 合　肥 | Hefei | 104.8 | 106.0 | 106.7 | 107.4 | 107.4 |
| 福　州 | Fuzhou | 108.7 | 108.9 | 109.8 | 110.6 | 112.9 |
| 厦　门 | Xiamen | 99.7 | 100.0 | 100.7 | 101.1 | 100.4 |
| 南　昌 | Nanchang | 109.9 | 110.3 | 110.3 | 110.9 | 110.7 |
| 济　南 | Jinan | 115.7 | 116.4 | 117.2 | 118.2 | 118.3 |
| 青　岛 | Qingdao | 113.9 | 114.2 | 114.3 | 114.7 | 113.2 |
| 郑　州 | Zhengzhou | 110.0 | 109.9 | 110.5 | 110.4 | 108.9 |
| 武　汉 | Wuhan | 111.2 | 112.5 | 113.4 | 114.8 | 114.8 |
| 长　沙 | Changsha | 111.3 | 111.3 | 111.0 | 110.9 | 110.2 |
| 广　州 | Guangzhou | 109.7 | 111.3 | 111.9 | 113.3 | 112.2 |
| 深　圳 | Shenzhen | 99.9 | 100.5 | 100.3 | 100.7 | 101.2 |
| 南　宁 | Nanning | 110.0 | 110.4 | 110.8 | 111.5 | 111.6 |
| 海　口 | Haikou | 120.7 | 118.8 | 116.9 | 115.7 | 114.7 |
| 重　庆 | Chongqing | 111.8 | 112.2 | 112.1 | 112.2 | 113.3 |
| 成　都 | Chengdu | 113.4 | 114.2 | 114.7 | 115.4 | 113.4 |
| 贵　阳 | Guiyang | 119.4 | 120.5 | 120.6 | 120.1 | 120.5 |
| 昆　明 | Kunming | 115.7 | 116.2 | 116.2 | 116.8 | 116.5 |
| 西　安 | Xi' an | 123.5 | 124.2 | 124.4 | 123.8 | 124.4 |
| 兰　州 | Lanzhou | 111.2 | 110.9 | 110.6 | 110.2 | 110.1 |
| 西　宁 | Xining | 111.8 | 113.5 | 114.6 | 115.3 | 115.7 |
| 银　川 | Yinchuan | 109.3 | 109.5 | 109.4 | 109.4 | 109.6 |
| 乌鲁木齐 | Urumqi | 109.7 | 108.9 | 108.4 | 107.9 | 106.5 |

# Residential Sales Price Index in 70 Large-scale and Medium-scale Cities（2019）

(preceding year=100)

| Housing Price Indices of Newly Constructed Commercial Residential Buildings | | | | | | |
|---|---|---|---|---|---|---|
| 6 月 June | 7 月 July | 8 月 August | 9 月 September | 10 月 October | 11 月 November | 12 月 December |
| 103.9 | 104.3 | 104.8 | 104.7 | 104.3 | 105.4 | 104.8 |
| 102.2 | 101.9 | 101.8 | 101.7 | 101.3 | 101.6 | 101.4 |
| 118.3 | 116.0 | 116.6 | 116.3 | 113.1 | 111.5 | 109.5 |
| 111.2 | 110.0 | 108.9 | 108.3 | 107.7 | 106.4 | 104.6 |
| 122.2 | 120.3 | 119.5 | 117.8 | 118.7 | 117.1 | 115.9 |
| 111.3 | 110.5 | 110.1 | 109.7 | 109.4 | 109.3 | 109.3 |
| 112.2 | 112.2 | 111.7 | 110.7 | 110.2 | 108.9 | 108.2 |
| 110.2 | 109.4 | 109.5 | 110.3 | 110.7 | 109.8 | 109.4 |
| 113.7 | 111.7 | 111.6 | 111.2 | 110.5 | 110.2 | 110.1 |
| 102.0 | 101.9 | 102.2 | 102.7 | 103.0 | 102.8 | 102.3 |
| 104.3 | 105.7 | 105.4 | 105.8 | 105.7 | 104.0 | 104.1 |
| 109.1 | 108.8 | 108.2 | 108.2 | 106.7 | 105.8 | 105.0 |
| 108.4 | 108.2 | 107.2 | 107.5 | 107.8 | 107.8 | 108.3 |
| 107.7 | 107.8 | 106.9 | 105.7 | 104.8 | 104.1 | 103.9 |
| 110.8 | 109.9 | 108.1 | 107.4 | 106.6 | 104.7 | 104.2 |
| 101.2 | 102.6 | 103.6 | 103.3 | 102.7 | 102.9 | 103.9 |
| 109.2 | 107.8 | 106.6 | 106.4 | 105.9 | 103.9 | 103.5 |
| 114.5 | 111.6 | 108.2 | 106.4 | 104.6 | 102.1 | 100.5 |
| 110.8 | 109.3 | 108.1 | 107.8 | 107.0 | 105.1 | 104.2 |
| 107.5 | 106.4 | 105.1 | 104.8 | 103.8 | 102.4 | 101.7 |
| 114.6 | 114.6 | 114.3 | 114.9 | 113.2 | 112.2 | 111.8 |
| 108.8 | 106.1 | 104.3 | 103.8 | 103.8 | 103.9 | 104.5 |
| 110.5 | 110.2 | 109.4 | 109.0 | 108.7 | 108.1 | 104.7 |
| 101.3 | 100.9 | 100.6 | 102.0 | 102.9 | 103.3 | 103.6 |
| 110.1 | 109.7 | 110.3 | 112.2 | 114.1 | 113.9 | 112.7 |
| 111.6 | 110.1 | 109.1 | 109.4 | 109.8 | 109.2 | 108.0 |
| 112.1 | 111.7 | 110.3 | 109.7 | 109.0 | 108.4 | 108.1 |
| 113.0 | 113.3 | 112.8 | 112.8 | 112.5 | 111.5 | 110.6 |
| 120.1 | 119.4 | 117.7 | 115.0 | 110.2 | 107.5 | 106.5 |
| 115.7 | 113.5 | 113.2 | 112.3 | 112.5 | 112.4 | 111.1 |
| 125.2 | 125.3 | 122.3 | 116.0 | 115.6 | 114.7 | 114.2 |
| 109.1 | 109.0 | 107.7 | 106.7 | 105.2 | 105.5 | 104.9 |
| 113.3 | 114.0 | 113.2 | 112.3 | 114.3 | 114.2 | 113.8 |
| 109.1 | 108.5 | 108.6 | 109.5 | 110.1 | 111.9 | 112.3 |
| 106.5 | 106.4 | 104.5 | 104.2 | 103.7 | 101.8 | 101.5 |

附录2-10　续表 1

（上年同期=100）

| 地　区 | Region | 新建商品住宅价格指数 | | | | |
|---|---|---|---|---|---|---|
| | | 1 月 January | 2 月 February | 3 月 March | 4 月 April | 5 月 May |
| 唐　山 | Tangshan | 112.9 | 113.2 | 113.3 | 113.2 | 113.8 |
| 秦皇岛 | Qinhuangdao | 118.4 | 118.7 | 118.8 | 120.1 | 120.3 |
| 包　头 | Baotou | 111.0 | 111.1 | 111.3 | 111.5 | 111.2 |
| 丹　东 | Dandong | 117.5 | 118.4 | 120.2 | 118.5 | 113.0 |
| 锦　州 | Jinzhou | 114.0 | 112.8 | 113.5 | 113.3 | 113.7 |
| 吉　林 | Jilin | 114.1 | 114.3 | 114.7 | 114.7 | 115.0 |
| 牡丹江 | Mudanjiang | 113.1 | 113.5 | 113.2 | 112.8 | 113.9 |
| 无　锡 | Wuxi | 106.1 | 106.1 | 107.3 | 107.7 | 109.3 |
| 扬　州 | Yangzhou | 113.4 | 113.3 | 113.7 | 113.3 | 113.3 |
| 徐　州 | Xuzhou | 118.0 | 118.2 | 117.8 | 117.8 | 117.7 |
| 温　州 | Wenzhou | 101.5 | 101.8 | 102.8 | 102.9 | 103.5 |
| 金　华 | Jinhua | 105.2 | 105.6 | 105.7 | 105.3 | 106.2 |
| 蚌　埠 | Bengbu | 107.9 | 107.6 | 108.2 | 108.8 | 109.3 |
| 安　庆 | Anqing | 109.0 | 108.9 | 110.0 | 110.4 | 111.2 |
| 泉　州 | Quanzhou | 101.6 | 101.1 | 101.1 | 101.4 | 101.6 |
| 九　江 | Jiujiang | 110.0 | 110.0 | 110.1 | 110.7 | 110.5 |
| 赣　州 | Ganzhou | 107.7 | 107.8 | 107.2 | 106.9 | 106.7 |
| 烟　台 | Yantai | 113.3 | 113.5 | 113.7 | 113.1 | 113.2 |
| 济　宁 | Jining | 113.2 | 114.1 | 114.3 | 114.4 | 114.7 |
| 洛　阳 | Luoyang | 112.1 | 112.7 | 112.4 | 112.7 | 114.1 |
| 平顶山 | Pingdingshan | 107.6 | 108.2 | 109.5 | 108.8 | 108.5 |
| 宜　昌 | Yichang | 112.8 | 113.0 | 112.7 | 112.9 | 112.5 |
| 襄　阳 | Xiangyang | 113.7 | 114.7 | 115.1 | 115.2 | 115.8 |
| 岳　阳 | Yueyang | 108.0 | 107.2 | 106.6 | 106.5 | 105.4 |
| 常　德 | Changde | 110.7 | 110.8 | 112.4 | 112.9 | 112.4 |
| 惠　州 | Huizhou | 103.5 | 102.9 | 103.0 | 103.0 | 103.2 |
| 湛　江 | Zhangjiang | 107.4 | 108.0 | 108.2 | 108.4 | 108.8 |
| 韶　关 | Shaoguan | 106.3 | 105.9 | 105.0 | 104.4 | 105.1 |
| 桂　林 | Guilin | 109.5 | 110.1 | 110.0 | 109.2 | 109.5 |
| 北　海 | The North Sea | 112.5 | 112.8 | 113.2 | 113.6 | 113.4 |
| 三　亚 | Sanya | 114.6 | 113.6 | 113.1 | 112.0 | 109.8 |
| 泸　州 | Luzhou | 111.9 | 111.9 | 111.8 | 111.6 | 110.9 |
| 南　充 | Nanchong | 113.8 | 112.3 | 112.8 | 112.7 | 112.0 |
| 遵　义 | Zunyi | 113.1 | 113.7 | 113.3 | 113.1 | 112.8 |
| 大　理 | Dali | 120.3 | 121.4 | 121.9 | 121.0 | 122.2 |

continued

(preceding year=100)

| Housing Price Indices of Newly Constructed Commercial Residential Buildings | | | | | | |
|---|---|---|---|---|---|---|
| 6 月<br>June | 7 月<br>July | 8 月<br>August | 9 月<br>September | 10 月<br>October | 11 月<br>November | 12 月<br>December |
| 113.9 | 112.7 | 111.7 | 110.8 | 111.3 | 111.9 | 112.9 |
| 120.3 | 120.0 | 117.6 | 115.5 | 114.1 | 113.6 | 112.2 |
| 109.9 | 108.0 | 106.6 | 106.6 | 105.8 | 105.5 | 106.3 |
| 109.2 | 109.1 | 109.3 | 109.3 | 109.7 | 109.2 | 107.7 |
| 113.4 | 113.0 | 112.1 | 110.7 | 110.2 | 110.1 | 108.9 |
| 114.0 | 113.0 | 111.6 | 111.5 | 110.8 | 110.2 | 110.2 |
| 111.8 | 111.1 | 110.3 | 108.5 | 107.2 | 106.7 | 106.0 |
| 110.4 | 109.7 | 106.9 | 108.0 | 108.3 | 107.9 | 108.7 |
| 113.6 | 111.7 | 112.2 | 112.0 | 111.3 | 110.2 | 111.1 |
| 118.2 | 116.9 | 114.1 | 114.1 | 112.7 | 111.4 | 111.6 |
| 103.0 | 102.9 | 102.6 | 102.9 | 103.8 | 104.5 | 104.2 |
| 106.4 | 106.6 | 106.3 | 106.6 | 106.6 | 107.7 | 108.4 |
| 110.2 | 108.6 | 106.8 | 105.3 | 104.8 | 103.6 | 102.7 |
| 110.3 | 109.7 | 107.7 | 106.7 | 104.7 | 103.7 | 102.9 |
| 101.3 | 101.9 | 101.5 | 101.7 | 102.5 | 102.3 | 103.0 |
| 110.7 | 110.1 | 109.3 | 109.3 | 109.6 | 108.3 | 108.1 |
| 106.0 | 106.3 | 104.3 | 104.0 | 103.8 | 103.5 | 103.0 |
| 113.4 | 111.4 | 110.9 | 111.5 | 111.0 | 110.8 | 110.0 |
| 114.5 | 113.4 | 112.8 | 113.4 | 112.1 | 110.8 | 109.8 |
| 116.7 | 116.1 | 115.9 | 116.2 | 116.4 | 114.7 | 114.0 |
| 109.9 | 110.8 | 110.4 | 109.0 | 109.3 | 108.7 | 108.5 |
| 110.6 | 107.8 | 106.0 | 104.4 | 103.7 | 102.7 | 101.3 |
| 115.7 | 114.0 | 112.2 | 112.6 | 111.2 | 110.8 | 110.2 |
| 104.9 | 104.0 | 101.6 | 99.9 | 98.8 | 98.2 | 97.8 |
| 112.3 | 112.3 | 110.1 | 108.3 | 106.5 | 105.2 | 104.0 |
| 103.2 | 103.2 | 103.1 | 103.0 | 103.0 | 103.2 | 103.9 |
| 109.0 | 108.4 | 106.9 | 106.0 | 105.1 | 104.3 | 104.3 |
| 104.8 | 105.2 | 102.8 | 102.1 | 101.5 | 100.5 | 100.2 |
| 110.0 | 110.6 | 110.3 | 110.3 | 109.7 | 107.6 | 107.4 |
| 112.8 | 113.1 | 110.8 | 109.9 | 108.9 | 107.8 | 107.6 |
| 107.2 | 103.8 | 104.3 | 104.3 | 104.8 | 104.8 | 105.4 |
| 109.2 | 108.7 | 106.2 | 103.3 | 100.6 | 99.7 | 99.1 |
| 110.9 | 109.7 | 107.0 | 105.6 | 103.7 | 103.2 | 102.6 |
| 112.2 | 111.1 | 110.0 | 109.3 | 107.1 | 104.7 | 104.5 |
| 122.9 | 122.7 | 121.5 | 120.6 | 118.9 | 116.7 | 115.4 |

附录2-10　续表 2

（上年同期＝100）

| 地　区 | Region | 二手住宅价格指数 | | | | |
|---|---|---|---|---|---|---|
| | | 1 月 January | 2 月 February | 3 月 March | 4 月 April | 5 月 May |
| 北　　京 | Beijing | 98.6 | 99.3 | 99.9 | 100.6 | 100.2 |
| 天　　津 | Tianjin | 105.6 | 105.5 | 105.4 | 104.5 | 103.5 |
| 石 家 庄 | Shijiazhuang | 105.5 | 105.9 | 106.4 | 106.4 | 105.7 |
| 太　　原 | Taiyuan | 109.2 | 109.8 | 108.2 | 108.2 | 107.9 |
| 呼和浩特 | Hohhto | 119.1 | 120.3 | 120.8 | 122.1 | 123.3 |
| 沈　　阳 | Shenyang | 108.4 | 109.2 | 109.8 | 110.4 | 110.4 |
| 大　　连 | Dalian | 107.9 | 108.0 | 108.8 | 109.1 | 109.3 |
| 长　　春 | Changchun | 110.0 | 110.0 | 110.6 | 111.0 | 110.5 |
| 哈 尔 滨 | Harbin | 111.0 | 111.0 | 110.4 | 110.5 | 110.5 |
| 上　　海 | Shanghai | 97.2 | 97.5 | 98.4 | 99.0 | 99.4 |
| 南　　京 | Nanjing | 101.4 | 101.8 | 102.2 | 101.6 | 101.9 |
| 杭　　州 | Hangzhou | 104.5 | 104.0 | 104.0 | 104.1 | 104.5 |
| 宁　　波 | Ningbo | 104.3 | 104.0 | 103.8 | 103.9 | 104.2 |
| 合　　肥 | Hefei | 103.6 | 103.7 | 103.8 | 104.2 | 104.4 |
| 福　　州 | Fuzhou | 99.5 | 99.9 | 100.6 | 101.2 | 102.4 |
| 厦　　门 | Xiamen | 95.6 | 96.5 | 98.4 | 100.1 | 100.7 |
| 南　　昌 | Nanchang | 110.5 | 111.2 | 111.4 | 111.0 | 110.1 |
| 济　　南 | Jinan | 111.2 | 111.6 | 111.8 | 111.3 | 110.5 |
| 青　　岛 | Qingdao | 111.0 | 110.3 | 108.4 | 106.8 | 105.5 |
| 郑　　州 | Zhengzhou | 101.3 | 101.1 | 101.1 | 101.4 | 101.5 |
| 武　　汉 | Wuhan | 108.0 | 107.8 | 108.0 | 107.8 | 105.6 |
| 长　　沙 | Changsha | 107.7 | 106.7 | 106.6 | 106.2 | 105.8 |
| 广　　州 | Guangzhou | 102.1 | 101.6 | 100.9 | 100.0 | 98.7 |
| 深　　圳 | Shenzhen | 103.6 | 102.9 | 102.9 | 103.8 | 103.0 |
| 南　　宁 | Nanning | 108.0 | 109.5 | 110.1 | 111.7 | 113.0 |
| 海　　口 | Haikou | 111.1 | 110.3 | 108.4 | 108.2 | 106.6 |
| 重　　庆 | Chongqing | 109.5 | 109.7 | 109.4 | 109.3 | 108.6 |
| 成　　都 | Chengdu | 106.1 | 106.5 | 106.8 | 106.9 | 106.9 |
| 贵　　阳 | Guiyang | 112.5 | 112.6 | 112.1 | 111.6 | 111.8 |
| 昆　　明 | Kunming | 115.1 | 115.4 | 115.3 | 115.0 | 114.1 |
| 西　　安 | Xi’ an | 114.8 | 114.8 | 114.7 | 113.1 | 112.1 |
| 兰　　州 | Lanzhou | 109.9 | 109.8 | 110.7 | 110.6 | 111.5 |
| 西　　宁 | Xining | 107.0 | 108.2 | 110.0 | 112.2 | 113.5 |
| 银　　川 | Yinchuan | 105.4 | 105.8 | 106.8 | 106.9 | 107.2 |
| 乌鲁木齐 | Urumqi | 112.9 | 112.4 | 109.7 | 109.6 | 108.4 |

continued

(preceding year=100)

| Housing Price Indices of Second-Hand Residential Buildings | | | | | | |
|---|---|---|---|---|---|---|
| 6 月<br>June | 7 月<br>July | 8 月<br>August | 9 月<br>September | 10 月<br>October | 11 月<br>November | 12 月<br>December |
| 100.1 | 99.5 | 99.1 | 98.8 | 98.5 | 98.7 | 99.5 |
| 102.1 | 101.9 | 100.5 | 100.5 | 100.1 | 100.4 | 100.0 |
| 105.1 | 103.3 | 102.3 | 101.5 | 101.5 | 101.5 | 101.3 |
| 107.6 | 107.6 | 107.0 | 106.5 | 106.0 | 104.5 | 104.0 |
| 123.7 | 121.7 | 119.4 | 117.7 | 116.4 | 112.8 | 110.9 |
| 109.8 | 109.0 | 109.7 | 109.4 | 109.6 | 110.1 | 110.1 |
| 108.7 | 108.0 | 107.2 | 106.4 | 106.2 | 105.2 | 105.1 |
| 108.9 | 108.9 | 108.5 | 108.7 | 108.0 | 107.4 | 107.3 |
| 110.2 | 108.9 | 108.6 | 108.9 | 110.3 | 111.4 | 111.6 |
| 99.7 | 100.2 | 100.3 | 101.0 | 101.1 | 101.2 | 101.3 |
| 102.2 | 103.2 | 103.7 | 105.1 | 105.3 | 105.3 | 105.5 |
| 104.1 | 103.2 | 102.4 | 102.1 | 102.4 | 102.9 | 103.0 |
| 104.6 | 105.1 | 105.4 | 105.7 | 106.7 | 107.5 | 107.9 |
| 104.0 | 104.8 | 104.2 | 103.5 | 103.1 | 103.0 | 103.3 |
| 102.4 | 101.4 | 99.9 | 99.9 | 100.9 | 102.1 | 103.7 |
| 101.1 | 102.9 | 103.4 | 103.6 | 104.1 | 104.6 | 106.1 |
| 108.6 | 106.3 | 104.6 | 104.1 | 103.1 | 101.3 | 101.3 |
| 109.3 | 106.5 | 102.6 | 101.1 | 99.9 | 98.7 | 98.0 |
| 104.2 | 101.3 | 98.9 | 97.5 | 96.0 | 94.6 | 94.6 |
| 100.6 | 99.4 | 98.2 | 97.7 | 97.5 | 97.4 | 96.9 |
| 104.9 | 103.4 | 102.6 | 101.4 | 100.3 | 99.2 | 98.5 |
| 104.6 | 102.1 | 100.5 | 99.9 | 99.3 | 99.0 | 98.8 |
| 98.5 | 98.6 | 98.0 | 97.6 | 97.6 | 97.7 | 98.1 |
| 102.6 | 102.6 | 101.7 | 103.0 | 104.7 | 106.4 | 107.8 |
| 113.0 | 113.4 | 112.2 | 112.6 | 112.1 | 111.6 | 109.8 |
| 104.9 | 101.7 | 99.1 | 98.6 | 99.0 | 98.8 | 98.6 |
| 107.8 | 106.8 | 104.6 | 103.1 | 102.4 | 102.5 | 101.7 |
| 106.5 | 105.7 | 103.3 | 102.2 | 101.8 | 101.1 | 100.6 |
| 110.3 | 108.2 | 105.9 | 102.5 | 100.4 | 99.1 | 97.9 |
| 114.0 | 112.0 | 110.9 | 108.9 | 107.8 | 107.8 | 106.3 |
| 111.0 | 110.1 | 107.5 | 104.4 | 102.1 | 100.6 | 100.4 |
| 111.4 | 111.4 | 110.4 | 109.0 | 108.2 | 107.4 | 107.7 |
| 113.5 | 114.5 | 114.1 | 113.3 | 113.4 | 113.7 | 112.8 |
| 107.0 | 106.9 | 107.4 | 106.6 | 107.0 | 107.4 | 107.6 |
| 108.8 | 108.4 | 105.6 | 104.3 | 103.8 | 102.8 | 102.0 |

附录2-10　续表 3

（上年同期=100）

| 地　区 | Region | 二手住宅价格指数 | | | | |
|---|---|---|---|---|---|---|
| | | 1 月 January | 2 月 February | 3 月 March | 4 月 April | 5 月 May |
| 唐　山 | Tangshan | 108.3 | 108.3 | 109.3 | 111.0 | 111.7 |
| 秦皇岛 | Qinhuangdao | 110.9 | 111.1 | 111.6 | 112.5 | 112.7 |
| 包　头 | Baotou | 106.0 | 106.7 | 107.3 | 107.6 | 107.7 |
| 丹　东 | Dandong | 107.3 | 108.0 | 108.3 | 107.7 | 107.4 |
| 锦　州 | Jinzhou | 107.5 | 107.6 | 107.2 | 107.0 | 106.4 |
| 吉　林 | Jilin | 108.6 | 108.8 | 109.7 | 110.1 | 109.8 |
| 牡丹江 | Mudanjiang | 105.6 | 106.4 | 106.3 | 106.6 | 106.0 |
| 无　锡 | Wuxi | 104.6 | 104.6 | 104.8 | 104.9 | 105.7 |
| 扬　州 | Yangzhou | 109.4 | 109.5 | 109.3 | 109.3 | 109.1 |
| 徐　州 | Xuzhou | 109.8 | 109.1 | 109.5 | 108.6 | 108.3 |
| 温　州 | Wenzhou | 101.0 | 101.4 | 101.5 | 102.1 | 101.9 |
| 金　华 | Jinhua | 104.5 | 103.8 | 103.5 | 103.3 | 102.9 |
| 蚌　埠 | Bengbu | 107.3 | 107.2 | 107.6 | 107.9 | 108.0 |
| 安　庆 | Anqing | 107.6 | 106.9 | 106.9 | 106.2 | 106.0 |
| 泉　州 | Quanzhou | 101.6 | 101.3 | 101.5 | 101.4 | 101.3 |
| 九　江 | Jiujiang | 106.8 | 106.8 | 107.1 | 107.6 | 107.8 |
| 赣　州 | Ganzhou | 108.5 | 108.4 | 108.7 | 108.9 | 108.6 |
| 烟　台 | Yantai | 111.5 | 111.6 | 112.3 | 112.5 | 112.8 |
| 济　宁 | Jining | 117.1 | 117.4 | 116.7 | 116.7 | 116.1 |
| 洛　阳 | Luoyang | 110.2 | 110.0 | 109.6 | 110.1 | 110.7 |
| 平顶山 | Pingdingshan | 108.6 | 108.8 | 108.8 | 108.6 | 108.5 |
| 宜　昌 | Yichang | 110.4 | 110.0 | 109.4 | 108.8 | 108.0 |
| 襄　阳 | Xiangyang | 110.0 | 111.0 | 111.8 | 112.1 | 112.5 |
| 岳　阳 | Yueyang | 106.4 | 106.1 | 106.0 | 105.6 | 105.6 |
| 常　德 | Changde | 107.9 | 107.8 | 107.9 | 107.3 | 106.7 |
| 惠　州 | Huizhou | 106.6 | 106.1 | 105.9 | 105.7 | 105.8 |
| 湛　江 | Zhangjiang | 103.6 | 103.4 | 103.4 | 103.1 | 102.6 |
| 韶　关 | Shaoguan | 108.2 | 108.2 | 108.4 | 108.2 | 107.6 |
| 桂　林 | Guilin | 106.6 | 106.6 | 107.3 | 107.7 | 108.1 |
| 北　海 | The North Sea | 107.7 | 108.5 | 109.4 | 109.6 | 109.6 |
| 三　亚 | Sanya | 113.8 | 114.5 | 114.5 | 114.1 | 112.7 |
| 泸　州 | Luzhou | 109.8 | 109.7 | 109.3 | 108.5 | 106.8 |
| 南　充 | Nanchong | 109.5 | 108.6 | 107.3 | 106.4 | 105.9 |
| 遵　义 | Zunyi | 109.8 | 109.7 | 109.2 | 108.7 | 108.1 |
| 大　理 | Dali | 115.6 | 116.5 | 118.3 | 118.6 | 119.3 |

continued

(preceding year=100)

| Housing Price Indices of Second-Hand Residential Buildings | | | | | | |
|---|---|---|---|---|---|---|
| 6 月 June | 7 月 July | 8 月 August | 9 月 September | 10 月 October | 11 月 November | 12 月 December |
| 112.0 | 111.3 | 112.1 | 114.0 | 114.2 | 114.7 | 115.2 |
| 112.9 | 112.5 | 111.4 | 110.5 | 110.4 | 110.0 | 109.8 |
| 107.9 | 108.3 | 107.0 | 106.8 | 106.0 | 105.8 | 106.0 |
| 107.4 | 107.4 | 107.4 | 107.8 | 108.5 | 109.0 | 109.5 |
| 105.7 | 106.3 | 106.4 | 105.9 | 105.4 | 104.6 | 102.9 |
| 109.2 | 107.8 | 107.1 | 107.4 | 108.4 | 107.4 | 107.9 |
| 105.2 | 104.3 | 102.9 | 101.6 | 100.7 | 100.1 | 100.2 |
| 106.7 | 107.0 | 106.6 | 106.3 | 107.2 | 108.2 | 108.6 |
| 109.6 | 108.1 | 107.0 | 105.9 | 104.7 | 104.6 | 105.0 |
| 108.5 | 107.4 | 105.9 | 106.0 | 105.6 | 105.4 | 105.0 |
| 101.9 | 101.6 | 101.8 | 102.5 | 102.7 | 103.7 | 103.5 |
| 103.2 | 102.6 | 101.7 | 101.5 | 101.2 | 101.1 | 101.5 |
| 108.6 | 107.8 | 106.4 | 105.8 | 104.6 | 104.4 | 104.1 |
| 105.0 | 104.0 | 100.8 | 99.0 | 97.0 | 96.4 | 96.2 |
| 101.0 | 100.8 | 100.8 | 100.7 | 100.9 | 101.5 | 102.0 |
| 107.7 | 107.3 | 106.2 | 106.5 | 106.8 | 106.3 | 107.0 |
| 107.7 | 107.2 | 105.8 | 105.3 | 105.0 | 105.3 | 105.6 |
| 112.7 | 111.4 | 109.8 | 108.6 | 107.2 | 106.1 | 104.5 |
| 115.7 | 113.5 | 112.0 | 111.1 | 110.2 | 109.3 | 108.4 |
| 111.1 | 111.1 | 109.9 | 110.4 | 110.4 | 109.2 | 109.0 |
| 108.9 | 108.2 | 107.2 | 106.6 | 106.7 | 106.8 | 107.3 |
| 106.7 | 104.3 | 101.0 | 98.8 | 97.9 | 97.3 | 96.8 |
| 112.8 | 111.4 | 109.3 | 108.1 | 107.9 | 106.5 | 105.4 |
| 104.8 | 104.6 | 101.6 | 100.0 | 99.0 | 98.4 | 98.5 |
| 105.6 | 105.3 | 101.9 | 100.3 | 99.5 | 99.2 | 98.5 |
| 105.4 | 105.0 | 104.6 | 103.9 | 103.3 | 102.8 | 103.0 |
| 101.8 | 100.8 | 99.5 | 98.6 | 98.3 | 97.8 | 97.4 |
| 107.1 | 106.9 | 105.9 | 104.0 | 103.3 | 101.4 | 100.9 |
| 107.8 | 107.6 | 107.5 | 106.7 | 106.8 | 105.3 | 104.6 |
| 108.5 | 108.4 | 106.4 | 103.7 | 103.2 | 102.2 | 101.8 |
| 110.0 | 106.4 | 103.5 | 102.4 | 101.9 | 101.6 | 100.4 |
| 105.7 | 104.2 | 102.6 | 101.2 | 100.3 | 99.5 | 99.9 |
| 105.8 | 104.9 | 102.5 | 101.0 | 100.4 | 99.9 | 100.0 |
| 106.9 | 104.6 | 102.6 | 101.1 | 99.9 | 98.1 | 97.1 |
| 119.0 | 118.3 | 116.6 | 116.4 | 114.9 | 112.6 | 111.7 |

# 附录2-11 全国及各省（直辖市、自治区）固定资产投资价格指数（2019年）

## Price Indices of Investment in Fixed Assets by Region（2019）

（上年=100） (preceding year=100)

| 地区 | Region | 固定资产投资 Investment in Fixed Assets | 建筑安装工程 Construction and Installation | 设备、工器具 Purchase of Equipment, Tools and Instruments | 其他费用 Others |
|---|---|---|---|---|---|
| **全国** | **National** | **102.6** | **102.8** | **100.1** | **103.5** |
| 北京 | Beijing | 102.1 | 101.0 | 100.0 | 103.8 |
| 天津 | Tianjin | 101.7 | 102.6 | 99.8 | 101.4 |
| 河北 | Hebei | 103.0 | 103.1 | 100.6 | 107.0 |
| 山西 | Shanxi | 104.0 | 104.6 | 100.9 | 104.3 |
| 内蒙古 | Inner Mongolia | 101.7 | 101.4 | 100.6 | 104.9 |
| 辽宁 | Liaoning | 103.1 | 101.7 | 100.6 | 109.6 |
| 吉林 | Jilin | 102.6 | 102.4 | 100.7 | 105.6 |
| 黑龙江 | Heilongjiang | 100.8 | 100.6 | 100.3 | 103.4 |
| 上海 | Shanghai | 101.4 | 102.3 | 100.5 | 100.5 |
| 江苏 | Jiangsu | 101.3 | 102.3 | 99.4 | 100.8 |
| 浙江 | Zhejiang | 102.1 | 102.8 | 100.0 | 101.9 |
| 安徽 | Anhui | 102.3 | 102.7 | 100.1 | 102.3 |
| 福建 | Fujian | 101.5 | 102.0 | 100.9 | 100.2 |
| 江西 | Jiangxi | 102.4 | 102.6 | 99.5 | 104.4 |
| 山东 | Shandong | 102.8 | 102.9 | 99.9 | 106.3 |
| 河南 | Henan | 103.2 | 103.8 | 100.4 | 102.8 |
| 湖北 | Hubei | 104.0 | 104.4 | 100.5 | 105.7 |
| 湖南 | Hunan | 101.7 | 101.5 | 100.4 | 104.7 |
| 广东 | Guangdong | 104.2 | 104.3 | 100.3 | 106.3 |
| 广西 | Guangxi | 102.4 | 102.4 | 100.6 | 103.1 |
| 海南 | Hainan | 103.3 | 103.9 | 100.1 | 102.9 |
| 重庆 | Chongqing | 103.4 | 103.5 | 100.1 | 104.5 |
| 四川 | Sichuan | 101.6 | 102.0 | 100.3 | 100.2 |
| 贵州 | Guizhou | 102.3 | 102.0 | 100.4 | 104.5 |
| 云南 | Yunnan | 102.3 | 102.6 | 100.4 | 100.8 |
| 西藏 | Tibet | | | | |
| 陕西 | Shaanxi | 102.6 | 102.8 | 100.1 | 103.5 |
| 甘肃 | Gansu | 102.6 | 103.0 | 99.4 | 102.0 |
| 青海 | Qinghai | 102.5 | 102.9 | 100.4 | 102.2 |
| 宁夏 | Ningxia | 102.0 | 101.9 | 100.0 | 106.1 |
| 新疆 | Xinjiang | 102.8 | 103.0 | 101.1 | 103.7 |

# 附录2-12　全国及各省（直辖市、自治区）工业生产者出厂价格指数

## Producer Price Indices for Industrial Products by Region

（上年=100）　　(preceding year=100)

| 地　区 | Region | 2014 | 2015 | 2016 | 2017 | 2018 |
|---|---|---|---|---|---|---|
| **全　国** | **National** | **98.1** | **94.8** | **98.6** | **106.3** | **103.5** |
| 北　京 | Beijing | 99.1 | 96.9 | 98.1 | 100.7 | 100.0 |
| 天　津 | Tianjin | 96.3 | 90.3 | 97.9 | 108.4 | 105.4 |
| 河　北 | Hebei | 95.2 | 89.1 | 99.9 | 115.0 | 106.2 |
| 山　西 | Shanxi | 91.4 | 87.7 | 96.8 | 119.4 | 106.7 |
| 内蒙古 | Inner Mongolia | 97.3 | 94.0 | 98.9 | 110.6 | 103.2 |
| 辽　宁 | Liaoning | 98.2 | 93.9 | 98.8 | 108.1 | 104.8 |
| 吉　林 | Jilin | 99.1 | 95.3 | 98.4 | 103.1 | 102.8 |
| 黑龙江 | Heilongjiang | 97.1 | 86.0 | 95.1 | 109.3 | 109.0 |
| 上　海 | Shanghai | 98.9 | 96.1 | 98.8 | 103.5 | 101.7 |
| 江　苏 | Jiangsu | 98.3 | 95.3 | 98.1 | 104.8 | 102.8 |
| 浙　江 | Zhejiang | 98.8 | 96.4 | 98.3 | 104.8 | 103.4 |
| 安　徽 | Anhui | 97.4 | 93.9 | 98.5 | 108.0 | 103.0 |
| 福　建 | Fujian | 98.6 | 97.0 | 99.1 | 104.1 | 102.8 |
| 江　西 | Jiangxi | 97.8 | 93.7 | 98.6 | 107.9 | 104.2 |
| 山　东 | Shandong | 98.4 | 95.2 | 98.5 | 105.5 | 103.7 |
| 河　南 | Henan | 98.1 | 95.4 | 99.0 | 106.8 | 103.6 |
| 湖　北 | Hubei | 98.4 | 96.7 | 99.0 | 105.6 | 104.2 |
| 湖　南 | Hunan | 98.4 | 96.3 | 98.9 | 105.8 | 103.2 |
| 广　东 | Guangdong | 98.9 | 96.8 | 99.4 | 103.3 | 101.8 |
| 广　西 | Guangxi | 98.4 | 97.0 | 99.1 | 107.6 | 103.2 |
| 海　南 | Hainan | 97.6 | 89.8 | 96.0 | 108.8 | 108.2 |
| 重　庆 | Chongqing | 98.3 | 96.4 | 98.6 | 104.1 | 102.1 |
| 四　川 | Sichuan | 98.7 | 96.1 | 98.9 | 106.5 | 103.6 |
| 贵　州 | Guizhou | 98.3 | 94.9 | 97.9 | 107.2 | 101.8 |
| 云　南 | Yunnan | 97.8 | 93.2 | 97.6 | 105.2 | 102.4 |
| 西　藏 | Tibet | 99.0 | 97.2 | 102.9 | 110.0 | 100.1 |
| 陕　西 | Shaanxi | 97.1 | 90.8 | 97.6 | 110.8 | 105.4 |
| 甘　肃 | Gansu | 96.7 | 87.0 | 94.9 | 114.5 | 109.5 |
| 青　海 | Qinghai | 96.1 | 93.1 | 98.5 | 116.7 | 104.8 |
| 宁　夏 | Ningxia | 96.3 | 93.7 | 99.1 | 112.1 | 107.3 |
| 新　疆 | Xinjiang | 96.2 | 82.4 | 94.5 | 113.7 | 111.2 |

# 附录2-13 全国及各省（直辖市、自治区）固定资产投资价格指数

## Price Indices of Investment in Fixed Assets by Region

（上年=100） (preceding year=100)

| 地　区 | Region | 2014 | 2015 | 2016 | 2017 | 2018 |
|---|---|---|---|---|---|---|
| **全　国** | **National** | **100.5** | **98.2** | **99.4** | **105.8** | **105.4** |
| 北　京 | Beijing | 100.0 | 97.6 | 99.7 | 104.7 | 103.8 |
| 天　津 | Tianjin | 100.5 | 99.9 | 99.4 | 104.3 | 104.5 |
| 河　北 | Hebei | 100.2 | 98.0 | 99.4 | 106.7 | 105.0 |
| 山　西 | Shanxi | 99.6 | 98.2 | 100.0 | 106.3 | 104.5 |
| 内蒙古 | Inner Mongolia | 99.8 | 98.0 | 99.5 | 103.4 | 103.6 |
| 辽　宁 | Liaoning | 99.7 | 97.9 | 99.2 | 104.0 | 103.5 |
| 吉　林 | Jilin | 100.2 | 97.6 | 98.7 | 104.7 | 104.6 |
| 黑龙江 | Heilongjiang | 100.0 | 99.0 | 99.4 | 103.4 | 103.3 |
| 上　海 | Shanghai | 100.5 | 97.0 | 99.6 | 106.7 | 105.6 |
| 江　苏 | Jiangsu | 101.1 | 96.2 | 98.8 | 107.6 | 106.0 |
| 浙　江 | Zhejiang | 100.6 | 97.4 | 99.5 | 105.8 | 105.7 |
| 安　徽 | Anhui | 100.3 | 96.9 | 99.2 | 107.4 | 105.8 |
| 福　建 | Fujian | 100.4 | 98.3 | 100.0 | 105.6 | 104.9 |
| 江　西 | Jiangxi | 100.1 | 96.8 | 100.0 | 106.1 | 106.4 |
| 山　东 | Shandong | 100.3 | 97.7 | 99.1 | 105.8 | 106.1 |
| 河　南 | Henan | 100.0 | 97.6 | 99.2 | 107.4 | 105.4 |
| 湖　北 | Hubei | 101.0 | 99.4 | 100.1 | 105.9 | 106.6 |
| 湖　南 | Hunan | 101.5 | 100.4 | 100.4 | 105.7 | 104.8 |
| 广　东 | Guangdong | 101.5 | 99.0 | 100.3 | 105.3 | 106.2 |
| 广　西 | Guangxi | 101.6 | 98.8 | 99.5 | 104.4 | 104.5 |
| 海　南 | Hainan | 100.6 | 99.4 | 100.1 | 104.1 | 106.2 |
| 重　庆 | Chongqing | 100.3 | 98.2 | 98.9 | 105.3 | 105.0 |
| 四　川 | Sichuan | 100.5 | 97.9 | 99.8 | 107.7 | 106.4 |
| 贵　州 | Guizhou | 101.1 | 98.4 | 98.6 | 106.1 | 105.2 |
| 云　南 | Yunnan | 101.0 | 99.1 | 100.1 | 104.9 | 104.9 |
| 西　藏 | Tibet | | | | | |
| 陕　西 | Shaanxi | 101.1 | 98.8 | 99.9 | 105.3 | 105.4 |
| 甘　肃 | Gansu | 100.1 | 97.7 | 98.7 | 105.9 | 104.6 |
| 青　海 | Qinghai | 100.9 | 98.2 | 99.6 | 106.1 | 104.3 |
| 宁　夏 | Ningxia | 100.8 | 97.5 | 99.6 | 105.9 | 103.5 |
| 新　疆 | Xinjiang | 100.3 | 98.3 | 99.9 | 103.5 | 103.7 |

# 附录2-14　全国粮食作物播种面积（1980—2019年）

## Sown Area of Grain Crops by Nationwide（1980—2019）

单位：千公顷　(1 000 hectares)

| 年　份 Year | 粮食作物播种面积 Sown Area of Grain Crops | 稻　谷 Rice | 小　麦 Wheat | 玉　米 Corn | 大　豆 Soybean | 薯　类 Tubers |
|---|---|---|---|---|---|---|
| 1980 | 117234 | 33878 | 28844 | 20087 | 7226 | 10153 |
| 1981 | 114958 | 33295 | 28307 | 19425 | 8024 | 9620 |
| 1982 | 113462 | 33071 | 27955 | 18543 | 8419 | 9370 |
| 1983 | 114047 | 33136 | 29050 | 18824 | 7567 | 9402 |
| 1984 | 112884 | 33178 | 29576 | 18537 | 7286 | 8988 |
| 1985 | 108845 | 32070 | 29218 | 17694 | 7718 | 8572 |
| 1986 | 110933 | 32266 | 29616 | 19124 | 8295 | 8685 |
| 1987 | 111268 | 32193 | 28798 | 20212 | 8445 | 8868 |
| 1988 | 110123 | 31987 | 28785 | 19692 | 8120 | 9054 |
| 1989 | 112205 | 32700 | 29841 | 20353 | 8057 | 9097 |
| 1990 | 113466 | 33064 | 30753 | 21401 | 7560 | 9121 |
| 1991 | 112314 | 32590 | 30948 | 21574 | 7041 | 9078 |
| 1992 | 110560 | 32090 | 30496 | 21044 | 7221 | 9057 |
| 1993 | 110509 | 30355 | 30235 | 20694 | 9454 | 9220 |
| 1994 | 109544 | 30171 | 28981 | 21152 | 9222 | 9270 |
| 1995 | 110060 | 30744 | 28860 | 22776 | 8127 | 9519 |
| 1996 | 112548 | 31406 | 29611 | 24498 | 7471 | 9797 |
| 1997 | 112912 | 31765 | 30057 | 23775 | 8346 | 9785 |
| 1998 | 113787 | 31214 | 29774 | 25239 | 8500 | 10000 |
| 1999 | 113161 | 31283 | 28855 | 25904 | 7962 | 10355 |
| 2000 | 108463 | 29962 | 26653 | 23056 | 9307 | 10538 |
| 2001 | 106080 | 28812 | 24664 | 24282 | 9482 | 10217 |
| 2002 | 103891 | 28202 | 23908 | 24634 | 8720 | 9881 |
| 2003 | 99410 | 26508 | 21997 | 24068 | 9313 | 9702 |
| 2004 | 101606 | 28379 | 21626 | 25446 | 9589 | 9457 |
| 2005 | 104278 | 28847 | 22793 | 26358 | 9591 | 9503 |
| 2006 | 104958 | 28938 | 23613 | 28463 | 9304 | 7877 |
| 2007 | 105999 | 28973 | 23770 | 30024 | 8801 | 7902 |
| 2008 | 107545 | 29350 | 23715 | 30921 | 9225 | 8057 |
| 2009 | 110255 | 29793 | 24442 | 32948 | 9339 | 8088 |
| 2010 | 111695 | 30097 | 24459 | 34977 | 8700 | 8021 |
| 2011 | 112980 | 30338 | 24523 | 36767 | 8103 | 7998 |
| 2012 | 114368 | 30476 | 24576 | 39109 | 7405 | 7821 |
| 2013 | 115908 | 30710 | 24470 | 41299 | 7050 | 7727 |
| 2014 | 117455 | 30765 | 24472 | 42997 | 7098 | 7544 |
| 2015 | 118963 | 30784 | 24596 | 44968 | 6827 | 7305 |
| 2016 | 119230 | 30746 | 24694 | 44178 | 7599 | 7241 |
| 2017 | 117989 | 30747 | 24508 | 42399 | 8245 | 7173 |
| 2018 | 117038 | 30189 | 24266 | 42130 | 8413 | 7180 |
| 2019 | 116064 | 29694 | 23727 | 41284 | - | 7142 |

# 附录2-15 全国粮食作物总产量（1980—2019年）

## Total Output of Grain Crops by Nationwide（1980—2019）

单位：万吨 （10 000 tons）

| 年 份 Year | 粮食作物总产量 Total Output of Grain Crops | 稻 谷 Rice | 小 麦 Wheat | 玉 米 Corn | 大 豆 Soybean | 薯 类 Tubers |
|---|---|---|---|---|---|---|
| 1980 | 32056 | 13991 | 5521 | 6260 | 794 | 2873 |
| 1981 | 32502 | 14396 | 5964 | 5921 | 933 | 2597 |
| 1982 | 35450 | 16160 | 6847 | 6056 | 903 | 2705 |
| 1983 | 38728 | 16887 | 8139 | 6821 | 976 | 2925 |
| 1984 | 40731 | 17826 | 8782 | 7341 | 970 | 2848 |
| 1985 | 37911 | 16857 | 8581 | 6383 | 1050 | 2604 |
| 1986 | 39151 | 17222 | 9004 | 7086 | 1161 | 2534 |
| 1987 | 40298 | 17426 | 8590 | 7924 | 1247 | 2821 |
| 1988 | 39408 | 16911 | 8543 | 7735 | 1165 | 2697 |
| 1989 | 40755 | 18013 | 9081 | 7893 | 1023 | 2730 |
| 1990 | 44624 | 18933 | 9823 | 9682 | 1100 | 2743 |
| 1991 | 43529 | 18381 | 9595 | 9877 | 971 | 2716 |
| 1992 | 44266 | 18622 | 10159 | 9538 | 1030 | 2844 |
| 1993 | 45649 | 17751 | 10639 | 10270 | 1531 | 3181 |
| 1994 | 44510 | 17593 | 9930 | 9928 | 1600 | 3025 |
| 1995 | 46662 | 18523 | 10221 | 11199 | 1350 | 3263 |
| 1996 | 50454 | 19510 | 11057 | 12747 | 1322 | 3536 |
| 1997 | 49417 | 20073 | 12329 | 10431 | 1473 | 3192 |
| 1998 | 51230 | 19871 | 10973 | 13295 | 1515 | 3604 |
| 1999 | 50839 | 19849 | 11388 | 12809 | 1425 | 3641 |
| 2000 | 46218 | 18791 | 9964 | 10600 | 1541 | 3685 |
| 2001 | 45264 | 17758 | 9387 | 11409 | 1541 | 3563 |
| 2002 | 45706 | 17454 | 9029 | 12131 | 1651 | 3666 |
| 2003 | 43070 | 16066 | 8649 | 11583 | 1539 | 3513 |
| 2004 | 46947 | 17909 | 9195 | 13029 | 1740 | 3558 |
| 2005 | 48402 | 18059 | 9745 | 13937 | 1635 | 3469 |
| 2006 | 49804 | 18172 | 10847 | 15160 | 1508 | 2701 |
| 2007 | 50414 | 18638 | 10953 | 15512 | 1279 | 2742 |
| 2008 | 53434 | 19261 | 11293 | 17212 | 1571 | 2843 |
| 2009 | 53941 | 19620 | 11589 | 17326 | 1522 | 2793 |
| 2010 | 55911 | 19723 | 11614 | 19075 | 1541 | 2843 |
| 2011 | 58849 | 20288 | 11863 | 21132 | 1488 | 2924 |
| 2012 | 61223 | 20653 | 12254 | 22956 | 1344 | 2883 |
| 2013 | 63048 | 20629 | 12371 | 24845 | 1241 | 2855 |
| 2014 | 63965 | 20961 | 12832 | 24976 | 1269 | 2799 |
| 2015 | 66060 | 21214 | 13264 | 26499 | 1237 | 2729 |
| 2016 | 66044 | 21109 | 13327 | 26361 | 1360 | 2726 |
| 2017 | 66161 | 21268 | 13433 | 25907 | 1528 | 2799 |
| 2018 | 65789 | 21213 | 13144 | 25717 | 1597 | 2865 |
| 2019 | 66384 | 20961 | 13359 | 26077 | - | 2883 |

# 附录2-16　全国及各省（直辖市、自治区）粮食作物播种面积

## Sown Area of Grain Crops by Region

单位：千公顷　　　　(1 000 hectares)

| 地　区 | Region | 2016 | 2017 | 2018 | 2019 |
|---|---|---|---|---|---|
| **全　国** | **National** | **119230.1** | **117989.1** | **117038.2** | **116064.0** |
| 北　京 | Beijing | 85.5 | 66.8 | 55.6 | 47.0 |
| 天　津 | Tianjin | 362.0 | 351.4 | 350.2 | 339.0 |
| 河　北 | Hebei | 6791.4 | 6658.5 | 6538.7 | 6469.0 |
| 山　西 | Shanxi | 3227.3 | 3180.9 | 3137.1 | 3126.0 |
| 内蒙古 | Inner Mongolia | 6803.4 | 6780.9 | 6789.9 | 6828.0 |
| 辽　宁 | Liaoning | 3515.0 | 3467.5 | 3484.0 | 3489.0 |
| 吉　林 | Jilin | 5542.4 | 5544.0 | 5599.7 | 5645.0 |
| 黑龙江 | Heilongjiang | 14201.8 | 14154.3 | 14214.5 | 14338.0 |
| 上　海 | Shanghai | 158.5 | 133.1 | 129.9 | 117.0 |
| 江　苏 | Jiangsu | 5583.3 | 5527.3 | 5475.9 | 5381.0 |
| 浙　江 | Zhejiang | 951.4 | 977.2 | 975.7 | 977.0 |
| 安　徽 | Anhui | 7359.0 | 7321.8 | 7316.3 | 7287.0 |
| 福　建 | Fujian | 832.8 | 833.2 | 833.5 | 822.0 |
| 江　西 | Jiangxi | 3807.2 | 3786.3 | 3721.3 | 3665.0 |
| 山　东 | Shandong | 8517.3 | 8455.6 | 8404.8 | 8313.0 |
| 河　南 | Henan | 11219.6 | 10915.1 | 10906.1 | 10735.0 |
| 湖　北 | Hubei | 4816.1 | 4853.0 | 4847.0 | 4609.0 |
| 湖　南 | Hunan | 5010.7 | 4978.9 | 4747.9 | 4616.0 |
| 广　东 | Guangdong | 2177.8 | 2169.7 | 2151.0 | 2161.0 |
| 广　西 | Guangxi | 2897.1 | 2853.1 | 2802.1 | 2747.0 |
| 海　南 | Hainan | 292.0 | 282.5 | 286.1 | 273.0 |
| 重　庆 | Chongqing | 2039.1 | 2030.7 | 2017.8 | 1999.0 |
| 四　川 | Sichuan | 6291.3 | 6292.0 | 6265.6 | 6279.0 |
| 贵　州 | Guizhou | 3122.2 | 3052.8 | 2740.2 | 2709.0 |
| 云　南 | Yunnan | 4201.3 | 4169.2 | 4174.6 | 4166.0 |
| 西　藏 | Tibet | 188.5 | 185.6 | 184.7 | 184.0 |
| 陕　西 | Shaanxi | 3144.0 | 3019.4 | 3006.0 | 2999.0 |
| 甘　肃 | Gansu | 2684.2 | 2647.2 | 2645.3 | 2581.0 |
| 青　海 | Qinghai | 284.7 | 282.6 | 281.3 | 280.0 |
| 宁　夏 | Ningxia | 717.9 | 722.5 | 735.7 | 677.0 |
| 新　疆 | Xinjiang | 2405.3 | 2295.9 | 2219.6 | 2204.0 |
| **广西居全国位次** | **Order of Precedence of Guangxi in the Country** | **18** | **18** | **17** | **17** |

# 附录2-17 全国及各省（直辖市、自治区）粮食作物总产量

## Total Output of Grain Crops by Region

单位：万吨 （10 000 tons）

| 地 区 | Region | 2016 | 2017 | 2018 | 2019 |
|---|---|---|---|---|---|
| **全 国** | **National** | **66043.5** | **66160.7** | **65789.2** | **66384.3** |
| 北 京 | Beijing | 52.8 | 41.1 | 34.1 | 28.8 |
| 天 津 | Tianjin | 200.4 | 212.3 | 209.7 | 223.3 |
| 河 北 | Hebei | 3783.0 | 3829.2 | 3700.9 | 3739.2 |
| 山 西 | Shanxi | 1380.3 | 1355.1 | 1380.4 | 1361.8 |
| 内蒙古 | Inner Mongolia | 3263.3 | 3254.5 | 3553.3 | 3652.5 |
| 辽 宁 | Liaoning | 2315.6 | 2330.7 | 2192.4 | 2430.0 |
| 吉 林 | Jilin | 4150.7 | 4154.0 | 3632.7 | 3877.9 |
| 黑龙江 | Heilongjiang | 7416.1 | 7410.3 | 7506.8 | 7503.0 |
| 上 海 | Shanghai | 111.8 | 99.8 | 103.7 | 95.9 |
| 江 苏 | Jiangsu | 3542.4 | 3610.8 | 3660.3 | 3706.2 |
| 浙 江 | Zhejiang | 564.8 | 580.1 | 599.1 | 592.2 |
| 安 徽 | Anhui | 3961.8 | 4019.7 | 4007.3 | 4054.0 |
| 福 建 | Fujian | 477.3 | 487.2 | 498.6 | 493.9 |
| 江 西 | Jiangxi | 2234.4 | 2221.7 | 2190.7 | 2157.5 |
| 山 东 | Shandong | 5332.3 | 5374.3 | 5319.5 | 5357.0 |
| 河 南 | Henan | 6498.0 | 6524.2 | 6648.9 | 6695.4 |
| 湖 北 | Hubei | 2796.4 | 2846.1 | 2839.5 | 2725.0 |
| 湖 南 | Hunan | 3052.3 | 3073.6 | 3022.9 | 2974.8 |
| 广 东 | Guangdong | 1204.2 | 1208.6 | 1193.5 | 1240.8 |
| 广 西 | Guangxi | 1419.0 | 1370.5 | 1372.8 | 1332.0 |
| 海 南 | Hainan | 146.1 | 138.1 | 147.1 | 145.0 |
| 重 庆 | Chongqing | 1078.2 | 1079.9 | 1079.3 | 1075.2 |
| 四 川 | Sichuan | 3469.9 | 3488.9 | 3493.7 | 3498.5 |
| 贵 州 | Guizhou | 1264.3 | 1242.4 | 1059.7 | 1051.2 |
| 云 南 | Yunnan | 1815.1 | 1843.4 | 1860.5 | 1870.0 |
| 西 藏 | Tibet | 103.9 | 106.5 | 104.4 | 103.9 |
| 陕 西 | Shaanxi | 1264.0 | 1194.2 | 1226.0 | 1231.1 |
| 甘 肃 | Gansu | 1117.5 | 1105.9 | 1151.4 | 1162.6 |
| 青 海 | Qinghai | 104.8 | 102.5 | 103.1 | 105.5 |
| 宁 夏 | Ningxia | 370.7 | 370.1 | 392.6 | 373.2 |
| 新 疆 | Xinjiang | 1552.3 | 1484.7 | 1504.2 | 1527.1 |
| **广西居全国位次** | **Order of Precedence of Guangxi in the Country** | **15** | **15** | **17** | **17** |